北大进修闻思

张可可 著

湖南文艺出版社 · 长沙

图书在版编目（CIP）数据

北大进修闻思 / 张可可著. -- 长沙：湖南文艺出版社，2024. 8. -- ISBN 978-7-5726-1939-7

Ⅰ. I267.5

中国国家版本馆CIP数据核字第2024XT8786号

北大进修闻思

BEIDA JINXIU WENSI

作　　者： 张可可
出 版 人： 陈新文
责任编辑： 黄　晓
装帧设计： 刘晓霞
出版发行： 湖南文艺出版社
（长沙市雨花区东二环一段508号　邮编：410014）
印　　刷： 湖南雅嘉彩色印刷有限公司
开　　本： 710 mm × 1000 mm　1/16
印　　张： 29
字　　数： 445千字
版　　次： 2024年8月第1版
印　　次： 2024年8月第1次印刷
书　　号： ISBN 978-7-5726-1939-7
定　　价： 66.00元

目录

第一学期

第一学期

第一周

2021-09-06—2021-09-12

2021 年 9 月 6 日，星期一，雨转晴

晨起有雨，凉意陡增，哥哥驱车送我至圆明园校区报到。

流程便捷迅速，很快便被安排入住 6 号楼 6228 室，大门口有小车帮忙拖送大件行李，安全周到，门房张姐、赵姐热情又和气，见人便笑眯眯的。在我发愁六十斤重的大黑箱子如何上楼时，张姐披着件雨衣过来了，二话不说提起前端，我一边道谢一边托起后端，就这样抬上了楼。房间位于二楼东边最里端，安静且干净，只是每次洗漱都得走长长一截过道。

推门进去的时候，阿静和国婧已经在聊天了，那股子亲切令我一时分不清她俩是熟识还是新知，好在不需要我判断什么，国婧就跟我打招呼了。甜甜在我整理好床铺后才到，一个风风火火的四川姑娘，睡我对面上铺，她整整小我十岁，第二天早晨，迷糊中听到她道早安，顿感温暖。

国婧睡我下铺，她担心自己鼾声太大，给我们一人准备了一副耳塞，我担心起夜把她给晃醒，阿静的小米熨斗拯救了我们四个人皱巴巴的衣服，国婧的中国好老公送了一趟又一趟。

我之前看过圆明园校舍图片，也听畅宝提起过，怀着艰苦奋斗的心情过来，却意外得了个惊喜，居然有书桌，还有书柜，够了够了。

北大发的住宿大礼包质量挺好，褥子和被子都是棉的，肉眼可见的红线交错在黄色棉体上，有儿时的老旧感，两套蓝底床品含有被套、床单、枕套

和枕巾，一应俱全。接下来的一整天在打扫卫生、抹桌子、抹床、铺床、洗被单被套、摆放物品中度过，时间差不多都用来整理内务了。其间穿插了一次核酸检测，在下午三点半。

中午去食堂首餐，用支付宝给校园一卡通充值，便捷迅速，不含肉的菜只有两个，我亦别无选择，管饱就行。第二天早餐时看到玉米、烧卖、馒头、红薯、粥品，喜出望外，吃出了满满的幸福感。浴室在食堂前百米处，周到地配了电吹风，看守的大哥说每天晚上八点后人最多，那我就力争在那之前把自己收拾干净吧。

要说的是，校园卡既是饭卡，又是通行证，还是借阅证，我隶属于教育学院，每天携着校园卡、公交卡、宿舍钥匙、口罩四件套往返燕园和宿舍，卡在人在。

傍晚餐后约王华老师漫步一圈，就当是摸清了东南西北。

晚上四个人齐刷刷地十点半钟躺下。

第一天，想来大家都累了。

2021 年 9 月 7 日，星期二，晴

燕园初探——小园初见似相识

昨日核酸检测无事，今日起允许自由活动。

一早八点半，圆明园宿舍的访学进修老师就三三两两地戴着太阳帽背着背包前往燕园，舍友笑言像极“北大一日游旅行团”，不久我们也作如是行。

出门左转天桥下便是公交车站，从“圆明园东门”至“中关园”共五站，去有 305 路、320 路、614 路、681 路、982 路，回程多了趟 365 路，票价一元，用北京公交卡，上车下车各刷一次计费。我第一次使用时下车没有刷卡，非是有意逃票，实乃不知情，后来才知道那次直接按全程计费了。

北京大学东南门就在“中关园”车站旁边，保安帮助操作刷脸认证后，进出只需摘下口罩即可。那一刻，似乎与有北大荣光，毕竟可以理直气壮地进来，既不是旅游，也不是找个理由，而是在里面学习、听课、生活，这真是悔不当初未考时。当然，真要考，我也是考不上的，1997 年长郡中学文科第一名北大，理科第一名清华，没有多余的，也没有争议。

今天要做的正事只有一件：办理借阅证。我们四个人在导航指引下找到图书馆，宏伟壮丽，有如殿宇，这就是我这一年要待的地方吗？真不敢相信，同时，对于一个仪器盲而言，多少有些忐忑。之后国婧去生科院找她同学，阿静和甜甜去了文学院，我正式开启一日游，没错，今天我的目的就是探路。

虽然哥哥提醒过我北大很大，我仍然选择了步行，走过的路总会记得清楚一些，我得尽快熟悉这里。导航到即将进修学习的教育学院，以此为发端，信步闲行。先后经过新太阳学生中心、农园、学生宿舍、郑格如楼、家园食堂、艺园食堂、学五食堂、综合科研楼、勺园（正大国际中心）、勺园西餐厅、新鸿基楼、秋林报告厅、国际关系学院、陈瑞鸿楼、静园、北京大学图书馆、阿卜杜勒·阿齐兹国王公共图书馆、第一教室楼、生物标本馆、北京大学广播台、李兆基楼，而后重新见到了熟悉的东南门。

新奇夹杂着疲倦，在路边台阶上坐着歇了一会，然后去农园食堂用餐，横幅上写着“好好吃饭，天天向上”，可不是嘛。

中餐品类应接不暇，我却只想吃面食，胃口入乡随俗得挺快，两份菜、一个菜包、一个豆沙包、一碗粥，哥哥说我吃得多，我说吃素好便宜。不过还真没吃完，用卫生纸裹了菜包晚上到燕南食堂就着花菜和西瓜完成了第一天的进食。不浪费北大里的每一份粮食，也不浪费在北大的每一天。

如果说上午是看楼，那下午就是观景。

无意为之，偶然得到。

还是东南门进，进门后立即右转朝北走，对于一个新地方，我习惯先弄清边界，再深入腹地，潜意识里觉得这样才不会遗漏，至于为何不愿遗漏，那只能是因为我太向往这里了。人人心中都有一个北大，但我下午所亲历的，竟然还远超我的想象，如同金庸电视剧远比不上金庸小说一样，北大影像也远比不上实地感受。她是景区，却比景区温润；她是学区，却比学区秀美；她安静，却暗藏生机；她灵动，却沉稳大气。

我打着太阳伞戴着墨镜，一路走过环境科学与工程学院、政府管理学院、法学院（法柱颂）、凯原楼、集成电路学院（微纳电子大厦）、光华管理学院、经济学院、外国语学院，来到了北边某尽头处，看到老旧的围墙和墙外的居民楼，满足感油然而生。

而后脚步一拐，竟然来到一个小湖边。蝉噪愈静，一对情侣在学骑单车，女生掏出纸巾抹眼泪，男生温柔地在一旁鼓励，吱吱嘎嘎声中我听到女孩说：“不成，又要摔跤了。”我微微一笑，转身离去，初学车的人摔跤时都有几分尴尬，就当我没有来过，你俩继续。文老师说得对，“大学不谈恋爱，那还正常吗”，这么诗情画意的校园，不谈恋爱怎么行。

曾几何时，甜意丝丝，恼意阵阵，轻颦跺脚，笑语回眸。

愿燕园不老，情人常新。

“闲来无事不从容”，蝉鸣声中我转入朗润园境，曲径通幽唯有步行道，一个人独享这夏日午后的荷花垂柳，福分若此。这片荷塘丹檐，您敢相信是“科维理天文与天体物理研究所”日日所对吗？这画廊拱门、雕栏石桥，您敢相信是通往中国画法研究院、中国诗歌研究院、中国经济研究中心、中国古代史研究中心、北京大学斯坦福研究中心之路吗？常年在这样的环境中从事研究工作，王公将相亦不过如此，何愁业不能续，功不能成。

我爱历史，爱有历史感的一切，走入朗润园，满目老藤，古树参天，青砖碧莲，什么都不用说，看着就好。

从朗润园入镜春园时天色已晚，本想将未名湖留到最后，却无意间闯入她的地界，不舍得多看，留待日后。打开一辆哈啰单车，匆匆离去，骑上单车那一刻才发现自己的双腿陡然变得轻快，六个小时的步行，确实不是我这已入不惑之年的人所能轻松承受的，但那又如何。

满怀欣喜与悸动，我回到了宿舍，去澡堂的时候竟然还穿着白天的球鞋，连擦头发的毛巾都忘了拿，我这该是有多魂不守舍啊。

是不是仍在情系朗润，梦回镜春？

2021 年 9 月 8 日，星期三，晴

初见导师——众里寻他千百度

今日有正事，无暇赏玩风景。

昨天同王华老师约定一起去教育学院拜会文老师，定于上午九点。老师的办公室在 518，我俩先在一楼整理好着装，而后乘坐电梯，紧张中我仍忍不住随行观望，学院内的深红色木质器具配杂灰色地板扶栏，与门口的原木牌匾和米灰青砖相得益彰，给人一种厚重朴实之感。而文老师的办公室更是简洁，一桌一几一椅一沙发，一台打印机，几张书柜，满柜书籍，此外别无他物。

窗外蓝天乌瓦，老师正在跟人通电话。

王华老师是全国优秀教师，任教于长沙，她随和幽默，温柔朴实，虽然年长我数岁，见面便说自己“各种不行”，我笑也不是，不笑也不是。不敢笑，却被她的真诚可爱惹得老是忍不住，她讲授思政课，一心想给学生传递真善美，因倍感其间隔阂，来北大求教。文老师说社会主义核心价值观是相通的，真懂了一个，也就自然懂了其他，因为其中任何一个都含有其他。比如说爱国，什么才是真正的爱国？国家多灾多难，你仍不弃不离，这才是

爱，国家繁荣富强了再爱，那你爱的是“白富美”。所以“爱”是不讲条件的，是真心希望她好，而希望她好就会敬业，弄明白国家为什么值得你爱，就会想要了解中华文明，一旦了解，就会升起真正的自信。诸如此类，以此类推。

而我，较王华老师远为不如。

我大学读的会计，却数不清零，学着一丝不苟地锱铢必较，却喜欢兴之所至任意为之，直到转去讲授传统文化和心理健康课程后，才稍许避免了些站在讲台上误人子弟的尴尬和愧疚。历史哲学，我喜欢；诗词歌赋，我喜欢；宗教心理，我喜欢；文物考古，我也喜欢。十几年来乱七八糟一通读，啥都知道一点，啥都了解不深，好多书读完时都跟自己说以后得再看，却沉迷于新典难以抽身，人的时间毕竟是有限的，而我不是天才。

这么些年的自学经历给了我一些自信，同时也增添了迷茫，我内心深处有着根深蒂固的不屈从，只愿为自己的兴趣而努力。渐渐地，我发觉自己最关心的是与“身心性命”相关的学问，《中庸》云[①]“天命之谓性，率性之谓道，修道之谓教”，这究竟是什么意思？要如何才能体会？《金刚经》[②]中须菩提问佛陀：“云何应住？云何降伏其心？”心到底住在哪里？要怎么住？二祖慧可早已替我们问过了，只是以我的慧力，无法接住。

文老师单刀直入，跟我说幸福，并将幸福解释为“不断地向上向善的心安”，慧可禅师所问不也正是“如何安心”吗！老师还说他一辈子都在思考如何才能促使中国教育更好，却如同命中注定般在四十八岁那年转入幸福教育，开始研究探讨中国人自己的幸福模式。是的，教育若不能让人民感到幸福或者不能指点出一条幸福之路，那教育便失去了魅力。毕竟，作为公认的教育大家孔老夫子在《论语·学而》开篇即言：“学而时习之，不亦说乎？”要“悦”，不要苦，而悦，就是一种幸福感。

文老师听我提及任职于创业教育学院时，接口道：“企业家也需要中国文化，目前企业理念大多是西方管理业绩那一套，但一个人能持续不断地努

① 《中庸》第一章。

② 《金刚经·善现启请》（鸠摩罗什译）。

力，必须是他有发自内心的动力，企业家也不例外。万事扛不住‘我愿意’，如何激发内在动力，如何在中国用中国人自己的力量激发潜能，值得被研究探讨。”我跟老师说，我苦恼于自己的不能深入浅出，老师却回答：“我自己学问不行，品德也不够好，一直在想怎么才能令心安幸福的理念更加亲民，更易被人接受。”听到便为之语塞，老师什么都没有说，我却懂了：不能浅出，是我的内心不够谦逊，尚有傲慢自得，我真的想要浅出吗？

这个学期文老师有两门课，分别是“教育导论”和“教育与幸福”，一想到自己即将有整个学期的时间跟着老师学习，顿时幸福感满满。

中午吃饭时看到访学进修群有老师分享人文学院的讲座，时间是下午两点，地点在静园二院，不禁心花怒放。昨日门外徜徉拍照，留恋不已，今日竟然可以亲临观摩，主讲人是扬之水老师，题目是《北朝壁画中的“汉家制度”》。

扬之水老师的名字好听，气质更好。身材娇小，语调平和，穿一件绿细格子短袖衬衣，戴一副链条老花眼镜，水蓝色保温杯放在桌前，背包靠在桌腿旁。史睿老师介绍扬老“研究文物、图案、文献（文字）之间的关联，并开创了新的认识历史的维度”，扬之水老师却说自己做的名物研究“不过是重视兴趣甚于意义，也没有所谓的填补空白，只是增加了人们的读史兴趣，读的时候头脑中能够浮现出物体的具体模样，从而让文史研究更加精细化而已”。

听多了夸张的开场白，如此平静的语调和自我介绍，令人感到舒适。中国社会科学院的研究员原来是这样的，这样的谦逊低调，这样的朴实无华，研究原来是这样的，什么都不需要，方向、时间加资料，投注自己的热情，而后静待花开。或许花开与否亦不重要，爱了，学了，做了，就是好。

静园二院果然是座小院子，北京大学人文社会科学研究院便在此间，置身其中，花木扶疏，远离尘嚣，静谧优雅，无愧于“静”名。

今日收获甚丰，回到宿舍天已黑，洗漱完毕后甜甜才回来，告诉我北大图书馆的检索功能实在是太强太好了，无奈我没有半分体会，只能微笑聆听，心里觉得自己确实也该学一学。

十一点上床，已经困得睁不开眼睛，戴上眼罩沉沉睡去。

2021年9月9日，星期四，雨转晴

早晨五点半被雨声惊醒，昨晚洗好的衣服正晾在雨中，要救已是不及算了，接着睡，待会起来重洗一遍。待衣服洗好天已放晴，天气预报似乎不准，终不敢再晾在外面冒险，只好挂在洗漱间上方，偏偏一天无雨，晚上回去后果然未干。

就像甜甜说的，在这里，似乎平时生活里的一切唾手可得都变成了来之不易，洗手、洗脸、刷牙、洗澡、喝水、上厕所，来回一趟便是百米。国婧说她每天感觉自己哪也没去就七千多步了，我笑说她要是回宿舍也戴着手表，轻松过万。可真不是开玩笑，我在家一个小时能收拾好自己，这里需要两个小时，一点时间都花在“路”上了，但既然大家一致认定这是来北大学习的成本，也都甘之如饴。

中午十一点半教育学院安排了访学进修教师见面会，会议到一点半结束，因为老师们两点要赶去上课。开学第四天，学院的领导和老师们就专门抽出一个中午的时间来同我们见面，并准备了午餐、水果、酸奶和资料，还特意为来自藏区、宁夏的三位老师安排了清真餐，如此用心，令人感动。

今年来教育学院访问学习的一共十九人，只有我一人是进修教师。与会的老师们有阎院长、哈院长、文老师、蒋老师、郭老师和吴老师六位，安排学员先自我介绍并扼要说明访学目的，然后大家讨论。不知道从哪位老师开始直言不讳地提出“我来北大，就是想跟导师一起发表文章”后，想和导师发表文章的声音此起彼伏。看到学员们急切的渴望和台上老师们一脸无辜的表情，我心里早已忍俊不禁，借着哈院长的打趣“你们先说以后打算给北大捐多少”一并大笑了出来。

笑别人容易，表达自己难。

轮到我时，心里反复提醒自己“可可，别忘了你的志向”，但仍是没有

说出那最关键的一句话：我来北大，不是为了发表文章，是想来求取真学问，“君子以文会友，以友辅仁”[①]，我来求访良师益友。我亦坚信，这里有我的师友，虽然才来了三天，文老师的和蔼平易、扬之水老师的低调、赵老师的直率、教育学院的妥帖、宿管大姐的笑颜、静园里的杭爱碑，无一不是我师友，甚至一花一叶都似在教我，枝枝叶叶总关情。

鉴于老师们的强烈意愿，阎院长提出一个方法，那就是将自己家乡的教育实践与导师分享，看能否引起导师的兴趣，因为导师们也需要知道全国各地不同地方的教育现状。“发文章不能一蹴而就，来北大要从长计议，要有积累，要与导师磨合，建立长期合作的可能性”，这无疑为前来访问的学者们指明了一条路径，观察、勤奋加虚心求教。哈院长继续其幽默风格，劝我们不要放弃主动性，但应该享受过程，郭老师建议未名湖边多走走，吴老师则说需要多跟导师建立联系。

蒋老师最可爱，他第一次带访问学者，一带就是四个，不凑巧的是这四位老师异口同声说发表文章压力大，需要导师帮忙。只见蒋老师紧张又当真地询问同事：“访学一定要发表文章吗？什么级别？对导师有要求吗？”时而拿下口罩，时而戴上，给坐在第二排的我看了个清清楚楚，替他感到飞来的压力。与此同时，蒋老师认真的态度也给我留下了极深的印象，我要听他讲课。

轮到文老师了，面对同样的问题发表观点：“你们虽然是来北大做客，但仍要以学习为主。来北大不是光为了写作文，更重要的是能否在北大找到精神力量和某种关怀，找到一个有意义、有价值的研究方向，而且要限制上课欲望，精选课程。”这句话对我而言无疑是当头棒喝，面对北大的海量课程，真是啥都想上，恨不得把自己给撕开，分身听课去。

低头看给我们准备的资料，一本教育学院简介，一张校历表，还有一册朱子注的《大学》章句。蓝色线装本赫然入目，如此亲切，大学里，本来就应该读《大学》的，不是吗！

---

① 出自《论语·颜渊》。

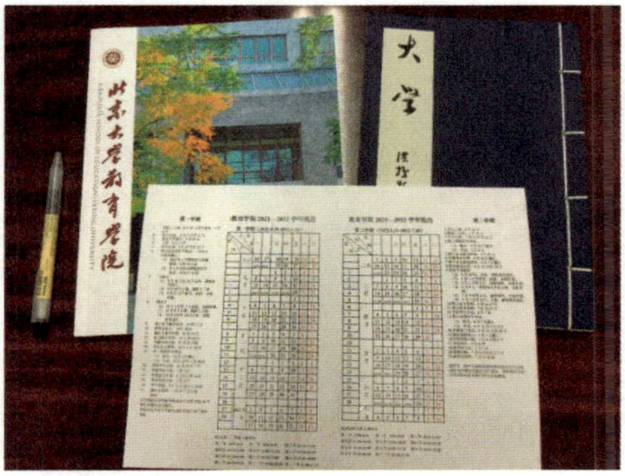

从教育学院出来，去了挂念已久的图书馆，同样刷卡进出，同样安静整齐，玻璃穹顶设计让三层楼尽采自然光线的同时不乏雄伟大气。我径直走上二楼，一张三角台桌恰好无人，摆放好文具书籍的我举目四望，惊叹不已古典与现代完美融合，气派与精致并相兼具。当然，最吸引我的是里面的人，清一色埋首桌前，不言不语，图书馆之所以能成为一座图书馆，是因为里面有书，还有那许许多多读书的人。

在这样的环境中，我忽然觉得自己应该记录一些什么，于是打开电脑开始写，原本取名“进修杂记”，后觉不妥，遂更名为“闻思日记”。

但愿我能记住在这里的每一分感想和每一个所得。

2021 年 9 月 10 日，星期五，晴

今天教师节，一早上被手机里的祝福消息惊醒，却没回过神来，只觉得好不容易恢复了学生身份，半点也想不起当老师的感觉。我这样子哪里能够为人师，只配做学生，我也只想做学生，一想到可以有人教导、有人指点，就欣喜莫名。

既然昨天决定开始记录生活，今天趁热打铁来补写，图书馆远没待够，继续去打卡。走过去时刻意留心观察其周边位置，它在静园东面，不远处有

燕南食堂，旁边是第二体育馆和篮球场，绕几个小弯便可到达教育学院，吃、学、行相当便捷。

走上二楼后我绕着逛了一圈，最后选了个靠墙的位置坐下，桌上有充电器，廊柱后有饮水机，每一个凹角处均摆放了沙发，上面配有耳机，处处都是阅览室，可以随意坐下，随意查阅。这样我便不用带充电宝，不用带水，不用带耳塞眼罩，也不用带太多书，这真是学校用心多一分，学生的舒适便多一分。

写完看表已是下午五点，今天还有两件事要做，一是选课，二是去附近超市采购生活用品。文老师说要限制上课欲望，我得听话精简课程，反正还有两周时间，先去买点东西。人在外地，天一黑就感到有点慌，因为不熟悉环境和交通，又因为浴室有洗漱时间限制，未知带来的不安全感，只能通过多预留时间来应对。

我把这几天大群里面的重要消息一一截屏保存下来，其中一张是“出校门往南走 1.5 公里有家乐福”，导航带我沿中关村北大街一路向南，经过北四环，几乎不带拐弯就到了，站在四通桥上看往来车流如织，感叹逝者如斯。

家乐福入口商业萧条，疫情影响不容忽视，一名售货员对着手机嚷嚷“那我不干了，你让我回家”，扭头看到她冷清的摊位，怜惜之情油然而生，心里琢磨“我买个包她能拿到多少”，转念一想，算了，这可是在京城。

像我这种懒人就应该丢到人生地不熟的地方锻炼，之前仗着有家，看个百度地图都不认真，现在出门寸步不离它，不认真？不认真就等着拎一大堆东西上上下下。在海淀黄庄西站看到熟悉的 320 路公交站牌，安心了。

回到圆明园校区天已黑，丁零当啷正准备上楼，一个圆脸大眼皮肤微黑的女孩不知道从哪里冒出来，说要替我提一个袋子。定睛一看，这不是前两天刚打过招呼的学生吗？她住对面 5 号楼，我开始以为这里住的都是访学老师，她告诉我她是法学院的研究生。我冲她笑得欢，她也突然认出了我，“原来是您哪！”敢情她见人负重就想要帮忙，真是一个好姑娘，以后仗法剑走天涯，锄强扶弱，劫富济贫，靠你了。

晚上国婧坐在椅子上泡脚，我躺在她床上敷面膜。她读的生物，在内蒙古农业大学任教，既是正高又是博士，居然申请了个进修教师，说是最后一天报名，没有看清楚要求，不想再去麻烦学校人事处的朋友，进修就进修吧。这种与人涵容的态度和我这几天对她建立起来的印象完全一致，我的下铺，就是这种不计较、不苛求、不张扬的人。每天早晨她摸索起床的时候，时间都在六点零五分左右，她有时候会说自己老了，手脚不灵便，但她勤奋好学的态度却一点都不老。

记得刚来第三天国婧给她老公通电话，要他从家里带点衣物过来，聊到最后，我听到她大声地说："我也不能一个月只穿两套衣服啊！"哈哈，敢情这位中国好老公认为女人只要穿着就行，忍不住笑出了声。然后就又听她说"看人家可可都在笑你"，我比画了一个手势和口型，"要他把家搬来！"

经过今天的配置，我的书桌台面基本装备齐全了，看着好开心。

对了，今天泓涛做了爸爸，他说："抱着娃，感觉心里温柔到想哭。"我在千里之外感受他那幸福得要滴出水来的心情，也有点想哭。

2021 年 9 月 11 日，星期六，晴

天坛、卢沟桥——幸我别来方无恙

睡到八点才起床，整理好跑去食堂，已经清摊了，原来早餐只提供到八点半，打菜的大哥帮我找了找，还有玉米和鸡蛋，配瓶酸奶，够好了。吃完打开电脑准备写点东西，打扫卫生的大姐告诉我隔壁有自习室，拾级而上，眼前一亮，宽敞安静，还有空调和暖气呢，以后有些书可以在这里看完再去燕园，又可省些精力。

十一点完成，已是艳阳高照，金秋的北京，游览与读书都重要，学习需要抓紧，美景同样不可辜负。山水泉林我所爱也，人文景观亦我所爱也，今当共赏，惬意竟何如。百度上随意搜了一篇帖子，选择了人家 Day1 路线：

天坛、五道营胡同、地坛、国子监、雍和宫，出发。

公交车至圆明园南门，而后地铁 4 号线转 7 号线转 8 号线，出门即是天坛公园西门，当我下午从南门出去时才发现从西门进来是多么的正确，脚下光滑端整的青砖道映入眼帘，一切不言自明。园内道路皆方正笔直，游人稀少，信步右转，行不多时，即见一座气势恢弘的建筑，低头查看手机里刚拍下的游览图，此处是斋宫，又叫“小皇宫”，是皇帝祭天之前斋戒静心、警醒恪礼的场所，故正殿、寝宫、钟楼、值房、回廊齐备。

绕了整整一圈才找到斋宫正门（东门），走进去举目见到“敬天”二字高悬，一时间觉得自己的误打误撞竟然暗合天地之道。来京城，首先便当敬天，“天、地、君、亲、师”是自古国人礼敬之序，我们痛极呼天、穷极怨天、达时拜天、困时求天，怎可不祭天？

正殿不用木，由砖、瓦、石砌成，故称无梁，殿内挂有乾隆御笔所书“钦若昊天”，真迹不知去向，此为复刻。我喜欢殿门侧旁的斋戒小铜人，据说原型乃是唐代魏徵，取其正直不阿之义。《周易注解》：“洗心曰斋，防患曰戒。”《文选》云：“斋，庄也，言自洁貌，矜庄以待惠音声。”《说文解字》有：“斋，戒洁也。戒，警也。从廾持戈，以戒不虞。”斋宫这一滤心之所，岂止沐浴休息这么简单，当一个好皇帝着实不易。

为了保护皇帝的安全，斋宫外深掘御河，并设有两重宫墙，雍正不放心，乾隆瞧不上，而我为了一睹其究竟，绕来绕去快走断了腿。尽管乾隆写下“守德由来胜守险，当年何事堑防门”的句子以嘲讽先人多心，我却觉得多心好，我们今天当成宝贝的东西不正是历朝历代皇帝们多心来的吗？秦始皇多心，陵墓不止一处；春秋诸侯多心，筑长城以防御；隋炀帝多心，开凿了大运河；明清皇帝们多心，紫禁城宫殿林立。当然，从文物角度看，多多益善，但站在人民角度，却是血泪心酸，真的不敢想象这些殿宇楼台之下埋葬了多少无名尸骨，他们是传递真善美的使者。

正式祭天当至天坛，天坛以阳数布局，“九”是阳数中的最大数，又称“天数”，所以圜丘的坛面、台阶都取九的倍数，且圜丘坛门用乾卦“元亨利贞”命名，以示顺从天道。此外，天坛主体建筑选用的是蓝色琉璃龙纹滴子，象征天的颜色，皇帝祭天时佩戴青金石朝珠，祭祀所用簠簋也是青色或者蓝色，交相呼应。拍照出来集庄重、高雅、雄伟、壮丽于一身，在青天白日的映衬下，祈年殿美轮美奂。

出来后看到丹陛桥，它是天坛的轴线，连结圜丘和祈年殿，长 360 米，左边“御路”，右边“王路”，中间为“神路”，由南向北逐渐升高，行之宛如登天。遥想那每年正月举行的孟春祈谷大典，大驾卤簿，仪象开路，金辂玉辇，该是我国人文活动史中最浓墨重彩的一笔吧。只是可怜那些被宰杀的牲畜，好想“尔爱其羊，我爱其礼”[①]，可惜势难两全。

悔不该没在路边买两个馒头，进门时正是午餐时间，我从彼时一直饿到现在，祈年殿外售卖网红冰激凌，终究不可以当饭吃。远远看到南门外店铺林立，快步行去，一碗北京炸酱面下肚后竟然没有意料中的满足感，景区门口的饭菜实在难吃。结账时听说“今天天坛第一天开门，总算有生意了”，这么巧！我竟然赶了个第一天，这无心之柳插得当真欢快，就又高兴了起来。

随后立即发现自己出错了门，东门才方便去下一个目的地五道营胡同，现在步行过去要 20 分钟，为了节约精力，我上了一辆出租车。司机一听我要去地坛方向，委婉请我下车，我问为啥，他说他要去房山交班，怕时间来不及，也不顺路，可我不想下车。

“去房山途中有景点吗?”

“有。”

“是什么?”

“卢沟桥。”

“行，那就您方便，您拉我去卢沟桥吧。”

一路上司机给我介绍北京该怎么玩，比如劳动人民文化宫的前身是皇室太庙，值得一去；比如香山红叶虽然出名，但长城的彩叶更好看，时间最好选十月中下旬；比如可以上故宫城墙骑单车，再把北海公园、中山公园和景

---

① 出自《论语·八佾》。

卢沟驿

山公园安排在一起。最令我感动的是这位师傅口中北京春天的变化，他说北京的秋天最舒服，以前北京的春天很短，差不多一个礼拜就过去了，经过这么些年绿化后，居然可以看两三个月的花。天坛东门前有两棵早樱开花最早，绿得最早的也是东门河边那几棵柳树，他不无得意地告诉我："这可能就我一个人知道，因为我平时就爱看这些。"我惊叹于一位司机对于花草树木如此多情，临下车时想着也许就这一面之缘，竟然生出几分不舍。

要去卢沟桥，得先经过宛平城。

宛平城是华北地区唯一保存完整的两开门卫城，东"顺治"西"永昌"，明朝为防御李自成而建。它之所以重要是因为它的地理位置，小城西边的卢沟桥是彼时北京进出内蒙古高原、南下中原的唯一通道，也是南来北往商旅的必经之地，而我知道的不过是 1937 年 7 月的那场炮火，中国人民抗日战争纪念馆便设在城内。卢沟驿尚在，兴隆寺已经变成了卢沟桥第一小学，我看到了宛平敬老院和中国盲文出版社，还看到了傍晚路边出来乘凉的老头老太太们，是的，已差不多快五点了。

夕阳下看卢沟桥栏上形态各异的石狮子，故作狰狞却温驯可爱，永定河水已半干，卢沟晓月怕是见不到了，那凹凸不平的古桥面光滑如镜，甚是吸引目光。一群小朋友结伴而来，我请其中一个白皙清瘦的女孩帮我照了张相，她选取的景物和角度同她本人一般漂亮。

返程重新穿过宛平城，公交车 983 路转 982 路，车内空荡，将近一个半小时的车程，我诵完了一部经，不然，还能为那些逝去的人做些什么呢？

回到寝室只有我和国婧二人，她今天洗了一天床品，张罗到现在，我收拾好后打开电脑选课，甜甜回来给我们分享了北大图书馆的公众号，阿静带回果园新摘下来的葡萄。

半夜暴雨，昨晚刚洗的衣服又没戏了。

2021年9月12日，星期日，雨转阴

地坛、五道营胡同——此地无声胜有声

清晨下楼收拾“残局”，没想到张姐半夜起来把我们晾在外面的衣物都转移到屋檐下的遮蔽处了，惊喜加感谢。宿管如是照看，此间又添几分温暖。

在自习室写完昨日游记已是下午两点半，要不要出去？看看天色，阴沉但舒爽，看看自己，持续几个小时对着电脑，目力似乎不济，再要看书有些吃力，那就继续昨日未完成的路线吧。

既然已经拜天，接下来就该拜地了，听着有点像拜天地，好吧，就当自己嫁给了人文，我爱这天地间生生不息的文化，而京城正是文化之都。选取到地坛东门的导航路线，景区门口问工作人员，方知西门才是正门，那我待会就从西门出吧。

地坛气势远不如天坛，无论斋宫、宰牲亭，还是正殿，都小不少，皇帝号称天子，自然以天为尊，但地却未必卑，否则，何来祭坛？我理解地坛之所以形制克制，乃是因为中国文化潜移默化的影响所致，《易》云“阴虽有美，含之；以从王事，弗敢成也”，又云“地势坤，君子以厚德载物”，故地也，阴也，坤也，含也，载也，其意原本不在张扬宣发，而在涵容广大。所以妻道、臣道皆以地作比，其特点正在于“地道无成，而代有终”，不居成功之名，唯了分内之事，与《道德经》“功遂身退”同一个意思，此乃“地道”。

所以若是先去天坛再来地坛，必然觉得毫无意思，若是只想看个辉煌热闹，也必然觉得毫无意思，那是因为地坛本不是给人看热闹的地方，而是告

诉我们木不秀于林，方能参天，人不能“括囊”[1]，动必生咎。它的存在，不是要人敬仰，而是要人含蓄；不是要人倾尽，而是要人收敛，来此处没有惊喜、不会激动，把那些在天坛中似曾相识的方格道路默默地走一遍，给自己一个思考反刍的空当，心甘情愿去沉淀。

尤其我还是在这样一个阴雨天的间歇中来到这里，斋宫在修复，宰牲亭和神库闭门不开，神马殿和钟楼前几个汉服姑娘危坐拍照。我经过时被另一对正在自拍的女孩叫住，说背后这面朱墙是网红取景地，于是我们互为对方留影。

地坛又叫方泽坛，顾名思义，坛形为方。是不是天圆地方不得而知，只要有科学，认知就有可能被推翻，永恒真理也不得而知，毕竟我们自己从来都不曾永恒，不过“生为过客，死为归人”。但活着却不能没有规矩，于是由天圆地方引申出“君子敬以直内，义以方外，敬义立而德不孤”[2]之意，谁愿意被冠以圆滑之名？还是方点好。

方泽坛内祭祀“皇地祇神”，坛面本为黄琉璃砖铺就，据说被乾隆改成了艾青石，但他老人家祭地用的朝珠却仍然是琥珀和蜜蜡，想来五岳、五镇、四海、四渎的各路神仙不会怪罪，他的原意本为重视。我看到四周坛面仍然为黄色调，不知是不是后人又作了调整，黄色配方形浑厚沉稳，很有庄重感。

要说的是，坛内几乎每处形制都是方的，真是方得彻彻底底。地坛公园的安静宽阔让它成为老百姓的好公园，一路走去，打球、跳绳、下棋、喂鸟，什么活动都有，为这肃穆的祭祀场地平添了几分人间烟火气。

转出去后想到五道营胡同瞧瞧，却坐上了相反的公交车，本欲省步，结果反而多走了两站路，从五道营胡同返程又坐错一次地铁，在雍和宫 5 号线上找不到安定门，才发现我要上的是雍和宫 2 号线。五道营胡同口买了个烤红薯，一直提在手里，顾不上吃，胡同里看中的几件银制首饰，觉得没有必

---

① 出自《易经·坤卦》：“括囊，无咎无誉。”

② 出自《易传·文言传·坤文言》。

要买。倒是对安定门旁的居民楼很有兴趣，却不好意思走进去，怕被轰出来，只好随街拍了几张门脸，留作纪念。

进修课程已经初步选好，不知道下周还有没有时间出来游荡。

另有谢老的“百福”联句没有修订完，希望下周能有所交代。

第二周

2021-09-13—2021-09-19

2021年9月13日，星期一，多云

今日有课，且为第一次课。早早坐到教育学院204室，边看《旧唐书》边等候，提早了大概一个小时，十页史恰好能读完。

不多时，感到有一位男生进来，他帮老师连通好设备并擦干净黑板，然后坐到第一排靠门的位置。我发现自己没有戴眼镜，挪到了另一行的第一排，上课后顺理成章我俩被指为一组，分享大学里影响自己最深的一件事情。

他名邱飞，本科毕业于北大政府与行政管理学院，大三时去清远下辖县政府实习，了解到实际情况远不如自己高坐象牙塔里想的那样简单。上面资源配置时有不到位，基层公务员并不轻松，也就不愿意再提政策建议，觉得更应该参与实践，寻求能对社会真正起效的途径，于是选择来教育学院读研。我感叹他学而有心，就把自己入大学时荒废学业导致微积分挂科的事情坦诚相告了，而后整个大学都伴随一个不用功读书的影子，成见一旦形成就很难去除，第一印象至关重要。别说他人，就连自己在经过一段时间的不思进取后，也会怀疑自己的能力，在内心里给自己贴标签。

其他几位同学，有大一被恋情和友情折磨到影响学期绩点的，有不适应老师授课方式导致成绩不够理想的，有因为遇到老师指明方向从而专注于学习技能的，还有因主动承担学生活动而意外获得保研资格的。另有一位工作

几年后决心考研的同学，是因为支教时看到了教育对一个家庭的巨大影响，从而决定辅修教育。总而言之，这些都可以直接或间接地纳入今天课程的“个体与环境类理论”主题，对了，我上的这门课程名字叫做“高等教育与学生发展”。

米勒和皮恩斯认为大学生发展的终极目的是“实现自己的人生目标，并获得个人独立”，对此朱红老师提出中西方差异，即在个体与社会性中，西方偏重于个体，看重个体在群体中的独特价值，而中国则偏重于群体，需要在群体中寻求个人的归属感。两者的目标皆为取得个体与群体的平衡，同样会经过一个螺旋式的渐进过程。

西方是否看重个体我不了解，但若说中国偏重群体，却总觉得意有未逮。有趣的是，晚上我去旁听哲学系“儒家哲学研究”课程时，其所分析的《近思录》标题及原序内涵恰好可以对上午的课程作一补充，想来这也能符合朱红老师课前所提出来“对西方理论进行本土化思考，融入中国文化”的要求。

“近思”一词出自《论语·子张》“博学而笃志，切问而近思，仁在其中矣”，此“近”非空间远近，乃指“己身”，从自己出发思考问题，己所欲或者己所不欲，己所有或者己所没有，皆为近思。这个解释与《论语·雍也》“能近取譬，可谓仁之方也已”遥相呼应，皆以“己”为起点，推己及人，由私而公，从自己日用平常处用力，向超凡之道迈进。

由此可见，中国文化相当重视个体，只不过重视的方式和期许与西方不一样，我们将个体作为道德实践的基点和磨砺心性的场所，为使其仁、义、礼、智，而对其进行切、磋、琢、磨。个体于中国人而言，不是小心翼翼去挖掘并捧在手心里的宝，而是我们借以承载喜怒哀乐、悲欢离愁的根。正是因为重视，才会想要使它变得更好，但无苦寒不得花香，故孔子说“无求生以害仁，有杀身以成仁”[①]，孟子说“人有不为也，而后可以有为”[②]，老子

① 出自《论语·卫灵公》。

② 出自《孟子·离娄》。

说“以其无私，故能成其私”[①]。往圣前哲无不在指引我们，最佳重视个体的方式就是使个体拥有价值和意义，而这个价值和意义，必须经过一条修己达人之路。

“己”，才是横亘在求道路上的第一大障碍，不去除“己”之私，就达不到人之“公”。所以中国人提“爱自己”是辩证的，既有冬天般的严酷，又不失春天般的温暖，严酷待己不过是为了让“己”更有播散温暖的能力，这难道不是“实现人生目标，并获得个人独立”的最佳方式吗？所以当我看到朱红老师留下“请思考自我、他人、世界三者是什么关系”的课后问题时，脑海中浮现的答案是：这三者既不是各自独立，也不是互相递进包含，它们就是一个整体，是一体。必须诚实地说，这个答案不是我给出来的，古人早就说过了：“天地万物一体之仁。”[②]

第一次在夜晚九点走出校门，有几分凉意，还有几分清净。

2021年9月14日，星期二，小雨转阴

上午在圆明园自习室把日记和十页《旧唐书》完成了，下午同时有两个内容想听，时间上存在矛盾。一个是教育学院关于“跨文化视角下的亲子互动与儿童发展”的讲座，安排在两点，另一个是杨钋老师的“教育实践与教育创新”课程，差不多同一时段。想了想，讲座只此一次，课程每周都有，还是听讲座去吧。

主讲者是一位28岁的姑娘，名叫魏然，美丽大方，聪慧谦虚，笑言自己毕业于隔壁某理工大学，其实是清华的高材生。她因关注文化是如何影响家庭及孩子这一问题，从哈佛大学教育学院博士毕业后选择去了哈佛医学院

---

① 出自《道德经·第七章》。

② 出自《传习录》。

从事“根植于中国文化和汉语，由社会-文化发展理论推动的实证研究”，希望在中国的独特环境和文化背景下，帮助各种家庭发展儿童潜力，从而促进教育公平。

她的研究选取了36组美国家庭和40组中国家庭作为对象，理论依据是维果茨基的“社会-文化发展理论”，即儿童学习和发展与其所处的社会文化环境息息相关，儿童通过“早期社会交往”内化其所在社会的文化特征，而“早期社会交往”对于绝大部分儿童而言，就是与亲人的互动，于是学龄前儿童的口语发展成为她重点关注的研究面。

魏然发现中国家长常用准备性话语与孩子讨论未来，而美国家长更倾向于给出抽象解释。有趣的是，研究表明无论国别、文化、说话方式、家庭背景有多么大的差异，对于3到5岁宝宝的早期词汇习得而言，这些都没多大关系，去情景化语言和未来语段的使用才是起效的关键。比如说北大教授的孩子从小听到知识方面的词汇较多，于是习得了专业词汇，木匠的孩子从小听技能方面的词汇较多，也会同样习得技术方面的词汇。因此，孩子的口语能力和叙事能力不在于家长是否 educated（受教育）、是否 rich（富有）、是否 industrialized（工业化）、是否 democratic（民主），而在于家长有没有跟孩子交流，愿不愿意跟孩子多交流，从这个角度而言，孩子受到的教育是公平的。

当然，这个结论是我自己就其演讲内容得出来的，魏然的研究结论是：“家长去情景化语言密度和未来语段密度与儿童的叙事能力正相关，且去情景化语言能训练儿童的抽象思维能力，所以针对去情景化语言的早期干预，可以大大提高儿童早期的词汇习得。”据此，她与合作公司开发了几款 APP，模拟去情景化语境，用以提高学龄前孩子的词汇量和叙事能力。

说实话，没有接受过正规学术训练的我听这类学术性讲座，多少有点不适应，感觉自己在不停地“翻译”，将那些词句和理论转变成通俗浅近的话语供自己理解吸收。或许这也是我不能注心于纯学术的原因，现行学科分类相当细致，都有自己专门的学科用语和理论支持，这些理论几乎清一色是西方的。这就导致像我这样试图一窥其他学科究竟的人入门时倍感艰难，学吧，那么多新鲜词汇一个个弄明白，需要花费大量的时间精力，明白后发现原来它就是某某意思；不学吧，又有闭门造车之嫌，感觉被自己局限。

但如此探寻事物之理，或许一生不过是在一个或几个子学科里琢磨，怎能对自己的学问有所交代。写及此，脑海里浮现《传习录》中的词句，“彻上彻下，只是一贯”，我也想要体会这样的一贯，但要从何处去体会？如果说我听课只是在触摸枝叶，那根本在哪里？有没有一个纲领可供提挈？

来不及细想，得赶去旁听“秦汉史料研读”，地点在二教，也就是李兆基楼。去的时候离第一节下课还有十五分钟，遂坐在外面凳子上等候，没想到这一等竟然等了四十分钟。其他教室下课铃声响后陆续有学生出来，唯独我等的这间毫无动静，想是老师讲得欢，那我就不进去打扰了。

下楼时发现这栋楼里处处都有自习的地方，明亮通风，燕园里边真是无处不可学习，有着令人感动的妥帖。出门后刻意到楼后面转了转，回廊里绿树青青，像个小院，又到前面不远处的大学生创新创业中心转了转，里面陈列了老师们的书法作品，名为“吾心安处”，吾心安处即是家。

心安何处，几人能明？

而后尝试了一下图书馆的借阅功能，看到《启功文集》和《金刚经说什么》放在文史类进门醒目处，于是抱回宿舍。

出校门时想起阿静哼唱王菲的《人间》，便一路听着自己熟悉的曲子慢悠悠地走回去。听歌这事很奇怪，有时候愿意单曲重复，有时候多一点都觉得嘈杂，有时感到沉迷，有时想要放弃。年岁渐长，喜欢安静的时候多，歌也随之趋于沉静。

晚上十点刚过便感到困意沉沉，爬上铺坚持看了几页《金刚经说什么》，等不及她们熄灯，就戴上眼罩耳塞睡着了。

2021年9月15日，星期三，阴

虽然是阴天，却倍感舒爽，六点半起床赶一、二节“教育哲学”课。天桥上趴着两只和我一样早起的大狗，它看着我，我看着它，都不作声。

一路回复微信，展老师开讲后，连一句“我开始上课了”都来不及打，直接投入猛写笔记中。老师准备的内容多，语速快，思维跨度也大，在韦伯以人为主的高教理论和涂尔干实证主义社会学高教理论中，引导我们倾向于后者的学习和研读。但我本人对这种只承认科学的合法性，拒斥形而上学甚至将个人边缘化、重视机构和模型的实证主义哲学不甚认同，唯惊叹于展立新老师渊博的学识，埋头苦记。

我没有任何教育理论基础，只有实践经验，于我而言，教育是一场浸润，如文老师所说，“教育是用人格影响人格，用生命影响生命”。“人之患在好为人师”[①]，真正面对学生时，除了课堂讲授专业知识的那点时间外，其他时候何敢以老师自居，至今不觉得学生有什么地方不如自己，我不过比他们年长，多读了几本书而已。若论为人之诚恳、做事之精勤、考虑之周到，我的学生中胜过我的大有人在，所以我很珍惜与他们相见的缘分，总觉得能在那么十几周的时间里定期见上一面，待在一起，很是难得。他们愿意听我讲、愿意思考我讲的有没有道理、愿意尝试我认为的对和好，是我的幸运。我重视每一个学生，也感到每一个学生都是与众不同的，只恨自己缺乏一双慧眼识别出他们各自的生命需要什么，要我把学生当成一个整体，寻求规范制度化的模式，我做不到，也不愿意。

三、四节是“教育导论”课，由文老师和蒋老师合上，先是两位老师在课前作自我介绍，文老师说他想讲“水”课，讲一门像水一样汇聚点滴善意

① 出自《孟子·离娄》。

与幸福的课，令人倍感亲切，这才是我想要的。“教育导论”前半部分由蒋凯老师为我们传授西方经典的教育理论，分别是：柏拉图、卢梭、杜威、赫钦斯、维果茨基、布迪厄、弗莱雷。后半部分由文老师为我们讲解中国文化中的教育理论，分别有：《大学》《中庸》《论语》《孟子》《道德经》和《传习录》。作业及考试形式颇为有趣，每次课前要求阅读上述各家的文字，并撰写一篇不少于600字的读书笔记，期末将之汇总。阅读经典我所愿也，读书笔记亦我所愿也，遂欣然接受，回头看到满教室的学生，不禁替蒋老师捏把汗，每周批阅五六十篇读书笔记，还是挺辛苦的，尤其听课后发现这位老师极其严谨认真，我的佩服又多了几分。

午餐后散步，无意中探到了燕园南门，安安静静地任人进出。

昨天试了借书，今天试试自助打印，意外发现充值在卡里的餐费同时可以用于打印，来北大，我即便什么都没学会，也要把这种认真、用心做事、妥帖服务的态度带回去。

晚上给自己安排了喜欢的哲学系课程“道家哲学研究”，因为记错时间提早了半个小时到教室，不过幸好记错时间，去的时候几乎已没有位置。一间30人的小课室里活生生坐了差不多50个人，最后一排有位先生白发苍苍却持笔端坐。跑过去时顾不上吃饭，此时颇有些饥肠辘辘，看到旁边一位男生手指上叠戴了三枚银戒指，感到哲学的张力，竟似忘记了饥饿。

王博老师是我来北大后遇到的第一位没有PPT、没有讲稿、没有使用任何资料的老师，信手拈来，用词精当，小时候爸爸对我说“好老师就只需要一根粉笔”，至今验证。所讲的内容不容易，却浅近，不常见，但通俗，下课的时候回忆了一下，我几乎能复述老师所讲的大部分内容和要点，当然也有笔记之功。不得不说，能把哲学讲得如此深入浅出且令人不感到乏味是很难的，王博老师做到了，尤其是他头发虽已略微花白，脸上却仍然留有某种少年人的羞涩，言语温润，举止大气，不愧为北大哲学系科班出身的高材生。

课后路经夜晚的图书馆，有另一种清晰明丽，想起王博老师刚才提到的“夜晚12点未名湖中倒影之美”，升起好奇之心，不知我今年有没有一睹的机缘？

2021 年 9 月 16 日，星期四，雨转阴

来北京后第一次打伞出门，空气湿润，一如广州。

我刚走进教室坐下，陈洪捷老师便宣布开始上课，课程是“高等教育史”，选择试听这门课是因为自己对历史向来有好感。陈老师开门见山地指出“历史常识和历史不是一回事”，前者是既成知识，后者是人类对过去的探索和思考，而这门课着眼于后者。讲解完高等教育的概念和框架后，陈老师告诉我们，本学期前半段的中国古代高等教育史将由学生完成，将其分成先秦、官学、科举、书院、私学、晚清、近代七个部分，学生们亦分为七组，各自认领并查资料准备 30 分钟的 PPT 和 presentation。为了避免重复，每一小组需要在课前和老师进行两次面对面交流，因为这门课程旨在做研究训练，培养学生的历史思维能力。我最后入群，见无人认领官学，遂择此。

今天周四，前后一共听了六门课，每门均有不少文献资料和书籍需要阅读，还有读书笔记之类要完成，任务不轻，自己尚有日记、《旧唐书》、“百福”联句、公众号定更等个人事务，加之中午困倦弥深，于是放弃了想要在今天试听的“中西教育思想”和“宋代经学研究”，去图书馆自习。

转眼已到六点，抬头发现同桌的两位女孩都已离去，电脑、书籍仍在桌上，她们应该是去用餐了吧，偌大的图书馆里摆满了无人的笔记本电脑和书包，显现出这里的秩序和素质。

王华老师在理教 313 等我，约好一起去上文老师的“教育与幸福”课，这是我最期待的课程。可是 6:40 过去很久了，老师仍未现身，在群里询问，亦无回应，是不是我们弄错时间地点了？

半小时后终于死心，王华老师说楼下 208 教室里林毅夫老师正在讲课，便结伴一起去听，走到门口却不好意思进去，这间教室没有后门，堂而皇之地从前门进去打扰，终是失礼。门缝里拍了一张林先生的侧影，干净挺拔，

孔子说“以貌取人，失之子羽[1]”，我却觉得如果“貌”不单指颜值，而是指一个的风度、气质、言谈、举止，那人是可以貌取的，至今我没有见到过一位外形猥琐粗鄙而内心高尚的人。

从208门口离开，环顾四周，又见自习位置，不由得想起自己前些年在学校抱着书本到处找座位自习的狼狈情形，真心羡慕，这里除了自习位，还有沙发，一楼的小商店也开着门，真是无所不备。刚才赶课，无暇欣赏，反身再看，才发现理教的美。

课程没了着落，漫步中无意逛到北大书店，就在新太阳学生中心楼下一层，走进去时只有我一人。门脸不大，里面却别有洞天，看到木地板上随意放置的蒲团，感到自己又发现了新大陆，陈列的书籍八折，文具九折，遂挑了一把裁纸刀和一小本便签贴。

坐上365路，发现有乘客在低头看书。“德不孤，必有邻”[2]，愿天下读书人皆得其所。

2021年9月17日，星期五，晴

雍和宫——错将佛殿作明堂

天气晴好，阳光明媚。

报到时舍友们就在感叹运气如此之好，我们的房间不但在二楼最里边，而且窗外有一棵树，清晨看到金色沐浴的枝叶，忽然想出去转转，古老的亭台楼阁在阳光中该会显得更加壮丽非凡吧。

数了数自己的事情：《旧唐书》、日记、更新公众号、读诵经典、给学生

① 出自《史记·仲尼弟子列传》。

② 出自《论语·里仁》。

回信、看《理想国》和《爱弥儿》节选、写读书笔记、查找官学资料、修改联句、两篇关于大学生发展的文献、买棉片和小桶。作业放到周末，“福”字不能一蹴而就，回信可以暂缓，那就完成剩余四件后出发吧，正好晚上可以在外面找个超市买东西。

三点从宿舍动身，四点到达雍和宫，被告知五点清场，我只有一个小时。也罢，加快速度便是，反正一个人晃荡，时间容易掌控。

走进去才发现雍和宫原来是座寺庙，而且是藏传佛教的寺庙，刻意不做功课，只为了给自己一个惊喜，还当真惊喜。来北京的前两天去了光孝寺，来北京后的第二周又到了雍和宫，冥冥中自有安排，这是在告诉我，无论天涯海角都不要忘记利益他人吗？

雍和宫本为王府，因雍正、乾隆两位皇帝曾经驻此，而有“龙潜福地”之称，前后一共五进，依次为天王殿、雍和宫殿、永佑殿、法轮殿、万福阁。每殿形制大同小异，庄重与热闹并举，沉稳同艳丽齐具，檐有铃而顶有饰，雕梁画栋，金瓦红墙。

一个小时正合适，出来后发现国子监就在马路对面，可惜也是五点闭门，凑门缝往里瞧了一眼，改日再来。国子监街两旁有不少算命看相的摊位，颇类长沙开福寺门前街道，看到驴打滚时肚子正好饿了，买了一块，味道还不错。

周五适合逛超市，这次选择了回宿舍方便的华联上地购物中心，从圆明园东门往北坐三站即到。但我既没有买到屈臣氏的方形棉片，也没有买到水桶，前者因为缺货，后者不如网上的漂亮。倒是看到几个陌生的服装品牌，品质似乎还行，可天色渐暗，我已无心逗留。

回宿舍收拾停当后接近十点半，看到阿静挂在床边的牛仔连衣裙，和她聊起品牌，这才发现她的衣柜里清一色黑、白、蓝、棕、灰之类素色衣物，偶有条纹，绝无彩色印花，穿上这些的她看起来就像个学生。我笑言自己想象中的云南女孩是繁花似锦、明艳如春的，她说她只穿 MUJI、Unique 和 MHL。女孩子早早知道适合自己的风格真是一件幸福的事情，旁人眼顺，自己心安。

十二点入睡，明天一堆任务等着我。

2021 年 9 月 18 日，星期六，多云

早上起来和甜甜相顾失笑，她脸上一个坨，我下巴一个包，我俩将原因归结为学习太辛苦，又或是水土不服，反正不是自己吃多了。但其实北大的饮食是真好，我餐餐撑到胃疼后才开始收敛，听到甜甜跟她妈妈打电话说“进修比读研还认真”，表示赞同，一辈子学习没这么认真过。

中午吃完回宿舍时看到洗漱间里有两个女生在洗脸刷牙，另有两个女生谈论游戏，不知该作何感想，我们这些外地来求学的争分抢秒，她们好整以暇，唉，这恐怕就是“抱衾与裯，实命不犹”[①]吧。

今天是 9 月 18 日，听说圆明园免票，中餐在食堂遇到王华老师时才知道不少访学进修教师都去逛了，从食堂出来迎面碰见阿静和甜甜，她俩太阳帽、斜挎包、墨镜装备停当，正往大门走，目的地也是圆明园。今天天气明亮但无大太阳，的确适合游玩，只可惜昨天我浪了一下午，堆积那么多的事

---

① 出自《诗经·召南·小星》。

情，不好意思又出去，只得返回自习室继续自习。看到一只胖猫仰躺在路上，睡得很是惬意，心也跟着萌软起来。

上午写日记、读《爱弥儿》，下午读《爱弥儿》、读文献，总算完成了各位老师要求的任务。我喜欢读经典而后写笔记的方式，读得很认真，又因曾立下“此未终，彼勿起”①的誓言，除非特别艰涩或雷同繁冗，其他书籍翻开便得读完，随着课程渐进，这学期累积的未读书目将会越来越多，已在意料之中。记忆里，至今翻开却未读完的古文经典只有《九章算术》，现代书籍也有几本，不提名字了，同为现代人，还是遵循董仲舒“于所见，微其辞”②的建议吧。

八点半回到宿舍，《旧唐书》来不及看，洗漱停当后给小云回信，她的来信让我惊心，一直挂在心里，抓紧最后上床前的时间回复她，没想到一气呵成竟然写了两千多字，看样子心有所想，笔下才能有所发挥。

没有浪费一分钟，今天过得很满意。

2021 年 9 月 19 日，星期日，雨

上午在自习室写《爱弥儿》读书笔记，完成后已近午餐时分，雨越来越大，寝室里来回踱步读诵经典后，心也随之安静下来。感到视力有些模糊，聚焦力不从心，只怕我又用眼过度了，下午还是休息吧，可下着雨，我能去哪里呢。

一排猫在屋檐下躲雨，数了数，一共六只，难怪我老觉得今天看到的长得不像昨日看到的。躺在床上午休，和对铺甜甜聊天，她推荐我去看看COS，那是她最喜欢的服装品牌，随手查了查，北京有五家店铺，最方便的

---

① 出自《弟子规》。

② 出自《春秋繁露》。

在国贸，地铁 10 号线可直达。逛书店要用眼，看电影也要用眼，那就和她一起去逛商场吧。

高兴的是，程程今天去了外婆家，跟她说了好一会儿话，她说她一切都好，就是班级秩序比较差，上课时闹到听不清老师在讲什么，好在最近轮坐到第一排，不过依然怀念广州小学六年级时的安静课堂。我不知道该讲什么，似乎也没啥好劝，就说了说我在北京忙碌的状况，并告诉她这里有很多好吃的。

国贸很高档，显然不适合我这平民，COS 正在打折，试穿了几件也无果，倒是在镜子中看到自己腰又粗了，琢磨着吃了今晚，明天开始克制。转了一个小时就决定回去，中途换乘地铁处恰好有个新中关购物中心，那里或许有我想买的皮鞋。北京最近时不时下雨，温度又不似在广州，可以穿夹趾拖，而我带来的全是布鞋，看到下周连续五天有雨的预报，雨鞋成为我的当务之急，只是新中关也没有，我只能网购了。

和甜甜下午在国贸分开，晚上又在澡堂里遇到，她也一无所获。

第三周

2021-09-20—2021-09-26

2021年9月20日，星期一，雨

雨从昨天一直下到今天，气温慢慢下降，雨鞋尚在运输途中，只好在袜子外面裹一层塑料袋穿鞋。等车时眼见旁边一位男士被飞驰而过的小车溅了满身水，我站在公交站牌前幸运地躲过一劫，掏出纸巾擦了擦脸。

第一次感受北大的温柔竟然是在雨中，校园内无论大路小路、大车小车，在经过行人时都会立即放慢车速，缓缓滑过，紧挨身边，却没有半点惊险。

刚在图书馆坐下，文老师便告知他已到办公室，要我去拿“幸福日志”，这日志做得很用心，有《孟子》《论语》《大学》《道德经》四种传统经典语句本可供选择，每日一句，每日反省。曾子有“为人谋而不忠乎？与朋友交而不信乎？传不习乎？”[①]之训，但每日三省对于常人而言颇有难度，文老师改为“不抱怨”“不懈怠”“不撒谎”，浅近好理解了许多，也好入手，不过其实不容易做到，坚持更难。转念又想，如果这都做不到，谈何做“大人”、做“君子”，必须这样自我要求、自我警示，两本幸福日志在手，顿觉沉甸甸的。

四十岁那年我曾立志不说假话，也不说敷衍的话，两年过去了，慢慢有

① 出自《论语·学而》。

了一种要说之前的警醒，觉察来之不易。多少次想要冲口而出，多少次碍于情面，多少次眼睁睁看着，多少次内心纠结，甚至有时候我都不会笑了，觉得自己一笑就容易放飞自我、容易假。不过，做一个真实的人毕竟是愉悦的，而且很轻松，这份愉悦轻松令我极其容易全神贯注地读书做事，这才明白心无旁骛的前提原来就是“不撒谎”。

至于“不懈怠”，起码这一年是欲懈怠而不能了，每天都得记录生活，既然要写就得有值得写的东西，天天睡觉逛街是羞于提及的，所以在决定的那一刻，就已经不允许自己这一年无所事事了。

于我而言，最难的其实是“不抱怨”。这不，刚才看到学生发来的关于学校最近发生的事，内心便忍不住抱怨的冲动；晚上去澡堂看到一位女士将脱下的鞋袜放在别人放衣服的位置，也忍不住想要抱怨。我的涵养功夫如此之低，见到不如意第一反应就是抱怨，抱怨的确让我很多次心情不好，却除了把自己整得心情不好之外起不到半点作用。当我看到文老师对退课的学生说“谢谢告知，祝你幸福”，对选课人数表示“可以理解，人各有志”时，我这才明白什么叫不抱怨，师者，引路人也，有师若此，我当跟随。

下午三点听了蒋凯老师的另一门课“国际比较高等教育”，然后决定选课。原因很简单，这位老师的一丝不苟和专业积累，是我学习的榜样，单看他课前课后给的那一长串文献名单就知道老师用心良苦，更别说他能在第一次课上随意叫出学生的名字且知道他们本科所学，不是刻意留心记过，怎么能够做到。我爱认真的人，更爱认真的生活态度，这或许因为我骨子里有些自由散漫，得不到的总在渴望。

课后竟然出太阳了，傍晚五点半的阳光依旧有穿透力，穿透了枝丫，也穿透了我的疲倦，买个冰激凌庆祝一下这久违的秋日薄阳。

雨后的北京干净清爽，站在天桥上看远方，冰凉的灰蓝色调，沁人心脾。转眼来此已半月，似乎很漫长，又似乎转瞬即过，好在课程总算基本确定下来，这个学期必修五门，选修两门，下个学期应能轻松很多，届时我可以有更多的时间任意听课和听讲座。

忽然发现进修教师的身份很好，因为有学分要求，不能想听就听、不想听就不听，而是和其他学生一样需要作业考核，能善始善终地完成几门课程，心里有说不出的安然和踏实。最关键的是，旁听不好意思打扰老师，而修学分可以堂而皇之地参与课堂、交作业、和老师交流，这不正是我来北大的目的吗？老师们的授课内容要学，老师们的授课方式要学，老师们为人处世的态度更要学。

2021 年 9 月 21 日，星期二，晴

琉璃厂、杨梅竹斜街——有心无意皆是它

清晨，收到慧慧毛寄来的水果，昨天有月饼、点心，今天是石榴、秋枣和西梅，据说还有花茶在路上，难怪她家一家老小都离不开她，如此慧心的媳妇，谁不喜欢。

这个学期的时间安排差不多已成定局，有课时完成课业，无课时完成自己的三样：《旧唐书》、读诵经典、写日记，早晨八点开始的话，正好一个上午加中午，下午看能去哪里转转吧。

出门时在国子监和琉璃厂中举棋不定，公交站等来的第一辆既然是 664 路，那就琉璃厂好了。上车前看到路边有糖炒栗子，小小关照了一下大姐的生意，味道不如广州龙洞街口那家迁西板栗。

琉璃厂是两条街，从宣武门地铁口走过去大概十五分钟，看到“琉璃厂”三个字的标识时，才知道自己刚才其实已经走完了其中的一条，还在暗自琢磨，周边的胡同和街道怎么也如此具有文化气息。

街上行人非常稀少，穿过那层层小巷竟有种冷清寥落之感，漫步至跨街天桥，抬眼望去，阳光媚好，空气明净，将对面的树木房屋映衬得煞是好看，随手拍下，宛若西藏。

不知是佳节团圆还是疫情影响，店铺大多关门闭户，营业商铺不过十之

一二，偶有几个外国人背包经过，也同我一样，拿着相机到处比画，寻找最佳视角。在花城待了近二十年的我不意北京也有此娇花艳朵，如今的神州大地，真可谓姹紫嫣红开遍。最开心的莫过于经过“一得阁”时，恰有一群飞鸟飞过，且就在我举起手机的刹那，振羽轻啁，因此分外珍惜这张照片，想起儿时习字场景，一得阁的墨底青竹定格了我对书法的所有记忆。

行步将出，道路尽头有一位年轻保安在阳伞下低头看手机，向他打听附近有没有其他可供游玩的去处，他随手一指后方，“穿过这条街就是前门”。走了几步后折回来请他给我在琉璃厂街口拍张照片，又在前方不远处请到另一位大姐为我和她家两条狗照了一张，留下经过这里的模样。

回想起来，一下午最美的时分竟然是保安小兄弟随口所说“穿过这条街”的街道，五点的阳光脱去了威力，温温柔柔地洒在身上，凉风习习，分外惬意。歪歪斜斜的巷子里有咖啡、有人家、有宠物，还有花草，似新似旧，如语如呓，有着令人雀跃的歪打正着。可惜日色渐晚，人流渐增，破坏了清冷，迎来了喧闹，当咖啡馆里人头攒动的时候，我走出了这条街，回头一看，原来是杨梅竹斜街，久闻其名。

无心之行欢喜莫名，有心寻访恐亦不过如此，惊喜于它的不期而至，却失望于它的咖啡印记。不知为何，咖啡馆总给我一种烂大街的潮流感，阳朔如是，五道营胡同如是，这里也如是。我不喜欢全国连锁的中华名小吃，一如不喜欢咖啡这种世界饮料，内心里，无不遗憾这些“有钱有势”的品牌挤跑了大哥大姐老头老太的小推车，明知道在这京都繁华之地不可能出现旧时的小个体，却仍固执地想要找寻从前的味道，或许注定是徒劳。

果然，在前门“鲜鱼口老字号美食街”上买到的烤面筋和酸梅汤，一个生硬难啃，一个既不酸也不甜，倒足了胃口之后再度怀念起广州，尤其是邓老凉茶现制的桂花酸梅汤，酸酸甜甜一股清香，可惜已成绝唱。前门大街上走了一圈，只敢相信北京协和医院的维生素E乳液，其余压根引不起掏钱的欲望，天黑时分，意外逛进MUJI旗舰店，解决了我的牙刷问题，也算不虚此行。

拍到了傍晚与黑夜中的前门，却忘了今天月圆，应该拍月亮，不过自觉

一得阁

已经够美，同样心满意足。

甜甜回来说她去了北海和景山，那边人山人海，庆幸自己在热闹来临之际选择了打道回府。地铁上遇到一位好心的姑娘，看到我把酸梅汤洒了满身，立刻递上纸巾，我收拾干净她正好下车，竟然连面目都未曾看清。好在妈妈打电话告诉我她的腿伤恢复得很快，令这个北京的中秋异常圆满。

2021 年 9 月 22 日，星期三，晴

周三是一周中最繁忙的一天，上午四节，下午三节，晚上三节，马不停蹄。

经过一周试听，我发现教育学院的课程除了文老师的“教育与幸福”和“教育导论”，展老师的“教育哲学本土化”，部分“高等教育史”，几乎都是国外理论的天下。不但评判标准是外国的，连教材、教参也是外国的，偶有中国学者的文献资料，也以研究国外理论为主，对于我这个醉心于中国学问的门外汉而言，着实感到有些迷茫。今晨在纠结要不要继续听“高等教育史”时忽然想明白了，既然这里精研国外，不妨入乡随俗，南师说做学问要融汇“古今中外”，那我今年就好好补习这个“外”吧。

实话说，展老师的课相当好听，基本没有多余的话，字字句句都在课中，偶尔有自己对于当前中国教育界的看法，也不乏中肯言论。虽然老师屡说自己有些过激，我却觉得“人无癖不可与交，以其无深情也；人无疵不可与交，以其无真气也”，能听得出来，展老师并无私心，只有观点。

蒋凯老师讲“卢梭的教育理论”，一贯其严谨作风，可爱的是老师准备得过多，时间匹配不上他的知识量，每每弄到最后十分钟稍显匆忙，但我却喜欢他不紧不慢的语速，当场就能记住不少。

周末写了一篇《爱弥儿读书笔记》的作业，因此对书中一、二、三章所讲述的内容有一定了解，当时就对卢梭的“自然教育理论”有些疑惑。比如

他建立“自然教育理论”用的是“三大教育论”为依据，关于这三大教育，他是这么阐述的：“我们的才能和器官内在发展，是自然教育；别人教我们如何利用这种发展，是人的教育；我们对影响我们的事物获得良好的经验，是事物的教育。”在我理解，自然教育就是“天赋予”，即中国人所谓的“命”；而人的教育和事物的教育是我们一生中所遇到的人、事对我们的影响以及我们的应对，即中国人所谓的“运”。卢梭认为：“其中，自然教育完全是不能由我们决定的，事物的教育只是在有些方面才能够由我们决定，只有人的教育才是我们能够加以控制的。”也就是说，在他眼里，“天赋”是神圣不可更改的，“事”是外在难以调控的，只有“人”才能完全由自己控制，因此得出的教育主张是：“自然的目标，就是使其他两种教育配合我们无法控制的那种教育。”

是不是这样呢？

我认为未必。

首先，如果事物的教育是指“我们对影响我们的事物获得良好的经验”，那事物的教育就不是“只是在有些方面才能够由我们决定”，因为事物虽然在外，但我们怎么看待事物完全由我们自己决定。“月儿弯弯照九州”，九州同享此月光，但“几家欢乐几家愁”，却有着不同的喜怒哀乐，心情好时，一切都美好，心情不好时，万物都带着灰暗。事物对我们能产生怎样的影响是可以由我们自己把控的，换一种眼光，转一个角度，会带来完全不同的体会和体验。

其次，人的教育如果是“别人教我们如何利用这种发展”，那人的教育就并不是“我们能够加以控制的”。因为主动权在别人，也就是说我们在互相施加教育，我们能做的是控制自己不“教坏”他人，但我们不能控制别人怎样“教”我们。所以我认为最能够实施的“人的教育”还是自我教育，孔子言“己所不欲，勿施于人”[①]，《大学》云“是故君子有诸己而后求诸人，无诸己而后非诸人”，才是最可行的。

---

① 出自《论语·卫灵公》。

再次，如果说“自然的目标，就是使其他两种教育配合我们无法控制的那种教育”，这是要“运”向“命”靠拢，多少有点宿命的意味。即天赋怎样，后天就遵循它，如果天赋是不可逾越和超越的，那我们这一生的意义就只不过是在完成老天对我们的预先设定，教育的作用亦只不过是在这个范围内推波助澜。并且，人的天赋若注定不可更改、不可控制，那没有教育，似乎也歪不到哪里去，正如卢梭在第二卷所言：“我从来没有听说过一个自由自在的孩子会把自己弄死了，或者弄成残废了，或者受到很重的伤了。”中国则不然，曾国藩说“唯读书能变化气质”，俗谚亦云“读书志在圣贤”，中国人受教育的目的绝不是顺应自己，而是让那个天赋不怎么样的自己在教育之后变得更好更善。此其一。

其二，卢梭在第三卷结尾处说“爱弥儿知道人和物之间主要关系，但他一点都不知道人和人之间的道德关系”，并以此为佳，我觉得有点过于理想化了。人一生下来就有家庭成员和亲戚朋友，他不可能一点都不知道人和人之间的道德关系，这不是老师可以安排在什么时候教他，而是自出生始便潜移默化在他生活的每一处。

其三，如果教育是使一个人有幸福感，能够分辨善恶并造福于社会的话，那幸福的标准就值得被讨论，卢梭的定义是：“衡量幸福的标准是：痛苦少的人就应当算是幸福的人。幸福的道路在于减少那些超过我们能力的欲望，使能力和意志两者之间得到充分的平衡。”对此，愚亦不敢苟同。试问，已经成年的我们对自己的能力和欲望能够清晰地界定和衡量吗？我觉得很难，起码我自己就做不到。能力和欲望都是难以被量化的，即便可以被量化，也难以同步匹配，如果认为痛苦来自欲望和能力的不相称，那最好的方法也许还是节制欲望，因为只有这样，才有切实可触摸的安心可供体会。并且我也不认为一个人的能力应当用于满足自己的欲望，这未必太轻贱自己。

有趣的是，不需要蒋老师解释，卢梭自己就已经解释了，他虽然模拟一个慈父的角色在 50 岁那年写出了《爱弥儿》这部教育学名著，却将自己与女仆所生的五个私生子先后送去了孤儿院。并且西方某些贵族家庭采取了他的观点培养孩子后，孩子不但没有变成人才，反而成了傻子，卢梭自己的晚年也饱受心理疾病之苦，未能享到“考终命”之福。尽管蒋老师评说“其生活的失败不能掩盖其思想的光芒”，我却很难认同这种只有空想的构想。

当然，在 18 世纪的法国，他的这种想法无疑具有进步意义，但对于中国而言，能借鉴的地方并不多。展老师说“中国是建立在实践基础上的陶冶教育，而西方是建立在理论基础上的专业教育”，作为一名学习者，我愿意拜读西方作品，但作为一名家长，我更愿意选择中国“止于至善”[①]的教育。原因很简单，孩子不是试验品，对于父母而言孩子是最珍贵的，中国世世代代培养出那么多杰出的、不朽的人物，还有什么证据能比真实的生活更可靠呢?

中午犯困，在桌子上趴了一会，而后去听“高等教育名著选读”课。开始后没多久我就后悔了，因为这第二次课完全承接第一次课而来，我一没看过资料，二不知道在讲哪本书，三又不便离场，七个人采取的是与老师围坐论谈的形式，我恰好选了个最靠近老师的位置。本以为可以融进去，无奈这课自始至终都在对着资料谈理解和看法，无缝可插针，幸好随身携带了一本《前世今生》，只好听他们的，看自己的，好不容易熬到下课，身心俱疲。

看来我高估了自己的体力和能力，一天满课的强度承受不住，以后万不可贪。

晚上早早把自己收拾干净爬上床，阿静还没有回来，我和国婧就已经睡着了。

2021 年 9 月 23 日，星期四，多云

今天天气预报有雨，却意外多云。

在教育学院二楼的自习位上写了一点日记，上课铃就响了，这次课的“高等教育史”由学生主讲，然后老师点评，有点翻转课堂的味道。内容为

---

① 出自《大学》。

“先秦时期的高等教育”，三位女生不仅容貌姣好，科研能力和学习态度亦并俱佳。上周老师给了一个框架，要求从高深知识、师生和制度这三个要素分析各个时期的高等教育状况，对于先秦而言，还真不好讲。因为如果将高深知识定义为有理论、成体系的知识，如果认为高等教育需要进入一个文明较清晰的时代才能认定的话，就会遇到这么几个问题：

第一，考古实证能否等量匹配，如若不能，是否还能将之纳入高等教育？因为研究要求言之有据，而所谓的“据”除了典籍和学者们的已有研究外，恐怕主要来自考据，但考古挖掘毕竟有限。而且公认的博通文史哲的大师们很多都已去世，后来的学者文言功底薄弱，更多的是对某位大师观点的阐释或补充，与原典相距甚远，意思未必能把握得当，比如对“刑不上大夫，礼不下庶人”的理解，又比如对“知行合一”的解释，还比如“礼就是礼法”之类观点，不一而足。孔子在《论语·八佾》中说：“夏礼吾能言之，杞不足征也；殷礼吾能言之，宋不足征也。文献不足故也。足，则吾能征之矣。”春秋时期的孔子就感叹当时“文献不足”，何况两千年后的我们，没有考据就认为缺乏证据恐怕不合适，仅有后世学者的观点就认为是那样未免也不合适。

第二，中国人的知识与体系之间是什么关系？我的思考是，中国知识是不是都成体系？不成体系的那些算不算高深知识？如何才能被定义为有体系？就目前所学来看，体系化、理论化的视角更多来自西方，拿这套标准生搬硬套在中国知识上，会不会有口径不一致的尴尬？诸子百家显然自成体系，但是他们提出了什么理论？尽管也有今人作过总结，但经过我们总结的会是诸子本意吗？正如王博老师所言：“冯友兰写的中国哲学史严格意义上讲，不能称为《中国哲学史》，只能称为‘冯友兰的中国哲学史’。”学者提炼出来的理论只能是某某认为的诸子思想而已。我们不要忘了，如果可以提炼，为何惜字如金的竹简时代要洋洋洒洒刻上一本，后人在对文言文都难熟练运用的情况下，未必便有总结前人学识的资历和水平，强行归纳，难道不怕日后贻笑于大方之家吗。

第三，较真定义高等教育的话，必须首先定义何为“高等”。这又与中国传统格格不入了，因为先秦时候只有“小学”“大学”之分，并无“基础”“中等”“高等”之别，彼“大学”非此“大学”。《大学》开篇有云：“大学之道，在明明德，在亲民，在止于至善”，这里的“大学”明显不是指有师生、有制度、有知识的有形群体关系，而是一种为学修养境界，“大学”更多是指“大人之学”“君子之学”“成人之学”，是一个人对自己身心性命的一种成熟通透，并非陈老师所说的“规格高、等级大”。

不单如此，中国教育从某种意义上来说，是反对切割和分辨“高等”“低等”的。王阳明先生在《传习录》[①]中说：“如木之栽培灌溉，是‘下学’也，至于日夜之所息，条达畅茂，乃是‘上达’。人安能预其力哉？故凡可用功、可告语者，皆‘下学’，‘上达’只在‘下学’里。”中国学问圆融无碍，不以“上”为“上”，不以“下”为“下”，才能最终达至“彻上彻下，只是一贯”。所以我认为课堂中提及的分别高等与否的分析方法不适合用来分析中国古代教育状况，起码 1912 年以前的教育状况不能用这套标准来衡量。

第四，“一”与“多”的问题。

现在的专业划分非常细致，基本“隔行如隔山”，其实学问越往前推就越混一，越往后走就越精细，这不是时代久远找不到证据的问题，而是学问本身如此，如王博老师所言：“推到最初，就是混沌。”比如我们知道诸子百家有儒、墨、道、法、兵、农、杂、阴阳等，但读《史记》可知，墨、法、兵都是从道家衍生出来的，也就是说，战国之前，基本不分家。用今天精细化的这一套框架规范古人，即用“多”比“一”，如何能比出个名堂来？所以当一位女生讲到一半被老师问难，似乎这也没有那也不合适的时候，她怯怯回答了一句：“也就是说，那个时期没有高等教育？”下面轻声哗笑，陈老师自己也觉得说不过去，只能以“我不是说没有，只是说有就得拿出证据”来收尾。好吧，孔子都找不到证据，学生能找到的不都是后人的观点吗，后人的推断能作为证据吗？能的话，她自己的推断也应该具有部分证据属性，

① 出自《传习录上·陆澄录》。

只要我们认定学生是理性且有头脑的。

用西方的方式寻求东方的果，注定南辕北辙。西方思维模式多为演绎，而中国多为归纳，前者从“一”推到“多”，后者由“多”收到“一”。《道德经》原文只有五千余字，而中西注释《道德经》不知几千万言，其实老子早就给我们指明了一条探知的道路，那就是“归根曰静，静曰复命，复命曰常，知常曰明”①，怎奈我们弃而不用。

于我而言，喜爱历史，也喜爱教育，本着学习教育史的目的选这门课，却没想课程性质更像是“高等教育史研究”，老师看重的不是教育史本身，而是教育史的研究方法，更多是在引导学生如何研究历史，或者说给学生提供研究历史的视角并让他们锻炼。不由得想起文老师周一跟我说过的话“比方说研究孔子，如果文章不提孔子的缺陷和不足，不比较中西方，是不太好发表的。”我当即表态说我做不到，有些冲动，却是本心。孔、孟、老、庄、王阳明、朱熹、黄宗羲等都是前辈先贤，他们的著作我爱不释手，他们的为人我高山仰止，他们的学问我都没能领悟到几分，看了一点点东西就古今中外对比着指点不足，难道自己不羞愧吗?！我想，终我一生，都不会去为了指出不足而思考其不足的，只会“多闻阙疑，慎言其余”②。

上过这类研究型课程后，我更加坚定了自己的方向，不走现行主流研究路子，看自己的书，思考书中的问题，落实在自己的言行生活中，然后分享给学生，如果还能总结一点点前人的文字资料，乃是我毕生之幸。这就是我从这门课上得到的收获，明确自己不适合什么，不再为此耗费心力和精力，也未尝不是一种所得。毛主席说“伤其十指，不如断其一指”，如今我自断一指，希望能在研读推广中华优秀传统文化的时候专心致志。

为了不辜负这意料之外的无雨天，决定早点回宿舍安顿，然后去华联上地购物中心买裤架。说是采购物品，其实是找个借口过去吃麻辣烫，我爱这醇厚的汤和北京独有的麻酱味。

---

① 出自《道德经·第十六章》。

② 出自《论语·为政》。

返回时选择了步行，既然只有四站路，走走又何妨。一路几乎没有行人，我摘下口罩，吹着晚风，傍车流而行，校区的地理位置离圆明园和颐和园不远，清代时想必山清水秀。现在时过境迁，北五环外多少有点荒凉，尤其在这秋意萧然的夜里，不经意间经过一条小河，河边有一条人行道，树木森然，有人在散步，但似乎只有一人。我也想下去沿河走走，可惜身为女儿身，无人陪伴，没有胆量在人生地不熟的地方独自溜达，期待日后有人同行。

2021 年 9 月 24 日，星期五，雨

雨又来了，不想去学校，却不得不进学院与蔡老师交流“官学”，同组敬轩和曹彧一起，约在中午一点。

蔡老师相当负责，在她办公室坐了整整一个半小时，相当于给我们上了一堂课。“官”如何界定、有没有出资或制度、有没有支撑依据、现在“官学”的研究热点是什么等，当她对我说“张老师，这些您懂”的时候，我只能在心里默默回答“您错看我了，我一点都不懂”。稍微聊了几句自己的观点，就基本少说多听了，打断老师发言，是失礼的。走下楼我还在想，要不要参加这次讨论？不参加算不算临阵逃脱？如果我去讲，是随众还是表达自己的想法？举棋不定。实话说，我是想放弃的，我想讲的肯定不是老师们愿意听的，老师们想要的也不是我认同的，但商量到这个份上我一走了之，合适吗？

回来后按部就班完成自己的课业，时不时在心里琢磨这事，到底该怎么讲，讲什么。收到他俩发来的三十四篇“官学”文献资料，依旧提不起心力阅读，我就是这么执拗，愿意为自己喜欢的赴汤蹈火，却不愿为勉强片刻停留。

磨磨蹭蹭到了差不多该上床的时间，继续打开《前世今生》，这本书是

美国一位名叫布莱恩·魏斯的心理医生写的，真实记录了凯瑟琳被催眠之后出现的轮回片段，曾在西方引起轰动，连续两年雄踞美国图书畅销榜，并被翻译为数十种文字，风靡全球。2008年面世，我十年前读过，记忆已不深，前日给学生回信时推荐她读，自己也随即产生重读的愿望，于是就又买了一套，发现续集已出。

重读果然感触良多，此时此刻的我，不由得一再在内心追问自己人生的意义，我是被动地随业力受生而来的吗？如果是这样，那今生的任务就该是“随缘消旧业，更不造新殃”。我是自己主动选择要来的吗？如果是这样，那今生的任务就是要完成某项使命，但这项使命究竟是什么呢？

书中灵界大师们借由凯瑟琳这个通道启发魏斯医生，告诉他生而为人，有三个目标需要完成：“一是偿债，二是完成自己，三是修改缺陷。”我们必须经由一次又一次的轮回使自己的灵魂完结所有的债务和修炼之后，才能升到更高一级的空间，那时这个世间的事情才能一清二楚，同时也才能了不相关。很喜欢书中这段话：“人生是无尽的，我们不曾死去，也从未出生。我们只是度过不同的阶段，没有终点。人有许多阶段，时间不是我们所看到的时间，而是一次次的生命轮回。”

既然如此，面对就好。

此生不向今生度，更向何生度此生。

2021年9月25日，星期六，多云间阴

今天在自习室待了一整天，从早到晚。

凌晨四点听到走廊里有人起夜，遂跟着起来，上床后竟辗转难眠，想生命的意义、想高教史、想卢梭的自然教育观……黎明时分听到国婧摸索起床，看了看时间，六点二十分，我的决心似乎也随着渐明的窗户逐渐明晰。还是讲吧，既然觉得用西方体系衡量中国教育不合适，既然我读了那些书，

应该表达自己的不同意见，如果在北大还不能畅所欲言，那其他什么地方可以呢?

国婧昨晚说宿舍楼前有燕子窝，今晨她竟然拍到一家三口在电线上小憩，为了这素雅安静的画面，我立刻加紧收拾出门，可惜燕儿们已飞走。低头看手表，六点五十五分，终究还是迟了一步，比不上早起的鸟儿，“可以人而不如鸟乎?”[①]一笑。

吃完早餐去校门外取包裹，恰是我需要的《民主主义与教育》到了，未到八点，自习室不开门，在食堂选择了一个偏僻的位置先看着，发现国婧坐在另一个角落埋头读书。每天早晨，她第一个起来，我第二个，她自嘲因为年纪大了睡不着，我觉得是勤奋，早起无疑是个好习惯，我无疑有个好下铺。

中午谢老发来孟晚舟回国的消息，举国喜悦鼓舞。开学第二周已近尾声，一切慢慢步入正轨，我这两天正在琢磨如何才能更好地完成他老人家委托的“百福”任务，收到消息便回复争取国庆节前拿出二稿，长假作最后修订，他说好。

可是当我完成《民主主义与教育》章节选读并做完其他课业后，已倍感疲倦，无力继续脑力活，只能顺延至明日。想起八月底在广州为此事全神贯注的那几天，感叹学业亦能使人身不由己，幸好提前预见到北京之行的难控，赶在离粤前写完了初稿，否则岂不是要辜负他老人家对我的期盼。

晚上很想出去走走，却最终选择了洗漱上床。躺平真舒服，不过这种舒

① 出自《大学》。

服得建立在之前没有躺平的基础上，否则整天躺着，不得病才怪。

2021年9月26日，星期日，雨

又是一整天自习，又是一整天雨，不过傍晚时分雨已成丝，于是我决定外出吃饭，然后散步。

地点还是华联上地，第二次走相同的路，熟悉了一些，尽管同样是晚上，却悠闲不少。依旧经过那条小河，意外发现散步的市民多了，原来路边有一条小道可以直接下去，但雨刚停，杂草丛生，我穿着布鞋犹豫了一会，不想一脚泥泞，只好放弃想要探寻的念头。

戴上耳机听歌，竟然很快便从华联上地走回了校区，意犹未尽，继续前行，没几步见到圆明园东门，原来我真的住在圆明园附近，王菲的《如风》适时在耳畔响起：

来又如风，离又如风，或世事通通不过是场梦；

人在途中，人在时空，相识也许不过擦过梦中。

此情此景，正如歌词所描绘，何处是梦？何处是真？哪些是幻？哪些是觉？二十年是一瞬，谁能说一生不是一瞬呢？曹公若是复生，是否仍有“真作假时假亦真，无为有处有还无”[①]的感慨。人有思维情感，易触景生情，动物衣食堪忧，唯饱食是求，不禁想起在提款机玻璃罩下躲雨的猫儿，一天吃了睡，睡了吃，时间也这么过去，它们的意义又是什么？如果活着就是意义，那活得像猫一样并非骂人，如果猫不得不做猫，那人是否得常怀怜惜？

回到宿舍，国婧正拿着放大镜聚精会神地观察她的果蝇，看有没有交配、是不是孤独、有没有生育，我不禁怔住，这也是生命哪……

① 出自《红楼梦》第一回 太虚幻境对联。

第四周

2021-09-27 — 2021-10-03

2021 年 9 月 27 日，星期一，晴

九月的北京，晴和雨完全是截然不同的两种感觉，晴天午间的日光灼痛肌肤，雨天透过衣物的风使人冰凉，这两种有着彻底明晦的天气，让我这个经常在广州看太阳雨的人颇感惊奇。昨天中午经过 3 号楼时随手拍了一张，今天清晨在同一位置又拍了一张，能感受得出来吗？

要说的是，我之所以一来北京就莫名其妙很喜欢，原因就在于这里有很多 3 号楼这样的楼房，占地广但不高，四层左右居多，有些甚至只有两层。不像广州和长沙，目之所及几乎全部是高楼大厦，给人一种压抑感，虽有气势，却无气象。关键是除了抬头就不容易看到天空，谁愿意整天被局限在一个逼仄的空间里享受精致，除非他不知道外面的世界，大部分人在开阔平坦

的地方都会感到更加舒适吧，所以才会有那么多人喜欢草原和大海。也难怪北京曾叫北平，市区内这么多阔而低的矮房，房价焉能不贵?!

今天的“大学生发展”课程相当轻松，讲授“人类发展生态学与大学生发展”，其理念是：万事万物息息相关，由内而外有微系统、中系统、外系统和宏系统，它们之间有着层层嵌套的关系，学生身处其中，受到来自各方面的影响，如何将学习和做人联合起来、如何周全地思考问题是这次课的核心。课上，我与另外一位访学老师还有三位学生一起完成“分析大学生成长生态环境”制图和讨论，说说笑笑中各抒已见，时间很快过去。

下午继续“国际比较高等教育”，主题是“国际组织与高等教育”。没有午休，精力不如早晨，幸好蒋老师条理清晰，速度适宜，让我对 WTO、IMF、WB 有了初步了解，这才知道中国的高等教育市场化与 WTO 致力推动全球教育跨境流动不无关系，这种以教育为抓手的国际化趋势越来越明显。有观点认为高等教育的作用和公共利益仍然被低估，随着人工智能的兴起，知识经济在全球经济发展中将扮演越来越重要的角色，我们无疑正处在这种工业经济向知识经济转变的浪潮之中。

不知为何，当我听到“知识”与“经济”“利益”的结合将愈来愈紧密时，心中总有点担心读书人那一亩三分地是否还能清净，尽管我也同意培根所说的“知识就是力量”，却希望这种力量在致力于改造社会的同时，也能够同步改善人们的内心，一如今日课堂上所听到的：“只有在人们的脑海中构建和平，才会真正实现和平。”

下课后跟朋友说“我上了一堂经济学基础课”，平时听他絮叨的那些似乎派上了用场，听到哈耶克、IMF 之类竟然感到某种亲切，只是有点发愁期末论文该怎么写。出于对蒋老师个人学识的尊敬，我选了这门课，其实自己并无半点国际高等教育方面的常识，文献看得我太阳穴痛，除了个别关于辩证法之类篇章读得津津有味，其余大多都在咬牙坚持。当然，期末还早，我在杞人忧天。

昨晚被蚊子扰得一夜没睡好，下课后异常疲倦，尤其是视力已经模糊到坐在第一排都看不清 PPT 文字的程度，于是决定放弃今晚的选修，从学校走回去，锻炼一下身体，同时放松眼睛。其实也不是很远，五站路而已，一路跟畅宝聊天，她打字我回语音，听她分享早几年来北大访学的经验和收获，真替她的充实感到高兴，我得向她学习。

走出大门时尚有霞光，回到宿舍已全黑，八点半洗漱停当，十点读完《前世今生》第一册。她们仨陆续回来，宿舍渐渐热闹，我已提不起精神聊天，独自爬上床，戴好眼罩和耳塞，昏昏沉沉很快就睡着了。

2021 年 9 月 28 日，星期二，晴

第一堂幸福课：我心安处即幸福

酣睡整晚，精神恢复不少。但视力仍旧不佳，竟稀里糊涂地把 664 路看成 614 路直接坐到了圆明园南门，也罢，我去办一张圆明园的年卡吧，既然近水楼台，怎能辜负时光。询问后得知，办年卡需要照片，且时间太早，无人上班，遂在路边打开一辆哈啰单车，骑入燕园。昨晚步行、今早骑行、之前公交，步行自在、骑行舒适、公交便捷，各有各的好。

前两周把教育学院的必修课程定妥，接下来我就可以安排时间上自己喜欢的选修课咯，上午三、四节听赵长征老师讲“中国文化与传播”，有趣且有味。赵老师知识渊博，为人真诚，略带幽默，用他自己的话说“上课时常跑偏，很多东西想讲给学生听，只恨课堂时间太少”，我特别能理解这种心情，只有真正想“给”学生的老师才会如此。两节课里，我听到了古代战车、物种以生殖隔离为区分点、雨量线对古代游牧民族的影响、智人足迹、东汉光武帝赐日本“汉倭奴国王印”、吉林扶余是高句丽人的源头等，耳不暇闻。

课后邀请赵老师一同午餐，把自己的选课疑惑向他请教，赵老师欣然应允，带我去南门外吃了一顿蹄花火锅。来北京时随身携带了几本书，其中有一本朱熹《诗集传》，当面聊天的时候才知道这本书就是赵老师点校的，自

己读了那么久，一来北京就遇到编者，又是惊喜，又觉好笑，更多的是莫名亲切。

初次共餐，赵老师要我放松，我却多少局促，紧张中仍能感受老师的诚恳，吃完分开后不久他便给我发来一条消息："不能做一个虔诚的信徒，要做一个思想者。"还说："这需要一个漫长的过程，不着急，慢慢来，可以先读陈来的《宋明理学》。"顿时倍感温暖，同时也为我打开了南门外的饮食世界，尽管我一个人基本不会去，但我知道朋友来了该带他们去哪吃，也是一种安心。

回图书馆时看到一位女生在给鸟儿拍照，她走了，鸟还在，那我也给它拍一张吧，只是为何它足上绑着绷带，是家养？还是实验品？愿平安。

晚上总算等来了期待已久的"教育与幸福"，当我走进文史楼110时，文老师已经在里面了，我并不是踩点，而是提前了十分钟。文老师可以说是最不像老师的老师，因为他身上没有半分骄矜清高，无论对谁，哪怕是一位从未相识的学生，都是谦逊有礼且面带微笑。同时文老师又是我认为最像老师的老师，只因为教育于他而言已经不是"说出来"，而是"做出来"。他说，抑郁可以传染人，幸福也可以感染人，而他，正是想做那追求并传播幸福的师表。

文老师要我们坚持晨读，读圣人的语句文字，那样可以带着满满的正能量开启每一天；要我们从现在开始说真话、写真话，给父母写家书，珍惜身边最亲近的人；要我们追求个人品德境界的天天向上，而不是社会地位的节节攀升；要我们有勇气把幸福当成目标去努力追寻；要我们做一个"大人"，因为心有多大，人就有多大。老师甚至觉得"自己一辈子能够留下一句话就感到非常开心了"，关键是在这么多的期待下，从头至尾，我竟然感觉不到半分说教，有那么一刹那，我真的觉得文老师把自己摆在一个学生的位置。他流露出来的那种羞涩和不好意思的表情，为"如保赤子，心诚求之，虽不中，不远矣"[①]作了最好的注解，这值得我终生学习。

① 出自《大学》。

课后当晚就有作业，写课堂感想，用微信提交，文老师一个个单独点评，直到夜里十一点半才和我们道晚安。

我的感想

作业是感想，但几百字的感想又怎能尽诉我心中所感。

可以说，我来北大就是来找方向的，也可以说，我来北大是来找寻心目中的良师益友。孔子云“有朋自远方来，不亦说乎”，不知夫子有无踽踽独行的孤清，我有。在触目所及尽是竞争、巧取、功利、资源的时候，可愿意把心安在这些上面？当环顾四周皆为炫俗、哗众、矜名、好斗的时候，要如何说服自己？我不愿也不能，所以我来了。

终于在北大找到我想要的课程，无关乎知识、无关乎理论、无关乎测试、无关乎考核，只需要一次次回顾过往并反省自己，在一个个问题和一句句语句前深思。于是，“心安”部分我一直在感动，“幸福家庭”部分我一直在反省，到了“立志”，我惭愧并自豪。

我心难安，心安好难。

这不是一句“你不要多想”，又或是“睡一觉明天就好了”能够解决的，我为他人做的每一件事都要心甘，他人为我做的每一件事都不能受之有愧，大是大非面前我该用什么标准拿捏自己的态度？受到毁谤责难时我是否还能笑面相迎？这些都可以纳入境界，但这样的境界怎样才能进入呢？我也想“得其门而入”。毕竟没有人愿意痛苦地活着，而痛苦本身便是一种主观感受，境界的高低可以决定其感受的强弱，如果知道就能做到，就不会有“读了那么多书，依然过不好这一生”的感叹了吧。

所幸“心安”不是神话，是可求而得之的，前辈先哲们已经做出表率并指明了道路，老师给我的幸福日志上写着“不抱怨”“不懈怠”“不撒谎”，看到触目心惊。或许知识与学问的差别就在这里，前者只需问脑和笔，后者却需要问自己的心。

那，就从这里开始吧。

2021年9月29日，星期三，晴

渐渐喜欢上了“教育哲学”，尽管我只能吸收展老师所讲内容中很少的一部分，也渐渐习惯了展老师狂风暴雨般传授知识的方式。遥想第一次课的不知所措，记笔记、听讲、思考完全不能同步进行，我甚至怀疑自己是否存在智力障碍，直到听学生耳语“记了就没法听，听了就没时间记”后才释怀，原来大家都一样。第二次课我选择放弃部分太过陌生的点，缓解听课时什么都不想错过所带来的紧张感，好了不少。这次课干脆基本不看PPT，专心听讲，偶尔记录，感觉又好了一些，反正PPT课后会发到群里。

这三次课，展老师分别介绍了三位在西方世界举足轻重的社会学家以及他们的个人成就、主要理论和对时代的影响，分别是：涂尔干、韦伯和默顿。老师说涂尔干和韦伯难以超越，因其所构建的体系之宏大无人能复制，所以直到默顿创立科学社会学，社会学才被普及开来。

印象最深的地方有两个：

第一，科学制度本身存在矛盾。

科学一方面具有普遍主义、公有性、无私利性、有组织的怀疑主义等道德规范，要求科学家们求真、诚实、谦逊；另一方面，带有大学官僚制和行政化性质的科学评价和奖励系统却促使科学家们为了争夺发明归属而自吹自擂，这两者之间的矛盾发展到极致，将会导致知识社会呈现一片乱象。《马太福音》说“凡有的，还要给他，叫他有余；而没有的，连他所有的也要夺来”，当“马太效应”进入科学领域且变成权威的幻象时，就已经从根本上违背了科学制度所包含的普遍主义、公有性和无私利性了，不但不能促使科学进步，反而会阻碍其进步进程。所以应当提高年轻科学家的知名度，让他们敢于挑战重大问题，进行开创性研究，并且敢于冒险，坚持高学术标准，追求质量而不是数量，唯有这样，科学才能还原其本来面目，为人类谋福祉。

第二，清教徒与科学的兴盛。

“伟大的科学家都是有信仰的，哈佛之所以是哈佛，是因为哈佛人是哈佛人”，有信仰与没信仰的科学家，其学术成就有天壤之别，哈佛大学的教授大部分都是清教徒，他们把科学作为毕生追求，为什么清教徒的信仰可以激发其科学潜能呢？展老师说：“是因为科学与清教伦理有着共同的假设。”这个假设包含两个方面：其一，都相信存在一种自然的事物秩序；其二，有着共同的研究方法，即“通过研究现世的过程来驾驭现世”，所以适当的信仰不但不会阻碍科学的进程，反而有助于其进步。

三、四节“教育导论”课，内容为“杜威的教育理论”。

杜威是教育史上一位举足轻重的人物，他提出“教育即生活”“教育即生长”“教育即经验改造”三大观点，开启了实用主义教育时代，并将“民主”观念引入教育，推广民主主义教育。其“民主”不仅是一种政治制度，更是一种生活方式（associated living 联合生活方式），在这种方式下，人们参与共同活动，有着共同的思想和理解，社会生活由是建立。

周末阅读了《民主主义与教育》的四、七、八章，就我理解，“教育即生长（一代一代人）”是通过重新审视“未成熟状态中的生长可能性的依赖和可塑”这两个特征，来说明“教育是为了使人获得适应环境的习惯”，进而得出“教育就是发展”这一结论。而在“教育中的民主概念”这一章中，杜威认为：“倘有一个社会，它的全体成员都能以同等条件共同享受社会利益，并通过各种形式联合生活的相互影响，使社会各种制度得到灵活机动的重新调整，这个社会就是民主主义社会。”由此可见，杜威心中的民主社会具有两个特征：有共同利益，且群体之间可以自由地相互影响。为了实现这个目标，“社会全体成员必须有同等的接受机会，必须共同参与各种各样的事业和经验”，所以民主社会需要教育。要注意的是，在杜威眼中，“教育的目的”是“使个人能继续他们的教育，或者说，学习的目的和报酬是继续不断生长的能力”，因此良好的教育需要具备的三个特征：“根据受教者特定个人的固有活动和需要；能转化为与受教育者活动进行合作的方法；警惕所谓的一般和终极目的。”

话说《民主主义与教育》中文版的阅读体验感实在不太好，读的时候亦疑惑重重：

第一，“人们常把教育解释为获得能使个人适应环境的种种习惯，而习惯就是利用自然环境以达到自己目的的能力”，在此观念下，个人虽然没有从属于政治，但依附于环境，这是不是降低了个人在教育过程中的主观能动性？

第二，“教育的目的在于使个人能继续他们的教育，或者说，学习的目的和报酬是继续不断生长的能力”，这个观点基本等同于我们所说的学会思考、学会学习。《论语》云：“学而不思则罔，思而不学则殆。”《中庸》云：“有弗学，学之弗能，弗措也。有弗问，问之弗知，弗措也。有弗思，思之弗得，弗措也。有弗辨，辨之弗明，弗措也。有弗行，行之弗笃，弗措也。”[①]说的正是这相同的意思，只不过早了两千多年。

第三，杜威提出来的一切良好教育应具备的三个特征在我理解，就是“因材施教”“切实可行”和“学须为己”，对于中国人而言，这同样不算是全新的理念，孔子、荀子、王阳明等诸位贤圣早就教过。

第四，这本书在批判柏拉图时似乎有点自相矛盾，比如前文写着“没有谁能比柏拉图更好地表达这样一个事实：当社会中每个人都能按他的自然禀赋做有益于别人的事情时（或对他所属的整体有贡献的事情），社会就能稳固地组织起来。教育的任务就在于发现一个人的禀赋，循序渐进地加以训练，应用于社会”，后面却说：“柏拉图的教育哲学把阶级而不是个人作为社会单位。”再比如，前文写着“对一个社会来说，划分成许多阶级将是致命的，一个社会必须给全体成员以平等和宽厚的条件，求得知识的机会”，后面却说：“柏拉图不承认每一个人构成他自己的阶级，也不承认有无限变异的活动倾向和做出各种倾向的结合。”感觉不像出自同一个人的手笔。

总而言之，在我把西方世界公认的对人类教育影响最大的三种理论全部听完之后，唤起了想要对比中西方教育理念的念头，因为觉得很多地方类

① 出自《中庸》第二十章 问政。

似，只不过表述不同。教育，我们从来就没有落后于人，只是推广方式需要调整，文化自信，当然要有。

下午张罗着干了几件杂事，又迷迷糊糊趴了一会儿，五点多才看到群里发来王博老师的一篇文章需要在课前阅读，电脑上读了两段觉得很有兴趣，立刻去打印了出来。想起赵老师介绍王博老师说他当年有“北大小神童”之称，读其文字，听其授课，确实不同凡响。

文老师的幸福课让人感动、赵老师的文化课让人开心、展老师的教育哲学课让人深思、蒋老师的高等教育比较课让人佩服、王博老师的道家哲学研究课则让人觉得十分过瘾。所谓过瘾，是说这课不仅仅停留于知识面的横向拓展，而是能够帮助思维朝纵深层次推进，我很享受这种思维的跃进过程。

“在明堂中，一个人才知道自己是谁。”

“亲亲扩展而成仁，尊尊扩展而成义。”

“礼的核心就是一个字：别。”

“成人是指一个人合乎礼的要求，也就是一个合乎秩序的人。”

“总会被周代的文和雅所感动。”

“礼直接作用于形体，仅停于此叫做‘行’，‘行于内’便是作用于心灵，那叫‘德行’。”

诸如此类，稍纵即逝，难以一一记录，可以说，王博老师的授课直接转换成文字就是一本书。要说的是，这门课的 PPT 只有原文、原话、原图，我上课也是如此，总觉得过去的总结和概括会妨碍现在的我授课，面对经典，人其实是在不断地领悟和体会中，讲课本身就是一种再学习的过程，能与老师不谋而合，不由得暗自高兴。

下课时已经九点半，我着急离开，慌不择路，这才发现此教室另有一扇侧门，如同发现新大陆似的看到了一个咖啡店，就在 106 隔壁。好奇地走过去，意外看到咖啡店斜对面另有一道出口，几步便可到东南门，比我从原路绕行快多了，再一次无心插柳，看样子误打误撞还真的可以歪打正着。

进屋时阿静和甜甜聊得正欢，我默默收拾东西，累得连说话的力气都似乎没有了。

澡堂洗完慢慢吹头发，不经意间看到一个女生脸色惨白摇摇欲坠，问她是不是低血糖犯了，她点头，赶忙回宿舍给她拿吃的，却忘了告诉她我去拿吃的了，跑回去时她已离开，想是应该好了。我是不是应该每次洗澡都带块点心呢？万一下次再碰到这样的情况可以救急，有一个糖尿病妈妈的我，一听到低血糖就条件反射性地如临大敌。唉，这么年轻就低血糖，是不是那些健康公众号、健身房教练说要控制碳水给整的，又或者是粗粮、精粮概念给引导的？《黄帝内经》云："五谷为养，五果为助，五畜为益，五菜为充。"意思是缺什么都不能缺主食，我知道没人愿意听，所以我不叨叨，免得惹人烦，只自己默默地吃。

2021年9月30日，星期四，多云

有意无意，差不多休息了一整天。

早晨熨烫完衣物，准备去自习室，甜甜问："可可你说，跟一个男生不熟，又要和他一起同其他老师游玩，会不会让别人误会？"她问话的当下，我正好瞅见慧慧毛寄来的石榴已经烂掉了一个，就剥开另一个边吃边聊，结果一直聊到中午，石榴吃完了，裤子也被石榴汁给染了色。

然后，她去赴约，我去华联上地买裤子。也不是没有裤子穿，只不过最近总是长时间坐着，牛仔裤或者紧身裤都不算特别舒适，就想套个纯棉家居服四处晃荡，顾不得形象，我又不相亲。

今天不吃麻辣烫，转了一圈后在"梨花牛肉汤"坐下，这家店主打韩国菜，我看中了年糕，却只点了石锅拌饭，担心吃不完，所幸味道还不错。

走回去洗了几件衣服，又回了几个消息，一不小心把晚餐时间给晃过去了，正好国婧从外面回来，带给我一些坚果，还有甜甜送的面包、自己买的梨和中秋节剩下的点心，将就应付了一餐。国婧的中华好老公快递来瑜伽垫和电脑支架，拆开后相对无言，说好的买A，图片链接都发过去了，她老公

偏偏买成B，还贼丑那种，哪里是瑜伽垫，分明就是个地铺，称心虽然没有买到，但却买来了我俩的欢笑。

谢老的“百福”联句沉沉压在心头，总算在今天的最后两个小时去了自习室。白天走在路上，想起曾子“为人谋而不忠乎”的三省之言，忽然间明白了一个道理：人，其实不需要去费力谋求他人认可，所有的主动讨好，事倍功半居多，有时甚至事与愿违，只要好好珍惜认可自己的人的看重和嘱托，全力以赴去报答这份认可就好。士为知己者死，知己本就是极其稀少的，所谓知己，浅了说是一种互相欣赏，而发自内心的欣赏，每一份都是厚重的，足以温暖生命。

2021年10月1日，星期五，晴

阿静的家人来了北京，甜甜带着相机去了天安门，国婧清早起来进燕园观察果蝇，我收拾东西去自习。上午网络不好，只能写日记，中午才知道是因为新的一个月开始后需要续费。

“百福”联句完成了一半，心里踏实不少，话说我的视力又不行了，先回宿舍洗衣服吧。进门时，甜甜正对镜梳妆准备出门，见我回来：“可可，我和阿静每次经过你的桌子前，都觉得你收拾得好整齐，看着好舒服，但是我就是不想每天弄。听到一个视频说凌乱的人更有创造力，我就给自己找到了继续乱的借口，哈哈。”好吧，难怪我缺乏创造力，原来是因为我有整齐强迫症。对了，最近新买了一块桌布，可惜没有尺子，小了一点，不过那抹薄荷蓝倒是深得我心。

我很喜欢甜甜，她性格随和，上进好学，尤其是我俩聊起胡因梦自传《生命的不可思议》时，都被其敢于面对过往的勇气和真诚所折服。甜甜说她之前害怕一个人，读完后才慢慢尝试享受独处，上一段感情的结束令她认真反省，而后逐渐成长强大。不由得发自内心深深赞叹，因为这两点我亦深有体会，能欣然独处，才能洒脱面对世界，能反省自己，才能包容外面的世界，我虚长她十岁，却晚懂得十年，听闻她主要给幼师讲课，祝福她用自己的生命体悟利益更多的孩子。

晚餐后戴上耳机散步，看到小河边最后一丝晚霞。天色渐暗，空气干净清冷，堤上只有我一人，步行至尽头，见到一道闸门，原来此处名叫树村。来回一个小时，十五首曲子恰好听完，《不过人间》伴着我走出校门又走回去。

明天开始下雨，满想完成“百福”后犒劳自己去一趟长城，看样子不行了。

2021年10月2日，星期六，小雨

国婧问：“说好的三天晴天呢？”

我答：“只怕是在梦里。”

她怏怏地去了自习室，我随后也去了。

不知为何，我总觉得国婧特别可爱，虽然她屡屡以老年人自居，但其实可爱的人什么时候都是可爱的，不可爱的人再年轻都不可爱。

黑夜来临的时候我终于完成了“百福”，顿觉轻松不少，谢老说：“圈定了你执笔，就以你的意见为主，你大胆写。”从一开始的尝试，到中途扩充，再到今天的二度完稿，每一次提交，都会听到：“可可，辛苦了！”于我而言，理解和支持比什么都重要，我已经从这份信任中获得了力量，尽管谢老说我是副主编，尽管我也曾一度为此开心，但此时此刻，我想说的是：为人谋而忠，从此始，即便不出现名字，亦当如此。想明白这一点后，感到一种前所未有的自在，“名利竟如何？岁月蹉跎，几番风雨几晴和，愁水愁风愁不尽，总是南柯”[①]，谁说不是呢？有什么自在比得上心的自在？我为何要

---

① 出自郑板桥的《远浦归帆》。

用名利捆绑自己的心，不傻吗？

雨停了，晃去家乐福超市，逛完出来已是夜里九点，室内待得有点燥热，走下天桥后看到路边停着几辆自行车，遂决定骑车回去。

不得不说，这个决定无比正确，九点的街道空空荡荡，雨后的空气分外清新，一切都是那么安详宁静。迎着风，骑着车，听着歌，看着远方的光，好几次想转去那柳影扶疏的陌生道路，好几次停下车来欣赏这空无一人的城市。我不属于这里，却被这里包容，我正在这里生活，被这柔和的夜光抚平了内心，是的，以后的十月我不会再在北京，当下的每一天都值得珍惜。

怎奈这骑行的闲暇时光只有半个小时，校区已到，万物安好。

2021 年 10 月 3 日，星期日，阴转雨

来北京后最无所事事的一天想必就是今天。

所谓“无所事事”，是指心里的事没完成，因为有雨，而我想出去。

上午阴沉，干了点活，中餐后雨开始下，从淅淅沥沥到哗哗啦啦，甜甜出门后又给逼了回来。四点左右雨停了，空气中雾气尚浓，我换上格子衬衣和牛仔裤，把目的地由颐和园换成隔壁圆明园，因为不喜欢凑热闹，想着就近游玩一会儿。可当我走进东门后，还是被眼前的人流给震惊到了，立刻决定打道回府。

商场逛无可逛，地上湿漉漉的，不方便散步，骑单车也不舒适，还是回去看书吧。就这样，不情不愿中，一天的时间差不多没了，还好读了一个小时的《文昌帝君阴骘文广义节录》，并背诵了其中两段，算是没有虚度。

要说的是，这本书相见恨晚却又恰逢其时，年龄越大，越觉得没有什么可留给女儿的东西，钱财、房屋那些不过一时之需，自忖自己的行为举止离言传身教还差得远，不时想起老人们常说的那句话“多替子女积点阴德”，就觉得很对，但怎样才是积阴德，心里实在没底。来之前在光孝寺中偶然见到这

本书，带了回家，一读之下，惭愧不已又欢欣无限，然后一刻也不愿意离开它，就带来北京了。前二十几天顾不上看，今天的闲散以它来收尾，再好不过。

晚上慧慧毛说开车来看我，我明白她心里挂念，但她一家老小，外加工作繁忙，能体会那种身不由己，也就直接说让她别来。

第五周

2021-10-04—2021-10-10

2021年10月4日至5日，星期一、星期二，雨

北海公园——相见时难别亦难

一连几天都是雨，我过得几乎一模一样，宿舍、自习室、食堂三点一线。不禁替国庆长假来京旅行的外地游客感到郁闷，1号和7号晴，其余都是雨，1号他们还没到，7号已经离开。

下雨伴随着明显的降温，周一中午尚可单衣加薄外套，周二改成毛衣加外套，到了周三直接羽绒服，慧慧毛说今年国庆是她来北京后最冷的一年。二十年一遇，也挺好，只是可怜那几只猫儿，气温降得太快，估计它们的细绒毛都来不及长全，这不，有一只晚上偷偷溜进我们楼道取暖，半夜起来时已看不到它，估计被赶出去了吧。人就是这么不留情，可以因为害怕就让动物瑟瑟于寒风，也可以因为害怕就要它们的命。

天若有情天亦老，老来天意胜人情。

5号晚上将“百福”提交给谢老，但因为这阴冷潮湿的天，竟似提不起精神刻苦，每天把《旧唐书》《阴骘文》还有文老师要求诵读的《论语》《大学》任务完成后就想休息，但具体怎么个休息法，也不清楚。视力一直没恢复，不想用眼，可是不出去，待在宿舍和自习室又能干啥，给学生写了一封回信，没有发给她。

慧慧毛发消息告诉我叮当5号在北海公园写生，问要不要一起，我说好。我这人就是这样，如果知道将有很长时间或者有很多机会可以见，便不自觉地一拖再拖，见朋友是如此，游玩景点也是如此。隔壁的反正不去，先去远方的，比如华南植物园我就没去过几次，尽管住在它旁边差不多快二十年，这算不算一种不懂珍惜？

地铁口出来步行去北海公园，沿路看到“护国寺小吃”和“庆丰包子铺”，都是甜甜极力推荐的，心里记了记位置，下次来光顾。经过中国国家图书馆（《永乐大典》研究中心）时，听到有人说“到底是北京，哪哪都以国家冠名”，抬头一看，果然如此。

慧慧毛几年一见，却不觉得生疏，或许是我们一见面就开启话痨模式，叨叨生活，也或许是小时候太熟悉了，用不着客套。每次见她，都感叹于她的细心，再忙再累，不失靓丽，自己和女儿的用品、发型、指甲、穿搭，均透出一种用心后的精致，这方面她一直是我心中标杆。无论胖瘦、无论老少，总觉得女人就该如此，这是作为女人的尊严，“四德”之一的“妇容”，维持起来相当不容易，不仅仅是一句漂亮与否可以囊括的。

叮当写生，我俩散步。北海公园极为秀气，即便在这阴沉的天，即便我无暇欣赏风景，都能被经过的细碎路面和远处的荷叶美到。美中不足的是她和叮当都穿得太少，准备离开时天空飘起淅沥细雨，把小朋友们送上车，她陪我去后海吃饭。我担心叮当一个人去小朋友家，她担心没有把我陪好，执意要一起晚餐，盛情难却，那就不却了。

一路走走说说，天黑时经过“烤肉季”，据说很有名，而且这家还是总店，我俩就进去了。慧慧毛见我不吃肉，光豆腐就点了两种，还说麻酱糖饼南方肯定吃不到，必须得点上，我们就两个人，她直接先点了五道，然后要我继续。我拿过手机加了份春卷，又删除了一些，最后在她的强烈要求下，还是堆满了一桌子，而她只为自己点了两根羊肉串。好吧，我也不说什么了，说什么都是多余的，样样都好吃，特别好吃，我们两个嚷嚷着要减肥的人就这样吃了个十二分饱。七点她去接叮当，我想去王府井看看，下雨地铁比打车方便，我们就在地铁口分别。阴冷的天，肚子饱了，心也暖了，一个城市的陌生感，唯独能被情冲淡。

王府井今非昔比。

初三暑假来北京旅游时，在这里买过一条129元的牛仔裤，也不知妈妈当时怎么就同意了，现在想来，那是一笔巨款。裤子一直宝贝到大学，后来瘦了不少，再也没法穿，估计还留在妈妈的衣柜里。之前琳琅满目的百货商店，现在见不到了，只有充斥着国际奢侈品牌的商场，配以奢华的装潢，温暖的富足感荡然无存，剩下浓浓的物质气息，它的存在仿佛在向人们宣示自己的高高在上，而不再是为了满足百姓的日常生活需求。对于我这个不愿意跟进时代，又不喜欢车水马龙的人来说，总是忍不住怀念从前。

第一次十一点奔去澡堂，居然人声鼎沸。

甜甜看完电影回来，已过十二点，她轻巧得如同一只狸花猫，每天如何洗漱，如何上床，我和国婧竟然一点都不知道。

2021年10月6日，星期三，雨

傍晚时分，雨终于停了，出去透透气。

去哪里呢？天色已晚，景色全无；路面湿漉，散步不便；电影虽好，无人做伴；同学虽多，不愿打扰。只有商场这一个选项了，甜甜再次推荐COS新品，慧慧毛也说还行，那我就去瞧瞧吧。最近的点在金融街购物中心，往返两个小时，正好可以在海淀黄庄坐地铁，而我想吃的麻辣烫就在中关村购物中心负一层。

一举两得，吃完逛街就当散步。

买了一条黑色高腰牛仔裤和一件粉色高领打底毛衣，XS码我嫌脖子卡太紧，S码又觉得袖子太长，最后拎了件S码回来，让甜甜、国婧挨个试，在她们的嘻嘻哈哈中，我感受到了购物的愉悦。

2021年10月7日，星期四，晴

圆明园——廿载只在弹指间

久违的晴天，久违的干爽。

昨晚哼着歌把衣服洗完了，赶早不赶迟，今晨果然大批衣物堆晾在坪里，而我的衣服已经干了，对了，我得把鞋子也拿到太阳下晒晒。约好和波儿一家去圆明园，她说就我方便，于是定在东门碰面。

波儿是我小学同学，也是高中同学，小学时我几乎天天去她家写作业，初中时经常和她一起同路回家，高中文理分科后她去了三班，之后考上北航。当然，于她而言，读北航属于高考失误，她从小到大都是学霸，书法、成绩均一流，性格亦活泼随和，只是不长个子。

妈妈时常惦记她，总说“波波的营养都长进了脑子里”。她的成长足以诠释“鸡娃”的错误，她自小丧父，母亲待她十分宽松，可说是从未管过，但每逢家长会必被老师当成典型表扬。她家大门有两根厚重古朴的木质内闩，里面有一个小小的院子，黑泥巴地，我俩在门内捉蚯蚓、养鸽子，在门外跳跳绳、扔沙包，其乐无穷。她还有很多相声磁带，马季最多，牛群次之，她能绘声绘色一一复述，我常常借回家听。

上大学后，偶尔通信，极少往来，只记得二十几岁时她回了趟长沙，彼时她尚单身，我们一起去唱K，一首接一首的齐豫，被她演绎得极具异域风情。才知道她先后去了不少国家，从也门到巴黎，从巴黎到马来西亚，她的先生是斯伦贝谢的同事，一位法国男人，女儿今年一岁半，疫情刚暴发那年在吉隆坡生的。

不知道是不是因为自家孩子的缘故，又或者是“人莫知其子之恶”[①]，我总觉得程程小时候特别乖，可是当我跟他们的女儿索兰相处了半天之后，不得不承认，她比程程更好带：不认生、爱笑爱说，也不娇气。我亲眼看到她从一张有一个半她身高的凳子上栽下来趴地上，扶起来后也就瘪了瘪嘴，看到爸爸妈妈若无其事的样子，脸上泥巴还没有擦干净就笑了。睡觉给个紫色的小手帕，哎哎哼哼，很快睡着，完全不用哄，即使被吵醒，也不哭不闹。

索兰最喜欢的人是爸爸，因为爸爸时常陪她。波儿说，爸爸在家把孩子扔过去扔过来地耍，跟玩具似的，她当妈的就不敢。看到他们夫妻俩推婴儿车时还偶尔牵个手，我由衷替波儿感到高兴，“易求无价宝，难得有情郎”，谁说这郎必须高大英俊、潇洒多金、年少有为才能有情？谁的感情不是一张网？又是谁亲手编织的这张网？现代人择偶设限太多，不得意也太多，终究一场游戏一场梦，自己困住了自己。

要说圆明园有什么风景，还真顾不上看，不是跟她聊天，就是看着索兰，他们俩“皇帝”夫妻不着急，把我这个“太监”阿姨看得好紧张，好几次忍不住叮嘱“注意啊！”唉，舍不得孩子受伤就养不出好带的孩子，这份坦然我承认我不如外国家长。

不过，圆明园里可真舒服，光这份“大”就足以令人心旷神怡，依稀记得我们经过一方水域，绕过几座小桥，穿过一片树林，而后蜿蜒曲折寻路返回。一想到自己这一年都将生活在它旁边，伴着静静园林，安享脉脉沁润，满足感油然而生。

中餐是下午吃的，波儿驱车带我去了一家素食餐厅，竟然就在燕园东门对面不远处的清华科技园里，饭菜味道极好，看得出是一家颇有年岁的馆子。文特森一路没和波儿说上几句话，有时间便低头学习中文，这时候又随我们一同吃素，我十分过意不去，悄声说让我买单吧，她把手一挥：“到北京来，轮得到你？”只好作罢。遗憾的是今天没有看到阿姨，因为她的好姐

---

① 出自《大学》。

妹来了，改天专程看望。

国庆长假就这么过了，有几分难过，也有几分高兴，难过的是自己啥也没干，高兴的是离回家的日子又近了几天，多雨的天气格外想家，也思念亲人。

阿静的老公孩子从云南来京，国庆期间没见到她，晚上她回宿舍时我刚进门不久，她说送去飞机场时心里还在不舍，我说我只有羡慕的份。好在程程这两天到了外婆那里，一大家人去沩山消暑，和犇犇形影不离，妈妈也甚是开心。

到了我这个年龄，似乎家人开心了，自己也就开心了。

2021 年 10 月 8 日，星期五，晴

甜甜说不想放假了，想上课。我也有同感，来京学习，每天满满当当才踏实，今天虽然没课，下午还是背起书包去燕园图书馆，打印了“教育导论”的文献资料，完成了“大学生发展”的书面作业，修改了两篇文字，六点多回到宿舍，依旧空无一人。

本想买个新手机，可不知为何忽然不愿意出门。早晨有只鸟儿站在电线

杆上“啊！啊！”地叫，和我在天坛公园里听到的一样，这声音在阳光下显得有力，到了阴天倍觉凄凉。我倒不凄凉，只是被它叫得感到时间漫长，我知道还有几封学生的信要回，但我自己状态一般的时候不愿意代入信中回复学生。

我想，我该看书了。

洗漱干净后爬上床开始看《前世今生》第二部，果然书是最治愈的。

明天，我得完成所有的作业和任务，后天我要痛痛快快出去玩一天。

2021 年 10 月 9 日，星期六，雨

又下雨了，接着降温。

一整天待在自习室里，磨磨蹭蹭的效率不算太高。

国婧依旧六点多起床，依旧天天坐在自习室最里端，她说她要给学生改论文，还要去实验室观察果蝇。只有跟她同住才知道她的好习惯和认真多么难得，那真是一天都不落下，我自叹不如，打从心底里佩服。

晚上甜甜回来，三个人轮流试穿她的新靴子和我的新衣服，我打趣道：“看人家国婧，拿着教授的工资啥都不买，我俩穷得叮当响，买得这么起劲，这真是马太效应，越穷越花，越富越省。”甜甜大笑，大家都知道，说是这么说，买还是照样买。

阿静说她昨日聚餐时听到一片吐槽和抱怨声，多为数落室友，少为埋汰环境，而她完全插不上话，因为我们四个相处融洽，环境虽然不那么好，也都无所谓了。听闻有人宁愿每个月多花七千出去租房，我心里想：好不容易有了几个室友，天南地北有缘聚在一起，才舍不得住出去，条件再艰苦也得蹲守在宿舍里。

食堂和澡堂虽然外观老旧，但这么多天在这里吃饱洗净，竟似有了感情，只觉得各种好。

2021年10月10日，星期日，多云

居庸关——雄关漫道真如铁

说好的痛快玩一天，昨晚竟然没有休息好，早晨起来迷迷糊糊的有点想打退堂鼓，看着这日渐清冷的天，决定还是出门，再降个十度可就不方便跋山涉水了，北京的秋天远没有领略够，而我暂时只有这一个秋天。

心里一直记挂着的士司机介绍的长城红叶，不知道10月25号会是怎样的光景，要不今天先去一个吧，听闻居庸关不错，就它了！尽管是周日，节后的公交站几乎无人，以为会是晴天，风却越来越大，我拉上帽子，瞥见前面有位身着露脐装的女生在风中梳理头发，感到一阵寒栗，多管闲事地想提醒她多穿点，见她有人同行，生生忍住了。

导航显示公交车614路转地铁昌平线，然后公交59路转879路，单程两个半小时。地铁出来后俨然置身于一个不知名的乡村，路旁竟然发现了儿时记忆中的手工人参米和爆米花，欢欣之余看到站牌上写着59路半小时一趟，而我只用坐两站，于是决定步行。买了一包爆米花边走边吃，因为信号不好导航滞后，一点点距离我竟然转悠了将近四十分钟，好在刚找到879路车站，879路就来了。

中午一点四十分到达居庸关售票处，庆幸吸取了天坛挨饿的教训，早晨打包了咸菜馒头，此时关口凉风阵阵，人影稀疏，要是没带粮食，当真只能喝西北风。不过这空旷的景却正是我想要的，自从前年在黄果树瀑布门口被人潮逼退后，再也不愿意凑热闹。

居庸关号称“天下第一雄关”，果然不同凡响，阴沉的天更能衬托其雄浑遒劲，无边落木萧萧而下，朔风中一股悲壮苍凉之意油然而生。我非男儿，不能金戈铁马，“自怜到死怀遗恨，不向居延塞外闻”，陆游到此，当作

何想？昔日赫赫军事，今夕煌煌丽景，北方风物之纵横苍劲，与南方风光之嫣然秀美迥然不同，一方水土养一方人，北方人的豪爽大气亦与南方人的精细踏实有异。我生在湖湘，南下工作，北上求学，自感自己两者皆不如，故两者皆喜欢。

检票之后拾级而上，进入南关瓮城，里面有座关帝庙，先拜贤后登城，固我所愿也。长城久，长城长，古往今来有多少工匠葬身于此？又有多少兵士埋骨于此？寒烟凝冻，紫鸿渐远，我今远道诚竭慕，为君取醉酒剩沽。

虽是中午时分，天色稍许阴沉，一路游人寥寥，但见青砖历历，不闻鼎沸人声。台阶陡峭，扶栏光洁，愧叹自己福报如是深厚，竟能安静享此超绝风光。登城之余，偶见有人，便请留影，良辰美景未必能再，闲适心情亦难久长，何不嵌影入景，印笑城头？攀登中不时停下歇息，举目望烽台，垂首览河山，远处道路如带，近旁刻印斑驳。途遇一位身着紫色毛衣的姑娘，在烽台处支架自拍，四下无人，我说“咱俩互拍可好”，她欣然应允，为我留下此行最心仪的侧影，只是不知我有否回报她以称心。

南关登城从 7 号敌楼始，蜿蜒而上，至 12 号敌楼终，后者乃是这一段长城的最高点。其实我一开始并不知道 12 号敌楼是最高点，因为这里见不到任何石碑或标识，直到有位大姐请我给她拍照，回头看到长城已呈折回下行趋势，方才醒悟原来已然到顶。

此处无峰亦无险，唯有苍茫大地。

在意犹未尽中半信半疑地往下走，此时天公作美，开脸透出几分霞光，

蓝天在白云群山之间微露一抹。天地静穆，山川不言，两只鸟儿在空中盘旋相会，而后比翼齐飞。我若在天，但愿成云，我若在地，但愿为草，比翼连枝当日愿，犹是春闺梦里人，瞬息生灭岂不是好？

下行时人渐渐增多，诧异中被告知来了十几个中老年旅行团，因无力登城，只能在城脚处留影。熟悉的广场舞曲响彻长城，还有那红红绿绿的衣裙围巾，接连被几位大妈喊住帮她们拍照，各种姿势，各种要求，不禁失笑，但愿所有的老年人都有好心情。

临近出口时看到对面山上的长城蜿蜒依旧，想来是那暂不开放的 1 号到 6 号敌楼吧。如此浩大的工程确实劳民伤财，但若都无为而治，我们今天就啥也看不到，情感剧必有苦情，想来亦是此理，若男女主角波澜不惊地快乐生活，一集就完事了。

返程倒是方便，公交站就在景区门口，只是我又下错了站，低头查找定位时两个男生招呼说打到一辆回城的士，问我可愿同行，还特意澄清说不用我出钱。我啼笑皆非，不是钱的问题，是安全问题，彼时天色尚明，而他俩面善，那就上车吧，最后交换微信，竟然是两位湖北老乡，这世界就是好人多。

如愿以偿地扎实玩了一天，第五周结束了。

第六周

2021-10-11—2021-10-17

2021年10月11日，星期一，晴

有课的日子时间转瞬即逝，周一到周三都过得飞快。

天气晴朗，心情亦随之分外明朗，北京的蓝天动人心魄，什么场景置之其下均美不胜收，连看挖土机作业都感到一种莫名的满足。当朱红老师笑眯眯地走进教室，说相信我们读了课前资料时，心里一咯噔，我居然给忘了。分组后一合计，原来大家都没读，赶紧快马加鞭，这资料是敏敏半个月前发给我的，当时没有及时解压打开，直接忘得一干二净。

这堂课的内容围绕“脑”进行，从柏拉图的“所有学习都有情绪基础”展开，得出真正的内驱来自“最快乐的脑体验”这一结论，即 Ah-ha moment。于是，如何发现孩子的 Ah-ha moment 并给予引导就成为可以研究的对象，对成人而言，则是不断反思自己的经验，使其为个体成长服务。一堂课下来，我的购物车又多了《理解脑》《人是如何学习的》《终身成长》《让大脑自由》四本书。

下午听讲“高等教育市场”，蒋老师一进教室就道歉，说这两天事情很多，有两篇博士论文要送审，还有一个学院的活动要主持，所以课件做得不够精细，请我们多包涵。且不说老师的课件一如既往，单他这份真诚就足以令人感动，因为若是他自己不说，谁又知道呢，并且对于一门熟悉的课程而言，每次讲授都更新内容，也不是每个老师都能做到的。

提到高等教育市场化，不禁想起在广州时常散步的一个地方，我管那里叫“北师大”，一大片开阔的空地，人烟稀少，唯有北师大招牌昭然挂立。高等教育市场化的目的是什么？知识能够传递的人群深度是多少？文盲究竟该如何定义？人怎样才能找到自己的一技之长？教育以什么样的形式为生活服务才恰当？每每提及教育市场化，这些问题就萦绕脑海，在我狭隘的教育观念中，总觉得能被市场化操作的不是真正的教育，而是技能培训。

“利”“义”难兼得，高等教育市场化的本质是求“利”还是求“义”？如果说市场被定义成“商品交易场所，是一种资源配置和行为方式”，那我可不可以认为高等教育市场化是想在求“利”的同时兼顾求“义”？利义兼得谁都想，但其实根本做不到，所以孔子才会说“士志于道，而耻恶衣恶食者，未足与议也”[①]，曾子则表达得更加明确：“此谓国不以利为利，以义为利也。”[②]

在我理解，高等教育市场化问题可以浓缩为：一个受过高等教育的人，既想现世安稳、丰厚富足，又想声名远播、流芳百世，这可能吗？很难，除非他在德行上有相当之成就。别忘了“天将降大任于斯人也”的前提是“苦其心志，劳其筋骨，饿其体肤，空乏其身，行拂乱其所为”[③]，而后才能有一番大成就。高等教育市场化既希望通过市场减轻财政负担，又希望借此培养卓越人才，还希望以此促使社会进步与和平，这样的要求，无乃太多乎？

回到宿舍，阿静把朋友送的美酒拿出来大家分享，看不出文文静静的她竟有这爱好，我说我已多年酒肉不沾，负责给她们拍照祝欢。甜甜涂着面膜举杯，国婧换上睡衣助兴，还好我们宿舍在楼道尽头，不然这一到晚上就听到我们“哈哈哈哈”，可要吵坏了隔壁的那些姑娘。

---

① 出自《论语·里仁》。

② 出自《大学》。

③ 出自《孟子·告子》。

2021 年 10 月 12 日，星期二，晴

第二堂幸福课：人生自是有情痴

直到赵老师开始讲课，我才发现自己忘带文具盒，没法手写笔记，只好用电脑，谁知一试之下，快速便捷，效率远超手写，这真是相知恨晚。

下课后赵老师看我还在整理笔记，问道："不知道我这么讲，你喜不喜欢？"老师这态度真是太温暖了，我能说什么呢，这节课帮我梳理了家国同构的宗法制度，辨明了姓氏与华夏，还顺带重温了《左传》中的几个故事，精彩纷呈，正中下怀。这些内容我之前都只是一个人看，一个人猜，现在有人给我看图，给我讲解，多么幸福。

下楼时刻意走了不同的出口，果然又被我找到一个小卖铺，小巧玲珑，热气腾腾，要说北大印象，首要便是贴心。晚上吃完便到文史楼 110 等候上幸福课，去的时候冯露和杨博已经到了，并坐在靠墙的最后一排。今天有充裕的时间感受课室环境，发现文史楼呈现出有别于二教的温馨，正红色椅子，浅米色桌台，前后双投影，窗台上摆着几盆绿植，滴水观音旁立着木质挂衣架。看着这浅棕色衣架，不禁生出几分家的感觉，恰好韵茜今晚把她父亲带来一同听课，甜甜也在我的极力推荐下赶了过来，我们十几个人互相分享，一起聆听文老师关于"爱"的教育，心中充满了感恩。

老师早早进了教室，手里拿着一沓学生们上周写的家书，整理并打印出来，而后放进了课件里。不知为何，我特别容易被这种认真和执着打动，文老师说自己读家书时有种老父亲的心情，我想说的是，看到这样的老师，我有种想要回报的心情，父母恩重，师恩亦重。

课后照例提交一篇心得感想，不知道自己有没有写得太煽情，今天是美好的一天，希望我的文字能代表我的心。

爱的随想

所有的想要得到都会带来痛苦，所有的想要给予都会带来快乐。这一点，对父母、对子女、对朋友、对恋人，都是一致的，只要用心体会过，就能感受到。

幸福课上，虽然有未讲完的内容，但若深究每一个话题，其实早已应接不暇，一扇又一扇的门被打开，琳琅满目，我择一而入。

至今未对任何一个人说过“我爱你”，父母面前不好意思，恋人之间说不出口，因为我始终弄不清楚自己的情感究竟是不是爱，如果不是，那岂不是忽悠人？爱如此严肃认真而又如此飘忽不可捉摸，如此轻灵又如此沉重，事到如今，我其实已经不渴求美好的爱情，唯独珍惜已拥有的亲情。珍惜的方式，莫过于心里念着、想着，留心看他们需要什么，我提供什么。

妈妈老了，像个孩子一样，那就尽量“煽情”一点；妈妈喜欢出去转，那就走哪都带着，偶尔听她说“我以后走不动了，不增加你们的负担，去养老院也行”，还以为她当真，后来才发现她同样不好意思，天下应该没有老人愿意去养老院，除非他们没有子女或者子女不孝顺。后知后觉的我直到今年才斩钉截铁地表态：“妈妈你不要去看任何养老院了，只要我还能动，你就跟我，我不会丢下你一个人的。”看到妈妈笑开了花，我真傻。

其实有父母给自己养是一种幸福，我现在想养爸爸，却再也没有机会了，课上一直欢笑，私下里我会刻意避开所有关于父亲的话题，因为不能碰。父亲的骤然离世让我深刻领会无常带来的切肤之痛，从此我不再认为任何关系会天长地久，即便是对女儿，我也不时想：“万一不能在一起了，我能留给她什么？”既然无论多久，都只是短暂的相聚，为何我们还要生气？为什么不早点学会珍惜？

爱情的变化多端亦是如此。

文老师说：“想要得到爱的方式就是：去爱！”又说“爱是一个人的

事，爱是一种能力”，对此我深表认同。爱的确是一种能力，给予的能力，付出的能力，让人感到幸福快乐的能力。我曾经想，如果谁跟我在一起感到负担又或者是完成任务，那个时候就是我离开的时候，但在那之前，我要义无反顾。后来发现，当一个人心无旁骛对另外一个人好的时候，最后收获的都是对方的恋恋不舍，人性使然，趋乐避苦是本能。

所以每当计较心升起来时，心就会被一种衡量、对比、猜测所折磨，套上枷锁而不自知，这时会发现，原来有条件的爱中的那些条件都是用来束缚自己的。于是提醒：活在当下，敞开心怀，为爱而爱吧！奇怪的是，念头一变，心也就随之松绑，我也想要快乐一点的，不是吗？如果全心全意能够让自己快乐，那又为什么不呢？文老师说：“无私真爱。”歌德说：“我爱你，与你何干！”就我理解，是相同的意思。

要说的是，“爱”可以一个人，但“情”必须两个人，就像“言”可以一个人，但“语”必须两个人。我有爱，我未必能有爱情，但若我无爱，我一定没有爱情。情需要缘分，也需要天意，我把握不来，但爱可以自己努力，做一个有爱的人，然后等待爱情。

“直道相思了无益，未妨惆怅是清狂”，谁说不是呢！

2021年10月13日，星期三，晴转多云

卡尔·曼海姆的“知识社会学和教育社会学理论”

我明明提前五分钟进教室，展老师却已经讲了不少了，平素多听闻迟到、拖堂，第一次遇到提早开始的课，下周我得赶上节奏。

“教育哲学”课内容相当扎实，正是我理想中大学课堂的模样，故对翻转课堂之类引导学生自学的课程不甚感冒。明明老师在讲解之前或之后都可以指导学生自学读书，为什么非要占用课堂时间？又有多少学生能在短时间

内自学到与老师等同的程度？“德高为师，身正为范”，本来学生跟老师接触的机会就已经相当少了，课堂除了传授知识以外，更重要的是老师言行举止的魅力与学生的心仪敬佩形成默契磁场，以此感应使教学相长。翻转课堂的本质就是学生汇报自学内容，老师点评，这在以前难道不是发生在课后教师办公室里的吗？

话不扯远。

今天这次课的主要人物是卡尔·曼海姆以及他的知识社会学和教育社会学理论，收获颇多，简单说几个感受。

第一，理性有本性和功能性之分。

本性理性生而有之，功能理性更多指不逾矩。人当然需要理性，但理性需要理由，我之前错将功能理性当成本性理性，在各种规则中挣扎以求不忘初心，但其实不忘初心是本性理性，服从规则才是功能理性。这就是为什么“理性的人有时候是个大笨蛋，受教育越多，人越傻”，因为人被“你得适应环境”的功能理性所异化，之所以制度化后再也出不了大师，也是因为所谓的“理性人”是一个被功能理性训练出来的机器人，现代工业社会感到最压抑的地方就在这里。其实大家反对的是功能理性，不是本性理性，所谓“道德枷锁”也是指功能道德，不是本性道德，我们提倡本性道德，却被功能道德所绑架，恰是因为分不清两者的差异，才导致“乡愿”[①]存在。

第二，社会科学的归属和知识分子的处境。

如果说自然科学建立规矩，那政治科学就是处理不规矩的情况。教育让人理性化，把一切变得规矩，事实上非理性活动总是广泛存在，总会出现意外，政治科学就是来处理这些意外情况的，从这个角度看，社会科学也是一种科学。

展老师提示我们：“政治学研究者都有自己的立场，一个人的立场就决定了他能够走多远，只有为绝大部分人思考问题的人，才能成为大政治学家、大教育家。”政治科学首先是立场，然后才是理论，只有先相信，才能

---

① 出自《论语·阳货》。

去研究，所以社会科学必然受意识形态的影响，没有意识形态的社会科学是伪科学。因为意识形态不一，处理方式各异，社会科学才呈现出其多样性，其实自然科学也一样有不同主张和对立声音。

最触动我的莫过于展老师解读知识分子的处境："政治科学需要信仰，知识分子恰好是最没有信仰的，他们也没有根，知识分子最后只有两条路，要么忘记自己，要么利用自己的能力从事专门的理论研究。"还说："马克思主义读到博士可能还不如没有学过马克思主义的人信仰马克思主义。"真是这样，生活中干一行怨一行的人很多，于知识而言，便是读什么便不以什么为然，知识变成谋生的手段，理想总在工作之外。为什么会这样呢？曼海姆给出的答案是："因为教育的目标在于发展人格和适应社会，但这两者在本质上是矛盾的。"

第三，几种教育形式。

首先是用"训练""培训"（training）冒充教育，这种重复锻炼更适合驯猴，而人需要独立性和个性，所以培训越多的孩子越厌学；其次是 instruction，即远程教育，它应运而生，以"提供信息"为主，不能用其替代线下教育；再次是 learning，这是西方教育的产物，需要聘请私人教师，教育由社会化转变为个人化。很明显这些都不是教育，真正的教育是 education，过去的社会只教育一小部分人，即所谓的贵族教育，到了民主社会后，变为要教育大部分人，教育目标因此不明确，只好退而求其次找平均值，于是就变成了 training。但不要忘记，适合大多数人的教育一定是最简陋、最浅薄的教育，有愿望的学习才是有效学习，愿望即动机。

后两节"教育导论"介绍的是"赫钦斯的博雅教育"，上周末读完《普通教育》和《教育中的冲突》若干章节，欣喜之余尚有一点疑惑，欣喜来自对博雅教育核心观点的认同，疑惑则是对"人性共同因素"的考量。

一、赫钦斯与杜威的异同

记得在读《民主主义与教育》时，总觉得实用主义理论不是很妥当，个人虽然没有从属于政治，但是依附于环境，杜威说："人们常常把教育解释为获得能使个人适应环境的种种习惯，而习惯就是利用自然环境以达到自己目的的能力。”赫钦斯对此有过答案，在《教育中的冲突》里这么描述：“杜威的追随者没有注意到，当杜威讲适应环境的时候，他的意思是环境首先应该改善。他认为教育的目的在于青年一代适应他们的环境，不管这环境是好还是坏，这是可悲的。”可见，赫钦斯是不认同杜威“教育使人获得适应环境的能力”这一观点的，他曾五次提及教育的目的：

“教育的一个目的是要引出我们人类天性中共同的要素。”

“教育的目的是把人与人联系起来，并促进人类思维的发展。”

“普通教育的目标是为了明智的行动而训练心灵。”

“教育的目的是改善人，是作为人而求人的进步。”

“教育首要的目的是要知道对于人来说什么是善的。”

所以博雅教育的中心是“人”。既然以“人”为本，那环境便是助人成才的手段，人不能一味适应环境，而应改造环境使之为人的发展所用。

另一方面，赫钦斯认为“学者共同体”理想建立在“教育纲领是每个人都应当具有的那种教育”“在普通教育中，我们所关心的是引出我们共同的人性中种种因素，是属于民族而不是属于个人的不必需的东西”的基础上。这与杜威“共同利益”“相互影响”的民主观念相似。

二、赫钦斯的教育理念

自由教育理论中的“自由”并非任由学生选科，而是以“永恒课程（西方世界重要名著）”为核心，涵盖“培养各种理智美德”所需要的“归纳、论证、哲学、艺术、审慎”五方面的内容，最终形成一套系统的“培养我们人性共同因素的课程”。用赫钦斯的话来说，就是“普通教育课程包括西方世界最重要的名著以及读、写、思考和谈话的艺术，还有作为人类推理过程最好典范的数学”，他理想中教育是：“在他们通过自由教育奠定了做一个自由和负责的人的基础后，他们能学会谋生，发展他们的特殊兴趣和能力倾向。”

其实赫钦斯也意识到会有诸如“学生也许不喜欢”“课程太难”“教师并不准备改变他们的生活习惯”等反对声音，但他仍然选择坚持。在《教育中的冲突》这本书中，赫钦斯将自己坚持的理由表述得极为清晰，“社会通过改善组成社会的每个人才能得以改进”“只有民主才是绝对美好的政体形式”，所以横跨哲学、艺术、数学等领域的普通教育才是人类的最佳归宿，因为“实验和经验资料对我们的用处是有限的，哲学、历史、文学和艺术在最重要的问题上给我们知识，而且是重要的知识”，因此他主张把需要经验的学科还给参加工作后的经验生活。最终赫钦斯总结出一个人的最佳受教育状态，那就是学会自我教育，“能毕生教育自己”，教育不仅事关个人，更是一个国家实现民主和文明的必经之路，“文明就是有意识地追求一个共同理想”，而“理想共和国就是学习共和国”。

三、个人体会

从教十几年，我个人是赞成赫钦斯所提倡的减少不必要实践、阅读名著、锻炼思维等观点的，只是对于他所提到的“人性共同因素”不甚明了，主要有两方面：（一）人性的共同因素是什么？这些因素是通过教育得到的，还是它本来就在那里并指导着教育？（二）人性的共同因素可以被造就吗？它是固定的还是可以随意志改变？

晚上的“道家哲学研究”课更换到大教室进行，我早早过去，人已坐满，绕到最后一排观摩了一下，中小型的阶梯教室聚气且宽敞，两个投影屏幕照顾左右需求，北大里的教室形制各异，庄重与气派共举，雅致同精巧齐兼。

课程围绕“秩序与分别”展开，道家看似不追求秩序，实则是对当时崩溃秩序进行反思，从而否定儒家所建立起来的人为礼乐秩序。当我正在思考“破除旧秩序，有没有立新秩序”时，听到王博老师说“当你处在一种令人难过的秩序中的时候，最好的办法不是逃避，而是提出一种新的秩序”，顿感豁然。道家提出的新秩序精神是“能够让任何事物以他自己本来的样子存在，不靠人为知识、愿望、价值观所建构起来的秩序才是最好的秩序”。儒家强调“别”，而老子拒绝“别”，这就是儒、道两家秩序精神的根本差异之所在。

“从某种程度上来讲，哲学就是我们看待世界的方式，有本然的世界（不可言说的），有意义的世界（我们所理解的），而秩序精神一旦遇到某个人（比如说汉武帝），便从秩序精神变成秩序，由本然世界进入意义世界。

人的自由意味着我们可以生活在不同的世界里，道家发现了另外一个可能的世界，试图把人带入这样一个世界。”这段话对我极有启发，把我读过的老、庄明晰化在生活中，我认同老师所言“祸福之间确定性分别消失”的观点，但是我对道家如何安心仍有疑惑。也就是说，如果我想践行老、庄的观点，我的心该安在何处？安在“无”上？还是安在“自然”上？因为“无”和“自然”是由我心来判断的，这样一来，我的心不是安在自以为是上了吗？

2021 年 10 月 14 日，星期四，阴

今天没去学校，自习室里待了一天，无外乎读文献、写作文，做眼保健操，然后发呆。

中午回宿舍整理了一遍衣柜，把夏季衣物包好，将单薄外套收起来，都说北京的秋天最美，果然美好的事物转瞬即逝，我带来的外套来不及穿，就直接羽绒服了。

晚上和甜甜对坐看天气预报，为即将到来的 0 摄氏度低温啧啧不已。国婧的老公和女儿这周末来北京，正好赶上寒潮，我问她衣服够不够，她说呼和浩特比北京冷多了，半年都在供暖，室内基本单衣，所以毛衣、秋衣秋裤之类她基本没有，不禁莞尔。

从澡堂回来，她已经铺上瑜伽垫开始运动了，整个晚上，国婧练瑜伽，我读书，阿静打字，宿舍一片温馨。

2021 年 10 月 15 日，星期五，多云大风

今天得进燕园打印一些文献和资料，早晨发快递的时候感到气温宜人，

减了一件衣服去学校，结果越到中午天气越温吞，阳光总似透不出来，风倒愈刮愈大。平时午餐之后，我都会在静园和图书馆之间的小道上散步读诵经典，今天刚转过弯便被大风吹得扭头，北方的风和南方的风完全不是一回事，在广州我愿意御风而行，在北京我只能望风而逃。无他，吹进身体，哪都别扭，“避风如避箭，避色如避乱”，诚不我欺。

下午六点基本完成今日任务，吃完便回宿舍，八点多洗漱完毕，甜甜九点半进屋，说外面冷得很，庆幸及时躲了回来。今天给妈妈打了通长长的电话，又把阿静和甜甜的冬装熨烫了一遍，我喜欢看她们穿得美美的，也喜欢熨烫衣服和收拾房间，从凌乱褶皱到整齐洁净的过程总能给我带来很多乐趣，似乎身心的尘垢都能因此而得以去除。

十一点刚过便犯困，躺下后竟然很长时间睡不着，看样子得劳逸结合，呆坐两天似乎不太好。

2021 年 10 月 16 日，星期六，晴

气温急剧下降，我在洗漱间刷完牙，走回房间时竟然感到冻手，看到外面阳光刺眼，勇敢地穿了一件羽绒背心和罩衣跑出去吃早餐，结果上午坐到自习室里就开始流鼻涕，中午赶紧回宿舍换上保暖衣和厚裤袜，亡羊补牢。

一个人在外面不敢生病，人到中年也不敢生病，否则不但没人管，需要自己管的人都不知道该怎么安排，我倒不觉得上有老下有小是负担，一家老小的存在反而是自己生命价值的体现，被需要也是一种意义。

本想出去买毛拖鞋和珊瑚绒毯子，最后改成了网购，白天有太阳的时候没时间出去，晚上天寒地冻的，连散步都望而生畏。这不，肚子胀胀地坐在电脑前打字，好不难受。

明天说什么我都得出去走走。

2021 年 10 月 17 日，星期日，晴

国子监——二度虚捞水中月

阳光灿烂但空气清冷，上午看书，中午小憩一会儿，而后赶三点前出门，国婧说今天的天气特别适合出去，但我走出校门后觉得气温并不那么宜人，于是作了个简单的计划：国子监。没想到二至其门仍然不得而入，上一次稍晚，这一次没有预约，看样子我与国子监缘分很深，得去三次。

转头看到对面街道上的驴打滚摊前竟然排起一条长龙，清楚地记得上次买的时候就只有我一个人。今天外面确实人很多，不知道是不是都来体验北京的秋天，既然大家都在阳光投影的红墙外拍照，那我也留一张吧。

阳光尚有余温，在国子监大街溜达了一圈，而后漫无目的地折到雍和宫大街，一路各种饮食店店铺林立，时间才四点，我竟然被阵阵香气引得饥肠辘辘，天冷就想吃，但腹中不空，硬生生忍住。有趣的是，瑟瑟寒风中，仍有不少大哥大姐老头老太坚持围坐下棋，戴着帽子打麻将，真是好兴致。忽然想起南师说现代人退休后的生活比较单调，因无琴棋书画、诗词歌赋的熏陶，难以寓情于此，基本上都是以消耗时日和享受生活为主，真是这样。

这么冷的天，我却不想回去，干脆压马路，然后找个商场吃东西。搜索了一下，附近有来福士，地铁一站路，约莫估计了一下，走到差不多刚好天黑，正合我意，商场负二层就是地铁东直门站，逛完很容易返回。

买了一顶蓝灰格纹贝雷帽，趁着还没老，也尝试一下，主要是阿静和甜甜极力推荐，说万能好搭配。话说北京冬天，风一吹我就感觉自己是个光头，在这里帽子不是装饰品，而是刚需。

回到宿舍没多久，阿静小美女也进屋了，她上次要我猜她是哪个民族的，我没有猜出来，今晚她一不小心说漏了嘴，回族，哈哈。这么时尚精致的回族姑娘，我又长见识了。

第七周

2021-10-18—2021-10-24

2021年10月18日，星期一，晴

朱红老师举了一个实例，听落泪了，我很认同“教育如果没有理想引领，就会变成杀人机器或工厂”的看法。“做研究要求真、求善、求美，语言精练、模型简洁就是一种美”，但是“一位满脸光彩、谈古论今的老师却能令学生确定人生志向”，如果没有缘分遇到这样的老师，那就从自己开始，改变身周的小环境，期待百年之后会有好的大环境。

下午听“高等教育中的知识商品化”，这个话题正当时。最早的科学家和学者之所以被认为是知识的传播者和创造者而不是所有者，正是因为知识在本质上是一种公共产品而不是私人产品。但20世纪80年代后，在全球化和知识经济背景下，知识的特性发生了变化，以特殊性、实用性和专利潜力为主来考量应用科学为知识商品化埋下了伏笔。等到1980年美国《贝耶–多尔法》颁布后，变化的分水岭正式出现，该法案明确鼓励技术转让和科技成果转化，鼓励申请专利并寻找风投，并允许高校从中获得利润。虽然该法案的初衷只是为了促进小企业发展，却慢慢成为知识商品化的最大助推力，等到《服务贸易总协定》（GATS）将教育作为12项服务贸易中的一项并看作一种全球范围内的可贸易商品时，知识商品化基本成型。

高等教育在其影响下相继出现了学术资本主义兴起、学术人员营利行为增多、营利性院校崛起、商业性跨境高等教育扩张等现象，结果却是“院校

和师生基本没有受益，研究、教育产品、过程与教育项目整体上没有对院校福利作出贡献，仅提升了各种角色和院校部门与新经济之间的相互作用的能力和愿望”。斯劳特和罗茨在《学术资本主义》一书中论证了这一观点，并分析指出在知识商品化下的师生不但没有受益，反倒对教育产生了侵蚀作用，体现为高等教育的公益性被削弱、高校的公共形象受到损害、学术人的公共身份受到质疑、基础研究和基础学科地位下降等。人们不应忘记，高等教育无论在教育还是在科研方面，其间接起到的经济作用都比直接创造经济价值更加重要，因为知识在绝大多数时候仍是一种公共产品。

课堂上蒋老师谈及的一次个人经历对我触动很大，老师说他曾经阅读过一本书稿，内容多为个人的一己之见，既没有对古今中外的引用，也不跟人类知识进行对话，这种“不积累知识，不广泛阅读，仅仅陈述个人思考的方法是不可取的”。听后立刻反省自己，日后下笔当谨慎。

整理了一会儿课堂笔记，六点多往外走时，天已全黑，又一次经过那几扇温暖的窗户，好奇心驱使我一探究竟，原来是闻名已久的光华管理学院。黑夜灯光，冬日暖意，学生三三两两自习耳语，走进去之后便感到自己稍显唐突，这才发现黑夜中的暖光来自一家不是咖啡厅的咖啡厅，我问前台姑娘：

“这里是休闲的咖啡厅吗？”

“不是的。”

“那这是什么地方？”

“是学生们学习和交流问题的场所，你可以在里面看书讨论，都行的。”

“可以用餐吗？”

“这个时段只有点心，你现在肚子饿的话，可以去食堂。”

挺好的，只是我在这种环境里只能聊天不能学习，所以还是更喜欢图书馆。

2021年10月19日，星期二，晴

第三堂幸福课：尽责过后能心安

赵老师继续讲授中华文化的特点，称其“理性务实，注重现世”。

孔子承认天的主宰力量，但不崇拜鬼神，儒家关注现实和此生，但不反对祭祀，所以中国自古就有无神论的基础，从来没有陷入过全民族的宗教迷狂，因为儒家本不是宗教。

我同意这个说法，却有一点小小的不同意见。

若说宗教以崇拜鬼神为特征，那佛教也不属于宗教，因为释迦牟尼本人最反对偶像崇拜，他在世时曾告诫弟子：“要反复思维和检验我的话，不要盲从。”世人理解的鬼神有很多种，我们在与不同年纪、不同国别、不同经历的人谈论鬼神的时候，虽然用语都一样，但其实大家说的可能并不是一回事。就个人而言，我觉得道家的阴阳表法虽然抽象却极为形象，鬼、神都从“田”字演化，田地是人的生存之本，故鬼、神皆由人起，向上向阳、彻上彻下的是“神”，向下向阴、勾心古怪的是“鬼”。中国并不是因为不相信鬼神而立无神，而是因为鬼神在中国人眼里是人的不同演化方向，是今生的果，我们关注此生、追寻此生，并在此生努力，“果”自然就在那里。故孔子云“丘之祷久矣”[①]，若是不从现实入手，徒祈求鬼神护佑，便是“获罪于天，无所祷也”[②]。

中国人注重祭祀固然是孝道精神的体现，也是对天地间各种能量的敬畏，武断地认为现在科学已经破解所有谜团的想法本身就是不科学的，起码

① 出自《论语·述而》。
② 出自《论语·八佾》。

在疫情面前，人类表现得十分无力，只要病毒多几次变异，后果不可预料。所以我很欣赏孔子“敬鬼神而远之”[①]的态度，这里“鬼神”不是重点，“敬”和“远”才是重点，完全不相信鬼神，本质就是不敬。西哲说“我们不能证明没有的东西”，认为没有鬼神而不相信鬼神，本身逻辑不自洽，没有鬼神就不存在信与不信了，不信的前提是“有”而不是“无”，不相信“有”，称为不信。

中国之所以没有陷入全民族的宗教迷狂，或许与孔子“远”的态度有关，恭而不狎戏，敬而不亲近，圣人神道设教用以化民，并不用来治国。所以曾子提出“欲治其国者，先齐其家，欲齐其家者，先修其身，欲修其身者，先正其心，欲正其心者，先诚其意，欲诚其意者，先致其知”[②]，将治国平天下析为一场格致诚正的自我修养，与道家“治大国，若烹小鲜”[③]如出一辙。

下午待在图书馆，出来时天色已晚，空气清冽，一个浅浅的月牙挂在天上，伴着几丝晚霞，一阵凉风吹过，困顿竟似消散。

文老师背着双肩书包走进教室，今天又多了两名旁听的同学，我仍旧在第一排与惠文坐一起，我很喜欢她，美丽聪慧又善良。今天分组后认识了依多、嘉奕和周雯，可惜自己“好为人师”的毛病犯了，小班会要我们分享对“仁”的理解，文老师轻手轻脚来到身边时我没有察觉，大言不惭地说了一通“体相用”，扭头看到老师，不由得面红耳赤，自觉多言。

本次课主题为“尽责心安”，我对老师给浙江余姚阳明小学起草的“每人不倦，尽责心安”八字校风甚是喜欢，老师将“尽责”解释为不负重托，将“心安”解释为不愧良知。我暗自记忆，暗自警醒。

下课后回宿舍、奔澡堂、洗衣物，内务整理完毕后已经十点四十分，课后小作文越写越困，感觉道理都没有说明白，就到点了，只好草草上交。

---

① 出自《论语·雍也》。

② 出自《大学》。

③ 出自《道德经》。

怎样才是对自己好？

今日课上谈到教师和医生的责任，不禁想起外公生前的教诲：“家里儿女，要么当老师，要么做医生，嫁娶都如是。”所以母亲那边的亲戚基本都是这两种职业。到了哥哥和我这一代，转行学了财经，最终我还是离开了它，重新投入教育的怀抱。

我想，我能理解外公的心愿，教师和医生或许是最能带给人幸福感的两种职业吧：前者给人慧命，后者救人生命，都受人尊重。但如果出现不检点行为，承受的诟病也更多。

文老师说：“没有责任，生活就会轻飘飘的。”米兰·昆德拉也说“生命中有不能承受之轻”，如果将责任理解成必须承受的东西，那很多人都不会甘之如饴，甚至想方设法摆脱。南师说：“天下事，自私到极点就是无私，无私到极点就是自私。”我琢磨不透，后来读《入行论》时反复见到“利他”一词，某天竟似忽然明白了：自私就是对自己好，问题就在于怎样才是真正对自己好？物质条件优越算不算？算，但较浅表，生活中我没有见到过一个富裕之人拥有安适的内心，反倒是各种烦恼。被爱算不算？算，但爱若来自他人，未免有受制于人的隐患，人家不给，我们就缺失了。奋斗到功成名就算不算对自己好？算，但这种自我实现同样需要他人和社会的认同，不由自己掌控，多少人一生不得志，有怀才不遇之心，是谈不上幸福的。

追问到最后，发现好或不好完全是一种自我判断，是以理性自居的人根据内、外两方面对自己下的评判。个体心理学开创者阿德勒在《超越自卑》一书中写道：“个人才能只有在对他人有浓厚兴趣时，才可能发挥出来。”又说：“时刻想着让别人快乐，做到了这一点，只需两周，精神病患者就能恢复正常。”于是阿德勒得出“只存在一种意义，就是对他人的意义”的结论，并将此运用于医疗和教育中，引导教育将其功用从传授技能知识转向培养人与人之间的关系。

我想说的是，阿德勒的观点用今天的课堂内容表述出来就是：想要对自己好，就必须对他人好，因为我们人生的意义就存在于我们对他人的意义当中。一个人对他人、对社会的贡献越大，他的生命就越有意义，在别人的认可和尊敬中感受自己的存在和尊严，责任便是对这种心和行为的浓缩概括。老师在课程最后提出来通过“立人”“达人”来“立己”“达己”，就是这相同意思。

临睡草草，祝安好。

2021年10月20日，星期三，晴

大卫·里斯曼的“学术革命理论”

总算提前赶到了课室，原来早晨一、二节的课八点开始，我必须六点十五分起床。

今天讲“学术革命”，展老师说：“其实翻译成‘发生在学术界的革命更好。”因为美国对版权的控制，导致目前无人翻译、无人研究这个理论老师自己花了三年时间翻译出来，今天给我们介绍的正是其中要点。一听之下甚为佩服，不为名、不为利，一心只在学术上，学者当如是。

“学术革命理论”颠覆了韦伯“人是文化的动物”这一观点，里斯曼认为人可以选择和塑造自己的文化，可以挣脱狭隘文化限制并建立专属文化，即亚文化。他研究历史后认为美国大学的文化具有三个特征：“非学术性”“宗教性”和“非专业性”，其大学成立的初衷是为了传承自己的文化，呈现出来的状态便是在美国精英文化下，大学生没有自己的文化，属于哪个群体就有哪个群体的文化特征，定位准的能生存，定位偏差则难以生存。现实情况是，美国的本科教育在精英教育文化下越来越边缘化，教师与学生的关系逐渐疏远，大学生亚文化圈开始形成。这一时期的大学教师地位显著提升，过去是“教授治校”，现在是“教授霸校”，校领导普遍助强欺弱，管理者不得不成为替罪羊和受气包。目前所有美国学校几乎都在向精英主义靠拢，大

型企业对大学文化影响相当大，它们可以制定规则并渗透校园，同时这些大企业的精英基本来自同一所学校，他们不但自我影响，还能影响被管理者。University 在这期间兴起，期刊出版物的发行对其发展提供了巨大帮助，同时也对精英主义文化起到了推波助澜的作用。

里斯曼还观察到，虽然大学功能在不断扩展，但老师与学生之间的二元结构却没有发生变化，承担如此多的功能，必然会产生矛盾，于是大学生开始抱团形成亚文化，有文化就容易有冲突。其实职业化教师根本没心思关心学生，他们只关心自己的职业前途，书读到三十岁，还是一个成熟的幼稚者，一个焦虑的成年人去领导一群焦虑的未成年人，其后果可想而知。对此里斯曼提出来三种解决办法：一是让学生有途径证明自己，比如降低学科难度，并适当给予鼓励和认可；二是在教学活动中突出本科生的主体地位；三是大量成立学生社团，让学生在社团里找到存在感，帮助他们消解心理障碍。

总而言之，大学生职业前景明朗时，亚文化向主流文化靠拢，职业前景黯淡时，亚文化和主流文化相互冲突。

听完“学术革命理论”，接着听维果茨基的“文化-历史发展理论”，该理论又被奥姆罗德称为“社会文化理论”，因其独具特色，对心理学和教育学都曾产生重大影响。

维果茨基认为成人是通过谈话和教育将其对世界的反应和解释方式传递给儿童的，儿童的思维与言语之间经历了从各自独立到相互融合的发展过程，因此教育的作用就在于创建最近发展区，促进儿童的认识发展。周末读其代表作《思维与语言》，听蒋老师介绍后方知，这本书是他在重病时完成，逝世后出版，其中部分内容由其助手代笔。

该书主旨在于研究心理学中最复杂的问题——思维与语言的关系，并对其进行发生学分析。之前的心理学家将“意识的发展看作是各个单一功能的自主发展”，而“思维仅是意识减去声音”。在维果茨基看来，这种要么同一（identity）要么隔断（segregation）的结论是由于研究者们采用的研究方法不正确，元素分析法会导致音、义被切割，于是他选择用单位分析法来展开研究和论述。

首先指出符茨堡学派和格式塔心理学的错误，前者认为“词是思维的外部伴随物，是套在思维外面的服装，对思维的内部生活并不产生任何影响”；后者将两者理解为“一种简单的类比关系，假设一切联结具有完全相同的性质，假设词义不变”。这就导致其研究不但在“言语领域停滞不前”，而且在“思维领域倒退一大步”，因为它否定了“儿童第一批有意义的词语”，进而“消除了最基本的知觉和最高级的思维形式之间的区别”。但其实言语和思维的联系是一个动态往复过程，以儿童为例，他们在掌握外部语言（从个体到整体）和语言的语义（从整体到特殊）中有着截然相反的发展方向，这恰好是两者紧密联合的第一阶段。

其次，维果茨基揭示了“自我中心言语”（暂名为A）与“内部言语”（暂名为B）之间的关系。他认为A发生在B前，两者的结构功能虽然相似，但A在学龄时消失，此时B刚开始发展，维果茨基猜测这或许是“一种言语转化为另一种言语”。如果此推论成立，那么就可以通过研究A来研究B，因为B难以捉摸而A会发声，便于观察，也就是说，A在表达方式上是外部言语，在功能结构上却是内部言语，而内部言语是一种自主的言语功能，是言语思维的一个独特层面。

最后，维果茨基得出“言语思维表现为一种复合的、动态的统一体”的结论。内部言语是动态波动的，思维流动并不同时伴随言语展开，从思维向言语过渡亦非易事，因为思维首先必须通过意义，然后再通过词汇，而思维本身由动机激发。所以“为了理解另一个人的言语，单单了解他的词语是不够的，我们还必须了解他的思想。甚至这样做也是不够的，我们还必须了解他的动机。直到这个层面，对一种言词的心理分析才算完整”。思想越一致，言语越省略。当双方思想高度一致时甚至可以让对话变得“纯粹谓语化”，即“言语越来越简缩，直到只留下谓语部分为止”。

读完《思维与语言》，我有三点疑惑和一点启发。

疑惑一：如何确定儿童处在自我中心言语期的时候会认为所有人都在听自己说话？那个时候宝宝还不能准确表达自己的观点，研究者是怎么知道宝宝是那样想的？

疑惑二：如果说维果茨基的结论可以表述为：动机→思维→内部言语→词义→言语，那么他很好地解释了从思维到言语的过程，但动机之前呢？是什么促使我们生出这样那样的动机？

疑惑三：维果茨基在推论文法词义时说因为语义、语法相互依存，故儿童不易将名称与属性分开，只有当主格功能发展到形成词义时，儿童才能开始系统阐述自己的思想。我觉得他这种文法仅适用于俄文和其他外文，中文没有属性一说，那么对于中国的孩子而言，是否需要采用其他方法来观察研究？

意外的是，我竟然在维果茨基的理论中读出了阳明心学的影子，本书结尾部分赫然写道："始物为行，言不是始物，行是开端；言为结尾，言使行圆满完成。"这正是"知行合一"概念，很多人将"知"误解为知道，将"行"误解为"行动"，于是错将"知行合一"变为"言行一致"或"实践出真知"，殊不知言出必践是小孩子都知道的道理，如果知行合一这么简单，如何能流传千年？

《传习录》下篇中有这么一段话：

问"知行合一"。

先生曰："此须识我立言宗旨。今人学问，只因知行分作两件，故有一念发动，虽是不善，然却未曾行，便不去禁止。我今说个'知行合一'，正要人晓得一念发动处，便即是行了。发动处有不善，就将这不善的念克倒了。须要彻根彻底，不使那一念不善潜伏在胸中。此是我立言宗旨。"[①]

阳明先生说"一念发动处，便即是行了"，维果茨基说"始物为行"，行是开端，言为结尾，言使行圆满完成，为王学作了极佳的注释。

下午有点晕晕沉沉，于是去静园草坪走了走，草木未尝凋零，却已不复旧时模样，好在手机里留着几张上个月的照片，北京时节之应季，令久处南方的我惊叹了一次又一次。都说静园草坪是燕园里最大的一块，不知道是也

① 出自《传习录下》。

不是，总觉得触目所及皆是景与文物，似花园非花园，似庭园非庭园，漫步在鳞次栉比的教学楼与亭台轩榭的风景中，既感雀跃，又觉恍惚。

今晚“道家哲学研究”主题为“化与玄”。

王博老师首先引入何为“边界”。边界与“位”有关，一个人占有多大空间，就是这个人的边界，“君子思不出其位”[①]，清楚的“位”才会带来清楚的关系。我们在边界内活动，边界一方面构成我们的生活空间，另一方面构成我们的生存限制，所谓越界其实就是对秩序的破坏，每个事物均被赋予清楚明白的规定，而道家却在此处质疑。王弼注曰“喜怒同根，祸福同门”，祸、福有可能不是一个事物与另一个事物的关系，而是同一个事物的内部关系。庄子亦言“封”“际”“分”，分封即定位，谈的也是边界，“天倪”是自然分别，“是非”乃人为分别，一旦成为“我”看世界的方式，是非就出现了。

道家其实不关联实际世界，关联的是我们如何看待世界，“夫道未始有封，言未始有常”[②]，任何分别都是人为建构的，都处在一种流变的状态之中，被固执下来的分别尤其如此，正因为有边界，道家想要化解这个边界，才有了“化”。《逍遥游》开篇为我们展示了一个捉摸不定的世界，一个一切皆有可能的世界，一切都处于“化”中，“化”让任何两个事物都能建立联

① 出自《论语・宪问》。
② 出自《庄子・齐物论》。

系，这就把之前异常清楚的“分”给消解了，庄周梦蝶便是有“分”有“化”，“化”是对“分”本身的“化”，“化”的正是这个“分”。

老师用电影 *Birdman* 中的一句背景语“A thing is a thing，not what said of that thing”为《道德经》开篇“道可道，非常道；名可名，非常名”作了极佳翻译。“that thing 即有明确的规定性，而 a thing 我们不知道是谁，一旦我们用 that thing 描述 a thing 的时候，thing 就被塑造了。一个无限的 a thing 就变成了有限的 that thing，这固然是找到了归宿，但同时也变成另一种束缚和伤害，因为我们会把‘名’当成那个事物本身，当摆脱不了某个‘名’的时候，人生的困境也随之产生了。真正的 a thing 是一个玄之又玄的存在，当我们用‘玄’去称呼它的时候，‘玄’容易被看成一个‘名’，只有不知其所以然而然者才能被称为‘玄’。”

充实忙碌的周三又过去了。

2021 年 10 月 21 日，星期四，晴

结束了前三天的紧张学习，星期四竟然过得像周末，一早起来洗衣服、整理房间、拖地、清理邮箱、收发包裹，优哉游哉。

本来打算在周四和周五旁听其他课程，一来想听的课几乎都集中在一二三，二来也感到疲惫，索性待在宿舍和自习室看书。初以为是自己年纪大，太多了上不动，直到阿静下午六点回来嘟囔“不行了，累趴，得回来歇着”，立刻感同身受地附和，“真是这样，每天排满实在吃不消”。既然比我小九岁的她都有这种感受，倒也乐得自我宽慰，愈加佩服每天坚持早出晚归的国婧。

晚上蒋老师发来“教育导论”的文献资料，暗暗决定一定要在周末完成阅读和读书笔记，前两周拖到周一，导致日记总被延迟，其他事情跟着推后。购买的《体验式学习》今天也到了，这是“大学生发展”课的阅读书

目，准备一鼓作气在周末前读完，随手翻开看了看，行文轻松，今天哪里都不去了，就读它吧。

晚上她们聊天，我充耳不闻，总算在临睡前看完了。

2021年10月22日，星期五，晴

进校打印文献资料，看看有没有时间散散步，自从第一天逛了半圈燕园之后，再没有继续，未名湖和博雅塔对我而言还是个谜。

今天轮到我在幸福课群分享每日一句《论语》心得，其实我昨天就已经准备好了，但当看到静园的美丽倩影时，便想迎着朝霞重新讲解，于是又重录了一遍。好的章句需要分享，希望自己用好心情分享好章句，同样一句话，不同的人用不同的心说出来有着完全不一样的效果，由心而感，从心而生的才最自然。

因为到校早，图书馆尚有座位可选，想起公众号已经凉了几天，赶紧补上，读文献、写笔记、读书、改作文，不知不觉已到下午五点半，天眼看要

黑了，燕园游览只得再次作罢。迈出东门时无意间一抬头，掩映在莫兰迪天色之中的楼房与浅粉蓝色调相得益彰，遂快走几步拍下。

要说来北京后的最大感受之一便是对天色的领略，这里天的色彩特别美，阴、晴、明、晦皆有其神韵，一切事物均受其覆顾，天色恰似孔子所言“绘事后素”[①]中的“素”，衬托出一切，也映照出一切。试问“天接云涛连晓雾，星河欲转千帆舞”中的天，与“江天一色无纤尘，皎皎空中孤月轮”中的天谁更美？一般美，美美与共，天下大同。

怀着此种心情走上回宿舍的天桥，拍下另一幅早晚对比图，早晨这张摄于周三七点半，一直留在手机里，不料这个时点回来，原地另生一番景象。对于这转瞬即逝的各种光影，甚是喜欢，再度想起王博老师提到的“未名湖畔夜里十二点的倒影”。

吃过晚餐我便去退货，国庆买的裤子和毛衣一次没穿就冻到没机会穿了，甜甜说双十一会有折扣，好在商场买的一个月内都可以退换，我也正需要出门走走。上次去的时候有雨，今天天晴，路程显得近了许多，一路逛逛瞧瞧，竟然看到协和医院的马路对面就是口腔部，下次牙疼有着落了。

金融街购物中心可能是离我最方便的一家大商场了，圆明园南门上地铁，灵境胡同下，而后步行即到。逛了一个晚上，回来的时候仍然意犹未尽地选择了步行，今晚的风不侵人，三站路我正好边走边跟妈妈聊天。

---

① 出自《论语·八佾》。

2021年10月23日，星期六，晴

清晨发现，树叶红了。

什么时候红的？我为何全然不知？懊悔前几天没有留意，总觉得就是这两天的事，可惜已经“逝者如斯夫”了。看着操场一角，想象长城的模样，今天我能去吗？不能，布迪厄的《再生产》还没有读呢，老老实实坐到自习室。

话说布迪厄的书是迄今为止最难阅读的一本外文著作，不知道是翻译得不够顺畅还是作者文笔本就如此，上周蒋老师说维果茨基的书有点晦涩难读，我觉得与布迪厄比起来简直小巫见大巫。好在我总算熬完了，读书笔记也将就写了一篇，之前的《理想国》《爱弥儿》《民主主义与教育》《教育名著选读》都有购书欲望，这本，还是算了吧。

下午收到了寄来的冬装包裹，收拾完已经三点，忽然想念华联上地的麻辣烫，看到优衣库新出了内里带绒的紧身牛仔裤，立刻把淘宝上的订单给退了。我现在一不敢冻腹部，二不敢冻大腿，庆幸年轻时没有在冬季穿过露腰露腿装，如今勉强还算健康，只是一看到关键位置不保暖的女生，就忍不住祥林嫂般唠叨。

她们仨十点还没有回来，我一个人播放音乐整理笔记，倒挺惬意。

2021年10月24日，星期日，晴

二度圆明园——黄叶相约不觉迟

一周都有好晴天，昨天进入霜降时节，早晨读了一篇妈妈发来的早睡养

生文章，晚上身体就响应号召困得特别早，来不及等阿静和甜甜回来，就和国婧一上一下呼呼了。

今早亦跟上国婧步伐，她前脚出门，我随后起床洗漱，早早来到自习室。今天就是司机推荐的长城红叶日，可我尚有一堆文字任务没完成，视力还算不错，脑子也好使，还是抓紧时间吧。最近疫情波及北京昌平，文老师安排的雄安教育访察活动和朱红老师计划的江西丫山教育培训相继取消，惋惜之余只希望疫情尽快平复，此时此刻宜安分守己，我就不去昌平添乱了。

下午到隔壁圆明园待了两小时，奇怪为啥总有人说这儿阴森，虽然断壁残垣，但地貌不变，风月依旧，不是吗。虽然只是过去散散步，为了让这周结束在一份好心情里，我换上新装，披下头发，戴上贝雷帽，出门时阿静为我调整了背包，愉快地开始了我的夕阳之行。

看到这满眼金黄，不敢相信二十天前曾经那么苍翠葱郁，一转眼间便换了颜色，不过物是人非未必便事事皆休，动荡孕育转机，花落还会再开。我从东门进入，沿着线法画，穿过西洋楼景区，泽兰堂前有两位女生在拍照，顺眼望去，乱石堆中果然别具风情。

转角走到含经堂，石碑上写着“1747 年基本建成，位于长春园中心地带，是该园最大的建筑风景群，四周山水环抱，是乾隆 60 年归老之后的‘娱老’之处”，我能拍到的只有宽阔平坦的石基，和几处颇有异域风情的蒙古包，据说乾隆曾多次在此处宴赏外国使者和接见各民族首领。

一位爸爸看到矗立的假山，对儿子说：“快看！你最喜欢的东西在那

儿。”小朋友欢呼着奔了过去，看着他小小的身影，不禁生出几分怅惘。“世间好物不坚牢，彩云易散琉璃脆”，秦始皇的阿房宫、宋徽宗的艮岳、清帝的圆明园，我们终究是再也看不到了，就如这水边芦苇，摇曳朦胧，风姿嫣然，却非人力所有。还是小龙女说得好：“这些雪花落下来，多么白，多么好看。过几天太阳出来，每一片雪花都变得无影无踪。到得明年冬天，又有许许多多雪花，只不过已不是今年这些雪花罢了。”

本欲去“福海”，却不知绕到了何处，水中有廊，廊中有亭，黑天鹅顾影梳妆，小姑娘对镜拟拍，也罢，我就在这里读诵经典吧，愿此处生灵安息，草木繁茂。

天色渐暗，游人慢慢汇集至出口处，我坐在旁边的石凳上休息腿脚，看众人喁语走过，一幅幅幸福图景迎面而来。人们向往无拘无束，其实生活里仍旧需要归属，在夕阳西下的时候相伴回家，最平常的事也最容易被疏忽，拥有时倍加珍惜，才能在失去时无愧洒脱。文老师要我们给自己写一封情书，我下不了笔，无情可说，亦无情可盼，妈妈说“命里有时终须有，命里无时莫强求”，我认这个理。

第八周

2021-10-25—2021-10-31

2021 年 10 月 25 日，星期一，晴

这两天北京疫情吃紧，朱红老师由于刚去过呼市二中，改为线上授课。预备上课的时候接到李律师电话，聊完已近十二点，不及上课，在群里补假，顺便也向蒋老师发送了一条下午请假的消息，蒋老师回复："祝愿张老师家诸事顺遂。"倍感温暖。

下午在线与法官聊了半小时，颇感意外，看样子精英培养模式果然是社会主流，重视孩子身心健康胜于重视成绩的观念常见却不常用。令我始料未及的是，法官也是社会人，有着自己的价值取向，她认为对孩子最好的方式未必和我一样，我有些自以为是了。说自己"自以为是"并不是指我认同以成绩、乐器、绘画、体育、编程等特长作为评判一个孩子的标准，正相反，多年的教学生涯让我更加注重孩子的品行、性格、习惯、同理心、感受力，一个人幸福与否远比一个人优秀与否重要得多。只可惜我遇到了一位认为后者能替代前者的家长，而这位家长不幸正是裁断我女儿监护权归属的法官，她劝我撤诉，哥哥也如是说。我知道在那样的口气下，我几乎没有胜诉的可能，别无选择，只能听话。

也许我的确是一个与主流社会格格不入的人，也许我是一个不现实的理想主义者，也许我太幼稚，也许我太着急，世间不如意事十之八九，年龄越大越能体会。宗萨蒋扬钦哲仁波切曾说："当事情能够按照你的想法进展百

分之一时，你都应该感恩。”的确如此，不如意是常态，如意的时候若不能感受美好，便连这一分如意都化作了不如意。

圆明园校区门口的叶子黄了，依然郁郁。

晚餐后去水库边散步，一周无雨的北京尘土飞扬，目之所及皆昏暗模糊，虽然没有感到很难受，但也不好受。律师说是我主观认为孩子父亲带不好她，哥哥说万一程程在长沙适应得很好，妈妈说要我安心在北京读书，他们都劝我“风物长宜放眼量”，让我学会放下。我的确放不下，因为我曾经放下过，但事实告诉我：我错了。当年为了早日离开那个压抑无望的环境，我答应了一切要求，我相信他会照顾好女儿的基本起居，也会尊重女儿的意见，所以没有争取监护权。同一城市生活，邻近小区，父母的关爱不会因为监护权的有无而有所增减，起码我能保证自己肯定不会，于是放心大胆地在协议上签了字。

妈妈说单身状况更方便我与他人沟通交流，也对吧，但其实我有女儿是事实，我不会不管女儿也是事实，若是对方于此心存芥蒂，那就没有必要在一起，因为我可以一个人和程程愉快地生活，却不可能和他两个人洒脱地活在世外桃源。程程成长得越好，我越能心无旁骛地开始自己的新生活，我也承认“儿孙自有儿孙福”，但那是尽力之后的和解，不是逃避责任的借口。

没想到的是，我两个预判都错了，他既照顾不好女儿的生活，令她终日有如居住在垃圾堆中，有一顿没一顿，同时他也不尊重女儿的意见，在小升初这个关键当口不顾女儿的反对，一意孤行地强行将她带回长沙，除了起诉，我别无他法。哥哥说等我一年之后回到广州再说，我也知道目前我实在没有其他更好的选择，但我的难过却无法减轻，我努力分析自己难过的点，却理不清头绪。

先睡吧。

2021 年 10 月 26 日，星期二，晴

第四堂幸福课：莫将黑夜作白天

赵老师开始讲“对联艺术”了，首先便是介绍格律，这正是我想听的，之前没学过，自己凭感觉胡写，注意了对仗，却没太注意音韵，一想到“百福”联句可能出现低级错误，不觉悚汗，这堂课学完，我得重新校对。

老师在堂上惟妙惟肖地模仿各种场景、口气，引得大家哄笑阵阵，同时我发现他相当坦率，能够在课堂上述说自己的各种经历和看法，赵老师的洒

脱与蒋老师的严谨恰好形成鲜明对比。迄今为止，我遇到的北大老师各具特色、各有千秋，方式虽然不一，但对学生的关怀和对学术的认真却殊途同归。只能说，每一位老师我都非常喜欢，同时也发自内心地尊敬他们。

印象最深的莫过于赵老师说起他的父亲在他小时候教他的诗词入门格律平仄口诀：

五言：哥哥哥弟弟，弟弟弟哥哥，弟弟哥哥弟，哥哥弟弟哥。

七言：弟弟哥哥哥弟弟，哥哥弟弟弟哥哥，哥哥弟弟哥哥弟，弟弟哥哥弟弟哥。

其中哥为平声，弟为仄声。老师说，前人总结规律并不是为了考试，而是千百年来人们发现只有这么写，读出来才最具音律之美，也可以随心所欲写，但读出来就是不好听。我一路念叨着去吃饭，又一路念叨着去图书馆，好想立即教给程程，可惜她不在身边。有个北大中文系的爸爸真好，赵老师子承父业，亦毕业于北大中文系，衷心祝愿小盼兮日后再续北大中文缘。

下午心依然不定，和妈妈聊了很久，昨天庭外程程和外婆待在一起，妈妈说她出来后非常自责，以为自己说错了话，但我看律师给我的笔录，她已经说得很清楚明确了，以她这种温顺的性格能够对法官如此表态，相当不容易。这时我才知道，监护权判决后需要即刻执行，如果法官是因为我在北京无力执行所以劝退，我得感谢她。程程进法庭后以为败诉，哭了，听了几句后发现好像并没有败诉，便悄悄对外婆说："好像我还有一次机会。"当我听到妈妈转述的这句话时，更难过了。

转眼已经两个多月没有见到程程，还有三个月才能见到，料想她难以专注学习，不管成绩如何，不要太过压抑就好。想起国庆通话时问她怎么样，她随口应道："刚才晚上想去二沙岛走走，忽然意识到自己已经不在广州了。"我笑说："以后咱们去的日子多的是，就怕你嫌烦。"文老师说要向家人勇敢表达爱，我和程程却更习惯于隐藏情绪，不知道这是好还是不好。

今晚幸福课的主题是：身心安康。当我得知一起上课的学生们依然熬夜，心中焦急，忍不住在课后作业里越俎代庖了一番。

熬夜!!!

刚才看到惠文瞌睡到坐在第一排都不停地“太公钓鱼”，开始觉得好笑，后来听她说熬夜太多，需要咖啡续命的时候，实在着急，忍不住课后啰唆几句。

读大学谁不熬夜？自己当年半夜翻围墙出去唱卡拉OK，第二天照样生龙活虎，大三的时候为了减掉跳健美操练出来的腱子肉，实验“苹果减肥餐”，吃了三天苹果，到了第四天，不但不想吃饭，什么都不想吃，提不起精神后才知道不对劲，由是停止折腾。

就像智商有天赋一样，体质也有天赋，年轻谁都能熬，一到夜里11点，个个都精神，这不是本事，是身体气机的本能，“子时一阳生”。我总觉得，体质、福报、运气、关系就像银行储蓄，生来可能有一点本钱，但是只用不积，只消耗不存储，只得到不付出，再好的身体、再大的福报、再佳的运气、再铁的关系都会慢慢耗尽。熬夜的本质就是透支，透支日后的身体，之前是五六十岁后力不从心，现在是三十几岁就慢慢不行，医院里那些被病痛折磨的脸，越来越年轻了。

古人读书明三理，医理、易理、命理，文老师刚才在课上说：“就拿出学英语、学专业中的一点点时间学习一下如何养生不好吗?”实话说，我有点羡慕你们，不是羡慕你们在北大，而是羡慕你们在这么年轻的时候就遇到老师给你们说这样的话，只是不知道能听进去多少。不要以为养生是中老年人的话题，养生也是一种责任，我们希望身边人都健健康康的，那就从自己做起。

诚然，我没有资格说这些，因为我们是同学而不是师生，但是我真心希望年轻人不要轻视、忽视、漠视作息和身体，虽然不至于“顺天者昌，逆天者亡”，但欠债终究要还，欠自己身体的债也是一样。更何况身体是我们的本钱和工具，日后想要成就一番事业，想要实现抱负理想，甚至想要亲慈子孝、家庭和睦，都需要身体。“身体发肤受之父母，不敢毁伤，孝之始也”，为什么？不就是因为一颗孝心固然重要，但还要有真正的孝行吗，而孝行的依托就是身体。起码等父母年老需要照顾的时候，我们还健在吧？万一父母下不了床，我们能每天抱上抱下吧？这里病那里疼，自己都爬不起来，如何谈孝。爱谁，就要为谁保重身体，自爱是无声的承诺。

惠文说生气男朋友熬夜不爱惜身体，我笑话她打情骂俏，但其实这事发生在很多情侣身上，背后的含义是什么不言自明：

如果你爱我，就请为我保重你自己。

2021年10月27日，星期三，多云

丹尼尔·贝尔的“通识教育理论”

我在展老师的课堂里越来越得心应手，可以边听、边想、边做笔记，可惜课程已过一半才摸索出适合的学习方法。老师说自己给本科生讲课不顺溜，因为不能使用太多专业性语言，言下之意甚明，这课的确专业性强，我这个教育学理论的门外汉能摸到点门径，心中也自欢喜。

关于通识教育，哈佛大学虽然率先出版了《通识教育红皮书》，却让哥伦比亚大学后来居上，贝尔教授对其进行深入研究后撰写了研究心得。这两节课听完我才明白，自己之前对通识教育的理解有一些不正确的地方，比如我把通识教育当成博雅教育，以为是为培养通才服务的，但其实美国通识教育的产生有其独特的历史背景。

通识教育最早产生于两次世界大战，战后美国因担心犹太文化过度渗透，欲用西方文明居中调和，由是通识教育发端。他们用人文学科培养军官的献身精神，用名著拉近军官与权威的距离，再从西方文化中挑选故事给他们洗脑，最后应用在战场上，发现效果颇佳，于是通识教育被推广到学校。哥伦比亚大学因深受杜威实用主义教育思想影响，特别强调个人经验，为了调和教化（文化素质）与培训（传授专业）之间的矛盾并拒绝过早专业化，

哲学和历史学的教师们配合开设课程，没想到这类课程很受学生欢迎，最后形成了前两年通识教育、后两年专业教育的四年本科课程格局，成为通识教育的先驱。

要注意的是，通识教育既不是交叉学科，也没有打通所有学科，只是从主体成长角度着手，方便他们在接受专业教育之前有选择地拓展知识面，因此通识教育在实际运用时需要防止三种错误导向：一是不要让通选课替代通识教育，容易导致水课；二是不要用交叉学科替代通识教育，因为先学好一门学科是交叉的前提，过早交叉会降低效率；三是自由选课不能替代通识教育，因为学科在碰撞时多数只有两个选择，所谓的自由其实是有限的。由此可见，通识教育其实很严肃，它包含人文科学、社会科学和自然科学三类课程，是专业教育的基础，旨在培养学生的主体意识。

在贝尔看来，我们已经迈入以知识和大学为中心的后工业时代，进入了知识型社会。在资本主体社会中，知识是不能流通不能挣钱的，但在被高度组织起来的后工业社会中，知识可以流通也可以带来利润，这两点让知识分子的内心非常纠结，对通识教育的反思亦随之而起。人们在教育实践中发现，读经典最能培养人的批判反思能力，个人的成才也需要有思想者在前引领，所以通识教育强调“名师”，强调“经典”。但过多强调西方文化，容易造成文化中心主义倾向，万一做不好，最终得到的或许将是一堆碎片化的知识，为什么通识教育仍然存在呢？贝尔的解释是：“因为社会需要有教养的人，也需要有批判反思能力的人，只有自由和理性的主体，才是创新的主体。”

展老师由此引申，提供了一个回答钱学森之问的新思路，民国之所以能出那么多大思想家，因为民国的教育事实上就是通识教育，那个时候没有条件实施专业教育，大学生有充分的空间自由探索，同时也有伟大的作品感染学生。我认同老师的观点，同时还有一点小小的补充：也因为那个时候的知识分子出生在新旧知识交替的年代，能融汇古今，其中大多出国留洋，身兼古今中外之长，加上国恨家仇的激荡，于是造就出中国史上的一次奇观。最后老师感叹道：“我们目前的大学文化研究缺乏历史感。”于我心有戚戚焉。

无独有偶的是，三、四节“教育导论”课上蒋老师提及“布迪厄社会文化再生产理论”与一、二节课上谈及的后工业时代遥相呼应。

法国于1947年在其教育改革计划中提出“公平原则”，布迪厄在此背景下研究得出“教育成为维护社会阶级结构并再生产这一结构的工具”的结论。他毫不留情地批判了资本主义教育制度的保守功能，并揭示出该制度掩盖社会不平等、不民主、再生产社会阶级结果等真相，父母用自己的经济资本转化为孩子的文化资本，孩子长大后再将这种文化资本转化为经济资本，从而实现阶级的自我维持。这个道理如今早已盘踞在家长心头，尽人皆知。我承认其合理性，但仍然感到一种冰冷与无趣，每当这时，我便会生出一种宿命的疑惑：阶层当真是拼出来的吗？高层就一定比低层好吗？真的是宁愿坐在宝马上哭，也不愿意骑着自行车笑吗？如果是这样的话，就应该富得过三代才对。

交织着担忧和闲散，将书包放进图书馆，打电话和妈妈聊天，信步而行，几处曲折几处小径后竟然转到未名湖边。下午四点，太阳不烈也不明。湖边人影三两相簇，博雅塔无言矗立，竟然感到一种静谧的枯索。前行至湖边，金黄红绿温柔作一片，落叶和枯枝漂荡在湖面，水光朦胧，光影潋滟，美丽的水鸟身着漂亮花衣娴静地立于水边，不惊不惧。我担心程程，妈妈担心我。

我似乎有着天然的出世心境，在王博老师的道家哲学课堂里总能觅得内心的喜悦与安宁。今晚讲“自然”，老师解“自”为对外来某种力量的拒绝或否定，只有让外物保持“无”的状态，才不会对“自”产生过多的干预。我则更偏向于南师“自然，自己然也”的解释，佛陀说“法尔如是”，是一个意思。老师说：“如果我们相信事物处于‘化’中，那其本质就是不存在的，如果我们相信事物处于‘玄’中，那它就不是向外敞开的。”这正是道家强调圣人“无知”的原因，不能让事物明白起来，也无法让事物明白起来，“不知其所以然”才是“自然”。

可惜的是，老师没有对“究竟”的概念作进一步引领，认为“追问圣人和事物的本质是什么”会是个假问题或者是不可能回答的问题，理由是它不

能够说清楚。但说不清或者不能说清楚并不代表它没有，不可言说的背后才是真正的核心所在，我相信王博老师也不会认为其没有，因其用词始终审慎。

越来越觉得哲学像是一丛蒲公英，每一根思绪都伸向那究竟智慧的中心，姿态不一，长短各异，有些黏附，有些飞扬，用着各种不同的语言和表达，试图将抽象具体化。说者若有所思，听者似有所悟。老师说：“哲学要能从生活中跳脱出来，因为它是最通透的。”我喜欢这种空灵与充盈并具的感觉，无论蝶化我，抑或我化蝶，都甘之如饴。

2021年10月28日，星期四，多云

北京时节进入佳境，我的心亦蠢蠢欲动，纠结几番后还是决定留下学习，美景固然不可辜负，但游玩不能耽误正事。

晚间七点二十分完成今日计划，出门散步，想起一个月前骑单车经过的那条柳影扶疏的小路，有意一探，可就在路口等红绿灯时转变了心意，既然左边这条道上空旷安静，我为何还要等灯？心念一起，脚步随即向左。

北方的秋冬昼夜温差极大，中午我尚可敞开外套，现在换上羽绒服都感到冻鼻子冻脑袋，戴着耳机听着歌，一路向前，更无一人。尽头处是一个小区的出入口，于是绕过街边一辆白色小轿车走向下一段街区，没想到竟然进入了一片绿化带，铺满草木的土坡在夜色里缓缓起伏，步行道蜿蜒曲折，有一个小池塘，还有一座小亭子。见到指示牌才明白我身处公园，圆明园东门对面不远处另有一处小园，北京着实令人惊喜。

看了看时间，八点多，程程应该吃完开始写作业了吧，拨通她的电话手表，听到熟悉的声音。今晚她一个人在房间里背资料，跟我述说周一自己和法官的对话，听到她对这件事的理解和描述，顿时释然，她的释怀让我也释怀了。程程是个懂事的孩子，虽然成绩谈不上好，但不是因为她不想学，而

是环境不够安静稳定，同时也没有人给她相应的指导。我从不认为一个爱读书的孩子会学习不好，顶多只是成绩不好，在我心里，成绩不好不代表学习不好。我相信她的学习能力，也相信她有潜质，学问本来就是让不善良的人变得善良，而让善良的人变得更善良，不是吗？

挂上电话，心情顿时明亮起来，清冷的风似乎变得格外清新。回到宿舍洗漱拖地，刚把一切安顿好，国婧和阿静就回来了，她们相携去澡堂的时候我爬上了床。甜甜带回来热乎乎的板栗再次吃不上，我没有夜晚进食的习惯，听着她们嘻嘻哈哈，同样心满意足。

今天是圆满的一天。

2021年10月29日，星期五，多云

东门见面会——修己安人先立志

收到文老师的消息，告知今年东门新生见面会下午两点在教育学院516进行，邀请我和王华老师同往参加，再次感到被接纳的暖意。

习惯了搭乘公交的时候背诵一点《论语》和《大学》，从上车到进教室，正好完成。今晨不用赶课，有闲心欣赏秋日燕园一角，虽只有数条径道，亦是美不胜收。

王华老师来京后身体不适，下午抱病参加，我一进516便看到她的脸色异常苍白疲倦，惊讶之下，忘记自己有没有同老师打招呼，直接坐到她身边，王华老师羞涩谦虚，带着几分无力，说自己后半生就想读书追求真善美。听完文老师的发言，感动之余索性连腹稿也不打了，想到哪里就说到哪里吧，事实证明果然没啥头绪，我并不是一个可以全凭即兴发挥的人。也或许是因为我一见文老师就紧张，还有些不知所措，总感觉自己哪哪不对劲。

老师说东门之前做政策研究，现在亦不放弃，只是更加关注内心、品

德、境界，“教育是学做人，不是写论文”，希望弟子们真正关心自己所研究的问题，“研究要与自己的生命有关，做到知行合一”。如何形成师门的风格？如何让“幸福教育”发挥影响？在定量研究、叙事研究和理论研究中，老师偏向用自己的生命故事折射教育问题的叙事研究，即用人文的方式展示人文本身，因为“凡是涉及人的发展都可以归入人的成长，也就都与幸福相关”，由是对东门弟子提出了几个要求：

第一，立“幸福人生之志”进师门，背诵《道德经》出师门。

第二，坚持读经典，走正道，不行小径。

第三，有奉献、利他精神。“不与人争名誉争地位，要争就争人品，但不要将‘不争’当成不要，名正言顺得到的当仁不让，因为那样可以树立榜样。”

第四，虽然“不争”，但是要“有为”。“觉察、反省、记录自己，‘学以为己’，认真学习亦是人品。”

第五，多向其他老师请教，一一拜访各位老师，抱着学习的心态，不要有门户之见。

总之，东门目前的风格是将教育与传统文化相结合，修己安人，己立立人。当文老师笑着说“幸福教育我已经做了四五年，三十年或者会有点成效吧，那个时候我八十岁，应该很开心”，我被深深地打动了。孔子云“必世而后仁”[①]，有师如此，不其然乎！愿追随老师的步伐，学做人，学做事，将毕生精力投入谋求人类福祉之中，鞠躬尽瘁，死而后已。

2021年10月30日，星期六，多云

早晨跟波儿说，周日不能如约去钓鱼台看黄叶了，因为今天约好和阿静

① 出自《论语·子路》。

甜甜一起去未名湖拍照。前两天调适心情，欠下一堆文献资料未读，今天拍照，明天必须得用功。

昨晚试供暖，四点多感到燥热，醒来后一直睡不着，直到六点多在班群和大家道过早安后才迷迷糊糊又躺了一个多小时，睡了来京后的第一个懒觉，自然没吃到食堂的早餐。不仅如此，晚起导致上午啥事干不成，一晃便到午餐时间，餐后我居然又困了，正准备爬上床歇息会儿，衣柜挂杆突然断裂，在咔嚓声中衣物散了一地。收拾好将近三点，甜甜打电话催说太阳快下山了，要我赶紧出发，今天的天色本就不是特别明亮，走到湖边时果然天已昏黄。

尴尬的是，我一去，她俩就拿包的拿包，拿外套的拿外套，一个给我匆忙介绍摄影师，另一个指着湖边的石头说："可可，快坐到上面去！"我还没有弄清楚状况，已经在石头上按照要求把自己摆好，就这样，生平第一次在一个认识不到一分钟的男人面前各种摆拍。本来我就是个不会做动作，没有镜头感，拍照极不自然的人，如今雪上加霜，最后居然还有不少自己满意的，也多亏了阿静的这位师兄。

晚上和刘老师碰面后，一行人去南门外吃砂锅粥，他们四个一人一瓶啤酒，我端柠檬水举杯。阿静的师兄名叫邱健，北大的博雅博士后，谦虚温和，口才颇佳，一路给我讲解北大的建筑景物和传奇故事，彬彬有礼。他们应该都是 80 后吧，交谈起来浑然忘了自己的年岁，相谈甚欢，唯一的遗憾是国婧由于上课，没能参加。邱健说坐在未名湖边，一想起曾有那么多名人都曾到此徘徊，内心便会有一种力量，我倒是觉得北大的一花一叶、一草一木、一砖一石都能养人，每一个角落皆别具风情。庆幸自己来得是时候，太年轻难以领略，太年长又会虚耗更多时光，不好意思说我爱北大，只能说我感激这里。

2021 年 10 月 31 日，星期日，晴

下午给妈妈打电话，告诉她“我还有一点日记没有写完”，她说她也是，不过“日记不是每天都要记得那么详细，有些几句话就可以了”，这不，今天就属于几句话就可以了的那种。

上午自习室，下午自习室，晚上还是自习室，只在太阳快下山时出门走了走，本想看看前天晚上误入公园的名字，结果一路电话过去，又一路电话回来。入口处有个保安在登记健康宝，接听电话中无法操作，干脆折回安静的小道上安心说话，公园之行半途而废。

出门时尚有金色在枝头，返回时夕阳已西下，国庆假期的时候感到来日漫长，今天忽然惊觉两个月就这么过去了，不知道自己干了些啥。

我不想一事无成。

第九周

2021-11-01—2021-11-07

2021 年 11 月 1 日，星期一，晴

第九周开始了，再次感叹本学期过半，惜阴之情油然而生，好在文老师组了一个读书群，今天开始每天六点半起来读经典，清晨也得到妥善安排。

和阿静一同乘坐公交车去学校，途中她指向窗外朝我示意，惊叹就这么几天时间，大道两旁的银杏仿佛变魔术似的瞬间黄了，公交车疾驰而行，金黄片片闪过，不是我看黄叶，而是黄叶跃入眼中，无法视而不见。

今天的“大学生发展”课程用罗伯特·凯根的“结构发展理论”解释了一个屡受人嗤却又不得不想的问题：活着到底要不要追问人生的意义？凯根的回答是：要！因为“人类精神发展的驱动力正是追求意义的自由意志”，所以需要不断探寻生命的意义。如果一个人不寻找或寻找不到生命的意义，对外就会表现出反抗、叛逆、躺平，对内则容易出现压抑和虚无。安东尼·克龙曼认为当代大学恰是因为放弃了对人生意义的追求，不探讨人为什么而活，才没能为学生提供其所需要的帮助。

一个人的心智成熟程度也与意义有关系，结构发展理论正是按照意义的生成原则来判定一个人当下所处的心智模式阶段，在凯根看来，人生有分化与沉浸这两种基本渴望。“分化是指作为个体的人具有与众不同的差异性，沉浸则是指个体希望得到他者的认可和归属感”，然而这两者并不总是和谐，它们时常会发生冲突，缓和时称为结构，失衡则带来危机。凯根其实并不回

避失衡，他将危机理解为发展的机遇，认为“人的成长需要有失衡状态，因为只有失衡才能孕育改变和生机”。

那意义到底是怎样生成的呢？凯根认为，是由主客体关系转化生成，其中主体是“我们已经认同、沉浸或扎根的心智要素，是我们自身所拥有的、但未经察觉和反思，因而不能控制的要素”，客体则是“我们心智所处理加工的对象，由自我以外的他人以及植入的文化背景组成”，心智发展就是主体要素通过剥离、独立、分化而不断转化成客体的过程。比如，愤怒的情绪在愤怒时是主体，在冷静时则转化为客体，不管是主体还是客体，愤怒都是一种心智要素，不知不觉时是主体，清楚明晰时变为客体，意义就在此转化过程中生成。当一个人通过反思，将不知不觉剥离出来变为先知先觉，他的整体意义采择系统就逐渐由主体转向客体，心智也随之走向成熟。

对此，我有不同看法：愤怒时愤怒属于主体要素，人被愤怒的情绪所掌控，但这并非不知不觉，知道自己处于愤怒就是知觉，这一念“知道”对于愤怒而言才是主体。所以情绪也好，境遇也罢，永远都不可能成为主体，真正的主体只有一个，那就是人的觉察力，如果情绪不被觉察，就什么作用都起不了。试想一下，我们生气的时候知不知道自己在生气？知道的，所以生气不是主体，知道生气的“我”才是主体，我知道我在生气但还是忍不住生气，是我的原因，不是“气”的原因。

另外，凯根所言的意义是否可以理解成一个人主动要求回归道德、理智、善良的过程？也就是人用理性控制自身情绪的过程，如果可以，那孔子在《论语·颜渊》中早就讲过这个方法了，名之为“克己复礼”，这又是一处我们早就知晓的西方理论。

下午的主题是“高等教育国际化”，“中古大学最具永恒意义的便是它的世界精神以及它超越国界的学术品格”，我很认同博采众长的学术交流方式，却对高等教育国际化中伴随而生的政治和经济目的持观望态度。诚然，完全纯粹的教育难以实现，但太不纯粹势必会对人才培养造成障碍，世界上任何地方都需要真正的人才。刻意的人才培养会不会有无心插柳的成果？怕是很难，除非给予环境而后听其自然，那样就又回到通识教育的话题了。

晚餐第一次去了农园食堂，据说很便宜、很大、很好吃，去的时候肚子不饿，转了一圈，只要了一碗银耳雪梨羹，好吃与否体会不强烈，但“大”却真实感受到了。二楼的个别地方甚至做成了书房模样，几个学生围坐，边吃边聊，好不温馨，我很想发给妈妈看，但不好意思在人家进餐时举手机，只好随意拍了几张。墙边有传输带归集使用过的餐具，大部分座位边配有插头，各色食物一应俱全，看到这些不是感叹北大真好，而是感叹祖国真好。

2021 年 11 月 2 日，星期二，晴

第五堂幸福课：无尽缱绻当日意

六点半闹钟响，文老师在群里向大家道早安，爬起来刷牙读书，而后去食堂买早餐，吃完在食堂另一侧诵读经典，既不觉得寒冷还可以大声朗读，不必担心吵到别人，回宿舍时不到八点，洗脸着装。今天试行第一天，为没有浪费时间而开心，“一日之计在于晨”，古人诚不我欺。

有诗词书画的地方就有一种说不出来的气质，走进二教便被这种气质萦绕，“中华文化传播课”继续讲解格律和对联，赵老师给我们聊起不少北大老一辈人物的奇闻轶事，一番话听得我好生相敬：“你们发现我有什么错误，赶快告诉我，实际上我经常犯错误。当老师之后才发现，错误有两种，一种是口误或记错，另一种是从来就是错的，却以为自己是对的。”又说：“我愿意给你们讲讲这些故事，北大是靠这些人撑起来的，不是我们，我们这些站在下面乘凉的，不给北大丢脸就不错了。”这些年听了不少自吹自擂的讲座，对于站讲台的人而言，的确不太好，连孔子都有“吾有知乎哉？无知也”“君子多乎哉！不多也”[①]的谦虚谨慎，谁能保证自己的所知所想不会误人？

① 均出自《论语·子罕》。

较夸夸其谈而言，我更欣赏赵老师的真诚谦虚，他越这么说，我越觉得北大有精神。

午餐后收到教育学院的通知，下午四点半访学进修教师召开座谈会，有位老师说历史学院的访问学者很羡慕我们，因为他们一次面还没见上，我们这都第二次了。哈院长和徐老师都在，说主要想听听大家对学院的反馈，又给我们准备了两本书和一份晚餐，建议学习之余适当游玩。印象较深的是哈院长说他当年在哈佛学习时，有位教授告诉他：“在一个地方学习，要争取一个学期了解一位老师，也让一位老师了解你，这样就可以保持长期联系向老师学习做学问、做研究的精神。”想了想自己，一来就认识了好几位好老师，特别庆幸，尤其是文老师，带我进东门，指导我选课，我虽然不好意思自称弟子，但心里已经做好了从此“师事”老师的准备，这才明白古人为何如此看重师生间的情谊与传承。一入东门，肩负重任，必须加倍注意自己的言行举止，下不能辱及师门，上须为师门添光，是一名东门弟子的分内之责。

晚上的幸福课，再次被感动，文老师让大家互相朗读我们“写给自己的情书”，真没有想到，那一封封自我告白在安安静静的环境中被清晰缓慢地读诵出来后，会如此感人。课前老师率先分享了自己办“幸福亲师教育”的感受，“周末几乎一整天都待在屏幕前，第一次觉得线上讨论也挺好”，真切感叹“有志同道合的人为了他人的幸福而学习很幸福”，这份心意让坐在台下的我们感同身受。

想起昨天下午在图书馆门前偶遇潇语，提及文老师时她说：“我也很喜欢文老师，很有气质。”深有同感。我想这份气质是从老师的心性中自然流露出来的，当老师说“我不知道怎么帮大家，我把这个话题提出来”，当老师说“我前几天做了件无聊的小事，把《论语》里面提到‘仁’的地方归纳了一下给你们看看”，我一下子便照见了自己身上的傲慢、自得与张狂。老师的言传身教胜过一切理论，孔子曰：“天何言哉！天何言哉！”[1]老师带给

① 出自《论语·阳货》。

我们的不只他说的，还有他做的、他想的。

温情洋溢的一个下午和晚上就这么过去了，课后坐在教室里稍微提笔写了几句。

今晚被感动了

开学第九周，我总算将班里所有的同学都对上号了，熟悉的感觉真好。惠文说我不摆架子，其实不是我不摆，是我没有什么可摆的，在同学和老师面前，唯有满心欢喜和惭愧。

听到张宇“草坪星星”那一刹那，莫名感动；听到雨薇说要一直真诚，好生相敬；听到嘉奕的利他志向，忍不住为她欢呼，一个心里有家国天下的人，无需为容貌焦虑，你就是最美的。惠文能看出张宇的内秀，张宇发现了王亚的可爱，芳迪和张宇互相觉得对方靠谱，我就是一直想笑，也不知道为什么。

想起国庆时和高中同学见面，她羡慕我可以跟一群年轻人在一起，我直认不讳，最开心的也就是这一点，十几年来我不停地见到新学生，一届又一届，面容虽然有异，青春气息却是一般无二。学生即便再入世，这个年龄也难世故，活在一群天然自带真善美的人当中，无疑是幸福的。

今天依然讨论爱自己，而后讨论好学乐学，记下来的话有这么些：“爱自己不仅是爱自己的身体，更重要的是爱自己的心”“爱他人也是爱自己”“给自己的爱够不够可以体现在是不是真的在帮助自己，让自己承担更多的责任上”“一个有坚定志向的孩子受众人欢迎”“以仁爱之心学习，用这个爱去一以贯之。”老师的话，有些在做，有些搁浅，还有些模模糊糊，或许爱不能停，努力也不能停，只是一想到这门课竟然过去了一半，心里不免有些怅然。

新买的简易衣柜到了，我该回宿舍了。

回宿舍后想起雨薇和嘉奕聊起选课时说“在北大，事情少、上得好、给分高三者不可能得兼”，又说：“睡觉、学习、社交不可能三角，除非你牺牲其中某一个的质量。”前者让我明白现在的学生真的难有“学而时习之，不亦说乎”的感受，因为作业、考试、分数本质上就是一种很难让人持续愉悦的东西，后者让我愈加坚信自己以前的观点，不要相信媒体宣传里打造的全能之神，大家都是人，踏踏实实读书、作息、做人才是正道。

2021年11月3日，星期三，晴

丹尼尔·贝尔的“后现代主义”

又见周三。

周三仿佛成了充实与忙碌的代名词，日记内容也是相当多，总想把收获都记录下来，就像妈妈说的，老了后留着自己慢慢看，又或是跟程程说起当年。

今天的“教育哲学”课介绍丹尼尔·贝尔的“后现代主义”，课程从如何阐释“理性”展开。希腊人将思辨当作理性，培根的理性多指规则，康德集大成，把理性人看作是自由且服从规则的人，资本主义社会正是这样一个在理性打造下的规则社会。人们慢慢发现，纯粹理性的统领让现代人感到憋屈，只有在文化中才可以不守规则，或者说可以超越理性规则，从而释放内心的压抑，于是渐渐喜欢上了这种在文化中畅通无阻的感觉，文化因此成为先锋和引领。比如最早一批的波西米亚人是不受尊重的，因为他们脏兮兮且行为放荡，但到了20世纪后，人们竟然不约而同地迷上了那种邋遢风，竞相模仿起来。

当文化变成一个随意行为后，大学就成为现代主义文化传播的最佳场所，但“文化越普及，文化品位越低”，文化品位的降低又为其他乱糟糟的文化开道，由是陷入恶性循环。过去的文化是能够陶冶性情的、不朽的，现在的大众文化根本不追求永恒价值，只看重流量、消费和接受度，要的就是娱乐，所谓的消费其实就是“流行过就忘”，所以近二十年来的文化都是快餐，目的不过是取悦大众。

为什么会这样呢？丹尼尔给出的解释是“因为理性本身兼具极度自由和严格规则两个对立面，但其实规则的背后是混乱，而逻辑的背后是情感”。现代主义的规则由现代生活带来，看似荒诞却离不开，“过去的你属于一个等级、一个家庭、一个国家，现在你变成了自由的；与此同时，过去慢、现在快，当快到可以将不可能的景象联系到一起时，时空便产生了错乱感，因为人在其中既看到解放又看到虚无”，所以现代人只有 I 没有 you，我们都关心自己，却没人关心你。现代主义反映的正是这种需求，大众不喜欢千篇一律的东西，对缺乏变化感到厌倦，于是现代主义不停造新。就拿艺术而言，“过去的艺术主题都是很美的，现在的艺术主角变成了普通人”，不再表现大人物和英雄，仅仅是一场喧闹，喧闹完就过去了；“过去的艺术有思考空间，现代的艺术唯有不断刺激”，看上去轰轰烈烈，过后一场空，迅速抛弃掉，现代已经不讲究完整，习惯用碎片代替整体，甚至于就是要让它残缺不全，否则便没有新意。

科学的尽头还是信仰，大科学家都相信上帝，要形成一套体系宏大的理论一定要有信仰，只可惜现代社会的你、我、他，是一些空虚的你、我、他，现代主义不过是恰好满足且迎合了这种无信仰的状态罢了。鲁迅可以算作中国第一位具有现代意识的人，他的阿 Q 精神便是一切不管、什么都不在乎，在几十年虚空到来之前尽情地刺激自己。但不要忘记，纸醉金迷的背后是空虚，于是资本主义宣扬的秩序观最先消亡，因为大众需要不停地被刺激，资本主义就得不停更新，于是社会开始分裂，过去的社会阶层分为贵族和平民，现在则分为现代主义文化的接受者和反对者。在后现代主义文化的影响下，没有任何东西具有神圣性，受其熏陶的大众不要规则只要快感，他们以无规则对抗现代社会，一切都可以拿来刺激、拿来消费、拿来换钱，他们不谈价值，也不谈意义，一切都被解构了，如同哈贝马斯所言：“后现代主义仿佛就是一堆垃圾。”

为何后现代主义会出现在西方？因为西方社会有假正经的传统，过去教会的顶尖人物生活奢靡放荡，宗教掌控在一群没有信仰的人手里，后现代主义不过是把这层面纱给摘了下来。后现代主义作家同样没有追求，只有媚俗，不断改变自己以迎合别人，貌似很激进，其实看人脸色，所以丹尼尔·贝尔预言："资本主义自身的矛盾性为其自掘坟墓且找不到解决问题的合法性，西方社会最终不是毁于战争，而是毁于文化。"

后两节"教育导论"，蒋老师为我们讲授"弗莱雷的教育理论"。

弗莱雷出生于巴西的一个普通家庭，从小就很关心穷人教育，他身处"二战"后殖民体系的瓦解时代，民族解放运动此起彼伏，人们摆脱被压迫的意识觉醒，弗莱雷便是其中佼佼者，毕生致力于扫盲运动，推动民主政治。时至今日，全球仍有许多国家尚未普及全民教育，"填鸭式"教学盛行，社会秩序仍欠公正，所以他的理论依然有其适用性。

"觉悟"可以说是弗莱雷教育理论中最重要的一个概念，也可翻译为"意识化"，觉悟即意识解放，指学会认识社会、政治、经济矛盾，学会为反对现实中的种种压迫或不公正因素而采取行动。弗莱雷认为人的意识水平可以分为神秘意识、幼稚意识和批判意识，教育就是帮助学生提高其意识水平至批判意识的高度，所以他极力反对灌输式教育，赞同提问式教学。所谓"提问式教育"，就是指师生从人与世界的关系出发，围绕现实生活中的问题，共同思考、反思、对话，进而认识世界和改造世界。所以弗莱雷特别注重对话，认为对话不仅仅是技巧和认识途径，更是提问式教育的集中体现，最终服务于觉悟，而平等对话必须具备"爱、谦逊、信任、希望、批判性思维和对话的意愿"五个条件，我从中亦颇受启发。与人言，必须怀抱爱、谦逊、信任、希望，且不盲目附和，"听其言，观其行"[①]是批判性思维，"巧言令色"[②]是无爱与谦，"德不孤，必有邻"[③]是信与希望，中西相通，一以贯之。

---

① 出自《论语·公冶长》。

② 出自《论语·学而》。

③ 出自《论语·里仁》。

新衣柜到了，吃完午餐便回宿舍安装，第一次在周三中午返回圆明园校区，天气明媚，阳光正好。走出东门时抬眼望见不远处的蓝天黄叶，群鸟飞过，一切刚刚好，大自然的色彩永远巧夺天工。其实我早就想换掉旧衣柜，摇摇欲坠用了两个月，前几天终于断裂，不善器械的我不得不自己动手，居然顺利完成，把衣物安顿好后，又打扫了一下宿舍卫生，心情大好。

晚餐时看到李泽厚逝世的消息，王博老师进教室后亦谈起李先生当年的言行。从今天开始，课程均围绕“无”而展开，首先讲解“作为万物之宗的无形无名”，便是今晚主题。

道家有一个很重要的追问，从“物”的世界向事物本源追问，或者说从“物”的世界跳脱出来后向根源处追问：是什么让“物”成为这样一个物？因为要从“物”中跳脱出来重新看待万物，所以才有了“无”。我们不禁要问，那什么东西可以被称为“有”？有形有名，前者是能够被感官捕捉的经验对象，后者是形而后才命的名。要注意的是，有形有名就是“物”的特点，只要有方圆大小，只要在形体上呈现出某种特征，它就属于某种事物，但这同时也意味着它被限制了，而且是被动的，所以在道家眼中，形体世界是一个被动的有限世界。一旦我们被赋予某种形体，就不能再占用其他形体，这个形体即便只是整体形体世界中很小的部分，也意味着任何一个有形的事物都不能代替其他形体，不能成为其他事物存在的理由或根据。这就是为什么我们不能从“物”中挑选出一个“物”来代表万物，因为有限的存在不等于整体，不能支撑起整体存在的世界，“方”只能支撑“方”，不能支撑“圆”，所以“有”的根据一定不是“有”，于是道家走向了“无”，“无”即是对“物”的摆脱。

为什么“名”也很重要？因为“名”与万物之宗的“道”关联在一起，生成的理由无形无名，且“万物从根本上来说，是不能被命名的”，所以才有“无名，万物之始”[1]，“无名”是我们原原本本的某种存在状态。道家通过确立“无”来确立“有”，“无”被提出来恰恰是为了让以“有”为生的万

① 出自《道德经》。

物都得到保存，只有回到根本才能解决危机，所以无形无名的提出是为了成就这个世界，而不是毁灭这个世界。

2021 年 11 月 4 日，星期四，晴

潭柘寺——从此魂梦两相萦

今天也许是北京秋季的最后一天，因为我已看到了周末下雪的预报，无论有多少事情，先放一放吧。今夕何夕，明朝不再，我想去看黄叶，那就潭柘寺吧。

单程接近三小时，好在公交地铁衔接颇近，也算一路顺风，只是没想到周四的潭柘寺里竟然有这么多人，虽然无法安静地欣赏黄叶，听到叶随风落时那一声声欢呼也挺开心。来这里，纯粹是被“先有潭柘寺，后有北京城”这十个字所打动，我向来喜欢有年头的地方，哪怕一村一镇、一井一桥，都很有感觉，潭柘寺可谓正中下怀。

山门外，石阶旁，商品琳琅摆放，大大小小的葫芦错落有致，入门处两尊小小白塔被白色矮栏围住，苔影斑驳。跨进大门后并非例行的四天王殿而是远山杂草，不禁一怔，随即发现不远处斜倚在墙角的小红门，这才明白原来潭柘寺还未到。墙上贴着购票二维码及门头沟景区指引图，我购票后拍下景区导览图，京城游玩处真是数不胜数。

迈步缓行，眼前一条弯曲石径蜿蜒向上延伸，红墙劲松，青天黄叶。游人对对向上，又双双向下，走走停停，说说笑笑，枯木伴着落叶铺垫在地上，我的脚步落地无声。寺门掩映在几株松树之后，小小的月门只开两旁，给人一种岁月静好的与世无争之感，这一截小路早已满足我此行所需，不待进去，便已酬兴。

上香，拜天王殿，看到一口大铜锅，又发现树枝后面藏着钟楼，接着绕

过禅茶院在大雄宝殿前三叩首。与其他寺庙不同的是，这里每一处地方都自成一格，依着山势安放，没有规矩可循，随意便有惊喜，也只有在这样的寺庙里才可以感受到“人间四月芳菲尽，山寺桃花始盛开”的韵味，虽未与世隔绝，却是深山僻处。

终于来到传说中的千年古杏，下面早已坐满了人，红绸飘拂，满眼金黄，叶儿片片飞落，人间好时节。耳畔人声鼎沸，我还是先行远避，于一切径道右绕，见佛拜佛，遇僧礼僧，观音、地藏、普贤、文殊，层层而上。眼前所见，时而弯折、时而清幽、时而空灵、时而沉厚，几番转折便至山顶，不似一览众山小，唯有远山独自愁。

此处既无梵音也不见僧侣，偶有香烟升起，亦不过寥寥，游人虽众，竟难掩其孤清之气。半山不远，银杏绰约，苍松任意遒劲，山房柴门寂寂。一尾石鱼，诉说千年慈愿；半壁残垣，竟留万古悲心。遥想西晋建兴年间，此地初开，龙潭宝柘，相对无言，至则天武后万岁通天，始为华严道场，武宗灭佛，一度消寂，赖五代从实禅师讲经说法，香火复盛。元明清三代人主护持，妙严公主拜经终老，姚广孝隐居修行，北京城参之而建，禅律高僧代不乏人。千年固有千年韵，落花流水助说情。

转入后山，颜色骤变，旷谷青灰，山林藻绿，一对姐弟窃语惶恐，我却倍感清幽。观音菩萨披红衣而立，二叠地貌间流水已半干，小桥悄立，空谷回音，他们转身离去，留给我难得的清净。四顾无人，稽首礼大士；偶有鸟声，相伴生离心。

前有观音洞、老虎坡、龙泉茶社、楞严坛场，沿路而上又历阶而下，几经周折，已不知身在何处，深山里人流渐少，阳光余热似不足温煦，到底天气晚来秋。下到银杏双株处，依然人头攒动，正当感叹，忽听一男子声音：“今天挺好的，人很少，不到平常的十分之一。”惋惜之情登时化为欣喜，人心本空著，皆因比较生。

原路返回宿舍，甜甜还在为周三的述课埋头准备，我丝毫不觉得疲倦，反而有种心满意足的意犹未尽。

潭柘寺，我一定会再来！

敕建岫雲禪寺
潭柘寺

2021年11月5日，星期五，多云转阴

今天进校自习、打印文献资料，晚上约了东门今年新招的三位研究生一起吃饭，早就听闻勺园中餐厅之名，我一个素食者独去估计没啥可吃的，人生地不熟也没法呼朋引伴，难得有人同吃，甚是开心。

约好五点半，我五点十五从图书馆步行过去，林琨说拖堂可能会晚几分钟，仁杰提早十分钟到了，刚发台号给韩耕，就看到他走了过来，都是守时准点的好孩子。他们仨一个来自山东、一个来自山西、一个来自江西，我和仁杰今年第一次看到北大，林琨和韩耕已经在这里读了四年。我让他们一人点一个自己爱吃的菜，免得互相将就最后都没吃好，小伙子们也都大大方方地不推辞，看着朝气蓬勃的他们，感到由衷喜悦。

席间谈笑风生，仁杰活泼、林琨善谈、韩耕内敛，我嘛，组织张罗大家吃好就行，他们分别出生于1996、1997、1998年，本科有学教育的、有学历史的，有学政经哲的。巧的是，我们都想拥有一方自己的天地，可以安安静静地读书写东西，对仕途名利均无甚企图，仁杰甚至觉得一线城市都不太想去，不愿意参与这社会的恶性竞争，既不愿巧取，也不想豪夺。韩耕聊起女朋友，两人已经去清河看过房子了，藏不住满脸的幸福与期待。林琨正在写一篇关于家庭教育法的文章，当他回忆起两年考研的艰苦岁月时，我捕捉到他眼底闪烁着坚定的光芒，是的，一个人只要努力做成过一件事，信心的建立便有所寄托。

有那么一瞬间，我觉得自己就和他们一样，一样的心境、一样的想法和一样的人生期待，耳边回响文老师说的“德不孤，必有邻”，我不敢以德自居，却在北大找到了真实的归属和友伴，即便我离开这里，内心依然充盈，这个世间毕竟光明多，善意也多。好高兴他们仨都是老师的弟子，有这样的老师和同门，是我的福气。

我们在一起待了两个小时，便各自离去，图书馆前的银杏叶在灯光下依然黄得浓郁，令这个晚上更加美好。

2021年11月6日，星期六，雨转雪

天气预报今明两天有雨雪，相互告知后严阵以待，本来今天就不打算出去，一本书、一堆文献、一封回信、三篇作业，还有自己那些未完成的计划，周末献给它们。

早晨阴天，气温还好，澡堂旁两个烟囱一直在冒气，分不清是烟还是雾，这几天空气质量不好，哥哥两天前发消息说有霾，我说我没有感觉到，这会嗓子就开始有异物感了，都说北京雾霾这两年好很多，难以想象前几年是怎样的光景。

中餐后开始下雨，犹豫了一会儿，决定下午不去自习室了，待在寝室学习。阿静三点半出门进城赴约，穿得鼓鼓囊囊好不可爱，看到她那些棉被似的冬服，第一次觉得自己是个南方人，我的羽绒服在北京就跟玩儿似的，仅起到一个装饰作用，赶忙发消息请家人帮我寄衣物和大围巾。

晚餐时果然雨水夹杂雪粒而来，八点半去澡堂时已经飘起了雪花，惬意的是这种温度下的澡堂倒是不冷不热很舒服，之前蒸汽腾腾，洗完吹头发就开始冒汗。国婧和我一先一后回到宿舍，她说其实下午就开始下雪，只不过那时气温较高，融化成雨水冰粒，持续几个小时后，雪花才会成形飘落。看她仍然只穿着一件羊毛西装，我说："这么冷的天，你怎不多穿一点？"她回答："零上那都不叫个事！"宿舍齐笑，我们三个南方来的，看到只剩下几摄氏度就已经开始慌了。

晚上国婧边练瑜伽边和我闲聊，我边闲聊边擦脸、收拾屋子，暖意融融，好在白天的时间利用得还算充分，虽然没有全部完成，倒也不觉懈怠。宿舍里，我和国婧两个70后睡一边，每天起早，阿静和甜甜两个80后睡对

面，每天贪黑，无心的安排竟然这么巧，国婧说羡慕她们生活随意洒脱，我说她们比我们多十年，我们勤奋点是应该的。

明天一天雪，但我想出去，要不要去燕园拍雪景呢？担心我的苹果手机一到户外就迅速跌落电量，还是下次吧，希望北京今年多几场雪。

2021 年 11 月 7 日，星期日，雪

今天哪也没去，堪堪完成作业与信件，雪下了大半天，六点后开始若有若无，我决心晚上出去走走，尽管知道不是天气的好时候，却是我心安的好时候。

穿上长羽绒，戴上手套，拉起帽子，挂上耳机，我去了例行的河边，顺路往前到了华联上地，商场转了两圈再走回来，时间路程刚好。谁说残雪不能成为雪景，谁说夜晚不宜观赏风景，这张漆黑墨色间白迹不也挺美的，我只拍了这一张，一张就已足够。

11 月的北京以雪开始，11 月底的广州可着单衣，各自风情。

第十周

2021-11-08—2021-11-14

2021年11月8日，星期一，晴

朱红老师因为要赶航班，我们的课程提早半小时开始，进门时大家都已就座。早晨的时间一不小心就被晃过去了，明明六点爬起来的，居然没赶上，暗自懊恼，也不知道是不是我欣赏雪后初阳去了，心情一好便优哉游哉忘记要赶时间。

今天讲“齐克林的发展向量理论”，该理论将大学生发展概括为能力培养、管理情绪、独立和依存、建立成熟的人际关系、建立自我同一性、发展品格等向量，并在每一个向量中建立任务能力清单图。从上周的“结构发展理论”到“埃里克森的自我同一性发展八阶段”再到今天的“发展向量理论”，实话说，我觉得学来甚是无谓，皆是一些条条框框的总结，作为个人的研究成果颇为可观，但作为理论来看实在毫无深度可言。越来越感到国外的某些理论有点像书本上的道德教条，看似正确却难以实践，譬如大学生要有目标、要培养好品格、管理好自己的情绪，这谁不知道，关键是如何才能发展出这些能力。比如说我想放松，也知道放松好，但如何才能真正放松？又比如说我想要有好的人际关系，也想招人喜欢，但如何才能做到呢？光给答案，不给过程，学来味同嚼蜡。还不如《弟子规》里的“几案洁，笔砚正”，当一个人养成了收拾桌面的习惯后，自然而然地干净整洁讲卫生。

若说给了任务清单，那就更像教条了，不知道是不是因为美国民众受教育程度不均衡，导致精英阶层在各方面远超一般平民，我怎么老觉得他们的理论有种挥之不去的培训味道，适合大公司拿来作为员工的入职训练，不适合当成一般原理传播推广。我固执地认为人一旦有了抱负或志向，这些能力都不在话下，而一个人的抱负和志向不是培训出来的。就个人而言，我更加认同中国“行远必自迩，登高必自卑”[①]的做人做事态度；认可“冠必正，纽必结”“宽转弯，勿触棱”[②]的生活习惯；认可“老吾老，幼吾幼”“首孝悌，次谨信”“长者先，幼者后”[③]的人伦顺序，从身边小事做起，不疏忽细节，从对待身边最亲近的人开始，由亲及疏。可以说，这些理论用在大学生身上，远不如一篇《弟子规》来得切实有效，坚持了“勿践阈，勿跛倚，勿箕踞，勿摇髀”[④]，就能体会自己举止、气质、身姿发生变化，这些变化自然而然地影响内心，而内心一旦转变，人也就慢慢随之蜕变了。

所以在“大学生发展课堂”上，朱红老师的个人感悟和故事，学生们的生活分享，远比这些理论吸引我，老师说她周末会带着家长一起阅读《你可以不生气》，学习做情绪的母亲，用包容、接纳取代对抗、降伏，真心赞叹。最后给我们讲了一个小男孩“扔橘子皮”的故事，对他人发自真心的认可和欣赏能唤起一个人的美好特质，从而改变自身，所以不要把身边的人当成竞争对手，而应看成伙伴，形成学习共同体。

中午从农园用餐出来，看到天边一片白云，清新柔美到忍不住拍下。

下午蒋老师介绍“GATS与跨境高等教育”，这个话题不算陌生，从大学开始，身边就有不少亲人同学朋友学生出国留学，主要去美、英，其次是澳、新，与老师说的“发达国家为主要教育服务贸易输出国，而发展中国家主要作为输入国”相吻合。美国吸收留学生主要是为了增强实力，而澳、新、英则更多考虑经济收益，所以跨境高等教育的支持者认为吸纳留学生能带来巨大的商业利益，而反对者却认为这种功利性会滋生很多营利性办学

① 出自《中庸》。

② 出自《弟子规》。

③ 分别出自《孟子》《弟子规》。

④ 出自《弟子规》。

者。于是跨境高等教育的监管问题便凸显出来，如何在维护教育主权、保证质量、保护本国公民权益的基础上开展良好的国际教育交流与合作，成为大家思考的问题。为此联合国教科文组织做了很多工作来促进高等教育的公共产品属性，其宗旨是通过教育、科学和文化传播来建设和平，促进各国合作，对世界的和平和安全作出贡献。课末，蒋老师提出“如何看待教育主权?”这一问题，请大家思考如何扩大中国高校的影响、提高国际化影响。这也是中国高校境外办学所亟待研究的。

照例散步回去，雪后空气清新，隔着口罩都能感到沁人心脾。

2021年11月9日，星期二，晴

第六堂幸福课：无为有处有还无

多才多艺的赵老师上课伊始便为我们演唱《知音》主题曲，引得大家掌声阵阵，在介绍完名胜园林联、流水对、无情对后，今天开始讲解“诗钟”。印象最深的是福州诗会集句和北大2002年“一塌糊涂BBS站riddle版”擅英，古人今人相映成趣，妙语佳句精彩纷呈，兹不掠美，采摘数句以供诸君管窥。

第三名：神女生涯原是梦（李商隐），落花时节又逢君。（杜甫）

第二名：商女不知亡国恨（杜牧），落花犹似坠楼人。（杜牧）

第一名：青女素娥俱耐冷（李商隐），名花倾国两相欢。（李白）

课后忽然萌生一个念头，何不将“百福”联句请老师指点修正，谢老事大，怎可因自己的不好意思而不能使之尽善尽美。晚上便在幸福课后请文老师指点，老师当晚便给予回复，周三清晨又补来两条，笑说：“改完后，满脑子都是‘福’字了。”心中感动，酬报之意更甚，惜眼下无缘，待日后效力。今晚在幸福课上第一次听老师讲那么多生活经历、人生转折和生命体悟，留了一些在文字里，另外一些，就让它永远留在我心中吧。

路漫漫其修远

今晚其实不需要笔记都可以记下很多，从最开始的赏雪到老师破纪录的那一跳，从人生的抛物线到“反者道之动”，今天应该是老师讲得最多的一次，满满的人生体会和浓浓的厚爱。

其实在我眼中，老师今晚自述的经历已经完美诠释了“反者道之动”，在放下名利的另一头，人生自是有光明，无关乎岁月，无关乎起落，一切都是最好的安排。

“心安是一种‘无’的状态”，如此美而恰当的描述，正是我有所体会而说不来的。最近一年，我以遇事需要多久才能恢复平静作为评价自己的标准，喜、怒、哀、乐皆如是，大喜大悲、任性挥洒固能尽性情之所极，但细品后却发现莫如悠远深长来得安宁愉悦。或许老师形容的“无”正是《大学》中的“正”，曾子曰：“身有所忿懥则不得其正，有所恐惧则不得其正，有所好乐则不得其正，有所忧患则不得其正”，那无忿懥、无恐惧、无好乐、无忧患便可接近“正”，因“无”而“正”，是不是另一种“反者道之动”呢？

“在光明的世界，黑暗中的问题不复存在。”是的，与其驱除黑暗，不如寻找光明，驱除黑暗，还有一个黑暗的念头，若不以黑暗为意，他暗自他暗，我明从我明，他不碍我，我愿利他，或可成“天地万物一体之仁”矣。

“能不能不停地去体会，不停地去尝试！”听到这话时心里一惊，的确，我可以做一时的好人，存一时的好心，说一时的好话，但能不能不停地这样？实话说，当下的我不能，但我希望我能，既然“真知即所以为行，不行不足以谓之知”，那我力争“躬行君子”。

其实当初听到老师的“幸福是不断地向上向善的心安”时就在心里比对过自己，那个时候就知道“不断”对于我而言是最难的，但做不到“不断”又是不行的。孔子说“吾不与祭，如不祭”，套用这句话就是“未能不断，便即断”，断是什么？今年做好人，明年就不做了？今天利他，明天利己？那真是画虎不成反类犬，一念及此，随即冒汗，所以必须“不断”。

人生的抛物线画给身体、画给精力、画给容颜、画给任何有形之物都是合理的，但画给无形之物，它便失效了。我总觉得，人生自有使命在，哪个年龄最适宜完成，哪个年龄才能完成，尚未可知，“举而措之天下之民谓之事业”，老师的事业蒸蒸日上，我们的学习漫漫修远。

2021年11月10日，星期三，晴

帕森斯的“结构–功能理论”

今天我又没能在八点前赶到，多亏石老师让出了身边的位置，才得以在第一排落座，谁让我视力差还不愿意戴眼镜呢。今日主题是“帕森斯的结构–功能理论”，围绕大学功能、大学文化、社会系统以及研究型大学展开，这些与我有限的工作经验密切相关，故听得津津有味。

帕森斯认为，所谓社会系统，实际上是一个又一个的角色，这些角色由人来做，做好之后得到认可，所以人格是教育的结果，文化则更像符号系统，要经得住考验且能够传承，才能被后人接受。因为其具有系统属性，所以产生了教育的可能性，大学便是将文化与社会系统整合起来的一个代理系统，经由社会需求行使其代理功能。所谓代理，是指一切文化到大学中后，都可以转变为知识进行传递，社会整合依靠符号进行。当知识变为影响力后就开始产生交换，同时也带来不利影响，主要表现为符号化的媒介膨胀后缺乏紧缩手段，于是帕森斯推断："当大学生产的文凭过多，多到社会不接受的时候，就会产生文凭膨胀。"

结构-功能理论认为大学也是一种制度，当文化系统被社会系统接受后，文化提供信息，社会提供能量，两者结合而产生大学制度。但不论什么文化，都需要人们从内心里接受，所以大学应当输出社会想要的，也就是培养出来的大学生被认为是守规则、有能力且有智力的，只要社会认可大学培养的人，大学就能存在。需要注意的是，上述能力多指认识能力而非实践能力，经济学教授会讲课但不一定会赚钱，因为赚钱是效力，不是能力，而智力在帕森斯的理论中指的是综合素质，能力受对象约束，但智力无边界，比如一个人会打篮球是能力，还会其他就是智力。

知识同智力不一样，知识是一套方法和逻辑，有其具体对象，以有效作为准则，但有效并不等于真知识，因为知识除了有效还要有意义，所以知识永远是一个开放系统。知识与大学联系得最紧密的莫过于研究型大学，研究生教育之所以在美国大受欢迎，是因为美国由过去的等级宗教社会变为现在的世俗社会后，知识阶层在其中能享有一定的社会地位，读大学的根本动力也就在这里。并非我们以为的因为知识有用，美国才办研究型大学，所以如果一个社会没有分层，研究生教育必然走不远。此外，课程改革需要师资，研究生教育可以提供师资，并且学术职业化后也需要专职人员去做。

有何益处呢？"渗透，即高水平人用知识解决实际问题，将研究成果和知识渗透到职业中去。"比如博雅教育和自由教育虽然没有特定目标，但可以给人一种能力，遇到陌生环境时，令人有信心找到解决方法，大学生毕业时应该具备这种能力，因为这种能力能够带来渗透。也许有人会问：与其让大学生在大学里社会化，不如直接放进社会中社会化，后者不是更好吗？帕森斯的回答是：未必，因为社会化需要理想环境，而大学能提供最理想的环境，其“结构-功能理论”的最大价值就在分析大学与其他环境的差异上。

比如说大学与企业，大学不是企业，但获得大学产品需要资格，所以师生关系不能简化为消费与服务的关系。又比如大学与行政机构，行政机构是等级制而大学是分工，校长进教室不能坐上讲台，但学者无法自分等级，所以大学行政化的主要问题不在于资源的垄断和集中，而在于假设掌握资源的人懂得下面的人在干什么。再比如大学与民主制度，帕森斯一再强调大学民主泛滥会破坏学术，因为学术问题不能通过投票表决，不能少数服从多数，得凭良心和道德，所以大学不是民主机构，只是代理机构，最理想的状态便是找到水平最高的代理者。还比如本科生教育与研究生教育的差别，后者的目的是研究连老师都未知的知识，只认知识不认权威，其前景和结果不可预料，老师的角色是知识储备，学生通过不停地挑战老师的知识结构来完成研究，本科生与研究生的区别就在于本科生获得知识而研究生发现知识。所以研究生教育属于专业教育，需要较高的个人修养，真正的研究需要价值观支撑，否则容易出现抄袭剽窃，对研究结果进行预测本身就是荒谬的。

总之，大学中的一切活动都要变成认知活动，在这个活动中人格得到培养，而要实现这个目标，作为代理机构的大学就需要有规则和准入制度。展老师评价此理论看上去很完美，其实更像一种理论整合，因为他没有对价值观作出深入思考，也没有在哲学层面有所阐释，其说服力并不强，所以最反对帕森斯理论的人就是他最喜欢的学生斯梅尔瑟。

三、四节是蒋老师本学期最后一次导论课，老师说他在康德和赫尔巴特两个主题中犹豫，最后选择了赫尔巴特，“今天是第一次讲，若讲得不够完善深刻，请大家谅解”，老师永远都是这么谦虚有礼。

赫尔巴特出生于1776年，是19世纪最重要的教育理论家，他首次提出“完整教育体系”，该理论一度作为“科学教育理论”的代名词。赫尔巴特在哲学、心理学和教育学三大领域都有著述，哲学家是其第一身份，弗罗斯特对他曾有过这样的评价："赫尔巴特在 19 世纪哲学思想界的重要性仅次于康德、黑格尔，其思想的深刻严谨足以与休谟、康德相提并论。"赫尔巴特被认为是在卢梭和杜威之间承前启后的人物，皮亚杰和维果茨基也都曾受到他的影响，其教育学代表作有《普通教育学》和《教育学纲要》，蒋老师要求我们课前阅读的正是这两部书中的节选。

"科学教育理论"具有哲学与心理学双重基础，明确指出伦理学（哲学）为教育指明目的而心理学则为教育指出途径、手段与障碍，所以赫尔巴特的教育理论又被称为"哲学心理教育"。受其影响，20 世纪初美国大学设立哲学心理教育学系，西南联大、北大在民国时期也曾先后设立哲学心理教育学系。赫尔巴特深受康德影响，却对其先验主义和宿命论思想表示明确反对，他认为教育要以学生的可塑性作为基本前提，提出"内心自由、完善、仁慈、正义、公平五种道德观念"，强调知识或认知在德行形成过程中的作用，因其研究哲学、心理学的动机从一开始就与教育相联系，故被称为现代教育心理学的创始人。

受席勒启发，赫尔巴特还提出"教育的目的在于培养有文化的文雅之士，使其在本性的驱动下努力争取真正的道德"这一新观点。在他之前，道德和教学是分开的，其贡献就在于用心理学研究成果阐明道德与教学的内在联系，使德育获得了坚实的基础，并由此提出完整的教育理论，将儿童的教育过程划分为管理、教学、训育（道德教育）三个部分。赫尔巴特认为管理的主要任务是促使儿童身体发展并形成"一种守秩序的精神"，从而为教学和德育创造条件，所以在他的体系中，德育是最重要的内容。既然教育要以道德养成作为最高目的，就应遵循教育性教学原则，为此赫尔巴特设计出一系列课程构想和理论，包括经验兴趣课程、统觉（触类旁通，即以原有观念理解新观念，让新旧知识发生交融）课程、儿童发展课程、"教学进程"理论和教学形式阶段理论。

课堂的最后几分钟，蒋老师问我对赫尔巴特的理论有何看法，我说我有两点疑惑。从他叙述的教育目的中可以看出赫尔巴特是承认人性本善的，正如朱子解“天之明命”为“天之所以与我，而我之所以为德也”[①]，但他却在儿童课程设计的时候将管理作为首要手段，并在书中写道：“起初儿童并没有形成一种下决断的真正意志，只有一种不服从的烈性，这就是不守秩序的根源。”所以教育者管理的目的就是“形成一种守秩序的精神”，这似乎有些不自洽。另外，赫尔巴特说：“儿童并未带着他们的意志到世界上来，父母在孩子身上逐渐造就出一种意志。”我认为这个观点也有点武断，若孩子是空白地来到这个世界的，为何“一母生九子，九子各不同”？况且，作为有女儿的人，我真没觉得程程身上有“不服从的烈性”，她从小便乖，只要给她讲明道理，便不会无理取闹。

晚间的“道家哲学研究”继续讲“无”，今天围绕无形无名落实到政治后的表现原则“无为”展开。

从《道德经》“太上，下知有之；其次，亲而誉之；其次，畏之；其次，侮之”中可以看出，道家提供了无为、仁爱、威权、智术四种政治秩序类型，后三者皆属于“有为”，尤其是智术政治。在智术下，整个政治秩序变成一个猫捉老鼠的游戏，结果便是人们逐渐失去对秩序的认同。在科学家的实验中，人在被观察和不被观察的时候是不一样的，其实物亦如此。如何才能做到“常善救人，故无弃人；常善救物，故无弃物”[②]呢？便是不以形名验物，因为载物多少最能体现一个人德行的厚薄，只有持不区分的方式和态度，事物才能被成就。当我不想按照自己的标准来塑造自己的时候，所有的人都会被成就，此时才能真正“无弃人”。

从王弼注中可以读出他对“名”是颇为反感的，因为“名”让我们不能一直停留在完全无名的混沌世界中，所以老子对“名”所给予的肯定也是有限的。“名”是不得已的需要，我们要给物一个记号就必须用“名”，但若是将“名”看得比“物”还重要，则失道矣。

接着谈“德”。

---

① 出自朱熹《四书章句集注》。

② 出自《道德经》。

《道德经》第三十八章曾经是全书首章，其重要性不言而喻，“德”能直接导出另外一种不同于形名的建构，当一个人无求亦无德时，便不会固执于某一个善的标准。在形名的世界中天地最大，大在其“有”，天能覆而不能载，地能载而不能覆，而“道”之大，大在其“无”，“万物虽贵，以无为用”，全体还是得靠“无”，以“无”为心，体才能保存，故只有“无”才可以定义“大”。“守母以存其子，崇本以举其末”[①]，只有回到本源处，“末”才能被建立；只有回到母，子才能被成就保存，如果仅仅停留在“末”和“子”的世界里，“末”和“子”反而不能被保存。所以老子认为如果将仁义作为根本原则，其结果就会不仁不义，只有将“无”作为根本原则，仁、义、礼、智才都可以得到保存，这便是《道德经》第三十八章的内涵。

王博老师抽丝剥茧的功力非常人所能及，笔录只能留下只言片语，这堂课实是受益匪浅。

2021 年 11 月 11 日，星期四，晴

周四渐渐变成了我的休憩日，一来前三天紧张过后放松一下，二来周四的景点人少清净。早晨起来后拖地、整理内务，和甜甜有一搭没一搭地闲聊，又跑出去两趟发包裹，时间已是 12:09，吃完饭读诵经典，而后爬上床午休。就这样，晴好的阳光日已过去大半，不得不打消外出游玩的念头，或许今天本就懒洋洋地哪都不想去吧，所以才拖拖拉拉。

四点多正在熨烫衣服，阿静回来了，买了件巧克力色的羽绒服，说已经想好了配帽衫和打底毛衣，我立刻脑补出她穿上可可爱爱的样子。安顿好后出门走走，依然是圆明园东门对面的未知名公园，依旧天黑才出门，五点刚过，宿舍楼之间已有月光的清辉，天上飘着一朵紫韵云彩，柔和且美。

---

① 前后这两句均出自王弼《老子道德经注》。

该有十天没给妈妈打电话了，下雪后宿舍信号不好，燕园室内不方便大声聊天，说小了声音妈妈又听不清楚，在外面打电话自己怕冷手机还断电。借口找了一堆，总之就是没打。今晚出去正是要和妈妈聊天，刚接通没多久，哥哥也到了定王台，最后的“拜拜”忘记是跟谁说的，明天得再补打一个。

惫懒时体现出强制打卡的好处，早晨六点半起来读《四书章句集注》然后写读书笔记发到群里；再读《论语》《中庸》，写心得发到另一个群里。这样一来，一天再荒也不至于废，感谢东茅老师。

2021 年 11 月 12 日，星期五，晴

香山——道是无情却有情

蒋凯老师把前半部分“教育导论”讲完了，今天在群里跟大家道别，一片感谢声，老师的确辛苦。就这样，我每个周末读原著、写笔记的日子也随之结束了，心里竟然有种淡淡的不舍和莫名怀念，高考后我没有这样用功过，再次感叹进修的好处。就像国婧昨晚回来说的，如果没有考试、考评的压力，听课估计多少有些心不在焉，爱听就听，不爱听就不听，最终没有收获的是自己，高度自律极不容易，还是需要外界的适当施压。

想说的是，我每周的自由可支配时间从此多了一天。香山还有红叶吗？不是说十一月中上旬最适合赏玩吗？非节假日的时间就只剩下今天了，我还是去吧。用过中餐便启程，坐在公交上诵读经典，发现香山其实不远，一本经文才念诵三分之一便已到东门。

游山的人比我想象中多，独行的似乎只有我一个，看着他们气喘吁吁地边爬山边聊天，不由得想起道家“言多耗气”的告诫，或许这也是我偏好一个人游乐的原因，总觉得自顾自地一整天，即便奔波也不觉得特别累，与人

同行易生疲倦之感，除非可以各自放松、相互静好。

进门时接到远方朋友打来的电话，心情顿时明亮，一路聊着进了大门，爬上斜坡，绕过双清别墅，穿过林荫道，跨入“楞伽妙觉”月门，给途遇的小松鼠念了观音心咒。耳旁听他说起工作繁忙时不耐烦，但身体已在渐渐变好，眼中满目古朴，老树枝丫，一时间情景交融，欢欣安宁，分不清是景中言，还是言中景。

山中已无红叶，却清幽沉静，别具风情。我喜欢木石，不喜金银琉璃，喜欢浑厚质朴，不喜娇嫩纤巧，走入这空无一人、门锁俱闭的寺庙空山，倒像闲行至桥头旁的溪水人家。是的，香山给我的感觉不是山，而是易，平易亲切，信步可至，没有架子，没有挑战，想来就来，无须准备。

挂上电话发现自己已经上到半山腰，进门时并没有想要上去，只想觅个无人的地方走走，谁知东绕西转地竟然还是上了正路，那就登吧。拾级而上中听到有人说：“一般这种比较陡的台阶很快就可以到山顶，大家加油”，我则异于是，无可无不可，上不去就下，爬不动就停，差不多就走，一路拍拍

照片、数数台阶、看看远方残雪，不知不觉中到了顶峰。

五元一串的糖葫芦圆滚滚的甚是可喜，排队等候在“香炉峰”石碑前拍照的人们亦甚是可爱，山顶虽不平坦但也不险峻，有个茶室，数处石堆，妇娘组合留影，情侣排坐细语，阳光下一切都那么生动。不知怎的，我没有觉得暖和却睁不开眼睛，北方秋日午后的阳光似乎有一种别样的落寞，不温不烈也不精神，能感受到风的劲力却感受不到阳光的热度，绕了一圈后竟然开始有些瑟瑟。

下山时愈加体会到无阳光处的阴寒之力，双手插兜里原路返回，只觉得道路似乎越走越长，一个女孩经过我身边时对她的友伴说：“我们家的山只高不远，香山是又高又远。”顿觉真就是这样，我不到四点便开始返程，走了一个小时都还没到山脚。

自己冷便看谁都冷，石路边有位售卖红叶的大姐，在我经过时一脸讨好地小声说：“本来十块钱，我五块钱卖给你好不？”我拿出手机扫码，却发现半山里没有信号，这条石阶上只有我和她两个人，我说下到卫生间那里再试试，她指着耳朵告诉我：“我耳聋，听不清，给我三块钱也行，这好冷的，穿多少都冷。”我指指手机又指指山下，她明白了，快步走到我前头领我下去。

忽然一阵心酸，虽然算不上人间疾苦，却还有老百姓独立风寒只为几块钱，我拿了一张，给了十块钱，她非要多给我两张，我说够了，道别时互相笑了笑，彼此都温暖。下到山脚处方才后悔，刚才应该全要了才是，我将买来的红叶放在路边高处草叶上，暗暗发愿：希望售卖和拿到它的有缘人都能够在今生今世拥有一颗利他之心，以此免除愁苦，得到安乐。

出山门时月悬天边，低头看时间才五点过十分，给妈妈发去一张随手拍的照片，告诉她我来香山看红叶却没有看到，妈妈说她也去过两次，“冬天上去光秃秃的，夏天漫山遍野、鸟语花香”，我今天的感觉正是“光秃秃的”，不过光秃秃也有光秃秃的好。

随后寻到来时路旁的庆丰包子铺，要了三个素包子、一碟青菜，吃完返程。

2021 年 11 月 13 日，星期六，晴

写给自己的情书：情到浓时情转薄

上午带着朱子《四书章句集注》和王博老师的《入世与离愁》去自习室，下午才开始阅读。今天有一篇情书要写，写给自己，还有日记要写，写给妈妈，情书是课堂作业，日记是我对自己这一年的交代。

实话说，我真不会写情书，或许是受含蓄家风影响，也或许是自己天生矜持，还或许是因为觉得情书多少有点儿“俗气”。喜欢一个人，被一个人喜欢，字字句句都可以当作情书看，在过于直白猛烈的“我爱你”面前，从人到心都想要退避三舍。于我而言，浓胜烈，无胜有，欲说还休胜竞相奔走。但作业不可不写，第一封情书我因难以下笔而被老师课后问询，这第二封哪里敢逃，于是便有了以下文字。

情到浓时情转薄

人生总有些始料未及之事，比如有一天居然要写情书，比如第一封

情书居然是写给自己，慨叹之余竟不知如何落笔了。

男人说女人如花似玉可供赏玩怜爱，女人说男人负心薄幸难以托付终身，故佳人绝代空余恨，公子多情亦堪怜。孽海情天，究竟谁负谁？谁又欠谁？

我并非多情，欣赏的很多，入心的极少，平生三段感情，他一痴、一欺、一磨，我一惘、一傻、一笑，倏忽间人已不惑，恍惚间仍同昨日，路边行人晏晏，枝头黄叶浓浓，家家皆有悲欣愁苦，何独我一人？如果人间有真爱，我想我应该爱过也被爱过，因为内心的角落只要曾经被充盈就永远不会塌陷。我相信爱情，相信人间有真情，相信自己有爱的能力，也相信有人爱自己，这便是情赋予我的，面对这样一份未加珍惜的过往，我唯有深深祝福。

如今的我或许仍然天真，却不会再有稚嫩的想法，天长地久、海枯石烂之言很美，听听就好，我自己尚且不能保证始终如一，怎能要求对方永不变心，“是故君子有诸己，而后求诸人”，不是吗！谁说感情不能成为衡量君子的标准，谁又敢相信情感里的小人会是真君子，人若不能酬报知己，若不能辨识真情，这样的人，根本不可爱，亦不能爱。

扪心自问，我是这样的人吗？很惭愧，算曾经是过吧。歌不云乎：“被偏爱的有恃无恐，得不到的永远在骚动”，被爱而不视为理所当然，爱人而不希求对方回报，这两者的难度是一样的。了脱纠葛时，她惊叹于我的毫无波澜，其实答案早就在那里了，若自己已经爱不起来，为何不放手，他自有爱他的人；若他与其他人一起更开心，为何不放手，情感需要共鸣，心不在焉的人在身边只会带来虚耗，爱他就让他走；若觉得失去便痛不欲生，那是将对方当成自己所有，本质还是一场私欲，既然是私欲，便没有心安理得痛苦的理由，离去正是提醒。人海茫茫，有缘得以互相“练爱”，亦是前世福分因缘所致，既遇之，则安之，其实谁离开谁都是可以活的，离不开的只是自己以为离不开罢了。

早已不愿意追问爱是否值得，因为值不值得都在各人心里，别人的值得也不是我的值得，问多了徒添烦恼。若动心，若喜欢，那就去爱，爱永远不会错，错的是怕受伤害，如今的我面对伤害竟似迟钝，又或者是免疫。其实能伤害自己的只有自己，想不明白、弄不清楚、自以为是、自私自利才是伤害的根源，思及此，不禁豪气陡生，我其实并不害怕。

爱能让人无所畏惧，前提是懂爱，条件是愿意改变，改变自己而不是对方。所有以爱为名的希望对方为自己改变都是自私的，只不过不愿意承认而已，在感情里能做到依然只有：做好自己，然后等待。爱是选择，不是强迫，我爱你，只是因为我爱你。世间复杂的情感这么多，何不在爱情里纯粹一点？毕竟，总要有一个地方让你自然舒适，总要有一个人让你放下所有的刻意，等不到这样的人，你依然能自己觅得舒适，如果有一天他来了，那么便请同享这份惬意与舒适。

“落花风飞去，故枝依旧鲜，月缺终须有再圆。”

我想、我盼望、我期待，因为我知道：人间值得。

写完后，空气还余最后几分暖意，未知名公园竟似成了我的电话之所，每次去都有想跟家人聊天的想法，上次同妈妈，今天与程程，边走边聊，可以絮叨很久。电话那头的声音起初有些消沉低落，我很是担心，心知原因莫可名状，于是跟女儿开开心心地讲自己这些天的见闻和生活，然后不经意地问，等到她愿意大声说她们班里各种事的时候，我知道她应该好些了。半年不能相见，我们都要好好做自己，每个人的十二岁只有一次，当下再难也要珍惜，因为我们还有希望能够一起回广州，这是我内心真实的想法，也这样真实地告诉她了。

“事无不可对人言”，在女儿和母亲面前，我做到了。我的事、我的经历，她们全部清楚，我从未隐藏过一丝一毫，即便改变想法也会第一时间告诉她们并征求意见，母亲和女儿虽然一老一小，但在我眼里，她们有着同样的睿智。

2021年11月14日，星期日，晴

上午乖乖自习，下午去万柳华联寻MUJI柜台，想买一个S形挂钩安顿杂物，甜甜中午跟我聊起她听过的一句话，“房子虽然是租来的，但生活是自己的”，深表认同。在条件允许的情况下走到哪里都要干干净净舒舒服服，每个人日常所用不过一亩三分地，连这一点地方都打理不好，还说什么“扫天下”。

百度地图查好了坐664路到万柳北路，但当我看到驶来的一辆614路的终点站也写着“万柳北路口”的时候，不假思索便跳了上去，结果摇摇晃晃坐了将近一个小时。返程时恰好有辆664路到站，想也没想就坐了上去，讵知这一坐便是三小时，因为我坐反了方向，一路打盹，没有留意站名，直到开进终点“地铁苹果园站”，才发现自己已经置身于一个荒芜的边场中。

别无他法，只能等待下一班车，好在旁边岗亭有位大哥招呼我进去坐着等，说十五分钟后发车，外面站着太冷了。就这样我白白浪费了两个小时。就在我着急九点前赶回宿舍参加读书线上讨论的时候，却发现664路从“万柳北路”到“圆明园东门”只有七站，虽然得了个意外之喜，却也同时说明下午我坐的那二十几站全是在兜圈子。好吧，今天把自己给折腾够了，下次不敢自作聪明。

好在没有耽误线上分享，可是轮到我发言的时候，宿舍网络怎么都连接不上，只好穿上衣服跑去操场边，最后十分钟在澡堂听完。

今晚终于听到了国婧说过好几次的“喀秋莎”，这首曲子是澡堂催促人离场的铃声，我扎扎实实听了三遍，最后一个走出去。

第十一周

2021-11-15—2021-11-21

2021年11月15日，星期一，晴

蒋老师说这个学期的授课时间仅十五周，又听闻各个大学为了应对疫情准备提前放寒假，看到自己在日记中打下“第十一周”的字样，不免有些依依之感。时间过得真快，转眼第一个学期已过大半，自问有何长进？似乎内心的傲慢少了一点，对特异现象及言论的包容多了一点吧。

朱红老师出差回来，线上授课，内容为“科尔伯格的道德推理（判断）”。实话说我听线上课有点容易走神，这堂课从“道德的最高境界是社会公平”这句话才开始集中注意力，尤其对“现在西方的道德规范很多时候已经堕落成一种法律，而法律制度对弱势群体的生存是不公平的”这一观点深有同感。《道德经》云“失道而后德，失德而后仁，失仁而后义，失义而后礼”，上述道理用老子的观点往后续补一句，大概就是“失礼而后法”了吧。既然“礼”都是“忠信之薄，而乱之首”[①]，其余可想而知，这方面中国亦需努力，有思想并不代表就做得好。

“现在的老师变成了弱势群体，有些甚至不敢批评孩子，尊师重道远离人心，整个社会戾气很重，由于各种原因，中国人的温润气质在显著降低”，“君子是我们传统文化中培养人格的理想目标，君子慎独就是自律，即能不

① 出自《道德经》。

能表里如一地按照自己内心的价值观行事”。说到底，道德是很难从外界强加的，即便强加了，不是自己主动选择的道德也依然不能信奉遵守。

中午徐老师发消息告诉我柜子已经准备好了，赶在上课之前领到了钥匙，可以在学院存放些书籍雨伞之类，这栋楼于我而言又多了几分亲切和挂念。收拾完正好遇到剑英，她见我对学院内的图书馆分馆茫然无所知，立即热情地领着我参观，暖暖的同时也有些羞赧，我本不是北大的学生，当不起她一声声“师姐”的称呼。

下午的课介绍“全球化、逆全球化下的国际学生流动”这一问题，这几次课的内容都发生在我出生甚至成年后的时期，所以听来格外熟悉。

上课伊始，蒋老师便提出“全球化是世界范围内的社会关系强化，包括人民、资本、知识、技术的跨境加速流动，全球化促进了国际学生流动，反过来学生流动也推动和深化了全球化”的观点。我立刻从事件切换到关系，原来全球化就是关系的强化，经济、环境、政治、文化等因素不过是为种种关系做准备、铺垫或者保障、护航。如此说来，“天下大势，分久必合，合久必分”，用在全球化和逆全球化中也是合适的。

过去的四五十年里，全球留学生规模迅速扩大，增速远远超过世界各国高等教育规模的扩展速度，同时流向也逐渐多元化，早先仅有从发展中国家流向发达国家这一单一流向，后来慢慢有了发展中国家之间的内部流动。且留学教育的市场化趋势明显，以澳大利亚为例，留学教育是其第三大出口产业，对该国的经济贡献仅次于煤矿和铁矿。

由于各国有政治、经济等多重目的，对留学生的竞争也日益激烈起来，日本在 2008 年制定了“30 万留学生计划”，同年韩国制定了“留学韩国计划”，新加坡致力于将本国建立为亚太地区的“education hub”。我国教育部则于 2010 年出台《留学中国计划》，截至 2020 年，在中国就读的外国留学人员已达 50 万人，其中有 15 万人接受高等教育。

留学如火如荼，但逆全球化浪潮的挑战亦不可忽视，逆全球化又称“去全球化”，是指削弱国家间相互依存的过程。一方面，发达国家内部的利益冲突日益严重，导致全球化自身出现危机，另一方面，全球化的负面效应客观存在，虽然其并不能成为影响贫富分化的根本原因，却被民粹主义故意夸大。尤其是逆全球化与新冠肺炎疫情在去年发生叠加效应，前年美国给了中国 15 万个签证，去年只剩下 1.5 万个了，清华的出国留学比例下降为 14.9%。

尽管如此，老师仍然建议实施更大、更宽、更深层次的对外开放，在构建广阔的高等教育对外开放格局的基础上注重提高本国高层次人才的培养能力和科研能力。令我印象尤其深刻的是蒋老师课间提及自己 2018 年去澳门开会时的场景，他感叹道："如果我国留学生都去英美，迟早会出现问题，现在崇英崇美太厉害了，我们要以更广阔的视野看待世界，很多专业不要再指望美国给你培养人才，得靠自己。"

要说的是，我的授课老师无一人有崇洋倾向，尽管他们都有过国外名校的学习经历，虽然我来到教育学院后一度找不到纯粹讲解中国教育的相关课程，但老师们委实半点都没有屈己从洋的意思。某一天，我走在东门外的天桥上，忽然间理解了为何会有"清北崇洋"的说法，因为清北是中国学界的天花板，所以清北的学生想要继续深造只能选择出国留学。既然是深造，势必就会觉得外国比中国强，否则还去学个啥，就像我来到北大会觉得自己得到了滋养，这里的学生去到国外可能也会有差不多的感受吧。

今天仁杰过生日，他早早就和我联系说晚上请了两位同学一起晚餐，别看他才刚满二十五，办起事来利索妥帖，很有点"凡事豫则立"[①]的味道。询问之下，方知米娜来自新疆，子辰来自内蒙古，我们用四种语言给仁杰唱了生日歌。艺园餐厅服务员闻声端来一碗寿面，子辰打开"燕园情"的生日蛋糕，两个姑娘落落大方，我们聊得浑然忘记大家只是初相识。

① 出自《中庸》。

2021年11月16日，星期二，晴

第七堂幸福课：如何改过方无过

诗词对联全部讲解完毕，赵老师开始为我们讲述“对外汉语教学中的中华文化传播”，也就是在对外交流中华文化时需要注意哪些事项。对外汉语专业需要面对敏感问题，没法逃避，而作为一名中国人，如果只有才艺表演这一种对外交流的方式，未免太过浅陋，因为才艺不是中国文化的内核，靠这个传播远远不够。赵老师要求学生详读《论语》，“个人的才能无法代替对中国典籍的深入研读和透彻理解”，再次在北大听到对《论语》的重视和肯定，十分欣喜。

的确，一个人的沟通协调能力强是好事，但这并不能弥补文化知识上的不足，如老师所言，“了不起就是当一个体面逃兵，只是逃跑的姿势好看一点而已”。而且，“作为对外汉语专业的学生，不了解国际时事也是不行的，所以下学期将开设‘国别与文化’选修课”，我正好缺乏这方面的常识，期待继续跟随老师学习。

晚餐在燕南食堂等到了一个靠楼道的位置，视线颇好。燕南就在图书馆外，是我混迹最多的地方，吃了大半个学期后我才发现，其实每个窗口的菜都是固定的，譬如我喜欢吃烟笋和干煸豆角，只需去浙江窗口就可以，这极大节约了学生的时间。

晚间课程伊始，东茅老师便让我们回想本学期通过学习后，自己的行为是否发生了改变？“如果行为没有任何变化，这课就白上了，哪怕只是在进门时愿意帮身后的人掀起帘子这样的小事，多一点这样的心，都是好的。”惠文悄悄告诉我她每次都会，因为怕打着后面人的脸，我悄悄向她竖了竖大拇指。老师说自己每个学期都以为新做出来的课件可以留着日后用，结果每

个学期几乎都在重写，课件中加入越来越多的古圣先贤的语言，“反省自己之前是不是误导了很多人，所以也在不断地改过之中”，由是引出本堂课的主题：改过自新。

关于“过”，老师给大家分享了三点心得：第一要知过认错，自讼虽难，但每个人都不可能完美，面对过错，大方承认为上；第二，自己勇于改过的同时，应对他人的过错具有宽容心；第三，要克于细微，不要等其滋蔓。如何才能克于细微？“让自己觉察的颗粒越来越微细，最小的颗粒称之为意念，要从意念处下手，等到付诸行动，就为时已晚了。”

东茅老师语重心长地告诉我们：“只有勤奋学习，不断地觉察反省才是真正地对自己好，大学学习负担比高中重，不能放松但也不能攀比天赋，因为天赋是没法比的，孔子要我们见贤思齐，而不是见能思齐。”随后分享自己的人生故事给我们听，说自己很年轻就入党了，当时学校只有三个党员，本科留校也只有两人，老师都在其中。一直勤奋也颇受命运眷顾，本来毕业的时候就可以从事德育方面的研究，可那时觉得德育很虚，于是改为研究教育政策，时光荏苒，没想到三十多年过去后，还是回到了立德树人的路上。

听完老师的故事，我的脑海中当即浮现“一切都是最好的安排”这句话，并将其留在了课后文字当中。

面对过错

今天课前听到一个不好的消息，导致幸福小班会一时语塞，心里沉甸甸的，啥都讲不出来，适逢课程主题为“改过”，想起自己种种过往，颇有些意兴阑珊。

“你眼中的你不是你，别人眼中的你也不是你”，诚然如是，所有的印象和判断都是事后，如能知过改过，则我眼中的我和别人眼中的我不再是当下的我，因为逝者已矣而我当日新。

“对自己的认识会转变为你对他人的认识”，此言入耳，如饮醍醐，从这个意义上说，“我知道自己错了，但我觉得这个错误不会伤害到他人，所以我可改可不改，行吗？”之前我会认为也可以，现在知道，不行。觉察不到自己的过错，或者觉察之后不能有所改变，会伤害自己的良知和品德，也会在无形中改变自己的眼光和评价标准。因为人很容易为自己找借口，被过错蒙蔽的良知和品德不完满且无光彩，就有可能出现以小人之心度君子之腹的情形，人生因之愈来愈狭隘亦在情理之中了。

幸福日志的目的便是为了觉察反省，心中隐隐觉得这个事情或许会是终生的，之前之所以没有轻易提起，是因为不知道该写什么。成为一个有自知之明，以“不及”之心谦虚向上，自利利他的人是我今生所愿，我必须通过一切可能的手段和方法督促监督自己。正所谓“学然后知不足，教然后知困”，我早已不足且困，奈何克己之心不强，总想慢慢来。王阳明先生说“一棒一条痕，一掴一掌血”，改过、责善如此之难，但不这样，其实已经没有第二条路可走，毕竟，我不希望自己越来越差劲。

2021年11月17日，星期三，多云

美国高等教育发展的动力机制

再次迟到，还莫名其妙，明明六点二十分爬起来的，这是在哪里走神把时间给耽误了？

今天“教育哲学”的主题是“美国高等教育发展的动力机制”，跑进教室时展老师正在讲大学的道德属性，直接吸引了我的全部注意力。“大学有道德属性，被道德化之后的大学是神圣的，缺点就在于只颂扬做到了的，所以缺乏约束力。”“当道德水准跟不上的时候，没有学术自由或许还是件好事。”“社会上认为大学老师就应该是道德楷模，大学教师给人哄惯了后清高且不服管，又因其权力和社会地位太高，所以大学要进行改革比任何一个机

构都难。”

以美国为例，便是呈现出进一步退两步的波浪发展曲线，美国大学曾在19世纪末大量关闭，转型重视管理后，规模才越来越大，与之相伴随的是碎片化、分化、增生等一系列新问题的出现。碎片化是指机构越来越多，增多的机构之间关联少，导致机构与机构之间难以协调，需要另外安排一个新的协调机构，看上去一片繁荣，实际上效率越来越低下，因为这种繁荣来自机遇，而不是产生于内部需求，故名之曰增生。另外，高等教育在逐渐分类为研究型、精英型和普通型的过程中隐含了社会分层问题，于是产生分化。

帕森斯将社会环境解释为能量，在他看来，大学其实不需要领导，现行的高校领导穷于应付，其实已经无暇顾及学校的发展，可大学在无人领导的情况下仍然迅速壮大。不少增设机构都是在“你有我也得有”的观念下非良性竞争出来的，管理者对于矛盾能躲就躲、能拖就拖，要不就走官方程序，“你想要解决，我却拿去研究”，现代大学早已变成了一个个“多元巨型的虚胖子”。对于这种缺乏淘汰机制的膨胀，美国最后想出来的办法是吸收外籍学生来消化买单，但这并非长久之计。

70年代后，为了维护既有的学术权力和利益，不管需不需要，学系都必须存在，这就导致美国大学的“学系”固化，“学系文化”一旦形成圈子就固步自封难以管束。每个学系都想奠定自己相对于他人的优势地位，其中某些学系能得到社会的大力资助，而社会科学类得到的社会资助相对较少，最少的是人文科学，因此后现代主义文化在主流群体中被认为是变态，却在人文科学中流行。

为何大学仍然会发展呢？因为大学膨胀主要依靠与社会互动，所以线上教育取代不了线下教育，研究型大学也不会抛弃本科教育，大学只可能在之前的基础上为顺应外界环境添加新结构、新功能，这样才不会发生剧烈变革。大学教师是最保守的人群，他们拒绝变化，教师职责逐步空心化，越是名师越像大腕或知识掮客，师生之间则越来越疏离，正如斯梅尔瑟所言，“大学慢慢变成一个想象的共同体，已经处在分裂的边缘”。总而言之，美国高等教育的叠加式发展使得大学像个“灵巧的大象”，特别善于吸收公共资源，与社会互动以应付外面的危机，却顽固地拒绝放弃自身利益。

从宏观层面来说，任何增长都会带来危机，美国试图通过开放高等教育来缓解危机，但大象已经长成，一旦经济波动就必须给它供给，那时学生和社会会对大学产生敌意。但大学即便经费紧张也绝不会自我裁减，于是大学治理权迅速归于中央和地方政府，现在的大学离开政府寸步难行，政府给大学规定方向，然后各个学校开始争夺资源，竞争对手是服务部门和中小学。所以现在的大学想要影响政府很难，当经济危机来临时，大学如果不能说服外界自身优势可以抵消其劣势，便会成为被众人宰杀的羔羊，只有与社会绝缘的精英型大学方可抵抗得住此动荡。

从微观层面来看，内部因素也决定大学很难走向统一，因为每个老师不一样且都自视甚高，他们通常被咨询而不是被管理，大学教师的自我意识越强烈，改革就越难推进，只能将权力交给政府。虽然大学也受到来自周边居民、校友、工会、校外企业、媒体等多种因素的影响，但出事的时候，我们会发现几乎所有的批评言论都找不到实指主体，这相当奇怪。所以大学很难自治，它仿佛一辆被好几只羊拖着往不同方向走的车子，其内部存在着巨大的资源浪费，无论做什么都要经过讨论。校长最担心的不是“干不好事”，而是“别发生事”，不管给学校挣到多少资源，它的需求都是没有边界的。帕森斯说：“任何一门管理学都教不会你大学该怎么管理。”但大学又不能不管，于是他给出五条建设性意见：一要认清形势；二是不拒绝金主；三要填补老师不愿意做的空白，将自身定位为老师们服务的角色，在扩张中进行优化管理；四是需要一些外部刺激以协调平衡；五是可以稍微下调道德水平，但不能大幅度降低底线。

在帕森斯看来，大学校长类似于大总管，其首要素质不是领导大学，而是应付各种琐事和危机的能力，其次还要能理解和懂得各方诉求。大学领导最不应该的就是把解决不了的问题丢给下面的人去做，现在的大学老师忙于课题、上课、指导研究生，没有时间也没有兴趣参政议政。行政人员与老师应该各司其职，如果真把权力交给老师，其结果大概率会是天天讨论，议而不决。

其实大学分层从某种意义上来说解救了管理者，只要教师想往上走，就容易管理，不想往上走，靠声望、薪水、假期、教学负担、头衔等也能分层。总而言之，最热衷搞分层的就是大学，因为不分层的大学将会是一盘散沙，所以任何一所大学既重视排名又讨厌排名，任何排名都是模糊的，往往是几个外行人制定一个规则，而后大学蜂起参与，排名重视什么，大学就干什么。比如说影响美国大学排名的重要因素有捐赠、跟企业合作能力，背后其实都是经费，多校区系统也与资金相关，所以美国大学校长的政治游说能力和影响力尤为重要。

听得惊心动魄的我三、四节课再次见到了东茅老师，今天开始，老师为我们续讲“教育导论”的中国部分。铃声刚停，“让大家久等了！”迎来一阵热烈的掌声，随后抛出几个问题：“何谓导论？导向何方？用什么导？谁来导?”

一阵无言。

“‘教育导论’不是‘教育学导论’，所以不需要体系，且本门课程是引导而不是指导，目的是把我们引向圣贤经典，引向中国传统文化，我们要真学进去、真体会到才会升起文化自信。我忝为老师，很想把大家引入门，但归根结底得靠自己，所以本门课程的重点就在于一个‘修’字，修炼、修养、修正。”

“如果我们还停留在知识层面，那还是小学，有人说《大学》是写给君主的，我想说的是《大学》是写给想成为君主的人读的。”

“‘如保赤子’，一辈子到最后能够返老还童，变成像小孩子一样，多好的境界。”

“《大学》中的‘是故君子先慎乎德’就是教育的根本，家庭乏德，一定富不过三代。”

紧接着，老师自问自答：“知所先后。‘先’是什么？是立志。要先有想要成为大人的心，心动才会有行动，八目中的“欲”就是志向。当一个人有了志向之后，应当把志向当成自己最珍贵的依托，不要轻易被外境夺去。”

“北大师生要从令人羡慕走向令人尊敬。”

整一堂课，都在东茅老师不停地发问和解答中环环相扣进行，试图带领我们总览《大学》之“大”，也希望初进教育学院的学生能立下向上的志向，定好人生规模。“就像北大校徽上呈现的那样，上面两个人背靠背坐着，象征人民的美好生活，下面有一个大人在扛着，以成就众人的幸福。我们读书，正是要做下面那个大人。”

下课后收到消息，王博老师因为封闭开会，今晚的课程暂停一次，于是收拾书包回了宿舍。阿静在晚餐时分回来添衣服，告诉我晚上有场不错的讲座，想起自己这两个月都没有听讲座了，便又随她回到燕园。

讲座的题目是“作为世界的地方”，隶属于中文系组织的“认识中国的方法”系列讲座之一，主讲人是社会学系的王铭铭老师，由贺桂梅老师主持。

我去的时候，偌大的二教 105 已经快坐满了，王老师开场：“中文系有不少‘小鲁迅’，怕遭到围攻，我坐在这里有点拘谨。”结束的时候说：“我

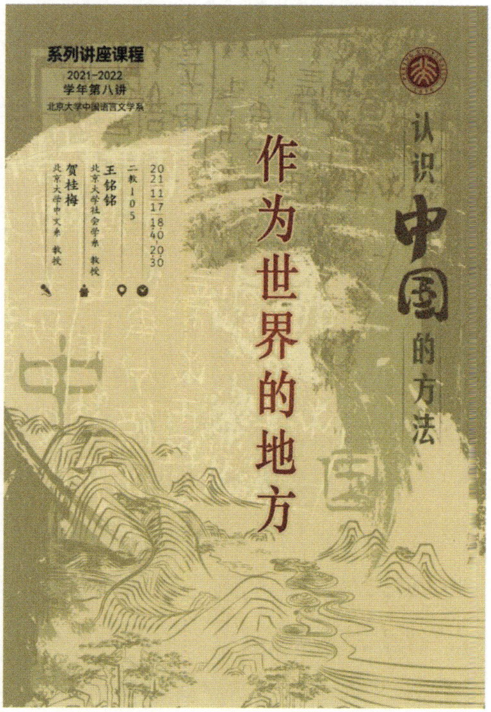

没有时间讲了，还是留点时间让大家批评批评。讲这些觉得很抱歉，也很丢人，希望能打破地方与世界的二元对立，重新认识世界和中国。”一个风趣、和蔼的老师形象便在眼前，正如贺老师致辞中提到的：“王老师想打破的是‘把城市和乡村对立，来重新打造认识中国的方法’观点，最后的总结才最核心。”

王老师说：“我是城市中心主义者，认为中国是由城市构成的而不是乡村构成。”“1999 年后希望能带出一代有抱负的中国年轻人，我自己的研究很烂，但我很喜欢听人说我读费老是认真的。”给我们讲法国人抵制麦当劳，反感说英语，中国食品在巴黎很有声望；又告诉我们土司是特别传统又特别容易接受现代文化的人，他们最早建立现代学校，还佩带枪支；将“文明”定义为“一个国家在文化方面的所有成就”；希望学生们做实地研究，“去哪里就把那里的世界完整地把握一下”。

要问我今晚有何收获，我想，大概就是愉悦、轻松、打开和拓宽吧。

2021 年 11 月 18 日，星期四，晴

又到周四游玩日，我却哪都不想去，或许是因为阳光不够明朗，或许是因为我心里记挂着一些文字工作没有完成，也或许是因为今天有些懒，总之，上午和下午我都在自习室里待着了。

傍晚时分去未知名公园散步，给妈妈打电话，从出门拨通一直说到走回来，一看时间，70 分钟。我告诉妈妈买了两件喜欢的新衣服，又说起这周的种种小事，妈妈听得不亦乐乎，家人其实就是生活在彼此的小事里。我也有程程，如果她只告诉我她的重大决定，不跟我碎碎言，我恐怕也会觉得有些别扭和失落，所以我得多跟妈妈讲讲，我知道她喜欢，她比“我喜欢听程程说”更喜欢听我说。

不幸的是，今晚的雾霾有些严重，我在冰冷迷蒙的夜气中讲了一个多小

时后，嗓子干痒到想要咳嗽，暗觉不妙，遂在心里取消了明日的外出计划。

去澡堂的途中看到一个女生光着脚，想起广东小孩冬天赤脚的场景和妈妈“寒从足底生”的教诲，犹豫着要不要跟她说一声，我现在是越来越喜欢多管闲事了。

2021年11月19日，星期五，晴

果然开始咳嗽，时有时无。

出门在外，不能病；人到中年，不能病；有学习任务的人，更加不能病；一天跟不上进度，就落下不少。从来没有一个时候像现在这样对自己的身体如此看重，不是娇气，也不是自惜，而是真的病不起，不说妈妈和程程以后等着我照顾，就说自己，病了没人管，住到哪里都不合适，徒给家人增加负担。

二十年前的一场大病改变了我的上半生，若我当年在应该健康的时候是健康的，就不会有后来的种种将就和遗憾，但人生没有如果，这一点我很清楚，所以现在我不能病。出现苗头就万分注意，该避风避风，该禁生冷禁生冷，该喝热水就喝热水，绝不硬扛。

我深信“不治已病治未病”①，也深信古人留下来的诸如“避风如避箭，避色如避乱；加减逐时衣，少餐申后饭”②的养生方法，对每天要吃十种以上的食物、每天喝牛奶吃鸡蛋这种现代养生观嗤之以鼻。因为现代养生观念的背后全部是消费，从肉、奶、蛋到各色食物，再到健身房，不停地让你“有”、让你“要”、让你“想”，古人则是反其道而行之，教我们安“静”、持“俭”、养“寡”。无须辨别古今好坏，最直接的就是都试一试，身体和心

① 出自《黄帝内经》。

② 出自《摄生消息论》。

情自然会告诉我们答案。

可惜的是，现代人已经离“静”“俭”“寡”很远了，公众号倡导“每个人都可以有一个自己的小世界”，抖音让人渴望成名，微信朋友数以千计，电梯中广告每月一更。我们生活在如此嘈杂变幻的世界中，想要得到“静”“俭”“寡”，是需要有一点点超然、遗世、出尘之心的，那不是赌气也不是放弃，是发自内心的享受，就是喜欢清净、喜欢寂寥、喜欢悄然、喜欢独立。

自习室的第二天，轨迹一如昨日。

晚上提交了一篇教育导论的作业，随附。

我的“北”和我的“大”

记得9月初在教育学院访学进修见面会上文老师就提出“找到北，走向大”，当时便觉得这句话可以作为这一年在此学习生活的纲领，一直谨记在心。

“找到北”真的很难，纵然圣如孔子，也是“三十而立”，夫子“十有五而志于学”，学问之志当是年少便有，至三十方才立定、立稳、立准。而我三十岁才开始真正意义上的读书，来北大进修的前两年还在为发表文章操心，“士志于道而耻恶衣恶食者，未足与议也”，每每读到这句话都令我感到舒坦，但就是难以彻底无视。

想起21岁刚参加工作那年，在食堂午餐时遇到一位本校学术前辈，他指导我“可可，我们当老师的就是要搞科研，搞科研就要多跟人吃饭，建立关系”，当时我就震惊了。外公也是一名老师，教导母亲：“你是老师，现在当妈妈，身上如果没有孩子的屎溺，你就不是一个好老师。”爸爸曾说“金杯银杯不如学生的口碑”，又说“肚子里有一桶水，才能给学生一瓢水”，外公和父亲虽然都已过世，但他们的告诫我无时或忘。

我不明白怎么到了当下，科研就变成陪人吃饭搞关系了呢，由是开始抵触，有种挥之不去的鄙视。从此我沉浸在自己的小世界里，时而学习搭配衣服，时而学习如何护肤，要不就琢磨小叶紫檀、和田玉，或者背背诗词、看看闲书。生完女儿重返讲台的那个学期，忽然惊觉台下坐着的都是别人家的孩子，忍不住开始反省，我讲授的“会计学原理”和“会计英语”对他们真的有用吗？如果没什么用，我岂不是在误人子弟？念及此，不禁胆战心惊。于是开始认真思索如何才能传授给学生一些令其终生受用的知识，既然要教学生，自己就得先拿出个样子来，得先有所收获，先尝苦乐，怀着这样的心我开始全身心投注在经典上。

一晃十三年过去了，我想我的初心未变，老师说“爱出者爱返，福往者福来”，我是真切体会到了，学生们返来的爱和福令我愉悦，即便没有任何报酬，也甘之如饴。可我毕竟还有谋稻粱之心，每当我决心放下世俗时，便发自内心地感谢亲人，如果他们需要我赡养，我是不得不被迫从众的，但他们不但没有对我做任何要求，还一直支持我、鼓励我，妈妈偶尔会为我感到焦虑，但她也觉得我的坚持是对的。

怀着这样的自得、愉悦、歉疚与好奇，我来到了北大，我终于看到了我理想中专注于研究的老师们的样子，他们是那样的简朴可爱；也终于真切感受到科研并不是陪人吃饭；最重要的，是我遇到了认为学生的品格、境界、幸福感比绩点、名次、光环更重要的东茅老师。老师的每一句体悟我都感同身受，好几次泪盈于睫，人生何处不相逢，相逢犹恐是梦中，“士志于道而耻恶衣恶食者，未足与议也”，我想，我真的可以。没有什么力量比得过内心的坚持，鱼和熊掌不可得兼，衣食丰足、光鲜亮丽非我所愿也，即便有一天只能蓬门陋巷，我亦无悔。

2021年11月20日，星期六，晴

刚起床没多久，就和阿静甜甜一拍即合地决定同去前门逛MUJI旗舰店，群里问了国婧，她说要上课，我们仨吃过午餐便出发，同行还有刘老师。

阿静说她在云南的时候每周都要去 MUJI 店里逛逛，有时候什么都不买，去走走就安心了，我能理解这种情感，因为 MUJI 的风格能让人宁静，一如它的中文名：无印良品。

随着年龄的增长，我也越来越喜欢没有标签的高质量商品，不但不喜欢物的标签，连人的标签都不大喜欢。总觉得人一辈子最佳的状态是越活越单纯，在纯的基础上敦实厚度，看着憨憨的，内里实实的，像宝墨园中陈列的上古玉石，不加雕琢而浑然天成，满身都是历史，却亲切得一如昨昔。风霜或许只不过是为了洗净尘埃，孟子曰“大人者，不失其赤子之心者也”[①]，老子云“含德之厚，比于赤子”[②]，我理解的不忘初心，便是不忘人人同具的赤子之心，那样一颗无分别、无好恶、无厌憎的平常心，我们每一个人都曾经有过。

从地铁二号线“和平门”出来，马路上竟然空空荡荡，唯有树叶被一阵阵风卷起又放下，真不敢相信这是北京的周末，疫情影响远超我的想象。回想 9 月间这里人头攒动的场景，不知作何心情方才恰当，无人虽好，但若以被病毒困扰为代价，清静无人便不那么好了，多少带着几分无奈和凄凉。

我们仨买了相同的米白色毛绒外套，轻便保暖还便宜，笑称“舍服”，国婧晚上回来试穿了我的那件加小码，说改天再去同步购买，然后四个人一起穿上去走中轴线，人生难得几回傻！阿静和甜甜喜欢 oversize（特大的）造型，故意买成男朋友尺码，国婧和我则偏好合身。因为预约了华联上地的肩颈按摩，我不得不提早回来，也因为提早回来，所以看到了校区的天色与晚霞，与 MUJI 门外的夕阳相比，似乎更美。

按摩师挺和善，我明知道是要开卡的，也还是如约去了，靠手工赚钱是正当职业，我一直都愿意为体力劳动者付费，只是我不经按，回来就觉得小腿有些酸胀，估计还是不适合。

---

① 出自《孟子·离娄》。

② 出自《道德经》。

2021年11月21日，星期日，多云大风

今天的风大得可以把人吹跑，以往我只有“一场秋雨一场凉”的感受，很少有刮风刮变天的体验，今年在北京可算着实长了见识，平地起风然后气温骤降。听着这呜呜风声，怀念月初那场初雪，话说雪下过一场之后，便悄无声息般隐匿了，“玄阴凝不昧其洁，太阳耀不固其节”①，还会有下一场吗？

上午的时间基本在跟一位卖家聊天，与这位1994年的山东姑娘相识是巧也是缘，她新开店铺，我无意间搜到，问一答十，我断断续续，她坚持不懈，商品售价非我所能轻易承担，但内心对她有些歉然。某天她看我又无缘故断线了，就拍摄了自己的医疗诊单发给我，说自己患有抑郁症，很难控制躁急，如果是因为语气不好让我不敢购买还请我原谅。事至此，不像是单纯买卖关系了，作为回应，我将我的情况以及为何会时常掉线向她解释，我本就不是经常上网之人。一来二去，买了几件，还算喜欢。早晨询问她近况心想若是她在北京就好了，我感到自己的性格倒是越来越不急了，与她正好相反，或能有所帮助。

昨晚与阿静和甜甜讨论了一下何为“卷”，如今“内卷”一词铺天盖地我始终不是特别能明白，阿静说“卷”就是被裹挟，甜甜说“卷”就是被动地不得不，我终于摸到一点端倪。综合她们所说，我将“内卷”理解为被追圈在一个范围中争夺资源，这个资源可以是有形的也可以是无形的，用“卷”字来形容的确够形象也够生动。

如果是这样，那我觉得造成“卷”的最重要原因是自己而不是别人，自己中心无主，以人之言为言，以人之好为好，以人之资源为资源，以人之优

① 出自南北朝谢惠连《雪赋》。

势为优势，凡是认定且执着同一标准的人就会被自己的认定“卷”到一起。比如说认为只有读名校才有前途，就去争夺名校资源，或者觉得水蛇腰好看，就拼命去瘦腰，孟子说：“饥者甘食，渴者甘饮，是未得饮食之正也，饥渴害之也。岂惟口腹有饥渴之害？人心亦皆有害。人能无以饥渴之害为心害，则不及人不为忧矣。”[①]两千年前就已经替我们把这种心态剖析明白了，不过是作茧自缚。归根结底是人们没有形成对人生价值和意义的自我判断，才导致观念上的趋同和从众，再加上媒体和资本的推波助澜，似乎不这样人生便希望渺茫，只有快才好，慢一点都不行，少一样都不行，缺一点都不行。

不累吗？不傻吗？

如果我们有机会远离人群，还会有这些相同的目标和追求吗？这些到底是为了谁？

为官的家业凋零，富贵的金银散尽。

有恩的死里逃生，无情的分明报应。

欠命的命已还，欠泪的泪已尽：

冤冤相报实非轻，分离聚合皆前定。

欲知命短问前生，老来富贵也真侥幸。

看破的遁入空门，痴迷的枉送了性命。

好一似食尽鸟投林，落了片白茫茫大地真干净！[②]

曹雪芹说得这么明白，只可惜我们在有意无意之间，全给忘了，所以只好“乱哄哄你方唱罢我登场，反认他乡是故乡”[③]。

---

① 出自《孟子·尽心上》。

② 出自《红楼梦》十二曲——飞鸟各投林。

③ 出自《红楼梦·好了歌注》。

第十二周

2021-11-22—2021-11-28

2021年11月22日，星期一，晴

听闻北大定下了提早一周放寒假，遂看了看“大学生发展”的课程安排，恰好朱红老师课上问起，颇能对答。

今天讲的是“佩里的智力和道德发展模式理论”，佩里是哈佛大学的教授，他在六十年代对本科生进行了为期四年的追踪调查后构建了这一理论，该理论是对皮亚杰“知识过程是个体经过刺激后对同化和顺应达到平衡状态”观点的演进。佩里认为人的认知能力是指“人脑存储、加工、提取信息的能力，归根结底是我们对世界的一种思考方式”，并将大学生的认知发展过程概括为二元、多元、相对主义和承诺四个主要阶段。

二元认知的特征是认同权威、认为存在绝对正确、认同标准答案。多元认知则“你是对的，我也是对的”，尚未形成自己的想法，未意识到分辨对错需要经过情境选择，且不同观念之间有优劣之分。相对主义认知模式中，整个世界和知识体系都是相对的，知识依据可靠论据和推理过程而定，不存在普世真理。到了承诺阶段，则不仅能使用已有的推理方式处理问题，还能调整改变这种推理方式，采取更适当的方法处理新信息和新问题。

值得注意的是，二元认知和相对主义对某个问题的最终决定或许是一样的，但他们的思考过程却完全不一样，不同选择的背后实质上是价值观的投射。朱红老师提醒我们，学完这个理论后不要轻易给自己和别人贴标签，我

倒是觉得大学生的认知未必一定是按照佩里所列的层次递进的，起码男女表现出来的侧重点就不一样，女性思维不是从二元到多元而是从相对到承诺，女性首先是沉默，建立关联是女性认知的核心，男性则与之相反，分离才是其认知核心。

课后收拾书本到农园吃饭，抬头便看到枝头挂着毛茸茸的小果果，一颗颗兀立在寒风中，甚是可爱。看样子，叶虽落尽，却未必一切都尽。

下午讲“国际学术流动与国际科研合作”，蒋老师问我有没有国外留学的经验，我回答没有，想了想，自己除了埃及、迪拜、泰国和柬埔寨，好像哪都没去过。倒不是安土重迁，只是随遇而安，国外的风土人情也好，高深知识也罢，似乎与我并无多大关系，二十几岁不思进取，晃到三十岁后开始思考人生的方向和意义，适逢女儿出生，家庭变故，更是不暇。忽忽已不惑，埋首典籍亦感岁月静好，国外虽富庶，似与我不甚相干，故旅行亦是选择有历史感的周边小国转了转，对欧美一众发达国家提不起多大兴致。

世界虽精彩，我亦未荒芜。

目前有三大理论用于解释国际学术流动，分别是“人力资本理论”“新马克思理论”和“累计优势理论”，听完后不禁感叹，原来老百姓熟知的道理可以被西方人打造成各色理论，比如哪里收入高生活好咱就去哪里叫“人力资本理论”，比如根据性别、个人、家庭能力等因素选择国家叫“新马克思理论”，再比如有钱人赚钱比穷人更容易叫“累计优势理论”。难怪布迪厄说“教育就是培养习性，是文化再生产的手段”，在这一点上，西方教育果然很成功，一切自然而然可以知道的事情均被冠以理论之名，长篇大论之后远离民间，悬之殿堂，似高不可攀。

实话说，这些理论的论证过程的确不是每个人都会，但结果几乎尽人皆知，比如优胜劣汰适者生存，再比如不要压制人的天性，要顺应自然，这些道理拿去问跳广场舞的大爷大妈们，有几人不知道？所以对言必谈理论的西方思维模式，我颇不以为然。至今为止，没听到几个令人高山仰止的理论，就深度而言，不是一叶障目便是浅尝辄止，就广度而言拉得过宽，耗费大量精力时间而得不出几个准确结论，或许这正是西方政治的隐形手段吧，就是要让知识分子殚精竭虑。

倒是看到蒋老师列示的美国富布赖特项目、欧盟的苏格拉底计划和博洛尼亚进程，感到由衷的喜悦，世界需要互相了解以消除隔阂，人类需要相互提携以共同进步。联合国教科文组织认为“教育和知识是全球共同利益”的观点深得我心，中国自古以来就是包容、开放而友好的。文化知识的作用与其说是提高人们生活水平，毋宁说是增进人们和谐共存，起码于我而言，宁愿开开心心睡茅屋，也不愿打打杀杀住大厦。

晚上和敬轩约在南门外一家面馆吃饭聊天，五点多进去，八点多才走。他让我对量化研究、质性研究和理论研究有了一些真切认知，让我看到了这三者在他身上呈现出来的统一与矛盾，看到了他体恤导师的不易却在现实生活压力下的两难选择。最重要的是，敬轩让我知道，与我这个整天飘在天上的理想主义者不同的是，还有一种贴地、稳妥、底线思维的人，是他们为我们托起了想象的空间，我该感谢。

出来后边走边聊，渐渐发现自己说话不利索，一看温度，零下 3 摄氏度，难怪校园里一片静寂，我也该回宿舍了。

2021 年 11 月 23 日，星期二，晴

第八堂幸福课：世间自有善良意

时隔一个多月，居然再次上错公交，阳光照在车头玻璃上，反光到晃眼，将 375 路错看成 305 路。眼看汽车在北大东门前左转，心里叫苦不迭，估摸停站距离，走路怕是铁定迟到，决定骑车。情急之下忘记了寒冷，下车后发现手指关节有点不听使唤，这才想起没戴手套，不过或许是潜意识里故意的，怕在公共设备上弄脏吧，我这种人，自己都觉得有点无语。

谁知因祸得福，赵老师第一节课讨论中医，对我这个中医爱好者而言，

听不到损失不大，只觉得赵老师很可爱，声情并茂说得意犹未尽。其实中医是不是科学并不重要，我只认“效”和“理”，中医治疗过我，我深受其惠，自然感激，中医书籍博大精深，我阅读过数本，深为叹服。其他的，不想争辩，年纪越大，越不喜欢 argue（争辩），和和气气表达就好，孔子不都说了嘛，“礼之用，和为贵”[①]。“和”不是稀里糊涂而是吸纳平衡后的协调再生，理解多少、接受多少都有各人自己的缘分，强求不来，也没有必要强求。

倒是我们的幸福课越来越温馨活跃了，当东茅老师要大家在微信里分享“不友善的话语”时，我赫然看到有学生写着“交卷吧！”直接笑倒，太可爱了。在老师的安排和引导下，大伙渐渐熟稔了起来，欢声笑语充斥课堂，伴随着老师暖暖的目光与和善的鼓励，王亚的笑容多了，杨博活跃了，张宇不冒汗了，韵茜更自如了。最后五分钟，我们各自认领了自己的“国王”，用本学期的剩余时间开始“国王与天使”的游戏，这个游戏的设计令我叹服，凡是进入游戏的人，每天都会想两件事：谁在对我好？我该对谁好？谁说拥有这样心情的人不幸福呢。

一点碎感

委实没有想到东茅老师会推荐《了凡四训》，这本书我早就知道很好，但不知道为什么就是没有读，在书店屡次翻开，看完前面三页就合上了。就像我长期居住在华南植物园旁边，却几乎不怎么进去，对唾手可得的东西总有来日方长之心，轻忽慢易，这真是“荆棘丛中立身易，月明帘下转身难”。

晚上跟着老师的授课进度，读了“真假、端曲、阴阳、是非、偏正、半满、大小、难易”之善，感觉来得正是时候，就像我 8 月底来北京前得到《文昌帝君阴骘文广义节录》一书一样，视若珍宝。想行善的时候，就有人指点迷津，只要真心想，无有事不成。

“劳动是给人机会让人创造价值”，同理，挫折是给人机会让人学会

---

① 出自《论语 · 学而》。

坚强，悲伤是给人机会让人学会同情，痛苦是给人机会让人懂得慈悲，如此想，则世间一切逆缘皆可转为善缘。

老师说“人的精神同步提高之后就有可能实现各取所需的共产主义”，此解好精辟，改变“需”的内容而不是“需”的希求，共产主义若能实现精神富足，所需其实不多、不难也不复杂。圣严法师曾说“人需要的不多，想要的太多”，各取所需不是各取所欲，即便无法一箪食、一瓢饮，总是胜过无止境的需索。

此外还提到了“无有不如己者”和“贤贤易色”，尤其解“色”为容色气质是我目前听到最合情理的释义，受教。

2021年11月24日，星期三，晴

布迪厄的“再生产理论”

今早学了乖，打包早餐带走，公交来之前吃完，顺利地赶上了“教育哲学”课。主题是前两周在“教育导论”课上听过的“布迪厄再生产理论”，展老师开门见山地说：“不要以为文化资本理论是布迪厄的代表理论，那只是他理论体系中的一部分。”

布迪厄的马克思主义理论功底深厚，他用“实践理性”引导人们思考社会环境中场域和资本的作用，认为一个人有多大的场域，就能干多大的事。除了场域和资本，人还受习性影响，而习性是教育培养的结果，所以理性不能一味跟着科学走，需要超越科学而建立健全的交往，学校便是培养习性的场所，使等级得以再现，所以教育才会受到社会追捧，因为社会需要不同习性的人。学校的分级掩盖在考试等一系列措施之下，看似能够让人选择，其实是让学生自分等级，当选择背后都是支配的时候，选择是不可能自由的。这样培养出来的学生从小就有等级观念，个人选择受到习性影响，久而久之

又会形成新的习性，这就是“实践理性”。

在现代资本主义社会中，权力关系无孔不入，譬如老师给学生打分就是一种“符号暴力”，何谓暴力？只能接受不能反抗，符号暴力依靠外在的权力关系，同时权力关系也需要符号暴力给予支撑，可见教育也是带有强迫性的，因为暴力的施加只集中在一小部分人手中。学校建立等级并使之合法化，给人一种平等的表象，教育从文化中抽取对自己有益的东西形成符号，文化传承看似把现在同过去和将来联系在一起，背后传递的其实是等级合法性。当理论和精神被拿到课堂讲解之后，就变成了考试内容和试卷，能非常巧妙地化解社会矛盾，这就是为何老师滔滔不绝但在实际中却很难行得通的原因，因为老师在课堂上是专断的，专断的背后是权力，教育系统树立权威就是要证明其专断的合法性，文化成为维护教育权威的工具。

为何教育权威需要维护呢？因为教育本身无法解决问题，只会评对错、分等级，教育权力就是不停地对受教育者实施专断，而教育理论需要掩饰这种专横，说到底，意识形态不关心对错，只需要接受，神话和理论没有区别。教育权威的另外一个特点是温情脉脉，一点一滴慢慢培育，背后还是权威的影子，只是教育将这种权威掩盖得很好，让受教育者觉得自己是有思维且能自由选择的，于是等级便借由权力、文化、习性的再生产得以延续。政府之所以愿意在高校毕业生中招收公务员，正是因为高校学生习惯专断，能很快适应政府体系，所以布迪厄认为教育工作是文化再生产的条件，习惯养成即意味着被整合。

要说的是，虽然教育肩负着培养习性的重任，但习性也分为可变与不可变，比如行政学院本为精英子弟准备，他们的习性就不需要改变反而需要保护，其他实科就需要通过教育磨平棱角，同时专精其技能以适应社会需求。精英阶层通过制度化的手段把这种传承固化下来并予以强化，教育制度真正的目的就是“再生产”，它采用了一系列操作来判别受教育者，既需要维持稳定，又不能过激，所以布迪厄认为想要通过教育变革来改造社会是不切实际的，只要教育传递文化，就不可能改变社会结构。

展老师最后提醒大家注意，布迪厄并没有说人必然会被文化资本所影响，确实有一部分被磨损掉，但这不能改变一般性，所以“不要相信理论家，只要他是理论家，就会告诉你，他的道理是合理的”，大家齐笑。

后两节课的主题是“孔颜之乐，修己安人”。

克里斯托弗·彼得森的研究结果表明，人们以为与幸福高相关的诸如收入、外表吸引力、阶层、年龄等因素，其实与幸福的相关程度很低，只有感恩、工作和乐观才是幸福的主要源泉。何谓感恩？东茅老师解为“感知到他人对我有恩”，譬如在教育学院打扫卫生的人，他们每天五点起床，坐两个小时公交赶来打扫一个小时的卫生，才能让学生在八点上课时享受到干净舒适的环境。这个世界处处对我们温柔以待，所有给我们锻炼机会和工作机会的人，我们都应当感恩他们。

现代教育的切肤之痛层出不穷，焦虑、孤独、抑郁、恐惧、空心病、精致利己主义者、小镇做题家、“985 废物”、躺平等一系列社会问题的出现都需要我们反思。首先便是要反思某些理论是否正确，比如认为“投资教育可以提升劳动生产率和增加收入”的“人力资本理论”，比如通过财富、名誉、地位、权力可以把人分等级的“社会分层理论”，再比如认为“科技发达、经济发展、社会公平、思想自由后就会带来幸福”的“社会发展理论”。各种社会现状就摆在眼前，有人说未来会进入“乌卡时代”（乌卡 VUCA 即易变性 Volatility、不确定性 Uncertainty、复杂性 Complexity、模糊性 Ambiguity），当我看到“we didn’t do anything wrong，but somehow，we lost”（我们没做错什么，但不知怎么的，我们迷失了）这句话时满怀酸楚，我们真的要迷失到这种程度吗？对此，老师铿锵有力地发出他的教育之问：

教育为什么没有明显促进幸福？

教育如何才能促进每个人的长久幸福？

东茅老师曾是全国高考第三方评估首席指导，倾心改革却发现各地都善于钻政策漏洞，最终发现：如果人心不改变，教育政策怎么改，都无济于事。于是在五十岁那年转变研究重点，将研究方向从最热门的“高考改革”转到探寻“教育如何致力幸福”。诚如老师所言，我们的知识早已超过孔子，但我们的生活状态却远远不如，“孔子的一生幸福吗？孔子的幸福可以学到吗?”可以，正因为可以，所以孔子才被称为万世师表。为何现在的学习不能令人感到快乐?“因为现在的课堂只讲知识不讲义理”；为何现在的老师没有感到幸福?“因为老师并没有在传道。”当前，能在教育过程中大大方方谈“大道理”的人越来越少，西方尊重个人选择，但中国认为“道”是要传的，不传则不明。

于是老师提出“境界自修论”，人的层级应该根据境界来区分，教育便是要不断提升每个人的思想境界。当我看到东茅老师在 PPT 中列示十九大报告原文“中国共产党人的初心和使命，就是为中国人民谋幸福，为中华民族谋复兴”时，着实吃了一惊，大言不惭地说，虽然我不是党员，但我正有此心，我真有此心。

下午在图书馆待了一阵，而后感到脖颈酸胀，浑身不适，该是近来缺乏锻炼所致，于是放下手中书本，带上手机和耳机，边给妈妈打电话，边信步往未名湖方向走去。

湖面薄冰，群鸟嬉戏，芦草摇曳，山水静凝。

晚上道家哲学课的主题依然是“无”。

上周讲到“归根”才能“全有”，且“归根”就是为了“全有”，儒、道两家在治道上的分歧为一有一无，道家用无灭掉有，也用无成就有，但是当道家返回世界时，也要对这个世界和万物进行肯定，只不过道家的肯定是一种贴着事物的顺其自然的肯定。所以在政治世界中，道家希望主宰天下的君主是一位隐者，因为只有“执道者”善隐其身，万物才能回到舞台上，如果仍以君主为舞台权威，万物就可能被边缘化。老子说的“恒无欲，可名于小”就是隐身，而后才有“万物归焉而不为主，可名为大”[①]，这种“大”是“小”的结果，执道者不执着于用自己的观点看待事物，而就事物本身去看待事物，便可使“万物归焉”。

接着谈“形名”。

---

① 出自《道德经》。

全国重点文物保护单位
未名湖
燕园建筑
中华人民共和国国务院
二〇〇一年六月二十五日公布
北京市文物局二〇〇一年十月立

世间的形名有两种，一种是“如其所是”，即“凡物载名而来”[①]，另一种则由人为建立，道家否定后者而肯定前者。《黄帝四经·经法·道法》云：“是故天下有事，无不自为形名声号矣。形名已立，声号已建，则无所逃迹匿正矣”，可见“自”是对“外”的拒绝，“自”与“无”之间是互动的关系，只有“无”才能保证“自”。形名是一种“不得已”，当要回到这个世间成就形名时，形名便无可回避，但它不是最高原则，它“可用于天下，不足以用天下”[②]，形名即便有用，也是有限的。所以王弼认为最理想的状态是“形名俱有而邪不生”[③]，“无名”为本，“有名”为末，只有在“无名”的前提下谈“有名”，“邪”“伪”才不会出现。

故《道德经》开篇谈“无名，万物之始”，表达出一种确认，确认万物的状态从根本上来说是无名的，也是不能被命名的，命名本身是一件不可能的事情。因为任何命名都是对万物的扭曲，“名”始终不能与丰富的“物”之间构成严丝合缝的关系，所以老子才会同时提出“有名，万物之母”，意思是回到建构世界之初，“名”不能被回避，“有名”与“无名”之间是本末先后的关系。

在《道德经》接下来的“故常无欲，以观其妙；常有欲，以观其徼”中，“无欲”和“有欲”又被提了出来，此处“徼”有三种解释，分别为归终、边界、光明，皆有变得明确清晰的意思，而“妙”的最大特点便在于其“不可言”。由此我们可以看到老子将事物安放在无名和有名之间，安放在有和无之间，是一种“之间”的状态，故谈“无”不能离开“有”，谈“有”也不能离开“无”。

值得注意的是，“名”和“名教”在道家中有根本区别，“名教”以“名”为教化手段，“名”脱离事物变为普遍原则后再加到具体事物上，就会变成对事物的伤害，正所谓“大制不割”[④]，“割”即“害”，最伟大的建构

---

① 出自《管子·心术下》。

② 出自《庄子·天道》。

③ 出自《老子道德经注》。

④ 出自《道德经》。

不会伤害到每一个事物。因此，对“名”的接纳和对“名教”的拒绝要同步进行，目的是不让“名”成为主宰事物的工具。

课程最后，王博老师告诉我们三句话：一、“无为”是权力的自我节制；二、“无为”是不把自己的任何东西强加到任何事物身上，是对外在强制力量的拒绝；三、“无为”所达到的结果是让每一个事物都能“如其所是”地存在。道家的秩序精神和儒、法一起构成一种奇妙的动态平衡生态，由此呈现出稳定的文化和思想结构。

2021 年 11 月 25 日，星期四，晴

虽然这两周都没能出去游玩，但周四带给我的“如同周末”之感却丝毫未变，阳光似乎都悠闲了一些，缓缓地升起，徐徐地照耀，我竟然连白天具体干了些啥都记不清楚了，只记得晚上要去中关村赴约。

潇语约了唐老师、我和仁杰四人共进晚餐，起初对她有印象是在“高等教育史”的课堂，虽然我后来没选这门课，但潇语对于国学典籍的熟悉令我倍感欣喜，后来得知她本科在人民大学就读古典学专业，人如其学，颇带几分古典气质。潇语容颜姣好，举止有礼，且音质朗润，随口一问，确实曾经做过播音主持，也跳古典舞，一个女孩的特质是掩不住的，无处不体现。

不安的是我迟到了半个小时，让两个准点到的学生空坐了很久。这事怪自己大意，上周末被游说尝试艾灸足疗，按摩一次后办了卡，第二天小腿微微肿痛，周一联系说好可以退卡，谁知下午跑去办手续时却遭经理劝阻，只好又重新解释一番，经理说完总经理说。眼看着时间不够，空自着急，发消息让他们先吃，谁知道他们坚持等我。心下歉然，下次回请。

潇语预订的泰餐甚是丰盛，把招牌菜拣了好几样请大家品尝，我和唐老师听到仁杰和她一个说没有女朋友、一个说没有男朋友，暗暗忍俊不禁。看着这些青春的少男少女，心里真是高兴，希望他们的人生和生命永远都那么

朝气、美好而单纯。

这两天空气明净，夕阳下的烟囱竟也别具风情。唐老师说他现在一个人住，另外三位访学老师都回去了，想起阿静前两天晚上在宿舍笑语“有些老师来访学，结果连北大校门朝哪个方向开都不知道”，再看看国婧每天起早贪黑，我亦感到好笑。

2021 年 11 月 26 日，星期五，晴

今日阳光可说明媚，心里惦记十三陵却去不成，东门在校弟子组了个读书会，邀请我参与，如此佳举怎能错过，吃完中餐便去教育学院 206 室与他们会合。没想到他们四个叫了外卖正在等我，我一脸诧异，想着昨晚跟仁杰说好了我自己解决中餐，估计他给忘了，不好意思当着众人面澄清，把责任推到他头上，只好笑笑赔歉。

读书讨论定于每周五中午十二点半至两点，正是我头晕脑涨犯瞌睡之时，这里的学生大部分身兼数事，能凑出这个时间，吾不能有间言。好在效率很高，各自发表观点、定主题、讨论可行度，均侃侃如也，尤其是程煜，我今天第一次近距离和她正面接触，感受到这个女孩的温婉内敛，言谈之间笑意可人，说话不紧不慢条理清晰。看到晚上她在群里发来的会议纪要，心中的赏爱更多了一层，难怪好几位老师都喜欢她，我也喜欢。

最终暂定以“家教共育”为切口，适逢国家出台《家庭教育促进法》，且各人均有这方面的实践体会，结合东茅老师的幸福教育探索具体可行的理论和实践研究。一次会议下来，我只感到自己要跟他们学习的地方很多，从态度到方法、从理论到实操，很高兴能在进修期间认识这样一群优秀的学生，不少老师抱怨说北大学生这个骄慢那个无礼，怎么我遇到的都很好呢。

偶尔有一两个确实有点无礼，但也许是他们不懂，既然过来访学进修的是老师，为何第一反应是数落对方？身为老师，是不忍心看到学生因为自己

忍住不说而到社会上被迫受教育的，哪怕说多了被嫌弃，也要说。而且，与其背后说，莫如当面讲。

“教育导论”课第二次作业要求根据自己的经验反思教育与幸福的关系如何通过教育修养自己，从而使自他更加幸福。

学生让我幸福

从教二十年，弹指一挥间。

犹记第一次进教室，为了担心被比我年长的学生轻视，选择了白衬衣黑裤子，而后不苟言笑地发表了开学感言；也记得第一年备课纸上连“大家好，今天是第一次课”之类的口水话都用笔写了下来。那个时候工作只是工作，不是事业，那个时候我下课就走，如果被同事领导听课，会感到慌张。这种状态持续到我三十岁生完女儿那年，我不愿意女儿遇到不尽如人意的老师，我自己首先就不可以做一个这样的人，于是我开始思考什么样的课程才能让学生终身受益。

从在专业课堂上穿插分享自己的读书和生活体验，到尝试开讲座和公选课，再到全面转向传统文化类通识课程，我花了八年时间。至今仍然保存着早年学生们写来的文章，清一色手写，满满的感触和感动，是学生的鼓励让我坚持并勇敢。直到现在，我可能都在为学生而读书，读那些我自己本不愿意看的，比如《释梦》、比如《物种起源》、比如《西方哲学史》，我希望我的学生不拘泥于当代，去涉猎古、今、中、外，自己就得以身作则。不是每一本经典都能让人愉悦的，但打开就要读完，“此未终，彼勿起”，我和学生们一起学习，一起践行。

没有想到的是，自己竟然成了最受益的那个人，因为要站三尺讲台，我不能说一套做一套，所以不愿意也得愿意，不行也得强迫，因为我是老师。中国文化很少介绍知识技能，绝大部分都在指导如何为人处世，我毕业直接进高校，环境相对简单，加之生性不喜欢转弯抹角，故说话办事时有不当，想要改变却不知从何下手。从没有想过《三字经》《百家姓》《千字文》《千家诗》和“四书五经”便是良方，相见恨晚。

心安何其难，又何其易。

东茅老师说“无忧、无惧、无愧、无惑”，我未臻至善，故有惑；未能出离，故有惧；未能放下，故有忧；唯独尽心，尚无愧。

越来越觉得学生可爱可贵，如果没有他们听，我要讲给谁听？如果没有他们提问，我怎能发现不足？如果没有他们鼓励，我怎么知道自己选的路是有意义的？如果没有他们陪伴，我会不会感到冷清？所以我一见到学生就不自觉地充满喜悦，《易》云：“同声相应，同气相求。”今生今世，学生就是我的元气，他们令我感到幸福，又远远不止于幸福。

2021 年 11 月 27 日，星期六，晴

甜甜今天去了香山，发来几张雾蒙蒙的照片说是去看霾了，我早晨走去食堂时觉得空气也还清新，心想这或许是雾。

临近期末，各门功课陆续考核，旁听的“道家哲学研究”和“中华文化传播”不用考试，“教育导论”“教育与幸福”“大学生发展”的作业平时已交，余下“国际比较高等教育”和“教育哲学”均要求读书写文章，在两位老师推荐的书籍中选购了几本，差不多得着手读了。

白天的时间在自习室一晃而过，感觉自己吃了三餐饭，天就黑了，晚上约了嘉奕吃韩国菜，说好的五点四十分，结果她五点半就到了。嘉奕就读于信科系，是 2019 级大三的学生，我们相识于文老师的幸福课堂，她总是坐在我左后方，和雨薇一起，可惜今天雨薇抽不出时间来和我们同聚，她也是说好请假才让出来。看着温温柔柔，面对面聊天时才发现，这是一位相当有看法、有主见、有追求的女孩子，好笑的是，我本来抱着一腔热情想要安慰“失恋”的她，结果她自己通过自修心理课程、反省和思考已经自我疗愈了，说出来头头是道，我倒更像一个旁听者。

不得不说，嘉奕不止一次令我感动甚至敬佩，第一次是在课堂上读到她

写给自己的“想要为祖国做贡献”的情书，第二次便在今晚。当我问她择偶标准是什么的时候，她清晰明确地回答：“我喜欢有理想、有抱负、愿意回馈社会的男生，总觉得他们的眼睛里有光，我愿意在他身后支持他完成心愿和理想。”在那一瞬间，我心里只有四个字：强国有你！这才像北大的学生，朝气蓬勃、自信满满、小小年纪却有担当。嘉奕毫不做作，喜欢谁、追谁、拒绝谁，说来都落落大方，无一丝扭捏，彻底改变了我对河南人的刻板印象，当然，开封这个地方我本就喜欢。

寒风中告别，看着她上了公交，三秒钟后手机亮起：“谢谢可可老师请我吃饭！今天很开心，也有好多收获！”我在心里说：谢谢你愿意抽时间和我吃饭，我也有好多收获。要是程程跟我一起和这样的姐姐一同吃饭，该有多好。

夜色虽浓，北风虽寒，夜灯却似明月。一路散步回到宿舍，不减心中暖意。

2021 年 11 月 28 日，星期日，晴

百望山——别有山头在市间

太久没礼拜稽首，太久没去寺庙，太长时间面对电脑，导致我一天天感到肩颈僵硬难受，决定中餐后找个地方转转，哥哥推荐百望山，这个名字不错，那就去吧，我也想爬山了。

百望山离我很近，就在海淀区黑山扈北口，门口 305 路坐十站便到，瞌睡劲在公交上消完，晕乎中跳下车，隐约看见马路对面山形起伏，果然是市中山。

百望山的山形大小与广州火炉山相似，但比火炉山古迹多，山中游客扶老携幼，与长沙岳麓山遥相媲美，秀美温柔虽不及，严肃硬朗倒是稍胜一

筹，或许这就是南北差异。

我从东门进，亦从东门出，进出甬道笔直，尽头有石碑。山不高，步行缓慢，走走停停，一个小时便到望京楼，一路上儿童嬉戏声不绝于耳，大人连哄带骂，人间热闹。

此山与众不同之处在于碑林众多，从山脚到山顶，从路旁到山坳，可见中国人对杨家满门忠烈的崇敬与爱戴。“主忠信”①“是故君子有大道，必忠信以得之，骄泰以失之”②“仁义忠信，乐善不倦，此天爵也”③，“四书”中无处不在的“忠信”之言深入民心，化作中华民族的气质与精神，与这百望石碑一起历古常存。佘太君望儿石雕上披着层层黄衣，从北宋到明清，从近代到现代，我在太君庙前三稽首，女将余威犹在人心，望儿之容仍是挂念，一威一慈之间，令人倍感心酸。

望京楼与揽枫亭两相呼应，北京城在薄雾中伸展排开，舒缓而庄严。山顶玲珑，竟还有一小条玻璃栈道铺于脚下，老人孩子步行其上，皆面露怡容，跃跃欲试却小心翼翼，仿佛被家常琐屑羁绊之劳心能于此玻璃上变得细微。我独爱那枯叶尽落的枝干，百转千回后投向空中，无需庇护，亦无需点缀。

山色空蒙我无份，断壁残阳心自知。

走出大门时三点四十分，时间尚早，但天色已颇暗，遂打消另觅一处游览的念头，径直回了宿舍。晚上有《四书章句集注》的线上讨论，看到课堂群里纷纷提交文章，才想起东茅老师布置了体验幸福的周末随笔，遂于临睡前提笔。

话说幸福

实话说，我一直觉得幸福很缥缈也离我很遥远，我从不奢求得到幸福或幸福地生活，我只想安心、安静、愉悦地度过每一天。

---

① 出自《论语·学而》。

② 出自《大学》。

③ 出自《孟子·告子》。

百望山

可能从小就没有特别渴求一样东西，也可能受了道家思想的影响，偏爱“功遂身退”的姿态，故对盈满、极优、丰泰之类状态总是怀着“留三分”的心态，不向往亦不企求。相对于自己，我更希望别人幸福，希望别人好、很好、特别好，似乎自己的幸福可以建立在他人的幸福之上，又似乎自己可以随时出离这个世间，所以不愿意有太多缠绕，纳兰性德不都说了：“而今真个悔多情。”

但莫名其妙的，我竟然越来越感到幸福，如果我感受到的也算是幸福的话，哪怕只是看到一个眼神又或是一句无心的言语。像老师说的“觉察的颗粒，越细微越有效”，当心能满足于当下这一瞬间，又有什么东西不具备美好的特质呢？人不可以太贪心，不能想要，一直想要，永远想要，那样会害了自己。万事万物被追问到最后都只剩下片段、颗粒、味道，量子力学证明的不就是这一点吗，这何尝只是物理学的发现。

所以我会告诉自己：接受无常、纯粹于当下，然后静待花开。我幸不幸福不重要，我能让别人幸福就可以了，希望我有这种能力，也希望我一直保有这颗心，努力不过是增强自己予人幸福的能力罢了。“客怀耿耿向谁语，世事茫茫空自知”，其实，谁能真正了解谁？谁又能真正懂得谁？能做的，不过是自明、自知、自足、自乐。

第十三周

2021-11-29—2021-12-05

2021 年 11 月 29 日，星期一，阴有小雨

起床时天还没亮，中午竟然飘起了雨丝，久违的清新湿润。朱红老师的女儿昨夜高烧 39 摄氏度，连夜跑去医院，疫情期间，为避免麻烦，改为线上授课。

学生分享完文献阅读感之后，老师给我们发来了一段“郑州高三女生自述父母离婚始末”的故事，为今天的“精神/灵性发展”（Spiritual Development Theories）课做引子。虽然是离婚，却被其女儿描述得诙谐自然，甚至幸福美好，作为男主的父亲内心充盈灵动是其前妻所难以了解触摸的，他能感知万物的美，能放下尘俗的物欲争心，箪食瓢饮，有诗便可。“我如何诗意地栖居在大地上”，海德格尔的这句名言是人人心中不灭的期望，只是各人的诗意有别，所以栖居方式各异。

时常听闻精神，到底何为精神？目前尚没有普遍接受的定义，有人于 2003 年提出：“精神性（Spirituality）是指人类在与外部世界链接中所做的阐释自我的努力。”阿斯汀则认为精神是“我们内在的、主观的生命，与可观察的行为和可测量的物质性客体等客观领域相对立”，孰优孰劣，莫衷一是。最终精神性发展被定义为“寻求自知、关注中心，超越个人现在的中心，对社会开放并拥抱它，承认超越人类存在的实质或者无所在的力量，并且有一种充盈其生命的感觉”。但这个定义需要具备三个前提假设，即人类发展与生俱来、没有终点的过程和开放性。

朱老师说："我自己觉得信仰是精神性发展的基础，没有坚定的信念，就会如墙头草般随风而动，很多人自己的生命都是枯竭的，他没法影响别的生命。"对此，我很是认同。精神性发展所包含的"终极性、生死宇宙起源、神圣性、超越性、日常生活性、信仰挣扎性、个人体验性和神秘性"等种种维度，若是不信或漠不关心，也就不必谈了。不由得想起东茅老师说过的一句话："所谓'信'，就是对那些未经证实或者证实不了的予以肯定，已经实践或已被认证的不需要信，只要头脑正常，基本都会接受。"

蒋老师今天下午总算穿毛衣了，上课前说"最近变天，你们要多穿一点，尤其是张老师从南方过来"，其实我们早就羽绒服羊绒衫穿上了身，老师还一直衬衣加西装。记得一次"教育导论"课上，蒋老师说他一件西装穿了快十年，我当时就想拉着大伙众筹买新衣裳。

今天讲"作为国际学术语言的英语"，课前老师列了二十个问题供大家思考，看后思潮起伏，杜祖贻教授说："如果学术政策、方向、审核与取舍全被西方学界所操纵，那么中国学者的角色将永远是奉承者及受审者，落入被动地位。"一语中的！中医、传统文化正是因为用西方体系难以解释，所以不被接受，从而被边缘化的，传承数千年的经典倒似成了上不了台面的普通观念，何其荒谬。当年因为席勒和歌德坚持"德国要想成为世界科学中心，知识分子就必须使用母语"的信念，使德国成为继意、英、法之后的第四次世界科学中心，咱们中国人万不可轻忽汉语和自己的经典。既然在2014年的苏州世界语言大会上达成"语言是人类文明时代相传的载体，是相互沟通理解的钥匙，是文明交流互鉴的纽带"这样一个"苏州共识"，我们就要像萨义德说的那样，维护"知识分子使用母语的权利"，让中国语言和文化发扬光大。

课后给小宝拿了几个云南橙子，老师腼腆地不好意思接受，出门后又再次道谢。老师啊，这个学期我不仅受到您两门课程的指导与教诲，且在您身上看到学者的认真和坚持，几个橙子怎能表达我心中的感谢之情。您让我看到一名研究者的简朴与执着，让我重提对科研精神的好感和敬意，让我感到同为湖南人的骄傲和自豪，我实是无以为报的。

2021 年 11 月 30 日，星期二，晴有大风

第九堂幸福课：心心念念想助你

今天于我而言是个特别的日子，虽然谈不上期待，但也不回避，不是害怕又大了一岁，也不是忧叹空劳岁月，只是无感而已。赵老师应该还在讲对外汉语的讲授技巧，我身体不适，干脆窝在寝室里看书打字。

中午走到食堂门外时手机响起，慧慧毛给我订的和风寿司送到了，将那粉红丝带盒子提在手里，寒风都似乎柔媚了不少。正在发愁今晚的幸福课能为同学们做些什么，慧慧毛就递来了橄榄枝，遂高高兴兴地捧进教室。

晚上东茅老师安排我们围绕“助人为乐”这个主题轮流上台分享自己能为同学做的事情，感觉就像开了一场联欢会，不只有欢笑，还有青涩羞赧，又或大方爽朗。当他们说起自己能为大家做些什么的时候，我不仅看到了自信，还看到了爱的意愿，是这种意愿给了我们一个美好的晚上，照耀了刚刚迈入 43 岁的我。

下课后打开寿司盒，听到雨薇在耳畔欢呼“太好了！我早就肚子饿了”时，竟然有点喜出望外，看他们吃得欢快，我实在开心极了，老师一直陪我们吃、陪我们闲聊，满是感动和温暖。回宿舍的路上不停地收到课堂群里各种祝福和礼物，杨博给我唱的歌，惠文给我画的画，整个晚上群聊一直在落蛋糕。不到四个月的缘分，却得到他们如此关爱，心情激荡，久久无法提笔写课后感想，索性先去澡堂。晚上睡前打开电脑记下几笔，更多的留在了心里。

今晚

上课伊始，东茅老师便告诉我们“只有三次课可以上了”，下课时想到只有三次课了，不免有些依依之感。

学生是世界上最值得期待的人，今晚是学生的主场，每一个都那么神采飞扬，坐在第一排的我近距离欣赏一张张笑靥，心里满满都是感动。不靠近他们就不知道他们有多大方、多热情、多生动、多可爱，当老师本就是一件很幸福的事情，因为有学生。

韵茜引导腹式呼吸法、杨博示范如何帮老年人自查身体、惠文教授英语学习方法、周雯告诉大家如何查阅文献、嘉奕分享记忆和备考方法、依多教写读书报告、雨薇讲解文技，张宇、王亚、耀成想到的是如何快速睡觉，芳迪觉得要把心放在他人身上，玉召说应留心生活中那些需要帮助的人。

老师站在一旁，和我们一起欢笑，到了倾听环节仍然意犹未尽，只感到课堂时间太少，要是每一个北大学生都有过这么一段该有多好。有少年如此，互帮互助、携手共进，何愁中华民族复兴之伟业不成，继往开来，众志成城，愿我们都能在时代洪流中奉献自己的光和热。

从“国王和天使”到“倾听和倾诉”，每天活在掂量“到底谁在帮我?”和“我该怎样帮人?”中，内心的善意将为一切事物披上温柔的新衣，世间原是美好，人心原是柔软，这样的课堂不仅仅只是课堂，还有更多……

言不尽意，唯有馨香祈祝大家顺意安乐。

2021 年 12 月 1 日，星期三，晴

哈贝马斯的“交往理论构建与高等教育变革”

今天赶了个大早，进去时展老师尚未开始，悠哉地选了第一排正中坐下，等候上课。久仰哈贝马斯大名，他的理论庞杂，有人说他“述而不作”，没有专门关于教育的论述，但展老师却认为《理论与实践》就是其教育思考的产物，今天要为我们介绍的正是其中的“交往理论构建与高等教育变革”。

首先是“交往理论”。

哈贝马斯本人自认是唯物主义传人，被看作西方马克思主义的代表人物和集大成者，他对历史唯物论的“斗争哲学性”有着深刻理解，将一切诸如政治、经济、武装之类的交往均看成斗争，认为其具有合法性。

传统哲学既不考虑历史也不考虑普通人的感受，社会学则需要人跟人之间进行交往，默认每个人都有交往的资格，其中便包含大学，书本里学来的是纯粹理性，纯粹理性需要通过发展实践理性得以运用，而实践理性就是交往。西方虽然表面上允许交往并以议会制的形式呈现，实质上却是按照资本来划分等级，内里仍是虚伪，于是哈贝马斯把目光投向高等教育，认为交往理性的现实基础来自高等教育改革，希望能“让大学成为交往的场所，让交往合理化”。

他指出，过去靠技术解决一切问题，只关心如何把蛋糕做大，当老百姓的呼声都变成论文以后，理论就已经走向了异化，因为不关心实践。真正关心社会且有批判精神的人越来越少，高校和社会科学也渐渐放弃了批判，把更多精力倾注在如何用技术换取金钱上。资本主义社会虽然有对话，但对话没有改变任何事情，因为个人背后的支配力量仍然是资本和权力，所以哈贝马斯预言“资本主义社会的活动将会越来越混乱”。因为科学不考虑人的交

往问题，把人的情感仅仅看成是一种认知，可技术只能解决物质目标，人的意义和价值则需要通过交往来解决，交往既是目的也是手段，只有在交往中接受，才能真正内化为自身的价值观和行为。

行为科学认为什么都可以测量，却没有意识到测量只是辅助，意识形态本身是一种立场，对于相信它的人来说才是科学，而意识形态常常会限制一个群体与另外一个群体交往，这往往成为交往的障碍，所以交往最反对的便是意识形态化。所有西方马克思主义哲学家都反对系统论，因为系统论把人当成零件，忽视了人是可以交往、可以对话、可以改变自己意见的，系统论在西马学者眼里就是伪科学。所以哈贝马斯不认同"教育是为了社会化"这个观点，他认为如果教育只是为了社会化，还不如直接把学生放到社会中去。

应注意的是，实践中的对话和交往往往混为一谈，对话变成争论而不是平等讨论，由于双方地位不对等，对话的目的似乎只是为了令他人接受自己的意见。主持人和嘉宾的位置一经固定，关系就开始扭曲，无法产生正确的结论，所以"只有在日常生活交往中的对话才是平等的，互相理解才有交往"。而西方社会的灵魂就在大学，大学之所以能够成为精神家园，正是因为它创造了一个可以自由交往的场所，具有真正意义上的可理解性、正确性、合理性与真诚性。学生们互相尊重且具有辩证思维，会产生积极而良好的互动，"希望你好的人最容易做好朋友"，所以应寻求大家都能听懂的语言，态度真诚地合理交往，这就是"交往理性"。理性之所以能打动人，便是因为其尊重人的趣旨，并与实践息息相关，而不只是简单的对错，理性最终要落实到行动中认识自然并改造自然，"交往理性"想要改变的是社会，哈贝马斯不希望自己的理论被当作学习和考试资料束之高阁。

现代科学促进了社会发展，但只谈技术会扭曲人的关系，科学像一个没脑的人，只考虑工具问题，一旦它登上王座，其结果就是不管愿望合不合理，都负责满足。现代科学反对形而上学、反对哲学、反对艺术、反对一切意识形态，没法测量的东西都认为是不理性的，这就是现代科学的弊病。实证主义拒绝意识形态，科学认为可重复的东西才可靠，但是人的友谊和愿望是不能被重复的。科学主义和实证主义让研究价值表现为发表而不是改变，忘记了“自然科学发现一个目标，然后实现这个目标，而社会科学是要寻找一个目标”的初衷，一旦忽视这些，便容易沦为政治制度的工具，人类将走向沉沦。

20 世纪 70 年代后，只关心技术，凡是不能技术化的、非经验的都没有价值，一切都由经验科学说了算，当经验科学统治世界的时候，理性已经变得不理性了。哈贝马斯希望通过高等教育来改变现状，不幸的是，现代高等教育的对话功能已经被评价功能替代，改革任重道远。

不得不说，哈贝马斯预言得太准，也看得太清楚，整个美国社会脱离了理性和历史感后，美国人的思维就开始被技术理性统治，用对待物的态度对待人。过去没有大学的时候，伟大的思想家灿若星辰，有了大学之后，再也没有思想家了，人被技术理性统治，学术是专业人员的读物，人跟人之间充满竞争，培养出精致的利己主义者也是必然，“我们都做科学家，不做人”。真正的理性应该“是一种有规则的狂想的浪漫主义”，介于狂想与科学之间，是人道的，康德说“民主不经过理性的讨论就是多数人的暴政”，不解决问题的投票和会议就是程序的非正义。所以哈贝马斯主张通过高等教育把理性还给个人，恢复理性的统治地位，只有让社会科学摆脱经验主义的束缚，才有可能产生成熟的理性者，在将来引领社会变革。

三、四节导论课的主题是“孟子之心，向上向善”，第一堂课走向“大”，第二堂课走向“乐”，今天这次课走向“善”。东茅老师问大家主张性恶？性善？还是无恶无善？各有人举手，以性恶居多。其实是我们误解了孟子，他的“性善”论尽人皆知，但孟子的性善并不是说每个人都是善人，而是说每个人都有变善的可能性，“乃若其情，则可以为善矣，乃所谓善也”[①]。性向善、性本善、性可善，每个人都有善的种子才是孟子的观点。这对教育有什么意义呢？

经此一问，我开始思考，若是人性本恶或人性本善，教育便没有立足之

① 出自《孟子·告子》。

地了，因为性不可离，比如水就下，火炎上，若人性只有善或只有恶，那有没有教育都一样。正是因为“无善无恶心之体”[①]，才给与教育改变人的空间，也因为“知善知恶是良知”，教育才有了下手的可能，所以谈教育就不能认为人性本善或本恶，顶多只能说人性可善可恶。

这堂课，老师为我们重新定义了天才：“天赋予我们的才智，一个刚毅、木讷、淳朴、敦厚、勤奋的人，一个生来就很善良的人，令人不忍心欺骗他，这就是天赋之才。所以我们每个人都有天才，同时也具备成为尧、舜的可能性。”临近下课时说：“小人富也富不得，穷也穷不得，锦衣玉食、山珍海味，小人的乐趣我们都体会得差不多了，该去寻找其他的路和其他的境界了。”的确，物欲刺激能带来餍足，却无法带来深层愉悦，总不能在名闻利养上虚耗一辈子。

下午倦极，回宿舍休息一会儿，天黑后重返燕园听“道家哲学研究”，今晚采用座谈的方式，王博老师请来了中山大学的陈少明教授一起谈“无”。

首先提出来“心性”问题，认为“心性”与政治秩序密不可分，因为秩序要安顿人，所以就希望人是合乎秩序的，心性问题正是对人本身的关注，所以儒家想要塑造的是与礼乐秩序合拍的人，而不是贫苦百姓，因为在其观念中，塑造君主更为重要。道家讨论“心性”则有两个方向：一是“放着”，拒绝和否定人为秩序，做自由人；二是“合乎道家秩序”，做个与外在权威相应的道家式圣王。这就需要理解人的内在心性，道家对“性”的讨论与儒家不同，不采取善恶框架，因为一旦采用善恶，便是对事物的评判而非贴着事物。

随后陈少明老师从认知和生活两个方面阐释自己对“无”的理解。从认知角度而言，“无”并不完全是否定，也含有肯定，“无”为解释“有”而存在，要理解无形必须通过有形。因为“无”看不到，但凡稍微复杂一点的东西都不是轻易能看得到的，这就意味着一个东西原来的状况与使用它不相同，两者之间有可能呈现分离状态，也意味着每件东西背后的意义很难被看

① 出自《传习录》。

出来。“道”虽然不能用感官来处理，但它并非不存在，譬如我们的思想，一“有”，就是特殊而不是普遍的了。

从生活角度而言，我们的生活本是“有”，为何老子谈“无”呢？因为物有尽而欲无穷，这就导致礼崩乐坏，儒家对“礼”和“器”进行利用安排，这是一种“用强”，而道家则是“用弱”，通过对欲望的拒绝达到无知无欲。这种“无知”中的“知”指向的是外部对象，庄子将“知”分为“知是非”“有分别无是非”“知有而不分别”和“知无”，最后不但对象不存在，连自己都不存在，对人的主体意义提出怀疑。所谓梦蝶，就是忘记自己是主体，不把自己当回事，所以道家有“忘身”之言，因为“欲”由“身”生，只有通过修行，心才有能力控制身。

此外还要忘“名”，“道隐无名”，隐士本来很有名，但他们不想在社会上留名，所以“埋名”才是功夫。孟子说“舍我其谁”是希望把政治最理想的一面发挥出来，道家则反思政治过失，庄子的理想政治就是不要政治，不要政治的政治理想也是一种政治理想。因为政治必须假定人是共同的，但任何制度对某些人友好，必然对另外一些人不友好，很难普适。能统一的东西一定是有限的，求统一就会有外部权力的强加，社会想要保持活力就不能一样，只能“独乐”，因为你的乐不是我的乐。

王博老师接着说，无知其实是对“无”的“知”，道家并不以“无”为性，“无”只是保证“性”能呈现的东西，儒家对“知”的看法是乐观的，积极建立起一种文化制度，有着非常确定的知识。孟子给我们的往往是一个斩钉截铁的答案，庄子则似乎在用与我们对话的方式来消解某种确定性、乐观性和主体性，他将主体放大，将个人的主体变成世界的主体，让我们意识到我们认为的“知”仅仅是自己的“知”，而不是普遍性的“知”，让我的“知”对我之外的任何一个人来说都是“玄”，因为每一个人对他人来说都是不透明的，也都是不可能透明的。

与东茅老师的观点类似，王博老师也认为“性”是让一物成为一物者，“自”靠“性”来规定，儒家谈“性”是指人性，道家谈“性”更多与个体相连，这就是为什么论“性”不能落善恶，因为善恶会被普遍化，普遍化可以凝聚人心，但只有“玄”才能保留个体的真实。道家并非反对公共化，而是更关心“在公共性意义中你把我当什么”？保持一种对被塑造的警惕，所以是思考“无知无欲”，才能让我们成为可以自我保护的人。

2021年12月2日，星期四，晴

初读王博老师的《入世与离尘》

东门小聚之后，觉得自己对大家所采用的形式和目的把握不准，倍感糊涂，明日又要相见，得约程煜出来单独向她请教。她最近一周都在学院图书馆值班，只有中午11:30到下午1:30有时间，于是相约家园餐厅共进午餐。

程煜领我上到四楼西餐厅，我又发现一处“新世界”，宽敞明丽，且有室外桌椅可供进餐，我们点了比萨、意面、小吃和两杯奶茶。话说我第一次跟学生抢单抢得这么艰难，我比她大、我约她、我已工作，这不是理所当然我买单嘛，她一个学生非要请我吃，我这张老脸往哪搁，只得苦笑。好在关键时候她卡里的余额不足，我擦了一把汗，总算把单给买了，结果奶茶的单愣是活生生没抢到。

今天是我第三次见程煜，不知怎的，我一见她，就觉得她是我心中“贤妻”的模样，问她有没有男朋友，说在北大未名BBS上把自己给“解决”了，男朋友小她三岁，同在北京读博，不知哪位男士如此有福，羡煞旁人。有些人，相处起来觉得十分舒适，令人情不自禁地想要跟她待在一起，跟她一起生活，程煜就属于这一种，起码我愿意待在有她的地方。她细心到什么程度？我路上随口一说自己视力不佳，在电脑上看文字有些吃力，下午她便把我想看的文章打印出来送到我桌上。

吃完回学院图书馆自习，安静舒适，也是一个好去处。回想自己在龙洞蜗居了将近二十年，广州虽大，所居不过一隅，北大虽好，能坐不过一角，切换在大大的世间和小小的个体空间中，既有蝼蚁之感，又有鲲鹏之志，只感时空迷幻，万物非真。

下午在二楼窗边读王博老师的《入世与离尘》，午后阳光洒在绿叶上，呆眼凝视，黛玉、宝钗似在其间。读金庸，我知道自己喜欢程灵素、喜欢盈盈、喜欢杨过、喜欢萧峰，读《红楼梦》，金陵十二钗竟似一个都不喜欢，但也一个都不讨厌，唯有无尽赏爱和无尽唏嘘。每一个生命都在身边，她们形色各异却殊途同归，都那么真实，同时也那么虚幻，纵有千万人评论赏析亦难确认其分毫。《红楼梦》的魅力便在于此，虽分毫难以确认，却能实实在在感受她们各自的力量，就在近旁，就在这里。或许，我就是她，她就是我，人人心中皆有一面风月宝鉴，岂独贾瑞哉?!

读到王博老师所写“随着黛玉的逝去，宝玉的心灵在这个世界上再也找不到安放处”时竟然落泪，“若教解语应倾国，任是无情也动人”[①]，我哭谁？我怜谁？黛玉吗？宝玉吗？都不是，一个债已偿，一个终虚化，都是好归宿。或许是心底的入世与离愁被王博老师带入了剪不断理还乱的情景之中，身不由己却力不从心，不甘被束缚却难以挣脱，想要不屑却自感骄矜，力求谦卑却无奈锋芒。

当我抬眼看到群里面仁杰提示大家交作业时，只剩下最后一个小时的时间了，仍然回不过神来，遂于怅惘迷离间提笔写下自己的课后感。

问心

问世间，心为何物？直教人爱、痴、忧、怖。

若言离爱，无忧无怖，则心在何处？

若云入情，有痴有碍，是心安何方？

总有人离不断亦脱不净，抛不开又放不下，敢问在那是非有无之间，混沌决裂之时，心念否？心惊否？心怨否？心痛否？

“二十四桥仍在，波心荡，冷月无声。”

---

① 出自唐·罗隐《牡丹花》。

孔子心系“安老、信友、怀少”，孟子心牵“恻隐、羞恶、辞让”，老聃心同刍狗，庄周心已化蝶。唯吾凡愚，不得真心之所向，尽心之所指，空具“赤心”之情怀，徒留“三乐”以萦抱。

文师言心由内而外历次性、理、意、情而后有行、事、物、天地，观人仅能见“情”“事”，唯己方可察“心”“意”，故“教育导论”非为陈列知识而设，乃欲切己有得而学。万语千言，谆谆于“志”、于“信”、于“行”、于“愿”之教，款款叮咛，不厌“向上”“向善”“不断”“心安”之嘱。故非心领，不能得吾师之精髓，非神会，不能体吾师之精妙，世智聪辩之时，炫俗取誉之间，仁存乎？义存乎？真存乎？心存乎？

是知老大徒悲少壮之不力，蜩鸠敢笑鲲鹏之逆风，天籁之音，相忘之情，玄牝之门，道纪之根，不由心得，亦从何生？

叹惜尘垢蔽心，原非一日，物欲滋蔓，久历尘劫，明镜之台或本非有，然终不敢以凡愚之资去拂拭之功。“合抱之木，生于毫末；千里之行，始于足下”，修心修性，正在此时！

师云“心甘情愿”，我唯问此心。

2021年12月3日，星期五，晴

今天第二次东门小聚，过去时仁杰已经开始了，我一来仍是糊涂，二来担心断章取义，三来分心弄柚子，虽然昨晚把林琨发在群里的资料仔细读了一遍，仍是不知所云。不知道可以讲什么，想讲什么，胡乱说了一通后，为自己的不接地气和不专业而尴尬。出校门后心里一直琢磨这个情况，为何我老有事外之感，为何我一读学术文章就异常吃力，是不是我内心深处本就抗拒？还是我真的与现实脱节？

这样想着路过“北京大学东门”地铁站，一个戴着口罩的男生冲我挥手示意有话要说，我摇摇头直接下楼梯，恍惚间听到他说：“能不能听我把话说完？”忽然想到，这个男生怕不是有东西要推销，天这么冷，风这么大，我帮他买一个又何妨，于是折回地面，他仍站在原处。

我回过心神，问他是有什么事？他拿出一瓶衣物去污剂给我介绍，我说我要了，他解开书包放地上，陆续从里面掏出来好几样产品。我告诉他自己一个人来北京，住不长久，买一瓶衣物去污剂就好，优惠享受不到也没关系，直接付款就好。他不好意思，从中另外挑出一瓶送给我，我问他在哪里读书，他说他在北体，我问能否拍个照给女儿，看看这位自立的哥哥，他欣然同意。

和平门外依然冷清，单曲循环《无名分的浪漫》走去 MUJI，又走回来车流畅通，人流稀少，天安门界保安还是站得那么严肃，连一只苍蝇都不允许飞过。我惦记着没读完的《入世与离尘》，办完退换货后便匆匆回了宿舍阿静看剧，我看书，两相静好的周末夜晚，来之不易又似唾手可得。

2021 年 12 月 4 日，星期六，晴

三度圆明园——原来这般付流水

阳光依旧晴好，视力依旧模糊，脖颈渐渐不适，我出去走走吧，也看了一上午书了。

一觉起来两点半，近旁圆明园溜达一圈权当散步，反正 10 月底时已经没有了绿色。家居服外套大衣，几样零散小物如纸巾、润唇膏、耳机之类塞进一个小包，斜挎出门。

谁知圆明园隔月换景，出乎意料的好看，着装不齐整的我半是狼狈半惊叹，路还是那条路，景已不是那个景，只能在记忆中找寻熟悉的石头和树根，转弯或停留。

水旁有路，路边有山坡，坡上又有路，不愿意走相同径道的我刻意选择了上坡，几乎无人，看得出雕琢的痕迹，也看得出想要掩盖雕琢的痕迹。古时帝王到底幸是不幸？若说集天下能工巧匠，辟京郊百里地，仿大地灵秀所，圆明园无疑是辉煌成功的。但再大，不可能覆中原，再拟，不可能胜西湖，即便操控天下，亦不过多一处园子可供庇护散步，终不敢步出皇宫恣意游览，亦不敢独自一人徜徉山水。庄子云“吾将曳尾于涂中”[1]，我亦如之。

太阳四点开始隐没，气温也随着阳光的退却而骤降，我正好步行至福海边，本欲绕一周，却在五分之二处折回原路，时时可来的园子，没有必要与天气抗衡，北方的昼夜寒风已教会我知进退。

目光被远处的小白桥所吸引，有意无意间的镜头都对准了它，走一路拍一路，最后发现自己手机里留下的都是小白桥的身影，树干下、拂柳后、苇草处、天水间。众人都在看日落，我看日落中的小白桥。

东门再次找不到，把上次的冤枉路又走了一遍，终于没有错过校区食堂的晚餐。

① 出自《庄子·秋水》。

2021 年 12 月 5 日，星期日，晴

晚上跟妈妈打电话，感叹一天时间过得太快。早晨六点半起来晨读打卡、吃早餐、洗漱后差不多九点，写两个小时东西，便是中餐；餐后诵经午睡，起来两点半，下午看两小时的书，抬头天黑就晚餐；餐后大概只能剩下两小时，感觉写也没写完、读也没读完，便又到了洗漱上床的时间。

中午听阿静和甜甜讨论《欲望都市》如何下载时，真有点羡慕她俩的轻松闲暇，我为何没有一天能好整以暇地看剧？我的“没有时间”在她们看来估计也是借口吧。其实我也不知道自己一天到晚忙了些啥，只是不想让自己这一年空过，但谁又能说看剧就是空过呢，只好笑自己自讨苦吃。

昨晚读完《入世与离尘》，很是喜欢，竟惹起我欲再读《红楼梦》的情思，可叹手边无书，心里早已断续拟下一篇读后感，暂时未能付诸文字，与《前世今生》一起成为我这个学期的书债。

午睡后感到视力清晰了不少，遂打开蒋老师推荐的《全球化》，这是一本印度裔美国学者阿帕杜莱整理的关于“全球化”主题的文章汇编，读了第一篇后颇受启发。作为“国际比较高等教育”这门功课的期末论文，我决定选取阿帕杜莱作为自己写文章的支点，除了这本《全球化》，另外还有一本《消散的现代性》，等待包裹。

第十四周

2021-12-06—2021-12-12

2021年12月6日，星期一，晴

今天的“大学生发展”课改变了我的一些固有成见。

我一直对指引学生职业生涯规划持观望态度，因为我认为每个人的发展和开窍时点是不一样的，有早有晚，通过外部手段引导学生在差不多时间内趋同，不但加重内卷，还会造成焦虑。并且，将一切与职业挂钩之后，学习与生活似乎都失去了本有的乐趣，大学变成了职业预备所，学习的意义何在？

兴沛发言说他感觉生涯理论的发展似乎越来越模糊，还不如人职匹配来得清晰，朱红老师解释道：“求职不是简单的找工作，而是对自我进行建构，选择职业就是选择一种生活方式，职业发展不仅仅只是安身，还要立命。”听到这番解答，忽然感到一种释然，这才是我心中的规划，如果一定要规划的话。

我们对自己的认识越清晰，做出的职业选择就越适合自己，职业发展的背后其实是自我概念的发展，生涯教育所强调的大生涯，其实就是不断地完善和建构自我。“人生如戏，每一场幕拉开之前，想好如何上演、如何落幕、如何谢幕，是我们一生的历程，不断地了解自己、成为自己，才是生涯规划的终极目标，生涯发展其实是人的自我发展。”

兴趣对一个人的职业发展很重要，只有做自己感兴趣的事情才能乐此不疲，杜威说："人的一生就是要发现兴趣然后确保兴趣得到实践。"找到兴趣，做自己认为有意义、有价值的事情才是最重要的。朱红老师对北大理科生的研究结论也表明孩子兴趣的产生和发展与父母的支持和鼓励密切相关，而与孩子兴趣开发早晚无关，这无疑从侧面驳斥了"输在起跑线上"的说法。德韦克说"一个有信念的人，其能力在一生之中都可能发生本质变化，教育的目标就是让我们看到更多的可能性和更丰富的自我"，个体依据对自身能力的信念，选择不同的行为目标，从而产生相应的心理和行为倾向，"你信什么，你就会成为什么"。

午餐后戴上耳机听音乐，走到图书馆侧门时正好响起《还有多少个十年》，不愿意上楼中断，便又绕着图书馆慢行。至正门时看到一排整齐的单车放在路边，车上学子早已各就各位，我还剩下多少个十年去坚持当初的信念？遂不再徜徉，扭头上去。

蒋老师最后一次讲授"国际比较高等教育"，剩下两周由学生做报告，今天的主题是"全球-国家-地方高等教育能动模型"。其实我一直不明白为何一定要掌握理论，为何各门学科都必须掌握理论，为何言必谈理论，老师在课前说"理论是概括反映现实概念和原理的体系，是系统化了的理性认识结果"，所以还是需要掌握一些，原来如此。

伯顿·克拉克的"政府-大学-市场三角协调模型"是比较（跨国）高等教育研究的主要分析框架，但在全球化背景下，这个模型对影响高等教育因素的多维性和复杂性难以给出合理的解释，于是马金森和罗莰提出"全球-国家-地方高等教育能动模型"。这两个模型之间既有共性又有差异，共性在于都涵盖了政府、大学、市场三个维度，也涉及结构和行动双重领域，差异在于前者是二维平面，后者是三维空间。

课后与林瑾和小颖一同去南门外吃饭，听闻小颖来自成都，便选择了一家名为"蜀中人"的餐馆。林瑾与我是老乡且曾就读于同一所高中，某次课上听到蒋老师问他关于长沙的情形，我扭头看了看，课后确认果然来自长沙，遂约饭。没聊上几句他便因助教工作提前离开，我与小颖继续吃，而后一同走回教育学院门口。

还没进门就听到阿静咯咯地笑，她那个笑点低得让我们都感到好笑，越来越觉得甜甜送她“小白兔”的外号人如其名，整天萌萌哒，话说我觉得她特别适合当幼师，不过没敢说，人家可是妥妥的大学老师。

冬季夜晚最想的就是躲回寝室，安安静静或热热闹闹，都好。

2021年12月7日，星期二，晴

第十堂幸福课：若论“行乞”与“读书”

课后与赵老师一同去农园二楼吃湖南炒菜，意外发现有我最爱吃的烟笋，今天课上提到的知识点较多，如“左”和“右”、“男女平等”之类，我和课后留下问问题的两个女生一样感兴趣，遂与她们一同听讲。

越来越觉得赵老师是位性情中人，爱憎分明，他的很多观点我都蛮认同，“凭什么说越分裂越好，统一就不好呢，这是一种迷之自信，分裂真的好吗？”于是用了一节课给我们讲南斯拉夫分裂前后的情形。当有同学问到“与韩国同学就孔子和屈原的归属产生纠纷，双方都不愉快该怎么办”时，赵老师回答：“朝鲜半岛的历史在东晋之前都是中国人写的，他们东晋才开始自己写历史，那时还没有韩文字，不得不用汉字书写，韩文在明清两代才有，韩国民众若是把小说当信史，结果只能是自嗨。”还有位同学问：“外国同学说我们中国落后，男女不平等，给彩礼像做买卖，而且女性地位低，女性一见男朋友就撒娇是一种示弱，如何看待？”赵老师回答：“判断男女社会地位，最关键看是否同工同酬，西方到现在都做不到同工同酬，中国在改革开放时就已经做到了。西方妇女解放是自己争取来的，中国是共产党直接赋予的，所谓‘妇女能顶半边天’，哪来的不平等？倒是要当心‘女拳’之类奇葩观点，西方的渗透无孔不入。”老师还极其反感阴谋论：“把所有的事情都说成某个人或某个集团操作，有一套神逻辑，是老百姓最爱听的，比如

《货币战争》，但阴谋论有个重大缺点，就是只能事后诸葛亮，不能前瞻和预测，经不起推敲和任何的意外，所以满足的是那些思想上的懒汉。”

听到老师说出“思想懒汉”四字，悚然而惊，我在学术上是不是也算思想的懒汉呢？到底是现行学术无趣，还是我水平太低，进不去，为何面对现在的学术文章，我总是提不起心力，总有一种读不下去的感觉。还好晚上有幸福课，每次上完，都会觉得自己的坚持是正确的，东茅老师给予了我一种深切的安全感。

今晚的主题是“敬业乐业”。老师以“第三次分配”作为本次课的开端所谓“第三次分配”是指在道德、文化、习惯等影响下，社会力量自愿通过民间捐赠、慈善事业、志愿行动等方式的济困扶弱行为，是对再分配的有益补充。这个观点由著名经济学家厉以宁先生提出，东茅老师解读：“第三次分配看上去是分配财富，实际上是在重新分配幸福，每个人通过这种方式体会到帮助他人的价值感，找到一种崇高感，从而体会到付出带来的幸福。需要注意的是，真正帮助他人是帮助他人成长，所以教育扶贫也很重要。”

有那么一个瞬间我特别感动，便是老师说起他亲身行乞的经历，当好不容易讨到一份薯条的时候，感到前所未有的开心，另外一位同样行乞的老师甚至掉泪了。转而问我们：“释迦牟尼贵为太子，应有尽有，为何还要行乞？”大家支支吾吾说不上来，老师自己回答：“是要告诉我们一个道理，即便是一个乞丐，也可以帮助别人，唤醒别人的慈悲心。我们要迎接一个志愿者时代的来临，当我们能给予他人幸福的时候，就成了那个先幸福起来的人，只有在风口上才能够成就事业，未来30年的风口便是人心的变化。”

听完这次课，我只想说：真高兴我生在了可以见证和参与第三次分配的时代。

这些道理

今晚的“大道理”讲得正是时候。

很多时候，我们害怕被人说是一个只会讲大道理的人，害怕被人说不接地气、不现实、太理想化，害怕承受异样的眼光。但其实“人能弘道，非道弘人”，北大的教授不讲大道理，中国还有什么地方可以听大道理？北大的教授不谈理想、谈人生，难道教人怎么谋划生计吗？

道理发自内心便可以打动人，哪怕只有一句，哪怕结结巴巴，只要是真心为人着想，就会有回应，我相信这一点，来北大后更加坚信这一点，无往不利的唯有一颗仁爱的真心。高兴的是，老师告诉我们：中国重新分配幸福的第三次分配时代来临了，站在社会开始重视人心的风口，生在一个不用再为生存、温饱和尊严奋斗的上升时期，本身就是幸运而幸福的，为此，我能做些什么呢？

中国文化很妙，蛇被称作“长虫”，老虎叫“大虫”，给人也取了一个带“虫”的名字，叫“倮虫”，“倮”即“裸”。的确，人来去赤条条无牵挂，若是只懂得吃喝玩乐，与虫何异？不过是寄生于地球上的一虫而已。生而为人，其价值和意义就在于不但能消耗，还能创造；不但能取，还能予；不但能受，还能施，并且这种创造、给予和施都是基于思考、斟酌之后的决定，是一种自发的意愿。我自愿选择牺牲、选择付出、选择让、选择爱，这种主动的选择让我们走向“成人”。

“我们要迎接一个志愿者的时代，当我们能给予幸福的时候，就成为一个先幸福起来的人”，我们所从事的事情是职业还是事业由自己决定。当心主动参与、分享悲喜、专注忘我的时候，任何事情都可以变成事业，就像老师说的武训、袁苏妹、刘延云，当心不在焉、视而不见、听而不闻的时候，光鲜亮丽的职业都会沦为谋生手段。如果我们一辈子正在做和想要做的事情仅仅只是为了能让自己衣食无忧，吃饱喝足之后的意义又在何处呢？老师整晚的话都让我无限感慨，我就是那个需要大道理的人，前方的路或许很难，有这些道理在心中，我不再孤单。

人若有志，终身行乞又何妨？

心无良知，读书再多有何益？

我当铭记。

2021年12月8日，星期三，晴

阿兰·图海纳的行动理论

“教育哲学”课上介绍的理论越来越现代化，感受也越来越强烈，法国人对社会的观察和批判很有见地，今天展老师为我们介绍的就是法国阿兰·图海纳的行动理论，主要内容便是“现代化危机与教育改革”。

欧洲人谈社会主要是将其当作批判对象，揭露社会的不公正和不平等，但在美国人眼中，社会是其服务的对象，所以美国学者很少主动反省自己的价值观，对社会问题常常视而不见。于是美国的高等教育有一个很大的问题，那就是为了掩饰其价值观的偏差，把很多不是管理的问题当作管理问题来对待，其中有些是哲学问题，还有些是社会问题。

图海纳在书中分析比较了20世纪70年代爆发的大学运动中美法两国的差异，当时的伯克利大学和巴黎大学同时发生冲突，美国大学的冲突表现在内部，如不让教授上课、科研、军事化管理等，而欧洲大学生所关心的都是社会问题。可见欧洲大学与社会联系微弱，高度自治，先有教授后有大学，科研环境比较单纯，理论贡献高，坏处是其适应能力不强，很难发展壮大。美国则相反，先有大学后有教授，大学既有很强的社会联系，又有一定程度的自治，分化与整合并存，分化令其适应社会，整合令其维持传统，从这个角度来看，美国大学取代欧洲大学成为世界学术中心是合理的。

图海纳还发现，当大学的价值观与社会价值观相吻合时，高等教育能得到较好发展，反之则容易引发冲突。美国大学有个特别现象，那就是混乱与秩序并存，这可以反映不同的社会声音，增强适应能力和发展能力，所以美国大学在维持自由权限和获得外部支持两者平衡方面做得特别好，他们的大学更多是靠社会和市场，欧洲大学则完全依赖于政府，洪堡之后再无理念，直到今天都还是中央集权。

欧美大学的差异还体现在欧洲人的社会需求是实实在在的，美国则习惯预测尚未出现的需求，其原因就在于美国人心目中的社会是构想出来的未来社会，设想将来可能会出现的情形而后做出应对，所以其组织方式能够不断调整和变化。相同的是，欧美都对当前的大学状况不满意，美国想要更灵活，欧洲则愿意回到过去的理想社会，所以美国看重改革而欧洲偏向维护。总之，欧美大学虽然使用同一套语言，其内在逻辑却完全不一样。

如同其他法国思想家一样，图海纳发现问题时剖析得很深刻，但在解决问题时却天真地将希望寄托于大学，他预言西方社会将没落于观念的不合时宜并最终走向灭亡，因为现代社会把过去建立起来的准则全部解构了，使之失去成为原则的力量。危机首先体现在经济自由主义，只要进入经济活动，就要做一个利己的人，于是道德良知破碎了。其次，全球化下的国家名存实亡，国家和社会观念瓦解后剩下社群认同，人变为“群里的人”，被“群化”后都成了虚的，社会对人来说无关紧要，于是过去的社会理念很难再发生作用。最后是多元文化解体了维系大家共同价值观的传统文化，“现代化的危机就在于没有共同的东西，信息技术改造了世界，‘社会’实际上已经变成了一种意识形态”。

现代社会是一个被“工具理性”所统治的社会，制度异化成为对人的约束，单位和群体之间的社会活动空间被疏忽，文化自我封闭，个体经验没有了连续性，都是选择和跳跃的。人就像生活在一个又一个的气泡当中，成为漂浮不定的个体和一个个小小的群体，这在西方发达国家表现得尤为明显。与此同时中产阶级迅速减少，贫困问题越来越突出，正如马克思所预言的，“资本主义发展到一定程度后，中产阶级将会消失”，如今西方社会一半以上的青年男女没有正规工作，社会矛盾终将爆发。

所以图海纳主张唤起个人力量，让个人背离现代化趋势，希望用教育这一剂良方促使个人解放代替社会解放，用人跟人之间的交流来重塑民主，只有真诚交流、倾听、理解，才有可能走出后现代危机，因为“倾听即公正”，听不进去别人的观点就不可能公正。人比理性重要，个人化的主体才是真正的主体，每个人都值得被尊重，所以我们要尊重别人的故事，互相倾听对方叙事，未来“交流能力比接受原则的能力更重要”，学生要学会理解、学会交流，尊重多样、尊重他人。对此我很认同，感觉像是走着走着，散了，再一起牵手回来，如果“综合理性认知，古希腊哲学修养，社会学处世”就叫做现代性的话，这样的现代性多多益善。

展老师说：“从 20 世纪 70 年代到现在五十年过去了，西方社会出现过思想家吗？没有。为什么没有，因为社会不需要，社会都不存在了，还需要思想家吗，听起来是不是很幼稚？但幼稚的东西最真诚，同时也带着希望，成熟后希望就没有了，现代社会在毁灭，未来的社会在你心里。”好吧，老师说得慷慨激昂，我怎么觉得听起来好美。

后两节“教育导论”谈《中庸》之“诚”。

老师说：

“你自己都不喜欢的礼物，不能送人。”

“通则不痛，心不通很难受。”

“人最大的恐惧来自对死亡的恐惧。”

“最小的颗粒是意子，物质和精神在此统一。”

“我们一辈子都在与吃饭作斗争。”

“物质主义是最大的陷阱，科学若不能以人文驾驭，就是个怪兽。”

“诚若不能带来内在喜悦，是不能无息的。”

“不相信自己就是不自信。”

老师问：

“上天给我们的使命是什么？”

“中国人爱品茶，茶是什么味道？”

“为何‘至诚无息’？”

对课堂问题的一点思考

课上东茅老师问了三个问题，皆引人深思，我一直在琢磨，姑且作答如下：

第一，中国教育传统与西方有何不同?

重点不一样，西方教育旨在“良好城邦”“公平社会”“寻求理性”“探求人性”，多为外求，主张建立和变革；中国也提“修齐治平”，却以“格致诚正”为基础，多为内求，主张自省和自修。

内容不一样，西方注重“语法、修辞、逻辑学、算术、几何、音乐、天文七艺”，中国则以“洒扫、应对、进退、训诂”为基础，以“礼、乐、数、术、射、御六艺”为进阶，终教以“文、行、忠、信”。

方法不一样，西方重视形式逻辑，有实证主义传统，中国则文、史、哲三家不分，逻辑隐含在文字与叙述之中，化为经验与真实修证。

效验不一样，西方强调“做中学”，强调生活，中国则将一切经验、知识、境遇看作对自身的锤炼，“用之则行，舍之则藏”，可以用则用，“用”有用的经验和生活，不可用则隐，“隐”有隐的经验和生活。所以西方多为出世建功立业，崇拜英雄，中国可出世亦可入世，英雄固然值得赞叹，高士逸人同样令人向往。

目的不一样，西方偏重于成事，中国偏重于成人。

说到底，西方文化“有”的意味颇浓，而中国文化“无”的意味更甚，中国即便“有”，也是“无中生有”。由此观王阳明先生的四句偈与教育的关系，愚以为“无善无恶心之体”是教育的前提，“有善有恶意之动”是教育的必要，“知善知恶是良知”是教育的基点，“为善去恶是格物”是教育的目的。

第二，上天给我们的使命是什么?

如老师所言，“天命之谓性”，性是指使一物成为一物的那个东西，人的使命便是要“成为人”。当子路问“何为成人”时，孔子答的是：“若臧武仲之知，公绰之不欲，卞庄子之勇，冉求之艺，文之以礼乐，亦可以为成人矣。”孔子在教子路成人，也是在教我们，但每个人不一样，所以成人方式各异，也正因如此，才有意思，值得我们去思考和探寻。从这个意义上看，每个人都平等，我们生来皆迷路，我不是我，你不是你，你需要找寻，我也需要找寻，既然如此，你我何不互相扶持一把？相互纠错、相互提携，是为“友直、友谅、友多闻”。

当我们真正成为自己可以成为的那个人之后，帮助他人成为他们可以成为的那个人便是我们的义务和责任，甚至帮助天地间的一切有情无情成为它们自己的样子也是我们的义务和责任。孟子说：“天之生此民也，使先知觉后知，使先觉觉后觉也。”[①]人若失去了学习的意愿，与草木何异？更何况“学如逆水，不进则退”，一日不学便是退，成人是一种状态，不是一纸毕业证书，曾子临终说自己“战兢履冰”，这不是矫情，是实情。

所以我们的使命一是使自己成人，二是助他人成人，唯有如此，方不负“人为三才，可以参赞天地之化育”之美称，人乃天地万物之灵，便是灵在此处吧。

第三，为何“至诚无息”？

暂不追问这世间究竟是幻是真，仅从当下能思处入手，既然活着，生命便是真，也是诚，生命诚不我欺，生命若欺，我便不是我。天地间一切都诚，水诚凉，火诚热，木诚直，金诚革，不诚的唯有人心。

我解“诚”为是便是，非便非，有便有，无便无，老子云“道法自然”，“诚”便是那个自然，自己然也。“至诚无息”，不是不息而是无息，“不息”尚有人为之意，不使之息，“无息”则是自己不会息。至诚为何无息？因为一物既然是他自己本来的样子，除非终结，又怎会息？既然终结，物已无物，何来息与不息？所以，只要有物，只要是诚，自然不息，朱子曰“既无虚假，自无间断”，应是此意。由是看来，我们用力使之“不息”与静待复命的“无息”殊途同归，世间多纷扰，不过庸人自扰之。

至于如何才能拥有一颗真诚心？实话说，我并不知道，与其思索如何真诚，不如直问是否真诚，问谁？自己。真诚与否只有自己知道，虚情假意也只有自己能识别，因为知道才虚张声势怕被人察觉，也因为知

① 出自《孟子·万章》。

道才欲盖弥彰怕被人识破，王阳明先生说：“虽盗贼亦自知不当为盗，唤他作贼，他还忸怩。”[①]令盗忸怩的是盗自己的诚，而知道这个“诚”的是他的良知。

昨晚没有休息好，今早第一节课开始就有点隐隐头痛，中午在图书馆的桌子上趴着休息了一会，抬头正好看到朋友来电。拿起电话和耳机走了出去，漫步至未名湖边，心里惦记作业，又匆匆折回，没想到竟然迷了路，绕了一大圈，直到看到熟悉的建筑，才踏实下来。

晚上有钱理群老先生的讲座，纠结了好一会儿，还是舍不得“道家哲学研究”，遂放弃讲座。《入世与离尘》已读完，可以像其他同学一样，拿着书请老师签名，今晚就去兑现。转念一想，读完总得有个交代，贸然递本书索要签名，有些不好意思，于是赶在课前写了一篇不是读后感的读后感。

不是读后感

如果一本书在读完之后还想再读，如果作者恰好就在眼前，如果我刚好听到了他的课，要不要说点什么呢？是不是也得有个交代？我想是的，出于礼貌，也出于感激，遂提笔。

从来没有想过第一次北上求学会在中年之后，“人到中年，有些热闹的东西褪去，一些清冷的东西慢慢走近”，后记中读到这句话，倍感熨帖，我正有此清冷之感，甚至有些欢喜这种感受，清冷非冷清，前者令我宁静，后者令人孤单。

前几章读得断续，湘云之后一气呵成。掩卷回想，整本书不像书评、不像感悟、不像专著、不像随笔，却兼书评之精到、感悟之切己、专著之深刻、随笔之潇洒。我其实很难把眼前高大、从容又不失书卷气的老师与作者细腻、周到、慧眼独具的文字联系到一起，只能在那偶一低头的扶额中觅到些许书里的纯真之意，不知是不是这点转瞬即逝的率

① 出自《传习录》。

真让“半夜十二点半的未名湖”变美？是不是半夜的湖光交织成了这本《入世与离尘》？一直记着第一次课中听到的这个描述，可惜始终无缘一赏。

开学那会同时旁听“儒家哲学研究”和“道家哲学研究”，最后留在了周三晚上的课堂。现代不乏横向拓展知识面的课程，却少有纵向推进思维深度的讲授，我是幸运的，一来便遇到了。

最近一个多月沉浸在“无”中，世界似乎都安静了下来，某天读“天下皆知美之为美，斯恶矣”时，忽然对其中的“斯”多看了两眼，然后呆凝。“斯”若用“那么、就”解释，这句话便是：当天下人认定一个东西为美时，不符合相同标准的则成为不美，相应的还有“有无、难易、长短、高下、先后”，有人说这表示老子辩证看问题，愚不以为然。

我觉得这句话也在释“无”，试想一个东西的确认需要以另一个东西的确认为前提，而另一个东西又需要以第三个东西的确认为前提时，这三个东西本身其实都是不确定的。它们互相观待，观待的依存关系导致它们中间的每一个都不可能有自性，你有我就有，你没有我就没有，有美才有恶，无美则无恶，说到底，那就是既无美也无恶。都是一场空，也只能是一场空，但空中可以显美，也可以显恶，正所谓“当其无，有车之用”[①]。也如书中所写：“宝钗在俗中活出了雅味，这种雅来自‘无’和‘有’之间的奇妙平衡。”所以宝钗是尘世中的佼佼者，应世中的高人。黛玉则完全相反，“不属于这个世界的人，不承认和遵循这个世界法则的人，又怎么可能在这个世界之中得到想要得到的属于这个世界的东西呢？”这句话于我而言可谓醍醐。

《红楼梦》的世界亦真亦幻，我们这个世界何尝不是如此，无数次内心挣扎，不明白自己到底是太过理想还是太不现实，是太天真还是太傻，剪不断，书中问理；理还乱，何处问津。

① 出自《道德经》。

或许不必再问，求仁得仁，又有何怨?!

课程已近尾声，不胜依依。本有些怅惘，返粤后或难再听到此类课程，转念一想，百年方修得同船，我这十数次课程和一册之缘当胜百年，便即释然。

今晚最后一次讲“无”，从无知、心、性三个方面切入，引申到道家的政治哲学。

道家的圣人多指天子、诸侯王，他们很大程度上关联治道，即政治哲学，在老子看来，治国有两种思路，一种是“以智治国，国之贼”，另一种“不以智治国，国之福”，王弼注“闲邪在于存诚，不在于善察”，存诚是以智治国，善察是不以智治国，存诚与善察之间的区别实际上是两种不同生命状态的区别，最差的情况便是百姓用自己的智去对付君主的智。为何道家推崇“不以智治国”？因为“知”不靠谱，我们很多时候犯的毛病就在于以为自己知道，其实最高的知识是关于无知的“知”，“无知”从某种意义上意味着这个世界无法被认知，“无知”作为一种治国原则，对圣人有着“无知无欲”的要求，所以“无知”是圣人的标签。

它还有另外一层含义，即并非与“知”相对。在道家看来，有两种知识需要区分：一种是关于“物”的知识，即关于“名”和“有”的知识；另外一种是关于“无”的知识，即关于“道”的知识。《道德经》云：“塞其兑，闭其门。”可见老子对感官是不信任的，通向“物”的视听方式被道家坚决地拒绝了，他们肯定的是通向“无”的视听方式，所以“无知”表面上是对一般知识的否定，背后其实是对更高知识的肯定。

“性”在道家中有“真”“朴”“自然”之义，对“性”的讨论是一种进步，因为它是关于人本身的知识，只有关注“人是什么”的时候才能发展出一种体贴的关切思想。所谓“性”就是人之所以为人者，对“人的本性”的不同认知会导致完全不同的生活方式，也会导致完全不同的秩序建构和价值观念，从而影响人的生存状态。那什么是一个事物的“性”呢？性是可知还是不可知？是可说还是不可说？儒家认为“性”可说，有内容且非常清晰，道家则认为“性”从根本上来看是不可言说的。“夫物芸芸，各复归其根”[1]，“各”是道家中不可忽视的关键字，“性”是一个一个事物的“性”，普遍的“性”可以言说，但一个一个的“性”不可说，因为只有自己才可能知道自己的性，他人无法知道我的性。从这个意义上看，“聪”不是能听到别人，而是能够听到自己，“明”也不是能看到别人，而是能够看清自己，两者均指向“无”，也即指向自己，所以“性”不能修。

道家哲学中的“德”“性”有点类似于《中庸》里的“性”“命”，“‘命’是那个地方的一个东西，而‘性’是指我所固有的一个东西”，“德”即得自于某处，“物”获得后方能生存的东西称之为“德”，故庄子云“物得以生，谓之德”，而“形体保神，各有仪则，谓之性”[2]，“性”是被放在“形”之后的。儒家的“性”是“仁、义、礼、智根于心”[3]，均在心中显示，从善恶出发，与是非类似，更多的时候是一种判断，与形体没有太大关系，道家却对身体、形体十分重视，认为“形”与“性”之间有关联。

说到底，“心”与“性”是不同的，“心”的不同状态决定我们能否守住自己的“性”，当我们谈“心”时，功夫就不可避免地呈现。庄子提“心斋”“坐忘”，在心上下的所有功夫都指向一颗虚静的心灵，虚静即“玄鉴”，而心灵之所以需要虚静，是因为我们的真性只有在虚静中才能得以呈现，“性”之所以会失去，则是因为动心之后感官被外物勾起的欲望捕捉，心失去其本真的状态，所以只有“无知无欲”才能成为心性之所归，只有无心的状态才能实现真性复归。

---

① 出自《道德经》。

② 出自《庄子》。

③ 出自《孟子·尽心》。

2021年12月9日，星期四，阴有小雨

再读《入世与离尘》

一早起来又情不自禁地捧起《入世与离尘》，从头细品，默诵诗词，体念意蕴，竟有不能已者。

倏忽便至中午，文章未做，日记未写，不觉惭赧。极爱王博老师评“石头为心，红楼一梦不过是心灵觉悟历程和记录”一说，木、石本是无心或不动心的象征，故“木石前盟无论如何动人，却仍然是空中楼阁”。宝、黛之恋如何能尽遂其愿？不唯此二人没有，整部《红楼梦》无一人有幸福美满团圆好合的结局，无不是“到头一梦，万境归空”。忽然觉得如是甚好，干净、清冷、无在无不在、无来无不来，只是为何我不能如空空道人一般“因空见色，由色生情，传情入色，自色悟空”呢？是我情不够痴？还是我性不够明？

董说云：“悟通大道，必先勘破情根。勘破情根，必先走入情内。走入情内，见得世界情根之虚。然后走出情外，认得道根之实。”我曾走入情内吗？还是仅仅走入欲内？若我之情薄不得为情，那情自何发才是好？在我，抑或在彼？在心，抑或在脑？有情方能破情，入世方能觅情，莫不是来世间一遭，只为偿情、报情、历情、悟情？故凡与我有情之人，均为前来助我勘破情根之缘。若如是，人无痴者，亦可与之交，因其无真气，故可教我虚气；人无癖者，亦可与之交，因其无深情，故可教我虚情。举世无有不可交之人，因举世无有不可虚之事。

用痴绝痴，用情虚情。“情”于人之不可少恰如绿于春之不可缺，无情者连端倪都不可得见，终日沉浮欲海利场之中，计较权衡之间，何能尽其辞？不唯辞之不能得尽，一切事物均不能得尽，游戏人间终作虚生浪死，

“没有热烈的执着，也就难有深刻的觉悟”。

原来，执着是为了不再执着，爱是为了不爱。

阴天似乎有股格外的寒意与萧条，她们都有课，中午吃完后陆续去了燕园，我索性一个人待在寝室里看书写作业。出乎意料地完成了很多事情，到晚上仍然不感到疲倦，只是视力逐渐模糊，不得不上床休息。

2021 年 12 月 10 日，星期五，晴

天气晴好，本欲出门。

忽然想起昨晚答应学生这周回信给他，他的苦恼来自于婚期将近而足疾未愈，每天都不舒坦，我得尽快回复，于是坐回自习室写信，一晃便已中午，写完将近两点，外出只得作罢。

下午和妈妈聊了很久，得知哥哥又得去安徽看望侄子，而表姐已入院开刀，中年人的病痛和辛劳真是一言难尽。

晚间待在宿舍听歌、泡脚、看书，一切收拾停当后等着她们一个一个回来，宿舍逐渐热闹又渐渐回复安静，最温馨的时刻莫过于躺在床上感受小白兔桌上台灯宁静的黄光，斜斜地照在我的被单上。

2021 年 12 月 11 日，星期六，晴

冬日颐和园——风中故事竟不同

留在北京的时间余下两周，十三陵虽不能去，其他可去的地方很多，得抓紧一点。这样想后，连自己都感到既牵强又好笑，曾几何时，“玩”都可

以感到“卷”。

北京冬日出游须与阳光同行，任性不得，于是放下一切未尽之事，完成晨读《四书章句集注》打卡后便换上新装出门，临行前阿静品评了一番，说丝巾更适合外戴，如果衬在衣服里面，棉麻质感的围巾效果更佳。小白兔眼光不错，立即下单买了一条焦糖色的全棉小方巾。

早就知道颐和园—圆明园—清华—北大是北京的经典旅行线路，2019 年暑假曾去颐和园小转过一会儿，没留下深刻印象，这学期住到圆明园旁边后，颐和园仿佛近在眼前，迟迟不成行，今天来补这一景。

三十分钟即到北宫门，门前一条苏州街，虽然人造感颇浓，好歹也算是进了园子，时间恰在午间一点。温度适宜，没做任何功课，跟着感觉走，进门后看到左转人流较多，便选择了相对清静的右转上行道。

行不多远，便到了一处空旷山谷，参差几株树木，无叶有干，与石相伴，“落叶满空山，何处寻行迹”[①]的感觉油然而生，本来有点心不在焉的我，立刻拔掉耳机，注心目前所见。本欲上行，举步间忽然看到路旁斜伸一径，径后有山，山似可亲，于是错步寻去，几个转折之后来到一处小湖边，黄顶朱檐掩在蓝天褐枝之下，与湖面粼光相映成趣，安静美好得如同一幅画。画中无人，唯有鸟鸣和我。

颐和园也曾遭到八国联军的侵略与摧残，但山水仍在，漫步经过乾隆的御书房，走过半壁桥，瞥见游览图立在一旁，却不想受其指引，只想跟着光影走，不意竟上了西堤。我爱西湖，看介绍说此堤仿照苏堤而建，由南到北依次有六桥，心花顿开，真不知颐和园内有此湖中堤，前年来的时候不过在门口山上转了转，印象里全是石头。

阳光迎面照，风从后方吹，没有刻意数桥，也没有刻意拍桥，既然远景近景都令我目不暇接，也就不费心去“接”了，走到哪是哪，看到啥是啥。黑天鹅游过，野鸭群戏，溪亭虽未日暮，孔桥已成一线。风力渐渐增大，落叶飘飞，芦苇倾倒，我戴上帽子，将双手插在兜里，不停歇。

---

① 出自韦应物《寄全椒山中道士》。

六桥依次走完，尽头左转后风向陡变，正惊叹眼前丽色，大风已刮僵双手，舍不得这冬季下午三点的余晖之韵，有夕阳之美而无夕阳之衰，数次轮换双手取暖拍照，仅留下昆明湖静态之一面，不及真色万一。看到游人陆续从南如意门涌入，猜想他们进门举目那一瞬间，被这湖水远山所摄，内心会有怎样的海阔天空。

抬眼望，柳枝朝松送，松不动摇，交映成这奇趣的一幕，一黄一绿、一刚一柔、一静一动、一嗔一娇，我就走在这动静、娇嗔、刚柔、黄绿中，谁说世界在你心内？谁说世界在你心外？无不如保洁阿姨手中那把用枝叶编成的扫帚，用落叶扫落叶，以尘埃除尘埃。

颐和园博物馆在文昌阁后面，慈禧太后的园子里入目皆是储秀宫和大雅斋铭牌，走马观花了一圈，仅对紫檀宝座、元宝鞋和一张慈禧排云殿前的照片感兴趣，对了，它们的全称叫“风纹五屏式有束腰带托泥紫檀宝座”和“蓝地缎绣花蝶纹元宝底鞋”。对着照片仔细端详了一会儿，没觉得与平常人家有太大差别，除了满满一身行头，陋的还是陋，憨的依然憨，老的仍旧老，丑的照样丑，何必劳民伤财以至于破家丧国？咸丰生前，未必称心如意；咸丰死后，照样孤单寂寞。

水尽山来，已是四点，清冷的风刮得人归意甚浓，心中打定主意下次定要再来，脚下步伐便即加快，从德云殿绕到佛香阁，再从长廊走向北宫门。水浪拍打着石殿，夕阳笼罩着石山，佛香阁高高在上，排云殿静静在旁，匆匆上下，虽不能多停留，仍不自禁地恋慕。尤其是那黄绿琉璃瓦交错设计的六边形阶梯，美轮美奂却不失庄重大气，直看得我目眩心驰，仿佛将要走入某座神宫，梦幻又确定，迷离又期待。

滑稽的是，当我登上最高处后，看不到任何山峦云雾，唯见一排相机整齐横列，还有那密密实实的人堆，几乎要挤得透不过气来，观景的闲适被眼前的热闹所驱逐，换来心里的无奈，还有些许笑意。仔细一看，几乎全是中老年人，鼻子冻得通红，仍然端守风口，都在等着拍日落，老来欣赏天地之美无疑比消耗时光在电视剧和麻将桌前要有趣得多，一想到祖国繁荣昌盛，老有所养才能至此，我不禁哼起歌来。

重新走上半壁桥才发现中午的道路在此分为水、陆两边，我从水路去，由陆路回，下次就改陆路去水路回。海晏舫、长廊、石山都来不及观赏，重新戴上耳机，听着《风中有朵雨做的云》回到校区，居然还能赶上晚餐，中午吃完出门，回来接着吃，圆满了。

2021 年 12 月 12 日，星期日，晴

还记得来北京之前，计划着要在课余时间把京城的大街小巷都转一转，以为可以张弛有度，控制自如。谁知一旦投入学习，便一周紧似一周，越到后面越没时间，别说经常出去转转，便是一周抽一天出去玩都十分勉强。这不，昨天出去了，今天就任务压头，切换在自习室和宿舍之间，干了些事，待完成的更多。

下午给妈妈和哥哥分别打了一个电话，解开许多心结，适逢甜甜回来，挂上电话接着聊。眼前的她自在快乐且无拘无束，没想到她在上次恋情结束之后，曾经经历过很长一段失落封闭的时间，她说自己用了四五年自我疗愈并重新焕发。实话说，我还真有点肃然起敬，这不是每个女生都能做到的，我很佩服在感情里干净利落且勇敢的女孩，也希望自己能如是洒脱痛快。

其实没人束缚自己，换一个角度、换一种眼光、换一种思维，解释就完全不同，作茧只能自缚。我曾作茧，今已察觉。如今我感谢那些束缚和捆绑，没有被自心束缚过，就体会不到松绑时的轻松与惬意。

第十五周

2021-12-13—2021-12-19

2021年12月13日，星期一，晴

“大学生发展”再谈职业生涯，在“萨维科斯的生涯建构理论”中，职业生涯规划将经历一个从职业指导到生涯发展再到生涯咨询的过程，我不禁开始反省自己的从业生涯与路径，朱红老师这次课讲得深入我心。

我们生活的这个时代不确定性很大，在多元化、全球化下，每个人的岗位都被弱化，职业灵活多变，不再有一生的承诺。数字化革命使求职者从依附组织变为依附个体，直接与个体产生关联，当信息要素传递扁平化后，如何协调和适应一生中不断变化的工作内容和岗位就成为职业生涯所重点关注的对象，其核心任务便是从大型组织沿袭制度走向创新。

萨维科斯在观察社会变革后提出“用小故事建构生涯”的视角，他认为每个人的日常生活中发生的那些琐碎且暂时未被赋予意义的事情里，蕴含着自我建构的丰富信息，因此可以通过解构小故事后重叙大故事这一过程，将流水账变成寓言，同时建构自我认知。很明显，萨维科斯的生涯理论是以关系为取向的，为了启发个体设计他们自己未来的生活，咨询师与咨询者之间应培养一种建构关系。

其实，所有教育在本质上都是建立关系以促进人的生命发展与解放，因为人的精神发展来自精神唤醒，教育的本质就是生命，而生命的本质靠关系建构，所以萨维科斯尤为关注过程和发展性干预，譬如赋能、激发潜能等。

当一个人开始思考“我要成为一个什么样的人”“我要追求一种什么样的生活”“我想要过一种什么样的人生”的时候，这个人便能看到更多的可能性和更大的世界。

下午的“国际比较高等教育”课程由五位学生做 presentation（演示），我边听边修改作文，课后与子辰相约去家园四楼吃比萨，上周其实就想约她，无奈自己惫懒，自从两周前得知和她同一天生日后，心里一直记挂要好好叙叙，长这么大第一次遇到和我同日出生的人，欢喜又诧异。

子辰身段高挑，五官精致，真诚中带着黠慧，坦率中透出不羁，看到她仿佛看到年轻时的自己，以为可以做到不将就、不委屈，却往往成为最将就、最委屈的那一个。从她挽着我的手说“只要不吃三楼的辣子鸡，什么都行”时，我便预感这个女孩是愿意为了别人而委屈自己的那种，前提是她愿意。果不其然，不想再吃辣子鸡的原因是她每天中午都要陪小伙伴们吃那道菜，一个爱辣、一个爱鸡，还有一个无所谓，她选择随顺大家。所以当她眉飞色舞向我描述如何看穿某个男生的小把戏时，我不知怎的开始担心起她来，女生也好，男生也罢，一旦认为自己在感情里可以应对自如时，便已埋下危机的种子，感情若是靠智商能解决，全国人民估计都愿意好好读书。我做不了什么，甚至不能经由自己的经验提醒些什么，只希望她能有个如意郎君，万一不幸受伤时，还能想起我。

这周开始夜间温度跌至-9摄氏度，早晚都感到一种生冷，午间亦不暖和，不过空气质量倒是上佳，冰冷新鲜的空气吸入胸腔，有种被洗涤的快意。

2021年12月14日，星期二，阴

第十一堂幸福课：是非成败在此志

赶去二教上课，却不由在一幅画前驻足，不敢说自己颇有微词，但画中

意境与题名与我所感受到的确实大相径庭，画名《混沌》，却有无数直线线条。在我看来，直线代表着一种确定，甚至略透尖锐、锋芒之意，混沌则是某种难辨、不易得、不清晰、无边界的象征，本不相容，不知这个名字是因何种机缘取得？

赵老师今日开始讲“中华民族简史”，只剩下两次课，不得不加快进度，从夏商周开始，分别介绍了汉、匈奴、鲜卑、突厥、回鹘、靺鞨（女真、满）的来龙去脉，其中“夏商周不是简单的朝代更替，而是不同的民族间的征服”，对我已有的知识体系大有裨益。易中天老师的《中华史·唐》对于唐代民族融合着墨甚多，中国历史进程正是一部伴随各民族融合杂处的演进史，换言之，中华民族有着骨子里的包容和大度，因为各民族之间几乎都是“同根生”。

昨天上午和敏敏相约今天面聊，好巧不巧，我俩下午都在校图书馆自习，她在三楼，我在二楼。等我收拾停当到大厅时，她正站在那儿等我，还是去家园，还是吃西餐。今天得了个意外之喜，便是她领我走了一条小径去家园餐厅，从图书馆侧门和家园中间穿过，那里竟然有北大工学院，就在一株株树木、草丛和小洋楼里，虽然冬残枯零，仍有一番静好气象。路的尽头便是冯友兰故居，可惜门上有锁，不好意思让敏敏久等，门缝中瞟了一眼便即绕行，燕园的秋冬未曾好好领略，来年开春之季定要细细品鉴。

中午吃得过饱，晚上毫无饿意，她非要给我加点一份芒果布丁，胃已隐隐生疼，不敢多进食，吃了半份，看着她把自己那份全部吃完，我心里更加过意不去了。敏敏是我在教育学院认识的为数不多的参加工作后考研进北大的学生，她来自河南农村，有着强烈的教育情怀和反哺意向，同时她也是一位对自己要求极为严格、却对他人关爱厚道的女生。她的无私奉献洋溢在她的面容举止里，不用刻意留意，只要跟她接触就能感受到，我理想中的教育工作者就是这般模样。

听她谈起母亲的骤然离世，谈起自己求学的艰辛，谈起梦想和对未来的期盼，只能说，我在她这个年纪远远不如她。晚上我俩一起去听东茅老师的“教育与幸福”课，当我大声向周雯和依多介绍“她叫罗敏，来自教育学院”时，文老师恰好走过来，似笑非笑地接口道：“对，她是教育学院的。”忽然想起她曾在朋友圈解答物理题，难道是我弄错了？原来她来自软微学院，却对教育有特别的情感，所以研一修完本专业课程后，研二便跑来教育学院旁听。敏敏小我十二岁，同属马，中午还有很多话没有说完，总觉得来日方长，可以慢慢说。

今晚东茅老师给我们讲“立志”，学期末迎来中国人做学问的中心，很

是激动。如今还有多少老师会在课堂上跟学生谈立志？说得更难听一点，如今还有多少老师有自己的志向？但“志不立，天下无可成之事”[①]，除非不想成就一番事业，否则非得有志向不可！什么都可以将就，唯独此事没法将就，不是不能，而是不行，人的一生有多少坎，有多少诱惑，有多少情绪失控，有多少孤单冷清，如果没有志向支撑，怎么挺得过去。不说别人，我自己正是靠着那一点点发心，完成一次次的自我救赎，所以在写课后感想时毫无顾忌地说出“只有这一条路”。

正所谓“知我者，谓我心忧，不知我者，谓我何求”[②]。

只有一条路

不知道从什么时候起，我们对“圣人”“君子”“神仙”之类称呼不再尊敬，也不再向往，而是变为调侃、玩笑与不信，从那时起，我们开始亲手解构圣洁、美好、永恒，却想要寻找幸福、纯粹和爱。找不到时便自以为是地对自己、对他人说：“我就知道没有。”其实不是没有，是不信、不愿、不敢。

凡是认真读王阳明先生文字的人都会直面一个问题，那就是“圣人之志”，因为阳明先生笔下的志有且只有一种：立志做圣人。记得第一次听《百家讲坛》某位老师讲阳明心学，他说：“少年王阳明十三岁的时候就立下了一个奇怪的志向。”我一听讲者使用“奇怪”这个形容词，就没有继续听后面的课程了，因为在我有限的认知里，王学的灵魂便在“立志”，其他诸如“心即理”“知行合一”“致良知”等耳熟能详的语句虽然广为大众所熟知，但若无“志”向统领，终不得王学精髓，此个人浅见。

其实儒、释、道三家是一样的，儒家立志成圣贤，道家渴慕当神仙，佛家最终要成佛，今天的我们，哪里敢想神仙、圣贤、成佛作祖？

① 出自王阳明《教条示龙场诸生》。

② 出自《诗经·王风》。

一门心思追求小日子。与古人相比，我们真的变得更勇敢了吗？还是越来越怯弱了？怯弱也就罢了，还不好意思承认，拿科学挡箭，用迷信遮羞，殊不知中国的智慧和真理都来自生活、来自生命、来自身体，在生活中体悟，用身体做实验，去寻找生命的真谛。

不是理论，却胜似理论。

五年前的我正处于人生中的最为纠结、昏暗的阶段，为了不令自己沉堕，我每天早晨爬起来读三页《印光法师文钞》，读完后自有一股正心诚意之气留在心头，护持我一天的精神状态。某天我发愿：“希望从今以后能令每一个与我有缘之人，哪怕只有一面，都能因为我的善意和努力感到温暖和些许正能量。”这不算志向，只是一个小小心愿，这么多年过去，依然支撑着我，这便是志向的力量。

最近，我越来越感到或许已无路可走，只要读书，只要学习，就要做圣贤、做尧舜，兜兜转转终究要回去，不断地向上向善就一定会走到成贤成圣的路上，与其这样，为什么不能鼓起勇气给自己一个紧箍咒呢！“圣贤”二字在我心里的分量越来越重，听到便会不自觉地收敛容貌，我对自己也对学生说：“嘲笑你觉得遥不可及的标杆，不去认真思维，这不是幽默，而是浅薄，终究会耽误自己。”所以我希望自己能早日坚定地立下圣贤之志，以此来报答阳明先生和东茅老师的传授之恩。

2021 年 12 月 15 日，星期三，阴

利奥塔的“后现代主义高等教育理论”

早早到，乖乖录音，而后笔记也似从容了些，今天展老师给我们准备的主题是“利奥塔的后现代主义高等教育理论”。

现代主义尊重理性，承认合法性，后现代主义则与此相反，西方世界近

二十年来的理性崩塌破除了我们对理性和正义的迷信，其实人类运用理性是为了得到正义。什么是正义？站在个人角度，不合法就是不正义，但原则由谁来定？若是没有参与制定，如何认同？说到底，人类对自然缺乏敬畏，太相信理性，却忘记了自然界不是给人利用的。现代教育要我们接受的制度处处充满了不公正且令人压抑，人们的求真能力开始丧失，正义沦为笑柄，社会完全撕裂，甚至把荒唐的说成正常的。现代科学理论的假设正常人很难接受，但是经过教育后我们接受了，现代社会的正义能通过一套程序来令人接受，所以利奥塔认为靠法律来维持正义是不可能的，只有通过教育才有可能培养人的判断能力。

如果将正义与理性放到哲学中考虑其来源，会发现这两者都建立在神话的基础上，因为相信神话而相信理性，康德也认为社会生活中的理性是从信仰开始，最后我们发现，实践理性原来是信仰，也就是非理性，譬如美国的《人权宣言》，从某种角度来说就是一种信仰。所以在利奥塔眼中，正义的“奥妙”就在于能把不正义的说成是正义的，因此他断言国际社会中的争论不会有结果，因为规则没有普遍定义，无不是在任人解释，而人也不是理性的动物，人有欲望和感觉，现代人的悲哀就在于过度相信理性。

文学中可见一斑，哲学把一切理性抽象化，文学能描述细节，因此能很好地表现冲突，利奥塔用莎士比亚名剧《威尼斯商人》为例，正义也好，仁慈也罢，不过是玩了一场游戏，欺负“我”不知道“你们”的原则而已。当夏洛克说：“我明白了，你们的法律是对待外乡人的。”法官告诉他：“如果没有人在场，乌鸦的叫声和百灵鸟的叫声是一样的。”可见正义的原则是荒诞的，如果我们服从理性，将不会得到正义。

康德相信理性，但是他却忽略了那些沉默寡言且不善于把自己包装成理性的人，有可能会被剥夺一切。正义是一种判断，取决于技巧，充满着不确定和可解释性，理性不重视人的感觉，但事实上每个人的感觉都是平等的，都应该得到尊重。所以利奥塔认为正义应该尊重感觉，想要寻求一种平等对话的方式来尊重和恢复人的感觉力和同情心，让人们互相尊重的同时尊重自然。理性只是一种工具，过于迷信理性很糟糕，人在做判断的时候应该对自然、对他人都怀有一种敬重，中国人在这方面先知先觉，很早就有“与天地万物和谐共生”的观念，有着尊重自然的传统，懂得“人在自然界面前其实是个笑话，但自然界不是笑话”这个道理，是现代科学限制了人们的想象力，科学的判断其实是在黑暗中作出来的。

利奥塔在此基础上提出“后现代高等教育理论”，认为正义的教育需要做两件事：尊重人和尊重自然。以前的教育偏理性化，现代教育则过于强调考试能力，教育其实更需要基于感觉判断的小叙事，教一个人学会倾听，学会欣赏，学会沟通，学会想象。真正的大学是令人舒服且可以用审美态度去欣赏的，现代大学却将很多精力花在了追求外在的名声和性能上，不去追求知识实质。这与资本主义脱不了干系，因为现代资本主义需要大量的人做无用功，大学就成为消耗这些资源和能力的地方，“仅传递信息，不供给知识，知识变成信息，信息变成资本”，这就注定现代社会的思想家一定会产生在大学之外。利奥塔预言，在可想见的未来，大学所提供的对人类有用的知识将越来越少，大学将会慢慢走向危机并最终解体，最后能够留存下来的是那些真正为社会作出贡献的综合性实科大学。

现代大学之间的差异很小，在一片歌舞升平的景象中培养了一批又一批的专家，真正的思考在快速运转的压力下处境艰难。20世纪为何会涌现出那么多思想家？因为彼时理论尚未定型，现在却把理性当成系统，鼓励量产以满足需求，所以“现代社会的发明创造都是被大学驱逐的人干出来的”，大学正在自我迷失。现代大学也追求创新，但何谓创新？利奥塔认为创新最开始的时候其实是一种冲动，“我想说，但是说不出来”，思想仿佛在深渊中活动，任由思绪点建立联系，慢慢形成一套理论，最后成功。现代创新首先要回答创新点在哪里，“我都知道了，还创个啥”，所以必须尊重差异，尊重企业，允许思考，才会有创新。另外，创新要以共识为基础，能迅速形成共识的新观点才有可行性，所以真正的大学需要尊重有不同想法的人，能做到这一点才算顶尖大学，崇高的大学可遇而不可求。

好的大学是个文化概念，当其中的老师都有修养的时候，自然会形成一所“美丽的大学”，不需要超越谁，而是带着欣赏的眼光去看待，尊重差异，尊重人文科学。不过度标新立异，也不想着把谁比下去，核心是欣赏有才华的人，“能进来就都是优秀人才，为什么还要分成三六九等，没有出成果肯定是有原因”，懂得用艺术眼光欣赏老师，这种大学将爆发无限的创造力与生机。所以好大学真正具有的应该是精神追求而不是科学追求，因为科学容易变成理性的工具，大学一旦由技术理性统治就开始慢慢变质，没有人文素养的人对情感的理解是僵化而肤浅的，现代教育正是缺乏人文素养，如同钱学森所言：“现在的教育没有音乐。”所以利奥塔建议不要过多干涉，性能和卓越是自然而然出现的，不是逼出来的。

当展老师最后告诉我们“利奥塔之后，再无大学理念”时，我不禁平添了几分伤感，带着这淡淡的哀愁走进“教育导论”课堂，听东茅老师讲解《道德经》给予的教育启示，那便是“反身而诚，乐莫大焉”。

不知何时，“佛系”成了随遇而安、不思进取的代名词，老师说：“不要玷污‘佛系’，佛是慈悲，是精进。”深表认同，都说“做一天和尚撞一天钟”，却不知寺庙撞钟需要凌晨四点半起床，一年 365 天寒暑无间断四点半起，几人能做到？连钟都撞不好，更别谈精进行持“六度”，所以“真正的幸福可以舍生取义，也可以痛苦地活着，而不仅仅只是寻求快乐”。

“人生可以不是一条抛物线”，如果是的话，无论怎么努力，未来都是悲观的，就拿身体来说，再怎么保养，当老病来临时，器官都将越来越不灵活。但有一个东西可以越来越好，那就是自我实现，所以应该是“人生如登，向上向善”。

科学需要可重复可测量，是“阳”，当我们用科学眼光看世界的时候，能看到“阳”的这一面，但“中国的教育学是一个讲‘道’的教育学，学校教育是阳，家庭教育是阴，阴虚阳亢就会上火”，所以家庭教育很重要。课后发来一篇《梁启超知行合一之教》要求阅读写心得，限 600 字，匆匆结尾，感觉言不尽意处甚多，颇有遗憾。

读梁老“知行合一”后感

看到老师发来的文献，才知道梁启超先生曾对“知行合一”做过一番详尽解释，无独有偶的是，自己也曾有过这方面的思考。广金的实验楼大厅里刻有“知行合一”四个大字，大部分人都认为知行合一就是学习与实践相结合。若如此简单，何以能流传千年且历久弥新？“学”与“习”相结合难道谁还不知道吗？能是多大的理论创新？

后来阅读《王阳明全集》，才知道自己之前的理解太过肤浅，“知行合一”内涵之深远超我想象，但其下手之易倒确能满足梁老所说的“简单、明确、丰富、易行、感染、不迷信、不玄学”七标准。文章开篇所言“空腹高心”“高等无业游民”应该不是指学生难以立足，而是指其不能立心，其担忧与圣贤如出一辙，王阳明先生提出“知行合一”正是为了扭转学、思之间的罔殆之弊。

“知行合一”的“知”是“心之本体”，是“良知”，是“天理”，是“一点灵明处”，它常照常明；而“知行合一”的“行”是“心之所发”，是“良能”，是“意”，是“一念发动”，它常用常新。说一个“知”，必然已经包括了“行”，因为无“行”不能显现“知”；而说一个“行”，也已经包括了“知”，因为无“知”不能映射“行”。最终通过下“知行合一”的功夫而达到“知行合一”的境界，使其在人的身心上由一个运动状态逐步趋向亦动亦静的存在状态，由“伪”趋“真”，由“刻意做圣贤”到“真能做圣贤”，这才是王阳明先生提“知行合一”以“致良知”的鹄的所在。

今晚的“道家哲学研究”最后一次谈“无”，从“观物之法”的角度切入。

儒家提“格物”，“格”是指手中的一个动作，靠接触事物的方式来完成，但其实接触和干涉都会表现出某种程度的“控制”，道家则强调让物“如其所是”地自我呈现，“观”字本身除了表示看以外，还有显现、显示的意思，比如《易经·系辞》里的“贞观者也”等。我们之所以能看到一个事物，正是因为事物向我们呈现，我们如何看待事物，事物就会以什么样的状态呈现在我们面前，王弼之所以反对“以智治国”，就是因为在“智”的方式下，万物呈现的方式是扭曲迎合的。儒家用尊卑、亲疏、贵贱来组织事物，范式由知识和权力造出，道家便用“无”来破除这样一种范式，当我们把“无”当做万物之本时，就意味着对任何范式的拒绝。

另外，“观物”一词在《庄子·秋水》中多次出现：“以道（无）观之，物无贵贱。”我们站在什么地方看事物很重要；“以物（以自我成心构建出来的有）观之，自贵而相贱”，给我们提供一种解释，贵贱是用一颗“成心”所构造出来的，当我们习惯于中心地位去评判世界并扮演主宰角色的时候，所形成的知识都是自我的知识，世界将不可能达成共识并获得安宁；“以俗（由历史传统文化构建出来的有）观之，贵贱不在己”，人能构造自己的历史并形成传统和文化，用来塑造凝聚我们的精神，“俗”就是由历史传统所构造出来的一套文化，标准就在那里，评判着我们每一个人，无可忽视；“以差观之，因其所大而大之，则万物莫不大；因其所小而小之，则万物莫不小”，事物的大小取决于从哪个角度看，一旦把框架卸掉，整个世界将处于一个不断地流转之中，固定的区分将在此世界无处安放。

由此可见，当我们用建构的眼光去看待世界时，贵贱便得以显现，所以贵贱不在物上，而是在每一个“我”和每一个“俗”上，贵贱是“我”和“俗”所塑造出来的，道家屡屡提到“无极”，道理就在此。所以“观物”的核心不是物，而是怎么理解自己，“知人者智，自知者明”[①]，没有自知，不可能知人，如果不能把自己安顿好，就不可能认识别人，因为当你把自己看得贵、美、聪时，别人都贱、丑、蠢了，所以观物最重要的是对自己的理解。道家强调在“心”上做“虚”的功夫，也就是清理好我们看世界的地基，王博老师提醒我们注意，地基清理好之后并不是给自己盖房子，而是为每种事物提供一个空间，让它们呈现本有的模样。

我们看似在自己的心上做功夫，其实是在给事物松绑，所以庄子在《大宗师》中提到“结”和“解”时也会讨论心，“物有结之”，即心被某个东西占据，这个东西在你心上形成结，心结就是所谓的自我，做功夫便是要把这

① 出自《道德经》。

个结解开。庄子提了很多“解结”的办法，通过解开自己的结来解开世界的结，因为当我们捆绑自己的时候，也同时捆绑了他人和世界。惠施言“连环可解也”，就是在提醒人们，一旦心结在现实中拥有权力，便会用这个结去规范他人，此时他的结会成为他人的结，只有立足于“无”，才能从“环”中跳出来，当把贵贱、大小等“有”卸掉后，事物才能获得自然。一言以蔽之，以“有”观之，代表一种区别性的、历历分明的“二”的精神，以“无”观之，则代表一种混沌的“一”的精神，由此建立起两种完全不同的秩序。

道家从“无”生长出来的是个体森林，不成群，没有被以某种方式捆绑在一起，所以道家哲学不强调家国天下，因为它想要成就的是每一个事物而不是共同体。不过道家也没有否定共同体，而是认为共同体必须建立在对个体的尊重之上，也就是说可以有国家，但国家必须是每一个个体生命和存在的守护者，能够形成共振。所以最能体现生成精神是“无”，所有的“生”和“成”都是从“无”这个根上长出来的，故最厚的“德”乃是无德，“上德无德”[①]，无德则无不承载。

2021年12月16日，星期四，多云

课程接近尾声，返粤机票已买好。

这个学期一共听了七门课，五门必修，两门旁听，六位授课老师，每一位都在不同方面给予了我帮助和开拓，道谢也好，告辞也罢，总觉得不能听完不了了之，得当面跟诸位老师道声感谢才好。

和蒋老师约在今天下午三点在教育学院501会客室见面，上午稍事学习，中午早早吃好午餐、读诵经典，午休二十分钟便即出门，到学院恰好两

---

① 出自《道德经》。

点四十分，将书包放在二楼沙发上后上楼等老师。蒋老师穿戴整齐戴着口罩过来，依然是开学时见到的模样，我抱着两本阿帕杜莱的专著请教，知道老师认真严谨，心里多少有点惴惴。因为自己从未学过教育学，对于国际比较高等教育领域更是从未涉猎，竟有点不知该从何说起之感，既想请教老师期末论文的选题和写作，又想诉说自己学业上的困惑，还想听听老师对当前科研意义的看法。

还好蒋凯老师"即之也温"，虽不是言笑晏晏，倒也随和可亲，全不似课堂上严肃的模样，说起带儿子去美国访学期间学习做饭的经历，又聊起从教过程和感受到的人情冷暖。近几年随着年龄的增长，我越来越觉得低调甚好，但究竟该如何个低调法，实是有些不明所以，听蒋老师谈他做过的事，去过的地方，见过的人，心中感叹，原来低调是这样的。不但不露锋芒，还会尽量避开锋芒，从来只听老师说自己去美国学习，听不到哈佛的名字，从来只听老师说请了谁来北大讲座，也不见显摆自己，甚至屡次在课堂上跟学生们说："你们好好写，我帮你们推荐。"感受到一位老师的苦口婆心和殷殷期待。唯独讲起自己的学生去牛津读博士、去剑桥深造时，欣慰高兴之情溢于言表，是不是所有老师都希望自己的弟子青出于蓝不得而知，但我知道蒋凯老师是希望的。

不知不觉竟然坐了一个小时，感到占用老师时间太长，匆匆请教学术书评写作便即告辞。如果说我之前对科研心存芥蒂，蒋老师通过一个学期的言传身教打消了我的疑虑，他简朴、勤奋、好学、包容，让我对高校科研人有了全新的认知和敬意。我说我感谢老师是真心的，我这种死不悔改的理想主义者，只要让我看到哪怕一位学者现身坚守，都能燃起我内心的希望。

快要离开北京了，再去华联上地吃一次最爱的麻辣烫吧，一念心动，便直接跳上到"上地南口"的公交，下周该是没有时间来了。感觉好像刚过完国庆，刚在新中关负一层吃过另一种风味的麻辣烫，怎么转瞬之间这个学期就即将结束了呢，无怪妈妈总说："我觉得自己还才二十多，不知怎么的居然快八十了。"

"林花谢了春红，太匆匆"，大抵都是如此吧。

2021年12月17日，星期五，阴

展老师告诉我，上午随时可以去他办公室，教育学院老师们的办公室一人一间，温馨又友好。我希望自己没有“巧言令色”，只是当我说出“展老师您的‘教育哲学’课是我心目中的北大哲学课程”时，我竟然还是感到脸红了，不是要向蒋老师学习低调做人的吗？只是，我怎能不据实以告。

一次课介绍一位重量级人物以及他们的观点，一个人能吃透那么多哲学、教育学、社会学的著作和思想，不能不令我佩服，展老师一共开有四门课程，我这还只听了一门。最后悔的莫过于没有将早期课程录音，同样后悔的是同一天下午的“教育哲学本土化”没有去听，周三实在是分身乏术。好在下学期还能再听一门“教育哲学专题研究”，展老师说他准备将这些年的心得和课程总结出来，且已经开始慢慢在做了，期待老师的力作。

我到展老师门外时，门是虚掩着的，我敲了敲而后推门进去，映入眼帘的是老师拿着一本厚厚的打印资料正在阅读，笑笑告诉我：“你来了咱们聊聊，你不来我就在这‘打坐’看东西。”当听到我问如何在众多思想家中选择一位作为期末论文的论述对象时，展老师把手中正在看的文章递给我，又从书架上取了两册打印出来的博士论文，这三本都是关于前天课上刚讲到的利奥塔。我傻傻地问：“老师，这些您都认真读吗？一本要读多久？”展老师笑着点头告诉我每本大概一两天吧，随手翻开后看到一些红笔标注和评语，肃然起敬，什么都不必再说，我已经明白了。

下楼后回想展老师的话，受益匪浅。

为什么很多课程没有持久的吸引力？因为缺乏“学理”，“讲课需要辨明学理，不然都是花拳绣腿和鸡汤”，此语令我心惊。回想自己外出授课的感受，正是缺乏学理，而要讲出学理，非下硬功夫不可，我还有很长很远的路。

如何才能有效做研究？“投入！投入就好了，不要想其他，凡是自己真心喜欢并投入时间精力，没有不成的。”此语令我感动，同时也给了我信心和力量，在学问这条路上，我还年轻，前方路很长。

本科教育和研究生教育有何区别？本科生的教育主要是授受，老师给，学生接，研究生教育不一样，“不愤不启，不悱不发”，一定要学生自己有深厚的积累，产生困惑，而后老师一点拨，便可上路。原来我还处在本科的思维状态中，原来是我自己的积累不够深厚，当我摩挲展老师取给我的《维特根斯坦文集 12》封面时，心中涌起强烈的学习冲动，我要努力，要加倍努力。寒假和下学期我还会来找您的，等我读了一些东西之后，等我有了自己的见解和看法之后，再来向您请教。

怀着满满的悸动参加东门弟子第三次读书会，程煜、仁杰、琨哥、韩耕都在，他们的大师兄焜照也来了。昨晚敷面膜的空当，我看了群里发的几篇文章，今天聊得好不开心，韩耕一直默不作声，琨哥坐在一个“受教育”的位置上，仁杰提议我们寒假回去观察自己的家庭，程煜时不时“查漏补缺”。第一次跟焜照对面接触，有人有言，侃侃如也，当得知他是寇準的后人时，忍不住惊喜一抱拳，当真“失敬”，他竟然脸红了。圣贤之后，果然人才辈出，我辈不积阴德，更待何时！

回宿舍后完成了“教育与幸福”和“大学生发展”两门课的期末作业，尚余一篇读后感待明日。

甜甜晚上在燕园看昆曲，学校本部电影院还一次没有去过，希望下学期能够顺利返校，把这些补上。

2021 年 12 月 18 日，星期六，晴

一周居然又过去了，真是“逝者如斯夫”，叹无可叹。

自习室坐了一整天，完成情况颇为满意，阳光也好，中午回宿舍时看到

一只猫咪在喝水，小脑袋伸进瓶子下方，眼神不好的自己还以为谁给它戴了顶帽子。

晚上总算跟程程说上了话，听到电话那头的幽默和爽朗，久提的一颗心放下了，还是哥哥说得对，孩子会自我保护，会给自己创造一个相对单纯简单而舒适的心理环境，大人不要过多干预，也不用多想，做好自己的事，做好榜样才是最重要的。

我上个月 5 号代购的三件衣物也在今天收到了，阿静洗澡回来帮我搭配，看着她一脸认真地建议我改变发型，我又是好笑又是感动。或许我老了后会后悔，但是发型好看的不实用，实用的不好看，我愿意用不实用换好看吗？好像不愿意。

2021 年 12 月 19 日，星期日，阴

明知道这个周末燕园有《庄子》论坛，却仅能挪出下午的时间赶去听最后一场，作业没写、文献没读的我即便去听，估计也会不安心，索性完成再去。

英杰交流中心是我进北大校园后第一栋留意到的建筑物，却在北大待到最后一个周末才踏入。线下论坛在二楼，进去时灯光有些昏黄，颇具富丽堂皇之感，令我有种误入星级酒店的错觉，设计者莫不是有意如此？相较而言，我更喜欢中山大学的小礼堂，这个交流中心学术气息不足而商业味道有余，与北大建筑实不相称。

推门进去时有老师正在发言，我悄悄坐在最边上一排的末端，半个小时后阿静约我去华联万柳逛 MUJI，我也有点想走了，遂又悄悄出去，迎面碰上王博老师，有点尴尬，更多的是替老师担心。《庄子》我虽然读得不是太熟，也能感受其魅力，若说国学有门，我的那扇正是庄子为我打开的，庄子如此聪颖灵动，却被拘谨严肃的会场弄得相当正经，有点周伯通被拉进全真教束

发为道的感觉，两位老师的发言水平与王博老师均相距甚远，活生生地把我给讲得兴致全无，只好告辞。

晚上和阿静美美地吃了一顿，又轻松逛了一通，去的路上已经被车窗外的各色餐馆惹得饥肠辘辘，到了之后大快朵颐，一扫而空，看着光光的六个盘子摆在面前，无比满足。她买了一条裤子，我俩同时试穿一件中性款式的卫衣，都喜欢，但都没买。

回到宿舍各泡各的脚，各听各的歌，惬意又温馨。

第十六周

2021-12-20—2021-12-26

2021年12月20日，星期一，晴

这周结课，每一门都是最后一次，故倍加珍惜。出门时不知为何想起孟庭苇的《羞答答的玫瑰静悄悄地开》，单曲循环了一路。这两天气温回升，走在校园大道上可以不用低头避风，竟然看到一树深红色小果，记得上周还是棕黄色，这是什么时候又变了？大自然真是无处不惊喜，不管我们有心无心，它都在那里，温柔以待。

没想到最后一节“大学生发展”课竟要上台讲故事，分享自己人生转折时曾经做过的决定，以此来交流讨论“生涯决策”这个主题。实话说我是被朱红老师首先示范的故事给打动了，才自告奋勇第一个讲，因为我和朱老师一样对数学无感，一样曾经想读法律，也一样喜欢金庸，所以我的转折相当明显，相当任性，也相当决绝。

萨特说：“一个人是其所有决定的综合，我们的决定，决定了我们自己。”他的生涯决策理论将职业知识看作一个人对职业世界认知的图式，认为决策的本质在于权衡轻重和概率，故与决策者的风格密切相关。当老师总结课程“希望你们学习这些理论后对自己有更清晰的认识，对自己的潜能和天赋有更强的信心，认识到自己的与众不同之处，同时也希望本学期介绍的这些理论能为你们未来择业带去一点帮助”的时候，我头脑里还在回味课件中所引用的《淮南子·说林训》中的几句话：“杨子见逵路而哭之，为其可

以南，可以北；墨子见练丝而泣之，为其可以黄，可以黑。”意蕴无穷。

正当我琢磨该怎么邀请朱红老师一起午餐时，竟然被老师微笑问道“要不要一起吃饭？”当然乐意之至，我俩各自点了一份麻辣烫，坐在农园一角边吃边聊。我听到了老师的病痛和信仰故事，也粗略讲述了自己的过往和心路历程，原以为会聊聊职业发展之类课堂内容，没想到不约而同谈起传统文化，第一次在燕园大方谈生死，谈李四龙老师讲《心经》，谈北大禅学社，真切感受到北大的包容，这门功课就这样完美地结束在了老师的率真亲切之中。

晚上二度与敏敏相约家园四楼，我一个人循着上次那条老路慢慢走过去，阴天里感觉像是穿过了某个郊外的小村庄，只是楼房稍显富贵。聊天再度跑题，本来打算讨论东茅老师发来的“知行合一”文章，结果一拐到童年记忆和家庭现状就没刹住车，一直讲到七八点。

敏敏的质朴中有一份天然高贵，性格稍许硬气但十分善良，随口说出许多不经意的话都令我深深感动，比如她说她曾经想过参军驻守边疆，因为自己是多子女家庭，过年可以帮同事顶岗，这样就能够成全一个家庭的团聚。比如她对教育的热忱，这学期和我同在教育学院旁听，早早进教室，很晚才离开，甚至比选课的学生都认真，只因有一颗想要改变家乡教育现状的心。再比如今晚我一直说我够吃了，结果她还是悄悄跑去小北面包坊给我买了一块“北京大学”特有的芒果蛋糕，我不可能忘得了她。

2021 年 12 月 21 日，星期二，晴

第十二堂幸福课：相逢再见会有时

昨夜辗转难眠，今早精神状态不佳，一想到今日的课程和约餐，不免有些着急，可也没法子，谁让自己这鼻子对空气太过敏感。赵老师把“中华民

族简史”讲完了，只有藏族部分因时间关系略去甚多，晚上在群里跟同学们说如果大家有时间，他愿意补讲一次。上午最后放下手中的粉笔时说：“好吧，只能这样了，你们有什么不懂的可以来问我。”我只感到不懂的太多问无可问，下学期跟着老师继续学习吧。

中午琨哥的女朋友来北大，我们仨约在南门外吃火锅，我本已精神恹恹，见到他俩不知怎的竟似好了，琨哥介绍说自己比较闷而她比较活泼，席间两人应答也确如他所言，情意都在眉间。他们一个主攻教育学学位，一个已考下 CPA 证书，一个来自江西，一个来自山东。

回到图书馆时已是下午两点，头晕脑涨中看到蓝天下的百年讲堂，精神为之一振，强撑着读诵了几段经典后，趴在桌上沉沉睡去。

不一会儿手机亮起，杨博问几点在哪见面，我建议五点家园四楼，无他，只为了那份安静温暖。上周幸福课后这个小伙子说起自己舍不得离开社团而哽咽了，他一直是我们课堂的欢乐小明星，没想到如此重情。人若对变故没有心理准备，会被伤痛一次次袭击，约他只是想告诉他“无常”二字，

我知道我说明不了什么，但听过总比没听过好，早听总比晚听好，说不定人家天资聪颖，一听便悟呢。

如愿以偿地简单说了说，却意外地被他逗得笑了又笑，杨博确实很可爱，他的过往也确实很有趣，那些故事如果写出来大概能有治愈的效果吧。他出生在甘肃定西农村，外公是当地名医，从小就给他讲各种医学道理，所以他高中时便立志报考北大医学院，家庭的陈年旧事他知道得比他爸妈还多，只因最爱跟爷爷一起喝茶，架个小铁壶烧煮的茶水，边喝边聊，简单快乐。假期回家会帮忙干些农活，家里吃的都是自己种的，他说了七八种，我只记得一溜萝卜、一溜黄瓜，还有一溜青菜，他家的驴生过一只小驴，小毛驴很通人性，被喂养后每次见到他都往他怀里钻，可惜一次鸡瘟过后也跟着死了。

他高二中测时发挥不理想，整个暑假除了吃饭上厕所就没出过房门，果然在最后一次考试后顺利被选拔出来送往衡水中学读高三。没想到高考第一天就把自己的长项理综给考砸了，心里以为肯定要复读，便没把英语当回事，40 分钟做完后趴桌子上睡觉，最后英语成绩竟然有 141 分。他兴高采烈地告诉我："幸好口水只流到试卷上，没有污到答题卡，否则就来不了北大了。"老家九岁的小表妹只服他管，三舅太疼爱舍不得下手，他这个当哥哥的又教文化课又教弹钢琴，小表妹鬼灵精怪总走神，他不管三七二十一便开揍，几次后打得服服帖帖。要说我可不敢揍侄儿侄女，顾虑重重，还是淳朴人好，真正做到了"诚意"，或者说生来就在一个诚意的环境中，浑然质真，不学而成。

听他絮叨，我的喜爱油然而生，自己这半辈子越活越精致，越活越琐屑，最后发现简单、真实、自然、素朴才最好，现在艰难返程，走走停停，纠纠结结，远不如璞玉未雕，浑朴天成。无言可表，唯有祝福他一辈子不变初心，不改初质。

走进文史 110，便被桌上的各色零食、笔记本、礼物给惊喜到，每个人脸上都洋溢着笑容，表情带着一丝促狭与神秘，总觉得有某种我不知道的事情藏在他们的笑容里，直到韵茜在门外重重敲门，张宇应手关灯，方才立刻明白。只见一个大蛋糕在歌曲中慢慢移近讲台，大家一边拍手一边唱和：“我怕我没有机会，跟你说一声再会”，东茅老师开心得合不拢嘴，被他们把尖顶帽戴上后说：“好吧，今晚就让你们拍。”大家纷纷举起手机，欢笑中我看到蛋糕中央是老师的素描肖像，栩栩如生。

每个人给自己的“国王”赠送礼物后才开始上课，依旧半天回不过神来，直到下课，还都留在教室里依依不舍。学生就是学生，用所有的溢美之词来形容都不为过，好在我们都曾当过学生，此间欢乐，唯吾自知。

最后一次幸福作业

来北大进修一波三折，去年申请好之后遭遇疫情，让很想出来看看的我经历了心情的跌宕起落，今年如愿以偿后，冷静代替了欣喜，由“我可以去北大听课了”变成“我究竟要去北大干吗”。这份疑惑和不安在九月教育学院第一次见面会上被东茅老师的一句“找到北，走向大”瞬间打消，是的，我是来找北的。

不是没有信心，也不是没有良知，或者，正是没有信心，良知确实被蒙蔽，明明知道自己什么时候会有发自内心的快乐和幸福，却仍然无力挣脱现实的种种束缚。请原谅我的“三人行，必有我师”学得不好，似乎在身边找不到心目中的榜样，所以我来北大亦是为了寻求力量，以坚定自己的方向。

越来越相信冥冥中自有天意，遇到哪位老师，听到哪些课程，虽然是自己做主，但为何偏偏是这位老师而不是那位老师呢？也越来越相信心想事成，可以说，就在这短短的四个月里，我想要的都有了。我相信经典，我也相信老师，前提是老师个人的修养和言行举止能够内外合一，令我亲眼见到，而不是徒有其名。要说对“人生幸福之道”的新认识，一时之间能想到的有这么三点：

第一，世间处处都有幸福；第二，原来我是幸福的，并且还有可能更加幸福；第三，世间仍有很多暂时不能感知到幸福的人，需要我们自强而后助人，自利而后利他。

当要回答“拟落实哪些行动”的时候，脑海中首先浮现出来的是印祖的“敦伦尽分”四个字，在当下已经承担的角色、身份、工作和事项中尽职尽责、尽心尽力，如果还有余力，那就读书明理吧。

2021年12月22日，星期三，晴

本·大卫的“高等教育生态论”

最后一次“教育哲学”课，展老师说今天要讲一个很重要的内容，连PPT都更换了不同的颜色，那就是本·大卫的“高等教育生态论：大学改革与社会和文化环境的关系”。

之前介绍的高等教育理论均局限于某一个国家，本·大卫从比较角度提出高等教育生态论，着眼于不同国家之间差异性。现代大学以科学作为其办学基础，但科学并不是从大学里产生出来的，最早是独立个体，然后才有科学院，科学长期发展的主力如行会组织等都在大学之外。大学曾经在很长一段时间内拒斥科学增长，因为有一套理想的制度把学术当成职业，才使得科学愿意以大学为归属，所以只有能促进科学增长的大学理念才受欢迎，大学的核心还是科研。

本·大卫眼中的大学理念是如何产生的呢？大学内部存在诸如教学与科研、组织与管理、“海龟”与“土鳖”、发表问题与解决问题等不同矛盾，在解决矛盾的过程中会形成一个传统，这个传统就是大学理念的来源。大学理念通常会将“学术自由和学术自治”纳入其中，却忽略了学术自由的前提是人的知识很全面，而学术自治的前提是假设教师群体的道德水准很高，现实情况是大部分老师不但知识面狭窄且多为普罗大众，如果不加约束就难免走偏，所以仍然需要理念。

本·大卫首先揭示并破除的是德国大学神话，全世界在学习德国大学时

均被其理念所迷惑，但理念既不是德国成功的奥秘，也不是其发展的动力，影响大学的根本原因不是理念而是生态和社会文化环境。德国大学最早以文科为主，哲学和文学繁荣，没有自然科学，被拿破仑打败后，为寻求精神团结而普及中等教育，彼时的教师们基本毕业于哲学专业。从某种意义上说，德国从来没有统一过，也没有教育部，大学归各州管，繁荣来自各邦之间的竞争，与其说德国大学是理念的产物，不如说是竞争的产物。因为看到自然科学不但可以带来荣誉，还有很强的应用价值，能得到企业的大量资助，德国大学的方向才由以文科为主转向了以自然科学为主。

德国大学的另一个特点就是不愿意变化，在教授二三十年的个人威权下，大批学者外流，研究所被制度化后，凡是不受其认可的学科都很难得到发展，这就使得新兴学科的学者们在高标准的学术门槛前望而却步。20 世纪后，柏林大学再也没有出现过哲学流派了，当学阀因担心触动利益而不愿意改革的时候，大学就开始走向没落。此外，德国政府也会给大学生灌输等级观念，教授从来不反对政府，无一例外地支持纳粹，只有少部分人保持中立，但中立只不过是环境压迫下的无奈选择。政府时刻防范教授群体中出现异己，德国教授只是独立的知识分子，并不是真正意义上的中产阶级，他们属于需要获得庇护的特殊阶层，大学理念更多地被运用在掩盖大学与政府的关系上，交集只有专业，教授是不过问政治的。

英格兰大学从来不是高等教育的弄潮儿，因为英国不相信理念，只相信行动，有趣的是，其大学虽然基本不改革，但所作出的适时改变总是很成功。英格兰的大学不多，学术水平却很高，每个学生都有自己的 tutor（导师），牛津、剑桥最初的定位便是培养精英，高等教育就是为精英服务，素质背后其实仍然是金钱和地位。为满足中产阶级的需求，伦敦大学应运而生，发展迅猛后倒逼牛津、剑桥改革，其实英国人非常理性，他们不谈理念，就看大学需要做些什么。

英国最聪明的地方在于设立实验室，从而造就出一大批科学家，实验室本身就是精英机构，故不接受研究所等级化制度，里面的师生不需要再为谋生焦虑，也就不把科研当成谋取稻粱的工具。英格兰始终坚持以教学为核心，不学习德国长达八九年的博士学位制度，虽然是以培养本科生为主，但其颁发的文凭基本等同于研究生，直到现在，牛津、剑桥依然是世界学术中心。这也就解释了为何英国研究生的学制只有一年，因为他们根本就不重视研究生教育，而是重视实验室建设，在他们的评价里，牛津、剑桥的本科生远远超过其他学校的研究生。

要说的是，经验科学和职业教育在英国都很弱，英国曾经有过专注于职业培训的城市大学，却以失败告终，这是因为职业院校的学科需要牛津和剑桥认可，所以很难出现新学科。在英国，学术成就也不是评价一个学者的标准，其评价边界相当模糊，《魔戒》就是教授写出来的，所以英国几乎没有学术造假。一言以蔽之，英国是等级社会，大学是无二选择。

本·大卫分析的第三个对象是美国，美国大学就像一个个系统，服务于不同的目标，能够随时调整以满足不同的社会需求。现代科学被引进后，学术活动趋于专业化，其韧劲甚至超过了德国，最大的优点在于美国的高等教育是一个开放系统，有活力且充满竞争。相较德国综合性大学固有的神、法、医、哲四大系而言，美国大学的生命力就在于其“乱七八糟”的特色，随机应变的能力很强，对开放型社会的适应性也很强，恰是这种多样化满足了不同的社会需求。

美国人也不喜欢攀比，不是“哈佛有什么我就学什么”，而是大力发展学系制（department），“几个老师一块干”，这就很好地去除了德国研究所那种人身依附关系，虽然不谈学术自由但其实比德国更自由，大学的评价权始终在市场，生源和资助本质上就是社会需求。另一方面，学系办研究生教育能有效避免独断，年轻学者在德国如果跟教授不融洽是很难有前途的，在美国可以去其他地方，高校就是个市场，可见传统教育领域是德国独领，新兴教育市场则美国很强。

在本·大卫看来，能够有效制约大学膨胀的措施之一就是荣誉分配权不给大学，美国大学的荣誉评价权在学术行会，而法国则由科学院评价。有意思的是，法国近代曾经废止大学，大学被关闭后，科学反倒出现了鼎盛时期。俄国大学的学区制是向法国学习的，一个区支撑一所大学，学术声望由科学院评判，法、俄都是教育先行，用教育分工促进生产力分工，俄国的去中心化做得更好，除科学院之外，各部门都有自己的研究中心，这些中心与科学院竞争以防止马太效应的产生，能有效抑制学术霸权，为新兴大学带去很多机会。

总之，德、英、美的高等教育都是社会产物，社会活力决定大学活力。其中美、俄大学不容易受传统力量束缚，功能分化，没有等级和权威，更容易接受新事物。本·大卫认为过高的学术标准对于高等教育不一定是好事。高等教育应追求竞争、开放、包容，虽然集权制在预见未来方面远远超过市场制，但大学改革的根本还是取决于竞争。

“教育导论”最后一次课讲阳明之“一”。

东茅老师开门见山地说：“你们相不相信老师的话？你们是否真的愿意拜这些古圣先贤为师？真以他们为师就要真听他们的话，真学就要能做出来、活出来，否则便是‘身谤’。”听得我悚然而惊，我有真吗？还是只在“愚者佩之”[①]？我这第一个神还没有缓过来，老师又说了第二个让我入神的话题：“一”与“二”。东茅老师将“一”解读得很是微妙：“‘一’很神奇，它最简单，但寓意却最为丰富，佛说不要有‘分别心’，心神不自洽就是分别，所谓分裂就是有两个人格、两个精神在支配你，导致内心撕裂，所以‘二’真的有很大问题。只有始终如‘一’才会轻松，不纠结、不挣扎、不内耗，内耗就是你心里有个‘二’，最后筋疲力尽啥也做不成，只有‘一’才能全心全意做事。”

回顾过往，当不得不的时候，我们就开始“二”了，伪就是“二”。以自己为例，很多时候都处于“二”的状态，要么被诱导，要么被控制，要么被胁迫，要么被恐惧，活得既不自由也不真实，如老师所言，只有本想那么做的时候才是“一”。一个人本来可以很大，大到与整个社会和群体建立友善而紧密的联系，但一旦升起了区别心，开始区分你我，就开始“二”了。“二”是小人心思，所以阳明先生才会说“心即理”，要后人在心上用功，从

① 出自《黄帝内经》。

“心”上用功，最重要的抓手就是“意念”，千里之行不是始于足下，而是始于心动，始于一念。正如老师所说的：“一个人不愧于良知才会心安，找到当下认为最好的选择，不需要一定要按照圣人的标准要求自己，这样才能做一个真实的人。”

结课了

教育始于自我教育，只有健康、快乐、无私的自己才有可能给身边的人带去健康、快乐和温暖，每个人都是自己的名片，自己既是演员又是裁判，说千道万莫如反躬自省，出现问题看自己，纠结痛苦问自心，身心会有答案。

我理想中的教育是能够引导师生反观自省的教育，知识是工具、是技能，不可或缺，但脑不是心，只有心才能让技能、工具变得近人情。教育不应直接给予，而应诱导启发，通过老师自身的言行举止来让学生对某一门学科产生兴趣，愿意在课后主动探寻。每个人在确立志向之前都是迷茫的，教育应该允许试错，给予包容，但不能放任，更不能唯学生是从，“师”不是服务员，而是引路人。

我有时候想，没有了大师还会不会有书院？书院是否能现代化？书院能否成为学生和老师互相认识了解的场所？似乎可以，但其实做不到，没有了大师就没有了引路人。

现代教育追求高效，却忽略了人和人之间的互动，师生之间仅有课堂时间是远远不够的，“理”很难打动人，“行”才可以，一个人只有被打动才会发自内心地追随，只有追随才能产生真正的感悟和进益。满汉全席似的高效教育下牺牲的或许恰是现代深切呼唤的人心、人性、人情的交融，如果人失去为人的温情，与机器何异？所以我不觉得“快”是好事，甚至不觉得某些场合提出的“进步”是好事，我们的教育能不能不要那么着急？能不能允许些许退步？能不能不要设立那么多的标准将人切割成一块又一块的“多”？

“不做无聊之事，何以遣此有聊之生”，清人的这句话时常回荡在耳边，我是不是也活成了这个样子？还是少想一点，听先贤和老师的话，从自己做起。

最后这堂课令我数次悚汗，扪心自问，缺漏甚多，无颜面对老师。晚上与师门在校弟子和老师夫妇共进晚餐，东茅老师践行了《幸福日志》上的每日三省“不抱怨”“不懈怠”“不撒谎”，原以为会是有些拘谨的客套饭，没想到却吃出了依依不舍。第一次在群聚场合听到如此轻松、真实、诚恳的对答，从老师夫妇开始，感染到我们在场的每一个人，如果这也算是饭局的话，我愿意常常有，多希望生命里的“应酬”都能像今晚，东茅老师在，就什么都在。

2021年12月23日，星期四，阴有小雨

上午整理笔记，下午收拾行李，晚上读《孟子》。

变天后稍微有些阴冷，我却过得温暖而充实。一边听歌一边清理物品，才发现自己有多贪，明明穿不了那么多，却一次次从广州寄，明明看不了那么多书，却一本接一本地买，这下好，等到要回去时给自己整傻眼了。

打好的包裹一个寄往长沙，一个寄往广州，剩余的装行李箱，下学期痛定思痛，用多少带多少。尤其是书，还是哥哥说得对，“你去北大，哪里还有时间看自己的书？”我偏不信，《旧唐书》《阴骘文》《诗经》《量理宝藏论》不带不踏实，谁知日子越过越紧张，国庆之后再没看过。

除了书，就是毛衣。

明明裤子没几条，毛衣一箱子，但我一购物就智障，继续添置毛衣，不买裤子。回头看到阿静喜欢的裤子一色一条，毛衣“有那么两件够穿就好”，我俩相对无言，而后继续，我买我的毛衣，她买她的裤子。关键是还总能说到一起，就像她特别怕冷，甜甜特别怕热，每次出门都互相商量如何适应温

度着装，最后的结局永远都是阿静鼓鼓囊囊，甜甜弱柳扶风。

女人的世界就是这么精彩而奇妙。

2021 年 12 月 24 日，星期五，晴

明天回广州，今日气温降到入京以来最低，出门清冷到透骨凉，在宿舍整理打包一整天，下午发了两个包裹。

仁杰约大家在勺园西餐厅共进晚餐，欢度平安夜并给我送行，韩耕群里没吭声，居然晚上也来了，他们五个有的有女朋友，有的有男朋友，竟然齐刷刷地现身。笑问他们平安夜都怎么安排，程煜说那位忙工作，仁杰和韩耕一起看《胭脂扣》，林琨晚一点赶第二场，焜照回宿舍，我不禁莞尔。马上就要结束这学期的北京之行了，心情有些异样，但不愿深究，就这么随他们开开心心笑过去吧，聚散皆有定数，依依复何用？

晚上洗漱好上床听歌，国婧给我拍了一张“我与我的床”，有点像二十年前的旧照，只是人已不是少年。若问我人生可愿再重来，那还是免了吧，我更喜欢现在的自己，人生不如意事十之八九，好容易走过来，一步步学会自我调节，感到从容平静，为何回去？莫不是回望过去时忍不住代入现在的自己，却忘记了现在的自己恰是由过去的经历打磨而来，回到过去依旧还会是当年的模样，一样的错误，一样的选择，一样的迷茫，一样的无知，回去做甚？

第二学期

第一周

2022-03-01—2022-03-06

2022 年 3 月 1 日，星期二，晴

不得不感叹，一切都是最好的安排！

天河区受疫情波及，被告知须延迟入校，上个月 19 日收到消息时，我正坐在车里，准备去增城游玩，而后暂别广州，车窗外雨点越来越大，气温越来越低，寒潮和暂缓入校的消息一同到了。无奈之下，只得重新制订学习计划，拿出《旧唐书》，数了数页面，第三册尚需十一天方能读完，或许等我看完的时候就可以返校了吧。答应文老师的事情无法当面汇报了，我得给老师写一份提纲才行，和欣鑫、牛哥、龙媛的新学期约定也只得从缓，还有我心中列好的一众课程的第一次全都听不到了……

伤心中手机亮了，低头一看，原来是蒋老师给我发来了“高等教育基础理论”的课程大纲、几篇课前阅读材料还有线上课程的腾讯会议地址，心中一暖。对啊！我还可以听线上课，赶紧问展老师和赵老师有无线上同步，展老师说有，赵老师说没有。能在广州听两门，已经够好，只可惜文老师的“教育政策案例研究”因与多门必修排课时间冲突，决定取消，我一直等着这门在程煜口中“老师上课就像是发着光”的课程，没想到最终无缘。

一周后，同样是周一的下午，被告知可以返校，确认完竟然有点不敢相信，这么快就解禁了？即刻购买周二返京机票，周三清晨一、二节的“教育哲学专题研究”课妥妥衔接。

下飞机后被清冽的空气和晚霞美到，拍完照才发现广州30摄氏度和北京10摄氏度之间的温差确实令人不胜寒意。王师傅在西出口等我，我穿上呢子外套，拿出早晨准备好的两个菜包子坐进他的车里，一路霓虹忽闪忽灭，北京，我又来了。

今日仍是宿管张姐当值，上个学期报到时她帮我提箱子，今晚麻烦的还是她，两个人半抬半拖弄上楼，喘气中她望着我："你怎么回去一趟变年轻了？"我一时对不上话，回答"是"太嘚瑟，回答"不是"又领不下她的好意，于是张开双臂大大地拥抱了一下，一切都在不言中。群里告诉阿静和甜甜"我回来咯"，二十分钟后阿静出现在我面前，两个人对望着大喊了一声"啊！"然后开开心心各干各的事情，仿佛未曾分开过。

两月不见的宿舍亲切熟悉如斯，我真的回去过吗？怎么桌前、床头、衣柜中的一切都触手生温，而走廊、洗漱间的背影和声音依然如昨。相较之下，广州的光景倒似陌生了。

2022年3月2日，星期三，晴

初春未名——轻履薄冰慢逍遥

早晨推门进206时，展老师先是一声"请坐"，随后认出我来，又"咦"了一声，似乎颇为欢快。我压低身子走进教室，正中第一排居然空着，这不是我上个学期一直坐的位置吗，难道它也在等我，许久不见故椅，坐下时忍不住悄悄笑了。

课间展老师问："这么快就可以回来了？"我说："是啊，运气还不错！"扭头看到好几张熟悉的面庞，子辰、罗敏、仁杰、唐老师，还有文静，大家都在，想起上学期潇语跟我说她明知展老师的课讲得好，但就是"起不来，每天必须睡够九个小时"，我不禁又想笑了。

今天的课程内容是“无形学院和交叉学科”，以指数型发展、逻辑斯蒂增长曲线和正态分布为中心阐述普赖斯提出来的从“小科学”过渡到“大科学”所需要经过的三个阶段。指数型发展给出了一个统计结论：任何一门学科，期刊、文摘、科学家基本适用于每50年增长10倍，或每15年翻番的增长规律。展老师认为这个结论存在一个明显缺陷，就是它并不能显示科学革命时期与常规时期的区别。如果说指数型发展是乐观的，那逻辑斯蒂曲线则呈现出悲观的一面，它认为任何事物不可能无限发展，终会有一个到达顶峰、平稳而后衰退的过程。该曲线对“不让孩子输在起跑线上”的说法给予了理性反驳，任何事物的发展都有其局限性，早或迟其实没那么重要，关键是在其节点上能否产生飞跃。展老师认为这种飞跃体现在学术上主要靠数学与思辨相结合，教育领域亦是如此，用数学支撑其他学科发展才是真正的交叉学科。

不得不说，北京为我生动地诠释了何为“四季分明”，秋凉、冬寒都已身受，今日第一天进校园便感到春天的暖意，尽管严寒未尽，但已不那么酷烈，枝头仍是萧然，天地间似乎氤氲着一股蠢蠢欲动的生机，在那薄冰下、枝头上、微风中、阳光里……走过图书馆旁这条熟悉的道路，忽然想去未名湖，已经迟来了一周，初春的光景还剩下多少？

经过元培学院时远远望见一个女生低头看石头，等我走近她正好离开，原来这块不是石头，是“梅石碑”，乾隆摹制出后置于圆明园长春园的茜园之中，不知何故竟在此地？不远处另有高低两块石碑，没看清碑文，却留意到有个男生坐在蔡元培像旁的长椅上读书，顿感岁月静好。

错步已到未名湖，阳光很好，风也很大，枝丫不少，人却不多。去年离去时尚未结冰，今年归来只余少许未消，到底看不到未名冰场的模样，记忆中这片水域永远波光潋滟。沿冰面前行，几处野鸭，数点红鲤，无论游动还是飞翔，皆美如诗画。它们身上的斑斓色彩融入这蓝天薄冰后竟似浑然天成，天地生万物，万物为天地而生，彼此依存，动静得宜。

我临冰而立，见眼前疏影晃动，顽石沉寂，日光如棱镜跳跃闪烁，人语似沉吟忽远忽近。曾为离人，便以这寒冰为镜，虽无白云去意，却有青枫愁

绪，风雅高雅归博雅，无名不名终未名。学期伊始，但愿沐此景之秀，发继绝之心，乘春风之力，入贤圣之门。

返回图书馆时途经校史馆，想起邱健曾提起过的北大四馆，想起赵老师谈及的北大往事，也想起展老师在课堂上感叹的大师凋零，走上前去想要一访，适逢临时闭馆，遂无由得进。转身看到一株株褐色茎上有茸茸花苞，凑近细看，挺立欲绽，内心随即生出几分劲力，快步折返。下午打算去哲学系旁听杨立华老师的“儒家哲学著作选读”，剩下不到一小时，我得趴桌上小憩一会儿，才能续上精力。

仁杰同我一起旁听，因为没有书本，因为基础薄弱，也因为不适应学生诵读讨论的方式，他第一节课后离开，我虽然坚持听完三节，但下周或许会选择其他，这个学期想尽量多听一些课程，不得不走马观花。虽然只听了杨老师一次课，仍有几点启发，其一，学习典籍须具备“概念分析法”的思维，一个词是概念还是范畴，它是在讨论什么问题，是形而上还是形而下得先弄清楚。其二，杨老师的老师陈来老师认理气为二元，但杨老师执“理气一元”。其三，不可以完全脱离西方哲学的影响而纯用中国视角解释中国哲学。其四，使用材料要精审，比如《朱子语类》不能作为严谨的证据，需在全集或书信中找确证材料。其五，评价一位大学者的标准是他的成果能否成为后来研究者绕不过去的著作，比如钟泰的《庄子发微》。

第一次在理教听课，爬上四楼后稍微留意了下周边的风景，近处有桌椅和绿植，远处有飞檐和蓝天，当然，最美还是学生们学习的背影，以及随意摆放的红色沙发。下课后去南苑吃完回来居然看到杨老师还站在理教楼前跟学生谈论问题，他们所立处旁边便是一块红漆“诚”字石头，我不好意思拍人，只好意思拍石头。早上刚读到《孟子·离娄》：“是故诚者，天之道也；思诚者，人之道也。至诚而不动者，未之有也；不诚，未有能动者也。”不禁会心。

2022 年 3 月 3 日，星期四，晴

今天要做核酸，只约到上地医院下午两点到三点之间的这个时段，故上午留在宿舍整理内务。做完直奔教育学院 209 听刘云杉老师讲“教育社会学”，课室里竟然空无一人，迟疑间听到程煜和林琨叫我，原来改在了三教 405，三教我还没去过呢，新课新地方，正合我意。悄悄在最后一排找了个位置坐下，却如空谷回音般听不实诚，刘老师的声音好温柔，我听得好游离。课间出来遇到潇语，小姑娘人美心热，给我发了好多科学社会学的资料，两个人一同“抱怨”寒假作业写得苦，不过在我收到蒋老师肯定的那一瞬间，感到所有的辛苦都是值得的。

中餐吃得少，五点不到就饿了，作业一不小心写到六点半，跑去燕南食堂，发现丑丑的黏豆包竟然意外地十分好吃，遂肆意狠狠吃了一顿，然后就又撑了，好吧，我再去未名湖走走。上学期一共没去几次，这学期刚来天天去，一直奇怪自己每次去后返回时都迷路，总是找不到来时的元培学院，今晚一定要认真记清楚。虽然我没有十二点半在燕园徜徉的机会，但现在七点半天已全黑，且疫情期间几无游人，校园异常清净，没有一处倒影配上喧嚣的人群还能动人，王博老师描述的或许就是今晚这般光景吧。

第一次完整地绕着未名湖走了一圈，既不赶时间，也不惦记些啥，就这样慢悠悠地走着，夜幕下，连招呼都不必，“缺月挂疏桐，漏断人初静”，这场景真有几分“时见幽人独往来，缥缈孤鸿影”[①]的感觉。北京的春天昼夜温差极大，此时气温已跌至 6 摄氏度，越走越清冷，但我依旧舍不得加快步伐，或许，侬本孤清。

回到宿舍，阿静正在画眉，见我回来，凑过脸问怎么样，小白兔真是可爱，没事一个人在宿舍撸妆。甜甜回来后，小白兔又从衣柜取出一件新买的羊毛背心给我俩品鉴，我们都觉得好看，同时也都觉得小贵，不过在听到她说已经看中两年后，便又觉得两千多买个心愿其实也挺好。

2022 年 3 月 4 日，星期五，大风

生长在南方的我几乎没见过天气预报有“大风”这一栏，来北京后算是长了见识，去年冬天几场大风的威力让我把没帽子的外套全部收进箱子里，今年第一场风又来了。

二月春风不似剪刀，掀竿揭瓦不在话下，我和阿静躲在宿舍，把窗户关得严严实实，只听得一阵又一阵的呜呜声，倒也不是怕冷，只是那声音让人心生不安。我记挂着要去学校请文老师和蒋老师给我评定成绩并签名，还是在两点左右出了门。

说来奇怪，每次我要进文老师办公室前总有点小小的紧张，但进去后就忘乎所以，也不知道是老师“望之俨然，及之则温”呢，还是我既去之即安之，总之老师今天下午这两个小时被我消磨了。听东茅老师津津有味地讲第一期“幸福亲师”计划，由衷替老师感到高兴，全国已有 450 人报名，那我就去当个志愿者吧。希望老师能融国学、家文化、新时代立德树人精神为一

① 均出自苏轼《卜算子·黄州定慧院寓居作》。

体，替中国的孩子和家长们开辟出一条全新的修己安人之路。

作为当面听过老师授课的学生，感到荣幸又惶恐，我必须加倍努力，首先便要妥善完成老师交代的整理《王阳明四书心解》的任务，为阳明先生诞辰 550 周年献礼。下午商议后，暂定由我搜集此书原材料，想起自己两年前为见老师苦读《王阳明全集》的那些日子，忽然感到冥冥中自有天意，不想用功不唐捐来褒赏自己，只觉得好感动，但愿我能担负此责，不辜负老师的信任和阳明先生的书诲。

回家路上忽然想起尚欠学生两封信件未回复，生出些许不安，我得尽快。

2022 年 3 月 5 日，星期六，晴

哥哥给我发来一堆景点，告诉我“北京绿了”，我一边动心一边苦笑。我也想去，可没时间，起码这个周末不要想了。梳理了一下自己要做的事情，写作、读书、听课、录课，不得不听从东茅老师“不要选太多课”的建议，这学期就两门吧，再去各个院系零散旁听一些。

真是“书到用时方恨少”，后悔之前没有下定决心背诵《孟子》，导致我现在整理《四书心解》时拿不准书中观点是否在讨论《孟子》中的某个章节，好在去年参加了朱熹《四书章句集注》的打卡交流，粗略看了一些。即便如此，也还是在心里暗暗责备自己，“四书”都背不出来，还好意思说传承中华优秀传统文化，遂决定从今天开始，一边整理一边背诵。

时间转瞬即逝，不知不觉太阳已落山，晚上散步去华联上地，路上的时间用来回放展老师的课程，这样回去后就可以把笔记补充完。套了件羽绒夹克出门，没戴帽子也没戴围巾，不久便感到风的余威，头部隐隐不适，于是加快步伐。

树村河上晚霞的余韵清晰柔美，即便有风，也忍不住想要驻足观望，返

回时改乘公交，站在人行天桥上看天边月牙，弯如银船，两个小尖角清晰可见，只可惜一入镜头又被光晕模糊成圈。

2022 年 3 月 6 日，星期日，晴

甜甜对镜梳妆说今天要去潭柘寺，我只有羡慕的份，看着篮球场上的藤蔓，想象它们变绿的那一天，它们因为有根才能绿，我也要去扎我的根，低头看看手里提着的电脑和书本，这就是我的根。

今日读《孟子》甚是有味，遂从上午九点一直读到下午五点，然后才想起来晚上八点有个线上会议，明天的课前文献还没有看。就这两个多小时我还得吃饭、去澡堂，澡堂的关门时间和散会时间差不多，不想再在里边听一次《喀秋莎》，被催得慌。

飞奔来又飞奔去，总算都赶上了，只可惜文献没有读完，只能争取明天早晨早点去教室，课前恶补。

听她俩兴高采烈地讨论明天的穿搭，只感到自己完全没有收拾打扮的心情，心头沉甸甸地压着《四书心解》，头晕脑涨的我在睡前最后干了一点体力活，便爬上床呼呼了。

第二周

2022-03-07—2022-03-13

2022年3月7日，星期一，晴

想了想，这个学期选两门课，一门蒋凯老师的“高等教育基础理论”，一门展立新老师的“教育哲学专题研究”，理论和哲学都是我喜欢的。经过上学期的摸爬滚打，似乎对研究生课程的学习有了体会，这学期打算采取阅读课前文献、课堂选择性做笔记、课后重听总结，并在作业中陈述所学的方法来学习这两门课程，无外乎预习—学习—复习三部曲。

上学期在展老师的课堂手忙脚乱，而在蒋老师的课堂贪多没嚼烂，寒假写论文时倍感吃力又不胜惋惜，文献读得缺缺漏漏，课堂知识吸收得马马虎虎，也算认真努力，实则收效不大。两位老师对我很好，期末成绩分别给了A和A+，但学没学好自己心里有数，想不想学好自己也知道。经过一个学期的磨合，大概知道了两位老师的授课习惯和方式，对于这学期该怎么学算是清晰了一些，可惜我只有这一个学期了，若是多给我几年时间，愿将学院每位老师的课都听一遍，老师们各有所长，有些木讷于言辞却胸有文章，有的随和可亲却要求严格。同为教育工作者，他们的学识是我学习的榜样，他们的为人处世更是我学习的榜样。

多说无益，珍惜当下。

三、四节“高等教育基础理论”课，蒋老师不过晚了两分钟，进来后不停地道歉，说自己昨晚熬夜写本子写到四点，在办公室睡到七点，而后校门口接娃送幼儿园，早晨处理了几件事情后耽误了几分钟，十分抱歉。我从来没有在办公室熬夜写东西的经历，只听得暗自惊奇，世俗眼光中，蒋老师早已功成名就，仍然如此努力，令人感到惭愧。在我有限的认知里，名教授们不是走穴挣钱就是享受生活，似蒋老师这般勤勉的第一次见。本想跟老师约个时间聊聊，一想到他昨夜只睡了三个小时便不忍心打扰，谁知我刚开口说改天，蒋老师便接道："没事没事，我可以的，下午有时间。"于是约定下午三点。

我们在501坐了一个多小时，蒋老师跟我聊他去美国访学的情景，聊起他以后想回长沙养老，聊起他蒋氏家族的族谱，还聊他年轻时喜欢的各种球类运动。远看精神抖擞的蒋老师近处鬓角已有几丝风霜，不由得想起文老师评价蒋老师那句"一肚子学问"的话，然后就不知道该说啥了。

今天这次课的内容是"学术资本主义理论"，我的心得如下：

斯劳特和莱斯利的"学术资本主义理论"

美国学者斯劳特和莱斯利发现，在1970至1995年间，美、英、澳、加四国的公立研究型大学的学术中心从文理学科转移到创业边缘，学术也转向"市场化"，政府将资金分配给被认为有助于技术革新和经济竞争力的项目，高校筹措资金的方式从接受变为竞争。于是包括人文社科领域在内的所有领域都开始调整自己同市场结合，各种带有商业目的的研究兴起，大学教学科研人员走向市场。

这些变化并非人为主观操纵，而是由全球化、新自由主义兴起、福利国家衰退等一系列政治经济条件转变所带来，所以高等教育必须适应新的现实：院校及其教师需要为获取外部资金而进行市场或类市场的活动，这就是学术资本主义（Academic Capitalism）。之所以不用"学术创业主义"，是因为"资本主义"一词更能体现利益动机对学术界的侵入和商业动机对高等教育的渗透，事实证明，一场静悄悄的革命正在发生，后工业时代大学正在形成。

事情开端是这样的，20世纪80年代市场全球化以后，环太平洋国家的经济日益增长，他们同老牌工业国家竞争，一道求助于研究型大学，以期获得科技产品和工艺，然后拿到全球经济中销售。由是跨国公司开始主宰世界经济，一些诸如材料科学、光学、认知科学、分子生物学等跨学科中心发展起来并相继卷入市场，公司对新产品的寻求同院校教学科研人员对更多资金的寻求一拍即合。国家政策也对贴近市场的院系表现出强烈的偏好，于是技术科学领域成为高等教育的增长点，基础研究转向创业研究，教学科研人员变成了政府资助的创业家，越来越多地在企业充当合伙人。

慢慢地，政府将更少的钱用于社会福利和教育职能，而将更多的资金用于夯实企业的竞争力，于是在公立研究型大学内部，也相应出现了越来越少的基金用于教学而越来越多的基金用于增强院校赢得外部资金能力的现象。各院校增加大量的管理人员和非学术人员，他们对教学不感兴趣，仅负责把商业价值带到工作中，系主任的策略看起来更像是企业计划而不是专业化策略，大学教师就仿佛是公共部门内部的资本家。

在这个过程中建立起来的“政府-产业-大学合作关系中心”成为开辟新财源的途径，四国政府已经把促进学术资本主义作为刺激国民经济增长和增加高薪工作机会的途径。或许在不久的将来，国家高等教育政策会推动直接满足商业和产业需要的培训，综合性高等院校也会为了维持竞争优势而开始转向训练学生直接就业。当然，这一切都建立在后工业经济需要高教育程度工人的基础上。

随着高等教育融入市场，教学科研人员和院校逐渐丧失自主权，教授也逐渐远离由好奇心驱动的研究自由，从事技术转让的教授心态尤其矛盾，尽管他们希望自己的研究能够造福人类，但也开始谈回报。学术资本主义使高校教师逐步成为大学最重要的资源提供者，他们享有权力并期望以个人或集体的方式获得奖金，于是院校开始竞相争取“明星教授科研人员”和“新博士精英”，能带来资源的那些人将拥有最大的权力。

伴随学术资本主义的兴起，大学内部权力集中的现象也在发生改变：人事部门获得更大权力决定眼下最重要的事情，同时交出大学一般治理权，高层行政管理人员则放弃资源分配的某些权力而在其他地方获得更大权限（比如预算权力下放），中间组织层的权力减少，权力分布趋向沙漏状，这些变化是由不断变化的财政环境所决定的。

需要注意的是，学术资本主义会导致本科教育质量严重下滑，因为“用于教学的钱越少就意味着教学越少”，不参与学术资本主义的教学科研人员将会成为教师而不是教师兼研究员，他们根据合同工作，不能拥有终身职位，这对公众给予大学的信心有很大损伤。如果州政府对公立大学资助份额继续下降，大学将走向私有化，成为事实上的独立或私立，这是资源依赖变化的结果。

需要说明的是，“学术资本主义理论”的研究对象是美、英、澳、加四国的公立研究型大学，之所以不把私立院校纳入研究范围是因为使公立大学不稳定的主要因素并不会影响私立大学。

作者认为该理论的最大弱点在于加、英、美缺少可比较的个案研究，而Margionson 和 Rhoades 却指出其忽视高校在非营利性活动中所发挥的作用，没有说明大学的国际扩展，掩盖了国家传统、大学和行动者对高等教育的作用，也忽视了学生、教师、非教职人员和管理者的作用等等。因此，作者后来写下《学术资本主义与新经济》一书，并提出“学术资本主义知识/学习体制”概念，不过那都是后话了。

2022 年 3 月 8 日，星期二，晴

今天是三八妇女节，我在学院图书馆待了一天，晚上返回圆明园校区自习室继续。中午去朱红老师办公室请她签名，朱老师做了个新发型，乌黑亮丽的头发上别了两个迷你小夹子，我头脑里立刻浮现出老师耳畔摇曳细碎耳环的模样，那是上学期“大学生发展”课堂上的一道风景。同为女人，我悄悄观察到老师换了好几副耳饰还有镯子，颇带民族风情的那种，晃啊晃的，和老师的笑靥相映成趣。

刚走出门便听到唤我名字，转身回去，她拿了个记事本塞我手里，笑眯

眯地说："里面还有支笔，挺好用的。"我也不客气地笑嘻嘻收下，今年的节日礼物竟然是朱老师送我的，开心。晚上走出学院图书馆时不经意间发现右面墙上有块小白板，有字也有画，驻足看了很久，只觉得少年人的快乐与烦恼煞是可爱。

近几日内心不是特别安宁，记挂的事情太多，下午总算给玥玥写完回信，晚上得把前两周的课程内容稍微整理一下。拖一次课便感到被动，何况知识没有掌握，日记也就随之写不出来，无法对自己交代。

由于需要随时翻阅《王阳明全集》，编书任务每每被拖到最后，好在坚持背诵了《孟子》，想来东茅老师不会怪我。

2022 年 3 月 9 日，星期三，多云

走进教室时人还很少，文静在调试线上视频，子辰递给我一包酸奶，第一次周三早晨比展老师早到，好整以暇等待老师的感觉真好。今天的内容依然是关于"无形学院和交叉学科"的，前后一共讲三次。

课后和敏敏边走边聊去图书馆，临到门前才想起我得帮王华老师交访问学者中期考核表，于是折回教育学院。办完后直接留在二楼自习，中午和欣鑫约着一起午餐，不能再跑来跑去，不然一点时间都没了。

我发现只要我说"咱们找个安静一点的地方吃饭聊天"，几乎所有学生都不约而同提议"那就去家园四楼"，这不，我们又去了。路上我才知道欣鑫并非教育学院的学生，而是朱红老师的科研助理，上学期最后一次课上她听到我的经历后，在寒假加了我的微信，那时已说好开学见面。一见面她就过来挽着我的胳膊，数次欲言又止，不经意地询问中，我慢慢感到这个女孩的艰难与不易。

欣鑫个子不高，微胖，戴一副黑边眼镜，拿着科研助理的微薄薪水，非要请我吃饭，心意我领了，但不可能让她买单。坐下才知道她也吃素，而且

从小就开始，至今或许已二十几年了吧，第一次遇到素食这么多年的人，颇感意外。欣鑫自信，也不够自信，她坦诚告诉我害怕些什么，也不无得意地告诉我她擅长什么，当她说起在教育学院两年却不大好意思去听老师们的课，也不好意思找朱红老师时，我深深替她感到惋惜，然后忍不住“好为人师”起来。

她的心情我完全能够理解，其实我也是个不愿意打扰他人的人，尤其害怕打扰到自己尊敬的人，总希望能默默处理好一些事情，让他们放心。总觉得跟老师接触是给老师添麻烦，也总觉得老师们忙得不可开交，自己不要再去添乱，然后就自顾自地学习、干活。好在我也是一名老师，明白老师的感受，这些年时常在课堂上重复：“你们若有什么难事，一定要来找我，不要怕添麻烦，老师有义务帮助学生解困，你们找我，是对我的信任。”这是真心话，有学生来求助，第一时间会有一种被记得的暖意，感受到被需要是一股很大的正面力量。

我将这些话告诉欣鑫，同时也把我上周五跟东茅老师交谈、前天冒昧找蒋老师的事告诉了她。在见到老师们之前，我也有同样的紧张和不安，但如果我们不主动找老师，难道等着老师主动找我们？如果我不跟老师汇报自己的情况，老师怎么知道我在想什么、做什么？既然是尊者，就需要我们主动表达，主动汇报，主动请缨。我真心希望她能越过她认为尚感自卑的那个自己，抓住一切空隙时间跟学院各位老师学习，不断成长，不断进步，不管是不是打算一个人过，生活需要向上。这个学期走之前，我得再跟她聊聊，多鼓励她。

走出学院大楼时月已挂上枝头，不感疲惫，唯觉匆匆。

2022 年 3 月 10 日，星期四，多云

原以为今天多云，傍晚散步去华联上地时才发现原来是雾霾，难怪嗓子

不适，不过或许是我前两天大意没有“春捂”，穿了条单裤跑去学校，一待一整天，晚上回来时两个裤管凉飕飕的，接着又光脚跑去了澡堂，感冒亦在情理之中。不过这个节骨眼上，我不能感冒，热水喝起来、秋裤穿起来、运动做起来。

“门外无人问落花”[①]，宿舍楼下的花瓣片片飘落，躺在地上娇俏地凌乱着，不似秋日枯槁，不知为何这般莹润竟会跌落？

今天的时间基本花在整理《四书心解》上，看事容易做事难，从“四书”的角度重读《王阳明全集》后发现，几乎整本《传习录》都在讨论“四书”，就连书信那些也不例外。一开始担心内容不够充实，现在担心内容过于庞杂。王阳明先生“四书五经”烂熟于胸，教学生也好、下笔也罢，随手拈来，多处互引以明理，现在需要将其条析入“四书”，暂时想不到恰当的安排方式，先用红色字体标识出来，又编辑了一条消息发给东茅老师。老师聪慧敏悟，一下子便觉察出其中难处，要我尽可能先全面收集材料，然后再做打算。

本想今天出去转转，雾霾给了我留下学习的理由，都说北京的春天短暂，我得加油，加油玩。

① 出自曹豳《春暮》。

2022 年 3 月 11 日，星期五，多云

雾霾依旧。

去博物馆？

四点半闭馆，我两点半还在宿舍，作罢。

谁能在课程内容没有整理、日记没有写、书稿刚开始、信件待回复的情况下安心出去耍啊，我做不到。上午不敢出去，乖乖干活，下午给学生回信，顺便发呆，傍晚看到雾霾依旧没有消散反而开心起来，不是我辜负了春天，是天气辜负了春天。

本想跟随蒋老师再写一篇论文，看样子没有时间了，“高等教育基础理论”改成写读书笔记，今晚去学校把文献打印出来，那就散步过去吧，途中还可以给妈妈打电话，一举三得。出门拨通，走到校门口挂断，手机时长显示 47 分钟，这就是学校和宿舍之间的步行用时。

没有停留，直接走去了图书馆，周五晚上的自习室稍显空落，大概是只有开学前几周才有的景象。打印机运转中，我走到大厅中央，看到那幅“书香迢递，斯文在兹；价值引领，道隐无名”的题字，想了想，“价值引领”一句的现代化直白气息是不是有点浓？与其余三句似不相谐，换成“载引载领”会不会更好？忽然想到《诗经 · 载驰》中的句子，借花献佛。

今天走了这么久，竟然一点都不感到累，打印完站在图书馆门前犹豫要不要去未名湖，最后决定散步回宿舍，既然到处都是安静的，我又何必执着于一隅。途经农园，夜晚依旧灯火通明，这是我用餐最多的食堂之一，他日想起，是烟笋腊肉？是麻辣烫？还是红豆包？一笑。操场上人影绰绰，对了，阿静说邱德拔体育馆里洗澡很方便，仁杰也说里面有健身房，我何不过去看看。

是该惊叹吗？还是该矜持一点？健身、健美、形体、击剑、游泳、剑

道、台球、重竞技、壁球、抱石、乒乓球一应俱全，当我穿过长长的健身厅到健美操室时，仿佛重新回到了大学。阔别多年，我又可以跳操了，一个季度才 428 元，我得去买健身服。

绕着邱德拔体育馆走了半圈后戴上耳机出校门，缓缓前行，正月间灯笼并未撤去，与街灯彩灯交相辉映。一对情侣依偎喁语，“做文明市民”的红色条幅在他们上方飘扬，燕园横幅纵然醒目，却挡不住情人间相拥的缠绵爱意，发乎情止乎礼，谁说拥抱不文明？在我眼里，让人会心的场景都是文明的，让人害臊才不文明。

长春园一直在我与学校之间，或许只剩下几间屋顶和数处墙垣，哥哥说颐和园不如圆明园，我却觉得都挺好。颐和园有，圆明园无，“有”好，“无”也好，“有”令人遐想，“无”亦令人遐想，“假作真时真亦假，无为有处有还无”[1]，今晚经过这里的我是“有”还是“无”？

回到宿舍，依然只有阿静一个人在桌前，她问我去哪了，我说我“散步去学校”，她似笑非笑地抿了抿嘴，我懂她的意思，也跟着笑了。

---

① 出自《红楼梦·太虚幻境对联》。

2022 年 3 月 12 日，星期六，多云间晴

早晨迷迷糊糊中听到雨声，醒来时果然看到地面有湿润感，吃完早餐后回来告诉她俩“今天空气特别好”，甜甜与刘老师相约 798，阿静问我下午想去哪。实话说，我想去的地方很多，除了那一个个景点外还有好多博物馆，但我心里的事更多。她说她心情不大好，想去一趟杨梅竹斜街，问我可愿同行，我不忍她郁郁，答应下午两点出发。

这是我第二次单独和阿静出去逛吃，今天我安心当倾听者，一切都随她的意，只要她高兴就好。我们去杨梅竹斜街看了一家自主设计的品牌服装，又去 MUJI 买了一些杂碎，然后便坐在 MUJI 店的餐台区聊天，这一坐就是一个下午加半个晚上。她数次抽纸巾擦眼泪，我既没温言相劝，也没柔声抚慰，总觉得成年人伤心什么难过什么，旁人难以影响，也难以给予真正的安慰，陪着就好。她愿意问，我愿意说，她不问，我就不打扰。

阿静可算出色，不是她学习成绩有多么好，也不是她得了多少奖项，而是她的言谈、衣品、行为注定了这是一个不一样的女生，起码在我眼里她是。灰头土脸的我在饭堂总能看到精致美丽的她，接不到程程电话的我几乎每天晚上都听到她温柔地跟儿子视频通话，每次进出大楼门卫时她都会随手轻轻带关铁门，我抱怨酸奶加火锅气味难闻，她便主动过来跟我道歉。今晚，当她读到当班主任时给学生写的一首送别诗时，哭了，她不明白为何学生会觉得她严厉而怕她，她只会冲口而出“我不允许我班里的任何学生受到伤害”。我说怎么听不到我们宿舍的小白兔这几天哈哈哈了，原来她在担心她那过分强势的母亲一个人伤心……

不过，我也挺没用的，回到宿舍后自己的心情也随之低落了起来，然后发现竟然不想跟任何人说。在经历过几次重大“无常”后，我似乎更加愿意贴近孤独，既然选择了一个人面对，莫如把孤独当成朋友。贯休可以有“三

间茅屋无人到，十里松阴独自游”[①]的心情，我为何不能？“人皆可以为尧舜”[②]，不是吗？

2022年3月13日，星期日，多云

今天最开心的事莫过于在阿静的指导下扔了几件衣物，参加工作之后，我的喜悦便渐渐从穿新衣变成了买新衣，为何买来不穿？因为一来我宅，二来我也不喜欢被人关注；那为何要买？因为我骨子里爱漂亮。所以阿静难以理解，一本正经地“找我谈话”了，当然，我的态度十分诚恳，并表示虚心接受意见，立刻把她觉得老气的衣服全部打包送下楼。

我也知道过去的每一天都不会再来，要好好爱自己，只是在默默美和不给人看到之间似乎很难兼得，我到底想要的是什么呢？不愿意给人看的潜意识里投射出来的是我对自己不满意又或者是过于自恋吗？不愿深想。四十岁之后，我感到生命里的部分被用于挣脱，挣脱那一个个有形无形的束缚，它们来自事业、来自学业、来自情感、来自家庭，终究都来自我的心。我其实能感受到自己的心是如何被缠缚的，我甚至能从一开始就觉察到，只是我没有放下的能力，我也知道每一个我动心、我喜欢、我倾注的人、事、物都是我的陷阱，只是我舍不得。

不由得想起胡茵梦的那句话：

吊诡的是，在我经历的每一刻中，都会有一个清醒的我在冷静地看着这一切。

① 出自贯休《山居诗二十四首》。

② 出自《孟子》。

第三周

2022-03-14—2022-03-20

2022 年 3 月 14 日，星期一，晴

前天晚上给妈妈打电话说：“我来北京十天了，基本没有换衣服，出门总穿那一件外套。”妈妈哈哈大笑，我亦乐然。其实我一来忙，二来也没心情，总觉得不踏实，好像什么都做不完似的。新的一周开始了，还是稍事收拾一下吧，白衬衣、米白裤、浅灰毛衣、湖蓝大衣，心情亦随之明亮了一些。

后知后觉的我直到去年才开始把随季节调整着装颜色当成一回事，而后开始付诸生活，娇嫩明亮的色彩最适合春天，将浅色系衣物摆放在显眼易取处，再将咖啡色、棕色系衣服收起来，“最是一年春好处”，怎能辜负春光?

今日“高等教育基础理论”课的内容是“学科文化理论”，上课伊始，蒋老师便请每个人发言谈谈自己本科所读专业的性质特点及教师们的观念、思维方式和行为特质。巧的是，我们几乎一人一个学科，艺术、心理学、特殊教育、社会学、语言学、会计学、生物学，还有农学。可怜的是，蒋老师春季过敏，在呼吸不通畅的情况下仍然坚持逐一点评，我这才发现只要事关学术，老师什么都能聊，比如有位同学感叹学完后依然不会教书，蒋老师告诉她：“每个大学的发展定位不一样，北师大要培养的是教育研究人才而不是中小学教师。”又打趣说起北大哲学系“一辈子三千字”的老话。我听后若有所思，一辈子能留下三千字那是非常不容易的，不由得想起上一周蒋老

师在课堂上说过的话，“我希望你们能写出几篇好文章，留在学术史上”，当时听了好感动，现在想起依然感动，简单的一句话，包含着一位老师的拳拳之心。

话说今天的这次课程颇为应景，国家正好刚刚公布“双一流”专业的评选结果，虽是几家欢乐几家愁，但学科评估与学校声誉和资源配置相关程度高，我国高等教育建设强调以学科为基础乃是大势所趋。

托尼·比彻的“学科文化理论”

英国人托尼·比彻的《学术部落及其领地》一书主要研究学术部落（系科）和学术文化（领地）之间的关系，第一版基于作者在英、美两国对 12 个学科的 221 位学者进行采访的数据写成，采访涉及学科特点、认识论、职业模式、名誉和奖励、探索有关学术活动五个方面。为了弥补第一版仅关注学科群体中有较高声誉学者的缺陷，作者在第二版中新增了对英国“新型大学”为期五年的学者类型研究和对加拿大、英国 24 位新就职的大学教师研究。其研究主题跨越了极少数边界区域，一面是知识社会学和科学社会，另一面是高等教育，其论点是：特定学者群体的职业生活方式与他们所从事的学术任务相关，学术部落与学科认识论互相交织，文化潮流从外在环境向大学流动，对学术活动、学术价值和学术态度产生很大的影响。

托尼·比彻还提出“硬性（逻辑严谨）和软性（联结松散）知识”与“纯的和应用的知识”两个独立维度对学术知识进行分类，将学科分为纯硬科学（抽象–理论，如自然科学与数学）、纯软科学（具体–理论：人文与社会科学）、应用硬科学（抽象–积极应用：以科学为基础的各种领域，比如工程学）、应用软科学（具体–积极应用：以社会科学为基础的各种领域，比如教育学、法学）四种。需要注意的是，硬/软科学的知识领域和纯/应用科学的知识领域之间的界限很难精准划分，许多学科的归类并不是十分恰当。

至于学科界定，托尼·比彻则认为，能否成为一门独立学科取决于其是不是一门成熟学科，以及该学科在国际学术共同体中的独立程度，比如是否拥有自己的协会和期刊，是否得到国际认可。近 30 年来，学科大幅度发展，其外延不断扩大，各学科的学术基因都有着自身特有的文化，这种“可辨识的同一性和具体文化”特征与部落非常相似，“学术部落”的名称由此而来。一个学科群体的职业语言和专业文献在建构学科文化身份方面起着重要的作用，各有各的“语域”，学术部落似乎就像真正部落那样具有驱逐非法移民的各种策略来界定身份，从而保护自己的学术领地。

学科的意识形态越来越浓，学术部落相当复杂，界定学科群体取决于某一具体参考框架的选用，其范围宽泛笼统，所以清晰的界定标准至今见不到。

虽然事务繁多，但时间不等人，从这周开始，我得每周旁听一到两门课，今天下午选择了沈文钦老师的“教育中的知识：社会与历史视角”，主题是“如何识别卓越”。沈老师反对中学采用按成绩排座次、培优班等识别方式，总觉得多少带有一点侮辱性质，甚至暗含校园霸凌之意，不知为何这种教育乱象一直无人治理。成年人世界的“认可”很现实，多以荣誉和物质来体现，其形式有奖励、引用、晋升、声誉等，在此“尚贤”激励下，对认可的追逐渐渐成为科学家的渴望。一位接受沈老师采访的清华老院士甚至说：“年轻科学家追求的已经不再是科学而是如何评上院士。”这些失范行为由不恰当的“认可”所导致，使获得奖励取代科学目标，最终被默顿的“目标替换”不幸言中。

在我的记忆里，20 世纪 80 年代初期的学习口号是“学好数理化，走遍天下都不怕”，爸爸甚至说他们念大学时公然瞧不起文科生，那个时候，考上哈工大、中科大与上清北一样牛。现在人们对科学的热情逐渐下降，一方面由于科学职业本身具有不确定性，另一方面则是与其他行业的高额回报相比，科学家的收入相形见绌。卓越人才失去培植土壤后越发凋零，沈老师就此提出“如何识别大器晚成的人并给与他们支持？”一问，并尝试作答，那就是“发现热情的爱好者”。以王选为例，当年北大发现王选时，他已年过四十，并且只是讲师，但学校仍然给予重点支持，这才有了后来的成果。

识别卓越，才会产生卓越，科学家伯乐与科学家一样难得，沈老师的课我很喜欢，如果有机会再来一次教育学院，一定从头开始听。

晚上甜甜告诉我周四、周五两天会下雪，下周不是阴，就是雨，这么说，只有明天一天是晴天了。

要不，出去玩一天？

2022年3月15日，星期二，晴

银山塔林——塞上春来风景异

说玩就玩，返京已半月，都在乖乖看书干活，换来今天心安理得出去转转。

早晨睁开眼睛躺床上翻看哥哥给我发来的北京春季旅游景点，怀柔、昌平、密云、门头沟，个个都很美，也都很远，不过正好适合疫情反弹的当下。只是今天的自己有点慵懒，太远怕赶不回来，最后决定去近一点的银山塔林风景区，据说那是辽金以来北方的佛教圣地，保存着多座辽代塔群，至今已有600多年的历史。我对有历史感的地方毫无抵抗力，只要有古迹，就想去看看。

已经熟悉北京公交—地铁—公交的出行模式，昌平线上的十三陵心仪已久，只待春暖花开。从南邵站出来等昌平31路足足等了近五十分钟，幸好早晨出门后又转身回去拿了条羊绒围巾，北京春天的风依然很大，尤其在郊外。《红豆》单曲循环了好几遍后公交来了，我坐到最后一排靠窗处，虽然颠簸，却自在。坐公交的好处便是可以观赏沿途风景，还有民俗，车程基本弯弯曲曲沿山而行，我看到窗外移动着米白色的山峦，晃过灰白色的树干，还有那裹着棉袄戴毡帽的人。

明明记着“花果山”站下，公交却在“银山路口”之后就不再播报下一站的站名，懵里懵懂地看到一对母女下车，问工作人员“银山塔林什么时候到”，告诉我“这里就是”，赶紧起身下车，原来是到了湖门村。时间是中午十二点四十五，太阳正好，询问售票点在哪里，守门的大爷告诉我“还有四里路咧姑娘”，正好肚子饿了，包里翻出带的馒头咸菜，边走边吃。北方的村支部有我想象中的模样，北方的村庄令我感到新颖亲切，就在感叹远处的山峰在蓝天映衬下有着天然柔和莫兰迪色的时候，四里路已到尽头，事后方知，我要爬的正是这座山。

售票处离塔林倒是只有五分钟路程，我却磨磨蹭蹭走了二十分钟，无他，一切皆我所未见，石象凳、小树林、乱石阶、古怪树，还有那数条岔道入口，生生忍住一探之心，只为先去绕塔。没想到茂密之后竟然如此空旷，塔林赫然呈现在眼前，直看得呆住，惊叹之余开始疑惑这山中空谷到底是天成还是人力？法华寺已被摧毁，遗址上巍然矗立着五座主佛塔，想必这就是密檐塔，塔如其名，密密实实飞檐叠起，煞是巍峨壮观。我驻足良久，右绕三匝后，开始寻找覆钵塔和转腰塔，于是顺着指示牌向上爬。

景区门口介绍此处“银山铁壁”名列明清著名“燕平八景”之一，《方舆纪要》中记载：“冬季冰雪层积，终日不化，色白如银，故称银山。”“铁”是指银山岩石的颜色，说其“巨石累累，松林遍布”，松林遍布感受不深，但“巨石累累”诚如其言。爬山途中屡被巨石吸引，不唯山路是石头，路旁随处可见是石头，连山脚下挖的水渠也是石材制成。我并非刻意挑选石头拍照，爬山途中随手拍下自己觉得有特色的景观，不意发现十张里竟然六张都是在拍石头，可见“巨石累累”名下非虚。

尤其喜欢这栋由人工开凿而成的石头小房子，名叫“朝阳洞”，是僧人起居和讲习佛法的场所，很小很萌，远看就像一个小蘑菇。走进去顿觉寒气袭人，不由定睛凝视，似乎有个小佛像摆在前面，行礼后反身退了出去。真的很佩服古代修行人，他们是真修行，“竹篱茅舍自甘心”[①]，不像我，嘴里说着要做，面对生活便开始讲究这个讲究那个，相差何啻千里。

适才路上经过“松棚庵遗址”，就在主塔上面不远处，因庵前有棵大松树而命名，继而又爬到一处名为“说法台”的地方，相传是唐代高僧邓隐峰

---

① 出自王淇《梅》。

的讲经说法地，可见银山当年香火之旺。今天是周二，游人稀少，总计遇到不超过二十位，前后相随地经过了一程又一程后，脸孔基本认识了，时不时笑笑打个招呼，到达钟亭后分道扬镳，几乎没有人再往前迈步了。

我继续向上攀爬，只看到一对刚从峰顶下来的情侣，牵着一条名叫“喳喳灰”的大狗，一对坐在弯角处歇息的中年夫妻，还有一对不停说话的父子。“佛顶峰”处有块指示牌，显示此处726.81米，已是银山最高点，可是为何还有继续上行的台阶呢？扭头看到刚才停留的钟亭只剩下小小一块坪，不知不觉间我走了这么远吗？记得刚才看介绍时说中峰顶俗称“琢磨顶”，左侧为“佛顶峰”，民间俗称“和尚头”，右侧为“歪咀坨”，爬到这里的我不由自主开始琢磨，顿感好笑。只是，金元时期的和尚头是尖的？带棱的？“歪咀坨”又是什么意思？既然还未到尽头，那就继续吧。

原来，真正的峰顶是一个四方形小台，站上去之后的第一感觉就是周围数百里无一处比自己高，当真有海阔天空之感。不敢说“一览众山小”，因为我不敢小众山，也不能说“无限风光在险峰”，因为经修建后这里丝毫感觉不到险意，却真实有种莫名其妙的成就感，似乎轻而易举就站了上来。事实证明，得意便忘形，下山时一不小心在石头上崴了脚，还好反应及时，只是淤青。幸运的是，我终于发现了覆钵塔，只是转腰塔问了两个人都说不知道在哪里，明明那么大一块指示牌立在那儿，我硬是没有找着，算是给再来留一个借口吧。

“在天愿作比翼鸟，在地愿为连理枝”①，今天见到了许多连理枝，不对，是连理根。古人真聪慧，“连理”一词将两人之间的情意、默契、韧性表达得淋漓尽致，说什么三观合、眼缘顺，倒不如将心连心，以理服理，深埋在悄无人见之处，伸展在阳光雨露之下。

下山后饥肠辘辘，买了玉米、茶叶蛋和一些干果，正吃着，后面一辆黑色车子慢慢停在身旁，原来是刚才遇到的那对父子，说愿意送我一程，到底是佛教圣地，遇到的人都这么友好。

---

① 出自白居易《长恨歌》。

这一程帮我节约了一个多小时，七点多便回到了宿舍，她们都没回来，灯还黑着。打了一盆水泡脚，顺便查看崴伤处，还好还好，一切都好，心满意足地等着后天下雪。

2022年3月16日，星期三，多云

闹铃一响，立刻起床，收拾利索后发现竟然还有坐下吃早餐的时间，看样子平素拖拉真耽误事，即便只有几分钟，晨间状态亦大不相同。

展老师今天给我们讲“科学无疆界”，这是麻省理工大学前校长万尼瓦尔·布什提出来的观点，如果说普赖斯为科学研究提供了科学史视角，那万尼瓦尔·布什则站在实践角度对其观点进行了有益补充。

他认为科学发展必须要等待它的工具——数学，有了数学，科学才能进步。其实科学从来没有证明过任何事物，科学家的结论都依赖于仪器，也就是工具，实验手段先进到什么程度，科学就进步到什么程度。也就是说，凡是不能测量的，科学家便无能为力，所以科学是有边界的，布什写“科学无疆界”，就是想告诉世人：“科学急不来，且科学的东西迟早被推翻，因为现象皆是奥秘，奥秘推动科学。科学方法只有两种：实验和推理，满足其前提才能进行推理，但前提条件要完全满足是不可能的，且前提本身不可证明，所以科学无疆界。”

万尼瓦尔·布什通过“高斯怀疑平行线延长后是否还会平行”的例子告诉我们，实验手段具备之后，通常不是得到新结论而是推翻旧结论，因为任何一个逻辑体系都不可能没有矛盾，且任何一种科学逻辑都存在问题。需要说明的是，逻辑是不断变化的，只有在研究对象非常清晰的时候才能推理，所以科学进步的根基在于基础科学。由是可见，极度相信科学和极度不信科学都是错误的，领导者要有科学的态度，但不能被科学领导。布什还说：“等条件都具备了，时机也过去了，有时候与其相信一个数据，不如相信一

个信仰。”所以科学成果的转化需要时机和节奏、整个体系进步、机器生产的配套，还有多年基础科学研究等一系列因素才能促成。

这些对教育有什么样的影响呢？在万尼瓦尔·布什看来，教育要解决民主社会特有的问题，首要便是价值观，即教育想要培养什么样的人？教育的内环境（学术环境）很重要，民主社会不能由一群粗鲁、低素质的人做主，需要真正的领导者，以培养出具有谦逊品德的绅士，因为民主是有条件的，而人的条件是所有条件中的重中之重。

万尼瓦尔·布什还发现，纵观历史，贵族政体最稳定，英国即是如此，美国曾经也有个骷髅会，统治阶级都从那里面出来，换言之，由耶鲁、哈佛的毕业生统治美国，这样的统治才稳定。所以万尼瓦尔·布什认为由国家建立贵族集团教育的方式最可取，领导管理好这些人就能掌控方向，“只有具备一定财富的人才有选举权”，因为没有寡头的民主比有寡头的治理更混乱。所以现代社会需要“文化绅士”，即民主社会的领导者。

好的领导者不是做官而是提出概念，有先见之明且擅长行动，并说服大家跟着自己走，因此需要站得高、看得远，把大家带到一条正确的道路上，民主的本质不是多数人统治少数人，而是保护少数人。他们为什么值得被保护？因为成不成功就在于少数人，但这些少数人一定要对社会作出贡献才会得到尊重，当一个人用他的专业知识为社会服务的时候，社会就尊重他，所以要大力发展高等教育，“当一个人证明自己有能力为社会做贡献，他就保护了自己”。

2022 年 3 月 17 日，星期四，阵雪

很早就知道今明两天会下雪，很早就开始期待，去年 11 月 5 日的第一场雪被我稀里糊涂错过之后，再也不见半点雪踪，燕园雪景不知何时才能看到，谁知天公如此作美，竟在这初春的三月再赏我一场。

昨天比较暖和，一滴雨都没有，让我这个在南方长大的孩子数度在心里好奇并怀疑：雪真的可以无缘无故地凭空而落吗？事实证明，可以。话说早晨有那么一段时间我感觉太阳都要出来了，提着电脑和书本前往自习室，路上还在想着大概冷不起来，不如早点把羽绒服和羊毛围巾寄回广州算了。谁知下午三点后气温骤降，出去取包裹，回来时已感到冻手，心里暗喜，随后雪花如碎屑，落地即融，却没有停下来，就这么洋洋洒洒地飘着，严寒中带着一丝春天的湿润。这场景真有几分“俄而雪骤”之意，“白雪纷纷何所似”？到底是“撒盐空中差可拟”，还是“未若柳絮因风起”[①]？此时立于飞雪间，方知后者神妙。

群里已有老师发来未名湖的照片，博得一片赞声，今日天时已晚，雪也不大，明日圆我未名之梦。

2022年3月18日，星期五，雪

燕园春雪——寒梅冰魄天工苑

阿静不到七点就起床了，只为赶去故宫赏雪，我也想去，可惜打开购票系统后发现只能预约次日，这会还阴着，只好先去自习室看书读文献。中午时分东茅老师发消息说下午两点商议出书之事，心里庆幸故宫没有去成，不然雪等不来倒把老师的事给耽搁了。

出门时天空开始飘起雪花，到校时雪已转大，今天穿了上周新买的羽绒外套，刚进门就听老师说：“你也有一件这样的衣服啊？和我的一样。”我说“您那件偏绿色”，他打开衣柜拿出来一比，确实颜色不一样，我忍不住笑着说：“男人一般都分不清楚的。”心里觉得老师像个小朋友一样可爱，华罗庚

① 出自《晋书·王凝之妻谢氏传》。

的那种“可爱”。

难怪阳明先生说需要师友，经老师指点，如何编排渐渐变得清晰起来，想起往昔的种种孤芳自赏，不过是一次又一次顾影自怜而已。不知不觉一个半小时过去了，抬头窗外已白茫茫一片，我兴奋地站起来急着下楼，老师笑问：“要不要伞？”我笑答：“我带着呢！”

返校时把去未名湖的路给记熟了，此时正好派上用场，随着雪量增大，气温降得很快，风也不小，我没有戴手套，仅靠心头喜悦和暖房余温支撑，在校园内四处徜徉，但毕竟太冷，还是先去湖边。打着伞，飘着雪，空荡荡的路，冰冰凉的空气，一边听着叶蓓的《纯真年代》，一边往前走，丝丝凉意沁入我心深处，还有什么比雪更纯、更白、更无瑕的吗？如果有，或许就是我们的纯真年代吧。

未名湖边人影依稀，只听到飞雪簌簌而下，“联翩飞洒，徘徊委积”[①]，还有那湖面野鸭欢腾，竟惹得岸上的两只也忍不住跳下了水，留给游人一串串可爱的小脚印。我傍水而行，时作停留，欢愉而又惊叹，艳羡而又迟疑，多想留住现在的每分每秒，无奈时光终会溜去。一次次掏出手机取景，一次次缩回口袋取暖，微霰在寒风中淅淅沥沥，冰花在天空中纷纷扬扬，落在脸上，融进心里。不多时，天地一片银白，唯有远处的红墙隐约可见，来时路似瑶台，脚下径成玉阶，只有那春花兀自娇嫩在琼枝之间，饱满而挺立。

手机传来阵阵消息，想要回复，手指却不听使唤，放到嘴边，发现唇亦冰冷，要拍照已是不能，想在风雪中静静待一会儿，却见学生越来越多。低头看到外套鞋子都湿了，也罢，去图书馆回回暖，等我走近图书馆时，雪似乎也渐渐变小了，颇有种踏雪寻梅兴尽而归的意味，这得感谢东茅老师的召唤，否则我自己怎能将此时段把握得如此分毫不差。

晚餐后决心二度造访，空气凛冽，万物清新，我背着书包不紧不慢，先去冯友兰故居看看老房子，再去未名湖边看看雪色夜景。北大的一砖一瓦仿佛为天地而砌，岂是我般常人等闲能够领悟，第一次觉得“老”是一件甚有

---

① 出自谢惠连《雪赋》。

北京市文物保护单位
原燕京大学未名湖区
北京市人民政府

未名湖

况味之事，老房子老，老树亦老，似墨非墨，如漆非漆，动静得适，浓淡相宜。若非燕园百年沉淀，怎能有此微醺之古韵，若非人物在此间生生不息，怎能有此灵动之气息。我漫步在夜色中，湖面倒映着月光塔影，琼枝玉树交错出雪辉，昏黄的灯光明灭其间，人语轻笑，衣衫拂动。

此情此景，今夕何夕，我欲沉醉，还复清醒；我欲清醒，却仍沉醉。“生死百年花上露，迷悟一旦镜中头”[①]，到底是我度人生，还是人生度我？究竟是该纤尘不染，还是该繁华洗净？

“因方为圭，遇圆成璧”，我能吗？

“凭云升降，从风飘零”[②]，我能吗？

宝钗尚有“万缕千丝终不改，任他随聚随分”[③]之心，但她此心安在？谁说那不是一场魂牵梦绕，心驰神往？

那么，今夜呢？今夜是幻？是真？是耶？非耶？

既然无语问今宵，那么就请在今夜，化为冰雪。

2022 年 3 月 19 日，星期六，晴

一天无事，唯有读书。

一天无阴，唯有丽日。

十一点半，阿静问：“饭否？”欣然相约，两人在食堂吃得无味却谈得有趣。

六点半她在操场散步，我戴着耳机出校门，各自安处。

晚上她先我而回，我也因推进了《四书心解》的进度，满意而归。

临睡前看阿静摆弄试穿明日的出行着装，一天中最温馨的时刻莫过于此。

---

① 出自栯堂禅师《栯堂山居诗》。

② 均出自谢惠连《雪赋》。

③ 出自《红楼梦·临江仙·柳絮》。

2022 年 3 月 20 日，星期日，晴

算是充实的一天。

晚上六点从自习室出发去华联，吃完循百度地图找寻一家名为“李师傅改衣工作室”的地方改裤长，选择了步行当餐后消食，没想到来去路程那么远，足足走了两个小时。回来后直奔澡堂，导致晚上没有时间学习，第一次让书包、书本、文具盒在自习室里睡了一个晚上。

话说今晚找到李师傅时很高兴，虽然一个狭小的空间里挤满了窗帘、布料还有各种衣服，但从顾客“整体改小西装”“羽绒服改肩宽”“将连襟改成开襟”等种种要求看，李师傅手艺当属超群。她说自己干这行二十几年，我的安全感油然而生，甚至想把广州一些不舍得整改的衣服裤子都寄过来。

一直在寻找这些有手工技艺专长的人，尊敬他们的手艺，好奇他们的经历，可能小学那一段摸索刺绣的时光影响了我，至今仍然心系精细活，尤其是一双巧手。虽说“年年乞与人间巧，不道人间巧已多”①，但我总觉得人间巧心很多，但巧手则未够。

---

① 出自杨朴《七夕》。

第四周

2022-03-21 — 2022-03-27

2022 年 3 月 21 日，星期一，晴

清晨穿了件绿色高领毛衣出门，春天的心情。阿静说虽然以后也会是美的，但人生中的每个年龄都只有一次，看她拿着小电发棒打理头发，出门时竟有种喜气洋洋的感觉。

今天改到学院 502 上课，蒋老师看上去精神不错，告诉我们他上周过敏得厉害，鼻子不通气，晕头涨脑好不难受，这周刚好点，上课时便穿插了很多个人体会和小故事，言辞间能感受到对学生们的殷切期待。来教育学院读研的人将来有一部分都将从事学术研究，那么学术研究究竟是怎么一回事？会遇到哪些困难和障碍？这周开始为我们讲三次课，今天是第一讲，介绍韦伯的“学术职业理论”。课前发来《以学术为业》一文要求阅读，这篇文献选自德国社会学家马克思 · 韦伯的《学术与政治》，久闻韦伯大名，买过一本他的专著，却顾不上看，既然作为课程要求，正好一阅。

韦伯的“学术职业理论”

《以学术为业》是韦伯 1918 年应巴伐利亚州邀请，面向青年大学生所作的一次演讲，他在这次演讲中提出“学术职业”（Academic Profession）概念（同时代指高校教师群体），并指出从事这项职业的门槛很高，需要长期积累，只有出于浓厚兴趣和热爱才会选择，所以精神性是将学术职业与其他职

业区别开来的关键。

演讲中韦伯比较了美德两国的青年教师入职情况，相较美国“助教”的不确定性而言，德国的“编外教师”更能体现出正式的职位性，他们在积累一定年资后可以开一些教授们不上的“次要性课程”，不过只能拿到学生的听课费。美国助教是有薪水的，但需要同时承担超负荷的工作，故“德国学术职业完全建立在金钱支配的前提上，而美国则存在一个官僚体制”。

韦伯认为，在一种类似“资本主义企业式的大学”里，讲师的升迁、评聘更多受机遇左右，而不是才干，因为大学教师既是学者又是讲师，具有双重属性。这两种才能要想集于一身，更多是靠运气，所以机遇比才华更重要，正如他在演讲中所谈道：“一个人可以是一名杰出的学者，同时却是个糟糕透顶的老师。”“教学技巧乃是一种个人天赋，它并非一定与学者的学术素质相吻合，将这两种才能集于一身，纯粹靠运气。”所以学术生涯就像“一场鲁莽的赌博”，韦伯在鼓励年轻人从事学术职业的同时，也告诉他们不可忽视种族歧视、论资排辈、近亲繁殖等困难。

另外，如果外部环境不够公允合理，学者就难免会产生负面情绪，由是引出“学术的内在志向”话题，内在志向即志业，指愿意献身于某一客观任务或事业。韦伯认为光有激情是不够的，还需要彻底地专业化，虽然在实际中“许多最好的见解往往来自业余人士”，但个人只有经过专业化才有可能在知识领域取得一些真正完美的成就。业余与专家的不同之处就在于业余人士的工作方法缺乏严整正确性，所以真正有价值的成就还是专业成就。

当前的“学术已达到了空前专业化的阶段，这种局面会一直持续下去”，但不应忘记，“无论什么事情，如果不能让人怀着热情去做，那么对于个人来说，都是不值得做的事情”。从事学术工作需要激情，热情是学术灵感的前提，有灵感才有创造力，而灵感取决于命运和天赋，只有在发自内心献身于所在学科时才会出现。随着时间的推移，科学成果会被超越，这是科学的命运，但科学仍然需要不断探索，这是科学的意义，其真谛便在于不断地自我否定与自我超越。所以，作为一名学者或者科学家，他不能在工作时怀有“不想让别人比我们更胜一筹”的想法，而要做到这一点需要理智，所以科学进步同时也是人类理智化过程。

韦伯还主张“课堂上没有政治的位置”，这是因为教师在讲台上发言的时候，下面的学生无法拥有同等对话权利，只能被动倾听，“当一名科学工作者表明自己价值判断的时候，就是他对事实的充分理解宣告终结的时候”。价值本身具有多元性，科学既然不承认“奇迹”和“神启”，就应该努力避免把个人观点强加于人，所以他明确反对教师利用课堂宣扬政治观点和价值偏好，“在被责令保持沉默的地方炫耀自己信仰的勇气未免太容易了些”，大学教师不应该成为意见领袖，只有政治人物才需要煽动力。

既然科学只作事实判断，不作价值判断，也不涉及终极关怀，那以科学为业的意义又是什么呢？韦伯回答：“在科学所能构建的范围内，掌握宇宙终极规律的知识是有价值的。”学者有义务对自己行为的终极意义做出说明，没有绝对预设的科学不存在，而“预设世界必然有某种意义，问题就在于如何解释这种意义，使它可以为理智所理解”，所以“在课堂里，唯有理智地正直诚实，才是最有价值的美德”，在我理解，这似乎是另一种形式的活在当下。

课后收到从老师的消息，安排我 3 月 31 日做十分钟报告，内容是“关于传统文化进思政课堂的文献和实践梳理”。本来以为我只是要去跟从老师见个面，再跟几位同行老师交流学习一下，没想到需要做报告，而且听众还都是在教育领域有一定身份地位的人，顿时倍感压力，做报告我头一回，写报告发言稿也是头一回，对我这个有着兴之所至讲课风格的人而言实在是个挑战。无奈木已成舟，不得不干，好在从老师十分和蔼温柔，打电话来鼓励和指导该怎么说、怎么做、怎么准备。

这事自寒假答应起，我头脑里就只有一个念头：“尽己之谓忠”，那是共读《四书章句集注》时学习到的将“为人谋而忠”落到实处的处事方法，感到十分受用。适逢从老师问我的意愿，便接下此任务，尽自己的能力准备了一些，没想到开学还有此考验，她要是知道我是个喜欢“讲到哪是哪”的人，会不会也觉得哭笑不得？也罢，尽力而为吧。

李师傅说晚上八点之后可以取裤子，我另带了一条需要改短的裤子到了她的工作室，她做缝纫，我和她闲聊：

“等我们这批头发花白的人干不动了，也许就没有人能干这活了。”

“去年有个农业大学的小姑娘愿意跟我学，我很高兴，后来不知道什么原因没来了。”

“现在的年轻人也不知怎么了，连裤头都不愿意自己洗，宁愿每天穿一次性的，可一次性裤头大多是无纺布之类，穿久了对身体有伤害，难怪现在不孕不育那么多。”

“我觉得吧，可能还是没有教好。”

听着听着，一股老岁月的时光感油然而生，想起之前看到女生抱着一大堆未经整理的衣物去干洗店，其中竟然还有内衣，也想起那些杂乱不堪的宿舍场景。实在不明白为何走出去光彩照人的姑娘竟能允许自己住在一间脏兮兮的屋子里，还美其名曰“收拾好我就找不到东西了”。社会发达，物质丰富，但人的生活品格却在退步，映衬之下，那些身处逆境却依旧容颜干净、着装整齐的人尤为值得尊敬，比如木心先生，再比如赵四小姐。

2022 年 3 月 22 日，星期二，阴

赵老师的课在今早一、二节，这个学期讲“国别与地域文化”，出身北大中文系的赵老师兴趣甚广，博学多闻，私以为这课的精彩程度当不亚于诗词格律。稀里糊涂的我走错了教室，错把 405 当成 406，在里面坐了七八分钟后才发现不对劲，出门一看，406 原来在对面，端着电脑进去时赵老师笑笑朝我点了点头，算是归队了。

听着赵老师的小故事，两节课很快就过去了，课后去图书馆阅读《四书章句集注》最后一篇《孟子·尽心下》，晨读的日子即将告一段落，心中颇有几分不舍。时隔七年，再次捧读《孟子》，十分欢喜，那师生间的一个个场面，离开齐地时的一次次迟留，对答时的一次次智慧闪现，无不触动内心

深处，我想，我应该比七年前的自己离圣人心近了一点点。

中午发现一个超级好吃的紫米煎饼，准确地说是我超级爱吃，燕南食堂就是个宝藏，虽然地方又小又旧，但顶不住各种丰富美味，何况人家位置正在图书馆门外，怎不一座难求。中午回宿舍竟然睡了一个小时，起来腹中饱胀却仍感昏沉，直到洗完一件毛衣才渐渐清醒。甜甜说暖气供到这个月底，暖房里皮肤虽然干裂但晾毛衣正合适，那种干燥蓬松的洁净感是广州不可能有的。

一边整理《四书心解》，一边挂念开题报告，话说整理书稿的时间如飞逝，转眼便天黑，不得不提着电脑和书回宿舍洗漱。

2022年3月23日，星期三，晴

展老师今天胡子刮得好干净，整个人清爽年轻了许多。

课后一如昨日，紫米煎饼配两个菜，幸福的时刻如此简单。

今天拍到了邱德拔体育馆的全貌，还有那枝头的月亮。我从来不调色、不修图，也不美颜，无意标榜什么，只希望日后回忆时能拥有一份真实。

是蓝？是绿？还是蓝绿？已经不重要了，天色那么美，夫复何求。

2022 年 3 月 24 日，星期四，阴霾

这周蹲踞自习室，中午起身下楼时忽然感到此间的种种好处，宽敞明亮不说，下楼左转几步到食堂，右转几步到宿舍，当初设计自习室的人可真是贴心，使每天闲耗在学习—吃饭—睡觉之间的时间几乎为零。

中午想念燕南的紫米煎饼，且需要打印两份文献，于是前往燕园用餐。教育学院门前的花居然就这么开放了，春天的气息越来越浓，也不知是喜是忧，我其实并不讨厌冬天。

晚上才想起答应从老师给清源学院的学友们导读《论语·宪问》，时间也是 3 月 31 日，跟开题报告撞一块，恐怕难以按质完成。于是发消息问可否调整导读时间，恰好从老师自己月底亦有安排，报告时间推迟至下个月 6 号，不禁长舒一口气，然后开始备课。

看了看天气预报，最近三天都有轻微雾霾，阴天正适合读书干活，那就努力三天，周日出去放风。

2022年3月25日，星期五，阴霾

今天颇有成就感，不但读完了文献，还备好了课，感觉自己上课就像祥林嫂，不自觉中带点难为情，总想唠叨些什么。阔别课堂一年多，真心想念，听到从老师在视频里说“我们以后也要慢慢走到线上”时，不禁生出一丝悲凉。传播知识的课可以这么讲，但那种需要心与心互动的课挪到线上，颇有种冰凉的无力感，把自己讲得声嘶力竭又如何，屏幕能把一切化为轻描淡写。传统文化是学问而不是知识，仁、义、礼、智不是用来知道了解的，而是需要用心和生活去感悟体验，否则就这么些字，何必讨论两千年。

所以对于线上课程，我是既高兴又沮丧，既认真又消极，只因我判断不出意义，也拿不稳效果。开题报告也是如此，我能讲我真正的心中所想吗？中华优秀传统文化其实不需要与思政课相结合，因为它本身便包含了全部的思政内容，有过之而无不及。如果中国人生不起文化自信，那放眼全球，只怕没有一个国家能够生起文化自信，因为论历史之绵长悠久，承续之连续深厚，思想之博大精深，没有一个国家能与中国比肩。

算了，时代大事不是我等平民所能议论的，“君子思不出其位”[①]，我好好讲这次课，好好准备报告就是。

晚上拿了两条牛仔裤想去李师傅那里改裤边，快走到时才收到她回复消息说今晚要出去吃饭，无奈只好折返，路上听了听清源学院老师们的导读分享，路程不显漫长。回到宿舍后才发现自己有点累，一照镜子，黑眼圈、眼袋明显挂在脸上，精力随着年龄增长而减退，不服不行。

---

① 出自《论语·泰伯》。

2022 年 3 月 26 日，星期六，晴有大风

一觉到天亮，起床倍感神清气爽。

说好的雾霾竟然变成了晴天，只是下午五点后开始刮大风，那个时候我正在学院 501 录课，录完听到窗户外呜呜风声，想起甜甜说阿静今天到圆明园拍照，好在她穿着羽绒大衣。

话说今天这课真是上得一波三折，早晨我在自习室里安装好“小鹅通”后调试得很好，下午两点半跟腾腾说“可以了”，把电脑搬去走廊那边的桌台上后立刻信号全无，宿舍也鬼使神差地上不了网。把课录好是我今天的预定计划，情急之下，拿起书包就去了隔壁圆明园，走到门口一看，人声鼎沸，这咋录？于是转身上了去燕园的公交，心想在小树林里找个无人的地方或许可以，却在进门后看见学生排长队，万一待会人来人往，岂不是尴尬又有噪声。

无奈之下只好走进教育学院大楼，却福至心灵似的突然想起两次和蒋老师聊天的小会客室，顶楼顶端，今天周六，应该无人。快步走了上去，如我所愿，很开心地摆放好电脑和用品，讲了十分钟后感到自己不知所云，估计是还没缓过神来。跟腾腾说重来，整理了一下着装，这才开始，最后总算把自己给讲激动了，以至于只感到嗓子渐渐干哑，却不知道时间过去了多久，停止时已快六点，这一讲用了将近两个钟头，而我只讲了五则。

满不满意都已录好，心里的石头放下一块，去燕南打包了一份紫米煎饼往东南门走，这才发现风好大，路边单车一排排全被刮得躺在地上，阵阵尘土扬起，学生们奔走躲避，我亦闭眼扭头。睁眼就看到两棵有意思的树，虽然光秃秃的，却伸展得甚有喜感，那一个个圈圈般的姿态活像童话故事中的树爷爷，而另一处花已开满枝头。我拍完后，旁边一个女生也举起了手机，想来都觉得这花色便是春色，这淡雅便是清新。

2022年3月27日，星期日，晴

昨天把课录好，今天想出去转转，内务整理得有些拖拉，刚坐上公交便感到饿，一看时间11:37，原来真的中午了。982路在“清华附中”站前等红灯的当口，看到两旁车流如注，很少见到这条道上这么多车，想来因为周末又逢晴天，大家都出来游玩晒太阳。我不想凑热闹，只想安安静静走走停停，于是决定到燕园下车，进校吃饭。

餐后和风正好，再去未名湖边走走，校内和校外一样喧闹，学生三三两两取景拍照，于是选择小桥右转，只因人少。一路树影，偶有两对情侣，房屋基本紧闭，不闻人声，门上牌匾和门前石刻痕迹颇新，分明写着“北京大学某研究所”字样，一切都是安静的，只有花色如新。来回绕了两圈，上下小路蜿蜒，随意可至湖边，却隐约如不可见，这座园子，深谙深藏不露却亲切直易之机，方寸之间有大智慧。

我从木后钻出，发现自己仍在湖边，湖面波光跳动闪耀，精灵如斯。一位女生喂猫，一堆人围观，想来这就是红雨之前发给我的“北大猫协”的明星猫咪吧，确实可爱，胖乎乎的，也不惧人。走近博雅塔，才发现塔实不可绕，也罢，无可无不可。一圈正好一个钟头，今日不能出去，那便回自习室吧，那么多事情，我这也算偷得浮生半日闲了。

第五周

2022-03-28—2022-04-03

2022年3月28日，星期一，晴

课后蒋老师问我："张老师，您在高校工作，觉得布迪厄的职业理论有没有道理？"我答："有道理，是他描述的那样。"布迪厄将教师职业和师生关系还原至最冰冷的供需、竞争、淘汰，丛林法则的确可以解释很多现象，被他揭示出来后我也叹服，只是内心深处忍不住有些难过和沮丧，难道场域、资源、资本之外，其他都不重要吗？

老子告诉我们"知其白，守其黑；知其荣，守其辱"[①]，我认为布迪厄的理论贡献是为我们指明"黑"与"辱"，孔子曰："邦有道，穀；邦无道，穀，耻也。"[②]作为教师，当然可以为了生存、为了生活质量、为了荣誉而奋斗，但那并不值得称赞和效仿，因为"士志于道，而耻恶衣恶食者，未足与议也"[③]。布迪厄指出来的应该是教师职业的底线，但他没有指明教育事业的方向，所以我读布迪厄的著作有点像读契诃夫《套中人》，务实的人能得大众青睐，但对我这个理想主义者而言，却有些难以悦纳。

---

① 出自《道德经》。

② 出自《论语·宪问》。

③ 出自《论语·里仁》。

布迪厄的职业理论：文化与权力

如何定义知识分子本身就是文化场域的争夺对象，最有名的莫过于布迪厄的“符号权力理论”，即知识分子作为符号的生产者，处于塑造阶级关系特性的位置，他们通过符号斗争进行调节。所以知识分子是权力的批评者而不是奴仆，社会学的研究对象是场域斗争而不是某一特定立场的倡导。有一点需要注意，他的研究以人文类知识分子为主，实际上已经把自己的主要研究范围局限于那些拥有大量文化资本（即统治集团）的人身上了。

布迪厄眼中的知识分子是文化资本家，其资本形式从属于经济资本，因此知识分子被定义为“统治阶级中的被统治者”，处于一个矛盾地位。

在知识场域中，首先争夺的便是“谁拥有界定文化生产合法形式的权力”，于是专门化的文化生产团体出现，“存在就是区分，即占据一个独特的位置”，理论、方法和概念不过是争夺知识承认权的斗争武器，知识分子是把“如何使自己在文化场域中影响最大化”当成目的的策略家。当然，他们在争夺符号合法化的斗争中也会产生分化，不过仅发生在有限制的生产场域内部。教育系统肩负对知识场域的合法化进行圣化、维护、传播以及再生产的功能，也有把统治文化加以合法化的权力。

布迪厄笔下的知识分子有三类，分别是“在权力场域中占据统治地位者”“国家精英”和“无产阶级知识分子”。因为知识分子政治具有文化资本与经济资本的斗争标记，所以高层文化生产者与经济上被统治的群体之间的跨阶级联盟很难实现。法国高等教育机构、学院、学科以及教授都是沿着经济资本与文化资本的对立轴分化的，这种对立正是权力场域的特征。于是布迪厄得出“文化场域调节知识分子的政治态度与政治行为，其利益可能根本就不是阶级利益，而是学术场域自身的利益”这一结论。

除此之外，布迪厄还区分了学术权力、科学权力和知识名望这三种权力。他观察到，那些积累学术资本的教授常常大量集中于巴黎大学文理学院，通过积累行政与荣誉地位资本来争夺学术权力，而积累知识或科学资本的教授则常常集中在法兰西学院和社会科学高等研究学院，通过专注于知识场域与科学场域投资，不断积累符号资本，以被同行承认其科学贡献的形式或在更大教育团体享有威望的形式存在。有意思的是，统治阶级中经济富裕的教授们常常选择法律与医学，而那些在学术界占据优势地位但符号资本不多的教授更多来自中低层阶级，这就使得积累学术权力的教授与积累科学知识资本的教授之间相互对立。

法国知识分子具有双重性格，他们既从属于一个在知识上的自主场域，也能将知识用于专业知识领域之外的政治活动，表现为既独立又参与。知识分子的自由不是个体道德特征而是场域特征，所以布迪厄坚决捍卫知识分子的自由并拥护启蒙传统，并试图综合超越经验主义（实证主义）与建构主义这两种对立的社会学观念。不难看出，这种立场其实是自相矛盾的，既想坚持历史的理性观，又想坚持规范的、普遍化的理性观。

布迪厄还认为，对知识分子自主性的最大威胁来自圈内的江湖骗子，因为“那些最有可能利用来自传媒、政治、商业、宗教场域等外部资源的人，事实上是一些知识场域竞争中的弱者，他们通过寻求知识场域外部利益来补偿这种弱势”。他们同时也是边缘的文化生产者，扮演一种本质上的反智角色，并通过把科学场域政治化来造成对知识分子自由的威胁，因此应该严格把控科学的准入关。

要说的是，布迪厄之所以争取自主知识场域，还有一个更深的目的，就是让科学知识分子能以科学自由和批判探索为名义参与政治，他希望创造一种允许知识分子介入系列问题的社会条件。

中午吃完便回到宿舍，打印了几份与开题报告有关的文件准备下午学习。实话说，大上学时几乎所有的思政课我都没怎么听，考试就靠前一个晚上点蜡烛死记硬背，大概门门六七十分吧，现在居然主动学习文件，连自己都感到啼笑皆非。不过，认真读完两篇讲话稿之后，真心觉得讲得好有道理，边读边做笔记，比如“这是一个需要理论而且一定能够产生理论的时代，这是一个需要思想而且一定能够产生思想的时代，我们不能辜负了这个时代”，又比如“要把社会责任放在首位，耐得住寂寞，经得起诱惑，守得住底线，立志做大学问、做真学问”，倍受鼓舞。

为何这样的精神在层层下传之后总令人感觉枯燥甚至厌烦呢？原因有很多，或许是没有听明白，这其中有态度问题，也有水平问题，也或许是金句太多，反倒显得没有金句。发言稿之所以比一般文件生动，就是因为发言中有亲身生活体会，比如谈及中学听闻焦裕禄的事，比如去浙大授课。现在一听到文件就反感的不在少数，更不要说被强压执行后还非要整出新花样来表明自己有认真学习，被动从来产生不了真心的喜悦。

读完这些苦口婆心的叮咛劝阻之后，我开始认真思考中华优秀传统文化与思想政治理论课的相通相异处，也愿意多花一些精力，毕竟“虽有智慧，不如乘势；虽有镃基，不如待时”[①]。既然传统文化谈心与思想，既然国家需要稳定与和谐，而稳定和谐发展离不开心与思想，为何不能换个思维方式，站在国家的立场来思考如何推进呢？

明天，我要再读一遍文件。

2022 年 3 月 29 日，星期二，小雨

哥哥说北京 3 月 15 日停止供暖之后就不怎么冷了，我咋觉得这几天仍然可以穿羽绒服呢，今晨大意，只披了件毛绒外套，走出教室便感到寒凉。昨晚其实很累，上床时阿静说：“可可，明天帮我带早餐。”我说：“明天如果我不去上课的话就帮你带。”心想我六点半或许起不来吧，赵老师的“国别与地域文化”不是必修，没有心理压力，结果没想到六点二十分就自动醒了，看样子这门课的吸引力还真不小。

① 出自《孟子·公孙丑》。

2022年3月30日，星期三，雨转阴

起床时竟然听到雨声，久违的雨声。

赶到教室时，果然到课学生少了一些，展老师如期开讲，我忘记带鼠标，只好手写笔记。课后本想另外找个地方把文献读完，从洗手间回来后发现教室里只剩下我一个人，索性不挪地方了。

《公孙丑》篇差不多能背诵，这也是本月给自己的任务，没想到背完后发现《孟子》实在是太好“用”了，我简直时时刻刻都能想起他说过的话来印证自己的生活，只感相熟恨晚。感谢东茅老师交给我的任务，没有老师督促，我是下不了决心在短时间内生啃下来的，生活中这么多来帮助自己的人，得好好感恩。

晚上一鼓作气写稿子，把之前心里整理的内容诉诸笔端，十点多才离开自习室，又一次体会看事容易做事难的尴尬，想得很丰满，写出来却很骨感，不是自己理想中的模样，是我水平不够？还是态度不够？自己都不满意的稿子不能提交给从老师，水平不够是来不及了，态度我可以更好。

这几天总感觉眼皮沉重，明明很清醒，却总要费力“睁”眼，明天出去放风一天，稿子争取在清明节前完成。

2022年3月31日，星期四，晴

戒台寺——谁家庭园谁家树

居然又有半个月没出去了，心情甚好，对镜梳妆换新衣，而后选择了换

乘三趟公交去戒台寺。介绍说既有寺庙又有登山步道，皆我所欲也，到了后才发现原来戒台寺就在潭柘寺下方不远处。

步行经过两个停车场，看到一处印有“千灵山”的指示牌，心里好奇怎么游览说明中没有提及周边另有一处景点呢，顾不上细究，径直往上走。边走边吃早晨打包的咸菜花卷，再次确认了一下背包里的矿泉水，一切就绪，扭头就看到一个小小的山门。

抬脚进去，既不见弥勒菩萨，也不见四天王殿，只有一个小小的庭园纵深排列了两栋红墙古宇，还有一棵被经符围绕的老树，定睛看去，尽头似乎另有一道月门，可左边墙角也开着一扇小门，到底该怎么走？观察了一下身周，右边是低矮围墙，也就是说整个寺庙大部分都在我左边，既然如此，那我“包抄”吧，先往前，再往左。

那个月门其实非“月”，乃是钟亭入口，题名“钟亭茶花”，倒真有几位女士在此闲谈聚乐，中间数处花圃，旁边几方石凳，尽头悬挂着一口铜钟，本为地藏院内的铁质幽冥大钟，惜殿堂不存，这口乃明朝景泰年间补铸而成。此处唤作“钟亭院”，名副其实，身处其间就像是进入了哪位大户人家的后院。最有名的当属花圃中的古丁香，乾隆十八年从畅春园移植过来御赐给戒台寺，共二十株，如此珍贵的品种，故宫御花园内也仅有两株，两百年以上的古丁香在京城首屈一指，只可惜花期在四月初至五月中，今日观赏不到，也正因为此，故游人不多。

左转进入腹地，又一次打破我的想象，本以为梵音缭绕，却原来庭院深深。数片人影点缀在花圃之间，几位浇花，几位除草，弯曲小径隐藏其中，迈脚皆需小心，一来过道纤细，二来枝蔓障蔽。虽不在花期，仍能想象那芬芳之景，不禁忆起《天龙八部》中段誉栽种的王夫人花圃，只有在这花径回环之中才能听到闻到，却若有似无吧，恐怕这便是“寂寂僧房人不到，满阶苔衬落花红”[①]了。

仍然找不到正殿，看到一座题有“莲界香林”的寺庙相较宏伟，却双门

① 出自王实甫《杂剧·崔莺莺待月西厢记》。

紧闭，旁边架着一口鱼钟，与潭柘寺那条神似。一位母亲带着女儿坐在台阶边缘拍照，阳光正好，透过她们，我看到枝头新绿如莲似兰，心生欢喜，阵阵寒风吹来，竟似不觉得冷。是的，今天风很大，我却穿少了，京城郊外的三月正是春寒料峭时，颇难生受。

绕到后边，见有台阶上行，心想这次应该有香火了吧，没想到走上去依然是庭园小径。顾不上惊讶，便被眼前古树吸引，枝叶虽不茂盛，胜在身姿奇特，蜿蜒腾挪，宛然活现。有恭亲王奕䜣亲题的“卧龙松”，有鳞甲斑驳的“九龙松”，有越墙而过的“抱塔松”，还有那参天而立的“莲花松”，都曾经历千年风雨，各有千秋。“烟叶葱茏苍麈尾，霜皮剥落紫龙鳞”[①]，白居易写过那么多咏松的诗句，他应该是爱松的，今日见着这几株，我想我也爱上了。

躬逢其盛，肃然起敬，流连徘徊，不愿离去。

既有松树，便有松鼠，既有松鼠，便有松果。为松所抱之塔乃北辽法均大师的墓塔和衣钵塔，南北两座，驮碑的是国人最喜爱的神兽赑屃。传说其为龙子，又名霸下、鳌、龟趺、龙龟，形似龟，好负重，长年累月驮载千钧石碑，却不知为何沿至现代竟然变成了一只招财兽，寓意“只进不出”，人家本来干着辛苦高贵的活，却被我们当成了悭吝守财物，好不委屈。塔身的莲花瓣上堆了许多松果，看到那些蹦蹦跳跳的小松鼠，总觉得是它们摆上去的。

转了一整圈，对照指示牌反复确认自己没有遗漏任何一处景观，这才相信戒台寺上真的无香火，与我之前游览的佛教圣地不同，这里不似人间寺庙，倒像世外清修地。大小庭院层层叠叠，树木花香，鸟鸣清幽，寺中全无大道，皆为小径，不见恢宏庙宇，但有禅室数间，恰如《西厢记》所言，“游了洞房，登了宝塔，将回廊绕遍”。

登山步道隐藏在停车场后，第一次没认出来，找下山后发现不对，重又寻上去，这才看到那隐约可见的小道，下行至一处垃圾堆放地，右上还是去

① 出自白居易《题流沟寺古松》。

下？没有路标也没有指示，想了想，戒台寺在右上，登山应该不在同一条路，否则何必下来？于是选择左下，经过一条碎石路后终于看到了步道入口，仍然是石头地面，只是有木头扶栏。初始一截的感觉像在爬后山，没有人声，也没有动静，石头高高低低，我崴了的脚刚好，不得不分外留意。十分钟后豁然开朗，石塔林立在不远处的山坡上，原来是到了戒台寺的南塔院，墓塔为历代高僧安息之所，供有一尊小小的观音菩萨像。我走上前躬身行礼，但见古树参天，枝干遒劲相掩，护佑长眠，此处设有古树保护区，与寺内老松相映，传为“戒台松涛”。

然后，我就又不知道该往哪里走了，一条水泥路斜向上，但远处无山，还是退回第一眼见到石塔的地方，路旁提醒“请勿攀爬野山”，而我正在寻找野山。无人可问，四周查看，瞥见右后方露出半截木头扶栏，心里一喜，就是这里了，是不应该攀爬野山，但不爬怎会有路？可这山中石道崎岖不平，两边被荒草树木遮得严严实实的看不到任何风景，我只能看着脚下，如是爬山小心翼翼且全无乐趣，心里渐渐犯起了嘀咕。正好遇到一对情侣折返，问他们还有多远？女生说：“太远了，不敢上了。”我一愣，不甘心就这么回去，又不愿意一直低着头，打开背包喝口水，无意看到随身携带的经书，也罢，既来之则安之，不见尽头不回头。

就在我已经认命，无丝毫心理准备时，忽然在一个长长的陡坡之后发现自己站上了山头，眼前群山连绵起伏，蓝天如洗，晴空万里，大片桃花点缀在山谷之间，步道蜿蜒其上。这惊喜来得太突然，站了好几分钟才回过神，美好得连石路都变得可爱起来，于是欢欢喜喜继续前行，仍然不知道路的尽头在哪里，只觉得多远都行。

顺着山势向下，桃花渐渐多了起来，粉嫩娇美。

桃花开，开得心花也笑；

笑春风，风暖像我情，痴痴醉了。

谣歌轻，轻轻响心曲；曲曲花径悄，悄声相对笑，

笑春风，风暖像我情，痴痴醉了。

东海桃花岛不愧为黄药师择居之所，呼吸在桃花之间，无处不是春天。

隐约见到山谷间有个小院子，路就延伸向那个地方，慢慢靠近，松桃夹道，心动莫名，又有什么在等着我呢？原来是我一开始就看到的“千灵山”，只是已经关门了，看了看时间，下午五点。乘兴而至，兴未尽而必须返，不想走原路，遂踏上另一条平坦水泥道，任它带我去，没想到却是捷径，十分钟后便到了山脚，正是早晨看到指示牌的地方，这一圈绕得刚刚好。

回到中午下车处的马路边等948路，二十分钟过去了，既没有一个人，也没有一辆车，跑到站牌下一看，不禁吓一跳，15:40已发完最后一班，我还在这里苦等。赶忙打车，十分钟无人应单，估计都不愿意专程上山，看着天色已晚，当机立断往下走。心里想着要不要给过路的车招个手，总觉得有点不好意思，嗖嗖过去好几辆，又有点后悔。迟疑间看到一辆小面包车朝我开来，不知怎的忽然有了勇气，急忙招手，司机踩了好几脚刹车才把车停下。我说明难处，请求带我下山到任何一处有公交的地方，保安大哥欣然应允，就这样，我坐着他的小坨坨车下了山。

大哥说他在山上做保安，是当地人，948 路最后一辆到戒台寺站点的时间大概是 17:05，也有一些当地人会上山载游客下去，除了潭柘寺和戒台寺，附近还有其他公园可以游玩。吹着山风听他介绍，重新又惬意起来，毕竟这趟来之不易，到哪里都遇到好心人。大哥把我放到小区外的公交站旁后，匆匆道谢分别，我竟连他长什么模样都未曾看清，回头再望一眼这片楼房后的山峦，便走向前方地铁。

换乘时天已全黑，行人从天桥上匆匆而过，我又回到了这人间烟火处。

2022 年 4 月 1 日，星期五，晴

昨日玩了一天，今天紧迫感陡增。

日记、编撰、梳理、文献，诸般压力涌上心头，今天的我无疑属于自习室。

好在晚上推进了不少，稍感安慰，明天我得把梳理报告提交给从老师然后留下清明节用于编撰。

今天愚人节，手机里铺天盖地“怀念哥哥”，阿静问我听不听他的歌我轻轻应道“当然”，其实何止当然，张国荣是我中学时的最爱，他的老歌我基本没有不会唱的。还记得那些下雨的晚上坐在哥哥单车后面到中山路买磁带的日子，十元一盒，需要我背诵两篇《新概念英语》才能换到。

斯人已逝，夫复何言。

2022 年 4 月 2 日，星期六，晴

据说今天是北大第一次补课，补清明假期的课程，以往都是该放就放，该上就上，没有调补这一说。

据说今天也是最后一个白天 13 摄氏度的日子，我该清理秋冬衣服打包寄回广州了。

因为是临时补课，所以今天这次课的“伯顿·克拉克的职业理论”蒋老师不要求我们写读书笔记，然后我就偷懒没有读，上课时不得不分外认真。

课后燕南食堂吃完直接回宿舍，晚上如期完成自己定下的任务，从老师说：“梳理得很清晰，挺好的。”我很开心，真心希望中华优秀传统文化能够走进课堂，助力教师。接下来，便得全力以赴编撰《四书心解》了。

走出教育学院大门，春色娇美，天上地下，无处不在。波儿问要不要出去玩，晓枫约了两次，慧慧毛一直记挂，还有潇语和石头，这么多场约定，总得做成点什么再出去见人。

2022 年 4 月 3 日，星期日，晴

早晨甜甜和我一同下床，原来她今天要去颐和园，天气真好，确实适合出去游览，只是我本周额度已用完，安生待在自习室干活。

再读王阳明先生的《拔本塞源论》，被感动得再度落泪，圣人之心全然一片真诚恻怛，那份悲天悯人的情怀经千年而不衰，历万古而长青。子贡称夫子“由百世之后，等百世之王，莫之能违也”[①]，不是吹捧，而是实言，唯有情怀最动人，唯有被打动才会倾其所有，看到阳明先生千叮咛万嘱咐后世弟子“立志致良知做圣人”，我的心又坚实了几分。

《公孙丑》章句末段“夫子去齐”与《拔本塞源论》相似，读至“不遇故去岂予所欲者”一段，亦哽咽，谁说孔子可怜？谁说孟子可怜？可怜的是我们。最可怜之处就在于不知自己原本是可怜人，一辈子找不到志向，一辈子只懂得享受，一辈子被名利左右，一辈子为情爱牵缠，然后笑人家惶惶如

① 出自《孟子·公孙丑》。

丧家。殊不知心里装着家国天下，时时刻刻问民间疾苦的圣贤们虽然生于忧患，但内心坦荡无惧，有所为有所不为，立于天地之间，为万世生民表率。我们稽首顶礼还来不及，怎么好意思评长论短，真真是“不悔自家无见识，却将丑语诋他人”[①]。

坐了一天，晚上散步去华联上地买白色短袖 T 恤，途见花掩桥阳，玫黄争艳。

① 出自《红楼梦》。

第六周

2022-04-04—2022-04-10

2022年4月4日，星期一，晴

写日记时才想起来今天是周一，沉浸在清明假期中，已不知何年何月，街上游人很多，自习室身影寥寥，正中下怀。

一晃便已下午，日落时间迟了一些，六点仍微有余光，晚上约了李师傅改裤脚，便在八点前结束了今日的学习。

去时她正在看电视剧《繁星四月》，等着她的手工，我也看了一集多，

画面确实美，女主穿搭也确实不重样，只是现代生活中真有男主配女主且两人深深相爱这种事情吗？不见得吧，不是我悲观，人性使然，帅哥美女纵然都爱，但人追寻的永远是自己稀缺的，你有我也有的东西，我有什么好动心，又有什么好欣赏。旗鼓相当固然能最大限度维持感情稳定，但势均力敌同样意味着针锋相对，外表和实力如果匹配不上同等程度的智慧和修养，那电视剧就永远只能是电视剧，并且有可能导致看剧的人过得更加不如意，因为生活本来不是电视剧。

不如看看这灯下的花，无论晴雨抑或悲喜，它们都有着最真实的模样。

2022 年 4 月 5 日，星期二，晴

今天清明节，朋友圈各式纪念，故乡的亲人们扫墓事毕找了个无人的郊外，自带馒头稀饭小聚，我独自给祖辈磕头。

明日要参加开题论证会，今天大部分时间都用于修改文稿，校对错误，遥请辉哥帮忙校稿，请曾书记帮忙提供材料，请镇鑫帮忙整理资料，请可佳提建议，孟子说“天时不如地利，地利不如人和”[①]，诸位朋友学生的相助令我深切体会“人和”的暖意与重要。独木难成林，一点一滴的成就都来自众人的付出，念及此，感激之情陡生。

圆明园校区内的墙角新绿和屋下春花生意盎然，白天奔忙此间，晚八点读书群最后一次线上会议，七点停笔跑去澡堂，然后戴上耳机开会。几位老师的名字早已熟悉，感受到他们对经典的热爱，句句谦辞反衬我的傲心，是的，反省自己，近几年“惰”和“私”减轻了一些，但“贪”与“傲”却仍盘踞难化，程颐说：“读之前是此等人，读之后还是此等人，便是不曾

① 出自《孟子·公孙丑》。

读。”[1]数度令我汗颜。

临睡前阿静为我搭配好了明天的着装，一再提醒我千万不要盘起头发，那样太老气。其实我不在乎自己是否显得老气，偶尔老气也没啥，但她对女性美的执着与追求却在无形中感染了我，令我不忍心辜负。

2022 年 4 月 6 日，星期三，多云

早晨起来估摸了一下时间，若是去学校上完课后再回来准备报告，时间恐怕不够充裕，于是向展老师提出请假。老师课后用微信方式向我简述了这次课的主要内容，恰好看到文静在群里说她的会议录频空间没了，吓出一身冷汗，幸好不久便收到录音，赶紧课后补听。

昨天傍晚收到东茅老师的消息，约好今日一同乘坐地铁去国家教育行政学院，开心了一整晚，我实在是太喜欢和老师在一起聊天了，真切体会何谓“望之俨然，及之也温”，那就是心里虽然害怕，身临其境时却又如沐春风，之前一直不明白为什么可以既“怕”又“喜”，原来真的可以。感觉没有什么不可以对老师说的，也没有什么需要转弯抹角的，从心底里相信老师会明白我的意思，也会从善意的角度理解我的话，这种信任随着和老师见面次数的增多，深深地烙在了我的内心。

可惜的是，地铁时长，我们到得晚，进入会场时已黑压压坐满了人，感到十分抱歉，好在早晨我练习了一下自己的语速，尚不慌。第一次参加这样的论证会，直把耳朵竖起来听，却发现几乎都是在谈重要性和紧迫度，只有少数几位提及具体如何实施，越听越累，索性放松。晚餐和几位老师一同自助，而后与东茅老师同坐地铁返回，来时路上打盹，返回时闲聊，如何养老、家庭问题、何谓“格物”、怎样写书……一个多小时的路程转眼即过，

① 出自《四书章句集注》。

差点没顾上下车。

话说今天还出了个小乌龙，离开会场去就餐时我把小包忘在会议室，直到坐上金总的车才想起少了个包，忙跑回前台取，让他和老师在车里等了我好久，很是过意不去。上车时只听得他俩异口同声问：“找到了吧？”我不禁笑了，“找到了”，是惭，也是喜。

真是开心的一天，从地铁站出来后，漫步走回去，甜甜说今天好冷，我却觉得清风拂面，估计是我内心的清风在拂面吧。

2022 年 4 月 7 日，星期四，晴

原计划今天出去玩，不知为何不觉得累，所以还是干活吧。不过昨晚休息得确实有点晚，上午精神状态不佳，适逢收到消息说要去燕园做核酸检测，便换上一身浅色衣物去了学校。

徜徉校园，顺便给妈妈打电话，一路惊叹。北方的春天真的有如魔法，“忽如一夜春风来，千树万树梨花开”[①]，这个“忽如一夜”用得极妙，不仅有时间，还有动静。朱子笔下另有“等闲识得东风面，万紫千红总是春”[②]为春天赋色，之前一直不太能够领略，直到我来了燕园，目睹之后，方知半分不差。

下午编撰了数节《四书心解》，晚上接了一个电话，又打了一个电话，而后收拾心情入睡。

① 出自岑参《白雪歌送武判官归京》。

② 出自朱熹《春日》。

2022年4月8日，星期五，晴

还是不想出去玩，就想在自习室读书、干活，“乖”得连自己都有点不敢相信。不过，自打上海疫情失控后，国内各地此起彼伏，各自蔓延，正好不出去添乱。

中午去燕南吃饭，打印蒋老师发来的文献资料，便又整理着装进校，当然少不了捕捉春色。去年十月，畅宝发来一篇名为《谁舍得在秋天离开北京》的文章，京城的秋天诚然很美，但春天我也很爱，不来北方，不明白何谓桃红柳绿。南方从来都是郁郁葱葱的，春去秋来变化不大，北方色彩极其鲜明，令人过目难忘。

之前在蒋老师的课堂上听他聊起数学、物理、化学、生物稳居北大重要系部之首，路边看到“老生物楼”字样时不免留了心，动心的不是“生物”，而是“老”。北大昨日的故事应该都发生在老人、老物、老房子里，而北大现在的故事当下难以窥其全貌，须经年岁洗礼后方能品鉴吧。

昨日中午酣睡了一个小时，晚上便感时日虚度，还没到“手倦抛书午梦长”[①]的时候，所以中午依旧定了个二十分钟的闹铃，不管睡着没睡着，到点就起，果然拥有了整整一个下午，还有晚上。

2022年4月9日，星期六，晴有霾

有霾无霾，差别很大。尽管现在的北京空气已经很好了，但只要有霾，

① 出自蔡确《夏日登车盖亭》。

天空就是迷离的，不想出去玩，因为不单嗓子干哑，且能见度不足以透视任何风景。甜甜去了八达岭，回来分享的照片有种朦胧的美感，但我知道，身处其中时远不如天空晴朗，当然，恋爱中的她，哪里都美。

今天效率颇高，编撰《四书心解》的收获越来越大，从一开始的担心篇幅不够，到中途打消担忧，再到现在发现阳明心学就是在解悟“四书”，圣贤学问果然一脉相承，而我竟能管窥到一点点，心中很是欢喜。

下午读蒋老师发来的文献，并没有发现阿斯汀有多大理论建树，然而实践中却为美国乃至世界各地高校建设提供了有力参考，也许理论就应该是这样“知易行效”吧。

晚上去附近公园散步，夜色中的花朵别有风情。

2022 年 4 月 10 日，星期日，晴

午休起来，阿静接到一个聚会之约，看她兴致昂扬地收拾打扮，我的心亦萌动起来，不知道该去哪里，能出门走走就行。

忽然想吃 Salud 的酸奶冰激凌，记得 SKP 附近有，难道我这么远跑去就吃个冰激凌？……有什么不可以？反正今晚的时间准备用来“浪费”，去哪都行。

然后我就真去了，真的就只吃了一个酸奶冰激凌，还心满意足。快上床时阿静回来了，靠在门边开始哭，把我和甜甜吓了一跳，听她断续说了几句，才知道原来是在伤心朋友的怀才不遇和妻子早逝。

三个人很快躺下了，我却辗转难眠，想自己，想格物，想当前。

阿静伤心有地方哭，我没有，那就不哭。

第七周

2022-04-11—2022-04-17

2022 年 4 月 11 日，星期一，多云有霾

蒋老师今天的精神状态很好，于是我们两个小时的课讲了两个半小时，下课后在群里告诉我们“北京的花粉季节要来了”，难怪满天飞絮，不过看到老师健健康康的样子，很替他高兴。

今天气压较低，减了两件衣服依然感到闷热，中午吃完便回到宿舍，圆明园校区的玉兰花已凋落，一抹抹紫穗倚着灰墙，白天夜晚都有着迷人的模样。对于我这种缺乏常识的人来说，只有亲见姹紫嫣红，才相信几乎所有的树都会开花，平时看着丑怪无比、毫无生气的枝干竟然可以开出这么美丽的花朵，大自然早已把一切规律都展示在了我们眼前，一年一度。

五点阿静发来消息问要不要一起晚餐，我说我还饱着，陪她吃玉米，两人在食堂聊了一个小时，她说她真的感到“有伤春这回事”。我想起刚进大学的那个春天，自己一个人跑去学校后面省委党校偏僻处听歌散步的场景，大概就是“少年不识愁滋味”的愁滋味吧，每个人多多少少都曾经有过。如今与之对坐之人早已不是少年，却依然满面悲伤，难说我还好，只是不愿再回首，也不愿意展望，拥有的当下，不得不努力，首先便得消化今日蒋老师为我们讲授的“阿斯汀的学生发展理论”。

“阿斯汀的学生发展理论”

与学生发展相关的教育研究传统上是由心理学家从事的，所以研究与个性相关的社会结构便成为研究大学影响的社会学基础，这方面在西方产生过较大影响的理论有 Tinto 和 Spady 的“学生流失理论框架结构”和 Weidman 的“本科生社会化模型”。前者说明个人或规范化整合与大学学术结构和社会结构内的人际互动是两回事，后者强调与社会化和规范化过程相关联的大学环境中的学术与社会性特点具有正规与非正规要素，并承认家长和大学的参照群体对学生成绩会产生持续影响。

从宏观层面来看，进入规模较大学校的大学生对教师关系、课堂教学满意程度远远不如进入小规模学校的学生，但是在社会生活、科学项目质量、课程多样性等方面则又颇为满意，可见学校规模的大小对长期教育结果有着强有力的影响。除此之外，四年的大学生涯中，学生的社会经济地位也会直接影响他们的认知、情感以及行为结果，择优录取的学校给高才能、高社会经济地位群体创造互动平台并提供丰足资源，对大学生发展有一定程度的影响。

要说的是，大学生发展理论的基本目标是解释大学生怎样才能发展成为了解自我、他人及世界能力的个体，会经历一个将学生个性与职业匹配到充分反映学生多样生活和成长经历的过程。这方面的理论以 Astin 的“输入—环境—输出”模型和“学生参与理论”为代表，认为学生花在有意义的活动上的时间越多，付出的努力和精力越多，收获就越大，所以应创建适宜的校园环境，使学生能够最大限度地参与到各种各样的活动中去。Sanford 的“挑战与支持理论”则认为要想让学生有最大程度的发展与成长，就要让其接受充分的挑战，同时又要给予他们足够的支持。此外还有齐克林的“学生人格发育七向量”和“认知和价值观理论及整合型理论”，共四个基本类型。

到目前为止，能够解释学生宗教与信仰人格、残障人格或社会阶层人格发展状况的理论较少，大学生发展理论或将朝着研究学生发展与环境、人格发育理论、认知发展理论三个方面展开。

2022 年 4 月 12 日，星期二，晴

听赵老师的课最轻松，没有文献，无须作文，不必考试，授课亦生动幽默。

下午在自习室整理书稿，晚上去小公园散步，第一次完整地走了全程，确信自己已到尽头后才折回。夜晚春风氤氲着花香，一遍之后意犹未尽，便又绕了一圈，第二圈人更少，更惬意。

石头约好大学同学周六中午吃饭见面，美娟说她周末要看娃，跟我提前约到周五，多年未见舍友，心里很是期待。

2022 年 4 月 13 日，星期三，晴

今天听展老师用贝塔朗菲的系统论引申教育问题，居然听到泪目，同时也扫除了前日的心底阴霾。

出门看到几株花树下花瓣满地，抬头但见绿叶新生，不是亲眼所见真不敢相信昨日的繁花枝头，今天便凋残零落，原来“花开堪折直须折，莫待无

花空折枝”[1]不是譬喻，而是真实，它们忽如一夜地来，又忽如一夜地走。

今天终于将《传习录》放进《四书心解》里，如王阳明先生所言：“学问之道，‘四书’中备矣。后儒之论，未免互有得失。其得者不能出于‘四书’之外，失者遂有毫厘千里之谬，故莫如专求之‘四书’。”[2]圣学一脉相承，本身便一以贯之，只恨自己不能熟记“四书”，部分章节归属尚不到位，颇感亏欠。

再去小公园散步，放松下肩颈，走出寝室刚拆开一包饼干，就看见一团黑乎乎的东西朝我奔来，还冲我“喵”了一声，咋这么聪明，掰了一半给它，真吃，喜欢小狗的我被这只小猫逗乐了。抬头看到转角处的花已凋落，连花瓣都被近日的风吹得不知去向，真是“零落成泥碾作尘，只有香如故”[3]。

---

① 出自无名氏《金缕衣》。

② 出自《传习录》。

③ 出自陆游《卜算子·咏梅》。

2022 年 4 月 14 日，星期四，晴

玉渊潭公园——辜负春光无限意

其实早就打定主意今天出游，却在起床后不想出门，只想去自习室，游玩本是散心，既然无心可散，倒不如继续学习。上午悄无声息地过去，回到宿舍看到甜甜和阿静一个吹头发一个对镜红妆，于她们而言，上午估计也是弹指一挥间。

哥哥说“北京的春天到处都是毛毛”，却原来是飞絮漫天，无怪乎过敏的人很多，呼吸道本极敏感，这边空气干燥，“燥伤肺”，再加上粉尘裹着花粉扑面而来，久住的确难当。不过看着倒是很美，阳光下片片白羽轻舞飞扬，柔柔落下，要不还是出去转转？时间已是下午两点，只能市内或周边择一景点，想起甜甜上学期提起过的玉渊潭公园，哥哥也说当年常去，那就它了。

没想到玉渊潭公园里这么多人，来北京后第一次凑了个热闹，想是因为在市区且正值樱花节的缘故。见到人头攒动的场景，多少有些退意，不过大老远打车过来赶午后阳光，就这么走了颇有不舍，还是买票进门。几步便到湖边，水是好水，只是在意料之中便少了些惊喜，北京三环内的湖自然是珍贵的，不过对于住在圆明园边上的我而言，却有种跋山涉水不如家门口的感觉，头脑中第一时间想起的竟然是福海。

水中藤草和天边白云一样都很清晰，碧波微漾，空气正好，行人脚步很慢，都在拍树、拍花、拍自己。樱花树下两个姑娘高举手机，玻璃橱窗旁有位老人弯腰读报，或许这就是时代给人的印记，报刊在不知不觉中已经退出年轻一代的生活，我们习惯于用手机阅读，老人却依旧钟情于印刷字体，只要他们能看见，哪怕用放大镜也要读报读书。

转个弯风便大了起来，不由得想起去年年底漫步颐和园的场景，一样的公园，一样的人群，一样的风，一样被风吹得斜飘的柳条。春风有情，能绿万物，便作得意又何妨。本是懒洋洋的下午，却被这川流不息的人群带来几分躁意，遂买了个樱花冰激凌，边走边吃。

如甜甜所言，公园不大，每一株花树下都有不少人驻足取景，原谅我不应景地又想起燕园花树，论风姿不在玉渊樱花之下。好吧，本是来欣赏美景，结果不是圆明园就是燕园，要么就是颐和园，总拿其他地方和玉渊潭比较，是我不好。忽然明白甜甜为何喜欢这里了，因为玉渊潭在市内，不大不小，有花有水，特别适合恋爱中的人儿，若一个人玩，我倒宁愿迷失在山水中。

走出侧门时阳光仍然明亮，我不愿回去，干脆再去一处甜甜推荐的地方：清河万象汇。万象汇果然气派，到时饥肠辘辘，来不及寻找她推荐的金烫烫，直接在入口处的苏州餐馆点了一份阳春面，吃完热烘烘的好不满足。餐馆对面是个玩具店，想念女儿，给她拨个电话，竟然接通了，兴奋中说了将近四十分钟，听到程程在电话那头聊班里的事情，更添愉悦。她真的长大了，有自己的判断，也有自己的愁思，我又多了一个可以参谋意见的亲人，很欣慰。

回到宿舍竟然又是第一个，安安静静地洗漱，等待她们的陆续归来。

2022年4月15日，星期五，晴

中午与美娟相约在她家附近吃饭，本来明天有同学聚会，她带两娃实在分身乏术，那就我来看她好了。时间过得真快，上一次见面还是2017年初，五年在悄无声息中就这么滑走，而美娟和德武已经有了二胎。只记得当年他们刚搬新家，地点似在紫竹院，今天看到她发给我的定位，又见“紫竹院”，生出一丝熟悉的暖意。

步行时见到一位手工艺人在路边摆摊，我本匆匆而过，忽然听到身旁一个声音说“这一天能卖几个啊”，立刻停下脚步，好歹帮他多买一个，凭手艺赚钱清白且有尊严，但需要人支持，我虽不懂手工，但可以支持。见面时拿着个“姜太公钓鱼”有些不好意思，说是礼物吧太轻，说不是礼物吧又攥在手里，还好美娟善解人意，直接说“孩子最喜欢这类手工了”，便顺水推舟送给了琪琪。

老同学或许是为数不多的能够倾诉的对象，不管多少年，也不管平时联系不联系，想起南师说“人生有些话无法对父母讲，无法对孩子讲，这个时候需要朋友”，我和她都是如此。听她简述这些年的境遇，看着她那瘦削的脸庞，大三暑假时我俩一同留校的场景在眼前浮现。那是最热的一个暑季，我和她每天早中晚洗三次澡，彼时六神香皂刚上市，寝室从早到晚都蒸腾着一股清新的肥皂香，还有那首我俩都喜欢的《爱要怎么说出口》。果然，开学后我们都有了自己的第一个男朋友，她从一而终，与德武结为夫妇，而我却在任性中蹉跎了不少时日。不过人生的际遇很难说清楚，我并不悔恨过往，却不能不遗憾自己年少时并不好学，若是早点懂得某些道理，何至于如今迟疑彷徨。不过人生没有“若是”，我感激于曾经拥有的，也欣然于当下的遇见，一切是不是最好的安排我并不清楚，我清楚的是，一切已经这么安排了，一切也都已经过去了，接不接受是且只能是自己的心事，与他人无干。

傍晚散步去华联上地买洗衣粉，连晚霞都正好。

2022 年 4 月 16 日，星期六，晴

早晨接到从老师的消息，要我读一下新书《师者论语》中《先进》和《宪问》两篇，直接在书上标记觉得不大妥当的地方，我不愿意在揣测人情上花太多时间精力，要我做什么，我便怎么做，遂认真提意见，弄完正好十一点。因洗衣服而没有接到从老师的电话，听到她语音留言的真诚，并没有

觉得被我冒犯，感到很开心。我读了圣贤书，便要做一个真诚的人，从老师的学识、资历均长于我，“友直、友谅、友多闻”[①]，诚然。

阿静听说我要出门会同学，先是帮我搭配衣服，接着又帮我卷头发，看着她那可爱的模样，任由她摆弄，美不美无所谓，开心才重要。临出门塞给我一根皮筋，细心叮嘱：“美女出街，看似不经意，其实早有准备。”这个爱美的妞给我的北京生活增添了许多美丽的色彩。

寻到刘炳奇定的湘菜馆时，任红、石头、张铮都已先我而到了，一下子乍见这许多熟悉的面孔，不由得我不激动。坐下才发现有位男生静静待在一旁，我没有跟他打招呼，怯怯然向大家请问，原来是刘迪！我一声惊呼，急忙起身握手，故人在前，我却没有认出来，实在不好意思。素食后不再碰酒的我第一次跟同学端起了红酒杯，没人劝我喝，也没人劝我别喝，我不愿另类于昔日同窗，象征性尝了一点点，喜欢这种随性自然的感觉，酒本为尽兴而饮，不是吗。

饮酒如是，聊天亦如是。

同学见面，想说便说，想笑便笑，或许有少许生分，却无拘无束，大家的想法都一样：不是不愿意聚，也不是完全没有时间聚，只是好像缺乏组织者和必须聚的理由，也就一年又一年的同城不见面了。我很羡慕爸妈老了后与同学同游同行的情谊，只有一个孩子的我们，老了以后是不是也可以像他

① 出自《论语·季氏》。

们那样亲切如初呢？我希望是，我期待是。

餐后大家各自回家，我见旁边有月坛公园，便提出来想要过去走走，石头送我，公园门口与她道别，她把带给我的茶叶又提了回去，因为觉得我散步拎包东西不方便，要我改天再去她家拿，只有老同学才如此耿直善体人。今天发现留在北京的大多是当年班里的学霸，幸好我中年之后开始发奋读书，不然跟他们一起多少有种“老大徒伤悲”的感觉。

月坛公园比地坛公园更加袖珍，完全就是一处百姓消闲地，有人唱曲，有人吟诗，有人锻炼，还有人打球，人间烟火气十足，祭祀的肃穆之气缩在了边墙、巷角。不到半个钟头就能走完，整体像个小盆栽，大大小小嵌着各色更小的盆栽景，老百姓点缀其中，其乐融融。

下午回宿舍换衣服，晚上奔赴另一场，嘎老师说“介绍几个少数民族的朋友给你认识”，要我晚上一定要到，我亦盛情难却，赶了来北京后的第一个场。到了后才发现自己真就像是民族大融合去了，蒙古族、藏族、维吾尔族老师坐了整整一桌，加上我这个汉族人，好不热闹。我听着各色口音，看着各色容貌，有种抑制不住想笑的冲动，当然也不需要我抑制，所以也就一直笑着用酸梅汤陪他们饮酒。热情果然是会传染的，烧烤之后转场去唱歌，木老师的新疆舞姿伴着卓玛老师的《康巴汉子》歌声给了我们另一种酣畅的感受，虽然我一到十点就开始睡意沉沉，也不忍提出先行离开，一起玩到了十一点，我和乌冬老师才打车回去。

来京后第一次晚归，大门已锁，刷卡没有反应，只得叫人，仿佛回到了大学时代翻墙出去唱歌的年岁，进门后发现甜甜和阿静也才刚回，三个人一同晚归，相顾失笑。可怜的国婧，回来第二天便被我们吵得连躺下都不得安生，我猜她根本就没睡着。

2022年4月17日，星期日，晴

也不知道今天干了个啥，一天就这么没了。

中午进宿舍时偶一抬头，见到一只燕子正在衔泥，忙忙碌碌的样子比我强多了。小动物也有家，靠勤劳创造自己的窝，万物有灵，同此一份自强不息之意，我怎么"可以人而不如鸟乎?"[①]

嘎老师说"偶尔玩一天没有关系"，的确没关系，只是晚归晚睡的我今天有点精神不济，感谢她相约的好意，惭愧于自己昨晚早退，柏老师说我"拘束放不开"，的确。不过也不知道究竟要放到什么程度才算"开"，曾经的我很喜欢唱歌、蹦迪、吃烧烤，觉得一群朋友在一起很快乐，那应该是大学时候的事了。后来渐渐沉静下来，不是刻意避开，也不是不善于或者害羞，只是从心底里觉得自己已不适合这种方式，与其热热闹闹，宁愿一杯清水与友人对坐，这不，现在嗓子还在隐隐作痛，源于昨晚声嘶力竭地交流。

我也知道，这样的我注定越来越冷清，但清冷便是我想要的宁静，人不能勉强自己强颜欢笑，举杯消愁愁会更愁，所以我不想放纵自己的感官享受，也不愿借助外力扩大某种情绪。因为我心里明白，一切经过蔓延的放松或者发泄只能暂时生效，筵席散后愈加孤清，与其麻痹，宁愿生受。想要减轻痛苦烦恼，首先必须勇敢面对，很多时候，我是个懒人，但我应该不是弱者。

这个学期又已过半，只要约会聚餐，时间便飞逝。

一年如此，一生又何尝不是如此?

① 出自《大学》。

第八周

2022-04-18—2022-04-24

2022 年 4 月 18 日，星期一，多云有霾

今天的“高等教育基础理论”课介绍“汀托退学理论”，去年我国高校退学率为 0.75%，而清北由于要求严格，远高于此平均值，北大退学率为 4.2%，清华更是高达 7.6%。蒋老师聊及招生过程中曾经遇到过一对来自湘西的学生，兄弟俩分别考上北大和清华，来光华读书一年之后，便由于不适应而申请退学，又有一女生因过多参与社团活动导致好几门挂科，也不得不办理退学。汀托将这种情况解释为“不能融入”，理论归理论，我听到后深感惋惜，同时也有几许痛心。

想起自己读大学时第一次离开家，仍在同一城市，算不得真正意义上的孤身生活，即便如此，开始时也确实有些不适应。也想起曾经教过的那些农村孩子，他们来到城市后背负的东西更多，这些本可由老师、同学或朋友的温情而得以缓解，哪怕一位都行，只可惜那些由于不适应而退学的孩子怕是一位都没有遇到。人和人之间本就需要缘分，遇到什么人，听进去什么话，并不能由自己全权做主。考上北大的孩子，学习能力无须多言，但他们内心的苦和难却不能被分数所弥补，但愿我能遇到更多需要帮助的农村学生。无他，只因我发自内心地喜爱农村孩子，我爱他们身上的质朴，即便稍显土气，也远胜城市的浮夸。不善交流可以练习，不会打扮可以学习，一颗浑厚、好学、向上的心比那些重要太多，我们从小生活在城市里的人，一辈子

不就是在努力恢复那份渐渐失去的纯真、朴实与真诚恻怛吗？

“汀托的大学生退学理论”

1944 年美国 GI 法案落地后，大量退伍军人进入高校，20 世纪 70 年代社区学院的大规模扩张使高等教育面对种种质疑，逐步呈现出“学生（消费者）至上”的趋势。理论发展先后经历了“发展原理模型”和“大学生学习影响力模型”两个阶段，学生发展理论基于心理学视角，而院校影响力理论研究则是从社会学视角进行观察，两者均对本科教育教学提供指导和参考。

汀托的大学生退学理论在高等教育领域的应用最为广泛，该理论“假设学生首先与他们之前的群体分离，然后开始吸纳新群体或大学价值观和行为规范，他们无不是带着自己的特质、技能、目标和愿景进入大学，在与老师同学交往融合后找到并实现自我，如果在此融合过程中不合群或者被孤立，就会选择辍学。”

融合（integration）是其核心概念，汀托指出，学校里有学术和社交两大系统以及正式与非正式两种交往形式，这四种作用互相影响、相互转化，学生身处其中，会不断地学习、适应、调整、成长。虽然外部环境对学生的影响也很大，但他们的意愿和参与程度更为重要，大学影响力只有通过学生付出努力才能真正发挥作用。

阿斯汀将环境比喻为“黑箱”，认为依靠“大学生参与”可以打开这个“黑箱”，但在汀托看来，“社会学术融合”更能完成此项任务，可见阿斯汀强调学校的主导作用，而汀托则更重视学生与学校之间的双向互动。

2022 年 4 月 19 日，星期二，晴

京西古道——茶马生香顽石路

我居然又跑到门头沟这边来了，真不是故意的，其实我也想去京城东、南、北边看看，无奈每次选择完，事后发现都在西边。

今天坐车其实并不折腾，只在中途换乘了一次，无奈两趟公交基本都是从头坐到尾，两个小时看风景，往返路上却用了六个小时，直把我坐得疲惫不堪。遗憾的是，明明韭园村里有辽金时代的其他历史遗迹，如古碉楼、马致远故居、钦徽二宗的落难坡等，处处皆我所向往，可是散落在群山村落之中，仅凭双腿实在难以一天全部找到。主要是我下午三点从古道出来，走到最近的公交车站时已经四点，上次去戒台寺的尴尬等车局面令我心有余悸，四点再走个三公里看马致远故居，心里不踏实，并且我也有点累了。下次还要不要重来也没有想好，唯一思念的是我的车，如果有车，这些景点一天之内轻轻松松不在话下。

啰唆完遗憾，可以来说说京西古道的见闻了。

我是喜欢古道的，闻其名便欲睹其貌。

历史上，门头沟地区北接上谷，南通涿易，西望代地，东瞰燕蓟，具有重要的战略和交通地位。从黄帝建都于涿鹿之阿，“披山通道”于西山开始，在数千年的发展进化过程中，为适应军事、经济、商贸、宗教、人民生活、对外交往等需要，在该地区逐步形成了多条“官山大道”，以加强京城与周边地区的联系。京西古道东连帝京，西通塞外，是京西重要出塞道路，距今已有上千年历史。它以“西山大道”为主干线，联结着纵横南北的各条支线道路，其中中道、南道、北道为其主要

组成部分。据说京西古道曾经是一条有两米多宽的官山大道，全部用石块铺砌而成。因为山路陡峭每隔一米就会栽立石一排，以防石块松动下滑，这也是古道经久坚固的诀窍所在。千百年来，古道上拉煤运货的驼队日夜不断，在古道坚硬的石面上留下了一个个深深的蹄窝。现今这些蹄窝在许多地方都有遗存，向过往的游人无言诉说着当年商旅往来的繁华过程。

这一段古道历史的录音播放伴随着我一路赏玩攀爬，清晰柔和地回响在山谷之间，直到我在一处木匾处找到它的全文。水峪嘴村号称京西古道第一村，旁边即是永定河，村两旁道路上的浮雕墙栩栩如生。下车后饥肠辘辘的我在村口找到一家面馆，在炒饼和西红柿刀削面之间犹豫了一会，选择了前者，村民好不实诚，端上来满满一盆。餐后步行经过妙峰山民族学校，学校以山为背景，平添几分苍穹之意，在广州时常去爬帽峰山，来北京这却有一个妙峰山，不亦缘乎？虽然导航至景区有两里路，却无处不新奇，北方的感觉与南方截然不同，再柔美的草木在这片土地上都不显得柔弱，反而别具风姿。

古道入口仿古而建，两个兵士持戟而立，走进去便可见到山石铺路，蜿蜒上行。满目皆是绿色，石头被磨得光滑如镜，深嵌在地面上，阳光热力虽然灼人，却有山间清风送凉意。这便是古道了，虽说石块大小匀称，但仍凹凸不平，落足需要小心翼翼，一不注意便有崴脚的可能，远不如今时柏油马路宽阔平坦。这般走路怕是不能走神的，不得不“常惺惺”，走路亦含修身意，巍巍乎我华夏哉。

门票买来后直接塞进口袋，想着一路上行，该是不会错过啥景点的，没想到走近牛角岭关城才发现军事博物馆未知踪迹何在，难道刚才路边有岔道我没有留意？照说不可能啊，一路上行人加我不到五位，若有显径我怎会看不见，好在关城便在眼前，其他暂时作罢。牛角岭关城是古道最高点，也是古代商驿关口，这里有传说中的蹄窝，和“永远免夫交界碑”，碑立于1777年，是康乾“盛世滋丁，永不加税”的政策体现。关口风很大，两个姑娘站

京西古道

在那里拍照，其中一位欣然应允为我也拍一张，小姑娘很是负责，调整远近又比画姿势，好生感谢，以后我也要这样为陌生人尽心。

关口走出去几十米便是关帝庙，建在一片开阔的山谷之中，关帝被后人尊为财神，古道上“牲畜驮运煤炭昼夜不断”，为煤商经济命脉，几百年间祈求关帝神灵护佑。拜完后原以为将开启下半程，绕去风景台又折回原处，始终找不到进门的感觉，掏出门票一看，原来已是景区尽头，心头一阵怅然，还没走过瘾就结束了。不愿走回头路的我选择了一条下行坡道，不多时见到一个小茅屋上挂着“售票处”的招牌，心里明白这就是古道的另一头了，其实无人售票。

下到马路上后只见多处施工，更无景致，耳中听得清晰羊叫，循声捕捉，发现数只羊儿隐在山脚圈中，虽有青草阳光，但不得自由。再次跟随导航下山乘坐公交，无意间撞入韭园酱菜集散地，无意于酱菜，却被丑梨吸引，一尝之下清凉沁脾。正感叹村民富裕悠闲，转头就见到一位捡瓶子的大爷，捡瓶子虽然辛苦，但一无性命之忧，二凭劳动换取，生于斯世，何其幸哉！

2022 年 4 月 20 日，星期三，晴

下课后展老师不经意间对文静说了一句：“这是第九周了吧。”我心里一惊，转而生出些愁绪。群里提醒大家尽快检测，一日促过一日的核酸，可见疫情吃紧，自己还能徜徉于燕园，庆幸的同时不免也有些怅惘。

下午乖乖去自习室，写作、编撰、读文献等如期进行，一直待到晚上10:20，自习室的铃声响起才回宿舍梳洗。

不知道为什么忽然对自己的状态有些不满意，明知今后一定会回忆留恋现在这一年，却在当下生不起纯粹的感恩之心，还需要用种种任务、要求来激励自己，才能日日相继。就比如说展老师的“教育哲学专题研究”课上到第九周，已讲完三位科学家的观点，介绍完他们的思想和对教育的建树，心里

想着趁热打铁尽快总结出来，却老是拖拖拉拉，仗着有录课视频在，总不那么着急。

倒是对贝塔朗菲的系统论兴趣甚浓，课间打印了一本《人的系统观》，下午约莫读了两章，颇有启发。“青青翠竹尽是法身，郁郁黄花无非般若”[①]，谁说不是呢？

2022 年 4 月 21 日，星期四，大风

天气预报说有大风，白天其实感觉还好，直到我从澡堂洗漱完往回走时才感到风量增大，北京今年的春天，既无沙尘暴，也无柳絮漫天，舒服得令人眷念。

展老师说：“老年人的时间是过得最快的，因为老年人对时间的感受不敏锐，只感到大段过去。”甚有道理。印象最深的是 1987 那年，我九岁，觉得一年的时间特别漫长，似乎发生了很多事情，且来年春节遥遥无期，如今一晃便是一年。就像今天，清洗床品，整理内务，听了几首歌，上午下午便都过去了，变成彻底放松的一天，始料未及。

昨天与敏敏相约今日晚餐，不好意思的是，我又没有抢到单，遇到这个姑娘，真是没有办法，明明工作尚无着落，却执意不肯让我付钱。她说下次不跟我抢，我说等她回老家县城中学讲公益课时别忘记叫上我，我也愿意去给那些县城里的孩子讲课，课要讲给想听的人听，讲给需要的人听，那样才能真正感到愉悦。

她今晚特意点了份“蛋糕诱惑”，说“一定要让你尝尝”，感动于她的心意，就不控制晚餐食量了，直接吃得饱饱的。转头开始聊减肥，主要是我劝她减，敏敏身高 165 厘米，皮肤白皙，五官立体有型，就是体重稍微重了

① 出自《景德传灯录·慧海禅师》。

点，如果能减到110斤，该有多完美。为此我决定好好“打击”她，希望她更好更美，凭她的智商、勤奋和善良，这个世界必定会多几个不错的宝宝。

当然，我这么说，有点挤对男人都以貌取人的意味，至于是不是，我也不清楚。

2022年4月22日，星期五，晴

天气可真好，碧空如洗，艳阳生温，稍微有点蠢蠢欲动，转而笑自己贪玩，天气不好以情绪不佳为由，天气好又以情绪佳为由，那还能剩下多少时间学习？所以我不出去，这个周末都要好好努力。

中午吃完回宿舍，阿静唤我：“可，你回来啦，快帮我想想穿什么好。”这个妞约了朋友下午去圆明园喝茶游玩，熨烫好了两件衬衣举棋不定。我说春天就白色吧，淡雅一点，西瓜红夏日感强些，过两周再穿，又帮她选了对金色耳环配卡其裤子，换下可爱的心形垂坠款。居然也轮得到我帮她搭配，足以说明女人穿衣，那真是观自己迷失，看别人客观，不知道这是不是自恋、贪求、不够自信的一种折射？“怎么都美”“还想要更美”“会不会不那么美”种种心态交织成出门的那一刻，就成了永远缺少一件衣服的当下，因为，最美的自己只在尔心中。

下午妈妈说想我了，傍晚刻意出门散步，只为找个安静的地方打电话，询问了血压和疫苗，完整叙述了同学聚会，告诉她程程的近况，回到自习室已九点，剩下最后一个小时编撰《四书心解》，然后上楼洗漱，泡脚时顺便听听小红书，权当放松。最近对“如何断舍离”“精简衣橱”之类话题颇有求知欲，我的衣柜里有很多十年不穿也不扔的衣物，每年搬进拿出，确实费事，是时候该狠下心来捐弃一批了。

甜甜在群里发来国家植物园里拍到的郁金香视频，如她所言，美得“就像是假花插在地上”，国婧说明天也要去，虽然我也想，但我得克制。

2022年4月23日，星期六，晴

说好克制，就必须克制。

果然又是一个天蓝如洗的周末，然不美好则不足以谈克制。

国婧没有预约到今天的门票，直接去了燕园自习，我一如既往待在自习室里。最近总想起“时间流逝”和展老师课上的感叹，欲待细细感受，无奈最终只得一个时间真如流水般逝去的体验，说白了就是一天眨眼就没。早晨一小时读诵经典，上午两小时写作，下午三小时学习、晚上散步加澡堂一小时，如果仅取一样，则可剩余两个小时。实在我也没有贪睡、贪吃、贪玩，为何一天只有三分之一可以用来读书和学习呢？时间到底花到哪里去了？

出门时天已黄昏，拍出来却清晰如白昼，第一次看到夜游小公园的全景，第一次绕上山坡那条道，青青绿绿地隐藏在小区和马路之间。气温回升后出来散步的人增多，我亦感坐得太久，需要出来活动一下，漫无目的，以不随人流为要。

哥哥帮我打包衣物，妈妈说要我留着以后给程程穿，毕业至今二十一年，每次带一点回长沙，已经积攒了大半柜子，是时候该清理一下了。老人家舍不得扔，节约虽好，可旧衣服占据太多地方，于生活而言终是不便，厌旧是为了高效喜新，不让新旧掺杂导致混乱无从取舍罢了。甜甜说：“如今这年头，有多少人能把衣服穿破啊！”是的，只可惜这些未曾穿破的衣物不能送到那些真能穿破衣服的人手里……

2022年4月24日，星期日，晴

白天安排如昨日，傍晚忽然想出门。

两年前在淘宝上遇到一家售卖珍珠的店铺，实体店开在北京，那个时候就想亲选，今天忆及此，当下便决定去看看。适逢店铺周日直播，找到的时候四个人正在围坐吃饭，我稍微看了看便离去，珍珠间混合着饭菜味实在有些不伦不类，顿时打消了挑选的心情。

既然是出来看珍珠的，那就接着看珍珠吧，搜索了一下附近的珍珠店铺，数王府井银泰最近，走过天桥等公交。七点的京城大道空空荡荡，我拉紧口罩，快速行过。

王府井银泰和王府井中环相毗邻，昔日想必是人声鼎沸而灯火辉煌的，今日灯火依旧却几乎不闻人声，偶尔有三两散步者穿行其间，带来的不是人气而是几许凄凉。山间水边无人颇显清幽安静，闹市区无人总感觉透着几分怪异，钢筋水泥本为人造，人造之地需要人气，无人问津便很难自顾自消闲。我本不喜欢受人关注，无奈接连走进几家店铺都只有我一人，店员的热情和礼貌将我随意逛逛的闲情逸致驱散净尽，相互尴尬，看看时间也差不多八点了，那就回去吧。

宿舍依旧无人，洗好收拾好后她们才陆续进门，说说笑笑便即上床，一周又过去了。

第九周

2022-04-25—2022-05-01

2022年4月25日，星期一，晴

蒋老师今天的精神状态似乎不是特别好，平时课前讨论逐一点评，课上还时不时插入自己的小故事讲给大家听，两小时的课往往讲两个半小时，今天几乎准时下课，而上课也是紧凑循序。课后方知老师的岳母把脚给崴伤了，家中两孩子一个高中一个五岁，老师要照看两娃，还要照顾老人，忙乱疲惫。不过老人尚在，育有两孩，这份天伦之乐令人生羡，熬过偶尔的不顺，会越来越好。

今天的内容是齐克林“自我同一性发展理论”与韦德曼的“本科生社会化模型”，学习大学生发展理论的起源、背景、历程和影响，对我这种喜欢学生、爱讲课的老师而言，很有借鉴意义，只是我隐约觉得阿斯汀、汀托、齐克林和韦德曼的学生发展理论似乎不大适合中国学生。当然，如果将学生当成被管理对象，那无疑是行之有效的，只是我国自古便重视读书，且在政治思想领域寻求一统，在“书中自有黄金屋”的引导下，非经济原因辍学的学生很少，大家唯恐孩子不读书，想尽一切办法供其上学。退学率虽然不低，更多是心理原因导致的不能融合、不能适应，并不是像比尔·盖茨、扎克伯格、乔布斯那样认为有更优途径而主动选择退学。如今学生心理问题逐年攀升，我亦对此感到沉重，欲尽一份微薄之力，首先便要学好相关理论和知识，“修己以安人”[①]。

第一次看到学院一楼开水间旁边的门开着，凑过去看了一眼，原来是会客室，陈设温馨大气，且靠近茶水间和卫生间，十分周到。一个半学期里我主听了文老师、蒋老师、展老师、朱老师四位老师的课程，每一门课都需要时间消化，同时亦都十分受益。若是还有两年时间就好了，那样可以将学院大部分老师的课程全部听一遍，结合这些年自己在传统文化方面花的功夫，说不定能联系出些什么来。可惜我没有这样的机会了，只能回广州好好咀嚼已学到的内容，好在文老师的幸福亲师项目列有不少书目且一直在进行，几位老师亦皆随和可亲，后续学习，当再来请教。

巧的是早晨刚走进教育学院的大门，便迎面遇到东茅老师背着书包往外走，边走边说：“上周忙得忘记了，下午三到四点，你到我办公室来一趟。”下午三点收到老师信息说他还在开会，四点说是可以了，我刚回复“我在校区，这就过去”，立刻就接到电话：“不要专程跑一趟，明后天都可以。”老师的体谅无处不在。

齐克林的“自我同一性发展理论”与韦德曼的“本科生社会化模型”

齐克林的“自我同一性发展理论”是大学生发展理论的重要基础理论之一，主要包括三方面的内容：一、大学教育的目的是帮助个体形成一种坚固的自我意识、内在掌控感和归属感。二、大学生发展包含发展能力、管理情绪、从独立自主到相依共存、发展成熟的人际关系、自我同一性的确立、培养目的感和塑造品格七个向量。这七个向量以“自我同一性的确立”为核心，具有相互促进的关系。三、院校目标、院校规模、师生关系、课程和教学等是影响大学生发展的关键因素。

韦德曼“本科生社会化模型”的主要观点是，本科生社会化是学生参与大学里具有特定社交规则的某个群体并融入其中的过程，这一过程受到学生背景、大学学术和社交组织架构、父母社会化、大学以外的群体等因素综合

① 出自《论语·宪问》。

影响。新生会带着特定的价值观、抱负和人生目标进入大学，而后与身边各类人打交道，包括与老师同学的交往、与父母的交往、与校外群体的交往等，每一种交往都有其特定的社交规则。他们在此过程中评估哪些交往对于自己人生目标的实现影响最大，从而作出选择，实现社会化。

由于韦德曼本人具有社会学专业的教育背景，所以他的模型更加关注认知以外的发展，分析视角较为多元，既关注“哪些因素”，也关注“因素之间的关系”，同时还对学生如何融入大学作了非常深入细致的分析。所以他谈到的“社会融合”比汀托广泛，不仅包含学生与大学老师、行政人员以及同伴的交往，还包含了与父母和校外群体的交往。

此外，阿斯汀强调校园硬件条件，但在韦德曼看来，社会融合程度取决于学生对学校各种软硬件办学条件的主观评价。

2022 年 4 月 26 日，星期二，晴有风

收到本周进校三次检测核酸的通知，今天是第一次，检测完便去文老师办公室赴昨日之约。林琨也在，文老师正在指导他写论文，琨哥今天的发型很清爽，一改上学期没有好好打理的情状，得好好夸。

研究家校共育的他，似乎论文方向朝着“人生的修与悟”方面靠近了，不愧是东茅老师指点的，真是好题目！如老师所言，希望写论文的过程能让学生终身受益，不管什么专业，不管哪方面，人生何处不是在“修与悟”呢？“悟就像闪电，刹那划过时照亮一切，虽然暂时还不能长期停留在光明的境界中，但看过与没有看过相比，总是不同的”，老师的这番话似曾相识，用力回忆，似乎是《入菩萨行论》中的一句经文，不意从老师口中说出，惊讶并震撼，人的感受真是随着境界的不同而呈现出差别。文老师还说：“要相信山顶有很多人在等着我们，我们之所以不知道而感到孤独，是因为我们自己的境界还不够，认不出来。”又说：“目前的德育停留在功利境界，但德

育本身应该让人长久地停留在道德境界中。”我一听这些便有喜不自胜之感，字字句句都说到我的心中。

今天是老师第三次指导我编撰《四书心解》，不得不说，有师指导与无师指导的差别是巨大的，文老师在看了我提交的部分文字后建议按主题将《王阳明全集》归入书中，《大学》《中庸》《论语》《孟子》每篇下拟定若干主题，比如《大学》之“大”、《论语》之“仁”、《孟子》之“义”、《中庸》之“诚”，然后再进一步细分。“人们读过汉人、清人的‘四书’解读，读过朱子的‘四书’解读，读过近现代名人的‘四书’解读，再来读阳明先生的‘四书’解读，便可自行对比斟酌。”直听得我内心手舞足蹈，一想到这本书或许能使很多人获益，能报答阳明先生的书诲之恩，能为老师的幸福教育尽一点点力，辅佐圣学重兴，喜悦之情便溢于言表，内心里，实是赴汤蹈火在所不辞的。

聊完五点多，感觉整栋楼都安静了，本欲与老师一同下楼，推门便见一位男士一直在门外等候，见到老师时说：“那我明天再来请教您。”老师立刻转身进去，对我说：“你先走。”我说：“好。”回到宿舍还在兴奋中，阿静告诉我今天的雾霾比较严重，我说我咋没有感觉出来，估计是给好心情驱散了。

晚上到李师傅家改袖长，之后步行回宿舍，经过华联上地时才发觉确实到处都是雾蒙蒙的。

2022 年 4 月 27 日，星期三，雨

知道今天会降温，但不知道会降 20 摄氏度，前日傍晚气温升到 30 摄氏度左右，今天白天跌回 10 摄氏度。课后我一直龟缩在学院 206 教室里，好在忍冻把牛仔外套给脱了，中午出门时加上，才一直扛住挺到回宿舍。或许本来没有这么冷，只因下雨的缘故，因湿而冷。

展老师今天讲阿什比，蒋老师开学时曾介绍过他的“大学学术自治理论”，好玩的是，这同一个人在两位老师的课堂中呈现出了完全不同的面貌，皆精彩。

阴雨一整天，晚上气温降到10摄氏度以下，阿静说门头沟那边已经下雪了，我依旧单裤单衣薄外套跑去澡堂，似乎还好，倒春寒虽然厉害，但毕竟不是严冬。

她们回来说明天得把秋裤穿上，但我的秋裤好像全部寄回广州了，希望不要太冷。

2022年4月28日，星期四，晴

每一个与天气有关的成语都在我来北京之后被刷新了印象，比如四季分明，又比如雨过天晴。今天正是雨过天晴，空气好到感觉整个人都被洗净，坐在自习室里，隔着蒙蒙的窗玻璃都能感受到窗外的清新，只是我不能出去。

一天收获颇丰，尤其是《王阳明全集》的《文录》部分找到了网络版，省去我大把时间，开开心心继续编撰《四书心解》，天黑了也就不惦记玩的事了。

据说北京疫情一日紧过一日，大家对于出去游玩颇有顾虑，我心里最挂念的是北京各大博物馆，郊外那些景点在非周末时段戴口罩直去直回且不就餐，其实是很安全的，市内封闭场馆参观倒是有些顾忌。本想自己先踩一遍点，日后再带程程来，看这架势，怕是难了，也罢，学习一段时间，另觅郊外放风吧。

2022年4月29日，星期五，晴

今天买到了钟意的墨镜，因为有我亲爱的阿静陪同，忘记什么缘由两人一拍即合说去清河万象汇逛街，立即换衣服出门。下午四点多的商场几乎无人，说好全程不摘口罩的我们，走进 Chanel 柜台便开始试唇膏，会心地传递了一个想笑的眼神，而后若无其事地继续转战 Dior 柜台。她说想买一支正红色的唇膏春夏用，我说我无论涂什么都觉得像顶着一张血盆大口，完全接受不了红唇的自己，她摇了摇头说我需要改变，然后便帮我选择了一支淡淡增添气色的可可炫彩 82 号，那就买单吧，或许我也可以尝试画个淡妆，老师说的，无可无不可嘛。

而后随意步行至雷朋专柜，她找近视镜框，我看墨镜。参加工作后的第二年，父亲来广州给我买了一副高档墨镜，倍加珍视，爸爸过世后，我便为它配了一个精美的外盒收藏起来，生怕自己不小心给戴丢了，再没有爸爸给买。而后自己在龙洞超市买了副便宜轻便的一直用着，虽易携带，但不怎么好看，女性爱美之心时有提醒自己再买副像样点的，可总没能如愿。阿静的审美品位和购物理念都在我的点上，她挑选出来的东西我必另眼相待，正如今晚她拿给我的这副，正合我心意，北京的阳光一日强过一日，时候也到了，遂收入囊中。

晚餐时她说想吃面，我无甚食欲，自然随她所喜，领她到我初次来此地的苏州面馆，不意两人竟吃得很欢。聊天中她说入职八年只有一个朋友，我说我也差不多，真正的朋友本就珍稀，可遇而不可求，余则能陪伴相互解闷就行，不必要求太多。阿静是一个很重感情的女孩，言谈之间常常红了眼睛，我虽然很多时候也在强装坚强，但“装”久了似乎就真的会坚强一点。

父亲去世后的这些年我一直在有意无意锻炼自己的“无常观”，不愿意将情感、情绪、心情完全寄托在一个人、一件事、一种场景下，哪怕跟这个人再亲近。寄托时固然心有所属而生出许多希望，但每个人都有可能发生变故，若是倾注全部的情感，万一出现变动，要如何自拔？莫如从一开始就暗示自己：我本就是一个人。一个人来，一个人去，一个人生，一个人死。

外在的缘分，聚散无由，珍惜当下，尽力眼前。

2022年4月30日，星期六，晴

阳光依旧极好，我依旧不能出去，无奈效率不见高。中午吃完与阿静同去燕园测核酸，而后先行回来按部就班午休，睁眼便收到她的消息说也要回来休息一会儿，因为晚上得出去吃烧烤。正要出门，接到甜甜的电话，邀约我晚上一同烧烤，原来今天是她生日。看看时间接近四点，索性待在宿舍收拾物事，等候赴约。

国婧接到两篇文章的审稿任务，实在抽不出时间和我们一起，便给甜甜准备了一束娇美的芍药。我们一个个吃到肚子撑得不行才放筷子，别看甜甜平日里大大咧咧，一提她和刘老师便害羞，嚷嚷让喝个交杯酒也十分不好意思。这可是寒假里见过双方家长的准男友准女友，恰好坐在他俩对面的我不由得感叹姻缘天定。

过了五年单身生活的甜甜来北京第一周的第二天便在校门口的公交车站偶遇刘老师，而后被有意无意呵护追求。仍然记得去年国庆时她还觉得不好意思跟刘老师一同出去见其他老师，现在出双入对形影不离，这个学期来后更是约定每个周末去一处景点赏玩，眼角眉间俱是幸福。

他们带来了一瓶朗姆酒，说兑雪碧一起喝，自从东茅老师跟我说“无可无不可”后，我亦觉如此，只要我心不曾好酒，何妨浅酌一杯，与众人同乐？闻名已久的王老师今晚也在，可惜邱健回了云南，他与甜甜同月同日生，我们举杯录视频祝他快乐。

谈笑间，王老师低头给我们仨的脚拍了一张照，说：“到底是一个宿舍的，连鞋子都穿成一样。”哈哈，去年有 MUJI 舍服，今年有黑白宿舍鞋。阿静说：“可可，我觉得我们在一起的感觉就像我俩差不多大，没觉得你比我大九岁。”我接口半开玩笑说：“当然，我们都是学生，只有二十多岁。”她大笑，我比了个手势。

前日读到一处宗萨蒋扬钦哲仁波切的文字：“身体是容器，心是装在容器里的。”一下子便释然于年龄。容器会老、会磨损、会用坏，但心不会，不是故意说我不会，而是它真的不会，只要自己不觉得自己老、自己不觉得自己应该如何、自己不觉得自己不行，则心永远都是自在的。心无关乎年龄，心就是心，谈不上年轻，也谈不上老，一定要用一个形容词，当下我能想到的是“空灵”。

阿静指着今晚的合影和我上次去京西古道的照片说：“你看看，不同的穿着，完全就是两个人。”我马上领会到她想要表达的，晚上一进宿舍门就把今天穿的外套放进了捐赠袋里。

要说的是，甜甜今晚的生日感言特别好，值得我学习，她说：“现在每过一次生日，我都特别感恩，生日即意味着自己和家人朋友又平平安安多了一年的时光。”

能做如是想，人生焉能不美？

2022 年 5 月 1 日，星期日，晴

谁说北京的春天短暂？我怎么感到惬意漫长，这学期来后似乎时不时走在春光里，沐浴春风中，沉醉春花下。这不，白天 30 摄氏度晚上 12 摄氏度，虽然中午已有不少人身着短袖，但昼夜温差令人感受不到夏季的炎热，衣橱里仍然挂满春装。

自习室里待了一整天，午餐和阿静对坐冷清的食堂，我问她：

“你有没有驾照？”

“没有。但是我会看路标，我经常坐副驾。怎么呢？”

“我想租车去北京周边玩，怀柔、密云那些，但是我一个人不敢开，我开得不多，怕出事。”

“哇！这个想法不错，我也想出去。你大胆开，没事，撞就撞！”

“What?！啥叫撞就撞，万一出点啥事，风景没看到，咱俩就进去了。”

“不会的，你开吧，我们可以带上行李住两天。”

“可我不敢，车不是自己的，路也不熟悉……唉，好想把车发快递过来啊！”

她一脸失望地看着我，我坚决摇头，回到宿舍才想起来，我的驾照没带来北京，等从广州寄来，假期怕是已经过完了。

傍晚约好去李师傅那里取我俩改好的裤子，刚出门走下天桥等公交，就接到她的电话：“可可你赶紧回来，上地街道刚才被划入中风险地区了！”好吧，弹窗很麻烦，我打道回府，从马连洼北路听歌散步回来的想法也随之泡汤。

早晨家中寄到一包衣物，打开分类整理，一边穿一边淘汰，在阿静严苛的审美下，老气的、质感不好的、颜色不正的、太嫩不适合年龄的全部捐掉，最后剩下三分之一。我又是好笑又觉有趣，同时处理掉一些十几年的旧衣服，也感到轻松。

深受妈妈那个年代人的影响，总觉得衣服没有穿旧穿坏，扔了怪可惜的，但不淘汰，总习惯拿旧的穿。正是因为起了想要淘汰它们的心，每每想着再穿一穿，其结果便是旧衣服没处理掉，新衣服却被耽误成了旧衣服。痛定思痛，这次趁着有参谋在，好好清理衣橱，也算是北京之行的收获，日后回去广州轻松着装，断舍离的最佳效果便是清楚地知道自己拥有什么，缺什么。

甜甜从动物园回来说，今天外面人很多，但是大家都戴着口罩。

嗯，五一好好学习，等过两天大家都上班了，我再出去玩。

第十周

2022-05-02—2022-05-08

2022年5月2日，星期一，晴

圆明园校区自习月——牢笼原不在心外

最近北京疫情吃紧，气温也在逐渐升高，五一期间禁止堂食，今天开始每日都要回燕园核酸检测一次，遂彻底不想出去玩的事了，安心待在自习室学习。

中午刚睡醒便听到阿静在擤鼻子。

“你哭了吗？”

“嗯，是的。”

“怎么了？”

“这片子太让人感动了……”

这才低头发现她戴着耳机在电脑上看电影，好吧，这个妞又沉浸在某种情绪里了。我爬起来说收到消息，可以去清河万象汇取墨镜了，她说想去MUJI买根皮筋，我也想买个随身携带的小镜子，那就一起吧。墨镜是前几天阿静帮我选的，那天我俩开心地吃了个苏州小面，回来后一直念念不忘，想着哪天再去吃一次，明显今天不行，只好在食堂用完餐后出发。

自己计划坐公交去，然后散步回来，看着她那美丽娇俏的模样，不像能陪我“吃苦”的，还是打车回吧。都说女人要让自己看起来贵气，这样才会被认真对待，阿静就属于那种无师自通的，我领着她出去都不敢怠慢，就想着如何让她吃好穿好开心点，何况男生。感谢她时时对我耳提面命，帮我挑选衣服，不让我盘头发，带我买唇膏，给我卷头发……话说我很爱看美女，但是轮到自己的时候就有点偷工减料，每天坐着看书，刘海、小卷儿之类耷拉下来不厌其烦，恨不得全给剪了。

出门前她说头晕，估计是哭得太狠，回来就开始活蹦乱跳高兴起来，这学期她和甜甜共修了同一门课程，期末考试要求唱一段昆曲《寻梦·懒画眉》，每晚在宿舍播放，别说还挺好听的，咿咿呀呀有种岁月静好的感觉，只是轮到自己开口，那叫一个难。想象了一下期末考试的场景，不怀好意地要求旁听，哈哈对笑，然后突然想起来北大是以“昆曲之美，美美与共——北京大学昆曲传承成果简述”列于教育部礼敬传统文化特色名单的，说不定藏龙卧虎，跑去旁听的结果搞不好是膜拜去了。闲聊间我说起爱听苏州评弹，她立刻计划日后找个周末分头去苏州，沉浸式待两天，吃喝、游园、听曲、赏景，听着很是美好。

这两天校区没什么人，我俩坚守，多少有些蠢蠢欲动之感，好在《王阳明全集》整理已推进至《文录一》，每念及此，便感心安，起码没耽误老师的事。

2022 年 5 月 3 日，星期二，晴

昨天中午我鼓起勇气拆开新买的直卷两用电发棒，准备自己对镜夹头发，阿静看我捯饬，忙跑过来技术指导，凑近才看到她左边脸颊上有个浅咖色的小印子，问：

“这是哪来的？之前好像没有。”

“我夹头发时烫到的。”

“啊?！还会烫伤！你咋不早说。”

“这有啥，开始用时不熟悉，手啊脸啊头啊都会烫伤，你小心一点就是了。”

我：“……”

买都买了，拆也拆了，骑虎难下，只好硬着头皮用，离好远才敢下夹，粗粗拉了上十次便准备收摊，她再次过来检查：

“你这不行啊，后面没有夹到，还是弯的，再弄一下。”

“算了，今天第一次，放我一马。”

“那我帮你弄吧。”

“别了，我自力更生，日后没有你在身边也得继续不是。”

“也对。”

她哼着歌走开了，我松了一口气。

这事的起因是这样的，某天晚上我看到她几分钟就做出了漂亮自然的波浪卷发，羡慕不已，随即告诉她，我一到三里屯就被人追着推荐：“要不要做个发型？”她一秒都没耽搁直接笑喷，随后给我上了一堂“发型对于女人重要性”的课，其实我也不是不知道，但就是不爱弄，终于还是从了她，读书不碍事虽然重要，但美丽也重要。

刚说昨晚笑喷，今天早晨阿静就收到隔壁男生宿舍一位老师的微信添加申请，内容大意是：“听到你们宿舍每晚哈哈大笑，觉得很有意思，改天约一下，交个朋友。”阿静立刻道歉：“不好意思，吵到你们了。”我们宿舍在女生楼道的尽头，话说这墙壁的隔音效果也太差了，甜甜说她晚上都能听到隔壁男生打鼾的声音，还有爬上铺的咯吱声，甚至夜里身体摩擦墙壁的声音都能听到。

收到这条消息后我们仨立即反省，“隔壁该不会啥都听到了吧，那多不好意思啊”，关键是国婧每晚 11 点左右准时上床，我们不都开始慢慢安静了嘛。换言之，笑声是大了一点，但也不是时时狂笑，故反省无果，人生得意须尽欢，咱继续。要说主要是阿静的笑点太低，导致整个宿舍的水平都被她拉低了，搞得我有几次一见到东茅老师就想笑，强行憋成似笑非笑，也不知失礼没有。

中午饱睡了一个小时，起来精神奕奕，完成了数项任务，心情甚好，傍晚忍不住还是跑去李师傅那把裤子给取了回来，不想在上地区域多作停留，来去都坐公交。

2022年5月4日，星期三，晴

今天“五四”，北大校庆。

闻说今日起燕园不允许师生任意进出，圆明园校区亦然，但传言反复不定，一会说仍可外出，一会儿说不少人买了大包小包正在搬运，我和阿静在互通消息中亦喜亦忧。

中午气温已升至36摄氏度，灼烤感强烈，核酸检测点移入篮球场内，倒也省了午间往返燕园之途。自习室里人满为患，一座难求，听说新开了2203和2207两处教室供大家学习。

餐后甜甜风也似的飘了进来，捧着一把小黄花，说是在校门口采的，翻出个网兜装上挂在床边，我望着怔怔发呆，真的出不去了吗？这入眼鲜黄，似乎冲淡了些许即将被管控的忧伤。也罢，我还有几本书可以看，出不去就好好读。

下午四点半通知领物资，打开一看，红烧牛肉面、消毒湿巾、鸡蛋、火腿肠、面包、口罩，心知不妙，果不其然，阿静七点欲出去散步，门口保安告知已封。

天气炎热，食欲不佳，六点回宿舍冲泡一碗山药芡实薏仁粥，将就吃了几块饼干和红薯干，胡乱对付一餐，而后绕校区散步，慢腾腾转悠两圈正好一小时，穿过月牙门，经过矮平房，皆为平日忽略之所。冬去春来，爬山虎已郁郁葱葱，2号楼尽头的灯光第一次在夜晚亮了起来，那是学校为我们新开的自习室。

国婧爱花，新买了一束白芍药，插好后离去。阿静将花摆到窗台边，推门进房的我看到她正举着相机拍摄，窗前的夜色将花映得如此纯美静谧，我俩感动莫名，相顾欣然。

似乎出不去也没什么不可以了。

2022 年 5 月 5 日，星期四，晴

校区自习第二天，气温 33 摄氏度。

满地柳絮小球随风旋转，偶尔飞扬。

傍晚散步时听到久违的篮球和嬉闹声，恍惚间像回到了大学，财院当年的夏日有着一样的炎热和喧闹。

今天最高兴的是觅到一处窗边自习地，椅子软软的，适合盘腿学习，屋外虽热，阵阵凉风透过纱窗送入，很是惬意。

食堂对面的小道墙壁上指有“茶炉房”，顺沿找到，已经荒寂。当年是否有学生在此围炉夜话？那是怎样一番光景？不禁悠然。

之前把这里当成落脚处，时间和心思都花在燕园，如今暂时只能在此处生活学习，每个角落都细细体会，“老”“朴”便是它给我最深的印象。圆明园校区建筑面积11321平方米，为北京大学继续教育部所在地，搭乘320路、305路、681路、614路、982路等公交可直达燕园，也有不少老师步行往返，学习与锻炼兼具。校区毗邻圆明园景区，出门右转100米即到东门，配有教学、文化、体育、食宿等生活设施，可供近2000人住校学习生活，现在主要为学校研究生、进修教师和访问学者提供配套服务。前阵听闻今年可能是北大最后一年为校外学者提供食宿，明年开始全部自理，庆幸的同时珍惜之心顿起。

忽然想读《金庸全集》，可惜手边无纸质书，使用电子产品看书总觉得少了几分儿时的优哉趣致，未到最佳处。

晚上四个人躺下后齐齐拿起手机，黑暗中，光在四个角落里忽明忽暗，聊起时间飞逝，均有同感。不多时，陆续熄灭，我最后看了一眼时间：12:03。

2022年5月6日，星期五，阴有雨

校区自习第三天，气温跌至12摄氏度，总算舒服了，说好昨夜五点下雨，早晨六点才听到淅沥声。早起洗了几件衣服，晾到窗外屋檐下，淋湿就淋湿吧，反正也没啥运动，淋湿我就重洗一遍。

教师微信群这两天热闹非凡，昨日建言献策说希望改善伙食，清淡一点，今天中午打饭窗口前便排起五条长队。据说没那么咸了，但我没感觉，之前不觉得咸，现在不觉得淡，管饱就好。

晚餐和阿静、王老师同坐一桌，阿静说等可以自由出入了之后要每天都出去，现在只能趁着拿包裹的时候在门口站几分钟，王老师笑应：“是啊！看着街上的车水马龙好羡慕。”

我俩齐声回道：“那是你想象的吧，现在的北京哪里能见到车水马龙？”

“要不阿静你牺牲一下，就说病了，我送你外出。”

“那也轮不到你，肯定是可可送我。我看还是你牺牲吧，肯定有好多老师愿意送你，尤其是女老师……”

王老师得意大笑：“那我可千万不能病。”

我心里接了一句：“那倒是，病了就直接救护车拖走隔离。”

转头看到群里老师发来的各色照片，有说“看这打球以为自己在火星”的，有放图片说宿舍开启“深夜狂吃垃圾食品”模式的，倍觉好笑。

餐后例行戴上耳机绕着校区散步，话说每晚都能见到跑步的唐老师和快走的木老师，这两位老师恰好早都认识，一位来自云南，一位来自新疆，同在教育学院访学。好笑的是，蒋老师上课时总称呼木老师为“哈校长”，我开始也跟着这般称呼，直到上个月跟他们出去吃烧烤，才发现木老师的全名是“木合塔尔江·拜克日”，根本就没有“哈”字，下次见到蒋老师得告诉他，只是下次未知何时。

不得不说，坚持运动的人的自律性高于常人，且积极向上、随和易处，施一公教授在演讲中说自己的意志力始于万米长跑和竞走，想来是的。能坚持做完一件事，才有可能坚持做完第二件，《弟子规》云：“此未终，彼勿起。”每一个艰难的“此”都在潜移默化地成就他日辉煌的“彼”。刘力红老师说：“学问是指能够过上好日子的能力，任何环境他都能够适应，能够做出好东西来，这才叫能力，学问就是为了这个能力。”

那我们当下的自习，是否正是考验学问的时候？

2022年5月7日，星期六，阴有雨

校区自习第四天，气温14摄氏度。昨晚失眠，翻来覆去快三点还没有睡意，时不时爬起来上个厕所，第一次和国婧同频，后两次我看到她的帐内

若隐若现透着微光，猜她也醒着。

中午回宿舍时她正熄灯躺下，我笑问：

“你昨晚是不是也失眠了？”

“还好，就是有点睡不着。”

“我看到有点光。”

“嗯，我在看小说。”

“那还睡个啥，我昨晚也是数次想打开《金庸全集》，生生忍住了。”

“没办法，本来想听樊登，但是网络卡，又想读文献，但是字太小。”

我心里一阵叹服，到底是教授、博导、科学家，这个时候还在想着读文献，正欲表达自己的敬佩，便听到她接口道：“因为读文献是最容易睡着的。”哈哈哈，原来也是我等正常人啊！

这么几天后，自习室的位置基本固定下来，每个人都去自己的地头耕耘，一如上课时的光景。今天群里通知说明天开始禁止堂食，学校负责一次性餐具，请老师们带走食用。王老师在群里发了一条消息，大意是校区就这么大，核酸这些天已证实无人感染，自习居住都在一起，禁止堂食的意义不大，且一次性餐具对环境不友好，还请相关领导三思。该建议合情合理，我

们均支持，只可惜未被采纳，于是乎，今天墙角边、操场里、楼道中、树荫下均能闻到阵阵饭菜香。

阿静说她已经把心理预期调整到 15 日，上海的同学要我做好准备，“七七四十九天起步”……不是吧，那结束后就可以直接回去了。我知道甜甜肯定不会走，阿静也计划放假后在北京多待几天，最难受的是我的听课计划全被打乱，上学期修了七门功课，辛辛苦苦只为了这个学期可以多一点时间旁听各类课程。这学期虽然只选了两门，但前两个月不停有新任务加身，实在抽不出时间，只听了三四科，手机里存好十几门想听的课，只待任务稍微松懈一点便去，谁知这不测风云来得太过不测。

傍晚雨停，天地都安静清新了下来，绕着校园走了一圈又一圈，让自己接受这不争的事实，3 号楼后边的整面墙壁都被爬山虎覆盖，风吹过，阵阵绿浪。

虫鸣蛰蛰，斯羽揖揖，心之忧矣，胡能底及？

2022 年 5 月 8 日，星期日，雨转多云

校区自习第五天，雨已停，昨夜睡梦香甜，一觉醒来，国婧已去自习，阿静、甜甜正在梳妆。翻身下床，时间已过九点，前日失眠之疲乏一扫而空，满眼新意盈然。

大家相顾叹惜：“天气真好啊！可惜……”

“咱不要说可惜了，出不去就该干啥干啥吧。”

触不着的事情不想，得不到的东西放下，不然还能怎样。那，要不要换一件新衣裳？我站在衣柜前犹豫，甜甜笑着催促道：“赶紧穿，我们监督你。”我亦笑着回应：“你是一定要每天坚持美美的，有人需要你美化环境，我就不必了，花枝招展给谁看？”说完瞧了阿静一眼，她正拿着手机默不作声，对于一个去食堂打饭都能整整齐齐的姑娘而言，我这观点肯定是需要受

教育的，等着她示下，可一直没声音，这妞在干啥？于是掩门离开。

傍晚刚进门，她就兴高采烈问我："可可，我们一起去跳广场舞吧？"

"可以啊！这个我奉陪。"

"我们可以找一段健美操，可是我不会编排新动作。"

"不需要新动作，直接跟跳就行了，反正是活动筋骨嘛。"

"那不好，不漂亮。"

呃，确实也是要好看一点，但，难不成还真跳广场舞啊。

突然想起来我还没交"高等教育基础理论"的课前读书笔记，匆匆跑回自习室，向紫琛要了课前文献。明天讲"高等教育大众化理论（上）"，蒋老师给我们发了几篇马丁·特罗的文章，一读之下，才发现自己之前对中国高等教育状况的一些不解之处得到了很好的解释，果然想不明白是因为知识量不够。

第十一周

2022-05-09—2022-05-15

2022年5月9日，星期一，阴

校区自习第六天，迎来节后第一次线上课，早早安装好了Classin并进入班级测试，一切就绪后守在电脑前，这才发现我的耳机与电脑不匹配，只能外放。阿静还在宿舍，说没关系，可以一起听，嗯，同为高校老师，高等教育话题都是关注的。

来北大之前很天真，计划每天听个三四门，一周可以听二十门课，徜徉在自己幻想中喜滋滋，岂料第一周便被扬了个下马威，老师们的授课计划和安排一亮，就知道不妙，都不是能轻松随意旁听的，除非只是去“混”。可我好不容易获得的北大学习机会，岂容自己等闲视之，于是当机立断删减课程，当我把申请表交给教办徐老师时，“你选这么多吗?”多乎哉？不多也，我只有一年啊。蒋老师有课前文献和读书笔记，展老师每两周讲完一本书，东茅老师有每日打卡还有课后作文和周作文，朱老师每周介绍新理论。经过上个学期的打磨，我总算摸到了些学习门路，主要靠自学自悟，老师们提供资料、方向、深度方面的建议和指导，并以身作则为我们把大海里的针捞出来，但如何取用还在自己。

课堂上老师聊起自己1991年考上北师大的情形，那时全国高考仅招收75万人，考上大学即具有干部身份，由国家包分配，免费读大学，每月由学校发放补贴，大学生被称为“天之骄子”。而后高校于1999年开始扩招，当年新增本专科人数便比 1998 年多出 47%，十年之间，普通本专科在校人数从 340.9 万增加到 2144.7 万，研究生从 19.9 万增加到 145 万，速度惊人，由此展开本次课“高等教育规模扩展理论”的讲解。

这堂课最令我获益的是马丁·特罗对高等教育精英、大众、普及三个阶段的剖析，即高等教育三阶段发展概念框架的提出和构建。课前我便已知道 15% 和 50% 的入学率是判断这三阶段的标准，但并不清楚每个阶段会有哪些质的改变，听课后方才明白，我还在用精英视角看待大学生，无怪乎方凿圆枘，难以契合。

马丁·特罗的“高等教育三阶段理论”：精英、大众、普及

在以前的精英教育下，高等教育属于出身与天赋两者兼具的人的特权，培养人才主要是为政界和学术界储备精英，因此课程高度结构化且以个别单独指导为主要教学形式。有幸获得此资格的学生被要求住校且不间断学习，由是形成两三千寄宿生的“小社会”，他们高度同质，对外边界感明显。此时的高校领导与决策由少数精英群体控制，资深教授大多身兼行政职务，学术标准很高。

进入大众化阶段后，接受高等教育成为具有一定资格者的权利，他们被培养为各个领域的领导阶级和专门的技术精英，课程模块化，教学慢慢走向以讲授为主、讨论式教学为辅的方式。学生水平参差不齐，寄宿与走读相结合，看重职业训练，慢慢出现了三四万师生聚集的“大学城”，典型标志便是综合性高校兴起。高校治理则采取“精英群体+民主政治程序+社会公众监督模式”，以教授和资深管理者为主，学生和职员参与其中，出现专业管理者，对外边界模糊，学术标准开始多元化。

到了普及化阶段之后，高等教育就变成了发达工业社会中大多数人的义务，接受高等教育是为了提高人们对迅速变化社会的适应能力，为“全民”生活做准备。课程显现出去结构化的特征，更多依赖函授、电视和计算机技术进行教学，学习与生活的界限消失，普遍具有就业经验，终身教育兴起。此时的院校规模不受限制，也没有统一标准，学生共性很少，几乎没有了共同的标准、价值和身份。学校领导与决策聘请全职管理专家，他们接受媒体和公众的关注，同时引入民主参与形式，进一步开放管理权，允许职员和学生参与，入学不再考核成绩而是看个人意愿，此时的学术更多关注教育经验的“价值增值”。

马丁·特罗的研究结论是：尽管高等教育迅猛增长会带来一系列问题，但任何发达社会都不愿意中止其扩张趋势，各地对大学和院校中的职位需求量仍然很大，这是因为人们已经认识到接受高等教育能够带来更多的生活乐趣、安全感和高薪工作的机会。

读此我才明白，之前一直不喜欢多媒体教学、排斥线上授课、不愿意“售卖”知识的自己还停留在精英阶段视角，但时代和社会已经变了。马丁·特罗主张大力推行“将精英大学系统转变为大众高等教育系统”，并预言 2030 年的高等教育将迈向学习型社会。

我虽欣然于学习型社会的提法，但难以接受缺乏精英教育的状况，内心深处，总是希望有那么一群人能够引领风格、坚守内心。或许是我杞人忧天，清北的存在本身就是精英的堡垒，几千年的文化沉淀不允许我们没有君子。

2022 年 5 月 10 日，星期二，阴

校区自习第七天，气温不高，大家都穿上了外套。

赵老师下课后对我们说：“谢谢你们坚持听课！”只感到一阵羞赧，曾几何时听课竟成了对老师的支持，这难道不是学生的义务吗？说来惭愧，赵老师的课生动有趣且知识量大，可我却在前两个月旷了两次，原因是我想出去玩。周二景区人最少，一来可以有效防疫，二来我很喜欢清净的山林，去年就给自己安排了周末学习、平时游览的方式，3 月、4 月间有两次预报周四下雨，周三有必修课，只好委屈周二了。

话说从上个学期开始，赵老师课堂发问时屡屡出现一问三不知的情形，这个学期实在忍不住说了一句：“你们作为北大的文科研究生，平时不关心新闻是不好的习惯，不能只追剧，对国际国内大事件不了解，对于文科知识分子而言是有欠缺的。给大家的照片都不认识，证明历史也不好好学……”我琢磨着赶紧补习地理，世界地图我也一问三不知，中学的那些都拿去应付考试了。

2022 年 5 月 11 日，星期三，阴

校区自习第八天，天气阴冷。国婧中午回来说内蒙古那边有的地方都下雪了，难怪这两天有点冷，阿静把灯芯绒长裤翻出来重新穿上，我的那条却寄回了广州，本以为广州天气变化难测，未想北京更甚。

一、二节要上“教育哲学专题研究”课，阿静和甜甜都还没起床，我一来需要录音，二来只能外放，背着包满校区找安静地方，所谓安静，是指既不会吵到别人，也不会被人吵到。总算在上课前五分钟觅着了一个隐蔽的角落，还正好有两把废弃的椅子，只是这个巷口风大，一边听课一边擦鼻涕，好容易挨到了下课，空旷处外放音质不清晰，幸好有录音可以回听。

这堂课主要介绍“生态学视角下的现代大学教育”，阿什比将大学专业分为学术、工程和非职业高等教育（通识教育）三类，三种不同专业各自有其不同特点。其中，学术专业很难兼具学术自由和专业标准，蕴藏内在矛盾，又因为没有标准、不受约束而容易膨胀。教育的目的是影响和造就一个人，需要把精力放在学生身上，但研究则需要将精力投注在自己身上，这两者之间同样存在矛盾。在追名逐利的社会里，绝大多数人都会选择后者，所以阿什比认为如果一所大学的学术性专业泛滥，必定对学校发展没有好处。

工程专业是从事物的抽象简化过程中而不是从全面理解客观实际中建立科学概念，所以常常缺乏解决现实问题的力量，在阿什比眼中，工程问题与政治问题十分相似，所谓政治就是人文社会科学中的工程，故不能将之看作

单纯的学术。现实中，只依赖科学方法论缺乏解决问题的能力行不通，完全不尊重科学方法也行不通，所以社会需要通才和有综合能力的人。

通识教育的不可或缺性表现为两点：一是从大学生角度来看，毕业分配服从二八定律，即约有百分之二十的学生毕业后继续从事学术和专业领域的工作，而百分之八十的学生将从事非学术和非专业工作，对后一部分学生实施通识教育乃必然选择。二是从大学职能来看，为满足其保存和延续文化遗产及随时变化以适应所处社会环境的需求，给予大学生适当的文化传承方面的教育也是必需的。

要说的是，下午开始我便无心学习，清冷的天空和沉默的人群令人感到压抑，遂打开一直念叨的《射雕英雄传》，一边看 1983 版视频一边看书，阿静以为我在消闲，其实我在排遣。读金庸的时间一晃而逝，散步时都在听书，“小桃无主自开花，烟草茫茫带晚鸦”[①]，身边经过的废弃的浴室和胡乱伸展的藤蔓亦无主而落寞。

2022 年 5 月 12 日，星期四，晴转阴

校区自习第九天，比昨日更冷。

早起见温阳，驱散了不少寒意，洗完衣服楼下晾晒，再取出一条丝巾放兜里，坐到窗边自习。阴郁不明的天，人的心情也随之低落，提不起心力干正事，除去非推进不可的编撰，时间用来闲散。继续读《射雕英雄传》，昨日刷了八集 1983 经典版，今日不看视频只读原著，大半天之后，目力已不济。

《射雕英雄传》是我小学四年级时无意中在爸妈学校图书馆里找到的，那个时候一放寒暑假便跟随父母坐班车去他们学校玩，爸妈上课时，我就待在图书馆。还记得初见它时的场景，一套泛黄脱页的《射雕英雄传》摆在

① 出自戴复古《淮村兵后》。

《一千零一夜》旁边，共三册，我顺手拿起，谁知这一拿便是一生，每隔若干年便会有意无意复习一遍，只恨自己某些细节记得太牢，重读时间隔太近会感受不到新意。记得当时《射雕英雄传》旁边还有一套名为《谁是大英雄》的武侠小说，我兴冲冲地翻阅，却倒足了胃口，此后心里全是金庸。

女儿同样在四年级时迷上《神雕侠侣》，而后五年级追看《射雕英雄传》，我一开始就告诉她《射雕》在《神雕》前面，可她偏偏不听，说不喜欢黄蓉一味维护郭芙，破坏杨过和姑姑，一副中年妇女护短的模样。我也只好作罢，读书勉强不来，后来她终于因为好奇而打开《射雕》，由是一发不可收，某天跟我说："妈妈，我发现黄蓉也挺可爱的。"可不是嘛。自从她爱上金庸，我便不再担心她三观不正，也不担心她会喜欢上"娘"味的男生，在我的观念里，认同金庸便等同于走上正道，大是大非问题基本上拿捏得清清楚楚，比徒有说教的德育课程强一百倍。

赵老师曾经在课上说，也许金庸小说日后会像四大名著一样被当成经典而后束之高阁，再然后大家就不怎么读了，一如《红楼梦》所经历过的：悄悄地看，堂而皇之地看，不怎么看。小时候一读金庸，爸爸就说"你又看武侠小说"，虽然没有阻止我，但有那种"你不看正经书"的意味。现在我女儿可以堂而皇之地读了，不过总感觉少了我当年的那份刺激，明明很想一读到底，有时候爸爸来了，还得装模作样地摆上一本《格林童话》之类，等大人晚上睡着后，再偷偷躲在被窝里看。

不知道会不会有那么一天，真像赵老师说的那样，家长们催着孩子"你怎么都不读一点金庸呢？"希望不要，连读金庸都费力，得每况愈下到什么程度，不过看这网络小说的架势，还真说不定……

2022 年 5 月 13 日，星期五，晴

校区自习第十日，大好晴天。阿静拍下一朵忧伤的玫瑰，我遍访不着，

只得另一朵娇艳。实话说，我更爱她那朵，有脉脉含情之感，而无姹紫嫣红之媚，高贵冷静，沉着自持。花，正要如此欲语还休，国婧说她更爱含苞欲放，我亦深有同感。

真的不知道哪一次会是最后一次，翻阅手机里的照片，时间定格在4月19日，那天我去了京西古道，虽然收获颇丰，但来回六个小时的车程令我疲惫不已。于是后来的十来天里都生不起出去游玩的念头，谁知半个月后迈出校门竟成奢侈，这会儿再看之前的两个月，恍若隔世。于是乎，这被约束下的每一个天气晴朗的日子都令我感叹被辜负的时节春光，嗯，我知道已经入夏，但对于长住广州的人而言，短袖才是夏天，今天还穿着两件呢。

《射雕》未完，不好意思再看，那些待办之事心知肚明，学生的信件仍在手机，给自己安排的都是需要兴致的事，形虽不能泼墨挥毫，意总得闲和舒畅，他们不会喜欢我干巴巴地刻意回信，因为我自己先已不喜欢，写信本是一桩心灵事件，读书也是。

中午打饭要求佩戴口罩，看样子解封无望，排队的人似乎少了不少，据说老师们开始陆续离京回家，我暂时不想返粤，阿静说她要"硬待"，因为还有好多地方没去，好多朋友没见。大家的感慨都一样，总觉得还有时间出去游玩，还有时间见同学和朋友，被迫禁足带来的回望与珍惜，远多于平时。

国婧给了我几块豆干，不咸不淡特别好吃，淘宝搜到一家内蒙古食品专卖，和阿静互相分享，我买给妈妈，她买给她公公，这儿媳妇当得不错。国婧又说娃娃菜粉丝口味太淡，我忽然想起书架上有瓶忠州豆腐乳，是上学期末琨哥的女朋友送给我的，正好派上用场。

澡堂的人也少了不少，难道真有很多老师回去了吗？朗润园才逛了一次，北京的大街小巷都没怎么去，还有那周边无数景点，都在等着我结业。

所以，我坚决不回去。

2022 年 5 月 14 日，星期六，晴

校区自习第十一日，晴空万里。

今天开始不准堂食，中午打完盒饭，让国婧帮忙拿回宿舍，我到校门外面取包裹。快递架上遍找不着，再一看，原来在丰巢柜里，需要多走个十来步。绕过去的时候不经意间看了一眼马路，被惊艳了双眼：道路两旁的低矮树丛中开满了各色鲜花，红、橙、黄、粉、玫，缤纷夺目，绚丽多彩。才十多天不见，就这般争奇斗艳，我真的是在北方吗？这妖娆娇美与广州相比毫不逊色，是谁说不舍得在秋天离开北京的？一年四季都应舍不得。

新华社通报上海感染人数逐渐降低，可北京总在 40 到 50 之间徘徊，尤其是海淀，中招后每天都有新增，解封遥遥无望。我拿着收到的棉背心往回走，门口的保安大哥举着一瓶消毒水说要消杀，结果喷了自己满脸水沫，说是风太大给吹反了方向，我想笑又不好意思出声，掏出一张纸巾递给他。刚进宿舍门就收到通知说明天开始不允许叫外卖，阿静前两天刚教会我如何用美团找吃的，这就派不上用场了，整个校区就只有那几只猫的日子没有发生任何变化，该吃吃，该睡睡，我们在约束的不断升级中互相打气和畅想解封后的自由。

一天的欢笑莫过于晚上试穿新衣，我和阿静买了同款白色工字背心，她

买的 Toteme 正版，我加入购物车后系统自动推荐了高仿，800 元与 75 元，肯定选后者，这种耗品顶多穿两年，800 元一件的打底棉背心，我买不下手。比来比去，就觉得一个乳白一个纯白，一个偏厚一点一个更薄软，上身后活力又妩媚，只是……我忍不住问她：

“好看是好看，你未必敢穿？”

“那有什么不敢，我绝对敢，你看我的！”

“哈哈，那我就等着。”

“自从嫁给了普哥，我就没有不敢穿的。跟你说可可，你去看看《欲望都市》吧，虽然有点那什么，但是女人自信才是最重要的。”

“嗯，这个我同意，可不知道为什么，别人穿上是性感，我一穿出来就感觉风骚。”

“你得穿对 bra 才行啊，要那种无肩带的，甜甜有。”

“我知道，可是总感觉会垮。”

“不会的，等甜甜回来，我们让她试试。”

正说着，甜甜就回来了，二话不说脱衣示范，信誓旦旦保证：“放心，可可，绝对不会垮，我去年夏天各种吊带都靠它。”

这大半年跟她们一起，谁买了新衣服或新鞋子都是这么开心地轮流试穿，巧就巧在我们四个人的脚和衣服的尺码大同小异，买一份收获四份喜悦，这物购得值。国婧早已上床，被我们仨大呼小叫地引得拨开蚊帐探出头，估计是想见识一下这万能的夏日 bra 吧。

放飞不了手脚，那就放飞心情，阿静说得对，不穿白不穿，反正走在街上，谁也不认识谁，有何不敢！只是，最好还是不要撞着学生。

2022 年 5 月 15 日，星期日，晴

校区自习第十二天，快递架移到了校内，一切井然有序，阿静说从今天

开始食堂可以预订清真餐，北大真是贴心周到。

连续四天核酸，集了各种颜色的贴纸，黄色那张上面印着荣格的话："向外张望的人在做梦，在内审视的人才是清醒的。"很是认同。总是不由自主地将一己之喜乐依托于外境，虽然知道不妥，仍难改变习性，究其原因，乃是由于每一个情绪激扬的当下不能克己以复礼，缠结于旧习，任由七情泛滥。既然自己在悲喜之间都做不了主，又怎能希望超然独立于引起悲喜的外境呢？阳明先生说："凡人言语正到快意时，便截然能忍默得；意气正到发扬时，便翕然能收敛得；愤怒嗜欲正到胜沸时，便廓然能消化得，此非天下之大勇者不能也。"[①]诚哉此言。

晚餐后正欲散步，遇到王老师，请我帮他们云南来的老师拍张合影。边走边聊，这才明白需要社会面清零后十四天才能解封，刚刚新华社播报今日社会面感染 10 例，唯有一声叹息。

半路遇到阿静，告诉她这政策，她傻傻劝我"不会那么久的"，而后高高兴兴地离开了，晚上回宿舍却一脸沮丧："怎么会这样？"原来她压根就没明白我在路上说什么。甜甜也没弄清，一边收拾衣物一边说："五月底就该差不多了吧？"我说："那是不可能的了，即便明天清零，都得六一之后，何况这趋势，明天根本不可能清零。"她有刘老师做伴，倒是要求不高，"只要最后一周能让我们回到燕园就好"。

从澡堂回来，阿静发来两段健美操视频，说明天开始广场舞，万柳学生公寓那边已经跳上了。转眼间她就蹦得满身大汗，我全部收拾好才开始，一直跳到国婧上床，运动完兴奋得没有睡意，心里暗呼不妙，明天再不能睡前瞎折腾。

---

① 出自《王阳明全集》。

第十二周

2022-05-16—2022-05-22

2022年5月16日，星期一，晴

校区自习第十三天，开启第二周网课。

今天的“高等教育基础理论”继续讲解“高等教育规模扩展理论”，上周介绍了马丁·特罗的高教扩展三阶段，这周蒋老师为我们准备了另外四个同样具有解释力的理论，分别是：结构功能主义、个体地位竞争理论、集体冲突理论和新制度主义。

解释高等教育规模扩展的相关理论

“结构功能主义”又称人力资本理论，认为高等教育能够提高个人生产率，而具有较高生产能力的个体在劳动力市场上将获得更高的个人劳动收入（工资），所以高教扩展与经济发展周期相吻合。“个体地位竞争理论”与此相反，认为经济增长和现代化不是高教扩展的动力，比如在魏玛共和国末期，德国失业人数高达600万，但是入学率却达到了前所未有的高度，该现象用人力资本理论无法解释。所以布东认为“对于试图以极少数职位相互出价的人而言，一种个体竞争地位会发展起来”，也就是说，推动高教扩展的原因是个体地位竞争而不是经济发展。简而言之，人力资本理论认为经济越发展，高教越扩展，个体地位竞争理论则认为经济越不发展，高教越扩展。

“集体冲突理论”是个体地位竞争理论的社会版，它从冲突与竞争的角度出发，强调某个社会群体（社会阶层）为了政治文化解放而参与政治决策的斗争。这一理论从政治斗争角度来解释高等教育规模扩展，也认为其与经济无关，“当社会的流动链条是赞助性的，精英地位及其权力被掌握在国家和资产阶级手中时，仅靠个人对社会竞争地位的努力无法进入大学权力，只有依靠集体斗争才能跨越政治障碍”。可见，就经济增长与高等教育规模扩展的关系而言，人力资本认为其正相关，个体地位竞争认为其负相关，集体冲突认为其不相关。

“新制度主义”的代表人物是梅耶，他的主要观点有：经济发展会促进高教扩展，并在激烈的种群竞争下被加速；在全球高等教育制度化情形下，扩展在分权制下较为迅速而在集权制下则可能受到控制；全球向自由理性转变和社会发展模式催生了高教的世界性扩展，那些组织和身份与世界模式有所联系的国家的扩展速度是最快的，扩展率较低的国家也往往会在随后发生“修正性”大扩展；中等教育入学率高的时候，高等教育扩展较快。

此外，“贝克的风险社会理论”也对高等教育规模扩展作过解释，即受教育程度越高，规避风险的能力越强。

导致高等教育扩展的原因有内生的和外生的，上述理论介绍的几乎都是外生因素，更为重要的是内生因素，即几代人对大学教育的自我延续，又称遗传效应。蒋老师以自己为例，他和太太都是名校毕业，对两个孩子的最低要求是硕士研究生毕业，否则“心理上难以接受”。

上完课差不多12:40，阿静帮我买好了饭，一边吃一边回想授课内容，觉得这些理论挺有意思，就像是几个人在交流讨论，各执一见。风险社会理论认为受教育是为了规避风险，人力资本理论说是因为经济发展的需要，个体地位竞争理论却说恰是因为经济不好才导致个人需要增强竞争力，集体冲突理论认为集体力量大，新制度主义则放眼全球和制度民生。总之，全球高教规模都在不停地扩展，大学生、研究生越来越“不值钱”，只希望扩展的是培训，可不要动摇了教育的大本营才好。

对于中国人而言，“天命之谓性，率性之谓道，修道之谓教”[1]才是教育的初衷，教育本为破迷开悟，在世间磨炼心性，恢复自性本具光明，自利利他，而不是学习一堆生存技巧。

2022 年 5 月 17 日，星期二，晴

校区自习第十四天，仍是晴天。

今天的“国别与地域文化”开始介绍日本。阿拉伯国家靠石油繁荣，太肥沃的国家往往容易受到“资源诅咒”，因为由资源带来的繁荣往往只是暂时的，人们坐吃山空，将勤劳节俭抛诸脑后，反而容易出现经济问题，比如阿根廷。中东国家亦如是，“钱不是自己辛苦干出来的，而是从帐篷走出来直接坐进奔驰”。但其实石油在未开采完之前，人类的能源结构就会发生改变，现在全世界都在研究可控核聚变，中国已经走在世界前列，新能源出现后海湾国家还能撑多久是个未知数。

傍晚国婧在群里发来施一公教授的讲座链接，我和甜甜虽是外行，也慕名听课，只可惜疫情原因无法面聆。施老师一开始便说：“我给北大学生上课从来不用幻灯片，互联网割裂彼此之间的沟通，让我很不适应，但疫情期间没办法，所以做了少数几页。”一晚上我能听懂并有收获的地方有这么一些：

一、真正的前沿科学是不能被预测的，只能在无意中被发现。这个观点和展老师很是接近，记得上学期介绍利奥塔后现代主义时谈及现行课题申报，申报书上必须写明本课题的意义、步骤、预测结果等，“各种详细的预测总是显得很傻”。

二、科学研究三要素：技术、问题、体系。牛顿虽然在 300 多年前说过

---

① 出自《中庸》。

“实验是唯一出路”，但这是指最后的验证结果，施老师说：“你们中的绝大多数把技术看得特别重要，博士读完后还觉得技术非常重要并以此寻找自己的研究方向，这一点大错特错！技术就像一日三餐，它是必备基础，但它不能让你变得卓越，技术对选题有用，但绝不是根据技术去选题，技术是读博前两个月必须学好的东西。应该根据你的兴趣，在自己感兴趣的方向上提出问题，然后很快就能确定用什么技术，或者根据领域学习新技术，活到老学到老，我当博导 25 年了，都还在学习新技术。”

三、提出问题并解决问题才是科学的原动力。真正能问出好问题、有深度的问题是很难的，提出好问题的学习方法就是“看别人怎么提问题”，这就是批判性思维过程。“如果你认为导师和师兄师姐都是对的，那就完了，最好是口服心不服，用外圆内方的方式提问题是最好的。”

四、一个完善的领域很难有机会。追逐热门领域得失分明，得了表面却失去重大创新的机会，但专选冷僻领域也不成，有些刚创立起来的未来可能热门，一切都没有规律可循。因此选择体系很重要，在一个好的体系内才能发现好的问题，选错了体系是不可能有发现的，这就是时势造英雄，时势便是 system。

虽然施一公教授谈的是生物学，但“技术、问题、体系”这三要素对一切知识均适用，就比如我自己，感兴趣的是不是正道？读了这么些书发现了什么问题？想要解决什么问题？用何种方式解决问题？都是应该思考而尚未深入思考的。不禁再度想起东茅老师在见面会上对我们说的：“你们到北大来学习，就是要找到北，走向大。”找到北便是进入正确的体系，提出问题和学习技术就是帮我们走向大。

施教授最后说：“你只要有科研品位，就不会陷入仪器之争。”同理，我们只有拥有好的读书和鉴赏品位，才不会在书海中被淹没。

2022 年 5 月 18 日，星期三，晴

校区自习第十五天，团委给大家安装了篮球架、卡拉 OK，还有一个游戏机，这架势，短期解封肯定无望，娱乐设施都安排得这么妥当。三台小机器在 3 号楼前静静地驻扎着，夜色把它们衬托得又美又梦幻，老王用这个给大家当背景，拍出了不少好照片。

早晨一、二节在老地方听展老师讲“科学的社会功能”，几乎没怎么听到，因为周围的风声和噪声太大，实在听不清楚，还好录音了。今天才发现我选的位置后面竟然是保洁人员的住处，一大早她们就爬起来晒被子、洗衣服、唠嗑、搬东西，我不能跟人家说小声点，只能默默祈祷录音效果，课后试听了一下，万幸还行。

中午阿静给了我一瓶油腐乳，说是她老公老家彝族某村的山泉水制成，挑了一块给我尝，咸淡合适，细滑绵软，确实不错。

“好好吃啊，我把这瓶寄回去给妈妈尝尝。”

“你赶紧打开吃，等你回去，我给你寄一箱。”

“真的，那我就不客气了!”

“客气啥，快吃!”

说着甜甜回来了，见国婧正端着饭盒：“婧姐，我昨晚看到饶毅在你头上吃着盒饭呢。”

“哈哈，是啊，打开摄像头的时候我也看到了，他很好玩的，每次在群里发一堆，都没人搭理他。”

我一听：“啊?! 我们那课也是，老师在群里发文献，参考书目，发这发那，就我和另外一个老师回复道谢，学生们都不吭声的，搞得后来我也不好意思了，总觉得自己是不是太多嘴。”

“都是这样的，有天实在没人应，第二天我给他点了个赞，哈哈。唯一热闹的时候是期末成绩出来后，学生都在群里表达感谢，北大的老师原来也这么‘可怜’啊……”

“我看是天下老师同病相怜，蒋老师在课上说‘你们谁要是想了解……，就告诉我哈，我把书的电子版发给你’，结果课后主动自觉地全都发进群里了，也不知道有没有人看。”

老师们那颗希望学生多学的心溢于言表，但似乎我们这群访学进修的老师比学生更用心，因为来之不易，所以珍惜，换成自己接连一口气读个十几年，怕不是也有些厌倦。

于我而言，三十岁之后才清楚地知道自己喜欢什么、想学什么，二十岁那会，任谁给我说破嘴皮都没用，时机未到。所以我也不强迫程程或学生一定要怎样，保持一颗好奇的心，生活会教。

2022年5月19日，星期四，晴

校区自习第十六天，整整晴了一周，气温逐渐升高，校区里既有穿短袖的，也有穿棉袄的，煞是有趣。不知这一轮入夏是否能一鼓作气热下去，舒服的是室内依旧凉爽，凉爽到仍然可以盖秋冬的棉被，这只有在昼夜温差大的北方才行，广州顶多薄毯。

好久未曾在中午酣睡，一般是到点后躺个二十分钟，今天这一觉沉迷到醒来后有那么几秒不知身在何处，而后清醒无比。如此好精神必须善加运用，给自己安排了一项又一项，依旧不觉得累，本来计划和阿静一起去跳操，还是回了自习室。改天脑子不好使的时候再去锻炼吧，反正糊涂的时候多，清醒的时候少，清醒就多用用。

话说我们的自习室是靠一位男士维持整洁，包括卫生间，跟他聊过几次，大哥和善而热情。有些苦恼的是，我待的2203正在卫生间斜对面，那股味道时出时没，好几次都想爬到桌子上把窗户给关掉，又怕影响空气对流。说到底是我鼻子太灵敏，小时候住在自己家盖的小房子里，爸爸在一楼刚把烟点着，我就在三楼大喊："爸爸，你又抽烟了！"然后妈妈一旁笑："狗鼻子。"

所以来了之后最不适应就是公共卫生洗漱间，一层楼的人一起使用，我承认自己有点小洁癖，看到女生的衣服耷拉在水池边来回蹭，牙刷毛巾啥的随意放在池子里，又或是上厕所不卷裤脚，方便面渣直接倒在台面种种，总是忍不住感到不适。熟悉的人提醒一下，不熟悉的避之唯恐不及，《金刚经》里说的："无我相，无人相，无众生相，无寿者相。"我这么讲究净与不净，那真的是啥相都着。

高兴的是，我感到自己的状态重新调整回来了，说来也巧，读文献时因为不明白梅耶的教育理论而去百度上搜索，结果弹出来的第一条竟然是"梅耶·马斯克”，那满头银发走T台的气势令我眼前一亮，点进去原来是埃隆·马斯克的母亲。出于好奇买了她的自传《人生由我》，昨天早晨收到，一口气读完，暗叹天助我也，这几天正需要这样一本书。

从5月初开始，自己的状态就不算特别好，所谓的“状态不好”是指没有充分利用好每一段时间，之前基本吃饭都得控制，不给自己无所事事刷手机的机会，只在用餐、泡脚、敷面膜和睡前看一小会儿。韵茜有次问我：“可可老师，你看到我昨天发的朋友圈了吗？”不好意思的是，我还真没看，朋友圈的顺序摆在最后，有时一个星期都不看，有时候翻几页就过去了，没点赞纯粹是因为没看到，如此而已。阿静说：“可可，我发现你看手机的时间太长了。”暗自莞尔，却没反驳，因为之前她只在那四个时段才能见到我，而我处理事情也好，放松也罢，也只剩下那几个时点了。

五一开始便有些提不起心力，有意无意给自己找借口，于是上淘宝、刷小红书、看小说、煲电视剧，样样都来，每天挣扎着把必须要做的任务完成，余下时间不是散步就是浪费。数次提醒自己“差不多了，够了”，仗着还干了点活也就日复一日。

总算，我好了，这就重新出发。

2022年5月20日，星期五，晴

校区自习第十七天，竟然过得喜气洋洋。

昨天将《王阳明全集》上册整理完毕，同时把贝塔朗菲的《人的系统观》也读完了，早晨睁眼便看到甜甜已不在对面上铺，而阿静似乎也起来了，难道已经十点钟了吗？赶紧摸到枕头边的手机，还好是八点，虽然不算早，上午还能有三个小时。看到甜甜桌上的红玫瑰才想起今天是520，我读书的时候只知道有情人节，不知从何时起，520、六一、七夕、圣诞全都变成了情人节。

欢乐是下午两位老师的讲座带来的，题目为《将心比心与忠恕之道》，由东茅老师和社会学系周飞舟教授主讲，飞舟老师介绍的观点主要有三个：

第一，要面对具体的人。

中国文化对于“仁”的理论部分讲得少是因为“仁”需要通过实践体现，不是徒有概念、逻辑和辩论，其实当一个理论需要通过辩论来证实自己的时候就已经处在了下乘。“忠恕”便是“仁”在实践层面展开的方式，一个能把人做好的人是有方法的，这个方法就是“道”，道是一条从这里走到那里的路，“一以贯之”就是从头到尾靠它串起来，用什么串？串什么？都只可意会不可言传，所以才会有“不愤不启，不悱不发”[①]，不是我不告诉你，而是时机没到，说了也没用。

“《论语》这本书非常高深，我自己对忠恕之道的一点粗浅理解是：孔子之所以没有明说道是什么而由曾子转述，是因为曾子本人就是‘忠恕’和‘一以贯之’的榜样，‘参也鲁’，认准了就一直去做，这就是一个实践先行的人。要知道，一句话由不同的人说出来效果是完全不同的，话语不能脱离行为而单独存在，一个自私自利的人天天给你讲家国情怀，起的全是反作用，弄得你连家国情怀都不相信了。而体会都是‘闪现’的，一现即隐，绝大部分靠曾子个人行为体现，这就是为什么‘将心比心’和‘忠恕之道’很难从理论上展开讨论的原因。”

从这一点来看，“学社会学的人怎么做研究和你平常怎么做人，其实是一回事”。“仁者人也”，“仁”一定是在两个人或具体的人中间展现，所以我们要面对具体的人，而不是规则的人。现在的社会科学研究很多都把具体的人给弄没了，普遍规律只是个人幻想，社会学最核心的问题得从具体的人那里展开。“现在很多学生的研究都没有到具体层面，全部是站着说话都不腰疼，所以我认为无论什么时候，都应该面对具体的人说话。”很多人错把道德理解为底线和规则条目，其实道德是你怎么面对具体的人，比如说不能偷东西或不能撒谎，这不能偷东西只是一条规则，它和具体的人有怎样的关

① 出自《论语·述而》。

系？再比如说，车上让座是一条道德规范，和被让的人又是什么关系？这些才是“仁”的核心。将心比心的意思是你能感到被偷人的感受，所以你不去偷；你的家人被别人让过座，那种闪闪发光的感受促使你在下一次坐车时让座给其他老人。

第二，将心比心。

在中国社会生活，必须对“仁”有所理解，中国人与人打交道的习惯和规则与西方不一样，我们会顾全对方的具体情境，比如说拜托某人的事没做好，我们会想他有什么难处。“记得有一次，几个人在登机口吵闹，我想上去劝，但不好意思，旁边有个人说：‘我孩子在睡觉，能不能小声一点？’大家立刻安静下来。对方甚至问：‘你家孩子多大了？’我想要是我上去或许就会吵一架，因为我可能会说‘这里是公共场合，请勿喧哗’，人家或许会回：‘这是你家的吗？’我的确不是公共场合的执法人。”

所以对规则的认识有两种视角：一种“开口子视角”，把自己当成规则执行人，另一种是“钻空子视角”，规则在他眼里到处是漏洞，但其实这两个视角说的是同一个事，规则本就是个一般性的东西。口子是为有难处的人留的余地？还是用来给人钻的？是同一个问题，这便是规则的本质特征。这个问题从古至今都存在，有些人认为一定要全部堵死，我觉得这种想法很奇怪，对规则的认识还是要回到人的问题上来，人不是机器，我们要谈的是在规则面前，一个具体的人的态度，规则最重要的问题是具体的人所面对的具体难处和具体情况，这些都是将心比心。

另外还要注意一点，感通不是纯用理性去理解，而是直觉性地知道对方的状态，你也可以问，但究其根本，我们理解别人的核心是我，而不是另外的一个什么东西。“执柯以伐柯”，再做一把斧头的取材标准在哪里呢？“其则不远”[①]，就在我手里，“忠”就是打从心底里真诚地认为我这么做是对的，这个时候就是将心比心。

第三，用心存养。

---

① 这两句均出自《中庸》。

古人讲，人是最可靠的，只是人很难做好，所以需要存养。在中国人的观念里，什么样的人就会面对什么样的事情，什么样的人就会有什么样的命，这其实是个社会学问题。一个人的人格和他面对的处境密切相关，有人在那样一个场景下说了那么一句话，我看到了，但下次面对同样的场景问题时，我却说不出来，原因便在于我没有养成，他在那个情境下说了一句那样话不是一天的功夫，而是长期的功夫。

接着由东茅老师发言，老师的观点也可以总结为三点：

第一，关于忠恕。

别人对我的影响不是我可以控制的，所以“恕”既是一个基本原则，也是一个很高的追求，中国人的“生”应是“立”与“达”，“仁”表现出来的方式对自己而言是“忠”（尽己），对外而言就是“恕”（推己）。很多人说“爱人如己”，但“爱人如己”真的就是最高境界吗？有很多人好吃懒做、熬夜不吃早餐，这些人并不知道如何爱自己，即便会爱，也是最爱自己再推广爱人，难道这样就好吗？

推己及人需要真刀真枪地去做，而不是角色扮演，首先就是不能以小人之心度君子之腹，当我以为自己做得很好的时候去推，其实是没什么意义的，因为在“君子”和“大人”眼里，一切都清清楚楚。“现在有很多人用自己的心去推别人，但如果你的心本来就是狭隘的，如何能推出很高的境界来？所以不要轻易用自己的心去推断一个声望、品行、地位比自己高的人的想法。反过来，用君子之心去度小人也不好，因为人不能以君子自居。”

其次，“推”要遵循人之常情，“父为子隐，子为父隐”[①]才是常情，即便漏了，不过一人而已，但若父子猜疑，家庭撕裂，动摇的将是整个社会的根基。再次，一定要真心诚意地做，即便做得不那么好，“心诚求之，虽不中，不远矣”。[②]要注意的是，“己所不欲，勿施于人”[③]是一个负面清单，将

① 出自《论语·子路》。

② 出自《大学》。

③ 出自《论语·颜渊》。

己所欲施于人其实是有点危险的，所以推己及人时还应该慎重。

第二，同心同德。

在“忠恕”的基础上便有了同心同德，同心同德在中国的学理基础第一是行善论，第二是同心说，治天下便要得民心。存养需要“尽其心，知其性”[①]，忠与诚是联系在一起的，“诚”是勿自欺，对自己都不欺骗，这一点很重要，“忠”是前提，“恕”是外显。我们不要把“忠”看得太容易，诚心诚意、尽心尽力才可能有“忠”，所以“忠”其实非常难。

第三，为人处世的一些感慨。

为人处世、学术研究和政策制定都可以用于指导我们为人，以忠恕之道一以贯之，“我早几年读传统文化很受益，觉得这是一块美味蛋糕，迫不及待想要介绍给所有学生甚至强迫之前的学生学习，结果有些学生觉得好，有的则觉得文老师不知道中了什么邪。后来在推广幸福教育的过程中发现这些道理在三四十岁的人中间特别能引起共鸣，这就说明推己及人是有条件的”。

“第二个感受与学术研究有关，我特别赞成飞舟老师的观点，把自己当成工具才能做出好的研究来。之前在中小学推广幸福教育时让两个学生参与，这两位同学差别很大，一位写东西很顺利，另一位总是干巴巴。想来想去，原因大概就是前者是真的被这些观念改变了人生态度，而后者纯粹只是抱着一种学知识的心态，所以很难感受到他人的感受。所以做学术研究要有自己的人生体悟，否则很难走入对方的内心，同时要不断提升自己的境界，否则没法体会别人，修养自己才能真正推己及人。”

“还有一次，在调研的路上和学生们讨论如何起草调研提纲，有同学给我提供了很多防止对方作假的参考意见，但那样一来我们的调查不就变成了与对方的较量了吗？我就跟学生说，不如换一种思路，我们不是去检查工作，也不是去取资料，而是考虑如何帮助对方真正获益。这样做了以后，对方学校也愿意将细节与苦恼与我们分享，双方都有收获。”

---

① 出自《孟子·尽心》。

无须我的溢美之词，两位老师的心意和情怀尽在这一番言语之中，有缘人自行体会，“夫我则不暇”[①]，我学习还来不及。

2022 年 5 月 21 日，星期六，晴

校区自习第十八天，气温升到 36 摄氏度。

幸好昨晚换下了厚棉被，前两天还在夸北京早晚凉爽，立马就给人颜色看，连蚊子都出来凑热闹。半夜被咬醒，看到甜甜的被子已掀到一边，过不多时又见她坐起来摸了件长袖当被盖，阿静翻来覆去，估计也在倒腾被子，只有国婧沉沉的呼吸声一阵接着一阵。

五点多天已蒙蒙亮，晨曦微露，鸟儿便活泼起来，清脆的叽叽喳喳声从窗外传进屋内，躺着听鸟音，很美好。爬起来决定把棉被寄回长沙，结果一开始清理就停不下来，收拾完衣服物品，时间已到中午。用小推车拉到门口，保安说需要登记，恰好看见顺丰取件员站在不远处，招手请他过来。下午继续收拾内务，日落时又整理出两大包发回广州，爬上爬下满身大汗，索性晚上也不去自习室了，八点刚过便跑去澡堂。

北大的贴心体现在方方面面，两台小推车，公用微波炉，篮球场边的临时 KTV、投篮机，发放的各种食物用品，细节都是关怀，不过大家最想的还是出门，看到这些陆续添置的用品，心里又是感谢又是郁恼。

话说北京的天气特别适合洗东西，干得又快又彻底，下午三点洗好的薄毛衣和运动鞋，晚上八点已经干透，这要在广州，屋外晾个一两天才行。不过有得就有失，干燥对物品很友好，对皮肤来说却是摧残，每天一层又一层地往脸上抹，到了晚上总会干巴巴，隔天不做面膜便紧绷难受，之前在广州生活，经常十天半个月想不起来敷面膜这回事。

---

① 出自《论语·宪问》。

所以东南西北中，有好有不好，住哪爱哪才最好。

2022年5月22日，星期日，晴

校区自习第十九天，北京新增已94例，社会面筛查增至17例，看样子之前的反应还是不够快，否则怎会把时间拉得这么长。学校第二次发放物资，想来是抚慰我们安心待着生活学习，也罢，只要效率高，哪里都一样。

早晨读了两篇文献，不知是我之前的杂书看多了，还是对社会科学不了解，在我的概念中，能被称之为“理论”的应是兼具高深与经典，在思想上有建树且能予人以启发的内容。这一年的学习中，一听到讲理论，总会打起十二分的精神恭敬受教，结果每每是听不出个所以然来，尤其是美国人提出来的理论，仅仅是对现实现象的总结和提炼，没有那种能在思想层面令人耳目一新的观点。很多理论横向拓展有余而纵向推进不足，总给人一种“不解渴”的感觉，就像饥饿的时候吃了一盘不新鲜的食物，心里空落落的难受。专著一本接着一本，即便翻译水准很高，亦多为大同小异的议论文体，读起来实在不甚精彩。

还是蛮佩服做研究的人，我是没能力坚持长期读的，动辄十几万字就讲那么几个道理，远不如一册《西方哲学史》或《聊斋志异》给人的启发大。我更喜欢思维上有挑战力的书籍，或是有助于身心修养的文字，“古之学者为己”，越贴近自己的身心越受用，“今之学者为人”[①]，学习本不是给别人看的。

当然，谁都希望学以致用，只是致用的前提是自己不能当泥菩萨，社会现象和规律随人的变化而变化，事后总结经验固然重要，但透彻了解人心人性同样重要。人确实有先天性向，每个人天生或许更适合某类学科，孔子说

① 均出自《论语·宪问》。

“不知命，无以为君子”[1]，不了解自己的性向，就选择不好方向。都说选择很重要，选择的前提便是清晰的自我认知，孩童用一切探知自己与世界的关系，随着年龄的增长，却渐渐转向了外求，最后不明白“这么辛苦为了什么”，再回首时一不小心便滑入个人享乐主义的沟壑。不做君子，便什么都难。

我在微观视角里絮叨，老师让我们读伯顿·克拉克，他关心的是宏观市场、国家与学术权威以及怎样整合能使之发挥最大效力。学习国外的经验和理论，一是增进了解，二是促进学习，三是用于自身，每位老师都在谈本土化，东茅老师更是身体力行地探索实践，所以我还是得不断学习新知识，得感谢前人的研究成果，让我可以很快掌握其理论核心，不必再去书海里寻觅。

傍晚散步时偶一抬头，见天边明月投在青绿篮球架前，与水泥墙窗的斑驳感浑然一体，树影漆黑，天色紫蓝，一副静好“老”模样，不禁驻足观赏了很久。管控下衣食无忧的日子对于战火四起、饿殍遍地的人们而言或许便是天堂。

---

① 出自《论语·尧曰》。

第十三周

2022-05-23—2022-05-29

2022年5月23日，星期一，晴

校区自习第二十天，第三周网课开始。

夏季来临，5、6号楼门框上钉了透明门帘，玻璃大门也被一块砖头撑开，进出不再自动关闭。随着气温升高，蒋老师的过敏性鼻炎似乎好了很多，今天上课不再有浓浓的鼻音，很替老师高兴。十二点左右，老师说离开一会儿，我请阿静帮忙："老师上厕所，我也去一下，要是换了下一页PPT，你帮我截屏保存一下哈。"回来时阿静笑着告诉我："可可你弄错了，你的老师不是上厕所，他是一边上课一边煲汤，刚才时间到了，跑去熄火。"上次给蒋老师打电话时他在做饭，今天煲汤，两娃爸爸不容易当。

没多久，视频中蒋老师身后的房门传来咚咚敲门声，持续不断，只好猫着腰跑过去，听到门外一声清脆的童声："爸爸，吃饭啦！"隔着屏幕都觉得特别可爱。心里盼着五岁小宝进来露个脸，结果只有蒋老师回到电脑前道歉："不好意思打扰到大家，孩子太小，喜欢捣蛋。"喊爸爸吃饭怎会是捣蛋，我倒是希望他下次冲进来真正捣蛋一次，看看严谨认真的蒋老师有啥反应，八成很好玩。

下午太阳很烈，把花都晒蔫了，听说可以把自己吃不完或用不了的物品放到篮球场旁的桌子上供他人取用，有点像前阵上海的小区互换。我跑出去看了一眼，还真有不少东西，于是转身回宿舍拿了两瓶衣物深层除渍液摆上去，还有一小箱面包，慧慧毛买给我的，实在吃不完。不一会儿阿静回来了：“可可，外面那箱面包是不是你的？”

“是啊！”

“我看到有个男生刚打完球，正在吃，哈哈。”

“多好，趁新鲜。”

特别喜欢这种物尽其用的感觉，浪费可耻。

晚上刚进门就听到国婧和阿静在聊学习，我找了个缝隙插话：“学生物应该很有意思，不过让我天天看果蝇飞来飞去，估计头都大了。”

“那你是没看过，果蝇很可爱的。”

“啥！可爱？”

“是啊，它们会打架，还会谈恋爱。”

“什么？哈哈，你不是开玩笑吧，那么点大，还谈恋爱？”

“是真的，有头对头打的，追着打的，有求婚的，还有同性恋。”

大家愣完，同声爆笑，不是吧，那么点小虫虫，居然跟人差不多，谁说这世界只有我们有悲欢离合，果蝇也有。

2022 年 5 月 24 日，星期二，晴有阵雨

校区自习第二十一天，迎来午后一阵酣畅暴雨和海淀区社会面清零的好消息。

今天心情起落有点明显，早晨在宿舍听赵老师讲课，忽然感到阿静匆匆跑到甜甜面前说了几句什么，甜甜一声惊呼，然后迅速跑了出去，回来说：“My God！果然出不去了。”我第一反应便是我那些放在自习室的资料和书籍如何能拿进来，下意识知道需要隔离了，感觉近在咫尺的东西忽然之间远在天涯。

彼时赵老师正好讲到日本文化中的“双重统治”和“耻感文化”特征，

推荐的《菊与刀》也是我之前向知耻学社学生推荐过的书，经由赵老师总结后愈加有意思，冲淡了些许可能被拖走隔离的郁闷。这本研究日本民族的权威著作出自美国女社会学家本尼迪克特之手，她在不能亲身去日本体察的情况下仅凭女性的直觉和敏锐，通过观看日本电影、采访居住在当地的日本侨民而写成，至今仍有较大影响。

本尼迪克特笔下的日本社会有着极其严格的等级，每个人均有其固定地位，整个社会习惯于“各得其所，各安其分”的生活模式，缺乏流动空间和晋升机会。从日本的建筑、服饰、文字和习俗中，我们都能看到中国隋唐文化的影子，他们从中国学习了很多，但最重要的科举制却没有学到。并非刻意忽略，而是因为科举所带来的社会阶层流动让日本上层觉得自己的地位可能会受到冲击，因此阻碍该制度落实，造成一千多年来日本的下层民众几乎没有上升通道，我们今天大力称赞的日本百年工匠精神实源于此。

赵老师说，来北大对外汉语学院学习的日本学生与欧美学生截然不同，每次分班时他们都会不约而同地向下选择，宁愿去水平差一些的班级，也不愿意去优秀班级。这就是由“耻感文化”带来的，他们认为“读错、理解错、讲得不好”特别丢人，宁愿慢慢来，也不愿意面对当众出丑或不完美的窘境。赵老师提醒我们跟日本人打交道的时候一定要注意维护他们的自尊心，必须先夸赞然后再委婉提出建议，千万不可直截了当批评。

耻感文化另外一个众所周知的现象便是剖腹，日本人愿意剖腹自杀一是觉得那样很英武，二是古代的日本人认为肚子是人思考的器官，剖腹有自证之义，所以日本武士通常随身携带两把刀，长刀用来杀人，短刀用来自杀。

伴随那诡异的剖腹图片，下课时间到了。阿静喜气洋洋地告诉我：“没事啦!”一下由担忧转为惊喜，立刻感觉到能够走出宿舍去十米远的自习室是一件多么幸福的事情。不由得想起父母那一辈人爱惜粮食的情状，不管什么菜，只要没吃完都打包回家，表哥有次开玩笑说姨妈：“她啊，出去吃饭，先看哪几个菜好打包，然后拼命吃那些不能打包的。”我们这一代人没有经历过吃不饱饭的苦日子，总觉得粮食天然就有，所以不懂得珍惜，就像这迈出宿舍的自由一样，只有当亲身体会过受限，才知“任意”之可贵。

从这个角度而言，我们给孩子越多，他们体会到的幸福感就会越少，一旦我们什么都替他们安排好考虑周全了，或许他们就开始迷茫于生命的意义了。

四点多时天色渐暗，风力大起，而后暴雨倾盆，一洗十几天来的燥热，一小时后天晴，满眼皆是清新。

早晨在群里看到华南师范大学的刘老师猜测北京可能会封城，所以打算周末回广州，见到相同地域的老师返粤，心里不禁也泛起了涟漪。真的不想就这样回去，功课、学业、生活、计划戛然而止，但如果真会封城，留下又有何意义？国婧说她打算周六回内蒙古，阿静也在电话询问返回云南的政策，一下子便感到筵席将散的萧索，吃饭都觉得落寞。

傍晚餐后散步看到木老师，依旧笑眯眯地满脸喜气，走上两步问他打算何时回新疆，他告诉我6月5日后再做打算，我问为何要等到那一天，他说他估计那一天可以解封。我一下子没有反应过来，忍不住跟上追问，原来海淀区昨天开始采取“应收尽收”政策，连夜运送了1800多人去张家口，估计很快社会面就可以清零。这真是喜从天降，沮丧的我忽然间情绪满涨，这么说，不仅能去燕园，还有机会到北京周边玩玩，甚至还能和东茅老师再聊聊，美好得不像话，必须坚守！

跟程程约好晚上九点给她打电话，八点就去澡堂把自己收拾干净，结果到点她老人家的电话手表又关机。她今早误拨了一个给我，我正在上课，匆匆说了一分钟，告诉我她历史和语文都考得很好，成绩有进步固然是好事，但我更想知道的是她的状态如何，有没有新朋友，从电话声音听来似乎还不错，顿时放心不少，既然电话打不通，那就继续编撰吧。

十点多回宿舍，天空美艳异常，衬托着整栋宿舍楼都精致了起来。

2022 年 5 月 25 日，星期三，晴

校区自习第二十二天，一切如旧。

早晨天气凉爽，加了一件小外套，北大校车每天早晚接送学生往返燕园，就停在自习室楼下，很能体会访学进修老师们看着车不能上的难受。内心对重回燕园已不抱指望，就看能否还有机会见见老师、学生和同学，然后在北京玩玩。

课后回宿舍取物件，国婧正在收拾东西，她已买好这周六回呼和浩特的车票，先寄一部分行李回家。下午回宿舍时她正要送行李去校门口，顺手帮她拖个箱子，不知为何，在箱子被拖动的那一瞬间突然伤感了起来，尤其是听到空旷的路上回荡起清晰车轮声，总感觉我们才刚见面不久，这就要分别了吗？

一直想着来日方长，我们四个人既没有在燕园合过影，也没有在一起好好吃一餐饭，就这么猝不及防地各奔东西了。虽然国婧在惠州有房子，再见不知何日，虽然我深知世事无常，但心里总是很难说放下就放下。

傍晚散步时忽然发现整个园区人流量锐减，平日擦肩而过的三三两两的老师走了大半，难道老师们都选择今天离京？看到群里一位为我们争取回燕园的廖老师在和大家告别，这才明白，大概是真的走了。不但校园，就连洗漱间、自习室、澡堂都冷清了不少，同在教育学院访学的刘老师也坐上了返粤的高铁。据说今天海淀区又有新增，清零后 14 天才能解封，即便明天开始好转，解封日也就是我们的结业日。

国婧睡我下铺，爬上去的时候心里数着她离去的日子，还能和她在一起待三天，居然翻来覆去睡不着，我真是越来越像我妈了。

2022 年 5 月 26 日，星期四，晴

校区自习第二十三天，晴朗继续。

早晨出门前，听到甜甜不停地往身上喷防晒，她和我一样就在离宿舍十米的 2 号楼里自习，忍不住好奇发问，她说："可能是因为云层稀薄，北京的紫外线太强了。"同感这里的日照光线比广州刺眼，难怪哥哥说在北京过夏天，墨镜不能少。

教师人数持续减少，中午打饭时几乎不用排队了，国婧又整理出一包行李，将学校发的食品物资装在袋子里准备送给打扫楼道的大姐，我也塞了一些零食干果进去。起因是阿静说某天她扔掉几个坏了一点的西红柿，再出去时，看到那位大姐正在吃剩下的，心里很难过，提议送给她，大家一致同意，各自找闲置食物。

听着的确有些不忍，不过从另外一个角度来看，不论是生活困难，还是不愿意浪费，能如此珍惜食物，能一直珍惜食物，她未来的生活不会差。不知为何，我总相信人的一生可供消耗的物品是有定数的，随意糟蹋浪费势必有穷竭之日，而我们中国人的想法大多都是：年轻时苦点没关系，晚景凄凉才是真难熬。想起每次路上、洗漱间遇见她，都听到她在哼歌，干活时也不例外，一副怡然自得的神情，这种内心安宁的闲适，多少人求之不得。

推门出去加开水，看到国婧正在外面开会，我悄声问要不要给她打午餐，她说不用，扭头看到她笑眯眯的，给她拍了张侧脸。原来她那会正开着摄像头，我过去说话时被科技部的人看到了，不过没事，疫情期间，大家都很宽容。

海淀区疫情消停了两天后卷土重来，我们的结业时间是 6 月 10 日，难怪老师们走了很多，剩下来的大多是眷念北京时光且怀有一线重返燕园希望的人。我也有点动摇，只是当初说封就封，一点缓冲余地都没有，总感觉有

一些未完的事情没办，一些未履行的约定要完成，反正在这里待着也是每天学习，和回去的日子差不多。

又到傍晚时分，一条条干净空荡的园区主路，再无昔日热闹，好像两天没有见到木老师和唐老师健走跑步的身影了，不知噶老师、鲍老师回去没有？正想着，邬仁老师迎面而来，告诉我噶老师在宿舍，我安心了一些，总想着得找个时间回请她一餐才好。

门口操场也不允许我们去了，说是清华附中出于疫情考虑，暂时封闭。阿静换到里面继续领着大家跳舞，参与的老师很多，不需要我凑人气，我也没时间跳，掐指算算，七点半跳完洗澡，从澡堂回来再收拾收拾，自习室差不多关门。锻炼了身体，学习计划便完不成，我还是继续我的餐后一小时散步吧。

2022 年 5 月 27 日，星期五，晴

校区自习第二十四天，北京确诊人数开始下降。文老师依旧每天清晨六点在“幸福亲师”群向学员们道早安：“又到周五了，祝大家一切顺利！”是啊，又到周五了，上周应该没有虚度，但也没觉得特别满意，似乎每天只完成三四项，一天的时间就过去了。

国婧明天回内蒙古，甜甜说刘老师买了一箱啤酒“给婧姐饯行”，恰好有位内蒙古工业大学的老师约国婧聊天，干脆一起。晚上甜甜和刘老师早早下去操场用两张乒乓球台拼好了一张大桌子，我傍晚帮国婧送行李外出时知道她也要先去澡堂，估计一时半会到不了，想着抓紧时间再看会儿，抬头正好八点四十分，甜甜在群里@我，赶忙跑下去，人已差不多到齐。

第一次在北京初夏的夜里和众人露天乘凉，夜色干净，人意闲和。国婧介绍那位遥感学专业的老师给我们认识，名叫张乐乐，大家一听都乐了，因为我叫张可可。王老师整晚都在想着怎么给我们拍几张好照片，大家也都配

合，只是他那一本正经的样子和精益求精的要求实在令人忍不住要笑，造型摆得脸都快抽搐了他还在调整光线。话说我每天餐后散步都能看到老王同志拿着手机满园区寻找新“景点”，一摊水，一段墙，又或是橱窗里的一盆花，门洞外的一个人，不过他认为好看的照片是真好看，有意境，美，而且不假。

忘记聊了些啥，只记得不停地笑、吃、喝、拍，我陪吃陪喝皆不行，只能陪着笑，这倒是我愿意的，因为跟他们一起，本来就很开心。

十点半告假去澡堂洗头洗澡，再次听到《喀秋莎》，这是澡堂里专门用于催促离开的铃声，上学期因为线上会议听过一遍，今天这是第二遍。整个澡堂热浪蒸腾，洗完又是一身汗，头发还没吹干的我就跑了出去，她们果然还在操场。四个人回到宿舍差不多十二点，兴奋依旧，难以入眠，想起下午跟阿静聊天：

“今天给国婧拿行李的时候，觉得有点伤感，好像我们才刚到这里，怎么忽然就结束了呢，我还记得报到的第一天中午，我们四个因为不放心，背着电脑和贵重物品去食堂打饭的场景。”

“是啊！我现在还记得那天你推门进来时的样子，是不是穿着一件小马甲？”

“我自己都忘记了。”

一晃一年就这么过去了，年年岁岁花相似？未必，但岁岁年年，人毕竟不同。

2022 年 5 月 28 日，星期六，晴

校区自习第二十五天，五点四十分就醒了，甜甜估计跟我差不多，同睡上铺的我们能看到对方翻来覆去。一点多还没睡着，五点多自动醒，只有心里有事才会这样，我们的心事就是国婧今早七点多要走。

送到校区门口，请门卫给我们拍了张睡眼惺忪的照片，又拥抱着说必须再见面，回到宿舍立刻张罗租车自驾去内蒙古的探亲旅程，我和甜甜聊得火热，

谁开车、谁导航、去哪玩等等，阿静闷不做声，最后总结了一句：“要走就解封马上走！别回去了再约，铁定出不来。”好家伙，这妞执行力原来这么强，看样子比我们上心多了，一想起可以四个人开车去内蒙古，顿时不伤心了。

今天气温高达 38 摄氏度，隔着伞都能感到阳光的威力，力透伞面，就那么几十米的路程我都戴上了墨镜，无他，保护眼睛而已。自习室前几天打开了空调，白天几乎无人在外行走，除非要做核酸又或是取包裹。傍晚散步时见到久违的木老师，老远就看到他笑眯眯的，走上前还没来得及打招呼，他就告诉我：

“3 号可以解封了！”

“真的?！你咋知道，不是说清零还要 14 天吗?”

“政府报告说的，7 天就可以了。”

迫不及待在宿舍群公布好消息，我们仨都有点不敢相信，最奇葩的是我，第一时间想到的居然是：“只剩下五天被封了，得好好努力学习才行。”当我说出来时，阿静都要笑死了：“可可，听着你很喜欢被封啊！”我也讪讪地不好意思，听着还真是有那么点意思。嗯，为了庆祝即将解封，我得赶快把期末论文写出来，这就开始整理《人的系统观》。

2022 年 5 月 29 日，星期日，晴有阵雨

校区学习第二十六天，北京和上海的感染人数均大幅度下降，真是高兴。

我和甜甜、刘老师在同一间教室自习，他俩第二排，我倒数第二排，有啥事扭头就可以招呼。下午甜甜进教室门喊我：“外面下雨了，快去做核酸！”抬头一看，只剩十分钟，幸好被提醒，不然沉浸在文字整理中，一晃时间就过去了。今天第一次当管长，之前国婧说运气不好，每次都排到自己拿管子，那会我就在好奇，啥叫“拿管子”，今天总算懂了。

被约束的日子，我特别喜欢下雨，一来稍减燥闷，二来雨后的校区多了几分诗意，花儿浴后格外娇美，散步时空气尤其清新，走完几圈感觉整个人都轻灵了不少。阵雨来去匆匆，傍晚时分只剩下低洼地面的少许水滩，还有废弃容器里晃动的光影，我们的摄影师老王同志灵感纷呈，捕捉到的瞬间美如诗画，盗得一张阿静水滩边跳操的剪影，很是喜欢。

不知不觉快一个月了，在北大的悉心安排下，我们的吃住井井有条，虽然内心渴望和学生一样享受“每天校车闭环接送燕园”的待遇，但这有可能增加防疫风险，尽管我们都不认为自己会“惹麻烦”，人家领导担心，也没法子，所以老师一位接着一位离京，留下来的莫不是内心深处还有些期盼的。眼见疫情形势一天天好转，大家脸上都挂着喜气，只有学生，似乎封和不封一个样，该学习的学习，该宅的宅。

第十四周

2022-05-30—2022-06-05

2022年5月30日，星期一，晴

校区自习第二十七天，开始第四周网课。

凉快了两天，今天又开始有点烤人。

不知不觉已经上了一个月的线上课，蒋老师今天给我们讲“新制度主义高等教育理论”，课前读到一篇斯坦福大学周雪光教授的文献，看得津津有味，周教授娓娓道来，将严谨的学术融入轻松的生活话语，很是受益。读书心得写得颇为顺畅，可能也是因为新制度主义强调文化、信念对制度的影响这种观念深得我心吧，其核心思想是：“从外部获得的文化含义和组织形式渗透到处于具体情境下的行动者及其行为表现中，要点在于强调制度的文化-认知维度、制度趋同以及合法性机制。”蒋老师讲解趋同的时候提到“组织目标越不清晰越容易趋同”，并以大学为例，“大学因为目标不清晰而容易趋同，又因为需要获得社会认同，所以对制度环境的变化非常敏感，很容易引进象征性制度”，我在大学工作，想想身边，确实是如此。

傍晚时分，又落一阵细雨，虽然来不及滋色。窗外工地久未施工，竟然长出不少荒草。马路对面的“碣石”公馆有着老北京低矮楼房的相貌，不耸立，不矗立，不林立，给人一种敦实厚重的安全感。又因为它没有遮挡视线，才让自习室里的我得以一览平川，北方风物的大气之美不需要爬上长城，在这土地平桥间便能感受得到。

雨后散步，校园尽头的角落里有盏孤灯，天黑后每每掩映在绿叶中，给我们带来些许光亮。记得自己曾经拍过它无数次，可不知为何，每次经过仍然忍不住想要举起手机，或许是孤灯边的葱绿打动了我，也或许我与这姿态有缘。因为我也想在这样的日子里：自在但不扰物，松弛但不放弃。

2022 年 5 月 31 日，星期二，晴

校区自习第二十八天，我搬到了下铺，国婧走之前说："可可，你可以睡下来了。"嗯，其实上铺有上铺的好，下铺有下铺的好，主要是起夜时方便不少。

赵老师授课使用腾讯会议平台，可以边戴耳机听课边在电脑上做笔记，一、二节课她俩尚未起床，我可以在宿舍静悄悄地听，有种"默而识之"的窃喜。十七周的课时量远远不能匹配赵老师的知识量，很多问题都只能点到为止，同学们意犹未尽，可毕竟缘分有限。提起印度，不得不说到种姓制，至今仍存留"顺婚""逆婚"的习俗，说白了就是方便高种姓男人霸占低种姓美女。人类学者曾到印度村庄进行不同种姓的 DNA 测查，发现不同种姓的印度人 DNA 真的差别很大，事实证明几千年来他们确实不怎么通婚，以

至于肉眼便可分辨出种姓之间的差异。印度虽然和中国一样同属文明古国，但印度人到现在都还分不清神话和史实，不像中国很早就有专门史官负责整理和保存历史资料。

又到散步时分，阿静领跳健美操，最近开始教傣族舞，有位男老师舞姿很不错，走到平时熟悉的转角，一个男生正在大声讲述对某个问题的看法，我悄悄绕过去继续快走。校园里剩下的人虽然少了，但各司其职，很少见到无所事事者，就连食堂打饭的小伙也和他们领导打起了羽毛球。

5 月份就这么过去了，甜甜说“我从小到大没被这么关过”，谁又不是呢？

2022 年 6 月 1 日，星期三，晴

校区自习第二十九天，室外 35 摄氏度，可情绪并没有随之高涨，女生 6 号楼外的一面墙壁拆掉了，那是我前几周周三早晨一、二节听课的地方，如今只剩断壁残垣。无奈地背着书包继续寻找，3 号楼外有个水泥台面，打开电脑后登不进 Classin，她俩肯定没起床，没法回宿舍外放听课，该怎么办呢？要不还是去自习室外碰碰运气吧。依然显示无法连接，眼看就要上课，情急之下向文静求救，她提示我是不是要充网费了，这才想起今天 6 月 1 日，正是要充值。

北大再次投喂“六一”甜品，学校勺园餐厅制作的各色点心一盒，甜甜直呼“太有心”，我亦同感。这两天身体颇感不适，心情也随之有些波动，很想回去，又不甘心就这样离开，木老师说 3 号可以解封，可半点动静都察觉不到。甜甜似乎也有些小不安，中午回宿舍换了一次衣服，傍晚见她，又换了另一套，和刘老师两个人满校园找地方取景拍照。

下午约了顺丰把这盒漂亮的甜品寄回长沙，给妈妈还有家里的小朋友过节，一盒普通糕点上印有“北京大学”的金字招牌，便胜过其他，代表着中国人骨子里对读书人的敬慕。任红发消息问我周末有没有时间见个面，我看

着外面街上行色匆匆的路人好生羡慕，是啊，还有这么多同学没有见，我不能回去。

阿静这两天总喊“困”，我却既不想吃也不想睡，身体是变轻盈了，可心里却不知是何滋味，坐牢真是一种刑罚，即便什么都不用干，只要禁足，便是对心灵的禁锢，真佩服“周文王拘而演《周易》”，我如此好吃好住，还有不开心的时候，只怕是平时享福享多了。

2022 年 6 月 2 日，星期四，晴

校区自习第三十天，气温又到 37 摄氏度，只听得甜甜那“哧哧”防晒喷雾声，就知道今天的太阳肯定很烈。阿静吃了睡、睡了吃，周期还没等到，无比准时的我就羡慕她们这种间隔时间长的，一辈子可以少几十次。想起 5 月 4 日被控那天，跑回宿舍就听她笑说：“一听到要被封，姨妈都给急来了。”多么盼望这两天解封，姨妈能给喜来呀。

梳理贝塔朗菲的《人的系统观》，为期末论文做准备，每读一遍之前整理的章节都有新收获，愈发感谢展老师介绍的这些能予人启发的西方经典。老师是前行者、引领者、践行者，让学生少走很多弯路，但作为学生，我们能否感念这份苦心、能否有效运用知识，全在自己，“师傅领进门，修行在个人”，千古不易。惭愧的是自己这两天状态不佳，读书写作效率均不高，一到晚上，头脑的清醒度和灵敏度就下降。贝塔朗菲说：“物质和精神的关系问题其实就是头脑和意识的关系问题。”原因是“所有知觉都依赖于我们的身体状况，特别是大脑的状况”，不无道理。身、心之间互相影响的程度之大超过其他任何因素，目前我们能认识的“心”不过是“脑”，而“脑”不过是“意识”。

春尽夏来，宿舍区的花渐渐凋残殆尽，剩下的多少有种奄奄一息的倔强感，在枝繁叶茂中被挤占了颜色。想起戒台寺木牌上列示的种种花期，我还

未曾观赏，它们便已谢去，来年不知在何时，唯有空叹息。

《四书心解》推进至《王阳明全集·外集·诗词》部分，读得心旷神怡，这才是中国文字的魅力，韵律之美，非言语所能形容。贝塔朗菲说："无数事实表明，中国音乐对于我们来说是难以理解的。"其实中国的音乐不但西方人难以理解，能理解的中国人也不多了，说来真是令人神伤。今天还有多少国人"妙解音律"？还有多少人分得清"音""乐""律"？还有多少人能解释得清楚"闰余成岁，律吕调阳"[①]？在阴阳、律吕、五音、六气面前，能不嗤笑其"不科学"就不错了。

每念及此，总会叹息自己不具"颖悟之资"，心有余而力不逮，唯有不待扬鞭自奋蹄。

2022年6月3日，星期五，晴

校区自习第三十一天，太阳也被封在了云层里，虽然有点朦胧之感，但凉爽了许多。我穿了件晕染虹条无袖的上衣配白色短裤，刚走到自习室楼下就觉得凉，转头回去换衣服，迎面碰上老王，"你这身不错，来拍几张"，本就不会摆姿势的我碰上精益求精的他，其结果就是：

"伞再举高一点！"

"站右边一些！"

"到前面来避开垃圾桶！"

"天色不够蓝！"

"左边有俩车！"

"唉，可惜最好的表情没有抓到！"

老大，没抓到很正常，我脸都快抽筋了您还没按下快门，想起昨晚散步

① 出自《千字文》。

时他举着手机拍弯月，我都绕了两圈了他还没有离开那个位置。不过，要说老王的照相技术和赏美眼光的确是一绝，静物取景极尽巧思，他说好看的肯定错不了，按照吩咐站到他指定的位置就好。这一个月，老王怕是把圆明园校区的每一块石头都瞧了个遍，憋闷不自由有助于这位摄影大师的成长。

没想到下午温度又升到 37 摄氏度，好在北京的平房自带空调效果。

今天端午节，一早上收到学生的祝福消息，长沙的家人们齐聚望城庆贺，妈妈把程程也接到一起，散步时给她打了个电话。这丫头初一远超我想象，交了不少朋友，还凭借课堂积分坐到了第一排，听着她为同学打抱不平的趣事，再次放心不少，父母对孩子无所求，身心健康就好。

晚上把整理好的部分《四书心解》发给东茅老师过目，老师打趣说这是我送给他的“节日礼物”，开心的同时也有点愧不敢当。在这一天天的整理汇集中，感到自己学识浅薄，感激老师给予的信任和指导，“四书”博大精深，仅仅背得出又何足道哉，要能领悟得、默会得、发挥得。更重要的，“四书”不是知识而是学问，不是心灵鸡汤，也不是人生信条，而是过来人的谆谆教诲和殷切期待，书中的每一个字都与我们的生活息息相关，起心动念时能想得起来并能以之纠正自己的心念言行才是真本领。

古人，其实不需要我们做研究，他们把话说得尽量简洁明白，为的只是希望我们能够践行。

2022 年 6 月 4 日，星期六，晴

校区自习第三十二天，持续炎热，甚至有点闷，潮闷于广州而言司空见惯，但在北京还真不常见，我来住了大半年，第一次有这种感觉。打开天气预报看了看，果然发布了强对流天气预警，时间是三天后。

整理“教育哲学专题研究”第七次课的 PPT，一个下午才弄好一半，关于“一般系统论”，展老师讲过三次课，推荐两本书，按照读书、整理课件、

回听录音、写成笔记的流程，每一次课都需要十天半个月才能把握到位。不过听到老师周三上课时说“你们把这个学期讲的六位大家的著作学习完，现行观点也就基本全部掌握了”，不由得心生欢喜，暗暗决定不论多久都要完成复习。

越来越喜欢挑战有难度的事情，也越来越喜欢有深度的观点，尽管自己在很多方面缺乏常识，却固执地不去拓宽，总觉得宽不如深。“吾生也有涯，而知也无涯”[①]，既然有“悟”这回事，既然有那么多人曾经“悟”到过，那我也要“一以贯之”[②]，一以贯之在我理解，就是“一门深入，长时熏修”。

回到宿舍便见阿静喜气洋洋：

“可可，你看到张老师在群里说的了吗?”

“我没看群，顾不上看，怎么呢?”

“她说：据说 7 号会有新政，Oh Yeah!”

“真的吗？我咋有种近乡情怯的感觉，好像被关麻木了。”

“总之有盼头了不是，等解封了咱们要好好出去吃一顿。”

“哈哈，一顿怕是不够吧。”

小表姐和小舅舅都在上海生活，前两天在家群里说已经解封却有点不适应，我好像也这样了，说不激动吧那还是激动的，说激动吧自己都看不出来哪里激动了。

不知何处弹出来温碧霞的照片，我点进去看了看，而后重温了几集《火玫瑰》，算是给自己放三小时的假庆贺一下。90 年代的港剧真心不错，人物真实而生动，帅是真帅，美是真美，各具特色，别有风情，穿搭亦丝毫不比今天逊色。如今的电视剧我是一集都看不下去，假而造作，空洞无物，喧闹不堪。

傍晚耽误了散步，早早去澡堂洗漱，收拾好后竟然快十一点了，披上外套下楼走走，主要是想戴上耳机安静地单曲重复《随缘》。第一次这么晚还悠闲地走在外面，凉风习习，迈进 9 号楼的院子，一个小小的花圃种满了

---

① 出自《庄子》。

② 出自《论语·里仁》。

花，多日暴晒却仍自盛放，还有那操场旁新拉开的铁栅栏，月色下有着崭新的光，但愿它只是一场徒劳。

原来爱得多深，笑得多真，到最后，
随缘逝去没一分可强留。
茫然仰首苍天，谁人躲藏在背后？
梦中想的都遗漏。
原来每点温馨，每点欢欣，每个梦，
随缘荡至没一分可强求。
回头看这一生，人如飞虫堕网内，
恨的苦的须承受。
你你我我随缘曾邂逅，笑笑喊喊想起总荒谬，
进进退退如何能永久？冷冷暖暖都必须承受。

——《随缘》潘伟源作词

2022 年 6 月 5 日，星期日，晴

校区自习第三十三天，好消息持续传来，以至于炎热或凉爽都感觉不到了，大家沉浸在一种小窃喜的暗涌之中，却不敢放肆张扬，唯恐一说破，疫情又卷土。

甜甜中午放下书包自言自语：“休息不好真难受。”

我接口：“我也是，最近好多天都没睡好了。”

“晚上难以入睡，早上不知为何很早就醒，中午也睡不着。”

“一模一样！我都觉得自己要成仙了，最近几天每天只睡了四五个小时，还以为就自己这样，都没跟你们说。”

“我都十几天了，现在感到太阳穴疼，整个人状态不好，完全不想学习。”

“我也是一到下午就开始头疼，学习效率低下。”

“为什么每个月总有那么几天会心烦气躁?”

“不清楚，知道有这么个时期，那就不要再懊恼了，顺着它就好。总要有休息的时候，也许是身体在自动提醒?”

“嗯，我觉得也是，有时候很想吃某种东西或是完全不想干活，那就去吃，去放松，不要强迫自己。”

“嗯嗯，平时状态好的时候多克制克制。”

说起克制，我忽然想起小龙女的玉女心经，《神雕侠侣》下册描写她能在绝情谷底一待十六年，一半是天性恬淡使然，另一半是因为她自幼修习玉女心经内功，走克制静持的路子，所以才能挨得过那十六年。我自命已有几分东茅老师所言的“心安”感受，在这一个月的封控中情绪仍有起伏，大概这就是王阳明先生说的“临事便倾倒”[1]吧。

今日核酸再次轮到我拿试管，疫情调控期，那么多人辛苦排队，我们却每天下楼就能检测，真不容易，这同样是北大的关怀。其实有点不太明白为何每天检测核酸也有人抱怨，这难道不是为了我们好吗? 老王发来两张昨晚十一点半蹲守的照片，沉寂、黯然又带点孤傲，正是校区好光影，我说我要“盗”图，他欣然同意。

① 出自《传习录》。

第十五周

2022-06-06—2022-06-12

2022 年 6 月 6 日，星期一，晴

返校——燕郊城外共君行

如愿以偿，今日解封。

打下这几个字时都有点不敢相信，以至于上午三、四节课上得心不在焉，我一边听蒋老师讲“研究生学位论文的理论框架与理论运用”，一边听阿静发出的各种诧异、惊叹、嬉笑声，她还时不时给我朗读两段群聊内容，好吧，先把 PPT 截屏保存好，再找时间复习。

下课后去食堂，人已走得差不多了，今天的饭菜估计得浪费不少，我和阿静像往常一样按部就班吃完、读诵、午休，然后一起出门，同行还有秋萍。走出大门的时候只觉得如此轻而易举，外面的天空是这么的蓝，空气是这么的清新，街道是这么的宽敞，人流却是这么的稀少，据说 614 路今天第一天恢复运行，那和我们一样。秋萍去图书馆还书，我和阿静在外面等她，相顾无言，唯有浅笑，能够在 6 月初再次踏进燕园，大家都很满足，之前一个月的等待是值得的。

与老王会合后一同去湖边，在写有“未名湖”红色字体的石头那里逗留磨蹭了半个多小时，刚移步便碰上甜甜和刘老师，又是一阵停留。我虽然也想留影，但差不多就好，出得门来，有一张还不错的就行，留个纪念，无须

完美，于是跟阿静说了一声后先行离开，一个人晃荡。

应该是又走了不少学生，天气晴朗，但学生身影并不多，偶有三两聚集，看那打扮也是在拍毕业照。想起保安说以前旺季时北大每天有四五万人，那只怕各个角落都熙熙攘攘，未名湖畔求一清净之地而不可得，怎有我此时的空旷闲适之感。天清、气朗、风和、日丽，“唯江上之清风，与山间之明月，耳得之而为声，目遇之而成色，取之无禁，用之不竭”[①]，一语道尽，天下的美时美刻无有不同，心在，景就在。

转角红楼前遇到敏敏，她也是第一天进来，见到我便亲热地挽住，劳动节劝这丫头要减肥的，成效不明显啊，还好没有继续长胖，这么善良真诚的女孩不能被体形拖累觅不到好人家，回头我得再劝。好消息是她终于签下了上海的一所公立学校，如愿以偿地当上中学物理老师，我却由衷地为那所学校的孩子们感到高兴，好老师可遇不可求，成长过程中得遇一位便是天大的福分，她这可以造福多少人啊，想来便觉美滋滋。

再次约定日后陪她回河南老家讲公益课，我们同在北大教育学院听课，学院走出去的学生肩负着正面影响他人的重任，东茅老师说过要做“大人”的不是，大人也须志同道合者，一个人的力量太单薄，需要“志向”这个共同的纽带将心连在一起。我想，我应该懂她的心，因为她心即我心。

六点回到宿舍，悄无一人，便又换上轻装再次出门，去清河万象汇买点杂物，其实是还想再走走。公交坐到“上地南路”，只剩下 2.3 公里的步行路程，往返一趟正好，沿街的人多了一点，也就一点而已，大家还是戴着口罩匆匆而行。

天上的云朵透着淡淡的柔和粉橙，还有一丝藕荷色调，我在它的下面散步去清河，没有欢庆解封，也没有载歌载舞，一切都是那么平静，却充满喜悦。

---

① 出自苏轼《赤壁赋》。

2022 年 6 月 7 日，星期二，晴

阿静约好上午场的羽毛球，一早七点多就爬起来了，我开学去过一次邱德拔体育馆之后，也想跳健美操或是练瑜伽，可刚把衣物拿过去后便被限制，只得作罢。想起自己大四那会跳操时需要坐好几站公交往返滦湾镇，又想起大二参加 CUBA 啦啦队时每天下午和慧慧毛一起练操的情形，时间就这么不知不觉地溜走了，还好我们能互通音讯。

嗯，既然解封了，我去看看慧慧毛吧。之前来北京一周都可以跟她见好几面，这次住了将近一年，却只在去年国庆时陪叮当在北海公园写生过一次，之后总约不上。一来我学业任务重，二来她住朝阳区，三天两头出娄子，近在咫尺却还发着微信，其间被她投喂了无数吃的，水果、蛋糕、寿司……

慧慧毛和我初中同班，大学同系，在大家心中，她从来都是乖巧文静而善解人意的。毕业之后来了北京，没想到工作中的她竟然显现出截然不同的另外一面，敬业、利落而高效。虽然嫁得世人眼中的好老公一枚，却始终不肯坐享清福，再苦再累都坚持家庭工作两不误，尽管我们一南一北隔得很远，我却能从叮当的小发夹与裙子的和谐配色上看出她当妈妈的用心与周到。实话说，我十分欣赏这样的女生，一个女人只有在自食其力与关爱家人之间两全其美才能说自己是“独立”的，否则，那份独立多少带点自私的意味，只管自己并不难，难的是打理好身边的一切。

要说的是，今晚整了个大乌龙，跟她约三里屯，自己却跑去了SKP，还以为是同一个地方，等她下单点菜时，才发现我说的“洗手间”不是她说的“洗手间”，无奈又好笑。辗转换乘，终于见到了，说好只点两三个菜的，结果她又七七八八点了一桌子，两个要控制体重的人面对一桌子湘菜，那就还是吃吧！令人莞尔的是，当我发愁地跟她说“我想把程程送到你这里来培训女人姿态，她真把自己当汉子”时，她告诉我“叮当跟程程一个样”，不爱漂亮也不爱打扮，不大控制体重，也不太注意仪态，总觉得外表没有关系，结果每每把喜欢的男生都处成了兄弟。

我俩相对无言，这真是中华好闺蜜，生的女儿都朝着相同的方向发展，可明明她们的妈妈不是这样子的，怎么言传身教在女人味这块就不管用了呢。我们喜欢看有男人味的男人，同理，人家也喜欢看有女人味的女生，不漂亮没关系，可以锻炼体态，不窈窕没有关系，可以控制体形，气质、皮肤、声音、发型等都可以自我塑造，但关键是：你得愿意啊！

现在就盼着女大十八变，反正第一变是偏了方向，小时候温柔可爱萌萌的，青春期直接T恤短裤双肩包，脸也不好好洗，更别提搽防晒霜、扎辫子之类了。我可不信也不喜欢现时鼓吹的女权、自由、搞钱、不婚、不育那一套，动心、恋爱、结婚、生子都是人生中非常美好的事情，我希望叮当、程程和全天下的女孩子都能拥有健康美满的情感和婚姻，因为很多事情，只有异性、爱情和婚姻可以教你。

她说居家期间被老公喂胖了十斤，不肯拍照，我也就不勉强她了，尽管知道一别再见又是几年。

2022年6月8日，星期三，晴

上午最后一次“教育哲学专题研究”，也是我在北大进修的最后一次课，甚感不舍，课程内容为“意会知识和学术市场”，听完后感慨万千，看到文静在群里发来的课程资料，默默给自己布置了回去后消化吸收的任务。巧的是，晚上问敬轩他博士论文打算写什么时，他告诉我已经拟了几个，其中“中国学术共同体的现代化进程——历史数据的视角”“脱钩、封锁与学术共同体”与展老师讲过的很多内容相关，我将课程资料发给他，并嘱低调。

展老师这一年讲了三门课，上学期周三下午的“教育哲学本土化”我实在排不出时间听，好生后悔，这本是我最感兴趣的一块。好在下午展老师说他自己认为最重要的是这个学期的“专题研究”，恰好这学期我找到了适合自己的学习方法，听得最好，也算是稍微弥补点遗憾。

下午先去北大纪念品商店买了一些小礼物，然后去办公室，走之前和老师道个别，展老师中午喝了点小酒，因此睡过头，我第一次去敲门时无人应，就又去商店挑选东西。“新太阳中心”在教育学院正对面，各种纪念品琳琅满目，偏爱古朴风格的我选了一沓枣红封皮的笔记本和几盒笔，实话说我有点不好意思使用印有北大字样的书包或T恤，自己没有为北大做任何贡献，怎么好意思白沾她的光。

没想到展老师的酒量如此惊人，他连声抱歉说自己“状态不好，一身酒味”，我却觉得这样的展老师状态正佳，一改昔日严肃之貌，松弛、风趣、可爱，还有那么一丝丝自得。的确，“北大还是有鲁迅的”，知识令人上瘾，展老师说他还有李约瑟来不及介绍，心里十分艳羡，我真想听。

下楼后才想起来没跟老师合影，匆匆又跑了上去，正好孟老师刚到，戴着口罩和我握手，展老师一边替她摘口罩，一边打趣地说：“最漂亮了！”哈哈，原来您这么会哄老婆的，失敬失敬。

回到宿舍时，阿静正准备与老王、秋萍去清河万象汇，问我要不要同去，我感到有些疲乏，便留下来休息，说不定还可以写点啥。这几天没怎么学习，上周此时还在想等解封后我要如何如何，真正实现三天又开始觉得自己没干正事，古人说："三日不读书，便觉面目可憎。"诚哉此言。

2022 年 6 月 9 日，星期四，阴转多云

一个多月没有出去玩，计划今天出行，谁知上午往自习室里一坐，时间就没了，好吧，我吃完午餐再出发，不午休了，公交上打盹去。中午刚走出大门便想起今天 9 号，按照三天一检的规定，得测核酸，时间是下午两点半到四点，现在还不到一点，圆明园校区这边没人，只得去燕园东侧门。到了后发现无人排队，莫不是也要两点半？这个时间好尴尬，出去吧，没法检测，回去吧，又不甘心，最后决定去朗润园那边走走。

时隔大半年没来，再来居然已临近回去之时，人生的许多愿望，都是这样最终成为单纯的愿望，记得去年发现朗润园时，方位大概在外国语学院和经济学院那边，循着旧时的记忆，信步走至。今天没有艳阳，本就安静的朗润园在阴天的衬托下更显幽寂，我再次来到那座不知名的小宅院前，凭窗张望，里面四扇门，中间一个小院子，久无人住，几乎被野藤覆盖，外面一汪清潭，绿蘋浮其上。稼轩词云："绿萍池沼絮飞忙，花入蜜脾香。长怪春归何处，谁知个里迷藏。"[1]像极了为此处而作。

前后左右兜了数圈，只有一辆清洁车和一位学生经过，穿过数条小径，竟然转回到国家发展研究院，低头看表，下午三点，心里记挂着核酸检测，遂快步走回东侧门。依旧无人排队，保安说这个检测点晚上六点钟才开始，犹豫了几秒，决定打道回府，没午休的我开始犯困，回去算了。

---

① 出自辛弃疾《朝中措·绿萍池沼絮飞忙》。

出不去也好，继续自习。八点多甜甜在群里问要不要去燕园“毕业夜奔”？去！虽然不是毕业，但我可以见证学生们的喜悦，况且这么凉爽的夜晚，应该很舒适。她告诉我九点开始，匆匆跑回宿舍换了一套适合运动的宽松衣服，二度进燕园。

五四广场灯火通明，黑压压的全是人，站的、坐的、跑的、笑的，广播热情而又清晰地指导大家排队领手环，我顺利找到了阿静，却遗憾地听到“手环已经派发完毕”。怎么办？跑步呗，既然来了，那就跑两圈。刚跑一半，阿静就看中了草地上的飞盘运动，四个学生围圈互抛，她望着我：“我也想玩。”“可你不认识她们啊。”“没关系，我问问。”谁知一问就同意了，于是我俩加入。

开始几轮不会玩，不是砸到手就是砸到肚子，隐隐生疼，对面的女生边抛边教：“像这样用双手夹住。”一语点醒梦中人，就此娴熟起来。只感到飞盘盘旋之力尽在手中，空中划过的姿态妙曼而有韵律，相对大笑，兴致甚浓。在洪亮的广播声中，队友之间的喊话只剩下一个“喂”字，我们互相不认识，却又如此亲切。凉风习习，草香阵阵，站在这柔软得如同垫子一般的草地上和一群学生挥洒汗水，恍惚间像回到了大学，那份惬意，似曾相识。

转眼便到十点，我们还要返回圆明园校区，不得不跟小伙伴们说“拜拜”，随后找齐当晚到场的访学进修老师，在跑道上拍了合影。我心念澡堂，率先飞奔回去洗漱，尽管北方的夏夜很凉快，但出汗后不洗澡我睡不着觉。话说第一遍《喀秋莎》开始播放时我往里冲，第三遍播完正好洗完，平生洗澡实属这一次最迅速，甜甜她们回来已快十一点半，大家说说笑笑，直到一点才睡。

2022 年 6 月 10 日，星期五，晴

再见文师——此去经年应有期

今天比昨天热，下午文老师有时间，约好三点半去 518 室商量书稿相关事宜，巧的是，上次琨哥在，今天剑英在，总能在老师的办公室里碰到学生，很是亲切。

剑英今年毕业，已在银行落定，趁着老师给她写评语的空当，我和她简单聊了几句，她不但工作妥当了，连房子都找好了，就等着疫情平复后与男朋友双方家长见面后领证。剑英是个福建姑娘，待人甜而热情，第一次师门见面会后，便“师姐”长“师姐”短地叫我，其实我很不好意思，但更不好意思跟她说“别叫了”，只好扭捏尴尬地当她名不副实的师姐。我俩正聊着，文老师扭头：“你看，现在的孩子，跟我们那时候大不一样，说这些都不避讳我。”就着夕阳的光，我看到老师脸上的笑意和单纯，是的，是单纯，然后我也不自觉地笑了，“你看，咱们说得老师都分心了”，“哈哈，可不要签成‘批准同居’呀”。

剑英走后，东茅老师便开始指导我如何推进编撰，说是指导，其实更多是用一种商量的口气在和我沟通，老师这种和蔼的态度令我受益无穷，一再汗颜自己曾经有过的锋芒和轻扬。阳明先生说：“只一个‘傲’字，便结果了此生！”[①]我的傲慢在文老师的谦虚面前展露无遗，相形之下，要做的事远不如要做的人重要，这便是不言之教的力量，我若能有更多的时间跟随在老师身边亲炙学习，生命质量当不止如此。老师说 7 月 15 日前他另有一份文字待办，中旬之后我可以提交书稿给他，我说我恐怕不能，因为届时或许有

---

① 出自《传习录》。

一场官司要处理，而后我向老师简述事情始末，得到了老师的谅解、帮助和延期允许。

上学期答应回请潇语，还有龙媛和牛哥，一直拖到将要离开，龙媛已回湘西老家，仁杰也走了，潇语尚在，于是约在勺园中餐厅小聚，问她宿舍可有其他同学，一并叫来晚餐，然后就见到了嵩旻。进门时看到甜甜和刘老师正好坐在相隔两个位置的不远处，遂请她帮我们拍合影，嵩旻不算特别爱说，潇语却侃侃而谈，要说颜值对人无影响我真不信，每次见到潇语那精致的面庞，我总在心里感叹：老天偏爱，到底不同，未知以后花落谁家，总是惹人怜爱。潇语说她也很喜欢文老师，觉得老师儒雅和气，只是不敢提出来想当老师的学生，我自己一见文老师便战战兢兢，可劝起她来不遗余力，潇语的大方、独立、真诚、有礼与师门气质无不吻合，我也希望师门多一位老师的拥趸，在幸福教育的路上更添助力。

出得门来已七点半，远远一回头，勺园灯火在半黑的夜空下忽明忽暗，戴上耳机，走入一条安静的小道，流连徜徉。下午新穿的这双小白鞋有些磨脚，那又如何，它陪着我见了老师和同学，便有了温情。

回到宿舍打开潇语和仁杰送给我的礼盒，卡片上写着：“莫道弦歌愁远别，青山明月不曾空。”好词！改得好，我喜欢。山长水远纵无期，他日相逢会有时，多谢二位小友。

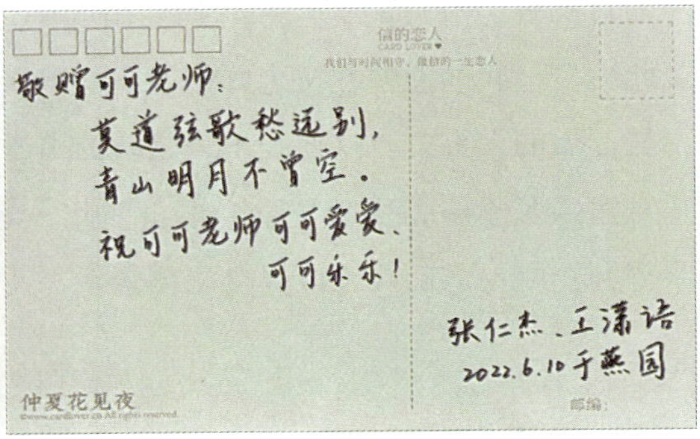

2022 年 6 月 11 日，星期六，晴

昨夜该是下了点雨，但又没下透，今晨空气清新中回旋着湿闷，社会面传播人数由天堂酒吧扩散至二十几例，心里已然做好再次被管的准备，拿着电脑来到自习室。果不其然，九点半左右张老师在群里宣布暂时在宿舍三天，群里老师们失望争辩，但防疫政策如此，不满复有何用。能出去就抓紧时间会面、办事、走访，不能出去就继续看书、写作、干活，能且只能这样了，唐老师发消息告诉我可以去一楼北侧打开水，顺便聊了几句，他与我观点一致，一同静待佳音。

昨晚洗漱完后看到健宝在群里发来唐山围殴女子事件视频，平时轻言细语的她被气得语无伦次，畅宝说等候法律裁决，我未明细节，以为只是普通吵架打人，继续收拾整理内务，拿起手机发现子辰也发来长长的一段。今天整个朋友圈被此事刷屏，想给子辰写封回信，却总是抑制不住内心的愤怒，不在情绪不稳定时回信是我给自己立下的原则，无奈今天总破防。

一天新增几十个，其实暂定留宿舍三天还算好，我和阿静、甜甜默契地不谈论此事，群里一位老师喊话："有没有打算留到 7 月 1 日的?"我们仨都有此打算，只是谁也没有接，事情每天都在变化，谁都不敢保证，亦无须保证。

自跟文老师就书稿事宜沟通之后，压力陡增，上周五天几乎天天在外面，日记没补，作业没写，编撰压头，让不让出去，我都不能出去了，埋头三天正中下怀。

阿静也不大想跳操了，傍晚散步时看到她也在散步，虽然只是一周间的事，似乎跳操的日子已经过去，迎接我们的是下一个充满变数却又同时充满希望的二十天。

2022年6月12日，星期日，多云有雨

前阵睡不着，今天睡不醒，睁眼便是八点半，早餐是吃不到了，还好有阿静给的粽子和梨。

北京的雨等同于凉意，当然，在这夏日时节，也就等同于凉快，雨后气温降个十来摄氏度不是问题，不像广州，雨能带来潮湿，却带不来清凉。或许这就是我们仨齐刷刷睡到快九点的原因吧，最近苦眠的甜甜和我一下子便被充满了电，都说女人靠睡，男人靠吃，还真有些道理，反正我不在乎吃啥，却不能缺睡眠，一缺就笨。

今天又有十几位老师离校，陆续退群，一波又一波的祝福，我们的学习时间快结束了，疫情再次亮起红灯，选择回家是必然，但仍有老师在群里表示伤感。想起去年第一次进食堂的场景，挤挤攘攘，到如今星星两两，离别总有愁绪，但谁又能不离别。

不知为何，出去五天后再次被封，我竟然感受不到多少难受，反倒有种“曾经出去过”的满足，我知道管控是保护个人的同时保护社会，也知道全世界抗疫硕果仅存的只剩下中国，更知道前阵因封控而出的那些惨事。我只是有点后怕和慧慧毛的三里屯之约，希望不要因为我而波及身边的人，奥密克戎带来的早已不是生死问题，而是社会问题，不是会不会有后遗症，而是所在区域的一切都会被暂停，帮不上忙倒也无妨，添堵就不对了。

和阿静买了同一件红色条纹短袖T恤，今天到货了，数着剩下的日子，不到二十天，这半年互相分享购物穿搭的时光即将过去，或许日后我拿起这些衣服还能想起她那美丽的容颜。

第十六周

2022-06-13—2022-06-19

2022年6月13日，星期一，晴间雨

又是一个凉爽的有雨天，再次睡过八点，如是放纵。清醒的头脑和充沛的体力，唯有睡眠能带来，这两天该是把之前缺的觉都给补回来了。起来收拾好去自习室，上午两个小时，下午三个半小时，晚上三个小时，时间利用还算满意，但事情却有越做越多之感，古人云："学，然后知不足。"[①]诚不我欺。

数次下楼打水都能看到一对燕子在楼道里双飞，起初以为它们找不到出口，引导了数次未成功，直到某天听到一位老师呵斥驱赶才知道原来这对燕子想来这里筑窝，多好啊。这几天刮风下雨，这么大房子它们只需要那么一小点地方，还是在人够不着的高处，为何驱赶？我只担心它们在这房子里找不到水源和吃的，万一暑假被锁，岂不困死，那位老师大概也是这样想的吧。

群里又有老师离京，在校人数一天天往下跌，"江湖再见"的声音此起彼伏，我们仨岿然不动，大家都有结业后留京游玩之意，只等疫情平复。开学时韵茜说约幸福课的同学和东茅老师见个面，老师说等疫情好点再想个恰当的形式，结果现实情况不给力，到学期末还没见上，心里挂念这事有头无

---

① 出自《礼记·学记》。

尾，于是遍发消息问剩下几人。雨薇、嘉奕在校，杨博、耀成在医学部，芳迪、依多在校外，其余的都回了老家，上学期和惠文同桌那么久，却一直未能见面详聊，心里挺遗憾的，还有子辰，也走了，唉，不说了，说多了都是难过。

聚散依依。

谁知世事指间过，昨日欢歌昨日留。

2022 年 6 月 14 日，星期二，晴间雨

一早上群里十分热闹，三天已过，北大如约准许我们审核入校，一日一签并承诺不得去往其他社会面，我因任务尚未完成，自愿多留一日，正事没办，去哪里都不安心。

一天下来，总算大体轮廓已有眉目，心满意足去散步，也不知是我心情好，还是老师们心情都不错，散步至最后一圈，黄昏将尽，竟然看到几位老师以灰墙为背景，轮流爬上梯子摆拍。看样子，禁足带来的摄影技术长进不止老王一人，走过去的时候，对望了几眼，都带着些许笑意，尽管我们互相不认识。

鲍老师也留在校区没有去燕园，转角见到我，“可可，我们拍张照吧？”好啊，正好旁边有位修理木械的师傅，遂请他帮忙，没想到人家很专业，领我们来到一片树叶下，并指定位置，顺溜地拍了好几张，张张不错。鲍老师和王华老师同住一个宿舍，王华老师上学期来了一个月后因身体不适返回湖南，由此认识了鲍老师，上次看她在群里征询受访者，过去陪她聊了很久。隐约觉得自己和这位老师有某种相似的地方，比如说我们都不喜欢凑热闹，比如说我们都喜欢在人少的时候戴耳机散步，比如说我们都很享受静处的空间，也不排斥独来独往。当然，这是我自己捕捉到的，未曾与她印证。

今晚月亮很圆，甜甜在朋友圈分享了一组月亮图，不一会儿听到阿静突

然爆笑，我问怎么了？她说：“刘老师给甜甜的评论太搞笑了！”甜甜又好笑又无语地说：“老子最烦他这样，上次都警告过他。”哈哈，又是“老子”，一听甜甜说“老子”我就想笑，她也有点不好意思：

“我们四川人，习惯说老子，口头禅。”

“我知道，金庸小说里只要川人出场就是‘格老子’，没想到是真的，哈哈。”

“就是真的，我们平时都这么说。”

“对了，金庸另外写了一个‘仙人板板’，是啥意思？骂人吗？”

“嗯，有点骂人的意思，仙人板板就是‘你家先人的棺材板板’。”

“哈哈哈，这有啥啊，我家先人的棺材板板关他什么事。”

为此，我专门加了刘老师的微信，看他俩如何撒狗粮，原来刘老师是在下面评论了一句：“月亮代表什么？”

甜甜没好气地回答：“晚上！”

“算你狠！”

我如实跟刘老师说了我为何加他，他回答我：“听说你们笑得睡不着觉，那不行，我去叫甜甜别玩手机了，赶紧睡觉。”晕，腻死人，你俩“好自为之”吧，我再多跟你聊两句，也确实是要睡不着觉了。

2022年6月15日，星期三，晴

看了天气预报，最后一天高温在30摄氏度之下，明天开始升温，今晚想骑单车，遂与程煜相约六点在勺园中餐厅吃饭。上学期和他们开了几次小会，这学期一次都没聚着，仁杰已经离校，焜照去了北外读博后，焜哥住校外，剑英上周见到了，韩耕说他今天也打算进校，总算又多了一个人。下午掐点整理书稿，给自己上了五点的闹钟，我换好衣服时，韩耕发消息说他还有几件衣服要晾晒，可能晚十分钟。不禁想起上学期第一次见他们的场景，也是这般准时守信，每一个都是，只有早到，绝无迟来，若有特殊情况，一定先行告知。

去时正当饭点，勺园中餐厅人满为患，一座难求，毕业时正值封控，校园是最安全的，取号后安心等他俩。不一会儿程煜就到了，坐下时韩耕说他已到小西门，我说不急，菜谱翻到京鲁菜时他正好走过来，遂递给他点菜。多日不见，他头发长了不少，我笑："你越来越像琨哥了，他上学期就不爱打理，这学期把头发弄整齐后，帅了不少。"他也笑："我最近顾不上自己的形象，待在万柳一个月没出去。"

东茅老师要我查文献资料，我只会用知网，今晚刻意背了电脑进校向他俩请教如何使用北大数据资源，韩耕直接首页示范，程煜帮我下载了一个校外 VPN。不知为何，每每跟学生们一起，他们教我些啥的时候，我就觉得特别幸福，那种混合着自豪、欣慰、佩服、感动的情绪瞬间就能让我觉得天地间的一切都是光明而有力量的，广金如是，北大亦如是。

一直吃到八点多，然后三个人一起去做核酸，随韩耕走到光华楼门口道别，程煜送我至东南门。回宿舍后拆开她送给我的小礼物，一枚胸针和一张纸条，她写得很是轻松欢快，我却莫名有些伤感，这真是到了离别的季节，一纸一物都惹人愁思。

2022 年 6 月 16 日，星期四，晴

接连两天自习室空无一人，我每日都申请了去燕园，但每日都没法早早过去，怀念上学期第一周没课的日子，自那之后，就学业胜过景色了。

距离离京还有两周，留校老师的数量一天天减少，大群却有许多已经回去的老师开始等待申请进京返校的审批结果，有点像围城，但又不是围城，燕园本就值得人牵念。是的，最后这半个月我要每天都进去一趟，虽然是夏日，但任红说夏日的燕园最美。

下午继续编撰和整理笔记，抬头已快六点，再不进校天要黑了，赶紧回宿舍换上轻便裤装，食堂随便吃了一点，然后出发，二次疫情过后进校需要做抗原，一根小棉棒鼻子里转转然后滴上药剂，这么一番操作，校园里的人更少了。下车时正好接到可佳的电话，就程程转学一事征求她的意见，我俩一致，以孩子未来为重，哥哥的意见是以整个家庭为考量，弄得我有点踌躇，当然主要看程程本人意愿，那就回长沙再说。

说来唏嘘，无数人打卡的西门“北京大学”牌匾我至今没有好好照过相，今天边接电话边往前走，居然直接从东南门走到了西门，挂上电话决定沿着西门进校那条道往两边探探。先向右行，看似树木扶荫，执意走至尽头后转弯便是勺园中餐厅，于是折回西门往左，七点钟天色渐暗，所有房门都关着，信步走到了“北京大学赛克勒考古与艺术博物馆”，不知道是不是谢老说的红楼？答应帮他找李大钊和瞿秋白留下来的文献中有没有“福”字的，一直没机会，下周我得早点来，专程办此事。

再往前是考古文博学院的地段，路旁有几个小水域，群石树林间立有一亭，有点人迹罕至的葱茏，绕着一方水塘，径路有直有弯，有石子铺地，也有泥巴径道，还有两只鹅，见我过去，大摇大摆跳入水中后一直回头望着我。我喜欢“有文化的石头”，雕琢或沉淀了岁月的石质感总能轻易捕捉我的目光，或许是觉得自己有点轻浮，故对一切沉稳大气之物倍生敬慕。燕园里边有这种感觉的石块很多，或石刻、或石像、或石雕、或石凳，那一处处灰白在阳光下不刺眼，在风雨中不黯淡，在冰雪中不消融，鲁迅先生说：“六代绮罗成旧梦，石头城上月如钩。”[①]抬头望，天边月正寒。

贝塔朗菲在《人的系统观》里说：“西方人极具空间审美。”今日我在这方圆不足三百米的地方绕来绕去，重复两圈后才发现自己是在走旧路，中国人对空间的拿捏难道便差了不成？燕园如果变成一马平川，又有何情致可言，正是这高高低低间的峰回路转才予人无限雅致和情趣。韩耕说：“传言燕园里最新的楼是光华的新楼，第二新的楼是光华的老楼。”所以光华学院

① 出自鲁迅《无题二首》。

的房子是最无趣的，没有了诗词歌赋、琴棋书画的熏陶，国民审美今不如古。

天黑了，我也走不动了，转回熟悉的经济学院，正好看到一辆自行车停在路边，骑上单车又逛一圈，北京的夏夜特别适合骑行，不冷不热，校园转了一圈不够，出门继续骑回圆明园。下车后忽然一阵困意袭来，看时间，才九点过十分，还可以再上自习室编撰一小时，下午读完做好笔记的章节，将之整理进电脑是纯粹的手工活，无需动脑，我还是去吧。

2022 年 6 月 17 日，星期五，晴有霾

阿静一早播报："今日雾霾，高温 33 摄氏度。"心里默默权衡，最后决定不进燕园，完成期末论文要紧，虽然素材已经准备好，但最近顾不上二次整理，终究没有形成文章，这两天得一鼓作气完结此事。

一天下来，雾霾没有感受到，倒是闷热得有点像广州，吃完从食堂出来，听到打扫卫生的大姐喃喃自语："恐怕是要下雨了。"于是加快步伐绕走三圈。一直觉得自己还算比较耐热，即便生活在广州，夏季使用空调的频率也不高，自从我了解到骤然地冷暖交错对人体有伤害后，能不用则不用。

《黄帝内经·四气调神论》云：“夏三月，此谓蕃秀。天地气交，万物华实。夜卧早起，无厌于日，使志无怒，使华英成秀，使气得泄，若所爱在外，此夏气之应，养长之道也；逆之则伤心，秋为痎疟，奉收者少，冬至重病。”当年为学生讲解这一段，自己也用身体和生命亲测，确实是如此，夏季该出汗就出汗，用冷气憋里边不仅整个人不舒服，到秋天诸多小毛病接踵而至。尤其是宝宝，更明显。

想说的是，我这么不怕热的人，在30摄氏度闷热的北京傍晚都只能穿短衣短裤，却见到一位女生竟然披着一件厚厚的摇粒绒睡袍出门取包裹，我已不是第一次见她，还有一次下午三点测核酸，室外大概37摄氏度吧，她也披着这件，着实留下深刻印象。不知是不是因为长期待在冰冷的空调房里，所以偶尔出门也不觉得热，好想跟她说这样对身体不好，最后还是生生忍住了。住在这个园区，听到不少奇怪的事情，有的来自访学进修教师，有的来自北大学生，并不是有意只宣扬正能量，而是我未曾亲见，孔子说“道听而涂说，德之弃也”[①]，我得听他老人家的话。

对了，今天圆明园校区散步只有我一个人，连转三圈都看不到其他老师的踪影，想必都在燕园没回来，我如不是赶论文，也愿意去燕园待着。现在要求一日一申一审，连家属都不给进，静姐发消息说：“带两个娃来北大的希望泡汤了。”我亦有点沮丧，不过比起那些因疫情而失业失所的人，我们已经很好了。

珍惜当下，其余的不必再说。

2022年6月18日，星期六，晴

北京气温降得快，升得也快，今天已到35摄氏度。

---

① 出自《论语·阳货》。

北大今天举行毕业生典礼，五四广场上人头攒动，温度更高。

与东茅老师约好下午见一面，确定编撰细节和评定上学期成绩，相约四点，老师三点半发信息告诉我自己在教育学院 112 参加毕业典礼，要我“到了告诉他”，我不想打扰老师，悄悄坐进后排，跟大家一起听。

进去的时候博士生代表正在发言：“学海无涯，就像你的导师让你改论文，没完没了，愿大家梦想常新，南半球北半球，有多远走多远。人生路漫漫，梦想常相伴！”这位同学把自己说笑的同时，下面亦阵阵欢笑。

而后作为教师代表的王蓉老师走上台，她分享了一则自己的小故事，一次走出南门外问学生：“读书期间对我讲过的哪句话印象最深刻？”学生想了一会：“老师，有次你进教室的时候说‘抱歉，今天去某部委开会，所以来迟了，不过某部委的食堂饭菜好好吃’，我就记住了。”后来这位同学便考进了某部委，又是一阵大笑。接下来王蓉老师话锋一转，谈起自己的老师和闵维方老师的事迹，说起闵老师在斯坦福读博时，适逢祖国大灾，于是和几个中国学生在操场架铁锅售卖春卷筹款，被他导师看到这一幕，对这位心存家国的中国学生心生敬重。所以王蓉老师给自己的女儿取名“小我”，就是希望她长大后能够小我而大天下，做一个“知世界、知中国、知他人、知自我”的人。其间王蓉老师掉泪了，我也跟着哽咽，那是她谈到已故导师对自己的影响，“师严然后道尊，道尊然后民知敬学”[①]，中国人对老师的感情实不亚于父母。

前排一位女生顶着刘海卷听发言，不禁莞尔，估计一会要去拍照，先把发型打理好，不过其实正规场合这样子还是略有一些不敬，女孩子梳妆打扮要么去洗手间，要么回宿舍。我一直觉得女生当众打扮自己不太庄重，比如说吃完后拿出镜子旁若无人地补涂口红，要问我“违反了啥”，我也说不出个所以然来，大概就是一种感觉吧。

北大 6 月 27 日开始放暑假，还剩下九天，幸好还剩下九天，我应该能完成最后的事情和心愿，感谢准许进校。

---

① 出自《礼记·学记》。

2022 年 6 月 19 日，星期日，晴

北大四馆之赛克勒考古与艺术博物馆和生物标本馆

早晨八点，甜甜躺在床上惊呼了一声："啊?!"然后大家都起来了，她迅速地跑了出去，我和阿静吃完早餐、梳洗完她才回来，知道一定发生了什么事，等着她开口。听完瞬间蒙了，她俩开始掉眼泪。"无常大鬼，不期而至。"《地藏经》中的这句话一下子涌上我的心头，再次体会生命中的无常之痛。

中午回宿舍时甜甜正在收拾行装，我和阿静一边帮忙整理一边提示她带东西，已订好下午的机票，张老师说马上开车来接，闭环送到大兴机场。猝不及防要离别，什么都来不及打理，那就交给我和阿静吧，放心去陪刘老师。十分钟后接到电话说车已停在食堂门口，她小声说了一句："还以为自己是最后一个走的。"又在推箱子出门前回头，"我再看一眼"。我和阿静默默地跟在后面，千忍万忍没忍住，眼泪还是掉了下来，谁料到会是这样的分别呢？谁知道那样轻松的昨晚会是我们在一起住的最后一个晚上呢？阿静的眼睛早已哭红，我们互相抱了抱，什么都没说，车开了，阿静追着喊了一句："你俩要好好的……"车便绝尘而去……

下午早早进校，约好雨薇和嘉奕今晚在勺园食堂吃火锅鱼，另有两件事要办：取校友卡和去博物馆。群里老师说开始倒计时，留下来的不过几十位，解封之后，每进一次燕园都生起临别之感，带着依依不舍的心，对路旁一草一木多了份说不清道不明的情感，似乎它们都在惆怅。

校友卡没取到，倒是把学生宿舍区给转明白了，原来学一、学五、家园、艺园这四个食堂挨得这般近，校友服务中心也在这头，我忘记今天是周末，工作人员不上班。从 43 号楼出来便在赛克勒博物馆和生物标本馆之间

选择，我确切知道生物标本馆今天为毕业生开放到晚上七点，但不确定赛克勒的时间，那就先去博物馆碰运气吧，闭馆的话，我还来得及去标本馆。前几天记得赛克勒在考古文博院旁边，遂径直从求知路穿过去，转到北大档案馆那条斜路时看到一块别具特色的石头，两个女生正在拍毕业照，此外别无人声，五点钟这般安静的燕园估计只有疫情和暑期叠加才有。

运气不错，四点半闭馆，我四点十分到，工作人员四点五十分才来清场，正好走完一圈。展厅整洁、明亮而精美，印象最深的是吕遵谔先生的一段话："年轻同志一定要认真学习和勤奋工作，把旧石器时代考古重担担负起来，就是说在身体好、尚年轻的时候，多下田野，不要贪图坐办公室，多接触第一手资料，对以后的研究是很有好处的。对一些学术有争议的问题，不要受老先生影响，要有自己的看法，而非人云亦云，也不能太盛气凌人。"寥寥数语，囊括了做人做研究的全部要义，立志、勤学、创新、谦卑都在这段话中，直到出门，我都还在回味话中之意。

出门右转就是那日见到的小亭子，原来此地就是"鸣鹤园"，北大九大园林之一，石上刻字出自启功先生的手笔，俊逸挺拔，与"鸣鹤"之名相得益彰。

走到生物标本馆时离六点只剩下四十分钟，馆内无人管理，签名扫码后抬头便看到一只北极熊，右转有条黄金蟒，栩栩如生到我一度怀疑真假，查询到馆内标本乃是汇集了北大、清华、燕大三所院校的生物标本后才敢相信这些都是真的。往前几步，楼梯口赫然站立着一只大鸵鸟，旁边挂着"标本有毒，请勿触摸"的告示，楼上一层有蝴蝶和昆虫，离开后才知道负一楼另行陈列了植物，我已经没有时间返回参观了。

天气又闷又热，转了这几个小时，还真有些疲惫，开导航走去勺园食堂，不多会她俩也到了。刚见面没多久，嘉奕就告诉我雨薇有了男朋友，雨薇止不住地笑，正好东哥就在勺园食堂隔壁用餐，我说"那还不把家属请过来？"雨薇性格宽厚随和，大大咧咧，当初在幸福课上就觉得她身上有种酷酷的范儿，果不其然，当我说"拍个照，亲热一点"时，她第一反应是去搂东哥的肩膀，经我提醒"反了吧"，才换东哥搂她，话说那一瞬间我都快笑

标本有毒
请勿触摸

岔气了。拍好发给东茅老师报告好消息，老师说："祝贺祝贺，两人还挺像的。"哈哈，可不是嘛，这就是传说中的夫妻相。

吃完似乎精神也好了，于是我又一路晃到了东南门，打开一辆哈啰单车骑回宿舍，经过求知路时，正好有一群男生在集体跑步，这天气，运动起来有种大汗淋漓的畅快感。

第十七周

2022-06-20—2022-06-26

2022年6月20日，星期一，晴

终于迎来最后一周，心情甚是复杂，一方面有着顺利完成学业的轻松，另一方面对燕园和老师们倍感不舍，两种心情切换在日审入校的疏离与拘禁中，感激且遗憾。

继教部要求24号前提交成绩，昨天试着给文老师、蒋老师和展老师各发了一条消息，文老师说："明天可以吗？等不及的话我现在就进来。"蒋老师说："明天入校，顺便和敬轩、体荣一起小聚，庆贺庆贺。"展老师立刻给我做好了一张附有签名的成绩证明单，这便是北大的老师，对我一个编外之人都这么负责体谅。

今天就是昨天的"明天"，我早早入校，顺利拿到了校友卡，办卡老师说凭卡可以在入校时携带两名家属，还可以使用北大的图书资源。赶紧把这个好消息告诉静姐，她本来计划进修期间带两个娃来北京的，结果一到节假日疫情就不给力，这下好了，疫情过后还有机会，把孩子带进北大参观游览该是家长们的共同心愿吧。

蒋老师在群里说六点到，我提早四十分钟过去，给敬轩打电话时，他已经和老师坐在另一桌了，这个餐馆是蒋老师下午过来"考察"预订的，因为敬轩不能入校，为了聚齐，只能在校门口选一家餐厅。生活中的蒋老师和课堂上不大一样，有好多好多故事，还有不经意间的幽默，谈起身边的人、事、物来如数家珍，每次听他一个个说起，都惊叹于怎么记得那么清楚啊！第一次在身边遇到几乎过目不忘的人，让我相信了史书里的记载。

刚坐下不久，我便掏出手机递给敬轩，要他帮我和蒋老师拍张合影，只见老师先把镜片擦拭干净，再指导敬轩：“手不要抖”“不好，重来”“眼镜片反光，再来。”敬轩都把自己给拍笑了，老师这边还不满意。哈哈，严谨认真的人做什么都自带相同要求，我从小便被评语“有些自由散漫”，故对与自己气质完全不同的人有着天然的崇敬和好感，因为自由散漫的确不是好品质，认真负责才可贵。

从六点一直吃到快九点，本来是我们把蒋老师送回教育学院楼下，结果走着走着却变成蒋老师把我和体荣送到了东南门口，老师那真诚中略带羞涩的表情在路灯下若隐若现，我想我会记很久，或许这就是一位学者的本色吧。蒋老师说他老了以后不想留在北京，首选广州，其次长沙，正好是我的根据地，期待老了以后能跟老师住在同一个城市，时不时听蒋老师聊聊过往，该多惬意啊，只可惜东茅老师不能跟我们一起养老。

2022年6月21日，星期二，晴有霾

今天入校办理三件事情：提交成绩、退图书卡、和欣鑫午餐，都很顺利，查了一下天气预报，重度雾霾，天色蒙蒙，遂打消了游玩之念。

开学时见过欣鑫一面，知道这个女孩有些小自卑和小怯弱，虽然工作能力不错，人也真诚踏实，可就是难以鼓起勇气面对老师，不敢请求老师指点前程。其实她的怯懦我也明白，倒不是一味胆子小，就是混合着“不想给老师添麻烦”“实在不行就算了”“我自己先努力一下”各种心思之后的退却和犹豫，没人推一把，也就这么得过且过了。这样描述她固然有些臆断，仅是我的直觉，因为我其实也是这样的人，提不起心力的时候总给自己找借口。

但作为朋友和姐姐，我不希望她这样，二三十岁的年纪是最容易晃荡过

去的，等到四十多岁想要补的时候，很多机会都错失了，社会就是这么现实。倒不是就此不行，只是事倍功半的概率会大很多，我自己就是鲜活的例子，二十几岁不努力，三十才开始，现在十年过去了，依然没有跟上某种规则的节奏。当然，也可以逼自己破釜沉舟，一条自修的路走到底，但我不能这么期待或要求他人，并且这一路起起伏伏，旋出旋入，很多时候并不好受。

今天我们又去了勺园二楼吃点菜，我叫了一份焦糖小油条，她送给我一顶小黑帽，两个不吃肉的人努力把三盘菜全部吃光，而后她坚持用她的小电单车载我去图书馆。我能为她做的不过是告诉她实情，说出自己的故事和遭遇鼓励她，意识到自己的不足，那就努力，这样才能在心里站起来。

祝福她！

2022 年 6 月 22 日，星期三，雨

北大四馆之地质博物馆和校史馆

下雨了，今天据说是最近二十天内唯一的一天高温只有 29 摄氏度，阿

静早晨起不来，右下腹隐隐痛，约了去医院照 B 超，我因要去教育学院办事，秋萍陪她。办完事后询问情况，说目前的检查项目都还好，于是安心地去校史馆打卡。

教育学院给我们每位老师送了一件院衫，我挑选了陈洪捷老师书写的“北大教育人”的藏蓝色经典款，回来试穿了一下，还挺喜欢，用料版型均不错。巧的是，在一楼分发院衫的文静和曹彧，恰好都认识，照了一张睡眼惺忪的合影，笑得都挺开心。

归还储物柜钥匙时徐老师不在，另一位老师指点我放在门口桌子上，留下字条说明就行，但其实我盼望见徐老师一面，这一年默默享受了徐老师为我们提供的贴心服务，当面感谢更安心。既然无果，只好继续其他计划：去校史馆和地质馆。校史馆开展打卡活动，今天是第一天，跟“大学堂”牌匾合影然后发送原图就可以抽奖，百发百中，合影我所欲也，文件夹书签亦我所欲也，两者得兼，何乐如之！

校史馆有上下三层，宽敞明亮，无处不在的历史感，扑面而来，只不过被精美现代的装潢冲淡了些许古旧质朴的气息，后者正是我念兹在兹的，于是在“大学堂”牌匾前久立凝视，透过玻璃感受岁月沧桑。工作人员和善热情，下雨天没什么人来，帮我门里门外选景拍照，又多送了一套纪念品，遂发朋友圈宣传这里有打卡抽奖活动，召唤大家过来。直到看到庞老师留言：“大学堂这三个字是谁写的？”才想起来我居然遗漏了这个基本问题，百度上查不到，吃完又跑回去问，竟然“莫知出处”。

中午刻意再去勺园，前两次都只在二楼用餐，对一楼的味道很是好奇，终于有了这么一个中午可以尝尝，想吃涮菜，想吃卤菜，还想吃面和点心，最后决定随便点两样：厦门沙茶面和蔬菜杂菌涮。吃完清理盘子时抬头看到三面锦旗，原来“厦门沙茶面”是勺园一绝，看来今天运气不错。

餐后寻找地质馆，逸夫楼有两栋，在东门和东南门之间，我来来回回走了两遍愣是没找到，只好顺势走进身旁的一栋，然后寻问学生，他指着身后的玻璃门说：“是不是这个？”我一看，还真是！我俩都笑了。地质馆应该是在整理打包，很多化石都被放进了塑料袋，场馆内没有开空调，空气中弥漫

大學堂

着一股日久年深的味道，好在有不少别致的化石。至此，北大里边的四个博物馆全部观赏完毕，心满意足回宿舍，编撰、读书、补日记。

2022 年 6 月 23 日，星期四，晴

阳光刺眼到我出大门外取包裹都要戴墨镜，否则就得一直眯着眼睛。下午两点半，猫咪全都不见了，也不知道躲在哪里乘凉。

阿静去燕园图书馆码字，我待在圆明园自习室整理资料，十点钟洗好的衣服，十二点已干透。上午效率不高，一个从未穿过但看着蛮简约的服装品牌开始年中折扣，边看书边挑选衣服，最后半小时读了一遍《大学》和《中庸》收心。

下午早早坐好，扔掉手机开始编撰，五点钟记挂着给甜甜收拾打包物品，便回了宿舍，早点把她留下来的事情办完，也好安心安排自己的活动和行程。没想到一开始就停不下来，和 EMS 约好七点半，我硬是弄到快八点才把东西整理好送出去，蚂蚁搬家一样跑了三四趟，阿静问我出去散步没，我说我今天的运动量够了，用不着再出去。

想起自己年轻时做事拖拉，大部分事情都拖到最后一刻不得不办的时候才动手，比如读书时考政治，基本是考试前一天或者当天上午背诵。刚开始

还沾沾自喜，觉得锻炼了应变能力，快三十岁才发现这其实是个很不好的毛病。后来读《中庸》至“凡事豫则立，不豫则废。言前定则不跲，事前定则不困，行前定则不疚，道前定则不穷”，反复咀嚼，深自痛悔。恨不早读圣贤书，半生都为知识和才能而努力，把“如何做人做事”这么重要的事情置诸脑后，学校不教，自己不学，只能靠生活来教育。拖延磨蹭的后果往往是穷力于各种事后补救，最近几年慢慢开始改正这个坏毛病，只希望亡羊补牢，犹未为晚。

2022 年 6 月 24 日，星期五，晴

夏日颐和园——临别留迹还依依

学业事已尽，燕园情亦了，舍友物已寄，余下六天决定外出觅景，算是来京的最后一个心愿。放不下《四书心解》，上午不忍出门，早起到自习室读了些又编了些，中午困乏得紧，午休后气温已升至 39 摄氏度，换上一双轻便的布鞋，想起颐和园中的山丘，定下今日的陆路行程。

其实我已不记得上次进去是走的哪个门了，只想这次体验公交，于是天意让我上次从北宫门进，今日却来到东宫门前。进去右绕几圈便进了一个夹墙的小树林，株株高耸，古意森森，清洁人员在一旁擦拭垃圾箱，维持得如此之好。这一片未曾来过，遂不看地图，依指示牌而行，首先便是谐趣园。

谐趣谐趣，该是小巧精致而意兴盎然的吧，等我找到时才发现，这并非蜗居角落的小景点，而是“中国最负盛名的园中之园”，于乾隆十六年（1751）仿无锡惠山寄畅园而建。迎面是半边类似屏风的墙，转过去后眼前陡然一亮，亭、台、楼、榭，小桥流水，翠竹郁郁，荷叶田田，回廊宛转，正是江南好风景。

有桥名“知鱼”，出自《庄子》“子非鱼”之典，有轩名“湛清”，正映

君子居必有竹之谓，右绕两圈，左绕一圈，但觉园内生意无穷。见数处上行小径，未知通向何方，索性一一探访，有丘顶一小阁，闭门深锁；有屋后一游廊，层层叠叠。拾级而上，竟然来到另一处庭园，庭内悄然无声，唯有蝉鸣，瞥见导览图，原来此处便是园中之园“霁清轩”。我所站立处正是垂花门，迎面静立的便是主轩霁清，只是图中另示的清琴峡、八角亭、四方亭却在何方？

廊柱上云龙作腾起之势，廊道两端尽头皆可向后，后面山石矗立，流水淙淙，沿着游廊蜿蜒向下直入腹地，出门便是军机处，前走几步酪膳房，清琴峡全貌便在那回首仰头处。原来这里是一处天然石峡，引溪水东流入园，顺山势起伏，置二亭于其间，嘉庆十六年（1811）才在其东麓添建军机处。午后未时，独立其间，遥想当年酪膳房人影幢幢，军机处森严壁立，盛夏热浪在此地似乎都略减了几分威力，阵阵清凉袭来，也不知是山风，还是心动。

走出谐趣园，欲觅“德和园”，沿指示牌到一岔路口，不知该往哪里走，导航信号差，游人又不至。站立了几分钟，一对夫妻领着孙儿经过，指给我一条向上的路，谁料爬了十分钟后赫然见到指示牌上指着“德和园”需要下行，于是重新回到原地，却再也问不到人，也罢，一共三条路，不是要去山上嘛，那我就选左边第一条，往上爬吧。

不一会儿见到一座殿宇，心里一喜，即便无人，也有个殿名，那样我就能大概知道自己身在何方，此殿名“景福阁”，曾为慈禧太后赏月、观雨和接见外国使节之所。清洁阿姨指引我向上，遂依言而行，树荫愈来愈茂密，忽然左边隐隐透出些光亮，仔细一看，原来已在昆明湖旁。足下之路正是傍水而行，再次听到人声是在“千峰叠翠”的城头，前面虽不是德和园，却是我此行目的之“四大部洲”，去年冬季黄昏见到的山便是这“须弥灵境”。

到了这里，我知道已近北宫门，下午六点的阳光依旧如午后般耀眼，将殿身的黄绿琉璃瓦映衬得颇具异域风情。山石高低，有些光滑，有些尖利，今天穿的这双布鞋履平地轻捷无比，但爬坡不稳，才一会儿工夫，我就踩滑了两次，差点磕坏手腕上的玉镯，由是不敢造次硬来，何况大殿已睹，还是

老老实实下山为好。

一路下行，来到长廊，总算见到熟悉的地方，728 米的长廊去年冬季走了一半，今天仍然只能走那相同的一段，无他，我依旧想找德和园。虽然知道排云殿另外一边的长廊尚未去过，因时间不够，只能舍弃，以至于长廊里的留佳、寄澜、秋水、清遥四座八角重檐亭在我的印象中似乎一个都没有见到，光顾着尽头那片园林水域了。

去年走到此地时天色已暗，徒见波涛拍岸，寒风中虽惊异于庭外湖、庭内院的构造，却无暇细赏。今日复来，时间更晚，但时节不同，冬夏迥异，金色夕阳为水边的一切抹上庄严绚丽的色调，红的更红，绿的更绿，群鸟飞旋其上，人声悄语其下，美得如梦如幻。

想当年，孟子对齐宣王说："独乐乐，不如众乐乐""虽有台池鸟兽，岂能独乐哉！"[①]乾隆、慈禧虽能长居于此，但终日唯太监、宫女为伴，不见百姓，不见烟火，没有意外，没有插曲，虽有天下美景，又岂能始终快悦于心哉？新中国之后，一切深宫禁院均开放出来与民同乐，"民犹以为小，不亦宜乎？"[②]

终于，我找到了德和园，原来是一座戏楼，已经下班关门，却忍不住莞尔，因为它就在东宫门进门左边，而下午我走的是右边。其实从谐趣园出来，回到原地后左拐便到，我却绕着万寿山包了一大圈，不过也算在无心插柳中将颐和园的陆地游览了一遍。

走到大街上才感到疲惫，遂萌生了骑单车回去的念头，五站公交距离，正好骑行，经过圆明园时偶一侧头，见天边彩霞艳丽异常，驻车拍照，若不是口渴得厉害，停下来的次数会更多。

回到校区后兴意未消，索性去自习室继续编撰《四书心解》，躺下时接近十二点，累得不想说话，幸好阿静也有些匆匆之色，聊不上几句也不算怠慢。

---

① 出自《孟子·梁惠王》。

② 出自《孟子·梁惠王》。

2022 年 6 月 25 日，星期六，晴

纳兰性德故居——老宅翻作养老院，湿地化为游乐园

今天北京高温已到 40 摄氏度，离京前最后几天，刮风下雨都得出去。这是昨天哥哥买好机票后，我给自己定下的安排。昨晚十二点多才睡着，今天倦意未消，估计晚上回来没有精力再去自习室了，只得把外出计划安排在下午，上午还能有时间读书写东西。

本来今天是东门一年一次的聚会之期，很多弟子都已准备好带娃参加但温度实在太高，东茅老师不得不改期至下周六，彼时我已返粤，甚是遗憾。

中午一边吃饭一边在百度和小红书上搜索景点，想起去年从百望山下来时曾念及纳兰性德老宅，查看交通路线，过去大概一个半小时路程。纳兰老宅是纳兰性德父亲纳兰明珠的故居，性德殁后亦葬于此地，翠湖国家湿地公园毗邻其旁，下午就去这两处，选得颇为称心。

午休至两点半，想了想，决定打车，早点到老宅，多留一点时间赏玩。熟料下车后既找不着门，也不见人，暗自纳闷，便向路旁售卖冰棍的老人问

询，他指着我身后说："就是这里啊，不过早就不开放了。"我心里一惊，向前几步，透过栏杆朝里张望，果然见到几位老人在树下唠嗑，全无景点气象。我仍不死心，绕着周边的围栏找到了保安，确证了这份失望，此处已经改成养老院，纳兰性德的物件不知搬到了何方。走到马路上看到"国家医养定点单位"的蓝字招牌，明明写得很清楚，可心底的失落难以言喻。

宫门还在，却已物是人非。

纳兰性德是我从小便喜欢的词人，驻足此地，欲感受他儿时风物，却只见骄阳在天，公路在地，竟似茫然无所追寻。

也罢，去湿地公园吧。

导航显示就在附近，前方有一岔路，正好有位保安模样的大哥低头玩着手机，我上前问路，他奇怪地看看我：

"你预约了吗？"

心里再度一惊："没有，现在约可以吗？"

"来不及了，只能周一和周三约，时间是上午 9:00 到 11:30，下午 2:00 到 4:30。"

就着身前这片水域继续打听："请问这片水域是什么地方？"

"这是水库。"

"从这里可以走出去吗？"

"可以的。"

湿地公园去不成，水库边走走也不错，有此水库，也算不幸中的大幸。午后人很少，阳光不烈，气温不低，偶有几只野鸭游过，蝉鸣格外清晰，我沿着枣红步道往前走，林间几乎不用打伞。

水库旁停了一些私家车，都是周末带家人来郊外野炊消闲的，好在北京干爽，蚊虫不多，走过去时，我望着他们，他们望着我，互感奇怪且有趣。途遇一位骑车售卖冷饮的大哥，买了一支绿豆冰棒，顺便问路，他告诉我走出去后左边有个稻香湖公园，一下子便有了东边不亮西边亮的欣喜。

可等我走到时才发现刚才高兴得太早，稻香湖公园严格来说算不上公园，而是一个大型儿童生态游乐场，里面所有景点皆为人造，陈设的不过是大大小小的玩具和游乐项目。我走完一半，便欲出门，结果却为了找洗手间而误入腹地，又因往外走时接了一个长电话，不择路而绕得更远，其结果便是早就想出去的我，活生生在里面耗了一个多小时，愣是把这个“公园”的边边角角都走了一遍。

出来后接到翊轩的消息，问我晚上可有时间燕园见面，同时老王也发来消息，说今晚在农园三楼请老师们聚餐，要我尽量过去。正想答应的我，突然想起我这算是到了“社会面”，没有检测核酸，不能随意进入燕园，于是只好抱歉地回复他们，并约改天。

既然回不去学校，又热又倦中想到了华联超市，那就去给妈妈买馒头吧，顺便最后再吃一次麻辣烫。晚上阿静问我去了哪里，我一声叹息地告诉她，想见的人见不到，想去的地方没去成，整个下午都在瞎晃荡，倒是因为炎热，出汗减肥锻炼了身体。

2022 年 6 月 26 日，星期日，晴间雨

昨天下午在稻香湖公园给敏敏打电话约再见一面，我俩都在抓紧最后的时间访友，她说她改签车票等我，那怎么行，还是我删减一个景点等她，就不去故宫了，反正 2019 年已经和妈妈去过一次。地点仍然定在五一我俩去过的“绿茶餐厅”，我建议早点，她也有此意，到时均有些饥肠辘辘，点餐点得豪气干云，吃完便跑去二楼买柠檬水解腻，实在吃得太撑。

带了一套《论语别裁》送给敏敏，总觉得她就是孔子所言“刚毅木讷，近仁”[①]的资质，市面上《论语》解说千千万，最能深入浅出且兼具趣味及深度的还是南师这套。人生谁无沮丧失意时？又有几人能做到“不怨天，不尤人”[②]？

---

① 出自《论语・子路》。

② 出自《论语・宪问》。

但愿这套书能在她心性修养的路上助其一臂之力，虽将远别，一如近前。

刚吃完就收到任红的信息，问我“晚上想吃什么”，她在家等着我过去，我只感到食物已顶到胃部最上头，老实跟她说：“我现在吃多了，你别忙活，晚上能少则少。”还好是同学，虽然二十年见不到三次，也是有啥说啥，无须客套。寻到她的住处，原来就在琉璃厂附近，宣武门外文人汇集地，依着导航走进她家小区院子，不一会儿就看到来接我的她，穿着一件家居条纹T恤，一如二十年前的模样。她家在二楼，拾阶便到，进门只见大厅一整面墙都是书，还有一张乒乓球台，吃饭运动两相宜。这估计是疫情独有的景象，我开玩笑说要拍照发到班群让大家欣赏一下，她笑说是娃爸和娃两人合力打造的，她也无可奈何。

一边和我聊天，她一边清洗各种素材并切成细碎的末末，说是给我包素饺子吃，我却之不恭，领下她这份心意。半个下午的时间，天聊得全无章法，饺子倒包得有模有样，谁让我们二十年不见，人事物还停留在二十二岁刚毕业那年呢。不过也无所谓，同学嘛，亲切自在才是最重要的，即便给我时间准备，也不能在几个小时内便把自己的琐屑经历整理齐全逐一讲述，倒是这一波接着一波的惊诧让我们多了很多欢笑。

谈笑间，大牛回来了，他和程程同岁，瘦削而精神，相处不到二十分钟，我便发觉眼前这个小伙子阳光又自信，没有任何扭捏尴尬，让他做什么，都是笑容满面。餐后他执意要和妈妈一起陪我去牛街，我们仨骑着单车在宣武门外的大街上转悠，有同学一家陪着，切换在这古老和现代的观感中，我感到自己不像是外人，如同几十年住在这里一般，分外亲切。牛街成名于其牛肉，任红一路不停地给我买吃的，烧饼、山楂糕、酸梅汤、烤红果……但我实在吃不下这许多，最后走时大包小包拎了满手。

从此我又知道一个北京城游玩的好去处，他日重逢不知是否还能寻到今晚的“满记烧饼”和“椿树书院”？无论如何，我已来过，有她在这里，便似有了亲人。

第十八周

2022-06-27—2022-06-30

2022 年 6 月 27 日，星期一，晴间雨

十三陵、北海公园——孤清还逢骤雨，无情却似有情

说起十三陵，很有些惦念。

初三那会不记得去过没有，2019 年哥哥倒是带着我和妈妈去了一趟清东陵，上学期过来就已列入计划，多次想要前往，跟展老师道别时，也给我推荐十三陵，必去无疑。昌平区之前有疫情，于是选择全程公交，来回大概四个小时，背了一瓶昨日任红给的醪糟饮料上路，谁知整个十三陵景区竟然冷清到买不到水，靠着这瓶醪糟，硬是撑到下午四点，当然，这是后话了。

十三陵景区范围极大，哥哥说清东陵比十三陵好看，我坐上前往景区的公交后就觉得未必，从大宫门开始，到最后的定陵，一路半是景区半陵寝，氛围感极强。位居公交前排正中的我，在车行至大宫门时抢拍到一张全貌，预备依照司机指点，先到终点，再慢慢玩出来。孰料进去长陵后不久便天黑欲雨，再次到达这一站时暴雨倾盆，于是大宫门和神路只得成为此行的惦记，当然，这又是后话了。

要说的是，去的时候，872 路只有我一个人乘坐，出来时多了一位男士相陪，他是我在定陵里遇到的唯一一位游客。北京疫情、昌平疫区、天气预报有雨、地宫和祾恩殿不开放，几个因素叠加，让我体会了一把包园游，实

属生平第一次。虽然最重要的景点都看不到，仍然挺开心，能够一个人安安静静地走一遍陵园，这种事情可遇而不可求，不是吗？

“定陵博物馆”这五个字出自郭沫若的手笔，来之前就知道定陵发掘是考古史上的一大遗憾，来了后却感觉不虚此行。即便什么都没有，那开阔的地貌、环绕的山峦、皇家的气势就已经让我有恍如隔世的穿越之感，更别提定陵里那姿态各异的古树，或参天、或盘绕、或凶猛、或狰狞，像一个个肃穆的兵士，也像一位位不苟言笑的长者，拱手肃立一旁，令人不寒而栗。

定陵有三进，第一重称“陵门”，又叫重门，单檐歇山顶，黄色琉璃瓦覆面，下有琉璃斗拱。第二重称“祾恩门”，面阔五间，进深二间，祾恩殿已被李自成烧毁，乾隆时缩小重建，现在也只剩下遗址了。再往里就是“棂星门”，棂星门又称灵星门，被广泛运用于陵寝、宫室、坛庙之中，象征天门，是一种标志性极强的建筑，山东孔庙里我第一次见，今天这是第二次。

穿过层层陵门，来到石五供前，在须弥座上对称摆放有香炉、烛台、花瓶，再往前，便只能仰望，若上去，可走楼梯。古树力量之大，从它穿透石墙的姿态可见一斑。石墙为人造，树姿是天成，保护也好，守卫也罢，和这陵墓之气相映成景。跨上台阶，心中便升起一股敬畏感，“陵寝盘空曲，熊罴守翠微”[①]，宝城在上，马道在下，焉能不惧！但惧有何用，莫如到明楼中题有“神宗显皇帝之陵”的圣号碑前三鞠躬，祈祷国泰民安。

绕行一周后发现明楼后面另有一条路，主播站在路口介绍风景，我却被眼前的森森绿意吸引，不自觉地朝着里面走去，一路上徒有石道，却无人声，古树虬错，碧草茵茵。直到看见地宫前铁栏杆上挂着的钢锁，才猛然惊觉自己已经走进中心地界，环顾四周，唯我一人，只感到蝉鸣声忽地震耳欲聋，在这正午深山地宫前，不敢不禁足。稍作犹豫，还是鼓起勇气不走回头路，绕过石道摸索着向外走去，回到明楼下时主播已经离开，却看到一位男士自远处走来，心里一喜，忙请他帮我拍张照。他问地宫在哪里，我指着后面说：“不开放，但是古树很好看。”这句话是刚才买票时售票员告诉我的，

① 出自杜甫《重经昭陵》。

定陵博物館

他看看后面，又看看我：

“我还是不去了，今天没什么人，有点瘆得慌。”

“那要不要我帮您也拍一张？”

“不用了，我还是不在这里留影了。”

还好我已经转了一圈出来，不然被他这一提醒，估计我也不敢进去了。

其实还有一个地方我也想去，但最后半路而返了，便是明楼两边那有点类似城墙的石道，进去时我就在好奇石道上的风景。出来后念念不忘地走了上去，果然气象开阔，风景独好，其他陵寝的红墙远远点缀在苍天乌云之下，隐藏在山峦松涛之中，真有那种“普天之下，莫非王土”[①]的感觉。只是，地可以凭权势占尽，人心却只能靠仁义延续，十三陵虽峻，到底还只有五六百年，怎及得上孔陵绵延起伏数百里，能千年不绝的唯有圣人余脉。

在这条道上走了十分钟后，我开始估算时间，猜测这石道该是将刚才走去地宫的直路用圆形包抄一遍，那样的话，绕行一周估计得四十分钟左右。今天空无一人，万一在石道上遇到什么意外情况，也无处呼应，还是作罢，去长陵算了。巧的是，当我回到大门外时，再次遇到那位男士，遂一同坐车去长陵。

长陵是明成祖朱棣和皇后徐氏的合葬陵，称“太宗文皇帝之陵”，后改为“成祖文皇帝之陵”，乃十三陵祖陵。前后格局与定陵基本一致，其中祾恩殿重檐九间，楠木结构，是诸陵中规模最大的，实为古建筑中的瑰宝，只是今天不开放。方城下有条“T”字形券洞，走上去只感到壁垒森严，楼上有人声，又是主播，这两年受疫情影响，谋生不易，北京的每个景点都有主播卖力讲解。从我踏进长陵开始，天色便陡变，乌云压顶，飞鸟低旋，包里背着雨伞的我不着急，准备走到哪算哪，却在明楼城头迎来了豆大的雨点，算是已到尽头。同样在圣号碑前三鞠躬，然后离开，走到大门口时雨居然停了，高兴地坐上 872 路盘算去大宫门和神路的时间。不料车行到站时忽地暴雨如注，时值下午三点，离末班车剩一个小时，只得再次作罢，合上眼睛打盹。

① 出自《诗经·小雅·北山》。

一小时后到达终点，我也睡了一觉，跳下车来，阳光正好，德胜门巍然矗立，我的精神亦为之一振，附近有些什么？何不再去转转？

打开手机导航，寻到北海公园，去年国庆后一直想再来，今日正好坐车到其门前不远处，都说夏日可以看北海荷花，我其实更想看大白塔。园内柳条迎风，荷花正浓，只是包括永安寺在内的一切室内场所均不开放，四处走走也行。在这特殊时期，进来便属不易，在我离京之前，能再逛几处景点，更是不易，已无多求。

明知大白塔不开放，仍寻径向上，越来越觉得，相较亲身抚触而言，领略一处地方的意韵更令人沉醉。那半山的回廊、山腰的水景、斗拱的门洞、白塔前的黄色琉璃瓦，甚至山顶小卖铺中的一方异域布置，无不诉说着一种似皇家非皇家的情思，在夕阳白塔下相互应和，相得益彰。

走下山来，在石桥上选择左行还是右行，想起去年跟随叮当将左行道走过一遍，那今天就走右边吧。行至尽头才发现，这条道也已和慧慧毛来过，当时两人光顾着聊天，没有关注脚下路径，却对尽头一处殿宇大门甚有印象，因为在同样的地方，她告诉我："今天不开放，你以后来。"北海公园里的主路我已走了四分之三，留下最后一段等待下次。

行程圆满结束，虽有夜色可观看，但人着实有些累了，明日继续安排外出，须得持盈。记起附近有家庆丰包子铺，也记得香山脚下的包子味道，其实我早就饿了，啃了半个烧饼强忍着，现在就去好好吃一顿，顺便歇息一会。

回到宿舍八点半，阿静洗漱完毕又出去会友，我给她留着灯，独自睡了。

2022年6月28日，星期二，晴间雨

国家博物馆——纵横捭阖今犹在，不变浓情万古心

有人说：“来北京，长城可以不去，但是国博不能不看。”深以为然，4月份预约过一次，因为天气原因取消，前天再次预约，作为此次北京之行的最后一处游览地。回想去年9月第一个周末的天坛公园之游，到今天的国博，以“敬天”始，以“爱国”终，可谓正中下怀，于我心有戚戚焉。

中国国家博物馆是我国最高历史文化艺术殿堂，也是国家的文化客厅，进门时的层层安检，进去后的瞠目结舌，站在那庄严堂皇的金米色大厅里，

只感到自己如此渺小，心里反复响起一个声音：“这就是我们的中国！”五千年的历史文明沉淀，深邃、坚韧、苍劲，却又涵容宽厚，常健常新。

心里想着把小朋友们带来感受，自己却不知该从何处开始参观，见到“古代中国基本陈列”字样，便顺着电梯下行。先是在走廊里看了看青花瓷瓶和民间年画展，还有一些瓦当和铜盘，偌大的走廊和厅中间只摆放了一些相似的物件，总觉得国博不可能只这么些，却不知入口何在。茫然中看到纪念品商店，进去逛一圈，不知怎地竟然拐到了有圆明园铺首和鸦片烟枪的橱窗前，就这样误打误撞地开启了真正的参观，是的，随性散漫又没做攻略的我走了个倒序，这是明清时期的最后几件展品。

展厅一角发现王文成公的家书笔迹和画像，俊朗飘逸而又洒脱不羁，字如其人，把正在捧读《王阳明全集》的我看得惊喜莫名。乾隆爷的玉玺和皇太极的调兵信牌，也是出乎意料的威严精美，且比我想象中的大多了，看样子我内心还是有些小家子气，而皇家不是儿戏。当然，明清时期的重器便是那顶孝端皇后的凤冠，出土于定陵地宫，珍珠宝石满砌其上，九龙九凤皆作生动盘旋之状，极尽尊贵之能事。中国古代礼仪之丰富，服饰之考究，真不是一句“仪式感”便能轻松概括的，其间有太多文化内涵、太多心血巧思、太多意义象征。都说明太祖朱元璋长着一副马脸，今日一看，不禁莞尔，凶相与喜感并存，唯独缺乏些许威德，想是被马皇后的聪慧大气给弥补了，开国之君固然名垂千古，其身后的贤内助，亦为人中龙凤。最喜欢江千里那把黑漆嵌螺钿执壶，“杯盘处处江秋水，卷轴家家查二瞻”①，一位漆匠制作的杯盘能与名画家查士标的画作相提并论，可见其造诣之出神入化。隔窗观之，亦被其端正精美所撼动。

往前便是辽宋夏金元时期，见到了水运仪象台的5∶1倍复原模型，还有针灸铜人，这都是我在书里仰慕已久的作品。除此之外，对元代的铜壶滴漏和秦桧跪像亦印象尤深，前者利用水的恒定流量计算时间，后者让我明白中

---

① 出自查士标行书《牧溪写生图题跋》。

国人为什么要“赢得生前身后名”[1]。人死如灯灭的观点不仅没有给现代人带来洒脱，反而造成肆无忌惮的空虚，人是需要关注爱惜名声的，《三字经》以“扬名声，显父母，光于前，裕于后”收尾，一个人，活着为父母家族争光，死后受人尊敬赞扬，是中国人最基本的人生价值和意义。在国人眼中，老百姓的口碑远胜于奖状、功名、荣宠、利禄，像秦桧这样世世代代受人唾骂，秦姓子孙做了状元都还要受其牵连，总觉得抬不起头来，说不出口去，“人从宋后羞名桧，我到坟前愧姓秦”，秦大士的这句名言道出了中国人骨子里对一个人气节品格的看重。

进入隋唐五代展厅的时候，手机只剩下 20% 的电了，这学期第一次出现这种情况，寒假换了新手机后，电池十分耐用，在外游览一整天都不用担心电量。想是进馆之后，手机一直在运作导致，谁叫我啥都想拍呢。唐三彩自是重中之重，但我却对 9 岁少女李静训的一套首饰颇感兴趣，项链来自巴基斯坦和阿富汗，手镯可能产于北印度。李静训的外婆是隋文帝的长女杨丽华，她对这位外孙女宠爱有加，赐给她这套举世无双的精品首饰，至今光彩不减，当年那必定是十分耀人眼目。至于为何会对这双麻鞋情有独钟，或许是我一站到窗前便想起东坡居士的那句“竹杖芒鞋轻胜马”，看到便觉得分外亲切，只因我也向往那“归去，也无风雨也无晴”[2]的境界。

还有两尊似飞不飞，似怪不怪，半阴半阳的三彩釉陶镇墓兽，一人面一兽面，人面称“地轴”，兽面称“祖明”，放在墓室入口处镇恶驱邪。看样子在中国人的心中，鬼也分好坏，阴间不过是另一个阳间，就像唐太宗的昭陵六骏，“飒露紫、拳毛䯄、白蹄乌、特勒骠、青骓、什伐赤”曾伴太宗四处征伐，立下赫赫战功，令太宗生死不忘，我到近前，亦徘徊良久。

走进三国两晋南北朝时期，便对永固陵石券门着迷不已，北魏文明皇后冯氏对北魏的影响力不亚于则天武后，永固陵更是在《魏书》和《北史》中屡屡提及。观此石门，石雕艺术尽显其上，厚重与精美并蓄，庄重和典雅共

① 出自辛弃疾《破阵子·为陈同甫赋壮词以寄之》。

② 两句均出自苏轼《定风波》。

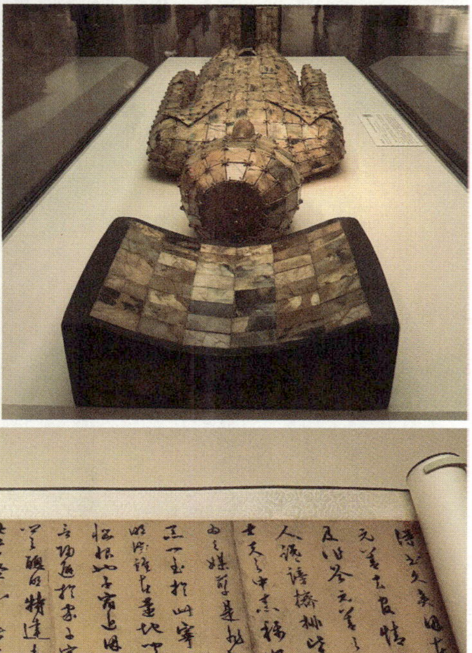

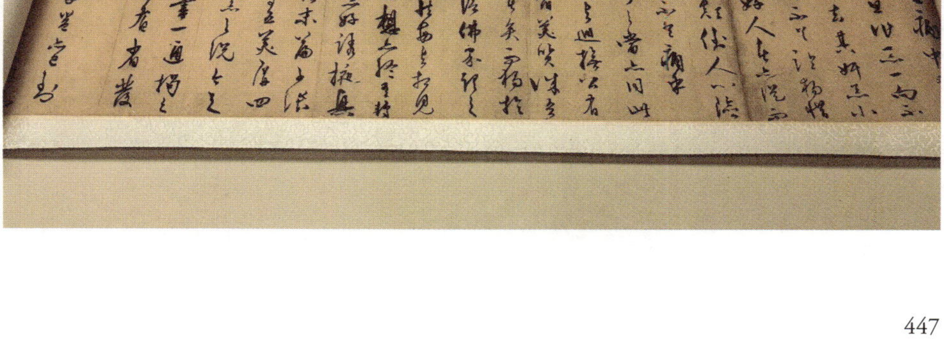

明太祖真像
國號洪武在位三十一年

存，相较之下，陶俑便显得憨厚很多。其实我对三国时期的陶制品并无印象，来到这里才明白，原来当时陶艺制作是其一绝。

另一印象深刻的是“龙门四品”中的《杨大眼为孝文帝造像记》，该《记》歌颂了杨大眼显赫的一生。之前读史时就对他的妻子潘氏记忆尤深，先是不别男女地到军中与丈夫一起驰骋沙场，在杨大眼被贬后，她又不守妇道，最终被丈夫幽闭杀死，都说中国古代女人多么委屈，我看她就活得自我而蛮横。

秦汉时期，钟爱的太多了，久远的物件一旦熟悉，恋恋不舍似乎都曾历经千年。这段历史读的次数相对而言稍微多一点，当一件件真品摆在眼前的时候，欢喜伴随着不真实，每一件都流连不愿离去，偏偏手机只剩下 8% 的电量。因为有这些珍贵的文物，传说中的楼兰，我们还能在毡帽和绣鞋中寻找它曾经存在过的痕迹；因为有这些珍贵的文物，《史记》《汉书》《后汉书》中所记载的一次次与少数民族的战争和交融得以呈现，在“滇王之印”“汉归义賨邑侯”“汉匈奴归义亲汉长”“汉归义羌长”金印中被确证无疑。

走到熹平石经和琅琊刻石前，便挪不开步子，久久注目，前者是中国最早的官定儒家经本，后者是秦始皇东巡时的自我歌颂，虽然我不懂书法，却对书法情有独钟，蔡邕那标准的八分隶书体和李斯的秦篆已模糊不可辨，但字入石中，千年难朽，笔意精神，万古常在。众人围观的兵马俑和金缕玉衣在意料之中，故未作久留，倒是“汉并天下”的瓦当令我大吃一惊，价值千金的秦砖汉瓦原来不是一片片的薄块，而是刻有文字的长圆柱体，难怪价值不菲，透过橱窗都能感受得到它的端凝稳重。

进入春秋战国时期，基本便是青铜器的天下，手机电量只剩下 3%，当机立断放进口袋，不到万不得已不拿出来，先走一圈，最后再决定拍哪些。入眼皆为青铜重器，彼时所谓的原铜，乃是金、银、铜的混合物，器虽厚重，但形状考究，外观大气而精美。周天子建国，分封诸侯有几百，至今我们熟悉的不过战国七雄，其余曾、随、薛、蔡、陈、郑、虢只有在这些器物中才能令人生出真实之感。尤其是曾侯乙的青铜冰鉴和青铜缶两件重器，冰鉴双层，夹层置冰，是当时祭祀中的重要礼器，铜缶则重达 300 多公斤，两肩刻有“曾侯乙作持用终”的铭文。两千多年以前能享用如此奢华的用器，还是一个名不见经传的小国，其余大国可想而知。吴王夫差的青铜鉴、“王子午”的青铜鼎、楚国的青铜编钟均极尽良工之能事，就连一条系在腰间的挂钩，都是银质鎏金为底，浮雕兽首其上，三块玉玦中心镶嵌半球形琉璃珠，还配有雁首钩头，当然，此“鎏金嵌玉镶琉璃银带钩”为魏国王室所用，才能如是华美无匹。

热爱传统文化的人无不对三代饱含深情，我也不例外，流传至今的诸子百家、“四书五经”、《内经》、《难经》都是从那个时代传下来的。读《古玩指南》时，赵汝珍说：“三代铜器以蜡为模，花款必细如发，匀整分晓。识文之笔画宛如仰瓦而不深峻，大小深浅如一，亦明净分晓，无纤毫模糊之迹。其字体花纹虽前后有深浅宽窄之不同，其内宽外窄固无不同也。至于做工，亦均剔透玲珑，规矩工整，教今日机器制品绝无逊色。”今日一见，名不虚传。这两年大热的三星堆青铜面具、青铜人首，从小在教科书上读到的四羊方尊、司母戊大方鼎、甲骨文等，一一真实地呈现在眼前，手机剩下最后 1% 电量的我终于拍到了它们。最令我惊喜的是见到了各种酒器的原貌：斝、觥、觚、爵，《论语》云：“觚不觚，觚哉！”[①]《诗经》云：“我姑酌彼兕觥，维以不永伤。”[②]以后再读这些句子，脑中或会浮现这些器物，词句便如这青铜一般，凝重了起来。

手机没电了，只得徒手参观最后的“远古时期”，主要是一些头盖骨、牛犄角，还有若干陶器。忽然想到馆内应该备有充电设备，经工作人员指引，我重新回到一楼，坐在台阶上一边充电一边发呆。腹中隐隐有饥饿感，原来已到下午四点，六个小时就在我举着手机中度过了，虽然里面有一些餐饮处，可我一没现金二没电，也不当时，管他的，先饿着，充好电将剩下的看完是正经。

---

① 出自《论语・雍也》。

② 出自《诗经・周南・卷耳》。

半小时后再次回到“远古时期”，看到了红山玉龙和玉琮，却没有留意到同为国宝的彩绘鹳鱼石斧图陶缸，不过补拍了商王武丁时期的“妇好”青铜鸮尊。鸮尊是酒器，又称牺尊，其纹样制作采取了地纹繁复、主纹鲜明、辅纹勾勒的“三层花”技艺，是商后期青铜制作中的鸿篇巨制。在我眼里，它和仰韶文化的鹰形陶鼎一样，憨萌可爱。

离开国博，也就告别了此次北京之旅，虽然还有诸多地方没机会去，但疫情过后能有这么几天时光，我已经非常满足。

高山流水，后会有期。

天安门附近戒备森严，直接乘坐地铁到海淀黄庄，找到一家小面馆，美美吃了一顿拌面，我以后会怀念这一餐的。

2022 年 6 月 29 日，星期三，晴

上午一边打包分批寄行李，一边想着北大里的各种标志性风景和建筑，时间一晃便到了最后一天，我却还没有好好为自己留下一点北大里的身影，下午这就去补上。

收拾完快两点，刚躺下，就看到徐老师在群里问我为什么没有参加学院的结业典礼，心里一惊，我确实给忘了，爬起来便往燕园跑。进大门后才想起典礼是线上举行，安排了我发言，直接在旁边找了块草地坐下，打开摄像头讲了十分钟。表达自己对教育学院师生们的感谢，虽然有些仓促，但不感到紧张，因为这些话一直在我心里，我发自内心地感谢并感动，早就想说。

我从去年进燕园的第一天，就想着慢慢领悟、慢慢品味、慢慢转悠，不是非要去某处打卡，也不是非要在哪里留影，一切随缘，否则就好像向谁证明我来过北大一样。就这样晃悠了两个学期，最终还是在今天补齐了那些脍炙人口的地点：西门牌匾、未名湖、图书馆、华表、冯友兰故居，还有我待

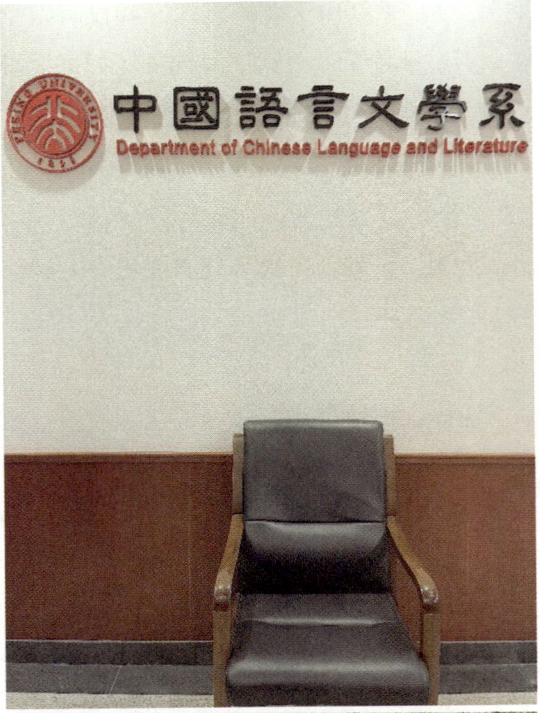
中國語言文學系
Department of Chinese Language and Literature

了一年的教育学院。

说来也巧，我从图书馆出来后，犹豫是留在燕园还是再去一趟颐和园，就在这时看到了站在路边的老王，想起自己答应过请他吃饭，便走上前打招呼问他晚上可有时间。他可以，只是阿静还在她导师那里，只好我俩结伴互拍，先是陪他选纪念品，又一同去给张老师送花，再然后就是奔波在各大景点之间。

今天老王动作很快，我也因熟悉后不再拘谨，我俩搭配默契，转战迅速，在夕阳西下和黑夜来临之前将要干的事和要拍的景完成了七七八八。天黑之后，他说还想再去中文系看一下，我正好没有去过，欣然同往，原来李兆基人文学苑后面就是中文系和历史系，原来中文系和历史系这么玲珑美丽。学校已经放假，系里基本无人，我俩挪开前堂的杂物，留下一张白描，这就是我心中北大中文系的样子：干净、朴素、雅致、大方。

准备一同骑车回圆明园宿舍，却找不到两辆正常的单车，只得坐上664路，不想却在车里遇到了另外两位访学老师，看样子大家都舍不得这最后的时光，逗留徘徊，临别依依。

2022年6月30日，星期四，晴

还记得刚来的那一天，还记得见到圆明园校区的第一眼，还记得机场接驳车的温度，这就要走了……有时候真的不相信，将忙碌充实的365天串起来后，竟然找不到温暖踏实的一整年，只有那记忆中的零碎片段和恍惚中的似曾相识。我真的来过吗？我做了些什么？又留下些什么？

一早爬起来将衣柜拆卸、铺盖卷叠，重新查看一遍柜子和床头，联系快递小哥，去食堂打包一点干粮，就已经到了和司机约定的时间。阿静去燕园办事，匆匆赶回来送我，我说：

“不用送，我们又不是不见面了。”

“那不行，你们每一个都是我送走的，当然要送。”

“那好吧。”

“你再检查一下，把东西带齐，别漏下什么。”

“嗯，好。”

群里老师的离别影像给了我提示，用广角模式拍摄的圆明园校区正是我们每日经行的模样，又长又安静，还带着几分北方的坚强。北京或会再来，但此处也许不能再进，闻说校区即将被改造，那再见也不会有今日的模样。

校区只剩下几个人，我和阿静默默推着行李箱，一时之间不知道该说些什么，尽扯些有的没的，还没有走到门口，司机就打电话来催，催得我俩道别都没时间走心。来不及伤感，人已经坐进了车里，只能隔着窗户挥手，这次是感到自己绝尘而去。

机场亦是寥寥，顺利在登机口旁坐下，最近北京时不时暴雨，广州更是连日不开天，我乘坐的航班被两次告知延迟，果不其然，广播里说继续延迟。好在天黑之前起飞了，从落地到出机场，差不多花了一个半小时，在提取行李和检测核酸的队伍前，我第一次感到人潮的热度，这是在北京四个月里不曾体会过的拥挤。

十二点到家，躺下后才感到：这一年的北大进修结束了。人的记忆很奇怪，当时分明感受深，离别忽如不相识，不曾刻意忘却，不曾刻意记起，一切行云流水，任由生命采撷，却在最后发现，记得的和忘记的都在那里。

收获如是之多，罗列不尽，数不胜数，无意在最后做个一二三四的总结，只想用别后每一天的言行证明自己曾经去过，曾经受过东茅老师、蒋老师、展老师、赵老师、朱老师的言传和身教。诸位老师的恩情也不是一句“我铭记在心”可以言表的，唯有发愿继续自我磨砺，将从老师们那得到的正能量和学问薪火相传，造福他人，回馈社会。

不禁想起第一天见面会上东茅老师说要“找到北，走向大”，扪心自问，我有答案吗？我的答案是什么？是的，我有答案，我的答案是：国家比小家重要，品格比知识重要，为人比为己重要。“北”在此，“大”是我今后人生的路，虽然与燕园分别，虽然不能经常在老师身边聆听教诲，但有老师在，精神就在。

东茅老师说："欢迎常回来!"

蒋老师说："保持联系，就是最好的祝福!"

我会记得。

本书受到广东省 2023 年度教育科学规划课题（德育专项）"以完善人格为目标的德育课程改革与实践研究——立足于生命叙事的'大人之学'"（2023JKDY034）课题资助。

普通高等教育医学类系列教材

生物化学与分子生物学实验教程

第2版

主　　编　何凤田　连继勤
编　　委　(以姓氏笔画为序)
申晓冬　付晓红　刘东擘　闫小晶
江　渝　许志臻　李　彦　杨朝辉
连继勤　何凤田　张　立　张　艳
陈　姗　陈　彬　陈岑曦　周　鹏
赵　力　赵元茵　钟　丹　高　敏
黄　刚　龚　薇　曾益军　缪洪明
戴双双

科学出版社
北　京

内 容 简 介

本书是为了适应医学教育改革、满足培养高素质创新型医学人才的需要而编写的一本生物化学与分子生物学实验教材。本书继承了第 1 版的基本框架、结构与主要内容，在此基础上增加了一些常用技术，删减了一些很少在本科生或研究生中开展的实验。本书分为两篇：第一篇介绍了生物化学与分子生物学实验基本知识与理论，包括生物化学与分子生物学实验基本知识、生物化学实验基本技术理论、分子生物学实验基本技术理论、生物化学与分子生物学专业常用数据库及其应用；第二篇为生物化学与分子生物学实验操作，共精选了 50 个生物化学与分子生物学的具体实验。另外，在附录中汇集了常用生物化学与分子生物学试剂的配制方法。

本书既可作为医学院校各专业学生（包括研究生）的教学用书，也可作为相关专业教师和科技工作者的教学与科研参考用书。

图书在版编目(CIP)数据

生物化学与分子生物学实验教程 / 何凤田，连继勤主编. —2 版. —北京：科学出版社，2016.6

ISBN 978-7-03-048577-9

Ⅰ. ①生… Ⅱ. ①何… ②连… Ⅲ. ①生物化学–实验–医学院校–教材②分子生物学–实验–医学院校 –教材 Ⅳ. ①Q5-33②Q7-33

中国版本图书馆 CIP 数据核字(2016)第 125144 号

责任编辑：王 颖 / 责任校对：蒋 萍
责任印制：赵 博 / 封面设计：陈 敬

科学出版社 出版
北京东黄城根北街 16 号
邮政编码：100717
http://www.sciencep.com
固安县铭成印刷有限公司印刷
科学出版社发行 各地新华书店经销
*
2012 年 2 月第 一 版 开本：787×1092 1/16
2016 年 6 月第 二 版 印张：15
2025 年 8 月第十一次印刷 字数：356 000

定价：59.80 元

（如有印装质量问题，我社负责调换）

前　言

“加强实验教学，注重培养学生的实践能力和创新精神”是医学教育改革的一项重要内容。生物化学与分子生物学实验技术是生物医学诸多学科的重要研究手段，已成为高等医学院校各专业学生的一门重要必修实验课程。该实验课程旨在拓宽学生视野，激发学生的学习热情和猎奇心，将学生培养成高素质的创新型人才。为了更好地适应医学教育改革和发展的需要，实现生物化学与分子生物学实验课程的目标，我们在第1版的基础上，编写了《生物化学与分子生物学实验教程》第2版。

修订的《生物化学与分子生物学实验教程》第2版分为两篇：第一篇介绍了生物化学与分子生物学实验基本知识与理论，包括生物化学与分子生物学实验基本知识、生物化学实验基本技术理论、分子生物学实验基本技术理论、生物化学与分子生物学专业常用数据库及其应用；第二篇为生物化学与分子生物学实验操作，共修订精选了50个生物化学与分子生物学的具体实验。另外，在附录中汇集了常用生物化学与分子生物学试剂的配制方法，可供有关人员查阅参考。

新版教材更加突出其实用性，更加强调基本技术与进展结合、广度与深度并重。与第1版相比，在第2版中将第二篇实验操作内容进行了重新组织，删除了在医学院校学生中很少开设的实验，如肽或蛋白质N端氨基酸残基序列测定、双脱氧链末端合成终止法测定DNA序列等（这些实验通常借助相关公司完成）；增加了蛋白质免疫共沉淀、RNA免疫共沉淀、GST pull-down等新的实验内容。修订后的实验操作达到了50个，可很好地满足医学院校不同专业学生（包括研究生）的教学需求；同时，本教材也可作为相关专业教师和科技工作者的教学与科研参考用书。

尽管本教材各部分内容的编写均由多年从事生物化学与分子生物学教学及科研工作的骨干教师执笔，但限于我们的水平和能力，书中难免有不足之处，殷切期盼广大读者给予批评指正，我们将不胜感激。

何凤田　连继勤

2016年1月于重庆

目　录

第一篇　生物化学与分子生物学实验基本知识与理论

第二篇　生物化学与分子生物学实验操作

第一篇　生物化学与分子生物学实验基本知识与理论

第一章　生物化学与分子生物学实验基本知识

一、实验室基本规则

为了保证生物化学与分子生物学实验的顺利进行，培养同学们掌握良好、规范的生物化学与分子生物学基本实验技能，特制定以下实验细则，请同学们严格遵守。

（1）课前认真预习，熟悉本次实验的目的、原理、操作步骤，了解每一操作的意义，了解所用仪器的使用方法，做好实验设计。

（2）严格按照生物化学与分子生物学实验分组，分批进入实验室，不得无故迟到。学生须提前10min到实验室，任课教师提前15min到岗。

（3）进入实验室应穿工作服，不必要的物品不得带入实验室，必须带入的书籍和文具等应放在指定的非操作区，以免受到污染。无菌操作时应按规定戴口罩和手套。

（4）按规定分组进入实验室，应保持安静，实验室内禁止饮食、抽烟，不得大声喧哗和嬉戏，不得随意走动，将手机关闭或置于静音状态。绝对禁止用实验仪器或试剂开玩笑。

（5）应保持实验台的整洁，仪器、试剂摆放整齐，用过的滤纸、手套和EP管等一次性物品放入垃圾桶中，废液倒入废液缸中，禁止直接倒入水槽中或随地乱丢。

（6）要精心使用和爱护仪器，洗涤和使用仪器时，应小心仔细，防止损坏仪器。使用贵重精密仪器前应了解使用方法，使用时要严格遵守操作规程，发现故障立即报告教师，不得擅自移动或动手检修实验仪器。例如，使用分光光度计时，不能将比色杯直接置于分光光度计上，并注意拿、放比色杯时，不要打碎。仪器损坏时，应如实向教师报告，并填写仪器损坏登记表，然后补领。

（7）注意节约试剂，公用试剂用完后，应立即盖严放回原处。勿使试剂、药品洒在实验台或地上。

（8）在实验过程中，听从老师指导，严格按操作规程进行，完成实验后按要求及时书写实验报告，并把实验结果和数据及时、如实记录在实验记录本上，实验报告要真实，文字要简练、准确。若实验失败，应及时分析原因。

（9）实验教学区内严禁吸烟，禁用明火；乙醇、丙酮、乙醚等易燃品不能直接加热，并要远离火源操作和放置。

（10）注意节约用水用电，离开实验室前要关好水源、电源，关好门窗，严防事故发生。

（11）实验室内一切物品，未经本室负责教师批准，严禁带出室外，借物必须办理登记手续。

（12）做完实验要清洗仪器、器皿，每次实验课由班长或课代表负责安排值日生。值日生的职责是负责当天实验室的卫生、安全和一切服务性的工作。

（曾益军）

二、实验室基本操作

（一）器皿仪器的清洗

1. 玻璃器皿的清洗 在生物化学与分子生物学实验中，所用的玻璃仪器清洁与否，直接影响实验的结果，往往由于仪器的不清洁或被污染而造成较大的实验误差，有时甚至会导致实验的失败。生物化学与分子生物学实验对玻璃仪器清洁程度的要求，比一般化学实验的要求更高。这是因为：①生物化学与分子生物学实验中蛋白质、酶、核酸等往往都是以“毫克”和“微克”计，稍有杂质，影响就很大。②生物化学与分子生物学实验对许多常见的污染杂质十分敏感，如金属离子（钙、镁等）、去污剂等，因此玻璃仪器（包括离心管等塑料器皿）洁净与否，是获得准确结果的重要前提。洁净的玻璃仪器内壁应十分明亮光洁，无水珠附着在玻璃壁上。

（1）首用玻璃仪器的清洗：新购买的玻璃仪器表面常附着有碱性物质，同时常有许多灰尘附在上面，使用前必须彻底清洗。先用洗涤灵稀释液、肥皂水或去污粉等洗刷，用自来水洗净，然后浸泡在 1%～2%盐酸溶液中过夜（不少于 4h），以中和其碱性物质，再用自来水冲洗，最后用蒸馏水冲洗 3 次，80℃烘箱烤干备用。

（2）使用过的玻璃仪器的清洗

1）一般玻璃仪器，如试管、烧杯、锥形瓶等，先用自来水洗刷去净污物，再用大小合适的毛刷蘸取洗衣粉、合成洗涤剂或去污粉仔细刷洗器皿内外壁，自来水多次反复冲洗至容器内壁不挂水珠，最后用少量蒸馏水洗 2～3 次，倒置在器皿架上晾干或置于烘箱烤干备用。

2）容量分析仪器，如吸量管、容量瓶、滴定管等，不能用毛刷刷洗。用后应及时用自来水多次冲洗，细心检查洁净程度，根据挂不挂水珠采取不同处理方法：①如不挂水珠，用蒸馏水冲洗 3 次，风干备用；②若冲洗后的器皿仍挂水珠，则将其晾干后，用重铬酸钾洗液浸泡 4～6h，再用自来水冲洗，最后用蒸馏水洗 3 次控干。

3）石英和玻璃比色皿的清洗：决不可用强碱清洗，因为强碱会侵蚀抛光的比色皿，需用洗液或 1%～2%的去污剂浸泡后用清水冲洗，然后使用绸布包裹的小棒或棉花球棒刷洗，效果会更好。洁净的比色皿应内外壁均不挂水珠。

2. 塑料器皿的清洗 聚乙烯、聚丙烯等制成的塑料器皿已在生物化学与分子生物学实验中广泛使用。初次使用塑料器皿时，可先用 8mol/L 尿素（用浓盐酸调 pH=1）清洗，接着依次用无离子水、1mol/L KOH 和无离子水清洗，然后用 10^{-3} mol/L EDTA 除去金属离子的污染，最后用无离子水彻底清洗，以后每次使用时，可只用 0.5%的去污剂清洗，然后用自来水和无离子水洗净即可。

3. 黏附有血浆的刻度吸量管常用的三种洗涤方法

（1）先用45%尿素溶液浸泡，使血浆蛋白溶解，然后用自来水冲洗。

（2）用1%氨水浸泡，使血浆溶解，然后再依次用1%稀盐酸溶液、自来水冲洗。

（3）以上两种方法如达不到清洁要求，可浸泡于重铬酸钾洗液 4～6h，再用大量自来水冲洗，最后用蒸馏水冲洗 2～3 次。

4. 其他　盛过传染性样品的容器，应进行高压或其他方法消毒。盛过有毒药品、放射性同位素试剂的容器，必须经过专门处理，确知没有残余物存在方可进行清洗。凡用过的玻璃仪器，均应立即洗涤，久置干涸后洗涤十分困难。如不能及时洗涤，先用流水初步冲洗后浸泡在清水中，待实验后按常规处理。

5. 洗涤液的种类和配制方法

（1）重铬酸钾洗液（以下简称洗液）的配制及注意事项

1）洗液的配制：洗液可配制成三种不同的强度，其成分用量见表 1-1-1。

配制洗液时先将重铬酸钾溶于蒸馏水中，必要时可加热帮助溶解，待冷却后再将浓硫酸缓慢加入，边加边搅拌。注意此时可产生高热。为防止容器破裂，应选用耐酸搪瓷缸或耐高温的玻璃器皿，切忌用量筒及试剂瓶等配制。为防止洗液吸收空气中的水分而被稀释变质，洗液应储存于带盖的容器中。一般最常用的为次强液。

表 1-1-1　铬酸洗液的配制

洗液	弱液	次强液	强液
重铬酸钾（g）	100	120	63
浓硫酸（ml）	100	200	1000
蒸馏水（ml）	1000	1000	200

2）使用时应注意以下几点：①需用洗液浸泡的容器，在浸泡前应尽量沥干，否则会因洗液被稀释而降低洗液氧化力。②Hg^{2+}、Ba^{2+}、Pb^{2+} 等可与洗液发生化学反应，生成不溶性化合物沉积在容器壁上。因此，凡接触过上述离子的容器，应先除去上述离子（可用稀硝酸或 5%～10% EDTA 清除）。③油类、有机溶剂等有机化合物可使洗液还原失效。因此，容器壁上附有大量油类、有机溶剂时应先去除。④洗液的酸性和氧化性很强，使用时应格外注意，千万不要滴落在皮肤或衣物上，以免灼伤或烧坏。⑤洗液颜色由深棕色变为绿色时，说明洗液已经失效，应停止使用，更换新液，因重铬酸变成硫酸铬后不再具有氧化能力。

（2）其他洗涤液

1）工业浓盐酸：可洗去水垢或某些无机盐沉淀。

2）5%草酸溶液：用数滴硫酸酸化，可洗去高锰酸钾的痕迹。

3）5%～10%磷酸三钠（$Na_3PO_4 \cdot 12H_2O$）溶液：可洗涤油污物。

4）30%硝酸溶液：洗涤二氧化碳测定仪及微量滴管。

5）5%～10%乙二胺四乙酸二钠（EDTA-Na_2）溶液：加热煮沸可洗脱玻璃仪器内壁的白色沉淀物。

6）尿素洗涤液：为蛋白质的良好溶剂，适用于洗涤盛过蛋白质制剂及血样的容器。

7）有机溶剂：如丙酮、乙醚、乙醇等可用于洗脱油脂、脂溶性染料污痕等，二甲苯可洗脱油漆的污垢。

8）氢氧化钾的乙醇溶液和含有高锰酸钾的氢氧化钠溶液：这是两种强碱性的洗涤液，对玻璃仪器的侵蚀性很强，可清除容器内壁污垢，洗涤时间不宜过长，使用时应小心慎重。

6. 玻璃和塑料器皿的干燥 通常使用烘箱或烘干机进行干燥，而不要用丙酮荡洗再吹干的方法来干燥，因为那样会有残留的有机物覆盖在器皿的内表面，从而干扰实验结果。

（二）吸量管和微量移液器的使用

1. 吸量管的种类及使用方法

（1）刻度吸量管

1）刻度吸量管的种类：①按容量规格来分，有 0.1ml、0.2ml、0.25ml、0.5ml、1.0ml、2.0ml、5.0ml、10ml 等数种。其精密度按不同的容积可达移取量的 0.1%～1%。通常将管身标明的总容量分刻为 100 等分。因此，10ml 的吸量管一格代表 0.1ml；1ml 的吸量管一格代表 0.01ml，其余类推。②按“0”点位置来分，有“0”点在吸量管上端的（即读数从上而下逐渐增大），也有“0”点在吸量管下端的（读数从下而上逐渐增大）。两种标示方法，在使用时各有方便之处。③按刻度方法来分，刻度吸量管也有两种，一种是刻度刻到尖端的，将液体放出时，应吹出残留在吸量管尖端的少量液体，另一种是刻度不刻到尖端的。

2）刻度吸量管的正确使用方法：在吸取液体时，首先认清试剂标签，选择容量大小合适的吸量管，用右手拇指和中指拿住吸量管上端，将吸量管的尖端伸入待取液体的液面下约 1cm 处，左手持洗耳球对准吸量管上口，轻轻吸取，使液体从吸管下端徐徐上升，当液面升到刻度以上时，移去洗耳球，迅速用右手食指按紧吸量管的上口，以控制试剂的泄放。将吸管下端提离液面并接触瓶颈内壁，吸液后应尽量使吸量管保持垂直，此时视线平视吸管刻度标线，稍松抬右手食指或轻轻转动吸量管，液面即缓缓下降。待液体弯月面的最低点与吸量管的刻度相切时，立即按紧食指，使液体不再流出，将吸量管移入准备接收试剂的容器中，其尖端接触容器内壁，松开右手食指使液体自然流出，待液体流完后再等 15s，捻动一下吸量管后移去（如需吹的吸量管，则吹出尖端的液体后再捻转一下吸量管移去）。

3）使用刻度吸量管的注意事项：①选择适当规格的吸量管，吸量管的最大容积应等于或略大于所需容积（ml）；②仔细看清吸量管的刻度情况，弄清刻度是否包括吸量管尖端的液体，读数方向是自上而下，还是自下而上；③拿吸量管时，刻度一定要面向自己，以便读数；④吸取试剂时应注意三点：一是先吹去吸量管内可能存在的残留液体，二是将吸量管插入试剂液面深部（以免吸液过程中因液面降低而吸入空气产生气泡或管内试剂进入洗耳球），三是使用洗耳球（不可直接用口吸）；⑤按吸量管上口时通常用食指；⑥吸取黏滞性大的液体（如血液、血浆、血清等）时，除选用合适的吸管外，应注意拭净管尖附着的液体，尽量减慢放液速度，待液体流尽后吹出管尖残留的最后一滴液体；⑦使用的吸量管应干净、干燥无水。如急用而又有水时，可用少量欲取试剂冲洗 3 次，以免试剂被稀释。

（2）移液吸量管：常用量取 50ml、25ml、10ml、5ml、2ml、1ml 的液体，常见的一种是吸量管的上端只有一个刻度，另一种是除了在吸量管上端有刻度外，在吸量管下端狭窄处也有一刻度线。无论哪一种，在使用时将量取的液体自然流出后，只需将吸量管的尖端触及受器壁约半分钟即可，不得吹出尖端残留的液体。

（3）奥氏吸量管：供准确量取 0.5ml、1.0ml、2.0ml、3.0ml 液体所用。这种吸量管只有一个刻度，当放出所量取的液体时，管尖余留的液体必须吹入容器内。

（4）使用原则：量取整数量液体，并且取量要求准确时，应该选用奥氏吸量管。量取大体积时要用移液吸量管。同一定量实验中，如欲加同种试剂于不同的管中，并且取量不多时，应选择一支与最大取液量接近的刻度吸量管。

2. 定量吸（移）液器（微量加样器）

（1）定量吸液器的优点：使用方便，取、加样迅速，计量准确，不易破损，能吸取多种样品（只换吸头即可）。

（2）定量吸液器有两种类型。

1）固定式：只能取加一定容量的试剂，不能随意调节取加样量。其规格有 10μl、20μl、25μl、30μl、50μl、100μl、200μl、250μl、300μl、400μl、500μl 和 1000μl 等。

2）可调式：在一定容量范围内可根据需要进行调节取加样量。例如，规格为 50～200μl 的可调式定量吸液器，可以在 50～200μl 的范围内根据需要调节成设计容许的各种取加样容量。

（3）定量吸液器的使用方法

1）选择适当的吸液器：吸液前先把吸头套在吸引管上，套上后要轻轻旋紧一下，以保证结合严密。

2）持法：右手四指（除大拇指外）并拢握住吸液器外壳（使外壳突起部分搭在食指近端），大拇指轻轻放在吸液器的按钮上。

3）取样（吸液）：用大拇指按下按钮到第一停止点，以排出一定容量的空气，随后把吸嘴尖浸入取样液内，徐徐松开大拇指，让按钮慢慢自行复原，取样即完成。

4）排液：将吸液器的吸嘴尖置于加样容器壁上，用大拇指慢慢地将按钮按下到第一停止点，停留 1s（黏性较高的溶液停留时间应适当延长）。然后再把按钮按到第二停止点上，让吸头沿管壁向上滑动。当吸头尖与容器壁或溶液离开时，方可释放按钮，使其恢复到初始位置。

5）吸液器用后应及时取下吸嘴。

3. 练习吸量管的使用　取 50ml 锥形瓶加入 0.1mol/L 的 HCl 5ml，酚酞指示剂 1 滴，用 0.1mol/L 的 NaOH 滴定，记录结果。

（三）溶液的混匀

1. 混匀的目的

（1）使反应体系内的各种物质分子很好地互相接触，充分进行反应。

（2）使欲稀释的溶液成为浓度均一的溶液。

2. 混匀的方法通常有以下几种

（1）使容器做离心运动。

（2）左手持试管上端，用右手指轻击试管下半部，使管内溶液做旋转运动。

（3）利用旋涡混合（振荡）器混匀。

（4）不得已时可用干燥清洁的玻璃棒搅匀。

3. 混匀的注意事项

（1）防止盛器内的液体溅出或被污染。

（2）严禁用手指堵塞管口或瓶口振荡混匀。

（四）离心机的使用方法

根据最高离心转速的不同可将离心机分为三种类型：普通离心机，其最高转速一般在4000～6000r/min；高速离心机，转速可达10 000～25 000r/min；超速离心机，转速可超过50 000r/min。以下简要介绍普通离心机的使用方法。

（1）使用前先检查变速旋钮是否在“0”位，外套管是否完整无损和垫有橡皮垫。

（2）离心时先将待离心的物质转移到大小合适的离心管内或小试管内，检查离心管或小试管的大小是否与离心机的套管相匹配。盛量不宜过多，占管的2/3体积为宜，以免溢出。将此离心管放入外套管，再在离心管与外套管间加入缓冲用水。

（3）将一对装有离心管的外套管在粗天平上平衡。如不平衡可调整缓冲用水或离心物质的量。

（4）将平衡好的套管，按对称方位放到离心机插孔中。把不用的离心套管取出，盖严离心机盖。

（5）接通电源，开启开关，逐档扭动旋钮，缓慢增加离心机转速，至所需数值。

（6）当达到离心所需时间后，将调速旋钮逐步回零，关闭电源。待离心机自动停止转动后（不可人为制动），再打开离心机盖取出样品。

（7）用完后，取出套管中橡皮垫洗净，冲洗外套管，倒置干燥。

（曾益军）

三、实验样品的制备

在生物化学与分子生物学实验中，无论是分析组织中各种物质的含量，还是探索组织中的物质代谢过程，均需利用特定的生物样品，这些样品在进行实验前，往往需要预先加以适当的处理。下面扼要介绍血液、尿液及组织样品的主要处理方法。

（一）血液样品

1. 血清的制备 血清是全血不加抗凝剂，自然凝固后析出的淡黄色清亮液体。其所含成分接近于组织间液。代表着机体内环境的物理化学性状，比全血更能反映机体的状态，所以血清是常用的血液样品。

操作：将刚采集的血液直接注入试管，将试管倾斜放置，使血液形成一斜面。夏季于室温下放置，待血液凝固后，即有血清析出；冬季，因室温较低，室温下放置时血液凝聚缓慢，不易析出血清，故需要将血液置于37℃水浴或温箱中以促进血清析出。添加促凝剂可使血液凝集加快，需要在标本采集后轻轻颠倒混合5～10次，以确保促凝剂发挥作用。血清析出后，用吸管吸取上层血清置于另一支试管中，若不清亮或带有血细胞，应离心，将上清液移至另一试管中，加盖冷藏备用。

制备血清要防止溶血，一方面使用的容器要干燥清洁，另一方面，血块收缩后应及早分离出血清。放置过久，血块中血球也可能发生溶血，引起血清成分的变化。

2. 全血的制备 无论收集动物或人体血液，一方面要注意容器的清洁与干燥，另一方面要及时加入适当的抗凝剂以防止血液凝固。

操作：在新鲜血液取出后，迅速放入含有抗凝剂的器皿中，同时轻轻摇动，使血液与抗凝剂充分混匀，以免形成凝块。收集的血液标本应温和地处理，要防止标本管振荡所造成的溶血。全血样品如不立即进行试验，应冷藏于 4℃冰箱中。

常用的抗凝剂有草酸钾、柠檬酸钠、乙二胺四乙酸二钠、氟化钠及肝素等，可视具体实验要求而定。

草酸钾可迅速与血中钙离子结合，形成不溶性草酸钙，使血液不凝固。每毫升血液用 1～2mg 即可。此抗凝剂常用于非蛋白氮等多种测定项目，但不适用于钾、钙的测定。对乳酸脱氢酶、酸性磷酸酶和淀粉酶具有抑制作用，使用时应注意。

氟化钠是一种弱抗凝剂。2mg/ml 的氟化钠能够抑制血液内葡萄糖的分解，因此在测定血糖时常与草酸钾混合使用。但氟化钠可抑制脲酶活性，所以不能用于脲酶法的尿素氮测定，也不能用于淀粉酶及磷酸酶的测定。

乙二胺四乙酸二钠盐（简称 EDTA-Na_2）易与钙离子络合而使血液不凝，有效浓度为每毫升血液 0.8mg。此抗凝血适用于多种生化分析，但不能用于血浆中含氮物质、钙及钠的测定。

抗凝剂的用量要适当，不宜过多以免影响实验结果。通常每毫升血液需要草酸钾 1～2mg，或柠檬酸钠 5mg，或氟化钠 5～10mg，或肝素 0.05～0.1mg（市售肝素大多数为钠盐溶液，每毫升含肝素 12 500 国际单位，125U=1mg 肝素，使用时可按此计算）。使用时可先配成浓溶液，按需要量加到盛血的容器中使用。

3. 血浆的制备　血浆比血清分离得快而且量多。两者的差别，主要是血浆比血清多含一种纤维蛋白原，其他成分基本相同。

操作：将全血样品于 2000r/min 离心 10min，沉降血细胞，取上层清液即为血浆。

制备血浆必须严格防止溶血，要求采取血液时的一切用具（注射器、针头、容器等）均需清洁干燥。操作过程中避免剧烈振荡。

4. 无蛋白血滤液　测定血液中的非蛋白质成分时（如 NPN、尿酸、肌酸等），为了防止蛋白质产生干扰，通常先将样品中的蛋白质除去。常用的方法是利用三氯乙酸、钨酸或氢氧化锌等沉淀蛋白质，然后用过滤或离心法制成“无蛋白血滤液”。

（二）尿液样品

一般的定性试验可以用新鲜收集的尿液，如不能立即试验，则宜在阴凉处存放，或加入适当的防腐剂如甲苯、盐酸等。

进行定量分析时，通常要收集 24h 的混合液作为测试样。因一次排出的尿液成分受许多因素如食物、饮水、昼夜生理变化等的影响，不能准确反映物质代谢的真实情况。弃去清晨第一次尿液，将以后每次排出的尿液收集在一起，包括第二天早晨同一时间排出的尿液。把收集的 24h 尿液充分混合后测量其总体积，然后取样分析。收集的尿液应放在阴凉处保存，最好立即进行实验。也可在收集尿液的容器中预先放入防腐剂，通常每升尿中约加入 5ml 甲苯或麝香草酚少许。

（三）组织样品

离体不久的组织，在适宜的温度及 pH 等条件下，可以进行一定程度的物质代谢。因此，在生物化学与分子生物学实验中，常利用离体组织研究各种物质代谢途径与酶系的作用，也可以从组织中分离纯化核酸、酶及某些有意义的代谢物质进行研究。

应用动物组织进行实验，要求在动物死亡后迅速取出组织，并尽快地进行提取或测定。一般采用注射过量麻醉药品来处死动物，然后立即取出实验所需器官或组织，去除外层脂肪组织及结缔组织后，用冰冷的生理盐水洗去血液，必要时也可用冰冷的生理盐水灌注脏器以洗去血液，再用滤纸吸干，迅速称重后进行实验。取出的脏器或组织，可根据不同的目的，用下列方法制成不同的组织样品。

1. 组织糜 将组织用剪刀迅速剪碎，或用绞肉机绞成糜状即可。

2. 组织匀浆 新鲜组织称取重量后剪碎，加入适当的匀浆制备液，可用乳钵加少量海砂（经洗涤处理）研磨成浆，或用高速电动匀浆器或玻璃匀浆器制成组织匀浆。因匀浆时有大量热产生，为了避免酶类丧失活性，故应在冰浴中进行。

常用的匀浆制备液有生理盐水、缓冲液、Krebs-Ringer 溶液或 0.25mol/L 蔗糖溶液等，可根据实验要求加以选择。

3. 组织浸出液（组织提取液） 将上法制成的组织匀浆加以离心，取上清液即为组织浸出液。

4 .组织切片 部分实验（如组织呼吸实验）要求应用组织的薄片来进行，可用刀片或特殊的装置来切片，制成薄薄的组织片。

（连继勤）

四、实验误差与数据处理

在任何测量中，无论所用仪器多么精密，方法多么完善，实验者多么细心，均难以达到几次实验结果完全相同，而存在一定误差。因此，实验者不仅要能熟练地进行各种分析操作，而且还应该善于判断分析结果的正确性，检查产生误差的原因，以提高分析结果的可靠程度。

（一）误差及其产生的原因

1. 误差的概念 真实值与测量值之间的偏差叫误差。

2. 误差的来源 产生误差的原因很多，一般根据误差来源的性质，将误差分为以下几类。

（1）过失误差：由于观测者粗心大意、操作失误造成的明显与实验结果不符的误差。这种误差又称为粗差。例如，观测者读错仪器表示的数字，对于要求清零的仪器测试前忘记清零，以及记录和计算错误造成的误差。这种误差的特点是误差没有规律，没有系统误差所表现出的方向性和重现性。加强责任心，仔细操作可以避免此类误差。

（2）系统误差：指测定中某种未发现或未确认的因素引起的误差。这种误差的特点是具有方向性和重现性，即测定结果中偏大或偏小，其大小和偏向在同一实验中完全相同。这种误差是可以避免或修正的，产生的原因主要有以下几种。

1）仪器误差：因仪器本身不够精密或使用不当所造成的。例如，天平、砝码、量器等不够准确等。

2）方法误差：由于分析方法本身造成的。例如，质量分析中沉淀物少量溶解或吸附杂质；比色分析中标准液与测定液显色不一致等。

3）试剂误差：来源于试剂、蒸馏水不纯，标准溶液浓度配制不准确或放置过久已变质等。

4）操作误差：由于每个人掌握操作规程与控制条件常有出入而造成的。例如，不同的操作者对滴定终点颜色变化的判断会有差别等。

（3）偶然误差：由多方面原因所造成。例如，取样不均匀，砝码的偶然缺损，测定过程中某些不易控制的外界因素（如温度和气压）的影响，被检物污染，检验者几次观察终点不一致等。偶然误差是由于各种可变因素引起的，是较难控制和预料的，也不能用数据来校正。偶然误差的特点是无规律性，有时大，有时小，其误差的正负可同时出现，完全由概率决定，服从统计定律，符合正态分布，可以运用概率理论进行处理。

（二）准确度和精密度

每个测定方法不仅应具备较高的准确度，而且需有较高的精密度才能使用。

1. 准确度　指测量值与真实值相符合的程度。通常用误差来表示，误差越小则测定的结果越准确，即准确度越高。误差可分为绝对误差和相对误差

$$\text{绝对误差}=\text{测量值}-\text{真实值}$$

$$\text{相对误差\%}=\frac{\text{绝对误差}}{\text{真实实值}}\times 100\%$$

例如，用分析天平称得两种蛋白质的重量各为 2.1750g 和 0.2175g，假定两者的真实值各为 2.1751g 和 0.2176g，则称量的绝对误差应分别为

$$2.1750-2.1751=-0.0001\ (\text{g})$$

$$0.2175-0.2176=-0.0001\ (\text{g})$$

它们的相对误差应分别为

$$\frac{-0.0001}{2.1751}\times 100\%=-0.005\%$$

$$\frac{-0.0001}{0.2176}\times 100\%=-0.05\%$$

由此可见，两种蛋白质称量的绝对误差虽然相等，但当用相对误差表示时，就可以看出第一份称重的准确度比第二份的准确度大 10 倍。显然，当被称量物的质量较大时，称量的准确度就较高，所以应该用相对误差来表示分析结果的准确度。但由于真实值是并不知道的，因此在实际工作中无法算出分析的准确度，只能用精密度来评价分析的结果。

回收率测定在一定程度上可以说明测定结果的准确度。取一标准物质与待测的未知样品同时做平行测定，测得的量与所取得的量之比的百分率就称为回收率。例如，测得某患者血清钠为 320 mg%，向该样品 100ml 中加入钠 310mg，测得结果为 620mg%，可用下式计算回收率：

$$X=\frac{a-b}{Y}\times 100\%$$

设 X=回收率，a=测定总量，b=待测物质含量，Y=已知加入量。

代入公式得

$$X=\frac{620-320}{310}\times 100\%=96.78\%$$

回收率低说明准确度差。但只要恒定在一定范围内，即使回收率低，其测定方法也可使用。

2. 精密度（又称重复性） 是指用某一方法反复多次测定同一物质的结果相符合的程度。一般用偏差表示，偏差越大则精密度越低，偏差越小则精密度越高。偏差也可分为绝对偏差和相对偏差

$$\text{绝对偏差}=\text{个别测量值}-\text{算术平均值}$$

$$\text{相对偏差}=\frac{\text{绝对偏差}}{\text{算术平均值}}\times 100\%$$

例如，测定样品中氯化钠含量时，同一样品分析 4 次，所得百分含量如下（表 1-1-2）。

表 1-1-2

各次测定结果	算术平均值	偏差
50.12%	50.14%	–0.02%
50.14%		0%
50.20%		+0.06%
50.08%		–0.06%

上面所表示的偏差，即为绝对偏差，而各次测定的相对偏差分别为–0.04%、0%、+0.12%、–0.12%。通常规定每次测定结果与算术平均值之间的相对偏差不能超过 0.1%，因此，上例 4 次测定都很精密。今假定第五次测定为 49.94%，与 4 次算术平均值之间的相对偏差为–0.4%，则此次测定不精密，应删去不要。用相对偏差来表示实验精密度比用绝对偏差更有意义。除了用相对偏差来表示精密度外，还常用下列三种方式来表示。

（1）平均偏差

$$\text{平均偏差}=\frac{\sum[\text{偏差}]}{\text{测定次数}}$$

式中，∑代表总和。

偏差有正负，而在实际工作中用绝对值来计算平均偏差是比较合理的。因为如果分析工作做得不好，各次测定数值相差很大，若不用绝对值计算，会抵消一部分，甚至全部抵消，结果算出来的平均偏差很小，甚至等于零。显然，这样计算出来的偏差不能表示测定方法的真实精密度。上例测定结果的平均偏差为

$$\frac{0.02\%+0.00\%+0.06\%+0.06\%}{4}=0.035\%\approx 0.04\%$$

测定结果可用数字 50.14%±0.04%表示。偏差越小，精密度越高。

（2）标准差：由于大小不同的偏差出现的概率不同，求平均偏差时把它们一视同仁地加在一起亦是不合理的，它常给出过度的精密度，因此在定量分析中用的不多。在定量分析中，常用的是均方偏差，又叫标准差（S）。即

$$S=\pm\sqrt{\frac{\sum(X-\bar{X})^2}{n-1}}$$

式中，X 代表测定值，$\bar{X}$ 为平均值，n 为测定次数。

计算标准差，首先求算术平均值，然后求平均值的绝对偏差，代入公式即可求出标准

差。例如，上例的算术平均值为 50.14%，平均值的绝对偏差分别为–0.02%、0%、+0.06%、–0.06%。代入公式：

$$S=\pm\sqrt{\frac{0.02^2+0^2+0.06^2+0.06^2}{3}}=\pm 0.05$$

结果表示用“平均值±标准差”即 50.14%±0.05%。标准差小则精密度高。

标准差用来表示各个数值对于均数的离差程度。将单次测量的偏差平方之后，较大的偏差更能反映出来，这样能更好地说明数据的精密度。

（3）变异系数：当偏差随平均值变化而改变时，用变异系数（*CV*）表示偏差更为确切，同时它还可用于比较不同样本或不同测定方法的偏差大小。变异系数是标准差与平均值的百分比。即

$$CV=\frac{S}{\bar{X}}\times 100\%$$

例如，上例的变异系数为

$$CV=\frac{0.05}{50.14}\times 100\%=0.1\%$$

变异系数的高低反映了实验的偶然误差，它取决于方法本身的稳定性、实验条件的控制和恒定情况，以及个人操作误差等。变异系数的要求是根据工作性质的要求和具体情况来确定的。一般应小于 5%，在精密的分析中，则应该要求更小，一般要求小于 2%。

3. 准确度与精密度的关系　准确度与精密度是两种不同的概念和表示法。准确度是由于系统误差和偶然误差两者决定的，而精密度仅是偶然误差决定的。一个分析结果虽然有很高的精密度，但并不一定说明结果的准确度很高，因为如果分析过程中存在有系统误差，可能并不影响每次测量数值之间的重合程度，即不影响精密度，但此分析结果却必然偏离真实值，也就是分析的准确度并不一定很高，因此用精密度来评价分析的结果有一定的局限性。精密度高不一定准确度高，精密度是保证准确度的先决条件，只有消除了系统误差后，精密度高的测定结果，才能既准确，又精密。

4. 提高结果准确度的方法　通常采用两种方法。

（1）增加平行测定次数，取其算术平均值，可以减少偶然误差。平行测定的次数愈多，其平均偶然误差就愈小。

（2）消除系统误差。常用方法有：①空白试验——为了消除由试剂等因素引起的误差，可在测定时不加样品的情况下，按照与样品测定完全相同的操作方法，在完全相同的条件下进行分析，得到的结果为空白值，将样品分析得到的结果扣除空白值，可以得到比较准确的结果；②校正仪器；③严格遵守操作规程等方法。

（三）有效数字

在生化定量分析中，除了要选择准确度和精密度符合要求的实验方法、测定数值力求准确、计算应当无误外，还应在记录数据和进行计算时注意有效数字的取舍。

有效数字应是实际可能测量到的数字，包括所有“可靠数字”和最后一位“欠准数字”。应选取几位有效数字，取决于实验方法与所用仪器的精确度。

例如，用 1/10 000 分析天平称得某物质重 1.1415g，是五位有效数字，而用 1/100 台秤

称得该物质为 1.14g，则只有三位有效数字。又如，读取某滴定管液面刻度为 10.25ml，是四位有效数字。

上面各数字的最后一位数字是不可靠的，称为“欠准数字”或可疑数，也叫估计值，其他的数字均是准确的“可靠数字”。因此，所谓有效数字，即在一个数值中除最后一位是可疑数外，其他各数都是确定的。

数字 1、2、3、…、9 都可作为有效数字，只有“0”特殊。“0”有双重意义，它可以用作有效数字，也可以用来定位。它在数字中间或数字后面时，是有效数字，但在数字前面时，它只是定位数字，用来表示小数点的位置，而不是有效数字。例如，

1.260 14	六位有效数字
12.001	五位有效数字
21.00	四位有效数字
0.0212	三位有效数字
0.0010	二位有效数字
200	有效数字不明确

在 200 中，后面的 0 可能是有效数字，也可能是定位数字。为了避免混乱，一般写成标准式，如 65 000±1000 写成（6.5 ± 0.1）$\times10^4$ 或（6.500 ± 0.100）$\times10^4$ 或（6.500 ± 0.100）$\times10^4$，它们的有效数字依次为二、三、四位。

在加减乘除等的运算过程中，要特别注意有效数字的取舍，否则会使计算结果不准确。有效数字运算规律大致可以归纳如下。

（1）当弃去不必要的可疑数字时，采取四舍五入的原则。

（2）几个数相加或相减时，有效数字的保留应以小数点后位数最少的数字为准。例如，

$$\begin{array}{r} 0.0121 \\ 25.64 \\ +1.057\,82 \\ \hline 26.70 \end{array}$$

结果应为 26.70。

（3）几个数值相乘或相除时，其积或商所保留的有效数字位数与各运算数字中有效数字位数最少的相同。例如，

$$\frac{0.1545\times3.1}{0.112}=4.3$$

（4）在平方与立方时，底数有几位有效数字结果中就只保留几位。

（5）若数值的首位数大于 8，则有效数字可多算一位。例如，9.14 虽只有三位有效数字，但首位大于 8，在运算时可看成四位有效数字。

然而，有的数字是绝对的，不能运用上述计算法则。例如，计算相对分子量时，各原子量是绝对的，一点误差也没有。一个氯原子重 35.457，三个氯原子重为 $35.457\times3=106.371$，不能看成 1×10^2。

（连继勤）

五、实验记录与实验报告

（一）实验记录

详细、准确、如实地做好实验记录是极为重要的，记录如果有误，会使整个实验失败，这也是培养学生实验能力和严谨的科学作风的一个重要方面。

（1）每位同学必须准备一个实验记录本，实验前认真预习实验，读懂实验原理和操作方法，在记录本上写好实验预习报告，包括详细的实验操作步骤（可以用流程图表示）和数据记录表格等。

（2）记录本上要编好页数，不得撕缺和涂改，写错时可以划去重写。不得用铅笔记录，只能用钢笔和圆珠笔。记录本的左页作计算和草稿用，右页用作预习报告和实验记录。两人一组做同一实验时，两人必须都有完整的记录。

（3）实验中应及时准确地记录所观察到的现象和测量的数据，条理清楚，字迹端正，切不可潦草以致日后无法辨认。实验记录必须公正客观，不可夹杂主观因素。

（4）实验中要记录的各种数据，都应事先在记录本上设计好各种记录格式和表格，以免实验中由于忙乱而遗漏测量和记录，造成不可挽回的损失。

（5）实验记录要注意有效数字，如吸光度值应为“0.050”，而不能记成“0.05”。每个结果都要尽可能重复观测两次以上，即使观测的数据相同或偏差很大，也都应如实记录，不得涂改。

（6）实验中要详细记录实验条件，如使用的仪器型号、编号、生产厂等，生物材料的来源、形态特征、健康状况、选用的组织及其重量等，试剂的规格、化学式、相对分子量、试剂的浓度等，都应记录清楚。两人一组的实验，必须每人都作记录。

（二）实验报告

实验报告是实验的总结和汇报，通过实验报告的写作可以分析总结实验的经验和问题，学会处理各种实验数据的方法，加深对有关生物化学与分子生物学原理和实验技术的理解和掌握，同时也是学习撰写科学研究论文的过程。实验报告的格式应为：①实验目的；②实验原理；③仪器和试剂；④实验步骤；⑤数据处理；⑥结果讨论。

每个实验报告都要按照上述要求来写，实验报告的写作水平也是衡量学生实验成绩的一个重要方面。实验报告必须独立完成，严禁抄袭。写实验报告要用实验报告专用纸，以便教师批阅，不要用练习本和其他片页纸。

为了使实验结果能够重复，必须详细记录实验现象的所有细节。例如，若实验中生成沉淀，那么沉淀的真实颜色是什么，是白色、淡黄色或是其他？沉淀的量是多还是少，是胶状还是颗粒状？什么时候形成沉淀，立即生成还是缓慢生成，加热时生成还是冷却时生成？在科学研究中，仔细地观察，特别注意那些未能想到的实验现象，这些观察常引起意外的发现，报告并注意分析实验中的真实发现，对学生将是非常重要的科学研究训练。

实验报告使用的语言要简明清楚，抓住关键，各种实验数据都要尽可能整理成表格并作图表示，以便比较，一目了然。实验作图尤其要严格要求，必须使用坐标纸，每个图都要有明显的标题，坐标轴的名称要清楚完整，要注明合适的单位，坐标轴的分度数字要与有效数字相符，并尽可能简明，若数字太大，可以化简，并在坐标轴的单位上乘以 10 的次方。实验点要使用专门设计的符号，如○、●、□、■、△、▲等，符号的大小要与实验数据的误差相符。不要用“×、+”和“·”小圆点。有时也可用两端有小横线的垂直线段来表示实验点，其线段的长度与实验误差相符。曲线要用曲线板或曲线尺画成光滑连续的曲线，各实验点均匀分布在曲线上和曲线两边，且曲线不可超越最后一个实验点。两条以上的曲线和符号应有各自的说明。

实验结果的讨论要充分，尽可能多查阅一些有关的文献和教科书，充分运用已学过的知识和原理，进行深入的探讨，勇于提出自己独到的分析、见解和改进。

（连继勤）

第二章　生物化学实验基本技术理论

一、分光光度技术

分光光度技术是利用被测物质对特定波长的光的吸收或反射强度来进行物质的定性、定量或结构分析的一种方法，广泛应用在工、农、医等各领域的教学、科研和生产中。分光光度技术始于1665年，牛顿发现，将太阳光通过暗室窗上的小孔时，光束经棱镜色散后可呈现红、橙、黄、绿、蓝、靛、紫七种光谱，从此揭示了太阳光是复合光的事实。

1760年朗伯研究发现，光吸收与溶液的厚度成正比，被称为朗伯定律；1852年比耳发现光吸收与物质的浓度成正比，这一发现被称为比耳定律。在应用中，把两个定律结合起来，称之为朗伯-比耳定律。

1862年Miller用石英摄谱仪测定了100多种物质的紫外吸收光谱，把光谱从可见光区扩展到紫外光区，并指出吸收光谱不仅与物质的分子基团有关，并且与分子和原子的性质有关。后来，Hartolay和Bailey等研究了各种溶液对不同波段的光的吸收截止波长，发现结构相似的物质其吸收光也相似，初步建立了分光光度法的理论基础。1918年美国国家标准局研制了第一台分光光度计，此后，经不断改进，很快在各领域的分析中应用，到1945年由Beackman公司推出了世界上第一台商用紫外可见光分光光度计。此后，该类仪器的研发和应用得到突飞猛进的发展。目前正朝高速、微量、小型、精度方向发展，我国在这方面发展也非常快速。

【基本原理】

1. 光的基本知识　光是由光量子组成，它具有一定的能量，其能量与频率成正比、而与波长成反比，波长和频率是光波动性的特征，可用下式表示。

$$\lambda=c/v$$

式中，λ为波长，指具有相同振动相位的相邻两点间的距离。v为频率，即每秒钟振动的次数。c为光速，等于299 770km/s。

肉眼可看到的光线称为可见光，波长范围是400～750nm（或4000～7500Å）。可见光的颜色随波长改变而变化。随着波长的增加，光线可呈紫、蓝、绿、黄、橙、红等不同的颜色。波长小于400nm的光线为紫外线、大于750nm的称为红外线。光波波长与区域关系如表1-2-1所示。

表1-2-1　光波波长与区域关系

光波	区域	波长（λ）
紫外线		10nm
	真空紫外	
		100nm
		200nm
	近紫外	
		400nm

续表

光波	区域	波长（λ）
可见光线	紫	420nm
	蓝	490nm
	绿	530nm
	黄	590nm
	橙	600nm
	红	700nm
红外线	近红外	1μm
	中红外	10μm
	远红外	100μm

分光光度技术是利用物质的特有吸收光谱来鉴定物质性质和含量的一门技术。当光线通过样品溶液介质时，其辐射能量部分被溶液吸收，只有部分透过，导致光线射出溶液介质后光能减少。这种光线的吸收和透过可用于物质的定性和定量分析，是生物化学与分子生物学研究的常用技术。

2. 朗伯-比耳（J.H Lambert-A. Beer）**定律**　是分光光度技术的基本原理，此定律是由朗伯定律和比耳定律归纳而得。

（1）朗伯定律：一束特定波长的光通过样品溶液后，由于样品溶液吸收了一部分光线，光的强度被减弱，若溶液浓度不变，则溶液厚度愈大，透过的光就愈少（图 1-2-1）。

设光通过溶液前的强度为 I_0（入射光的强度），通过液层厚度为 L 的溶液后，光的强度为 I（透过的光强度），则 I/I_0 表示透过光强度是入射光强度的几分之几，又称为透光度，简称为 T（常用百分透光率表示）。透光度随溶液厚度的增加而减小。实践证明，透光度与溶液厚度之间的关系并不是简单的线性关系，只有透光度的负对数（$-\lg T$）才随着溶液厚度的增加而成正比例地增加，即

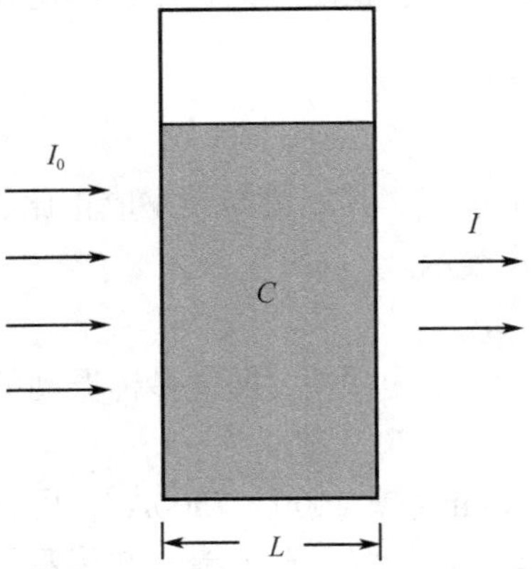

图 1-2-1　光线通过溶液被吸收的示意图

$$-\lg T\ (-\lg I/I_0) \propto L$$

将上述比例式写成等式，即可得到

$$\lg I_0/I = K_1L$$

式中，$\lg I_0/I$ 称为吸光度（A），又称为消光度（E）或光密度（OD）。所以

$$A=K_1L$$

式中，K_1 为比例系数，其值取决于入射光的波长、溶液的性质及溶液的温度等。

上式表明，当溶液的浓度不变时，吸光度与溶液层的厚度成正比，这就是朗伯定律。

（2）比耳定律：当一束特定波长的光通过溶液时，溶液的浓度越大，则透过光的强度越弱，其定量关系用下式表示。

$$A=K_2C$$

式中，C 为溶液的浓度；K_2 为比例系数，其值取决于入射光的波长、溶液的性质及溶液的温度等。

上式表明，当溶液厚度不变时，溶液的吸光度与溶液的浓度成正比，这就是比耳定律。

（3）朗伯-比耳定律，如果同时考虑溶液厚度和溶液浓度对光吸收的影响，则必须将朗伯定律和比耳定律合并起来：

$$A=KLC$$

即吸光度与溶液的浓度、厚度的乘积成正比，这就是朗伯-比耳定律。此式为分光分析法的基本计算式。

在上式中，若 L 用 cm 表示，C 用 mol/L 表示，则常数 K 称为消光系数，其值取决于入射光的波长、溶液的性质和温度等，而与光的强度、溶液的浓度及厚度无关。若 L 用 cm 表示，C 用 mg/L 表示，常数 k 用 ε 表示，则得到下式：

$$A=\varepsilon LC$$

式中，ε 称为物质的克分子消光系数，其值相当于 L=1cm、C=1g/L 时，在特定波长下的吸光度：

$$A=\varepsilon LC=\varepsilon\times1\times1=\varepsilon$$

ε 表示物质的一种常数，不同物质可能有相同的最大吸收波长，但 ε 不一定相同，利用这种特性可鉴别物质。此外，ε 值愈大，说明该物质溶液对光吸收愈强烈，则分光分析测定的灵敏度愈高。

如果用不同波长的光通过浓度一定的溶液，测得每一波长下的吸光度，然后以波长为横坐标，OD 值为纵坐标作图，可得一曲线，这一曲线反映了该种物质的溶液对不同波长光的吸收能力，称为吸收光谱曲线，如图 1-2-2 所示。

在生物化学与分子生物学教学、科研实验中，许多动植物组织中所含的组分不易分离，可借助于分光光度法测定出不同的吸收光谱曲线，用以确定几种组分的性质和含量。由于分光光度法测定波长范围较大（200～1000nm），既可用于可见光，也可用于紫外光和红外光测定，且分光光度法可利用物质特有的吸收光谱曲线进行定性定量分析，因此，测定物质既可以是有色物，也可以是无色的物质，从而使测定方法简化，标本用量减少。

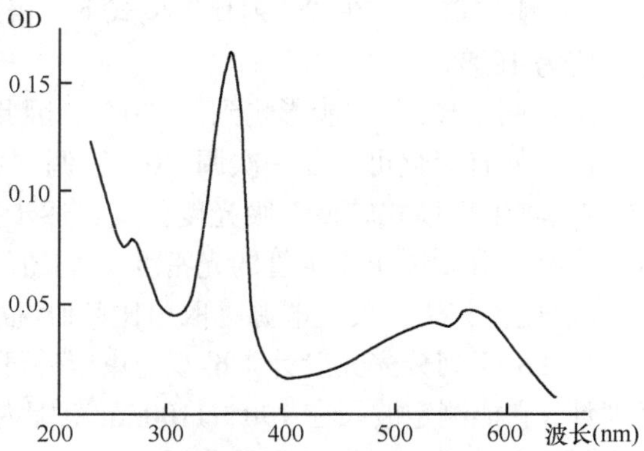

图 1-2-2　维生素 B_{12} 水溶液的光吸收曲线

分光光度法中通常选用吸收最大的单波长光波进行测定，因此，溶液浓度的微小变化就可引起 OD 值的较大变化，大大提高分析的灵敏度。在最大吸收波长处，为了消除干扰，可根据具体情况另选合适的波长。

【常用仪器】

1. 722S 型分光光度计　是一种简洁易用的分光光度法通用仪器，能在 340～1000nm 波长范围内执行透光率、吸光度和浓度的测定，广泛适用于医学卫生、临床检验、生物化学、环保监测、质量控制等领域。

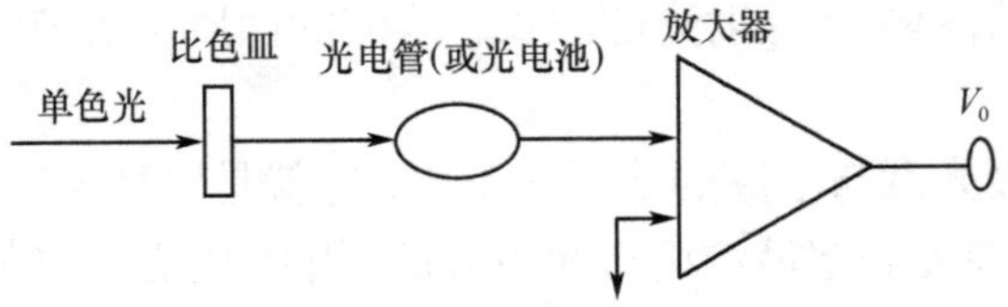

图 1-2-3　722S 光路原理示意图

（1）仪器基本组成：仪器内部由稳压电源、光源灯、单色器、比色皿座、光电管或光电池、放大器和显示屏等组成，基本结构见图 1-2-3。

（2）仪器特点：检测波长范围为 340～1000nm，光源卤素灯 20W/12V，电源 220V、50/60Hz。4 位 LED 显示，大样品室，4 位置比色槽架，可选 1～5cm 光程矩形比色皿。本仪器有四种工作模式，各模式的转换用“模式键”并由各自指示灯指示。

透射比：在使用仪器透射比时，打开样品室盖调节至 0%，关闭样品室盖调节到 100%。

吸光度：用于标准曲线法或绝对吸收法定量分析，在作动力学测试时可利用。

浓度因子：用浓度因子法进行浓度直读时设定浓度因子。

浓度直读：用标样法进行浓度直读时，作设定和读出。

（3）仪器的操作使用

1）预热：接通电源，打开仪器开关，掀开样品室暗箱盖，预热 10min。

2）确定滤光片位置：作高精度测试时将波长拨杆向前推在 340～380nm 范围内，一般测定时可将其置于 400～1000nm 范围内。

3）调波长：目光垂直观察波长显示窗，用波长旋钮调节至所需要的波长。

4）将空白液及测定液分别倒入比色杯 3/4 处，用吸水纸擦清外壁，放入样品室内，使空白管对准光路。

5）调“0”：预热后、改变测试波长或测试一段时间后，以及作高精度测试前，将工作模式调至“透射比”。然后打开样品槽盖，按 0%键，即可自动将透射比调整到零位。

6）调“100”：在“透射比”模式下，盖好样品槽盖，按下“100%”键即可自动调节透射比为 100%。

注：调“100”可能影响到调“0”，因此调“100”后请再次开盖检查透射比是否回到零位，如有变化可重复一次调“0”，调“100”程序直至读数稳定。

7）将工作模式转换至吸光度位置，逐步拉出样品滑杆，改变样品槽位置让不同样品进入光路，分别读出测定管的光密度（A）值，并记录。

8）比色完毕，关上电源，取出比色皿洗净，样品室用软布或软纸擦净。

2. T6 系列分光光度计（准双光束紫外可见分光光度计）　是一种紫外可见光型分光光度计，它能测定波长在 190～1100nm 范围内有吸收光谱的所有物质的吸收光谱，供实验室进行多种物质的定性及定量分析。

本仪器是根据相对测量的原理工作的，即先选定某一溶剂（或空气）作为空白对照，并认为它的吸光度为 0，而被测的样品吸光度是相对于空白溶液（或空气）而言，实际上就是由分光系统分出的单色光分别通过测试样和空白溶液，两个吸光度差值，就是在一定波长下对于被测试样的吸光度。

（1）仪器基本组成：仪器由稳压电源、光源灯、单色器、比色皿座、双光电管或光电池、放大器和显示屏等组成，基本原理结构见图 1-2-4。

紫外、可见一体化光源发出的连续辐射光经过单色器色散后形成一定波长的单色光，从出射狭缝射出的单色光通过半透半反镜后，一部分光通过比色皿射到光电管上，另一部分光直接射到另一光电管上。把参照溶液放到第 1 个样品池里，把待测样品放后面 2～8

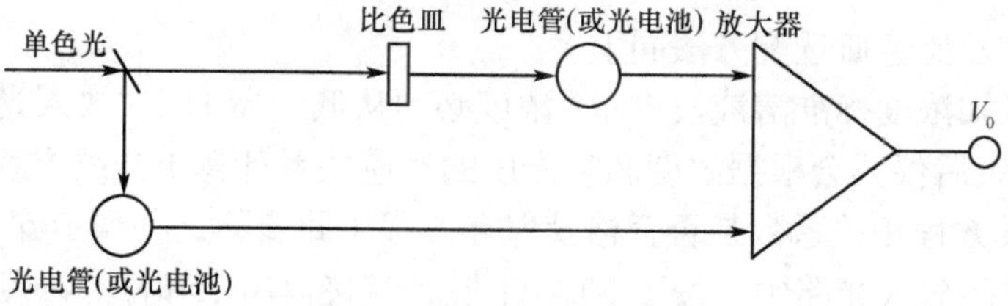

图 1-2-4　T6 系列分光光度计仪器方块示意图

号样品池里，按下仪器面板上的“ZERO”校零键把参照溶液的吸光度调整为 0，然后按下仪器面板上的“START”键进行读数，使同一单色光通过被测试样后，照射到光电管上，如果被测试样相对空白溶液有吸收现象，则通过比色皿的光能量就会被减弱，此时液晶显示屏上的数值就是 2～8 号样品的吸光度值。T6 分光光度计面板功能键见图 1-2-5。

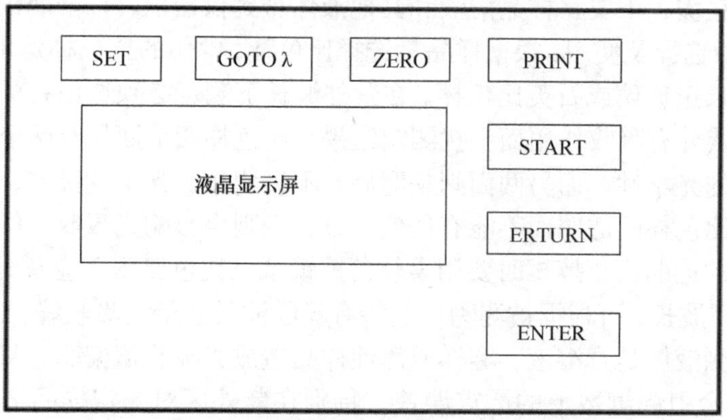

图 1-2-5　T6 分光光度计面板功能键示意图

（2）仪器使用方法：打开仪器电源开关仪器开始自检，预热 20min 左右，确保仪器稳定工作，其使用方法如下。

1）标准管法定量分析

A. 选择进入光度测量界面。

B. 按“GOTOλ”输入所需波长，仪器会根据使用人员的输入值自动切换紫外或可见光源，钨灯适用波长为 360～1100nm，氘灯为 190～360nm。仪器也会根据需要自动调整相应滤光片进入光路，以减少杂散光。

C. 根据波长选配比色皿（对于 350nm 以上的波长可任意选择比色皿；对 350nm 以下的波长，只能使用石英比色皿）。将比色皿放入样品池架内（其中 1 号比色皿内放参比溶液，2～8 号比色皿放未知样品），关闭样品池盖。

D. 选择测光方式 Abs（吸光度）或 $T\%$（透过率）。

E. 按下仪器面板上的“ZERO”校零键把参照溶液的吸光度调整为 0 或把透过率调整为 100%。

F. 按下仪器面板上的“START”键读出未知样品的吸光度值或透过率。

G. 打印输出测量结果。

2）标准曲线法定量分析

A. 选择进入功能扩展界面。

B. 波长调整及比色皿选配方法同上。

C. 把一组已知浓度标准溶液按提示（浓度必须从低到高）依次放入光路中，按 START 键读数，读数结束后仪器会根据浓度和吸光度的对应关系计算出曲线方程。

D. 查看曲线方程相关系数是否合格及保存方程（此步不是必须步骤）。

E. 把未知样品放入光路中，按下 START 键，直接读出未知样品浓度。

F. 打印输出测量结果。

目前生产分光光度计厂商、仪器型号众多，除以上介绍两个型号的仪器外，市面上高、中、低档次的仪器都有，在教学科研中可根据需要选择不同档次的仪器。

【注意事项】

（1）分光光度计必须放在固定台面上，不得随意搬动，防止潮湿和强光直射。

（2）操作应轻缓，不要将样品溶液和其他液体溅到仪器上，以防腐蚀机件。

（3）比色杯的选择及使用：根据样品量选择比色杯，常用的比色杯是 1cm 的立方形杯；根据测定所用波长选玻璃或石英比色杯。在紫外波长下测定必须选用石英杯而不能用玻璃杯，因玻璃杯对紫外有吸收作用而干扰测定结果。比色杯四个面仅有两个对称面是光滑透明的，具有很好的光学性，而另两面则是磨砂、不透明的，光学性极差，在使用时将透明两面对准光路。比色杯的透明面不能有任何污染，否则会影响光吸收，使用比色杯时不要用手接触比色皿的透明面，擦拭时要用柔软的擦镜纸。比色皿用完应及时清洗。

（4）正确选择波长，可根据被测物质的特有吸收波长或最大吸收峰，选择合适的波长。

（5）保证所测液体是真溶液，雾样或浑浊样品造成光吸收值偏高，甚至肉眼几乎看不出的轻微浊度也会引起读数上的严重误差，特别在紫外区对测定样品溶液的质量要求更高，必须保证样品溶液的清洁。

【计算】

1. 利用标准品计算待测样品物的含量 实际应用过程中，用已知浓度标准物和待测样物同样处理或显色，利用分光光度计测定读取光吸收值，按下式计算。

$$A_1=K_1C_1L_1$$

$$A_2=K_2C_2L_2$$

式中，A_1 为已知标准管浓度的光吸收值；A_2 为未知浓度测定管的光吸收值；C_1、C_2 分别为标准管已知浓度和测定管未知浓度。

因为标准管和测定管物质相同，处理方法一样，故 K 值相同；加之比色时比色杯大小一样，内径相同（$L_1=L_2$），所以测得标准管 A_1 和测定管 A_2 之比，也就等于两者浓度之比，即

$$A_1/A_2=C_1/C_2 \text{ 或 } C_2=A_1/A_2\cdot C_1$$

2. 利用标准曲线法求出未知含量 先配制一系列已知不同浓度的标准溶液，所有分析过程同测定管。选用灵敏度最大的单色光，测定每一标准管的光吸收值，通过调节测定物质的浓度把光吸收值控制在 0.05～1.00A 范围为宜。用等划分的方格坐标纸，以横坐标表示浓度，纵坐标表示光吸收值画出标准曲线。标准曲线理想的倾斜度为 45°，如图 1-2-6 中 a 所示。

图 1-2-6 中 b 线的斜度大，光吸收值改变较大而浓度改变很小，c 线的斜度小，浓度改变很大而光吸收值改变较小，这两种情况的标准曲线，其检量的灵敏度低，因此，要求得到近似 a 线那样斜度的直线。如在实验时得到斜度大的直线，可选用内径较小的比色皿，使直线斜度减小；也可在绘制标准曲线图时调节坐标计算纸的格数，使直线斜度减小。同样，如得到斜度小的直线，可选用内径大的比色皿，或调节坐标计算纸纵坐标的格数将直线斜度增大。

所作标准曲线仅供短期使用，作标准曲线所用的数据必须出自同一台仪器，操作条件应完全一样。

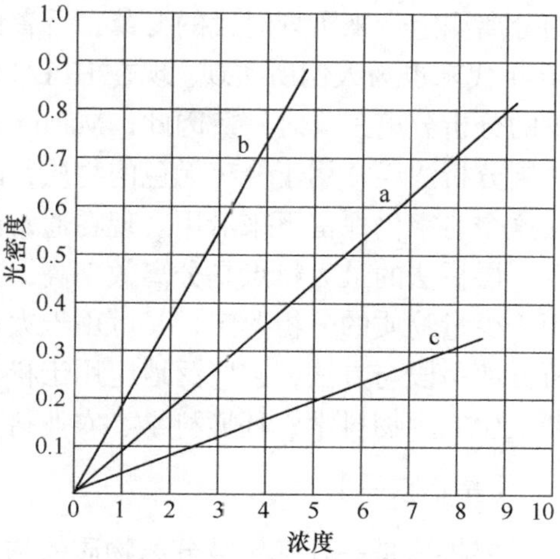

图 1-2-6　标准曲线斜度

3. 利用消光系数计算被测物质浓度

（1）克分子消光系数（ε），即浓度以克分子浓度来表示的消光系数。实际上它就是当溶液浓度为 1g/L 浓度，比色液厚度为 1cm 时的消光值。

（2）百分消光系数（$E_{1cm}^{1\%}$）：即浓度以百分浓度（g/100ml）来表示消光系数，实际就是当溶液浓度（质量体积比）为 1%，比色时液层厚度为 1cm 时的消光值。

用消光系数计算浓度的公式是

$$C=\frac{E}{\varepsilon}\text{（浓度单位为克分子浓度）}，C=\frac{E}{E_{1cm}^{1\%}}\text{（浓度单位为\%）}。$$

4. 标准系数法（计算因数法）　将多次测得标准溶液的光吸收值算出平均值后，按下列公式求出标准系数。

标准系数=标准浓度/标准液平均光吸收

将同样方法测得待测溶液的光吸收值代入下式即可。

待测溶液光吸收值×标准系数=待测溶液浓度

（赵元茵）

二、层析技术

层析法又称色层分析法或色谱法（chromatography），它是由俄国植物学家 M.Tswett 首先在 1903 年提出的。他将叶绿素的石油醚溶液通过 $CaCO_3$ 管柱时，由于 $CaCO_3$ 对叶绿素中各种色素的吸附能力不同，色素被逐渐分离，在管柱中出现了不同颜色的谱带或称色谱图（chromatogram），将之命名为色谱法。

随后，英国生物学家 Martin 和 Synge 在色谱柱操作参数基础上模拟蒸馏理论，首先提出了色谱塔板理论。他们根据液-液逆流萃取的原理，发明了液-液分配色谱，并提出了远见卓识的预言：①流动相可用气体代替液体，与液体相比，物质间的作用力减小了，这对分离更有好处；②使用非常细的颗粒填料并在柱两端施加较大的压差，将会大大提高分离效率。前者预见了气相色谱的产生，并在 1952 年诞生了气相色谱仪，它给挥发性化合物的分离测定带来了划时代的变革；后者预见了高效液相色谱（HPLC）的产生，在 20 世纪 60 年代末也为人们所实现。现在 HPLC 已成为生物化学与分子生物学、化学等领域不可缺少的分析分离工具之一。因此，Martin 和 Synge 于 1952 年被授予诺贝尔化学奖。如今的色层分析法经常用于分离无色的物质，已没有颜色这个特殊的含义。但色谱法或色层分析法这个名字仍保留下来沿用。现在通常简称为层析法或层析技术。

层析法的最大特点是分离效率高，它能分离各种性质极其相似的物质。而且它既可以用于少量物质的分析鉴定，又可用于大量物质的分离纯化制备。因此，作为一种重要的分析分离手段与方法，它广泛地应用于科学研究与工业生产上。现在，它在石油、化工、医药卫生、生物科学、环境科学、农业科学等领域都发挥着十分重要的作用。

【基本原理】

层析法是一种基于被分离物质的物理、化学及生物学特性的不同，造成它们在某种基质中移动速率不同而进行分离和分析的方法。

对于一个层析柱来说，可作如下基本假设。

（1）层析柱的内径和柱内的填料是均匀的，由若干层组成。每层高度为 H，称为一个理论塔板。塔板一部分为固定相占据，一部分为流动相占据，且各塔板的流动相体积相等，称为板体积，以 V_m 表示。

（2）每个塔板内溶质分子在固定相与流动相之间瞬间达到平衡，且忽略分子纵向扩散。

（3）溶质在各塔板上的分配系数是一常数，与塔板中溶质的量无关。

（4）流动相通过层析柱可以看成是脉冲式的间歇过程（即不连续过程）。从一个塔板到另一个塔板流动相体积为 V_m。当通过层析柱的流动相总体积为 V 时，则流动相在每个塔板上跳跃的次数为 n。

$$n=\frac{V}{V_m}$$

（5）溶质开始加在层析柱的第零塔板上。根据以上假定，将连续的层析过程分解成了间歇的动作，这与多次萃取过程相似，一个理论塔板相当于一个两相平衡的小单元。

【基本概念】

1. 固定相 是层析过程中的基质。它可以是固体物质（如吸附剂、凝胶、离子交换剂等），也可以是液体物质（如固定在硅胶或纤维素上的溶液），这些基质能与待分离的化合物进行可逆的吸附、溶解、交换等作用。它对层析的效果起着关键的作用。

2. 流动相 在层析过程中，推动固定相上待分离的物质朝着一个方向移动的液体、气体或超临界体等，都称为流动相。柱层析中一般称为洗脱剂，薄层层析时称为展层剂。它也是层析分离中的重要影响因素之一。

3. 分配系数及迁移率（或比移值） 分配系数是指在一定的条件下，某种组分在固定相和流动相中含量（浓度）的比值，常用 K 来表示。分配系数是层析中分离纯化物质的主要依据。

$$K=\frac{C_s}{C_m}$$

式中 C_s 为固定相中的浓度，C_m 为流动相中的浓度。

迁移率（或比移值）是指在一定条件下，在相同的时间内某一组分在固定相中移动的距离与流动相本身移动的距离之比值。常用 R_f 来表示。

实验中我们还常用相对迁移率的概念。相对迁移率是指在一定条件下，在相同时间内，某一组分在固定相中移动的距离与某一标准物质在固定相中移动的距离之比值。它可以小于等于 1，也可以大于 1。用 R_x 来表示。不同物质的分配系数或迁移率是不同的。分配系数或迁移率的差异程度是决定几种物质采用层析方法能否分离的先决条件。很显然，差异越大，分离效果越理想。

分配系数主要与下列因素有关：①被分离物质本身的性质；②固定相和流动相的性质；③层析柱的温度。

4. 分辨率（或分离度） 一般定义为：相邻两个峰的分开程度。用 Rs 来表示。Rs 值越大，两种组分分离的效果越好。当 Rs=1 时，两组分具有较好的分离，互相沾染约 2%，即每种组分的纯度约为 98%。当 Rs=1.5 时，两组分基本完全分开，每种组分的纯度可达到 99.8%。如果两种组分的浓度相差较大时，尤其要求较高的分辨率。

5. 正相色谱与反相色谱 正相色谱是指固定相的极性高于流动相的极性，因此，在这种层析过程中非极性分子或极性小的分子比极性大的分子移动的速度快，先从柱中流出来。

反相色谱是指固定相的极性低于流动相的极性，在这种层析过程中，极性大的分子比极性小的分子移动的速度快而先从柱中流出。

一般来说，分离纯化极性大的分子（带电离子等）采用正相色谱（或正相柱），而分离纯化极性小的有机分子（有机酸、醇、酚等）多采用反相色谱（或反相柱）。

6. 操作容量（或交换容量） 在一定条件下，某种组分与基质（固定相）反应达到平衡时，存在于基质上的饱和容量，称为操作容量（或交换容量）。操作容量数值越大，表明基质对该物质的亲和力越强。应当注意，同一种基质对不同种类分子的操作容量是不相同的，这主要是由于分子大小（空间效应）、带电荷的多少、溶剂的性质等多种因素的影响。因此，实际操作时，加入的样品量要尽量少些，特别是生物大分子，样品的加入量更要进行控制，否则用层析办法不能得到有效的分离。

【基本分类】

层析根据不同的标准可以分为多种类型。

（1）根据固定相基质的形式分类，层析可以分为纸层析、薄层层析和柱层析。纸层析是指以滤纸作为基质的层析。薄层层析是将基质在玻璃或塑料等光滑表面铺成一薄层，在薄层上进行层析。柱层析则是指将基质填装在管中形成柱形，在柱中进行层析。纸层析和薄层层析主要适用于小分子物质的快速检测分析和少量分离制备，通常为一次性使用，而柱层析是常用的层析形式，适用于样品分析、分离。生物化学中常用的凝胶层析、离子交换层析、亲和层析、高效液相色谱等都通常采用柱层析形式。

（2）根据流动相的形式分类，层析可以分为液相层析和气相层析。气相层析是指流动相为气体的层析，而液相层析指流动相为液体的层析。气相层析测定样品时需要气化，大大限制了其在生化领域的应用，主要用于氨基酸、核酸、糖类、脂肪酸等小分子的分析鉴定。而液相层析是生物领域最常用的层析形式，适于生物样品的分析、分离。

（3）根据分离的原理不同分类，层析主要可以分为吸附层析、分配层析、凝胶过滤层析、离子交换层析、亲和层析等。

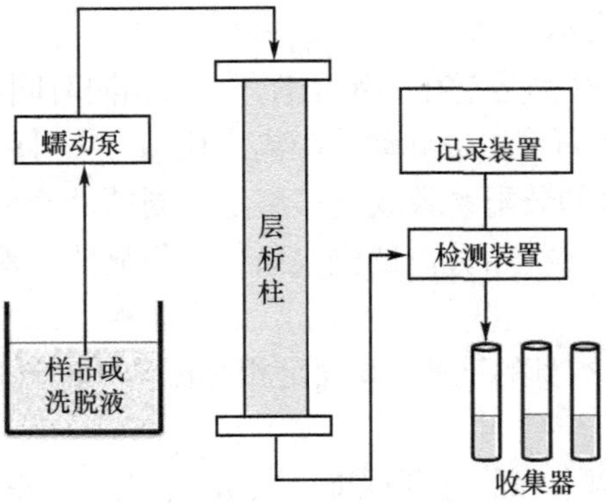

图 1-2-7 柱层析的基本装置

【基本装置及操作】

目前，最常用的层析类型是各种柱层析，下面简述柱层析的基本装置及操作方法。

1. 柱层析的基本装置 一般由六部分组成：样品或洗脱液、蠕动泵、层析柱、检测装置、记录装置和收集器（图 1-2-7）。

2. 柱层析的基本操作 柱层析的基本操作包括以下一些步骤。

（1）装柱：柱子装的质量好与差，是柱层析法能否成功分离纯化物质的关键步骤之一。一般要求柱子装的要均匀，不能分层，柱子中不能有气泡等。

1）根据层析的基质和分离目的选好柱子。一般柱子的直径与长度比为 1∶10～1∶50；凝胶柱可以选 1∶100～1∶200，装柱前将柱子洗涤干净。

2）将基质（如吸附剂、树脂、凝胶等）在适当的溶剂或缓冲液中溶胀，并用适当浓度的酸、碱、盐溶液洗涤处理，以除去其表面可能吸附的杂质。然后用去离子水洗涤干净并真空抽气，以除去其内部气泡。

3）关闭层析柱出水口，并装入 1/3 柱高的缓冲液，将处理好的吸附剂等缓慢地倒入柱中，使其沉降约 3cm 高。

4）打开出水口，控制适当流速，使吸附剂等均匀沉降，并不断加入吸附剂溶液。注意不能干柱、分层，否则必须重新装柱。

5）最后使柱中基质表面平坦并在其上面留 2～3cm 高的缓冲液，同时关闭出水口。

（2）平衡：柱子装好后，要用所需的缓冲液（有一定的 pH 和离子强度）平衡柱子。平衡液体积一般为 3～5 倍柱床体积，以保证平衡后柱床体积稳定及基质充分平衡。

（3）加样：加样量的多少直接影响分离的效果。通常加样量应少于 20%的操作容量，体积应低于 5%的床体积，对于分析性柱层析，一般不超过床体积的 1%。加样时应小心地将样品溶液加到固定相表面，尽量避免冲击基质，以保持基质表面平坦。

（4）洗脱：洗脱的方式可分为简单洗脱、分步洗脱和梯度洗脱三种。

简单洗脱：柱子始终用同样的一种溶剂洗脱，直到层析分离过程结束为止。如果被分离物质对固定相的亲和力差异不大，其区带的洗脱时间间隔（或洗脱体积间隔）也不长，可采用这种方法。

分步洗脱：这种方法按照洗脱能力顺序递增，用几种洗脱液进行逐级洗脱。它主要对混合物组成简单、各组分性质差异较大或需快速分离时适用。

梯度洗脱：当混合物中组分复杂且性质差异较小时，一般采用梯度洗脱。它的洗脱能力是逐步连续增加的，梯度可以指浓度、极性、离子强度或 pH 等。最常用的是浓度梯度。

洗脱条件的选择，也是影响层析效果的重要因素。当对所分离的混合物的性质了解较少时，一般先采用线性梯度洗脱的方式去尝试，但梯度的斜率要小一些，尽管洗脱时间较长，但对性质相近的组分分离更为有利。

（5）收集、鉴定及保存：在生化实验中，一般采用部分收集器来收集分离纯化的样品。由于检测系统的分辨率有限，洗脱峰不一定能代表一个纯净的组分。因此，每管的收集量不能太多，一般每管 1～5ml。如果分离的物质性质很相近，可低至每管 0.5ml。在合并一个峰的各管溶液之前，还要进行鉴定。对于不同种类的物质应采用相应的鉴定方法。为了保持所得产品的稳定性与生物活性，我们一般采用透析除盐、超滤或减压薄膜浓缩，再冰冻干燥，得到干粉，在低温下保存备用。

（6）基质（吸附剂、交换树脂或凝胶等）的再生：许多基质（吸附剂、交换树脂或凝胶等）可以反复使用多次，而且价格昂贵，所以层析后要回收处理，以备再用，严禁乱倒乱扔。

【凝胶层析】

凝胶层析（gel chromatography）又称为凝胶排阻层析（gel exclusion chromato-graphy）、分子筛层析（molecular sieve chromatography）、凝胶过滤（gel filtration）、凝胶渗透层析（gel permeation chromatography）等。它是以多孔性凝胶填料为固定相，按分子大小顺序分离样品中各个组分的液相色谱方法。

凝胶层析是生物化学中一种常用的分离手段，它具有设备简单、操作方便、样品回收率高、实验重复性好、特别是不改变样品生物学活性等优点，因此广泛用于蛋白质（包括酶）、核酸、多糖等生物分子的分离纯化，同时还应用于蛋白质相对分子量的测定、脱盐、样品浓缩等。

1. 基本原理 凝胶层析是依据分子大小这一物理性质进行分离纯化的。凝胶层析的固定相是惰性的珠状凝胶颗粒，凝胶颗粒的内部具有立体网状结构，形成很多孔穴。当含有不同分子大小的组分样品进入凝胶层析柱后，各个组分就向固定相的孔穴内扩散，组分的扩散程度取决于孔穴的大小和组分分子大小。比孔穴孔径大的分子不能扩散到孔穴内部，完全被排阻在孔外，只能在凝胶颗粒外的空间随流动相向下流动，它们经历的流程短，流动速度快，所以首先流出；而较小的分子则可以完全渗透进入凝胶颗粒内部，经历的流程长，流动速度慢，所以最后流出；而分子大小介于两者之间的分子在流动中部分渗透，渗透的程度取决于它们分子的大小，所以它们流出的时间介于两者之间，分子越大的组分越先流出，分子越小的组分越后流出。这样样品经过凝胶层析后，各个组分便按分子从大到小的顺序依次流出，从而达到了分离的目的（图 1-2-8）。

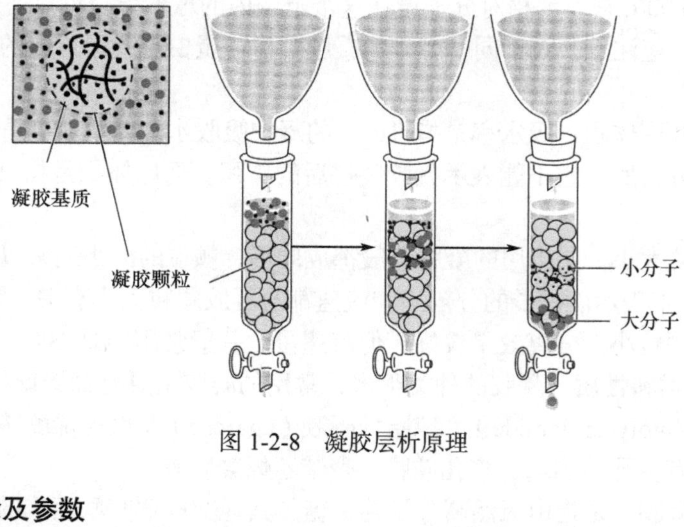

图 1-2-8 凝胶层析原理

2. 基本概念及参数

（1）外水体积、内水体积、基质体积、柱床体积、洗脱体积。外水体积是指凝胶柱中凝胶颗粒周围空间的体积，也就是凝胶颗粒间液体流动相的体积。内水体积是指凝胶颗粒中孔穴的体积，凝胶层析中固定相体积就是指内水体积。基质体积是指凝胶颗粒实际骨架体积。而柱床体积就是指凝胶柱所能容纳的总体积（图 1-2-9）。

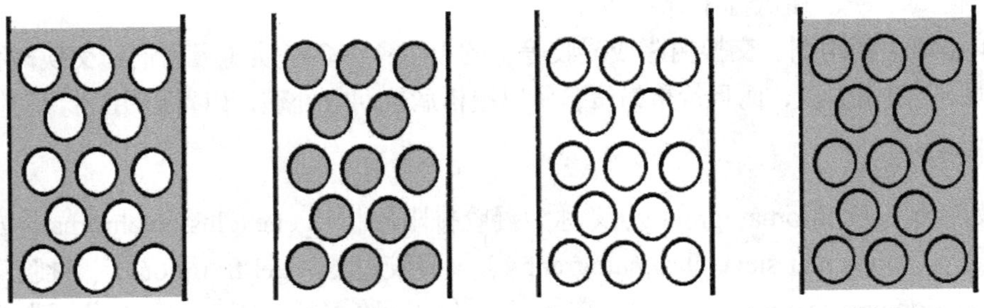

图 1-2-9　凝胶层析柱各种体积示意图（阴影部分）

我们设柱床体积为 V_t，外水体积为 V_o，内水体积为 V_i，基质体积为 V_g，则有：

$$V_t=V_o+V_i+V_g$$

由于 V_g 相对很小，可以忽略不计，则有：

$$V_t=V_o+V_i$$

（2）分配系数：是指某个组分在固定相和流动相中的浓度比。对于凝胶层析，分配系数实质上表示某个组分在内水体积和外水体积中的浓度分配关系。

（3）排阻极限：是指不能进入凝胶颗粒孔穴内部的最小分子的相对分子量。所有大于排阻极限的分子都不能进入凝胶颗粒内部，直接从凝胶颗粒外流出，所以它们同时被最先洗脱出来。排阻极限代表一种凝胶能有效分离的最大相对分子量，大于这种凝胶排阻极限的分子用这种凝胶不能得到分离。例如，SephadexG-50 的排阻极限为 30 000，它表示相对分子量大于 30 000 的分子都将直接从凝胶颗粒之外被洗脱出来。

（4）分级分离范围：表示一种凝胶适用的分离范围，对于相对分子量在这个范围内的分子，用这种凝胶可以得到较好的线性分离。例如，SephadexG-75 对球形蛋白的分级分离范围为 3 000～70 000，它表示相对分子量在这个范围内的球形蛋白可以通过 SephadexG-75 得到较好的分离。应注意，对于同一型号的凝胶，球形蛋白与线形蛋白的分级分离范围是不同的。

（5）吸水率和床体积：吸水率是指 1g 干的凝胶吸收水的体积或者重量，但它不包括颗粒间吸附的水分。所以它不能表示凝胶装柱后的体积。而床体积是指 1g 干的凝胶吸水后的最终体积。

（6）凝胶颗粒大小：层析用的凝胶一般都成球形，颗粒的大小通常以目数（mesh）或者颗粒直径（*m*）来表示。柱子的分辨率和流速都与凝胶颗粒大小有关。颗粒大，流速快，但分离效果差；颗粒小，分离效果较好，但流速慢。一般常用的是 100～200 目。

3. 凝胶的种类和性质　凝胶的种类很多，常用的凝胶主要有葡聚糖凝胶（dextran）、聚丙烯酰胺凝胶（polyacrylamide）、琼脂糖凝胶（agarose）及聚丙烯酰胺和琼脂糖之间的交联物。另外还有多孔玻璃珠、多孔硅胶、聚苯乙烯凝胶等。

（1）葡聚糖凝胶：是指由天然高分子葡聚糖与其他交联剂交联而成的凝胶。葡聚糖凝胶主要由 Pharmacia Biotech 生产。常见的有两大类，商品名分别为 Sephadex 和 Sephacryl。

葡聚糖凝胶中最常见的是 Sephadex 系列，它是葡聚糖与 3-氯-1，2 环氧丙烷（交联剂）相互交联而成，交联度由环氧丙烷的百分比控制。Sephadex 的主要型号是 G-10 到 G-200，后面的数字表示凝胶的吸水率。如 SephadexG-50，表示吸水率是 5ml/g 干胶。Sephadex 的亲水性很好，在水中极易膨胀，不同型号 Sephadex 的吸水率不同，它们的孔穴大小和分离范围也不同。数字越大的，排阻极限越大，分离范围也越大。Sephadex 中排阻极限最大的 G-200 为 6×10^5。

Sephadex 在水溶液、盐溶液、碱溶液、弱酸溶液及有机溶液中都是比较稳定的，可以多次重复使用。Sephadex 稳定工作的 pH 范围一般为 2～10。强酸溶液和氧化剂会使交联的糖苷键水解断裂，所以要避免 Sephadex 与强酸和氧化剂接触。Sephadex 在高温下稳定，可以煮沸消毒，在 100℃下 40min 对凝胶的结构和性能都没有明显的影响。Sephadex 由于含有羟基基团，故呈弱酸性，这使得它有可能与分离物中的一些带电基团（尤其是碱性蛋白）发生吸附作用。但一般在离子强度大于 0.05 的条件下，几乎没有吸附作用。所以在用 Sephadex 进行凝胶层析实验时常使用一定浓度的盐溶液作为洗脱液，这样就可以避免 Sephadex 与蛋白质发生吸附，但应注意如果盐浓度过高，会引起凝胶柱床体积发生较大的变化。

Sephadex 有各种颗粒大小（一般有粗、中、细、超细）可以选择，一般粗颗粒流速快，但分辨率较差；细颗粒流速慢，但分辨率高。要根据分离要求来选择颗粒大小。Sephadex 的机械稳定性相对较差，它不耐压，分辨率高的细颗粒要求流速较慢，所以不能实现快速而高效的分离。

Sephacryl 是葡聚糖与甲叉双丙烯酰胺（*N*，*N*′-methylenebisacrylamide）交联而成，是一种比较新型的葡聚糖凝胶。Sephacryl 的优点就是它的分离范围很大，排阻极限甚至可以达到 10^8，远远大于 Sephadex 的范围。所以它不仅可以用于分离一般蛋白，也可以用于分离蛋白多糖、质粒、甚至较大的病毒颗粒。Sephacryl 与 Sephadex 相比另一个优点就是它的化学和机械稳定性更高：Sephacryl 在各种溶剂中很少发生溶解或降解，可以用各种去污剂、胍、脲等作为洗脱液，耐高温。Sephacryl 稳定工作的 pH 范围一般为 3～11。另外 Sephacryl 的机械性能较好，可以以较高的流速洗脱，比较耐压，分辨率也较高，所以 Sephacryl 相比 Sephadex 可以实现相对比较快速而且较高分辨率的分离。

（2）聚丙烯酰胺凝胶：是丙烯酰胺（acrylamide）与甲叉双丙烯酰胺交联而成。改变丙烯酰胺的浓度，就可以得到不同交联度的产物。聚丙烯酰胺凝胶主要由 Bio-Rad Laboratories 生产，商品名为 Bio-GelP，主要型号有 Bio-GelP-2 到 Bio-GelP-300 等 10 种，后面的数字基本代表它们的排阻极限，数字越大，可分离的相对分子量也就越大。各种型号的主要参数如表 1-2-2 所示。聚丙烯酰胺凝胶的分离范围、吸水率等性能基本近似于 Sephadex。排阻极限最大的 Bio-GelP-300 为 4×10^5。聚丙烯酰胺凝胶在水溶液、一般的有机溶液、盐溶液中都比较稳定。聚丙烯酰胺凝胶在酸中的稳定性较好，在 pH 1～10 比较稳定。但在较强的碱性条件下或较高的温度下，聚丙烯酰胺凝胶易发生分解。聚丙烯酰胺凝胶非常亲水，基本不带电荷，所以吸附效应较小。另外，聚丙烯酰胺凝胶不会像葡聚糖凝胶和琼脂糖凝胶那样可能生长微生物。聚丙烯酰胺凝胶对芳香族、酸性、碱性化合物可能略有吸附作用，使用离子强度略高的洗脱液就可以避免。

表 1-2-2　聚丙烯酰胺凝胶的型号

型号	吸水率（ml/g）	床体积（ml/g）	球形蛋白分离范围（相对分子量）	溶胀时间（h）	
				20℃	100℃
P2	1.5	3.0	100～1800	4	2
P4	2.4	4.8	800～4000	4	2
P6	3.7	7.4	1000～6000	4	2
P10	4.5	9.0	1500～20 000	4	2
P30	5.7	11.4	2500～40 000	12	3
P60	7.2	14.4	3000～60 000	12	3
P100	7.5	15.0	5000～100 000	24	5
P150	9.2	18.4	15 000～150 000	24	5
P200	14.7	29.4	30 000～200 000	48	5
P300	18.0	36.2	60 000～400 000	48	5

引自欧阳平凯.生物分离原理及技术. 北京；化学工业出版社，1999

（3）琼脂糖凝胶：琼脂糖是从琼脂中分离出来的天然线性多糖，它是由琼脂去掉其中带电荷的琼脂胶得到的。琼脂糖是由 *D*-半乳糖（*D*-galactose）和 3，6-脱水半乳糖（anhydrogalactose）交替构成的多糖链。琼脂糖凝胶的商品名因生产厂家不同而异，常见的主要有 PharmaciaBiotech 生产的 Sepharose（2B～4B）和 Bio-Rad Laboratories 生产的 Bio-gelA 等。关于各种琼脂糖凝胶的基本参数如表 1-2-3 所示。琼脂糖凝胶在 pH 4～9 是稳定的，它在室温下也很稳定，稳定性要超过一般的葡聚糖凝胶和聚丙烯酰胺凝胶。琼脂糖凝胶对样品的吸附作用很小。另外琼脂糖凝胶的机械强度和孔穴的稳定性都很好，一般好于前两种凝胶，在高盐浓度下，柱床体积一般不会发生明显变化，使用琼脂糖凝胶时洗脱速度可以比较快。琼脂糖凝胶的排阻极限很大，分离范围很广，适合于分离大分子物质，但分辨率较低。琼脂糖凝胶不耐高温，使用温度以 0～30℃为宜。

表 1-2-3　琼脂糖凝胶的型号

型号		蛋白质分离范围（相对分子量）	含琼脂糖/%
Sepharose	6B	10 000～3 000 000	6
	4B	100 000～20 000 000	4
	2B	1 000 000～100 000 000	2
Sepharose CL	6B	10 000～3 000 000	6
	4B	100 000～20 000 000	4
	2B	1 000 000～100 000 000	2
Bio-Gel A	0.5m	10 000～500 000	10
	1.5m	10 000～1 500 000	8
	5m	10 000～5 000 000	6
	15m	40 000～15 000 000	4
	50m	100 000～50 000 000	2
	150m	1 000 000～150 000 000	1

（4）聚丙烯酰胺和琼脂糖交联凝胶：这类凝胶是由交联的聚丙烯酰胺和嵌入凝胶内部的琼脂糖组成。它们主要由 LKB 提供，商品名为 Ultragel。这种凝胶由于含有聚丙烯酰胺，所以有较高分辨率；而它又含有琼脂糖，这使得它又有较高的机械稳定性，可以使用较高的洗脱速度。调整聚丙烯酰胺和琼脂糖的浓度可以使 Ultragel 有不同的分离范围。

（5）多孔硅胶、多孔玻璃珠：都属于无机凝胶。它们是将硅胶或玻璃制成具有一定直径的网孔状结构的球形颗粒。这类凝胶属于硬质无机凝胶，它们的最大的特点是机械强度很高、化学稳定性好，使用方便而且寿命长，无机胶一般柱效较低，但用微粒的多孔硅胶制成的 HPLC 柱也可以有很高的柱效。多孔玻璃珠易破碎，不能填装紧密，所以柱效相对较低。多孔硅胶和多孔玻璃珠的分离范围都比较宽，多孔硅胶一般为 10^2～5×10^6，多孔玻璃珠一般为 3×10^3～9×10^6。它们的最大缺点是吸附效应较强（尤其是多孔硅胶），可能会吸附比较多的蛋白，但可以通过表面处理和选择洗脱液来降低吸附。另外它们也不能用于强碱性溶液，一般使用时 pH 应小于 8.5。

另外值得一提的是各类凝胶技术近年来发展得很快，目前已研制出很多性能优越的新型凝胶。例如，PharmaciaBiotech 的 Superdex 和 Superrose，Superdex 的分辨率非常高，化学物理稳定性也很好，可以用于 FPLC、HPLC 分析；而 Superose 的分离范围很广，分辨率较高，可以一次性的分离相对分子量差异较大的混合物。同时它的机械稳定性也很好。

4. 凝胶的选择、处理和保存

（1）凝胶的选择：一般来讲，选择凝胶首先要根据样品的情况确定一个合适的分离范围，根据分离范围来选择合适型号的凝胶。一般的凝胶层析实验可以分为两类：分组分离（group separations）和分级分离（fractionations）。分组分离是指将样品混合物按相对分子量大小分成两组，一组相对分子量较大，另一组相对分子量较小。例如，蛋白质样品的脱盐或蛋白质、核酸溶液去除小分子杂质及一些注射剂去除大分子热源物质等。分级分离则是指将一组相对分子量比较接近的组分分开。在分组分离时要选择能将大分子完全排阻而小分子完全渗透的凝胶，这样分离效果好。一般常用排阻极限较小的凝胶类型。分级分离时则要根据样品组分的具体情况来选择凝胶的类型，凝胶的分离范围一方面应包括所要的各个组分的相对分子量，另一方面要合适，不能过大。如果分离范围选择过小，则某些组分不能得到分离；如分离范围选择过大，则分辨率较低，分离效果也不好。

选择凝胶另外一个方面就是凝胶颗粒的大小。颗粒小，分辨率高，但相对流速慢，实验时间长，有时会造成扩散现象严重；颗粒大，流速快，分辨率较低但条件得当也可以得到满意的结果。选择时要依据分离的具体情况而定，例如，样品中各个组分差别较大，则可以选用大颗粒的凝胶，这样可以很快地达到分离的目的；如果有个别组分差别较小，则要考虑使用小颗粒凝胶以提高分辨率。由于凝胶一般都比较稳定，所以它在一般的实验条件下都可以正常工作。如果实验条件比较特殊，如在较强的酸碱中进行或含有有机溶剂等则要仔细查看凝胶的工作参数，选择合适的类型的凝胶。

（2）凝胶的处理：凝胶使用前首先要进行处理。选择好凝胶的类型后，首先要根据选择的层析柱估算出凝胶的用量。由于市售的葡聚糖凝胶和丙烯酰胺凝胶通常是无水的干胶，所以要计算干胶用量：干胶用量（g）=柱床体积（ml）/凝胶的床体积（ml/g）。由于凝胶处理过程及实验过程可能有一定损失，所以一般凝胶用量在计算的基础上再增加 10%～20%。

葡聚糖凝胶和丙烯酰胺凝胶干胶的处理首先是在水中膨化，不同类型的凝胶所需的膨化时间不同。一般吸水率较小的凝胶（即型号较小、排阻极限较小的凝胶）膨化时间较短。加热煮沸可使膨化时间大大缩短，也可以去除凝胶颗粒中的气泡。但应注意尽量避免在酸或碱中加热，以免凝胶被破坏。琼脂糖凝胶和部分市售凝胶是水悬浮的状态，所以不需膨化处理。另外多孔玻璃珠和多孔硅胶也不需膨化处理。

膨化处理后，要对凝胶进行纯化和排除气泡。纯化可以反复漂洗，去除表面的杂质和不均一的细小凝胶颗粒。也可以用一定的酸或碱浸泡一段时间，再用水洗至中性。排除凝胶中的气泡可以通过抽气或加热煮沸的方法进行。

（3）凝胶的保存：一般是在反复洗涤去除蛋白等杂质，然后加入适当的抗菌剂（如0.02%的叠氮钠），4℃下保存。如果要较长时间的保存，则要将凝胶洗涤后脱水、干燥，装瓶保存。膨化的凝胶不能直接高温烘干，否则会破坏凝胶的结构。

5. 基本操作 凝胶层析的基本操作步骤与前面介绍的柱层析操作过程基本相似。应注意的一些具体问题主要有以下几个：

（1）层析柱的选择：层析柱大小主要是根据样品量的多少及对分辨率的要求来进行选择。一般柱长度不超过100cm，为得到高分辨率，可以将柱子串联使用。层析柱的直径和长度比一般在1∶25～1∶100。用于分组分离的凝胶柱，如脱盐柱由于对分辨率要求较低，一般比较短。

（2）凝胶柱的鉴定：凝胶柱的填装情况将直接影响分离效果。凝胶柱填装后用肉眼观察应均匀、无纹路、无气泡。通常可以采用一种有色的物质，如蓝色葡聚糖-2000、血红蛋白等上柱，观察有色区带在柱中的洗脱行为以检测凝胶柱的均匀程度。如果色带狭窄、平整、均匀下降，则表明柱中的凝胶填装情况较好，可以使用；如果色带弥散、歪曲，则需重新装柱。

（3）洗脱液的选择：由于凝胶层析的分离原理是分子筛作用，在凝胶层析中流动相只是起运载工具的作用，一般不依赖于流动相性质和组成的改变来提高分辨率，改变洗脱液的主要目的是为了消除组分与固定相的吸附等相互作用，所以和其他层析方法相比，凝胶层析洗脱液的选择不那么严格。一般来说只要能溶解被洗脱物质并不使其变性的缓冲液都可以用于凝胶层析。为了防止凝胶可能有吸附作用，一般洗脱液都含有一定浓度的盐。

（4）加样量：加样要尽量快速、均匀。加样量对实验结果也可能造成较大的影响，加样过多，会造成洗脱峰的重叠，影响分离效果；加样过少，提纯后各组分量少、浓度较低，实验效率低。加样量的多少要根据具体的实验要求而定：凝胶柱较大，加样量就可以较大；样品中各组分相对分子量差异较大，加样量也可以较大；一般分级分离时加样体积为凝胶柱床体积的1%～5%，而分组分离时加样体积可以较大，一般为凝胶柱床体积的10%～25%。从洗脱峰上看，如果所要的各个组分的洗脱峰分得很开，为了提高效率，可以适当增加加样量；如果各个组分的洗脱峰只是刚好分开或没有完全分开，则不能再加大加样量，甚至要减小加样量。

（5）洗脱速度：也会影响凝胶层析的分离效果，一般洗脱速度要恒定而且适中。保持洗脱速度恒定通常有两种方法，一种是使用恒流泵，另一种是恒压重力洗脱。洗脱速度取决于很多因素，包括柱长、凝胶种类、颗粒大小等，一般凝胶的流速是2～10cm/h，市售的凝胶一般会提供一个建议流速，可供参考。

6. 基本应用

（1）生物大分子的纯化：凝胶层析是依据相对分子量的不同来进行分离的，由于它的这一分离特性，以及它具有简单、方便、不改变样品生物学活性等优点，使得凝胶层析成为分离纯化生物大分子的一种重要手段，尤其是对于一些大小不同，但理化性质相似的分子，用其他方法较难分开，而凝胶层析无疑是一种合适的方法。例如，对于不同聚合程度的多聚体的分离等。

（2）相对分子量测定：在一定的范围内，各个组分的有效分配系数 Kav 及洗脱体积 V_e 与其相对分子量的对数呈线性关系（Kav=－blgMw＋c），由此通过对已知相对分子量的标准物质进行洗脱，作出 V_e 或 Kav 对相对分子量对数的标准曲线，然后在相同的条件下测定未知物的 V_e 或 Kav，通过标准曲线即可求出其相对分子量。凝胶层析测定相对分子量操作比较简单，所需样品量也较少，是一种初步测定蛋白相对分子量的有效方法。测量结果的准确性受多种因素影响：如果标准物或样品与凝胶有一定吸附作用，测量的误差会比较大；该方法适用于球形蛋白，不能用于测定纤维蛋白等长形蛋白。

（3）脱盐及去除小分子杂质：利用凝胶层析进行脱盐及去除小分子杂质是一种简便、有效、快速的方法，它比一般用透析的方法脱盐要快得多，而且一般不会造成样品较大的稀释，生物分子不易变性。一般常用的是 SephadexG-25，另外还有 Bio-GelP-6DG 或 UltragelAcA202 等排阻极限较小的凝胶类型。

（4）溶液的浓缩：利用凝胶颗粒的吸水性可以对大分子样品溶液进行浓缩。例如，将干燥的 Sephadex（粗颗粒）加入溶液中，Sephadex 可以吸收大量的水，溶液中的小分子物质也会渗透进入凝胶孔穴内部，而大分子物质则被排阻在外。通过离心或过滤去除凝胶颗粒，即可得到浓缩的样品溶液。这种浓缩方法基本不改变溶液的离子强度和 pH。

【离子交换层析】

离子交换层析（ion exchange chromatography，IEC）是以离子交换剂为固定相，依据流动相中的组分离子与交换剂上的平衡离子进行可逆交换时的结合力大小差别而进行分离的一种层析方法，广泛应用于各种生化物质如氨基酸、蛋白质、糖类、核苷酸等的分离纯化。

1. 基本原理 离子交换层析是依据各种离子或离子化合物与离子交换剂的结合力不同而进行分离纯化的。离子交换层析的固定相是离子交换剂，它是由一类不溶于水的惰性高分子聚合物基质通过一定的化学反应共价结合上某种电荷基团形成的。离子交换剂可以分为三部分：高分子聚合物基质、电荷基团和平衡离子。电荷基团与高分子聚合物共价结合，形成一个带电的可进行离子交换的基团。平衡离子是结合于电荷基团上的相反离子，它能与溶液中其他的离子基团发生可逆的交换反应。平衡离子带正电的离子交换剂能与带正电的离子基团发生交换作用，称为阳离子交换剂；平衡离子带负电的离子交换剂与带负电的离子基团发生交换作用，称为阴离子交换剂。离子交换反应可以表示为

$$RY+A^+ \rightleftharpoons RA+Y^+$$

从上面的反应式中可以看出，如果 A 离子与离子交换剂的结合力强于 Y 离子，或者提高 A 离子的浓度，或者通过改变其他一些条件，可以使 A 离子将 Y 离子从离子交换剂上置换出来。也就是说，在一定条件下，溶液中的某种离子基团可以把平衡离子置换出来，并通过电荷基团结合到固定相上，而平衡离子则进入流动相，这就是离子交换层析的基本置换反应。通过在不同条件下的多次置换反应，就可以对溶液中不同的离子基团进行分离（图 1-2-10）。

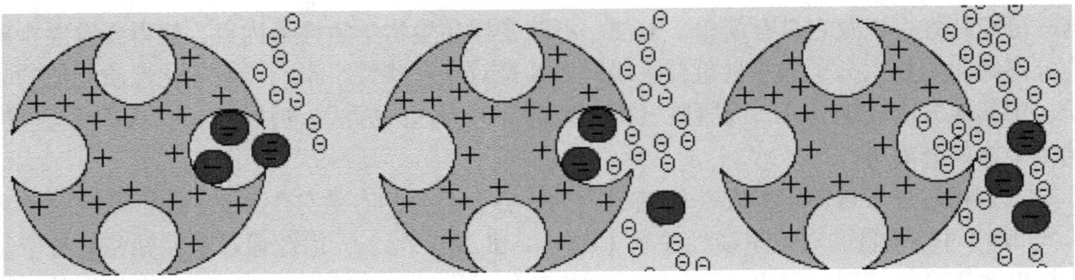

图 1-2-10　离子交换层析原理

各种离子与离子交换剂上的电荷基团的结合是由静电力产生的，是一个可逆的过程。结合的强度与很多因素有关，包括离子交换剂的性质、离子本身的性质、离子强度、pH、温度、溶剂组成等。离子交换层析就是利用各种离子本身与离子交换剂结合力的差异，并通过改变离子强度、pH 等条件改变各种离子与离子交换剂的结合力而达到分离的目的。离子交换剂的电荷基团对不同的离子有不同的结合力。一般来讲，离子价数越高，结合力越大；价数相同时，原子序数越高，结合力越大。蛋白质等生物大分子通常呈两性，它们与离子交换剂的结合与它们的性质及 pH 有较大关系。以用阳离子交换剂分离蛋白质为例，在一定的 pH 条件下，等电点 pI＜pH 的蛋白质带负电，不能与阳离子交换剂结合；等电点 pI＞pH 的蛋白带正电，能与阳离子交换剂结合，一般 pI 越大的蛋白质与离子交换剂结合力越强。

2. 交换剂种类和性质

（1）离子交换剂的基质：根据离子交换剂中基质的组成及性质，可将其分成两大类：疏水性离子交换剂和亲水性离子交换剂。

疏水性离子交换剂的基质是一种与水亲和力较小的人工合成树脂，最常见的是聚苯乙烯等聚合物。疏水性离子交换剂机械强度大、流速快、交换容量大，但具有较强的疏水性，容易引起蛋白质的变性。一般常用于分离小分子物质，如无机离子、氨基酸、核苷酸等。

亲水性离子交换剂的基质与水有较强的亲和力，适合于分离蛋白质等生物大分子物质。常用的有纤维素（cellulose）、球状纤维素（sephacel）、葡聚糖（sephadex）、琼脂糖（sepharose）等几种。葡聚糖离子交换剂一般以 Sephadex G-25 和 G-50 为基质，琼脂糖离子交换剂一般以 Sepharose CL-6B 为基质。

（2）离子交换剂的电荷基团：根据与基质共价结合的电荷基团的性质，可以将离子交换剂分为阳离子交换剂和阴离子交换剂。

阳离子交换剂的电荷基团带负电，可以交换阳离子物质。根据电荷基团的解离度不同，又可以分为强酸型、中等酸型和弱酸型三类。它们的区别在于它们电荷基团完全解离的 pH 范围，强酸型离子交换剂在较大的 pH 范围内电荷基团完全解离，而弱酸型完全解离的 pH 范围则较小。

阴离子交换剂的电荷基团带正电，可以交换阴离子物质。同样根据电荷基团的解离度不同，可以分为强碱型、中等碱型和弱碱型三类。

（3）交换容量：是指离子交换剂所能提供交换离子的总量，又称为总交换容量，但实验中关心的是层析柱与样品中各个待分离组分进行交换时的交换容量，即有效交换容量。离子交换剂的总交换容量通常以每毫克或每毫升交换剂含有可解离基团的毫克数（meq/mg 或 meq/ml）来表示。通常可以通过滴定法测定。对于一些常用于蛋白质分离的离子交换剂也通常用每毫克或每毫升交换剂能够吸附某种蛋白质的量来表示，一般这种表示方法对于分离蛋白质等生物大分子具有更大的参考价值。

影响交换容量的因素很多，主要可以分为两个方面，一方面是离子交换剂颗粒大小、颗粒内孔隙大小及所分离样品组分的大小等，另一方面是实验中的离子强度、pH 等影响样品中组分和离子交换剂带电性质的因素。

3. 交换剂的选择、处理和保存

（1）离子交换剂的选择：首先是对离子交换剂电荷基团的选择，确定是选择阳离子交换剂还是选择阴离子交换剂。这要取决于被分离的物质在其稳定的 pH 下所带的电荷，如果带正电，则选择阳离子交换剂；如带负电，则选择阴离子交换剂。强酸或强碱型离子交换剂适用的 pH 范围广，常用于分离一些小分子物质或在极端 pH 下的分离。由于弱酸型或弱碱型离子交换剂不易使蛋白质失活，故一般分离蛋白质等大分子物质常用弱酸型或弱碱型离子交换剂。

其次是对离子交换剂基质的选择。聚苯乙烯离子交换剂等疏水性较强的离子交换剂一般常用于分离小分子物质，如无机离子、氨基酸、核苷酸等。而纤维素、葡聚糖、琼脂糖等离子交换剂亲水性较强，适合于分离蛋白质等大分子物质。

另外离子交换剂颗粒大小也会影响分离的效果。离子交换剂颗粒一般呈球形，颗粒的大小通常以目数或者颗粒直径来表示，目数越大表示直径越小。大颗粒的离子交换剂一般适合于对分辨率要求不高的大规模制备性分离，而小颗粒的离子交换剂适合于需要高分辨率的分析或分离。

（2）离子交换剂的处理和保存：离子交换剂使用前一般要进行处理。干粉状的离子交换剂首先要进行膨化，将干粉在水中充分溶胀，以使离子交换剂颗粒的孔隙增大，具有交换活性的电荷基团充分暴露出来。而后用水悬浮去除杂质和细小颗粒。再用酸碱分别浸泡，每一种试剂处理后要用水洗至中性，再用另一种试剂处理，最后再用水洗至中性。离子交换剂使用前要排除气泡，否则会影响分离效果。

离子交换剂的再生是指对使用过的离子交换剂进行处理，使其恢复原来性状的过程。常用的酸碱交替浸泡就可以使离子交换剂再生。离子交换剂的转型是指离子交换剂由一种平衡离子转为另一种平衡离子的过程。例如，对阴离子交换剂用 HCl 处理可将其转为 Cl 型，用 NaOH 处理可转为 OH 型，用甲酸钠处理可转为甲酸型等。对离子交换剂的处理、再生和转型的目的是一致的，都是为了使离子交换剂带上所需的平衡离子。

离子交换剂保存时应首先处理洗净蛋白质等杂质，并加入适当的防腐剂，一般加入 0.02%的叠氮钠，4℃下保存。

4. 基本操作 离子交换层析的基本装置及操作步骤与前面介绍的柱层析类似。应注意的一些问题有如下。

（1）层析柱：离子交换层析要根据分离的样品量选择合适的层析柱，离子交换用的层析柱一般粗而短，不宜过长。直径和柱长比一般为 1∶10 到 1∶50 之间，层析柱安装要垂直。装柱时要均匀平整，不能有气泡。

（2）平衡缓冲液：离子交换层析的基本反应过程就是离子交换剂平衡离子与待分离物质、缓冲液中离子间的交换，所以在离子交换层析中平衡缓冲液和洗脱缓冲液的离子强度和 pH 的选择对于分离效果有很大的影响。

（3）上样：离子交换层析的上样时应注意样品液的离子强度和 pH，上样量也不宜过大，一般为柱床体积的1%～5%为宜，以使样品能吸附在层析柱的上层，得到较好的分离效果。

（4）洗脱缓冲液：在离子交换层析中一般常用梯度洗脱，通常有改变离子强度和改变pH两种方式。改变离子强度通常是在洗脱过程中逐步增大离子强度，从而使与离子交换剂结合的各个组分被洗脱下来；而改变pH的洗脱，对于阳离子交换剂一般是pH从低到高洗脱，阴离子交换剂一般是pH从高到低洗脱。

洗脱液的选择首先也是要保证在整个洗脱液梯度范围内，所有待分离组分都是稳定的。其次是要使结合在离子交换剂上的所有待分离组分在洗脱液梯度范围内都能够被洗脱下来。另外可以使梯度范围尽量小一些，以提高分辨率。

（5）洗脱速度：洗脱液的流速也会影响离子交换层析的分离效果，洗脱速度通常要保持恒定。如果洗脱峰相对集中在某个区域造成重叠，则应适当缩小梯度范围或降低洗脱速度来提高分辨率；如果分辨率较好，但洗脱峰过宽，则可适当提高洗脱速度。

（6）样品的浓缩、脱盐：离子交换层析得到的样品往往盐浓度较高，而且体积较大，样品浓度较低。所以一般离子交换层析得到的样品要进行浓缩、脱盐处理。

5. 基本应用

（1）水处理：离子交换层析是一种简单而有效的去除水中的杂质及各种离子的方法，聚苯乙烯树脂广泛地应用于高纯水的制备、硬水软化及污水处理等方面。与蒸馏法相比，离子交换层析方法可以大量、快速制备高纯水。

（2）分离纯化小分子物质：离子交换层析也广泛应用于无机离子、有机酸、核苷酸、氨基酸、抗生素等小分子物质的分离纯化。目前已有全自动的氨基酸分析仪。

（3）分离纯化生物大分子物质：离子交换层析是依据物质的带电性质的不同来进行分离纯化的，是分离纯化蛋白质等生物大分子的一种重要手段。由于生物样品中蛋白质的复杂性，一般很难只经过一次离子交换层析就达到高纯度，往往要与其他分离方法配合使用。使用离子交换层析分离样品要充分利用其按带电性质来分离的特性，只要选择合适的条件，通过离子交换层析可以得到较满意的分离效果。

【亲和层析】

亲和层析（affinity chromatography）是利用生物分子间专一的亲和力而进行分离的一种层析技术。亲和层析是分离纯化蛋白质、酶等生物大分子最为特异而有效的层析技术，分离过程简单、快速，具有很高的分辨率，在生物分离中有广泛的应用。同时它也可以用于某些生物大分子结构和功能的研究。

1. 基本原理 生物分子间存在很多特异性的相互作用，如抗原-抗体、酶-底物或抑制剂、激素-受体等，它们之间都能够专一而可逆的结合，这种结合力就称为亲和力。亲和层析的分离原理就是通过将具有亲和力的两个分子中一个固定在不溶性基质上，利用分子间亲和力的特异性和可逆性，对另一个分子进行分离纯化。被固定在基质上的分子称为配体，配体和基质是共价结合的，构成亲和层析的固定相，称为亲和吸附剂。当样品溶液通过亲和层析柱的时候，待分离的生物分子就与配体发生特异性的结合，从而留在固定相上；而其他杂质不能与配体结合，仍在流动相中，并随洗脱液流出，这样层析柱中就只有待分离的生物分子。通过适当的洗脱液将其从配体上洗脱下来，就得到了纯化的待分离物质（图1-2-11）。由于亲和力具有高度的专一性，使得亲和层析的分辨率很高，是分离生物大分子的一种理想的层析方法。

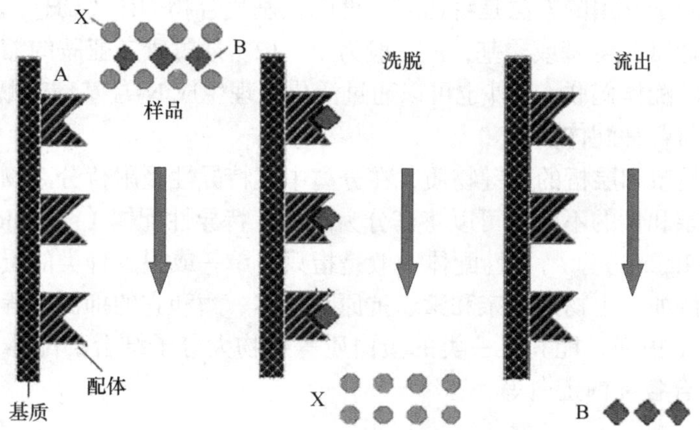

图 1-2-11 亲和层析原理

2. 亲和吸附剂 选择并制备合适的亲和吸附剂是亲和层析的关键步骤之一。它包括基质和配体的选择、基质的活化、配体与基质的偶联等。

(1) 基质

1) 基质的性质：基质构成固定相的骨架，亲和层析的基质应该具有以下一些性质。

A. 具有较好的物理化学稳定性。在与配体偶联、层析过程中配体与待分离物结合、洗脱时的 pH、离子强度等条件下，基质的性质都没有明显的改变。

B. 能够和配体稳定的结合。亲和层析的基质应具有较多的化学活性基团，通过一定的化学处理能够与配体稳定的共价结合，并且结合后不改变基质和配体的基本性质。

C. 基质的结构应是均匀的多孔网状结构。以使被分离的生物分子能够均匀、稳定的通透，并充分与配体结合。

D. 基质本身与样品中的各个组分均没有明显的非特异性吸附，不影响配体与待分离物的结合。基质应具有较好的亲水性，以使生物分子易于靠近并与配体作用。

一般纤维素及交联葡聚糖、琼脂糖、聚丙烯酰胺、多孔玻璃珠等用于凝胶排阻层析的凝胶都可以作为亲和层析的基质，其中以琼脂糖凝胶应用最为广泛。

2) 基质的活化：是指通过对基质进行一定的化学处理，使基质表面上的一些化学基团转变为易于和特定配体结合的活性基团。琼脂糖凝胶是常用的载体，含有大量的羟基，通过一定的处理可以引入各种适宜的活性基团。活化的方法主要有：

A. 溴化氰活化：溴化氰活化法是最常用的活化方法之一，活化过程主要是生成亚胺碳酸活性基团，它可以和配体的伯氨基（NH_2）反应，使它们结合在基质上。

B. 环氧乙烷基活化：这类方法活化后的基质都含有环氧乙烷基，可以结合含在伯氨基（NH_2）、羟基（OH）和巯基（SH）等基团的配体。

3) 间隔臂分子：在亲和层析中，当配体较小或待分离的生物大分子较大时，由于直接结合在基质上的小分子配体非常靠近基质，而待分离的生物大分子由于受到基质的空间障碍，使得其与配体结合的部位无法接近配体，影响了待分离的生物大分子与配体的结合，造成吸附量的降低。在配体和基质之间引入适当长度的“间隔臂”，即加入一段有机分子，使基质上的配体离开基质的骨架向外扩展伸长，这样就可以减少空间位阻效应，大大增加配体对待分离生物大分子的吸附效率。

引入间隔臂分子常用的方法是将适当长度的氨基化合物 $NH_2(CH_2)_nR$ 共价结合到活化的基质上，R 通常是氨基或羧基，n 一般为 2～12。通过碳二亚胺的缩合作用可以分别与含羧基或氨基的配体偶联。另外也可以通过活化处理生成 N-羟基琥珀酰亚胺酯、环氧基等活性基团直接与各种配体偶联。

（2）配体：是亲和层析的关键物质，在分离中起特异性吸附待分离物的作用。根据配体对待分离物质亲和性的不同，可以将其分为两类：特异性配体（specific ligand）和通用性配体（general ligand）。特异性配体一般是指只与单一或很少种类的蛋白质等生物大分子结合的配体。例如，生物素和亲和素、抗原和抗体、酶和它的抑制剂等。通用性配体一般是指特异性不是很强，能和某一类的蛋白质等生物大分子结合的配体，如各种凝集素（lectine）可以结合各种糖蛋白等。

3. 基本操作

（1）上样：亲和层析柱一般很短，通常为 10cm 左右。上样时应注意选择适当的条件，包括上样流速、缓冲液种类、pH、离子强度、温度等，以使待分离的物质能够充分结合在亲和吸附剂上。

一般生物大分子和配体之间达到平衡的速度很慢，所以样品液的浓度不易过高，上样时流速应比较慢，以保证样品和亲和吸附剂有充分的接触时间进行吸附。样品缓冲液的选择也要使待分离的生物大分子与配体有较强的亲和力，缓冲液中一般有一定的离子强度，以减小基质、配体与样品其他组分之间的非特异性吸附。另外，生物分子间的亲和力通常随温度的升高而下降，所以在上样时应选择适当的温度。

（2）洗脱：亲和层析的洗脱方法可以分为两种：特异性洗脱和非特异性洗脱。

1）特异性洗脱：是指利用洗脱液中的物质与待分离物质或与配体的亲和特性而将待分离物质从亲和吸附剂上洗脱下来。特异性洗脱也可以分为两种：一种是选择与配体有亲和力的物质进行洗脱，另一种是选择与待分离物质有亲和力的物质进行洗脱。前者在洗脱时，选择一种和配体亲和力较强的物质加入洗脱液，使原来与配体结合的待分离物质被取代而脱离配体被洗脱下来。后一种方法洗脱时，选择一种与待分离物质有较强亲和力的物质加入洗脱液，这种物质与配体竞争结合待分离物质，使待分离物质被这种物质结合而脱离配体被洗脱下来。

2）非特异性洗脱：是指通过改变洗脱缓冲液 pH、离子强度、温度等条件，降低待分离物质与配体的亲和力而将待分离物质洗脱下来。当待分离物质与配体亲和力较小时，一般通过连续大体积平衡缓冲液冲洗，就可以在杂质之后将待分离物质洗脱下来，这种洗脱方式简单、条件温和，不会影响待分离物质的活性。当待分离物质和配体结合较强时，可以通过选择适当的 pH、离子强度等条件降低待分离物质与配体的亲和力。如果希望得到较高浓度的待分离物质，可以选择酸性或碱性洗脱液，或较高的离子强度一次快速洗脱，这样在较小的洗脱体积内就能将待分离物质洗脱出来。但选择洗脱液的 pH、离子强度时应注意尽量不影响待分离物质的活性，而且洗脱后应注意中和酸碱，透析去除离子，以免待分离物质丧失活性。对于待分离物质与配体结合非常牢固时，可以使用较强的酸、碱或在洗脱液中加入脲、胍等变性剂使蛋白质等待分离物质变性，而从配体上解离出来。然后再通过适当的方法使待分离物质恢复活性。

4. 基本应用

（1）抗原和抗体的纯化：将抗原结合于亲和层析基质上，就可以从血清中分离其对应的抗体。在蛋白质工程菌发酵液中所需蛋白质的浓度通常较低，用离子交换、凝胶过滤等方法都难于进行分离，而亲和层析则是一种非常有效的方法。例如，金黄色葡萄球菌蛋白A（Protein A）能够与免疫球蛋白 G（IgG）结合，可以用于分离各种 IgG。

（2）生物素标记物的纯化：生物素（biotion）和亲和素（avidin）之间具有很强而特异的亲和力，可以利用亲和素为配体分离含有生物素的蛋白质等，再选择生物素类似物进行特异性洗脱。很多种生物大分子可以用生物素标记试剂（如生物素与 NHS 生成的酯）作用结合上生物素，并且不改变其生物活性，这使得生物素和亲和素在亲和层析分离中有更广泛的用途。

（3）分离病毒、细胞：利用配体与病毒、细胞表面受体的相互作用，亲和层析也可以用于病毒和细胞的分离。利用凝集素、抗原、抗体等作为配体都可以用于细胞的分离。例如，各种凝集素可以用于分离红细胞及各种淋巴细胞，胰岛素可以用于分离脂肪细胞等。

（4）金属螯合色谱：金属螯合色谱及后面介绍的共价色谱、疏水色谱是一些特殊的亲和层析技术。金属螯合色谱通常使用亚氨二乙酸（IDA）等螯合剂，它能与 Cu^{2+}、Zn^{2+}、Fe^{2+}等作用，生成带有多个配位基的金属螯合物，可以用于生物分子尤其是对重金属有较强亲和力的蛋白质的分离纯化。例如，Cu^{2+}-IDA 配体可以用于分离带精氨酸的蛋白质。

（5）共价色谱：共价色谱与常规的亲和色谱方法不同之处在于，它是利用亲和吸附剂与待分离蛋白质的共价结合而将其吸附，然后用适当的处理方法将共价键打开而将蛋白质释放出来。例如，活化的巯基-Sepharose 可以直接与含巯基的蛋白质通过二硫键共价结合而将其吸附在基质上，通过适当的洗脱液如半胱氨酸，巯基乙醇等还原二硫键即可将蛋白质洗脱下来。共价色谱结合和洗脱条件一般都很温和，可以多次重复使用。

（6）疏水色谱：是指利用固定的疏水配体和蛋白质疏水表面区域之间的相互作用而进行分离的。例如，用各种烷胺作为配体与基质结合，用于分离糖原磷酸化酶 b。

（连继勤）

三、电 泳 技 术

带电粒子在电场中的移动称为电泳。1809 年俄国物理学家 Pehce 首次发现电泳现象。1909 年 Michaelis 首次在 U 形管中测定了转化酶和过氧化氢酶的电泳移动和等电点。1937 年瑞典科学家 Tiselius 制成了电泳仪，并建立了研究蛋白质的移动界面电泳方法，从而获得了 1948 年的诺贝尔化学奖。之后，利用各种固体物质（如各种滤纸、乙酸纤维素薄膜、琼脂凝胶、淀粉凝胶、聚丙烯酰胺凝胶等）作为支持介质的区带电泳方法使得电泳技术得到迅速发展，成为鉴定各种生物大分子并分析其纯度的重要工具。

【基本原理】

电泳是指带电颗粒在电场的作用下发生迁移的过程。电场对带电颗粒的作用力（F），等于颗粒所带净电荷（Q）与电场强度（E）的乘积，即

$$F=QE$$

根据 Stokes 定律，粒子在溶液中运动所受的阻力（F'）与粒子的运动速度（υ）、球状分子大小（r）及介质的黏度（η）有关，即

$$F'=6\pi r\eta\upsilon$$

当带电分子匀速移动时，$F=F'$，即

$$Q\cdot E=6\pi r\eta\upsilon$$

移项得：

$$\upsilon=\frac{QE}{6\pi\eta r}$$

由此可以看出，带电粒子在电场中的移动速度与其所带净电荷成正比，与分子的大小和溶液的黏度成反比。

【影响因素】

1. 待分离物质的性质　待分离生物大分子所带的电荷、分子大小和性质都会对电泳有明显影响。一般来说，分子带的电荷量越大、直径越小、形状越接近球形，则其电泳迁移速度越快。

2. 缓冲液的性质　缓冲液的 pH 直接影响待分离生物大分子的解离程度，从而对其带电性质产生影响。溶液 pH 距离其等电点越远，其所带净电荷量就越大，电泳的速度也就越大，尤其对于蛋白质等两性分子，缓冲液 pH 还会影响到其电泳方向，当缓冲液 pH 大于蛋白质分子的等电点，蛋白质分子带负电荷，其电泳的方向是指向正极。为了保持电泳过程中待分离生物大分子的电荷及缓冲液 pH 的稳定性，缓冲液通常要保持一定的离子强度，一般在 0.02～0.2，离子强度过低，则缓冲能力差，但如果离子强度过高，会在待分离分子周围形成较强的带相反电荷的离子扩散层（即离子氛），由于离子氛与待分离分子的移动方向相反，它们之间产生了静电引力，因而引起电泳速度降低。另外缓冲液的黏度也会对电泳速度产生影响。

3. 电场强度（V/cm）　是每厘米长度的电位下降数，也称电位梯度。电场强度越大，电泳速度越快。但增大电场强度会引起电流强度增大，造成电泳过程产生的热量增大，导致介质温度升高。过高的温度可引起蛋白质等物质的变性，还可引起介质黏度降低、电阻下降等，都会影响物质的分离。所以，高压电泳时（＞50V/cm）常加用冷却装置以维持恒温。

4. 电渗　液体在电场中对于固体支持介质的相对移动，称为电渗现象。由于支持介质表面可能会存在一些带电基团，如滤纸表面通常有一些羧基，琼脂可能会含有一些硫酸基，而玻璃表面通常有 Si-OH 基团等。这些基团电离后会使支持介质表面带电，吸附一些带相反电荷的离子，在电场的作用下向电极方向移动，形成介质表面溶液的流动，这种现象就是电渗（图 1-2-12）。在 pH 高于 3 时，玻璃表面带负电，吸附溶液中的正电离子，引起玻璃表面附近溶液层带正电，在电场的作用下，向负极迁移，带动电极液产生向负极的电渗流。如果电渗方向与待分离分子电泳方向相同，则加快电泳速度；如果相反，则降低电泳速度。

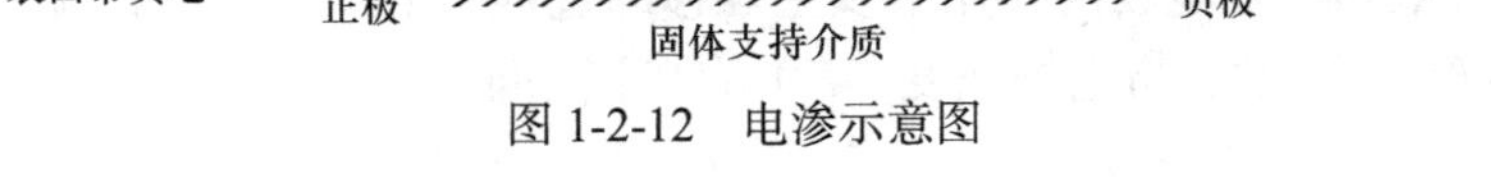

图 1-2-12　电渗示意图

5. 支持介质的筛孔 支持介质的筛孔大小对待分离生物大分子的电泳迁移速度有明显的影响。在筛孔大的介质中泳动速度快；反之，则泳动速度慢。

【基本分类】

1. 按有无支持物分

（1）自由界面电泳。

（2）区带电泳。

2. 按支持介质的不同分

（1）纸电泳（Paper electrophorisis）。

（2）乙酸纤维薄膜电泳（Cellulose acetate electrophoresis）。

（3）琼脂凝胶电泳（Agar gel electrophoresis）。

（4）聚丙烯酰胺凝胶电泳（Polyacrylamide gel electrophoresis）（PAGE）。

（5）SDS-聚丙烯酰胺凝胶电泳（SDS-PAGE）。

3. 按支持介质形状不同分

（1）薄层电泳。

（2）板电泳。

（3）柱电泳。

4. 按用途不同分

（1）分析电泳。

（2）制备电泳。

（3）定量免疫电泳。

（4）连续制备电泳。

5. 按所用电压不同分

（1）低压电泳：100～500V，电泳时间较长，适于分离蛋白质等生物大分子。

（2）高压电泳：1000～5000V，电泳时间短，有时只需几分钟，多用于氨基酸、多肽、核苷酸和糖类等小分子物质的分离。

【纸电泳】

纸电泳是用滤纸作支持介质的一种早期电泳技术。如图 1-2-13 所示。尽管分辨率比凝胶介质要差，但由于其操作简单，所以仍有很多应用，特别是在血清样品的临床检测和病毒分析等方面有重要用途。

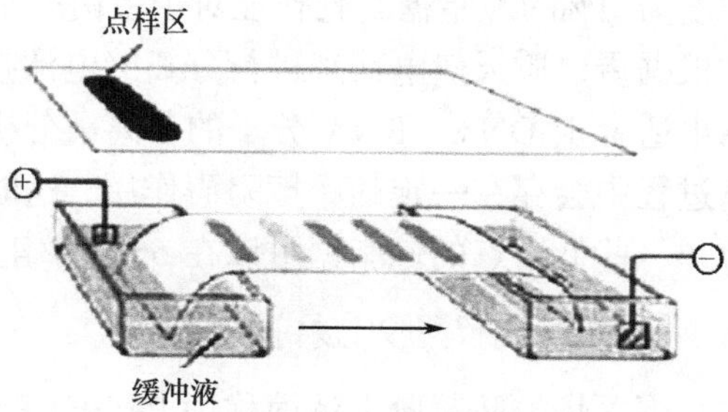

图 1-2-13 纸电泳示意图

纸电泳使用水平电泳槽。分离氨基酸和核苷酸时常用 pH2～3.5 的酸性缓冲液，分离蛋白质时常用碱性缓冲液。选用的滤纸必须厚度均匀，常用国产新华滤纸和进口的 Whatman1 号滤纸。点样位置是在滤纸的一端距纸边 5～10cm 处。样品可点成圆形或长条形，长条形的分离效果较好。点样方法有干点法和湿点法。湿点法是在点样前将滤纸用缓冲液浸湿，样品液要求较浓，不可多次点样。干点法是在点样后再用缓冲液和喷雾器将滤纸喷湿，点样时可用吹风机吹干后多次点样。电泳时要选择好正、负极，通常使用 2～

10V/cm 的低压电泳，电泳时间较长。对于氨基酸和肽类等小分子物质，则要使用 50～200V/cm 的高压电泳，但必须解决电泳时的冷却问题。

电泳完毕记下滤纸的有效使用长度，然后烘干，用显色剂显色。定量测定的方法有洗脱法和光密度法。洗脱法是将确定的样品区带剪下，用适当的洗脱剂洗脱后进行比色或分光光度测定。光密度法是将染色后的干滤纸用光密度计直接定量测定各样品电泳区带的含量。

【乙酸纤维薄膜电泳】

乙酸纤维薄膜电泳与纸电泳相似，只是换用了乙酸纤维薄膜作为支持介质。乙酸纤维薄膜是将纤维素的羟基乙酰化为乙酸酯，溶于丙酮后涂布成有均一细密微孔的薄膜，其厚度为 0.1～0.15mm。

乙酸纤维薄膜电泳与纸电泳相比有以下优点：①乙酸纤维薄膜对蛋白质样品吸附极少，无“拖尾”现象，染色后蛋白质区带更清晰。②快速省时。由于乙酸纤维薄膜亲水性比滤纸弱，吸水少，电渗作用小，电泳时大部分电流由样品传导，所以分离速度快，电泳时间短，完成全部电泳操作只需 90min 左右。③灵敏度高，样品用量少。可用于检测微量异常蛋白质的改变。④应用面广。可用于那些纸电泳不易分离的样品，如胎儿甲种球蛋白、溶菌酶、胰岛素、组蛋白等。⑤乙酸纤维薄膜电泳染色后，用乙酸、乙醇混合液浸泡后可制成透明的干板，有利于光密度计和分光光度计扫描定量及长期保存。

由于乙酸纤维薄膜电泳操作简单、快速、价廉，目前已广泛用于分析检测血浆蛋白、脂蛋白、糖蛋白、胎儿甲种球蛋白、体液、脊髓液、脱氢酶、多肽、核酸及其他生物大分子，为心血管疾病、肝硬化及某些癌症鉴别诊断提供了可靠的依据，因而已成为医学和临床检验的常规技术。

【琼脂糖凝胶电泳】

琼脂糖是从琼脂中提纯出来的，主要是由 *D*-半乳糖和 3，6-脱水-*L*-半乳糖连接而成的一种线性多糖。琼脂糖之间以分子内和分子间氢键形成较为稳定的交联结构，这种交联的结构使琼脂糖凝胶有较好的抗对流性质。琼脂糖本身没有电荷，但一些糖基可能会被羧基、甲氧基特别是硫酸根不同程度的取代，使得琼脂糖凝胶表面带有一定的电荷，引起电泳过程中发生电渗及样品和凝胶间的静电相互作用，影响分离效果。市售的琼脂糖有不同的提纯等级，主要以硫酸根的含量为指标，硫酸根的含量越少，提纯等级越高。

琼脂糖凝胶可以用于蛋白质和核酸的电泳支持介质，尤其适合于核酸的提纯、分析。浓度为 1%的琼脂糖凝胶孔径对于蛋白质来说是比较大的，适用于一些忽略蛋白质大小而只根据蛋白质天然电荷来进行分离的电泳技术，如免疫电泳、平板等电聚焦电泳等。琼脂糖也适合于 DNA、RNA 分子的分离、分析，由于 DNA、RNA 分子通常较大，所以在分离过程中会存在一定的摩擦阻碍作用，这时分子的大小会对电泳迁移率产生明显影响。另外，一些低熔点的琼脂糖可以在 65℃时熔化，其中的样品如 DNA 可以重新回收。

【聚丙烯酰胺凝胶电泳】

聚丙烯酰胺凝胶电泳简称为 PAGE（Polyacrylamide gel electrophoresis），是以聚丙烯酰胺凝胶作为支持介质。聚丙烯酰胺由单体的丙烯酰胺（acrylamide）和甲叉双丙烯酰胺（*N*，*N*′-methylenebisacrylamide）聚合而成，这一聚合过程需要有自由基催化完成。常用的催化聚合方法有两种：化学聚合和光聚合。化学聚合通常是加入催化剂过硫酸铵（AP）及加速剂四甲基乙二胺（TEMED）。

聚丙烯酰胺凝胶的孔径可以通过改变丙烯酰胺和甲叉双丙烯酰胺的浓度来控制，丙烯酰胺的浓度可以为3%～30%。低浓度的凝胶具有较大的孔径，可用于平板等电聚焦或SDS-聚丙烯酰胺凝胶电泳的浓缩胶，也可以用于分离 DNA；高浓度凝胶具有较小的孔径，对蛋白质有分子筛的作用，可用于分离相对分子量不同的蛋白质。

天然聚丙烯酰胺凝胶电泳可以使生物大分子在电泳过程中保持其天然的形状和电荷，它们的分离是依据其电泳迁移率的不同和凝胶的分子筛作用，因而可以得到较高的分辨率，尤其是在电泳分离后仍能保持蛋白质和酶等生物大分子的生物活性，对于生物大分子的鉴定有重要意义。

聚丙烯酰胺凝胶的优点主要有：①可以随意控制胶浓度和交联度，从而得到不同的有效孔径，用于分离不同相对分子量的生物大分子。②能把分子筛作用和电荷效应结合在同一方法中，达到更高的灵敏度。③化学惰性好，电泳时不会产生“电渗”。④电泳分离的重复性好。⑤透明度好，便于照相和复印。机械强度好，有弹性，不易碎，便于操作和保存。⑥无紫外吸收，不染色就可以用于紫外波长的凝胶扫描做定量分析。⑦还可以用作固定化酶的惰性载体。

聚丙烯酰胺凝胶分离蛋白质最初是在玻璃管中进行的，玻璃管通常直径为 7mm，长10cm，将凝胶装入到多个管中进行电泳，又称为柱状电泳。目前仍有应用，尤其用于二维电泳中的第一维电泳。但由于各个玻璃管的不同及装胶时的差异使每管的分离条件会有所差异，所以对各管样品进行比较时可能会出现较大误差。后来发展起来的垂直平板电泳一次最多可以容纳 20 个样品，电泳过程中样品所处的条件比较一致，样品间可以进行更好的比较，重复性也更好，所以垂直平板电泳目前应用的更为广泛，常用于蛋白质及 DNA序列分析过程中 DNA 片段的分离、鉴定。

【SDS-聚丙烯酰胺凝胶电泳】

SDS-聚丙烯酰胺凝胶电泳（SDS-PAGE）是最常用的定性分析蛋白质的电泳方法，特别是用于蛋白质纯度检测和测定蛋白质相对分子量。

SDS-PAGE 是在分析的电泳样品中加入含有 SDS 和 β-巯基乙醇的样品处理液。SDS即十二烷基硫酸钠，是一种阴离子表面活性剂，它可以断开分子内和分子间的氢键，破坏蛋白质分子的二级和三级结构，强还原剂 β-巯基乙醇可以断开半胱氨酸残基之间的二硫键，破坏蛋白质的四级结构。电泳样品加入样品处理液后，要在沸水浴中煮 3～5min，使SDS 与蛋白质充分结合，以使蛋白质完全变性和解聚，并形成棒状结构。SDS 与蛋白质结合后使蛋白质-SDS 复合物上带有大量的负电荷，平均每两个氨基酸残基结合一个 SDS 分子，这时各种蛋白质分子本身的电荷完全被 SDS 掩盖。这样就消除了各种蛋白质本身电荷上的差异。样品处理液中通常还加入溴酚蓝染料，用于控制电泳过程。另外样品处理液中也可加入适量的蔗糖或甘油以增大溶液密度，使加样时样品溶液可以沉入样品凹槽底部。

制备凝胶时首先要根据待分离样品的情况选择适当的分离胶浓度。例如，通常使用的15%的聚丙烯酰胺凝胶的分离范围是 10^4～10^5，即相对分子量小于 10^4 的蛋白质可以不受孔径的阻碍而通过凝胶，而相对分子量大于 10^5 的蛋白质则难以通过凝胶孔径，这两种情况的蛋白质都不能得到分离。所以如果要分离较大的蛋白质，需要使用低浓度的凝胶（孔径较大）；而分离较小的蛋白质，使用较高浓度的凝胶（孔径较小）可以得到更好的分离效果。分离胶聚合后，通常在上面加上一层浓缩胶（约 1cm），并在浓缩上插入样品梳，形成上样凹槽。浓缩胶是低浓度的聚丙烯酰胺凝胶，由于浓缩胶具有较大的孔径（丙烯酰胺浓度通常为 3%～5%），各种蛋白质都可以不受凝胶孔径阻碍而自由通过。浓缩胶通常 pH 较低（通常 pH=6.8），用于样品进入分离胶前将样品浓缩成很窄的区带。浓缩胶聚合后取出样品梳，上样后即可通电开始电泳。

聚丙烯酰胺凝胶电泳和 SDS-聚丙烯酰胺凝胶电泳有两种系统，即只有分离胶的连续系统和具有浓缩胶与分离胶的不连续系统。不连续系统中最典型、国内外均广泛使用的是著名的 Ornstein-Davis 高 pH 碱性不连续系统，其浓缩胶丙烯酰胺浓度为 4%，pH=6.8，分离胶的丙烯酰胺浓度为 12.5%，pH=8.8。电极缓冲液的 pH=8.3，用 Tris、SDS 和甘氨酸配制。配胶的缓冲液用 Tris、SDS 和 HCl 配制。

SDS-聚丙烯酰胺凝胶电泳还可以用于未知蛋白质分子质量的测定，在同一凝胶上对一系列已知相对分子量的标准蛋白质及未知蛋白质进行电泳，测定各标准蛋白质的电泳距离（或迁移率），并对各自相对分子量的对数（logMr）作图，即得到标准曲线。测定未知蛋白质的电泳距离（或迁移率），通过标准曲线就可以求出未知蛋白质的相对分子量（图 1-2-14）。

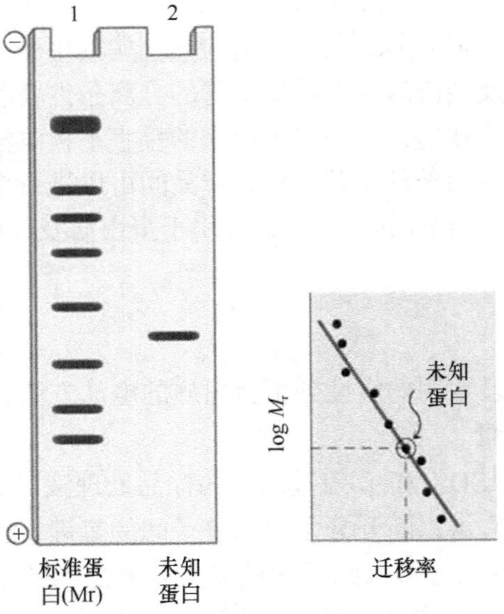

图 1-2-14 SDS-聚丙烯酰胺凝胶电泳测定未知蛋白相对分子量

SDS-聚丙烯酰胺凝胶电泳经常应用于提纯过程中纯度的检测，纯化的蛋白质通常在 SDS 电泳上应只有一条带，但如果蛋白质是由不同的亚基组成的，它在电泳中可能会形成分别对应于各个亚基的几条带。SDS-聚丙烯酰胺凝胶电泳具有较高的灵敏度，一般只需要不到微克量级的蛋白质，而且通过电泳还可以同时得到关于相对分子量的情况，这些信息对于了解未知蛋白质及设计提纯过程都是非常重要的。

【梯度凝胶电泳】

梯度凝胶电泳也通常采用聚丙烯酰胺凝胶，但不是在单一浓度（孔径）的凝胶上进行，而是形成梯度凝胶。从凝胶顶部到底部聚丙烯酰胺的浓度呈梯度变化，如通常顶部凝胶浓度为 5%，底部凝胶浓度为 25%。凝胶梯度是通过梯度混合器形成的，高浓度的丙烯酰胺溶液首先加入到玻璃平板中，而后溶液浓度呈梯度下降，因此在凝胶的顶部孔径较大，而在凝胶的底部孔径较小。梯度凝胶电泳也通常加入 SDS，并有浓缩胶。电泳过程与 SDS-聚丙烯酰胺凝胶电泳基本类似。与单一浓度的凝胶相比，梯度凝胶有几个优点：①首先，梯度凝胶比单一浓度凝胶的分离范围更宽，可以同时分离较大范围相对分子量的蛋白质。②另一个优点是梯度凝胶可以分辨相对分子量相差较小，在单一浓度凝胶中不能分辨的蛋白质。由于梯度凝胶孔径逐步变小，在蛋白质不能通透的孔径附近对蛋白质有浓缩作用，所以电泳后形成很窄的区带，可以分辨出相对分子量相差较小的蛋白质。③可以直接测定天然状态蛋白质的相对分子量而不需要解离为亚基，因此这一方法可以与 SDS-PAGE 测定相对分子量的方法互为补充。

【等电聚焦电泳】

等电聚焦电泳是根据两性物质等电点（pI）的不同而进行分离的，它具有很高的分辨率，可以分辨出等电点相差 0.01 的蛋白质，是分离两性物质如蛋白质的一种理想方法。等电聚焦的分离原理是在凝胶中通过加入两性电解质形成一个 pH 梯度，两性物质在电泳过程中会被集中在与其等电点相等的 pH 区域内，从而得到分离。

两性电解质是人工合成的一种复杂的多氨基-多羧基的混合物。不同的两性电解质有不同的 pH 梯度范围，既有较宽的范围如 pH=3～10，也有各种较窄的范围如 pH=7～8。要根据待分离样品的情况选择适当的两性电解质，使待分离样品中各个组分都在两性电解质的 pH 范围内，两性电解质的 pH 范围越小，分辨率越高。

等电聚焦还可以用于测定某个未知蛋白质的等电点，将一系列已知等电点的标准蛋白（通常 pI 在 3.5～10 之间）及待测蛋白质同时进行等电聚焦。测定各个标准蛋白电泳区带到凝胶某一侧边缘的距离对各自的 pI 作图，即得到标准曲线。而后测定待测蛋白的距离，通过标准曲线即可求出其等电点。

等电聚焦具有很高的灵敏度，特别适合于研究蛋白质微观不均一性，例如，一种蛋白质在 SDS-聚丙烯酰胺凝胶电泳中表现单一带，而在等电聚焦中表现三条带。这可能是由于蛋白质存在单磷酸化、双磷酸化和三磷酸化形式。由于几个磷酸基团不会对蛋白质的相对分子量产生明显的影响，因此在 SDS-聚丙烯酰胺凝胶电泳中表现单一带，但由于它们所带的电荷有差异，所以在等电聚焦中可以被分离检测到。同工酶之间可能只有一两个氨基酸的差别，利用等电聚焦也可以得到较好的分离效果。由于等电聚焦过程中蛋白质通常是处于天然状态的，所以可以通过前面介绍的活性染色的方法对酶进行检测。等电聚焦主要用于分离分析，但也可以用于纯化制备。虽然成本较高，但操作简单、纯化效率很高。除了通常的方法，制备型等电聚焦也可以在垂直玻璃管中的梯度蔗糖溶液或颗粒状凝胶如 SephadexG-75 中进行。

【二维聚丙烯酰胺凝胶电泳】

二维聚丙烯酰胺凝胶电泳（2D-PAGE）技术结合了等电聚焦技术（根据蛋白质等电点进行分离）及 SDS-聚丙烯酰胺凝胶电泳技术（根据蛋白质的大小进行分离）。这两项技术结合形成的二维电泳是分离分析蛋白质最有效的一种电泳手段。在第二维电泳过程中，结合 SDS 的蛋白质从等电聚焦凝胶中进入 SDS-聚丙烯酰胺凝胶，在浓缩胶中被浓缩，在分离胶中依据其相对分子量大小被分离。这样各个蛋白质根据等电点和相对分子量的不同而被分离、分布在二维图谱上。细胞提取液的二维电泳可以分辨出 1000～2000 个蛋白质，有些报道可以分辨出 5000～10 000 个斑点，这与细胞中可能存在的蛋白质数量接近。由于二维电泳具有很高的分辨率，它可以直接从细胞提取液中检测某个蛋白。

【毛细管电泳】

毛细管电泳（capillary electrophoresis，CE）又叫高效毛细管电泳（HPCE），是近年来发展最快的分析方法之一。1981 年 Jorgenson 和 Lukacs 首先提出在 75nm 内径毛细管柱内用高电压进行分离，创立了现代毛细管电泳。1984 年 Terabe 等建立了胶束毛细管电动力学色谱。1987 年 Hjerten 建立了毛细管等电聚焦，Cohen 和 Karger 提出了毛细管凝胶电泳。

1988～1989 年出现了第一批毛细管电泳商品仪器。短短几年内，由于 CE 符合了以生物工程为代表的生命科学各领域中对多肽、蛋白质（包括酶，抗体）、核苷酸乃至脱氧核糖核酸（DNA）的分离分析要求，得到了迅速的发展。CE 是经典电泳技术和现代微柱分离相结合的产物。CE 的优点可概括为三高二少：高灵敏度，常用紫外检测器的检测限可达 10^{-15}～10^{-13}mol，激光诱导荧光检测器则达 10^{-21}～10^{-19}mol；高分辨率，其每米理论塔板数为几十万，高者可达几百万乃至千万；高速度，最快可在 60s 内完成，在 250s 内分离 10 种蛋白质，1.7min 分离 19 种阳离子，3min 内分离 30 种阴离子；样品少，只需 nl（10^{-9}L）级的进样量；成本低，只需少量（几毫升）流动相和价格低廉的毛细管。由于以上优点及分离生物大分子的能力，使 CE 成为近年来发展最迅速的分离分析方法之一。

（连继勤）

四、离 心 技 术

离心技术是在离心力的作用下，对样品溶液中混合物各组分进行快速分离、提取和纯化的一门常用技术。这项技术已广泛应用于工、农、医等领域相关学科的科学研究和生产。在生物化学与分子生物学的教学、科研中常用离心方法来对生物大分子进行分离、纯化及细胞、细胞器的分离、收集等。

最早的离心机是用手摇作动力进行离心的，直到 1910 年才成功制造出了小型的电动离心机，转速多在每分钟几千转以下。1924 年瑞典物理学家 Svedber 成功地设计、制造了一台转速达 60 000r/min 并装有光学系统的离心机，用它可计算颗粒的沉降系数和相对分子量等，用该机测得马血红蛋白相对分子量为 67 000，从而建立了现代离心机的雏形。随着离心技术的不断发展，1964 年美国 Pickels 等成立一个专门生产销售离心机的公司，也就是 Beckman 公司的前身。之后，离心机经历了从低速、高速到超速离心机的发展，离心机的结构也加入了真空系统、冷冻系统、光学分析系统和良好的自动控制等操作系统等。

我国的离心机生产制造直到 20 世纪 80 年代才迅速增加，之后产品质量稳步提高，并逐步代替了进口。

【基本概念】

1. 离心力（centrifugal force 简写为 F_c） 是物体作圆周运动时受到的背离轴心方向的力。离心力 F_c 的大小等于离心力加速度 a 与颗粒质量 m 的乘积，即

$$F_c = m\,a = m\,r\omega^2$$

式中，m 为沉降颗粒的质量，以 g 为单位；a 为颗粒旋转的加速度；ω 为旋转角速度，以弧度/秒为单位；r 是颗粒的旋转半径，以 cm 为单位。

2. 相对离心力 是两个力的比值，即在离心场中，作用于颗粒的离心力与地球重力之比，习惯用重力加速度（g，即 980cm/s^2）来表示，因此称为相对离心力（relative centrifugal force，RCF）。相对离心力也可用数字乘以 g，即地球重力的倍数来表示，例如，1000g，表示相对离心力为 1000，意味着在离心力的作用下，相当于物体受到 1000 倍于地球的重力。只要 RCF 值不变，一个样品颗粒可以在不同离心机上获得相同的结果。相对离心力的计算式如下：

$$RCF=\omega^2 r/980 \qquad \omega=2\pi\times rpm/60$$
$$RCF=1.118\times10^{-5}\times(rpm)^2 r$$

式中 rpm 为每分钟转数（revolutions per minute）。

由上式可见，只要给出旋转半径 r，则 RCF 和 rpm 之间可以相互换算。但由于转头的半径差异，使离心机的离心管口至管底的各点与旋转轴之间的距离是不一样的，所以在计算中规定，旋转半径一律用平均半径（r_{av}）代替。

$$r_{av}=(r_{min}+r_{max})/2$$

一般在低速离心时常用转速（rpm）表示，而在高速离心时常用相对离心力（g）表示。计算颗粒的相对离心力时，应注意离心管与旋转轴心的距离（r），即沉降颗粒在离心管中所处位置不同，所受离心力也不一样。在报告离心条件时，通常用地球重力的倍数 g 代替每分钟转数（rpm），因为它能真实地反映颗粒在离心管不同位置的离心力及其动态变化。科研文献中离心力的数据，通常是指平均值（RCF_{av}），即离心管中间点的离心力。

3. 沉降速度和沉降系数

（1）沉降速度（sedimentation velocity，v）是指在强大离心力的作用下，单位时间内物质颗粒沿半径方向运动的距离。颗粒在离心过程中沉降速度的大小与下列因素有关：①与颗粒直径成正比；②与颗粒密度和介质密度之差成正比；③与外加离心力（$r\omega^2$）成正比；④与介质黏度（η）成反比，随着黏度增加速度减慢；⑤与颗粒形状有关，颗粒偏离球形越多，速度越慢。

（2）沉降系数（sedimentation coeffcient）是指颗粒在单位离心力作用下的移动速度，即颗粒沉降的速度，用 S 表示：

$$S=v/(r\omega^2)$$

沉降系数值与颗粒大小、形状、密度及离心所使用的介质密度、黏度有关，而与转头的类型和速度无关。对某些生物高分子和亚细胞器组分的化学结构、相对分子量还不了解时，可用沉降系数对它的物理特性进行描述，并将它们区分开来。例如，大肠杆菌核糖体的沉降系数是 70S，它由两个亚基组成，用超速离心方法测得其沉降系数分别为 30S 和 50S，当我们还不清楚它的结构时，就暂时以 30S 和 50S 命名以示区别。生物大分子、细胞及细胞器组分的沉降系数有很大差异（表 1-2-4），我们可以采用离心技术把不同沉降系数的生物样品进行分离纯化。

表 1-2-4　某生物样品成分的沉降系数和它们的离心条件

名称	沉降系数（S）	RCF（g）	转速（r/min）
蛋白质	$1\sim10^2$	$>4\times10^5$	>60 000
核酸	$10\sim10^3$	$2\sim4\times10^5$	40 000～60 000
微粒体	$10^2\sim1.5\times10^4$	1×10^5	30 000
线粒体	$2\times10^4\sim7\times10^4$	7000	7000
细胞核	$4\times10^6\sim10^7$	600～800	3000
细胞	$10^7\sim10^8$	<200	<1500

【离心机的结构】

目前使用的离心机，不论结构简单和复杂，都是电动离心机。最简单的离心机由电动机直接带动一个转头和调速开关，为了保证离心机使用的安全性和适用性，离心机的整体结构包括：

1. 驱动系统（drive unit） 老式离心机的驱动装置由水冷或风冷电动机通过精密齿轮箱或皮带变速带动转子，目前驱动系统采用变感应电机直接带动离心机的转子转动，电机轴的转速等于转子的转速。

2. 转子（rotor） 又称转头，是直接装载离心样品的装置，转子由铝合金或钛合金制成。钛合金转子具有较强的抗腐蚀性，在室温下，除了浓硫酸、浓盐酸、氢氟酸及氯气外，几乎不受其他化学试剂的影响。腐蚀的转子是引起事故的主要原因，应高度重视。常用的转子有角式转子和甩平式转子两种。

3. 冷却系统（refrigeration system） 离心时转子的高速或超速运转，转子与空气摩擦产热，使样品温度升高，可能导致样品变性而失去生物活性。对于水溶液的样品，离心温度以4℃为宜。温度过低样品溶液结冰不但会影响离心效果，还可能会导致严重的事故。

4. 真空系统（vacuum system） 转子在高、超速运转时会产生大量的热，特别在转速＞40 000r/min时产热非常严重，为了消除产热问题，将离心腔密封，并通过真空系统抽真空以降低转子与空气摩擦的产热量来达到所需要的转速。

5. 控制装置和操作面板 离心所需要的离心参数（如温度、转速、真空、运行时间和其他特别参数等）都可通过控制面板在离心前设定。

【离心机的分类】

1. 生产用离心机 在工业生产和日常生活中常用于胶体化学分离制备和脱水甩干等用途。

2. 科学研究实验用离心机 实验用离心机分分析型离心机和制备型离心机两类：

（1）分析型离心机：使用了特殊转子和光学检测系统，通过连续离心过程可以测定生物大分子或细胞器的沉降系数和扩散系数，从而确定它们的物理性质；可测定分子的不均一性及混合物的比例；可测定生物大分子的相对分子量并可进行定量分析。

（2）制备型离心机：分普通离心机、高速冷冻离心机和超速冷冻离心机三类。

1）普通离心机，最大转数一般在6000r/min左右、相对离心力近6000*g*，转子分角式和甩平式两种，每次离心容量几十毫升至几升，通常不带制冷系统，室温操作，常用于收集易沉降的大颗粒物质。

2）高速冷冻离心机，最高速度可达到25 000r/min或90 000*g*的相对离心力。这类离心机常带有冷却离心腔的制冷系统，可通过设定温度使离心腔内具衡定温度，保证在离心过程不因产热而影响离心效果和样品质量。这类离心机配有各种可变换的角式转子和甩平式转子，其容量可达3升，它们多用于微生物菌体、细胞碎片、大细胞器、硫酸铵沉淀物和免疫沉淀物的分离纯化工作。

3）超速离心机，转速可达80 000r/min，最大相对离心力达510 000*g*，超高速离心机转速可达150 000r/min。超速离心机不但可用于制备样品也可以对样品进行分析。

【制备型超速离心方法】

制备型超速离心机其离心方法有两种。

1. 差速离心法 这种离心方法是通过逐次增加离心力，使不同的颗粒在不同离心力的条件下分批次的沉淀而达到分离的目的。此法先通过低速度的离心，分离出上清液和沉淀

（丢弃沉淀），得到的上清液通过加大离心速度，又得到上清液和沉淀两部分，对得到的上清液进一步加大离心速度直到分离出所需要的沉淀为止。差速离心的特点是操作简便，一般多用于分离沉降系数相差较大的颗粒，但分离的纯度不高。

2. 密度梯度离心法　密度梯度离心法分差速区带离心和等密度区带离心。

（1）差速区带离心法。是将离心管内先装好密度梯度介质溶液，溶液的密度从离心管底部至顶部逐渐降低，把样品溶液加在梯度介质的液面上，在一定离心力的作用下，样品中的不同颗粒各自以一定的速度沉降，并在密度梯度介质的不同区域上形成区带，从而把不同沉降物质分开，这种方法称差速区带离心法。此法分离有一定沉降系数差的颗粒（20%的沉降系数差）或相对分子量相差3倍的生物大分子。梯度介质常用蔗糖溶液等。

（2）等密度梯度区带离心法。产生梯度的方法有两种：预形成梯度和离心形成梯度。前者是在离心管内预先装好密度梯度介质，样品溶液加在梯度介质溶液面上；后者是样品先与梯度介质溶液混合后装入离心管，通过离心形成梯度。等密度梯度离心法所用梯度介质常用氯化铯、碘化物、蔗糖、聚蔗糖等，此法常用于核酸的分离，也可分离蛋白质、细胞器、病毒等。

3. 离心后各区带部分收集与分析　收集区带的常用方法有四种。

（1）虹吸法：将一毛细管轻轻插入离心管底，尽量防止扰动梯度层，用微量泵缓慢泵出梯度溶液，逐步收集并同时进行检测。

（2）加压法：将一细管插入离心管底，泵入高密度的梯度介质液体，将样品和管内的梯度介质压出，逐步收集并同时进行检测。

（3）穿刺法：用注射针头穿刺离心管底部，使样品和梯度溶液滴出，为了控制流速，将一具有合适阀门的盖帽放到离心管顶调节流出的速度，逐步收集并同时进行检测。

（4）分段吸出法：用刻度吸管或小注射器从离心管顶部定量分批次逐步吸出并检测各部分的成分。

除以上四种收集方法外，还可用其他方法：如区带切割法、穿刺离心管区带部分的管壁等方法进行收集。

【使用原则及注意事项】

1. 一般操作使用原则　高速或超速离心机因其转速高、离心力大，如使用不当或不定期检修保养，可能会发生非常严重的事故，在使用离心时必须严格遵守操作规程。

（1）选择合适的转头，并正确装到转轴上。

（2）接通电源，打开电源开关。

（3）调节所需温度，开启制冷开关，待离心机达到所需温度时方可离心。

（4）精确平衡装有液体的离心管并对称放入转头中。

（5）调节所需的离心转速或离心力和离心时间。

（6）打开启动开关，观察离心机运行是否正常、仪表或显示器是否在预定值。

（7）离心工作完成后，关闭所有电源开关并切断电源，收集好样品，将转头取出用软布巾擦拭干净，敞开离心机盖让冷凝水蒸发至干。

2. 注意事项

（1）使用各种离心机时，必须事先在天平上精密平衡离心管和离心溶液，其平衡重量差不得超出离心机说明书规定范围，平衡后应对称地把负载放入离心机转头上，或使负载均匀地分布在离心机转头上。

（2）普通离心机一般都会有离心套筒，平衡时应和离心套筒一起平衡。每台离心机都有自己专用的套筒，不同离心机的套筒最好不要混用。不同型号离心机之间的套筒绝对不能混用。

（3）装载溶液时，要根据待离心的溶液性质及体积选择合适的离心管，无盖离心管，液体不能装的太多，以防止离心时将液体甩出造成转头和离心机腔被腐蚀。而超速离心机的离心管则要求装满液体，以免离心时造成塑料离心管上部凹陷变形。故装液时要严格按离心机操作说明书要求进行。严禁使用变形的、损伤或老化的离心管。

（4）离心过程中不得随意离开，随时观察离心机上的仪表是否正常工作，并注意声音有无异常，以便及时排除故障。

（5）根据转速选择合适的转头，每个转头都有其最高允许转速，离心时转速不得超出转头的最高转速，否则会造成严重不良后果（可能引起转头的爆炸）。每个转头都有一份使用档案记录累计的使用时间，若超过了该转头的最高使用时限，需按说明书要求降速使用。每次使用后及时清洗、擦干转头，转头长时间不用时，要进行上光蜡保护。

（赵元茵）

第三章　分子生物学实验基本技术理论

一、重组 DNA 技术

重组 DNA 技术（recombinant DNA technology）又称分子克隆（molecular cloning），其实质是将不同来源的 DNA 片段剪接在一起，形成新的 DNA 分子，再将其导入细胞/细菌进行扩增，或利用细胞/细菌自身体系表达特定基因产物，以达到深入分析基因的结构与功能、人为改造细胞遗传及性状的目的。

【基本原理】

重组 DNA 技术一般包括五步：

（1）分：分离获取目的基因。

（2）切：限制酶切目的基因/载体。

（3）接：目的基因与载体连接，形成新的重组 DNA 分子。

（4）转：用重组 DNA 分子转化受体细胞，并在受体细胞中复制和遗传。

（5）筛：对转化子筛选和鉴定，对获得外源基因的细胞或生物体通过培养，获得所需的遗传性状或表达出所需要的产物。

在具体工作中选择哪条技术路线，主要取决于基因的来源、基因本身的性质和该项遗传工程的目的。以下分别介绍分、切、接、转、筛的常用方法。

【目的基因的分离获取（分）】

目的基因系指待检测或待研究的靶基因。获取目的基因可由多种途径实现：直接从染色体中分离、化学合成、用逆转录酶逆转录制备 cDNA、构建基因组文库或 cDNA 文库，再从文库中筛选出目的基因、用聚合酶链反应（PCR）方法扩增出目的基因等。

1. 直接从染色体中分离　适用于基因结构简单的原核生物及多拷贝基因。其大致过程为，对原核生物 DNA 采用机械剪切（如超声波）或限制性内切酶切割，经电泳或超速离心法进行分离。

2. 化学合成法　对已知序列的基因，可以用人工合成的方法直接合成。化学合成的优点是可以人为地制造、修饰基因，在基因两端方便地设计各种接头及选择各种宿主生物偏爱的密码子，但费用较高。

3. RT-PCR 法　对已知 mRNA 序列的基因可以采用 RT-PCR 方法进行制备。提取细胞总 RNA，经逆转录反应后，采用特异引物对逆转录产物进行 PCR 扩增，得到所需的目的基因。

4. 构建基因组文库　基因组 DNA 文库（genomic DNA library）是含有某种生物体全部基因片段的重组 DNA 克隆群体。构建基因组 DNA 文库时，先将原核或真核细胞染色体 DNA 提纯，用机械法或限制性内切酶将染色体 DNA 切割成大小不等的许多 DNA 片段。将它们与适当的克隆载体拼接成重组 DNA 分子，继而转入受体菌扩增，这样就构建了基因组 DNA 文库。基因组 DNA 文库就像图书馆存书一样，涵盖了基因组全部基因信息。采用适当筛选方法从众多转化子菌落中筛选出含有目的基因的菌落，再进行扩增、分离、回收，而获得目的基因。

5. 构建 cDNA 文库 以 mRNA 为模板，利用逆转录酶合成与 mRNA 互补的 cDNA，再复制成双链 cDNA 片段，与适当载体连接后转入受体菌，扩增为 cDNA 文库（cDNA library）。与上述基因组 DNA 文库类似，由总 mRNA 制作的 cDNA 文库包含了细胞全部 mRNA 信息，然后采用适当方法从 cDNA 文库中筛选出目的 cDNA。当前发现的大多数蛋白质的编码基因几乎都是采用这种方法获得的。然而，cDNA 文库的构建难度较大，且原核生物 mRNA 的 3'端不带 Poly（A）而不能构建 cDNA 文库，真核生物不带 Poly（A）的 mRNA 也不能构建到 cDNA 文库中。

6. 聚合酶链反应（Polymerase Chain Reaction，PCR）技术 是一种对已知序列基因的体外特异扩增方法，PCR 技术的原理及应用请参见本部分“三、聚合酶链反应技术”。

【限制性内切酶的使用（切）】

在得到含有目的基因的 DNA 片段及提纯的载体后，并不能直接把它们连接起来。要实现目的基因与载体的重组，还需要利用限制性内切酶分别把它们切开，并加以纯化，然后才能把它们连接成重组 DNA。

1. 限制性内切酶的选择 构建体外重组 DNA 分子，必须清楚地了解目的基因和载体的酶切图谱。所选用的限制性内切酶只能在目的基因的两端有酶切位点，而在目的基因内部不能有酶切位点，这样用一种或两种限制性内切酶就能切割得到完整的目的 DNA，且所选用的酶在使用的载体上也只能有单一的酶切位点，如果这些位点又正好是在载体的抗生素抗性基因内，则可利用其插入失活的特性，为后面的筛选工作带来极大的便利。用一种限制性内切酶切割载体会产生相同的末端，在连接时会产生自身连接环化现象。为防止线性载体的自身环化，降低非重组背景，通常需使用碱性磷酸酶去除其 5'端的磷酸基团，脱磷后的线性载体不易自身环化，但仍能和未经脱磷的与其匹配的外源 DNA 片段末端相连接。由于目的基因片段可能会从正、反两个方向插入到载体中，甚至会出现几个目的基因串联以后再插入载体中，从而导致重组效率较低，增加筛选正确重组子的工作量。因此，构建重组 DNA 分子时，较好的方式就是对合适的载体用两种不同的限制性内切酶进行酶解（双酶切方式），产生两种不同的黏性末端或是一个黏性末端、一个平末端。由于两个末端的碱基不能相互匹配，所以载体自身不能环化。用同样的限制性内切酶对目的基因 DNA 进行酶切，也产生同样的末端。这样，当目的基因与载体相连接时，只有当目的基因的末端分别与载体上相应的末端匹配时，才能相互连接。由于目的基因片段只能以一个方向插入到载体中，这种方式又称为定向克隆。定向克隆正确重组的效率高，载体自我环化形成的假阳性背景低，易于筛选出正确的重组子。

2. 限制性内切酶的酶切 各种限制性内切酶均有其最适反应条件，如温度、pH、盐离子强度等。大多数限制性内切酶的最适温度在 37℃，但也有许多例外，如 *Sma* Ⅰ是 25℃，*Mae* Ⅰ是 45℃，*Bcl* Ⅰ是 50℃，*Mae* Ⅲ是 55℃，*Bst* Ⅱ是 60℃，*Taq* Ⅰ是 65℃等。不同的限制性内切酶需要的酶切缓冲液可能不同，在反应条件不恰当时，某些限制性内切酶会出现“星号”活性，即它不再严格遵从识别序列酶切 DNA，而会在其他的序列中切断 DNA。在购买限制性内切酶时一般都会提供其 10×反应缓冲液，使用起来十分方便。在适当反应条件下（包括温度、pH、离子强度等），1h 内完全酶切 1μg 底物 DNA 所需要的酶量，为 1 个活性单位。实际应用中由于影响限制性内切酶反应的因素很多，如 DNA 制品中的污染（蛋白质、酚、氯仿、乙醇、EDTA、SDS、高盐浓度）等均能抑制酶切活性。这种抑制可通过增加酶量，增大反应体积以稀释可能的抑制剂或延长反应时间加以克服。消化超螺旋或病毒 DNA 较线状 DNA 需要更大的酶量（20 倍以上），通常使用理论计算值的 3～5 倍，采用较长的反应时间（2～3h，甚至消化过夜），以保证切割完全。

实验中经常会遇到某个酶切不开或消化不完全目的 DNA 的情况，酶的质量是关键，酶的来源不同，质量也有差异。酶因为保存不当而失活、酶的污染及被切割 DNA 的纯度不够都会直接影响酶切的效果。一般来说，酶切 0.2～5.0μg 的 DNA 时，控制反应体积为 15～20μl，可根据底物 DNA 数量，按比例适当放大体积。限制性内切酶一般保存在含 50%甘油的缓冲液中，但是酶切反应混合物中甘油的浓度不能超过 5%，否则将会抑制酶的活性。

【外源基因与载体的连接（接）】

DNA 的连接在本质上是一个酶促反应过程，含有匹配黏性末端的 DNA 片段在一起时，两个 DNA 片段的黏性末端单链间将形成碱基配对，仅在双链 DNA 上留下两个缺口，即游离的 3′端羟基基团及相邻的 5′端磷酸基团。在 DNA 连接酶催化作用下，形成磷酸二酯键，封闭这两个缺口，连接成一个完整的 DNA 分子。目的基因与载体 DNA 的连接方式很多，主要分为黏性末端连接法和平头末端连接法两大类。前者是指由两段互补的黏性末端的连接，由于连接效率较高，得到广泛应用，特别是对目的基因和载体都进行双酶切，产生两个不同的黏性末端，这样就能保证目的基因与载体的定向连接，有效地限制载体 DNA 分子的自我环化，降低非重组子的背景，成为 DNA 重组连接技术中的最佳方法。

由于黏性末端的氢键结合不足以抵抗较高温度时的分子热运动，连接反应通常采用较低温度，较长时间的条件来进行。经常使用的条件是 12～16℃连接 12～16h。在连接反应中除了要求高质量的连接酶外，还要求高纯度的 DNA 样品，以排除其他干扰因素。如果 DNA 样品纯度不够，其中混有的 EDTA、琼脂糖、蛋白质、各种杂酶、RNA 等都可能影响连接反应的进行。

【重组 DNA 导入宿主细胞（转）】

体外连接的 DNA 重组分子必须导入合适的受体细胞才能进行扩增/复制和表达。受体细胞又称为宿主细胞，分为原核细胞和真核细胞两类。前者主要是大肠杆菌、链霉菌及枯草杆菌等，后者包括酵母、昆虫细胞、哺乳动物细胞等。

以质粒为载体构建的重组体导入宿主细胞的过程称为转化（transformation），以噬菌体 DNA 为载体构建的重组体导入宿主细胞的过程称为转染（transfection）。影响转化效率的因素很多，最主要的因素是要建立一个合适的载体、受体系统。在微生物领域中，现有的受体系统有：大肠杆菌系统、酵母系统、枯草杆菌系统等。正在研究的有棒状杆菌、高温菌、芽孢杆菌、放线菌等系统。目前在 DNA 重组技术中应用最普遍的是大肠杆菌系统，本节以质粒 DNA 转化大肠杆菌为例来介绍转化技术。外源重组 DNA 导入细胞的方法，因宿主细胞不同而有所不同。对于大肠杆菌来说，主要有氯化钙转化法和电穿孔转化法两种。在受体细菌基因组上不应存在载体的筛选标记基因，二者组成一对互补系统。例如，质粒 pBR322 以 *Amp* 和 *Tet* 基因作筛选标记，受体细菌则用对 *Amp* 和 *Tet* 均敏感的大肠杆菌（如 HB101）；pUC18、pUC19 和 M13 用 *LacZ* 基因作筛选标记，则需用 *LacZ* 基因缺陷的大肠杆菌（如 JMl09、DH5α 等）作为受体细菌。

1. $CaCl_2$ 法转化大肠杆菌 细菌处于容易接受外源 DNA 的状态称为感受态。重组 DNA 转化细菌技术的关键就是通过物理或化学的方法，人工诱导细菌细胞成为敏感的感受态细胞（competent cell），以便外源重组 DNA 进入细菌内。处于对数生长早、中期的大肠杆菌细胞，经冰冷的 $CaCl_2$ 处理后，成为感受态细胞。将感受态细胞与重组体质粒 DNA 在冰浴中孵育，经短暂热休克（42℃、1～2min）冲击处理，则更有利于细胞对 DNA 复合物的摄取，外源 DNA 分子通过吸附、转入、自稳而进入细胞内，并开始进行复制和表达。

2. 电脉冲穿孔法转化大肠杆菌 电脉冲穿孔法不需要预先诱导细菌的感受态，依靠短暂的高压电脉冲，促使 DNA 进入细菌。因其操作简单，受到人们的欢迎。最初用于将 DNA 导入真核细胞，现已用于大肠杆菌及其他细菌的转化。电脉冲穿孔转化细菌时，电压越高，脉冲时间越长，转化率也越高，但导致细胞死亡率增高。一般使用的电击条件在导致细胞死亡率为 50%～75%时，转化率远高于氯化钙法的转化率。电脉冲穿孔转化需要特制的设备。

【含重组载体宿主菌落的筛选（筛）】

为了得到需要的重组 DNA 克隆，在技术路线设计时，首先应考虑建立易于筛选重组子的方案。一个设计良好的方案往往可以事半功倍。筛选方法的选择与设计主要依据载体、目的基因、宿主细菌三者不同的遗传学特性与分子生物学特性来进行。DNA 重组技术中常用的筛选与鉴定的方法可分为两大类，一类是利用宿主细胞遗传学表型的改变直接进行筛选；另一类是分析重组子的结构特征进行鉴定。前者常用来进行筛选的遗传表型有：抗药性、营养缺陷型、显色反应、噬菌斑形成能力等。此法简便快速，可以在大量群体中进行筛选，但由于目的基因插入重组分子的方向、多聚体假阳性等因素的影响，结果的可靠性较差。后者是根据目的基因的分子大小、核苷酸序列、基因表达产物的分子生物学特性来进行鉴定。例如，根据重组子酶切片段分子质量的大小、利用特定探针进行杂交筛选、核苷酸序列分析、放免分析等。这些方法条件要求高、难度大、费时费钱，但是灵敏度好，结果可靠性强，通常是在前面初筛的基础上用此法做最后鉴定。

1. 利用宿主细胞遗传表型的改变进行筛选 重组子转化宿主细菌后，载体上一些筛选标志基因的表达，会导致细菌的某些表型改变，通过在琼脂平皿中添加一些相应筛选物质，可以直接筛选出含有重组子的菌落。操作比较简单，常是筛选阳性重组子的第一步。

（1）抗生素筛选：大多数克隆载体均带有抗生素抗性基因，常见的有抗四环素基因（Tet^R）、抗氨苄青霉素基因（Amp^R）等。如果外源 DNA 片段插入载体的位点在抗药性基因之外，不导致抗药性基因的插入失活，仍能编码抗药性蛋白，含有这样重组子的转化细胞，能够在含有相应抗生素的琼脂平皿上生长成菌落。但是除阳性重组子以外，自身环化的载体，未酶解完全的载体及非目的基因插入载体形成的重组子均能转化细胞并形成菌落，只有未转化的宿主细胞不能生长，故本法假阳性较多，仅作为阳性重组子的初步筛选。

（2）插入失活双抗生素筛选：在含有两个抗生素抗性基因的载体上，利用目的基因插入失活其中一个抗生素抗性基因，在两个含不同抗生素的培养平皿上培养，对照筛选出阳性重组子。例如，pBR322 质粒含有 Tet^R 和 Amp^R 这两个抗生素抗性基因，若将目的基因通过 *BamH* I 切点插入 Tet^R 中，Tet^R 被插入而失活（$Tet^R \rightarrow tTet^s$），转化到 Tet^s/Amp^s 的大肠杆菌中后，即形成能在 *Amp* 中生长，而在 *Tet* 中不能存活的阳性克隆。可在 *Amp* 条件下生长的转化菌落中，挑取单个菌落接种在分别含 *Amp* 和 *Tet* 的两个培养皿相互对应的位置上。37℃培养后，在含 *Amp* 的培养皿中能够生长，而在含 *Tet* 培养皿中不能生长的菌落为重组转化菌落；在两个培养皿中都能生长的是含有载体的假阳性菌落。

（3）β-半乳糖苷酶系统筛选：通过插入失活 *LacZ* 基因，破坏重组子与宿主之间的 α 互补作用，是许多携带 *LacZ* 基因载体的常用筛选方式。这些载体包括 M13 载体、pUC 质粒系列、pEGM 质粒系列等。它们的共同点是都带有一个大肠杆菌 DNA 的短区段，其中含有 *LacZ* 的调控序列和头 146 个氨基酸（α 片段，酶的 N 端）的编码信息。在这个编码区中插入了一个多克隆位点，它不破坏读框，也不影响功能。这种载体适用于突变型 *LacZ* 的大肠杆菌，这种大肠杆菌可编码 β-半乳糖苷酶的 ω 片段（酶的 C 端）。单独存在的 α 及 ω 片段均无 β-半乳糖苷酶的活性，只有宿主细胞与克隆载体共同表达两个片段时，它们才能互补形成具有酶学活性的 β-半乳糖苷酶，在生色底物 X-gal 存在时形成蓝色菌落，这种互补现象叫 α 互补。当外源 DNA 片段插入到质粒的多克隆位点时，使 *LacZ* 基因失活，破坏了重组子与宿主之间的 α 互补作用，因此带重组质粒的细菌形成白色菌落。仅仅通过目测就可以容易地从数千个菌落中识别筛选出可能带有重组质粒的菌落，然后通过小量制备质粒 DNA 进行限制性内切酶酶切分析，就可以鉴定这些质粒的结构。

2. 利用重组子分子结构特性进行鉴定 由于目的基因插入重组分子的方向和多聚体假阳性等因素的影响，往往需要对重组子的分子结构作进一步的筛选和鉴定，来证实目的基因是否存在于受体细胞之中。

（1）限制性核酸内切酶酶切电泳分析：将初筛阳性的一些菌落，分别经小量培养后快速分离出重组质粒或重组噬菌体 DNA，用分离目的基因时所用的限制性内切酶酶切，经琼脂糖电泳后，检测插入目的基因及载体片段的大小是否正确。

（2）Southern 印迹杂交：为了进一步确定 DNA 插入片段的正确性，在内切酶消化重组子、凝胶电泳分离后，通过 Southern 印迹转移将 DNA 转移至硝酸纤维素膜上，再用放射性核素或非放射性标记的与目的基因具有同源性的探针进行分子杂交，鉴定重组子中的插入片段是否是所需的靶基因片段。

（3）菌落（或噬菌斑）原位杂交：它是先将转化菌落（或噬菌斑）转印至硝酸纤维素膜上原位裂解细菌，使其释出的 DNA 分子结合于硝酸纤维素膜上，然后用带标记的特异 DNA 或 RNA 探针进行分子杂交。由于探针与靶 DNA 有很好的碱基配对关系，结合较牢固，而非特异结合的探针在洗膜过程被洗去，经放射自显影或其他相应方法可显示阳性克隆菌落（或噬菌斑）的位置。这种方法可进行大规模操作，一次可筛选上千个菌落或噬菌斑，是从基因组 DNA 文库或 cDNA 文库中筛选目的基因的常用方法。

（4）DNA 序列分析：从阳性克隆中分离出重组体，用特定限制性内切酶酶切鉴定目的基因，再进行序列测定，最终证实重组体的正确性。由于 DNA 序列测定通常由专业公司完成，故不在此叙述。

（戴双双）

二、核酸分子杂交技术

核酸分子杂交是核酸研究中的一项常用实验技术，已广泛应用于基因克隆的筛选、基因的定量和定性分析、基因突变的检测等诸多方面。

【基本原理】

核酸分子杂交技术的基本原理是：具有一定同源性的两条核酸单链（DNA 或 RNA）在适宜条件下（温度及离子强度）可以根据核酸分子中碱基互补配对原则退火形成双链分子（DNA/DNA、DNA/RNA、RNA/RNA），由此可用来检测核酸分子是否存在。这一过程实质上是核酸分子的变性和复性过程，是一个高度特异性的过程。通常用已知序列的核酸片段作为探针与待测定核酸序列进行分子杂交，杂交后形成的异质双链分子称为杂交分子或杂交双链。由于杂交是在分子水平上进行的，所以称为分子杂交。杂交中的探针必须用一定的手段加以标记以利于检测分子杂交结果，常用的标记物包括放射性同位素（如 ^{32}P 等）和一些非放射性物质（如生物素、地高辛等）。待测核酸序列可以是克隆的基因片段，也可以是细胞基因组 DNA 或总 RNA。

核酸分子杂交的类型很多，主要包括 Southern 杂交（Southern blot）、Northern 杂交（Northern blot）、斑点杂交（Dot blot）或狭缝杂交（Slot blot）、细胞原位杂交（in situ hybridization）等，其中 Southern 和 Northern 杂交需将待测核酸用凝胶电泳分离后转移到硝酸纤维素膜、尼龙膜或 PVDF（polyvinylidene fluoride，聚二氟乙烯）膜（以下称固相支持膜）上进行印迹杂交，其待测序列分别为 DNA 和 RNA；斑点或狭缝杂交是将待测核酸直接用斑点或狭缝点样的方法点到固相支持膜上进行分子杂交；细胞原位杂交是在细胞内直接进行核酸分子杂交。

【基本操作】

1. Southern 杂交　基本步骤包括：DNA 的限制性酶切、酶切产物的琼脂糖凝胶电泳、凝胶的变性与中和、将凝胶上的 DNA 转移至固相支持膜上、在变性液中使吸附在支持膜上的 DNA 变性，与标记核酸（DNA 或 RNA）探针杂交、洗膜、结果显示与分析（具体操作步骤见第六部分实验 39）。

将凝胶上的 DNA 转移至固相支持膜上的常用方法有三种，即毛细管电泳、真空转移和电转移。Southern 杂交主要用于检测基因组中特定的基因或序列，也常用于鉴定克隆 DNA 的特殊序列。

2. Northern 杂交　类似于 Southern 杂交技术，其总体过程也很相似，只不过它是用来分析 RNA 样品。基本步骤包括：把变性的 RNA 经琼脂糖凝胶电泳进行分离、将分离后的 RNA 转移至固相支持膜上、通过烤膜将 RNA 固定于固相支持膜上、变性、与标记核酸探针杂交、洗膜、结果显示与分析（具体操作步骤见第六部分实验 40）。电泳分离 RNA 的方法包括甲醛变性胶电泳、聚乙二醛和二甲亚砜变性胶电泳及甲基氢氧化汞电泳三种。将凝胶上的 RNA 转移至固相支持膜上的常用方法与 Southern 杂交一样。Northern 杂交是分析基因表达水平的主要技术之一，它可定性、定量检测某一特定基因的表达情况。Northern 杂交主要是用以检测细胞或组织样品中是否有与探针同源的 mRNA 分子，从而判断在转录水平上某些基因是否表达，及其表达水平的高低和 mRNA 的大小等。在基因克隆工作中还常通过 Northern 印迹杂交来确定所克隆的 cDNA 是否获得了全长序列。

3. 斑点或狭缝杂交　基本步骤包括：将变性后的 DNA 或 RNA 直接用斑点或狭缝点样的方法点到固相支持膜上，然后进行烤膜、预杂交、与标记核酸探针杂交、洗膜、结果显示与分析。斑点或狭缝杂交只能检测特定基因的存在或表达情况，但不能确定目标 DNA

或 RNA 的分子大小。

4. 细胞原位杂交　基本步骤包括：将分离或培养的细胞涂于载玻片上（或将组织切片固定于载玻片上）、随后使胞内核酸变性、预杂交（即封阻）、与标记核酸探针杂交、洗涤、结果显示与分析。该方法可用于检测特定基因的存在或表达状况，以及判断基因在细胞内或染色体上的定位。

【固相支持膜的选择】

核酸分子杂交中常用的固相支持膜有尼龙膜（包括普通尼龙膜和带正电荷的尼龙膜）、硝酸纤维素膜和 PVDF 等三种膜，在用非放射性标记物标记的探针进行核酸分子杂交中还常采用 PVDF。PVDF 膜具有较高的强度，但杂交背景相对较高。近年还有一些学者尝试用活化的纤维素滤纸作为固相支持膜，该滤纸含有芳香基团，经化学方法激活后可于核酸分子共价结合，其最小可结合 2nt 的寡核苷酸，但其核酸荷载年能力较尼龙膜低得多（2～40μg/cm^2）。

【核酸探针的标记物】

目前，核酸探针标记物有放射性核素和非放射性标记物两类，两者的主要特性见表 1-3-1。

表 1-3-1　放射性核素和非放射性标记物的特性对比

	放射性核素	非放射性标记物
目前应用的广泛度	应用最多	应用较广泛
灵敏度	高	较低
放射性污染	有	无
稳定性	较差（半衰期短）	好
特异性	高	有的不够理想

1. 放射性核素　目前在实验室中，用于核酸探针标记的放射性核素主要有 ^{32}P、^{35}S 和 ^{3}H 等。①^{32}P 释放的 β-粒子能量高、穿透力较强，放射自显影所需的时间短，灵敏度高，其被广泛应用于各种固相支持膜杂交，特别适合于基因组中单拷贝基因的检测。其缺点是半衰期短（14.3 天），射线散射严重，有时会导致 X 线片上自显影条带轮廓不清，从而影响杂交结果的分析。商品化的 ^{32}P 主要以[^{32}P]-ATP（或[^{32}P]-CTP）及[^{32}P]-dATP（或[^{32}P]-dCTP）的形式提供。②^{35}S 释放的 β-粒子能量较低，故其检测的灵敏度较 ^{32}P 低，但也可基本达到检测基因组中单拷贝基因的要求。^{35}S 释放的 β-粒子穿透力很弱，一张滤纸或保鲜膜即可将之阻断。其优势在于：半衰期较 ^{32}P 长，且因射线的散射作用较弱，使得在 X 胶片上的自显影条带轮廓清晰，分辨率较高。③^{3}H 释放的 β-粒子能量极低，几乎无散射，故在 X 胶片上的自显影条带最清晰，分辨率最高，最适用于细胞原位杂交。同时，^{3}H 的半衰期长，以其标记的核酸探针可保存较长时间，并可反复使用。其主要缺陷是放射自显影时间长。

2. 非放射性标记物　目前，核酸分子杂交中使用的非放射性标记物主要有三类，即半抗原类、荧光素类和酶类，其中以半抗原类应用最广泛。

（1）半抗原类：主要包括生物素（biotin）、地高辛（digoxin）、二硝基苯、雌二醇等，其中以前两者应用最为广泛。①生物素是最先被用于核酸探针标记的非放射性标记物，它通过连接臂与 dUTP 或 UTP 的嘧啶环第 5 位的 C 原子相连，修饰后的 dUTP 或 UTP 可以替代 dTTP 掺入到标记探针中去。目前在标记反应中较常采用的是生物素-11-dUTP。除 dUTP 外，一系列生物素标记的 dATP 和 dCTP 也已被研制和应用。在溶液中，生物素可以与卵白素（avidin）和链亲和素（streptavidin）特异性结合，因此可以通过偶联有荧光素或特定酶的卵白素或链亲和素进行检测。应该注意的是，生物素标记的 DNA 不能用酚进行抽提，因为生物素可以使标记的 DNA 分布于有机相与无机相的交界面或完全在有机相中。②地高辛是目前应用比较广泛的另一种非放射性核酸标记物，其标记探针的原理与生物素相同。地高辛标记的探针可以通过偶联有荧光素或特定酶的抗地高辛抗体进行检测。地高辛标记的探针非常稳定，在–20℃条件下可保存几年。

（2）荧光素类：包括 FITC、罗丹明等。通过酶促合成反应可将荧光素化的 dNTP 掺入到核酸探针分子中，杂交后直接在荧光显微镜下观察结果。此外，荧光素还可作为半抗原对探针进行标记，此时其标记原理同地高辛一样，只是检测时换成荧光素抗体即可。荧光探针多用于染色体、冰冻切片标本和培养细胞的检测。荧光素对光非常敏感，标记后的探针应该避光保存。

（3）酶类：通常是将辣根过氧化物酶或碱性磷酸酶与核酸探针共价连接。此法不仅简化了杂交结果的检测步骤，而且灵敏度较高。其缺陷是：酶蛋白易变性，在整个操作过程中都应避免蛋白变性，而促蛋白变性条件恰恰是消除非特异性杂交的有效手段，故在选择直接酶标法时应注意非特异性杂交背景的问题。

【核酸探针的标记方法】

依据标记原理的不同，核酸探针的标记方法可主要分为酶促法和化学法。酶促法是利用酶促方法将带标记物的核苷酸分子掺入到探针分子中，或将核苷酸上的标记物转移到探针分子上。该法是目前最常用的标记方法，其对放射性核素和非放射性标记物探针的标记均适用。化学法是利用标记物上的活性基团与核酸探针上基团（如磷酸基团）发生化学反应而将标记物直接连接到核酸探针分子上的方法，如光敏生物素标记法。该法简单、快速、标记均一，但每种标记物有着不同的标记方法。依据标记物是否带有放射性，核酸探针的标记方法可分为放射性标记和非放射性标记。

1. 核酸探针的放射性标记（以下各方法均属酶促法）

（1）切口平移法（nick translation）：利用大肠杆菌 DNA 聚合酶Ⅰ的酶促活性（同时利用 5′→3′DNA 聚合酶活性和 5′→3′核酸外切酶活性）将标记的 dNTP 掺入到新形成的 DNA 链中，从而合成高比活性的均匀标记的 DNA 探针。线状、超螺旋及带缺口的环状双链 DNA 均可作为切口平移法的模板。该方法的基本过程如图 1-3-1 所示：先用微量的 DNaseⅠ在 Mg^{2+}的存在下，在 DNA 双链上随机形成单链切口，随后利用大肠杆菌 DNA 聚合酶Ⅰ的 5′→3′核酸外切酶活性在切口处将旧 DNA 链从 5′端逐步切除。同时，在 DNA 聚合酶Ⅰ的 5′→3′聚合酶活性的作用下，顺序将 dNTP 连接到切口的 3′端—OH 上，以互补的 DNA 单链为模板合成新的 DNA 单链。因在切除旧核苷酸的同时，又在切口的 3 ' 端补上新核苷酸，从而使切口沿着 DNA 链移动。如果在反应液中含有一种或多种标记的核苷酸（如 ^{32}P-dCTP 或 ^{32}P-dATP），则这些标记的核苷酸将替代原来的未标记核苷酸残基，从而形成高放射活性的 DNA 探针。

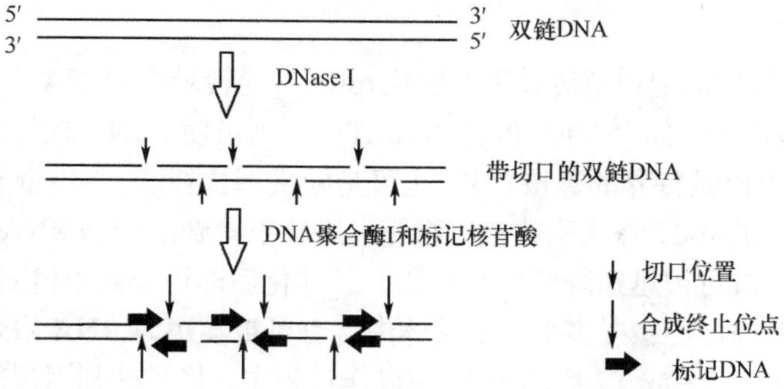

图 1-3-1　切口平移标记法的原理示意图

（2）随机引物法（random priming）：是DNA探针的常规标记方法之一。其通常采用六核苷酸片段的混合物作为随机引物，这些引物分子含有各种可能的组合排列顺序（4^6=4096种，其实并非所有序列均为必需），故它们可以与任意的核苷酸序列互补结合。该标记法的基本过程如图 1-3-2 所示：将变性的 DNA 分子与寡核苷酸随机引物退火，然后以这些寡核苷酸为引物，在大肠杆菌DNA聚合酶I Klenow片段的催化下，以单链DNA为模板，以一种标记dNTP（如 ^{32}P-dCTP或 ^{32}P-dATP）和3种未标记dNTPs为原料，合成新的DNA链，这些新合成的DNA单链实际上就是带标记的DNA探针。

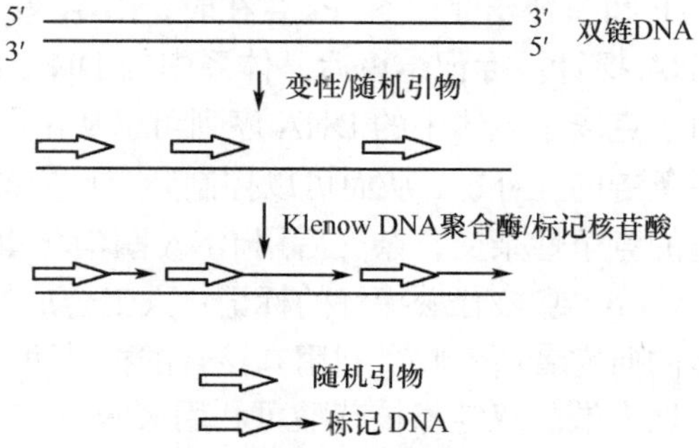

图 1-3-2　随机引物标记法的原理示意图

（3）单链DNA探针的标记：单链DNA探针与双链DNA探针相比，其杂交效率更高。这是由于双链DNA探针在杂交时，除与目的基因序列杂交外，双链DNA探针两条链之间还会形成自身的无效杂交；而单链DNA探针则避免了这种缺点。一般采用M13噬菌体体系进行单链DNA探针的标记，其基本过程如图 1-3-3 所示：①将寡核苷酸引物与克隆了特异基因片段的 M13 噬菌体单链 DNA 退火，在大肠杆菌 DNA 聚合酶 I Klenow 片段的催化下，以单链 DNA 为模板，以一种标记 dNTP（如 ^{32}P-dCTP 或 ^{32}P-dATP）和 3 种未标记 dNTPs 为原料，合成新的 DNA 链，这样新合成的单链和模板单链就形成了一段双链 DNA。②用适当的限制性内切酶在双链区域切开一个缺口，使 DNA 线性化，然后用变性胶电泳分离得到带标记的单链 DNA 探针。双链复制型 M13 DNA 也可方便地用于单链 DNA 探针的制备，通过选择适当的引物（上游或下游引物）便可得到相应的正链或负链 DNA 单链探针。作为引物的寡核苷酸一般采用互补于 M13 噬菌体多克隆位点 3′端序列的“通用引物”（universal primer，正链引物：5′-CACAATTCCACACAAC-3′，负链引物：5′-TCCCAGTCACGACGT-3′），也可以人工合成一段互补于插入序列的寡核苷酸片段作

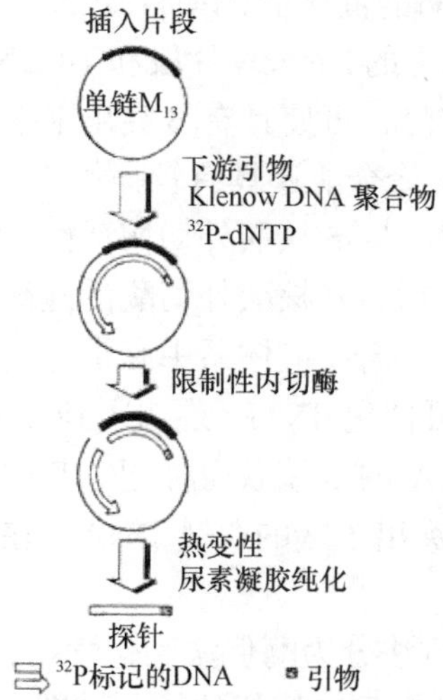

图 1-3-3　单链 DNA 探针的制备原理示意图

为引物。

（4）cDNA 探针的标记：逆转录酶可催化 mRNA 逆转录为 cDNA，在此过程中，如果有带标记的核苷酸掺入（如 ^{32}P-dCTP 或 ^{32}P-dATP），则可使 cDNA 探针得以标记。在此标记法中，所用引物可以是特异的寡核苷酸，也可是随机寡核苷酸。当以带 poly(A)的 mRNA 为模板时，还可用 oligo-dT 作为引物进行标记。逆转录得到的产物 RNA/DNA 杂交双链经碱变性后，RNA 单链可被迅速降解成小片段，经纯化后即可得到单链 cDNA 探针。

（5）RNA 探针的标记：在多个人工载体中含有可被噬菌体 RNA 聚合酶特异性识别的启动子序列（如 SP6、T3 或 T7 启动子）。在操作过程中，将目的基因片段克隆于这些启动子的下游，再用适当的限制性内切酶在插入序列的下游将重组质粒线性化，在 1 种标记 NTP 和 3 种非标记 NTPs 存在时，RNA 聚合酶将以目的 DNA 片段为模板转录合成互补的 RNA 探针。标记结束后，体系中的 DNA 模板可经无 RNase 污染的 DNase 消化而清除。由于克隆于载体中的 DNA 序列可以从不同的方向进行转录，故合成的 RNA 探针可以是任一条链的互补链，从而可以控制杂交反应的特异性。同时 RNA 探针能防止 DNA 中第二条链的竞争性杂交，杂交后用 RNA 酶消化单链未杂交的探针可以明显降低杂交本底。

（6）寡核苷酸探针的标记：人工合成的寡核苷酸片段作为分子杂交的探针已日益为更多的研究者所青睐。利用寡核苷酸探针可以检测到靶基因上单个核苷酸的点突变。对于带黏性末端的双链寡核苷酸可利用 Klenow DNA 聚合酶的填充反应进行末端标记。而对于单链寡核苷酸，则可预先合成一小段（如 8-mer）与此探针互补的寡核苷酸作为引物，然后利用 Klenow DNA 聚合酶的链延伸反应获得标记的寡核苷酸探针。此法的特点是模板 DNA 与标记的 DNA 探针的长度不相同。因此如果需要的话，可采用电泳方法将它们分离开来。

（7）DNA 探针的末端标记：由于该类标记法只对 DNA 的 5′或 3′端进行标记，故标记活性不高，所标记的探针很少用于核酸分子杂交，通常用于 DNA 序列测定和凝胶迁移阻滞实验。可用于 DNA 末端标记的酶包括 T4 多核苷酸激酶、DNA 聚合酶 I 的 Klenow 片段、T4 DNA 聚合酶、末端脱氧核苷酰转移酶等。①T4 多核苷酸激酶用于标记核苷酸链 5′-端，即催化 ATP 上的 γ-磷酸基团转移到核酸探针的 5′羟基基团上。进行探针标记时，先用碱性磷酸酶去除 DNA 双链的 5′-磷酸基团，然后在 T4 多核苷酸激酶的催化下，以[γ-^{32}P]ATP 为底物，将带标记的磷酸基团转移到 DNA 的 5′端。②DNA 聚合酶 I 的 Klenow 片段和 T4 DNA 聚合酶均具有 5′→3′DNA 聚合酶活性，在有标记 dNTPs 存在时，可使具有 3′突出末端的 DNA 片段进行填充标记（即 5′端获得标记）。此外，T4 DNA 聚合酶还具有较强的 3′→5′核酸外切酶活性，若反应体系中缺乏 dNTPs，它将主要表现为 3′→5′核酸外切酶活性，从而在双链 DNA 末端形成 5′端突出的单链结构；在加入 dNTPs 后，其核酸外切酶活性被抑制而表现为 DNA 聚合酶活性，以填充方式将 DNA 末端填平，若反应体系中有带标记的 dNTPs，则可获得 3′端标记的探针。③末端脱氧核苷酰转移酶可催化 dNTPs 逐掺入到 DNA 的 3′—OH 端上，如果其中含有带标记的 dNTPs，则可使 DNA 的 3′端获得标记。其中的 DNA 可以是具有 3′—OH 端的单链 DNA，或是具有 3′—OH 突出末端的双链 DNA，在某些条件下也可以是具有 3′平端或 3′凹端的双链 DNA。

2. 探针的非放射性标记 用非放射性标记物标记探针的方法分为酶促法和化学法，其中酶促法同前，只是将放射性核素标记的核苷酸换成非放射性标记物标记的核苷酸即可。以下仅简要介绍化学标记法（即标记物直接与核酸进行化学反应而连接在核酸上）。

N-Acetoxy-N-2-Acetylaminofluorene（AAF）是第一种用于化学标记法的非放射性标记

物。AAF 可在 37℃，中性 pH 条件下迅速与单链及双链 RNA 或 DNA 反应（主要部位是鸟嘌呤的 C8 位，见图 1-3-4）。可用此化合物的特异性抗体和酶联二抗体进行间接酶联免疫检测法检测。所标记的探针可用于 Southern 杂交、原位杂交、斑点杂交等。标记的探针至少在 6 个月内是稳定的。但此化合物是一种致癌物，使用时要特别注意。

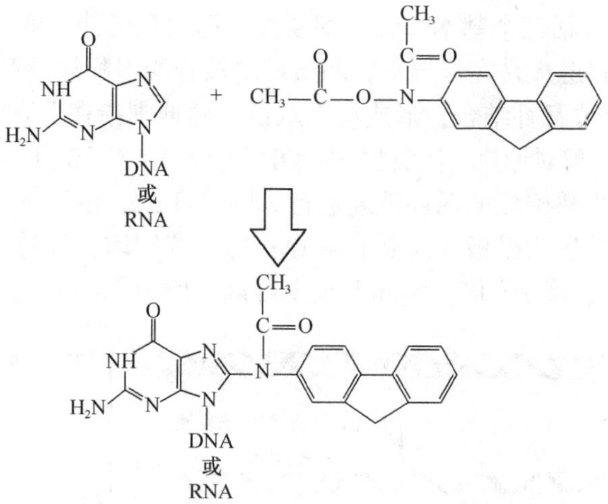

图 1-3-4　AAF 标记原理示意图

酶促法与化学标记法的比较：标记方法最大的缺点是需根据不同的需要选用不同的标记核苷酸底物和不同的酶，并且当需要大量的核酸探针时，耗费极高。而化学标记方法则简单迅捷，价格低廉。当然，不同的标记物其标记方法亦不同。

3. 标记探针的纯化　DNA 探针标记结束后，反应体系中依然存在未掺入到探针中去的 dNTP（标记的与未标记的）等小分子，如果不将它们去除，有时会干扰随后的杂交反应。通过凝胶过滤层析法或选择性沉淀法沉淀标记的 DNA 分子均可以很方便地去除这些小分子。当标记核苷酸的掺入效率超过 60%时，探针在大多数情况下可以直接用于核酸杂交。只有当标记核苷酸的掺入效率很低时才需要作进一步的纯化。

凝胶过滤层析通过其分子筛作用，可以将大分子 DNA 和小分子 dNTP、磷酸根离子及寡核苷酸有效地分离开来，大的标记探针将首先流出，而小分子则滞留在凝胶层析柱中后流出。常用的凝胶基质是 Sephadex G-50 和 Bio-Gel P-60，所获得的探针的长度一般大于 100bp。

在乙醇存在时，乙酸铵可以选择性地沉淀长度超过 20bp 的核酸分子，而未掺入 DNA 的 dNTPs 则保留于上清中，因此通过两次乙酸铵沉淀就可以取得较好的分离效果。如果 DNA 浓度较低（＜10μg/m1），可加入适量酵母 tRNA 进行共沉淀以提高沉淀效率。

（江　渝）

三、聚合酶链反应技术

聚合酶链反应（Polymerase Chain Reaction，PCR）技术，即 DNA 的体外酶促扩增技术，它能特异、高效地在体外反应体系中扩增目标 DNA 片段，是分子生物学技术的一项突破。该技术由 K.B. Mullis 于 1983 年发明，然后迅速地被广泛应用于生物学、医学的各个领域。K.B. Mullis 也因此获得了 1993 年的诺贝尔化学奖。

【基本原理】

PCR 技术实际上是在有 DNA 模板、引物和四种 dNTPs 存在的条件下，由 DNA 聚合酶催化的 DNA 合成反应。反应的结果是使模板 DNA 被大量扩增。

PCR 反应全过程包括三个基本步骤，即变性、退火和延伸。变性即双链 DNA 模板被加热变性成两条单链；退火是在低温下，两条寡聚核苷酸引物按碱基配对原则与单链目标 DNA 片段两侧特定部位互补结合，形成局部双链；延伸则指在适宜温度下，经耐热 DNA 聚合酶催化，根据碱基配对原则，从引物 3′—OH 开始，沿 5′→3′方向延伸，合成新的 DNA 单链。上述三个基本步骤构成的循环重复进行（图 1-3-5），由于每一周期所产生的 DNA 片段均作为下一周期的扩增模板，PCR 产物以指数方式递增，经过 25～30 次循环，目标 DNA 片段理论上可以扩增 10^9 倍，实际上至少可以扩增 10^5 倍以上。

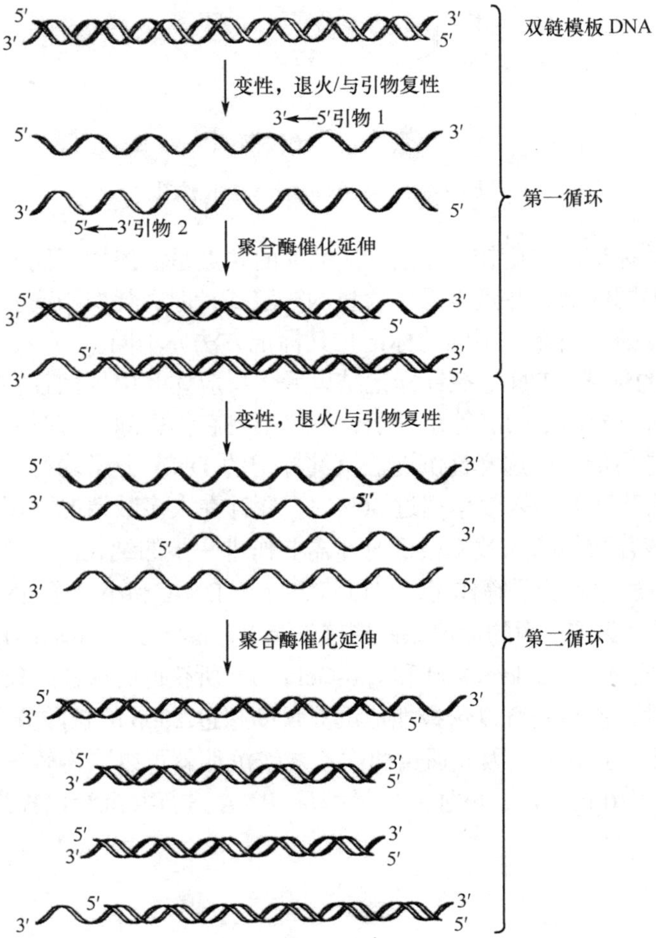

图 1-3-5　PCR 技术原理示意图

【引物设计】

引物是 PCR 中的重要成分，它是影响 PCR 结果的重要因素。理想的引物应该有效地与靶序列杂交，引物的质和量直接影响 PCR 反应的特异性和高效性，是 PCR 成败的关键。

引物设计应尽量考虑到下列因素，即一般应遵循的基本原则。

1. PCR 引物设计的基本原则

（1）引物长度：引物长度以 15～30 个碱基为宜。引物过短会影响到扩增的特异性。如果扩增产物≤500 bp，引物长度为 16～18 个碱基即可。如果扩增大片段，引物最好不要少于 24 个碱基。

（2）引物二聚体及二级结构：二聚体可在两个不同的引物分子之间形成，也可在两个相同的引物分子之间形成，因此要尽量避免在两引物分子之间或一引物分子内部有过多的互补碱基，否则就会形成二聚体分子。二聚体分子中的两条链互为模板，互为引物，引起引物扩增，导致模板扩增失败。另外，还要尽量避免引物分子内部因局部折叠形成的发夹结构（即二级结构），特别是尽可能避免在引物的 3′端出现二级结构（3′端出现二级结构将不能有效引发延伸）。由于分子内的互补碱基较之于分子间的互补碱基更容易形成二级结构（因分子距离更近），因此发夹结构较二聚体分子对 PCR 有更大的危害性。为了避免引物自身二级结构或引物之间二聚体的形成，一般在引物设计时引物自身连续互补碱基不能超过 3 个核苷酸，一对引物间连续互补的核苷酸不宜多于 4 个。

（3）碱基分布的均衡性：引物中应避免嘌呤或嘧啶堆积，避免连续出现 4 个以上的同一碱基。各种碱基最好分布均匀，G+C 和 A+T 应各为 50%左右。但在条件实在无法满足此点时，需要避免出现高 G+C 比例使退火温度过高。

（4）引物在模板上结合位点的唯一性：一个好的引物在模板上的结合位点应该是唯一的，在非扩增部位不应该再有结合位点的出现，只有这样才能保证扩增产物的特异性。目前，一般采用计算机软件可以预测模板 mRNA 的结构，有助于在 DNA 模板区选择合适的引物位点。

（5）碱基配对的严格性：一般情况下，要求引物与模板间的碱基能完全配对。但在特殊实验目的情况下，部分碱基不配对是许可的。通常要求引物 3′端必须与模板配对，才能有效地启动延伸。但在 5′端可以有不配对碱基，也可在 5′端加上一段非模板依赖的游离序列。利用此点，可以在 5′端引入人为的酶切位点。在做点突变时，通常是在引物的某一位点修改某个碱基，从而在产物中引入该位点的突变。在只知道氨基酸序列而不知道核苷酸序列时，常采用设计简并引物（degenerated primer）的方法。这些情况下，允许在某些位点上出现非配对碱基。

（6）引物的 T_m 值：当温度升高到一定值后，双链 DNA 分子会解链为单链，该温度称为解链温度（melting temperature，T_m）。T_m 值是指溶液中有半数的 DNA 分子解链为单链时的温度。对于一个具体 DNA 分子的 T_m 值，可用碱基最邻法（nearest neighbor method）进行精确计算。在实际应用中，可根据下列经验公式计算。

$$T_m=4(G+C)+2(A+T)$$

对于更长的寡聚核苷酸，T_m 计算公式为

$$T_m = 81.5 + 16.6\times\log10[M] + 0.41(\%GC) - 600/L$$

公式中，L 为寡核苷酸的长度，M 为 1 价阳离子的浓度。

高温变性的 DNA 分子在温度下降过程中，又会再度结合为双链 DNA 分子，此过程称为退火（annealing）即复性。退火温度与 PCR 反应的特异性密切相关。太高的退火温度使得引物不能复性到模板上，故不能有效地启动 DNA 的合成。相反，如果退火温度过低，引物分子与 DNA 单链模板分子形成的局部错配双链不易解链，故复性的特异性降低。

（7）引物的 3′端核苷酸：引物 3′端是 PCR 延伸的起始点，不能进行任何修饰，也不能形成二级结构。3′端应在碱基配对的情况下，尽可能选用 A、T，少选用 G、C，这种引物有更高的引发效率，且能有效地避免错误引发（false priming）。这是因为，3′端为低稳定性配对的 A、T 碱基时，仅仅 3′端的几个碱基与非特异位点上的碱基形成的低稳定性结构是难以有效引发引物延伸的。只有在引物中部碱基和 5′端碱基也都能与模板序列互补结合时，才能有效地引发延伸。如果 3′端为高稳定性配对的 G、C 碱基时，只需 3′端的数个碱基与模板结合，就可能引发延伸，从而造成错误引发。

2. 引物设计软件 可用计算机软件在特定的碱基序列区域选择引物，这些程序既方便又实用，但即使是最好的程序也并非完美无缺。

使用计算机软件时，选择参数设置越广泛，计算机需要考虑的情况越多，寻找引物所需的时间会越长。因此，在实际设计引物时，用来寻找引物的参数应尽可能特异，以快速达到设计质量高的引物。各种引物设计软件的具体使用方法请参见软件使用说明书或引物设计软件的在线帮助信息。目前，常用的单机引物设计软件有 Primer Premier 5.0，Oligo 6，DNAStar Lasergene 7.1 等，在线设计网站有 Primer3（http：//bioinfo.ut.ee/primer3-0.4.0），NCBI-Primer-BLAST（http：//www.ncbi.nlm.nih.gov/tools/primer-blast）等。

【影响因素】

理想的 PCR 反应具有特异性和高效性，但其受多种因素的影响。

1. 模板 PCR 反应的模板可以是 DNA，也可以是 RNA，后者的扩增需要首先逆转录成 cDNA 后才能作为模板进行 PCR 循环。模板的质和量会影响 PCR 反应的特异性和高效性。不同来源的核酸标本，如临床标本（血液、痰液、尿液、粪便、体腔积液）、法医学标本（血斑、毛发、精斑等）、病理标本（如组织切片）及考古标本等，可以选用不同的方法直接提取 DNA。无论标本来源如何，待扩增的核酸均需要纯化，尽量使核酸标本中不含蛋白酶、核酸酶，特别是 DNA 聚合酶抑制剂。

2. 引物 引物的选择是整个 PCR 扩增反应成功的关键。理想的引物应该有效地与靶序列杂交。引物的质和量直接影响 PCR 反应的特异性和高效性。①PCR 反应对引物的要求：合成的引物需经聚丙烯酰胺凝胶电泳或反向高压液相色谱（HPLC）纯化，以减少发生非特异扩增的可能性。冻干引物可以在常温下运输，冻干引物于−20℃可以保存 12～24 个月，甚至更长，加水溶解后可在−20℃保存 6 个月或更长。②引物量对 PCR 反应的影响：两条引物的用量一般为每条 0.1～0.5mmol/L。浓度太高会引起错配及非特异性扩增，增加引物之间形成二聚体的概率；引物浓度太低则可能达不到扩增效果或 PCR 产量太低。

3. 循环温度和时间 PCR 扩增反应的三个基本步骤即变性、退火和延伸。变性温度一般为 90～96℃，在此温度下既能使 DNA 双链模板变性，又能保持耐热 DNA 聚合酶活力。退火温度必须严格按照形成模板-引物杂交体的实际需要选择。退火温度太高，会因为不能形成模板-引物杂交体而不能有效扩增目标片段。退火温度太低，容易出现非特异性扩增。退火温度选择的一般原则应低于 T_m 值 3～5℃。多数 PCR 扩增反应的退火温度在 50～65℃。延伸温度常用 70～74℃。延伸时间长短根据待扩增的目标 DNA 片段长短确定。在确定循环次数时，以既能达到扩增目的又能尽量减少非特异性产物的扩增为原则。PCR 的循环次数一般为 20～35 次。循环次数过多将增加非特异性产物。

4. 耐热 DNA 聚合酶浓度 耐热 DNA 聚合酶在反应体系中的终浓度常为 2～

2.5U/10μl。酶量过少，合成 PCR 产物量低，酶量过高则非特异性产物随之增加。

5. 镁离子浓度　镁离子浓度对 PCR 产物的特异性和产量有明显影响，特别是对 *Taq* DNA 聚合酶催化的 PCR 反应的影响尤为明显。过量的镁离子会导致非特异产物的扩增，而镁离子浓度过低，又会使 *Taq* DNA 聚合酶的催化活性降低。一般镁离子浓度为 0.5～2.5mmol/L。

6. dNTPs 浓度　四种 dNTP（dATP、dCTP、dGTP、dTTP）在反应中浓度应相等，一般为 200μmol/L。浓度过高会抑制耐热 DNA 聚合酶的活性，且易引起 DNA 聚合酶催化的碱基错配。

【几种重要的 PCR 衍生技术】

PCR 技术自身的发展及其与已有分子生物学技术的结合，形成了多种 PCR 衍生技术，提高了 PCR 反应的特异性和应用的广泛性。这里重点介绍目前运用广泛的两种 PCR 衍生技术。

1. 逆转录 PCR（Reverse Transcription PCR，RT-PCR）　是将 RNA 的逆转录反应和 PCR 反应联合应用的一种技术。即首先以 RNA 为模板，在逆转录酶的作用下合成 cDNA，再以 cDNA 为模板通过 PCR 反应来扩增目的 DNA。RT-PCR 是目前从组织或细胞中获得目的基因及对已知序列的 RNA 进行定性及半定量分析的有效方法。

2. 实时定量 PCR 技术　常规 PCR 反应中产物以指数形式增加，在比较不同来源样品的 DNA 或 cDNA 含量时，产物的堆积将影响对检测样品中原有模板含量差异的准确判断，因而只能作为半定量手段应用。实时 PCR（real-time PCR）技术通过动态监测反应过程中的产物量，消除了产物堆积对定量分析的干扰，亦被称为定量 PCR。

实时荧光定量 PCR 常用的检测模式有 TaqMan/TaqMan MGB 探针法和 SYBR Green I 荧光染料法。

（1）TaqMan/TaqMan MGB 探针法：实时 PCR 的基本原理是引入了荧光标记分子，并使荧光信号强度与 PCR 产物量成正比，对每一反应时刻的荧光信号进行实时分析，计算出 PCR 产物量。根据动态变化数据，可以精确计算出样品中最初的含量差异。与传统 PCR 反应相比，在常规正向和反向引物之间，TaqMan 探针法实时 PCR 反应中增加了一特殊引物作为探针。探针的 5′端有一个荧光报告分子（reporter，R），3′端有一个荧光淬灭分子（Quencher，Q）。没有扩增反应时，探针保持完整，荧光报告分子和荧光淬灭分子同时存在于探针上，无荧光信号释放。随着 PCR 反应的进行，Taq DNA 聚合酶在链延伸过程中遇到与模板结合着的荧光探针，其 5′→3′核酸外切酶就会将该探针逐步切断，报告荧光基团一旦与淬灭基团分离，便产生荧光信号。后者被荧光监测系统接受，用于数据分析（图 1-3-6）。释放出来的荧光基团随扩增产物的增加呈比例增加，以此对待测 mRNA 的量进行监测。

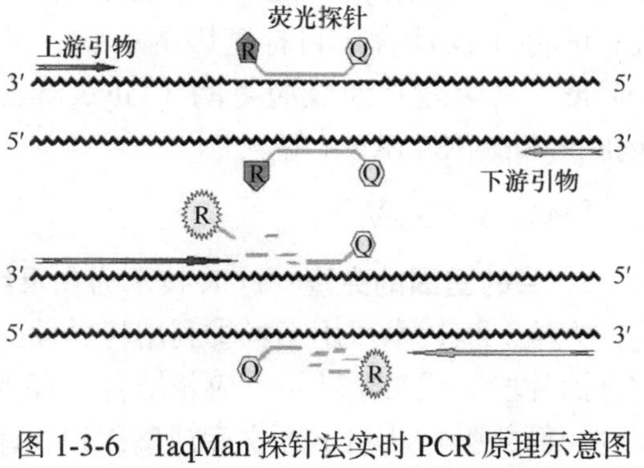

图 1-3-6　TaqMan 探针法实时 PCR 原理示意图

Taqman 探针法中探针设计的基本原则如下：①首先确定探针的位置与序列再设计相对应的引物；②探针的 GC 含量为 30%～80%，最佳范围 40%～60%；③探针的 Tm 值比上、下游引物的 T_m 值高 10℃；④探针 5′端的第一个碱基不能是 G；⑤探针 5′端的第一个碱基与上、下游引物的 3′端最后一个碱基的距离控制在 1～10bp 范围内；⑥探针的序列中避免出现连续 3 个以上相同的碱基，尤其是 G；⑦避免探针本身或探针与引物间形成大量的二级结构。

与上述 TaqMan 探针相比，TaqMan MGB 探针有两个主要不同：一是探针 3′端标记了自身不发光的淬灭荧光分子，以取代常规可发光的 TAMRA 荧光素标记。这使荧光本底降低，荧光光谱分辨率得以大大改善。二是探针 3′端另结合了 MGB（minor groove binder）结合物，大大增加了探针的杂交稳定性，使结果更精确，分辨率更高。

Taqman 探针法中的引物设计参照下述 SYBR Green 染料法引物设计的基本原则。

（2）SYBR Green I 荧光染料法：即利用 SYBR Green 分子产生的荧光信号来进行样品定量。该方法与常规的 PCR 类似，唯一的区别是在反应体系中加入了 SYBR Green 染料分子。SYBR Green I 是一种结合于 DNA 双链小沟的染料分子，最大吸收波长约为 497nm，最大发射波长约为 520nm。在 PCR 反应体系中，加入过量 SYBR Green 荧光染料，该染料特异性地掺入 DNA 双链后，发射荧光信号，而不掺入链中的 SYBR Green 荧光分子不会发射荧光信号，从而保证荧光信号的增加与 PCR 产物的增加完全同步，由此用于扩增产物的检测。

由于 SYBR Green I 可与所有的 DNA 双链相结合，不必因模板不同而特别定制，因此无需设计、合成探针，实验成本相对较低。同时使用方便，与常规 PCR 的操作几乎相同。此外，由于一个 PCR 产物可以与多分子的染料结合，因此 SYBR Green I 的灵敏度很高。

然而，由于 SYBR Green 与双链 DNA 的结合只具有结构特异性而不具有序列特异性，除了与特异性的靶序列扩增产物结合外，还能与在 PCR 扩增过程中形成的引物二聚体、非特异性扩增产物结合，从而造成特异性扩增效率的降低、结果的不准确。因此，采用该方法对于引物的设计及实验条件的优化要求很高，应力争反应过程中没有非特异性产物的扩增。同时，由于上述特点，该方法不能用于多重定量 PCR（在一个反应管中同时检测多个目的基因）。

SYBR Green 染料法引物设计应掌握如下的基本原则：①PCR 扩增产物长度范围 100～400bp，扩增片段中避免出现大量的二级结构；②引物的 GC 含量为 30%～80%，最佳范围 50%～60%；③引物的 T_m 值范围为 62～67℃，上、下游引物的 ΔT_m 值小于 2℃；④引物序列中避免出现连续 4 个相同的碱基；⑤避免引物本身或引物间形成二级结构，在引物 3′端最后 5 个碱基中避免出现 2 个以上的 G 或 C；⑥设计引物时，最好将上、下游引物置于不同的外显子（Exon）区域，其间最好含有较大的内含子（Intron），这样可有效地减少基因组 DNA 对扩增产物的影响；⑦利用 BLAST 或其他引物设计软件对引物的特异性进行检查；⑧除了设计合成目标基因的引物，还要同时合成内参的引物。常用的内参基因如 β-actin、三磷酸甘油醛脱氢酶（Glyceraldehyde-3-phosphate dehydrogenase，GAPDH）、cyclophilin、18S rRNA 等。

【PCR 技术的应用】

1. 目的基因的克隆 PCR 技术为在重组 DNA 过程中获得目的基因片段提供了简便快速的方法。该技术可用于：①利用特异性引物以 cDNA 或基因组 DNA 为模板获得已知目的基因片段，或与逆转录反应相结合，直接以组织和细胞的 mRNA 为模板获得目的片段；②利用简并引物从 cDNA 文库或基因组文库中获得序列相似的基因片段；③利用随机引物从 cDNA 文库或基因组文库中克隆基因。

2. 基因的体外定向进化　在 PCR 技术建立以前，在体外对基因进行各种突变是一项费时费力的工作。现在，利用 PCR 技术可以随意设计引物在体外对目的基因片段进行嵌合、缺失、点突变等改造。DNA 改组（DNA shuffling）是目前最方便、有效的一种分子水平的体外定向进化技术，该技术同倾向错误 PCR（Error-prone PCR）相结合，通过对单基因或相关基因家族的靶序列进行多轮随机诱变、重组和高通量的筛选，可以有效富集正突变，去除负突变，提高突变文库的丰度，创造新基因和获得期望功能的蛋白质。

3. DNA 和 RNA 的微量分析　PCR 技术高度敏感，对模板 DNA 的量要求很低，是 DNA 和 RNA 微量分析的最好方法。理论上讲，只要存在 1 分子的模板，就可以获得目的片段。实际工作中，1 滴血液、1 根毛发或 1 个细胞已足以满足 PCR 的检测需要，因此在基因诊断方面具有极广阔的应用前景。特别是实时定量 PCR 技术的发展，使 PCR 技术具有实时检测、快速、灵敏、精确等特点，扩大了 PCR 的应用范围，已经应用于细菌、病毒、衣原体、支原体、寄生虫等许多病原体的检测和研究。例如，以前对乙型肝炎病毒（HBV）的检测主要依靠间接指标——乙肝病毒表面抗原（HBsAg）。而仅仅根据 HbsAg 阳性或阴性，在临床应用中很难判断患者体内病毒是否处于复制期，病毒复制的量又如何，以及患者是否具有传染性等。实时定量 PCR 技术很好地解决了这一问题。该技术检测 HBV-DNA 的结果如果为 10^1～10^5 拷贝/ml 时，表明病毒复制水平低，传染性较弱；而当 HBV-DNA 大于 10^5 拷贝/ml 时，表明病毒复制水平高，传染性较强。另外，HBV-DNA 的定量检测可及时灵敏地检测患者药物治疗的效果。

4. DNA 序列测定　将 PCR 技术引入 DNA 序列测定，使测序工作大为简化，也提高了测序的速度。PCR 技术代替了为测序而反复进行的分子克隆和模板制备步骤。PCR 技术与自动测序技术相结合后，它成为一种快速、有效地测定核苷酸序列的方法。与传统的将 PCR 片段克隆入质粒或病毒基因组相比，直接序列分析有两个主要的优点：①由于它是一个不依赖于生物体（如细菌、病毒等）的体外系统，因而它更容易标准化（即利于自动化）；②对于每个待测样品，只需测定一个单链序列，因而它也就更快和更准确。

5. 单核苷酸多态性（SNP）及突变分析　例如，在 TaqMan 探针法实时定量 PCR 中，探针只与模板特异性结合，其结合位点在两条引物之间。若在探针的 5′端使用不同的 Report 荧光基团，单一 PCR 中便可检测到多个探针的杂交与相应荧光。只有与模板完全匹配的 TaqMan 探针在与等位基因发生特异性杂交后，才能利用 *Taq* 酶的 5′外切酶活性作用使得探针的 5′ Report 荧光能够被检测。据此，可利用 TaqMan 探针法实时定量 PCR 进行 SNP 及基因突变分析。

（周　鹏）

四、蛋白质印迹技术

蛋白质印迹技术，又称免疫印迹技术或 Western 印迹技术（Western blot），是一种基于抗原-抗体特异性结合检测待测蛋白的有效方法，该方法是在凝胶电泳和固相免疫测定技术基础上发展起来的一种新的免疫生化技术。该技术的灵敏度能达到标准的固相放射免疫分析的水平而又无需像免疫沉淀法那样必须对靶蛋白进行放射性标记。此外，由于蛋白质的电泳分离几乎总在变性条件下进行，因此，也不存在溶解、聚集及靶蛋白与外来蛋白的共沉淀等诸多问题。

【基本原理】

蛋白质印迹技术中被检测物是蛋白质。其基本原理如图 1-3-7 所示：先用变性聚丙烯酰胺凝胶电泳对蛋白质按相对分子量大小进行分离，随后将蛋白质转移到固相载体（如硝酸纤维素膜或 PVDF 膜）上，继而对固相载体进行封闭，最后利用免疫学的抗原-抗体反应来检测被转印的蛋白质，所使用的第一抗体是针对目的蛋白的抗体，显色用的第二抗体是带标记的针对第一抗体的抗体。通过显色反应即可判断出目标蛋白所在的位置和大小。

目前蛋白质印迹技术的发展趋势包括高灵敏度的化学发光检测、准确定量蛋白、多通道荧光检测、自动化操作和 CCD 成像系统，如 Bio-Rad 公司的全能型成像系统 Chemi Doc MP 集普通成像、化学发光成像、多通道荧光成像和免染技术于一体，具有超高的灵敏度、杰出的图像质量等优点。ProteinSimple 公司的 Simon 全自动 Western Blot 蛋白质表达分析系统具有“一键服务”模式，免电泳、转膜、成像检测、手动数据分析，只需简单的放上样品、一抗、二抗和缓冲液，单击“开始”，3h 后，即可读取已经分析好的数据结果，高效而简单。

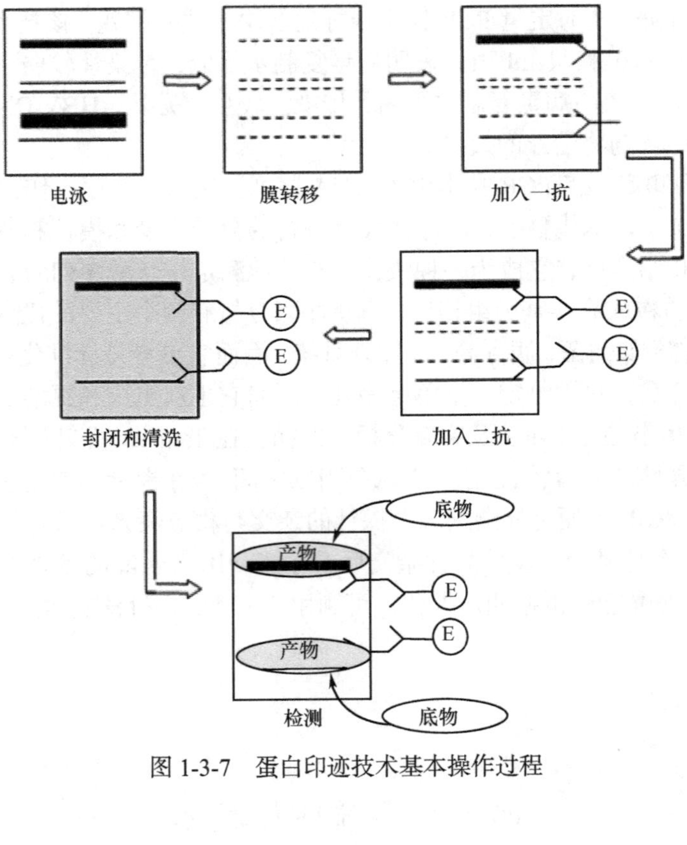

图 1-3-7　蛋白印迹技术基本操作过程

【基本操作】

1. 蛋白质样品的制备　待测蛋白既可以是粗提物（如全细胞抽提物），也可以是经过一定分离和纯化的产物，如核抽提物、新基因的表达产物等。在制备样品时，应根据其组织来源、细胞类型和待测蛋白质的性质来选择合适的蛋白质样品制备方法。例如，细菌、酵母、组织培养的哺乳动物细胞、哺乳动物组织来源的蛋白质样品制备的方法明显不同；膜蛋白、核蛋白和可溶性蛋白的制备方法也明显有差别。蛋白质样品制备好后可用 Bradford 比色法、Lowry 法、BCA（二喹啉甲酸）比色法等来测定蛋白质浓度，其中以 Bradford 比色法最为常用。

2. 蛋白质样品的分离　主要采用 SDS-聚丙烯酰胺凝胶电泳（PAGE）对蛋白质样品按照相对分子量大小进行分离。通常同时使用强阴离子去污剂 SDS 与某一还原剂（如巯基乙醇），并通过加热使蛋白质变性解离成单个的亚基后再加样于凝胶上进行电泳。

3. 电转移　将经过电泳分离的蛋白质样品电转移到固相载体上，固相载体以非共价键形式吸附蛋白质。电转移方法主要有水浴式电转移（即湿转）和半干式转移两种方式。在电转移时，样品胶按下述叠层方式放置：依次放置经转移缓冲溶液浸湿的三张 3M 滤纸、样品胶、固相载体膜（若为 PVDF 膜，则先用甲醇浸泡而将膜激活，然后再移至转移缓冲溶液中待用）、另三张用转移缓冲溶液浸湿过的 3M 滤纸，随后可采用不同方式进行电转移。①若进行半干式转移，则将上述样品胶叠层中的气泡排除后，直接放到半干转移装置上进行电转移，其中胶朝向负极，固相载体膜朝向正极。②若进行湿转，则按图 1-3-8 的方式进行。将上述样品胶叠层两侧各加一块用转移缓冲溶液浸湿的海绵，海绵外侧是转移固定夹，排除气泡后，夹紧固定夹（类似“三明治”），随后放入转移槽中进行转移，其中胶朝向负极，固相载体膜朝向正极。

图 1-3-8　胶膜夹心放置顺序

如前所述，湿转和半干式转移的原理完全相同，只是用于固定胶/膜叠层和施加电场的机械装置不同。湿转法浸泡在转移缓冲溶液中进行，作用比较慢，转移时间可从几小时到整夜，需要大体积缓冲液。半干式转移所需时间短，一般为 10～30min，所需转移缓冲液很少。对于大 2-D 胶的转印，半干式转移是理想选择。

4. 信号检测与结果分析　在进行抗原-抗体反应之前，一般需用封阻剂（如脱脂奶粉、BSA 等）对固相载体膜和一些无关蛋白质的潜在结合位点进行封闭处理，以降低背景信号和非特异性结合。然后，将固相载体膜依次与一抗（针对目的蛋白的抗体）和二抗（带标记的针对一抗的抗体）孵育，最后通过相应的显色法来检测目的蛋白的有无和所在位置及相对分子量大小。在免疫印迹中，二抗上的标记物通常是酶，如辣根过氧化物酶（horseradish peroxidase，HRP）。目前，酶所催化的显色方法主要有底物化学发光 ECL（enhanced chemiluminescent）、底物 DAB（3，3′-diaminobenzidine，3，3-二氨基联苯胺）呈色等，其中以底物化学发光 ECL 最为常用。膜与化学发光底物孵育后，经 X 胶片曝光显影。胶片扫描保存为图形文件，可用分析软件（如 GIS1000）对目的蛋白进行定性定量分析。目前，针对底物化学发光 ECL 的化学发光检测仪及相应的软件分析系统可替代 X 胶片曝光显影，广泛用于目的蛋白进行定性定量分析。

（陈　彬）

第四章 生物化学与分子生物学专业常用数据库及其应用

20 世纪 90 年代以来，随着各种基因组测序计划的展开和分子结构测定技术的突破及互联网的普及，数以百计的生物学数据库如雨后春笋般迅速出现。与此同时，很多生物信息学软件也应运而生。由于篇幅有限，本部分只介绍了生物化学与分子生物学专业常用的数据库、分析工具及目前应用较多的启动子序列与 microRNA 结合序列分析方法。

一、常用数据库

生物信息学数据库资源主要包括核酸数据库、蛋白质数据库和以此为基础的二级数据库。本部分主要介绍几个最受欢迎的、与生物化学和分子生物学专业密切相关的数据库资源。

【数据库综合检索系统 Entrez】

Entrez（http：//www.ncbi.nlm.nih.gov/Entrez/）是美国国立卫生研究院（NIH）下属的国立生物技术信息中心（NCBI）推出的面向生物学家的多数据库交叉检索系统（Global Query Cross-Database Search System），被称为生命科学搜索引擎（The Life Sciences Search Engine）。它把序列、结构、文献、基因组、系统分类等不同类型的数据库有机地结合在一起实现多数据库交叉检索（图 1-4-1）。

Entrez 检索系统主要包括 Pubmed 中的生物医学文献数据库（Medline）、核苷酸序列数据库（Nucleotide）、蛋白质序列数据库（Protein）、大分子结构数据库（Structure）、基因组数据库（Genome）、种属研究数据集（PopSet）、分类学数据库（Taxonomy）、人类孟德尔式遗传联机数据库（OMIM）、联机书籍库（Books）、基因表达和杂合组类数据库（ProbeSet）等。

Pubmed 收录了生物医学文献数据库 Medline 和其他生命科学杂志的 2100 余万篇引文。

Nucleotide 核苷酸数据库收录了美国核酸序列数据库（Genebank）、欧洲分子生物实验室（EMBL）、日本 DNA 数据库（DDBJ）及序列数据库的三方国际合作成员提供的序列数据。

Protein 蛋白质数据库收录 Genebank、EMBL、DDBJ 数据库中附注释编码区的蛋白质序列数据，以及蛋白质信息资源（PIR）、日内瓦大学功能蛋白质信息注释数据库（SWISS-PROT）、蛋白质研究基金（PRF）、蛋白质数据库（PBD）提交的蛋白质序列数据。

Genome 基因组数据库收录 800 多种生物体的基因信息，包括各种基因组、连续的序列图和集成的遗传物质图谱。

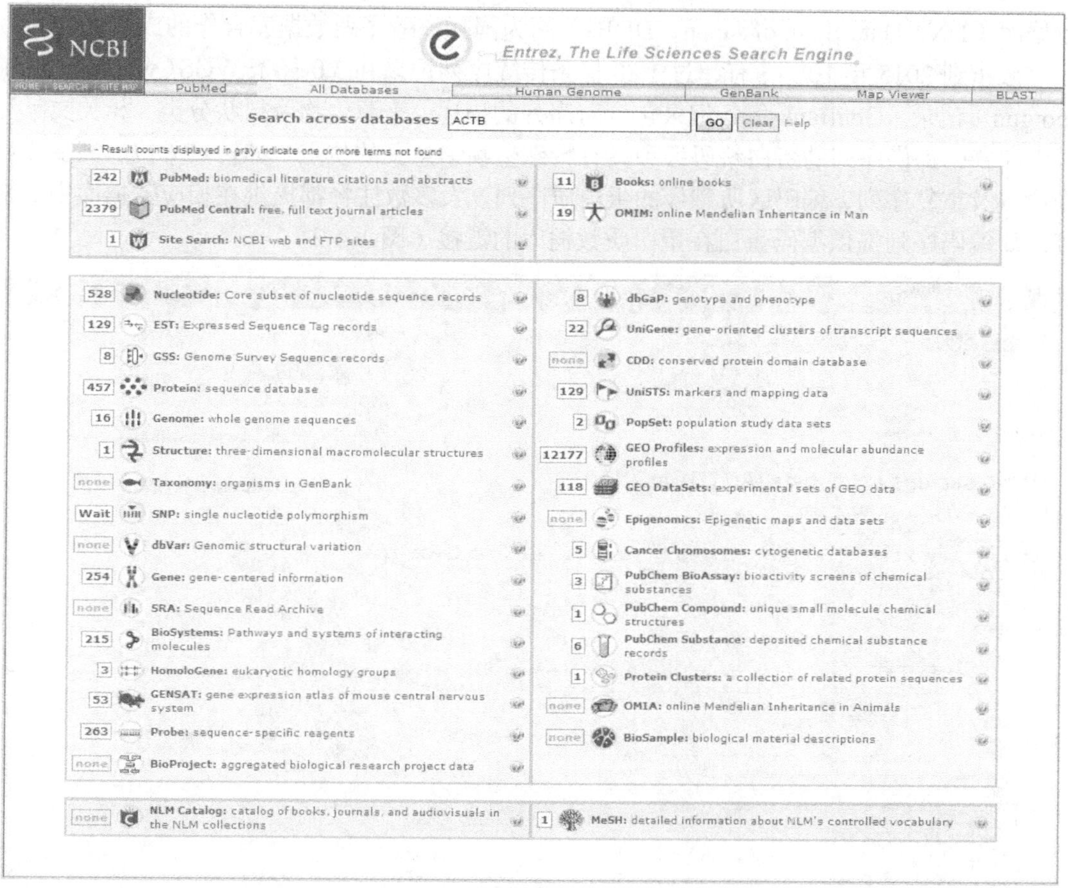

图 1-4-1　Entrez 界面及检索结果

Structure 结构数据库或分子模型数据库（MMDB）含 3D 大分子结构，包括蛋白质和多核苷酸，是从晶体衍射和核磁共振中测得的结构数据。

PopSet种属研究数据库收录各种生物种属进化或突变研究中所产生的DNA配对序列，用于分析种群进化的相关性，含有核苷酸序列数据和蛋白质序列数据。

OMIM 人类孟德尔式遗传联机数据库是一个人类基因和遗传疾病目录。

Taxonomy 分类学数据库包含 NCBI 遗传学数据库中所有生物体的名称。

Entrez 实现了在所检数据库内和几个数据库间的大部分记录与其他记录相互链接，同一数据库内的链接称为“邻”，如核苷酸序列邻（Nucleotide neighbors），核苷酸序列邻和蛋白质序列邻采用的是 BLAST 算法，即对所检氨基酸或 DNA 序列与数据库中所有其他氨基酸或 DNA 序列进行相似性比较来确定。不同数据库之间的链接称为“链”，如蛋白质序列链（Protein links），通过建立热链的方式可将不同数据库的记录链接起来，如蛋白质序列记录链接到翻译出蛋白质的核苷酸序列记录上。

【核酸数据库 Genbank】

GenBank（http：//www.ncbi.nlm.nih.gov/genbank/）是 NCBI 维护的遗传序列数据库，汇集并注释了世界各地实验室中测得的不同的生物序列，与欧洲生物信息研究所的欧洲分子生物学实验室核酸数据库（European Molecular Biology Laboratory，EMBL）及日本 DNA

数据库（DNA Data Bank of Japan，DDBJ）同为国际核酸序列数据库合作的成员。

截止到 2015 年 10 月，有超过 1.88 亿条传统序列记录和 3.0 亿条 WGS（whole-genome shotgun）记录。GenBank 每条记录包含对序列的描述、来源生物及树状分类、相关文献和详细注释，提供序列的蛋白编码区和具有特殊生物学意义的位点，如转录单位、突变或修饰位点及重复序列，编码区所翻译的蛋白质序列。大多数注释都提供在相应数据库中的链接，如编码序列提供编码蛋白在蛋白质数据库的链接（图 1-4-2）。

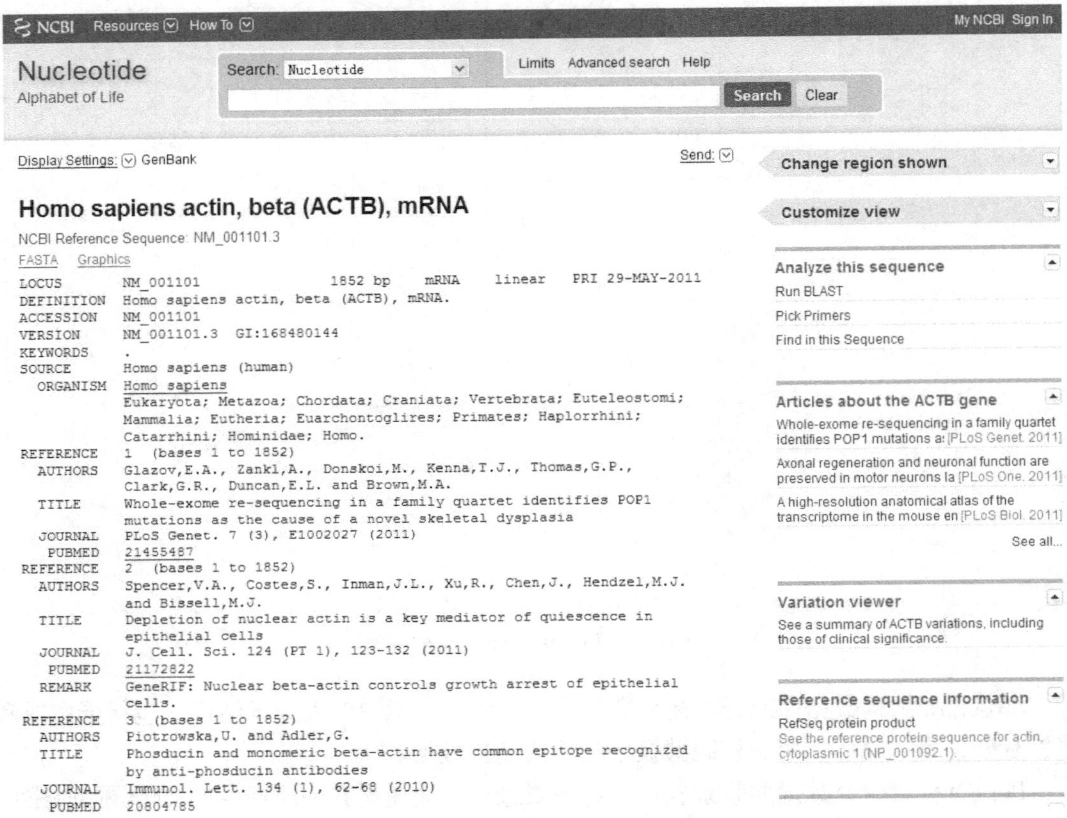

图 1-4-2　GenBank 中核酸记录示例

用户可以通过以下途径从 GenBank 中搜索和获取数据。

（1）使用 Entrez Nucleotide 搜索序列标识符或注释信息，Entrez Nucleotide 又分为三类：CoreNucleotide（主要记录），dbEST（Expressed Sequence Tags）和 dbGSS（Genome Survey Sequences）。

（2）使用序列比对工具 BLAST（Basic Local Alignment Search Tool）来搜索和比对。

（3）通过 NCBI e-utilities 用程序搜索和下载。

（4）用户还可以通过 Bankit，Sequin 等工具上传序列。

另外还有许多以核酸数据库为基础构建的二级数据库，如基因调控转录因子数据库 TransFac，真核生物启动子数据库 EPD，多核苷酸多态性数据库 dbSNP。

【蛋白质数据库】

蛋白质作为生物功能的执行者，相应的数据库不胜枚举，除了下面要介绍的几个之外，还有许多以蛋白质序列数据库为基础的二级数据库，如蛋白质序列指纹图谱数据库 Prints，酶类数据库 ENZYME，转录调控相关数据库 TRRD，已知空间结构的蛋白质家族数据库 FSSP 等。

1. 蛋白质序列数据库 SWISS-PROT　SWISS-PROT（http://expasy.org/sprot/，图 1-4-3）是经过注释的蛋白质序列数据库，由欧洲生物信息学研究所（EBI）维护。数据库由蛋白质序列条目构成，每个条目包含蛋白质序列、引用文献信息、分类学信息、注释等，注释中包括蛋白质的功能、转录后修饰、特殊位点和区域、二级结构、四级结构、与其他序列的相似性、序列残缺与疾病的关系、序列变异体和冲突等信息。SWISS-PROT 中尽可能减少了冗余序列，并与其他 30 多个数据建立了交叉引用，其中包括核酸序列库、蛋白质序列库和蛋白质结构库等。

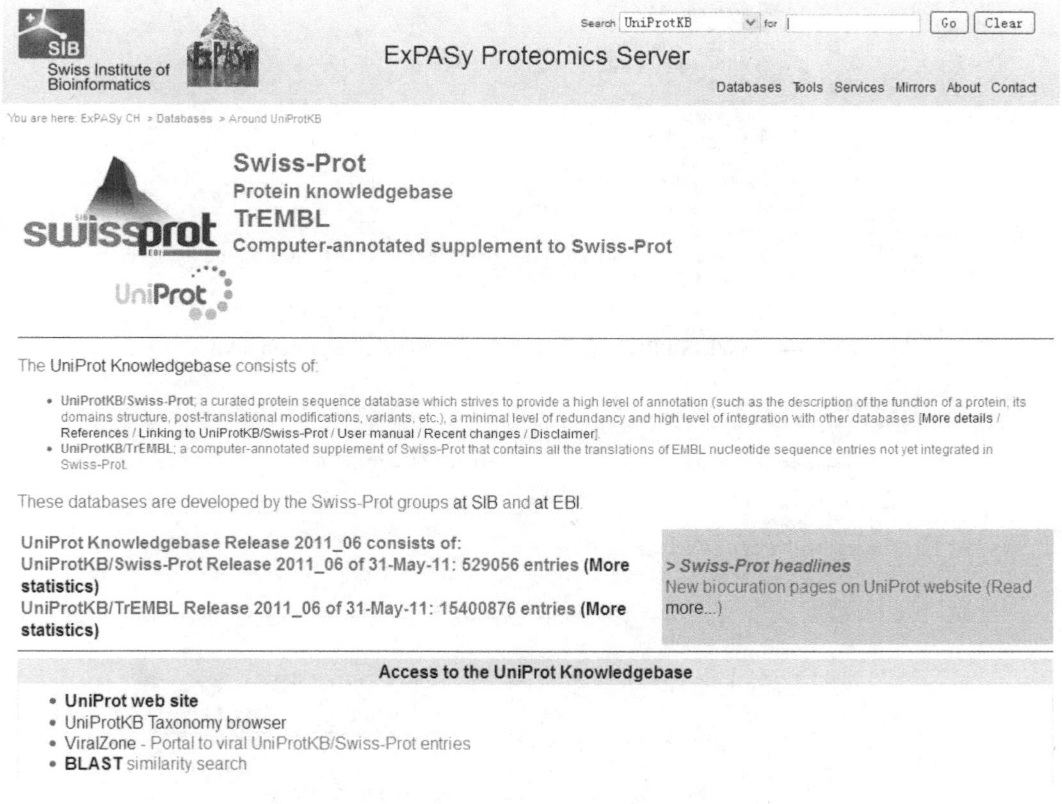

图 1-4-3　SWISS-PROT 首页

以 ACTB 为例，在搜索结果中选择一条蛋白质序列记录（图 1-4-4），在其 Sequences 部分，可以选择相应的工具如 BLAST（图 1-4-5）进行分析，结果见图 1-4-6。

2. 蛋白质结构数据库 PDB　除了基因组数据库和序列数据库外，生物大分子三维空间结构数据库则是另一类重要的分子生物信息数据库。根据分子生物学中心法则，DNA 序列是遗传信息的携带者，而蛋白质分子则是主要的生物大分子功能单元，了解生物大分子的结构有助于理解其作用机制。蛋白质分子的各种功能是通过不同的三维空间结构实现的，因此，蛋白质空间结构数据库是生物大分子结构数据库的主要组成部分。蛋白质结构数据库是随 X 射线晶体衍射分子结构测定技术的出现而出现的数据库，其基本内容为实验测定的蛋白质分子空间结构。

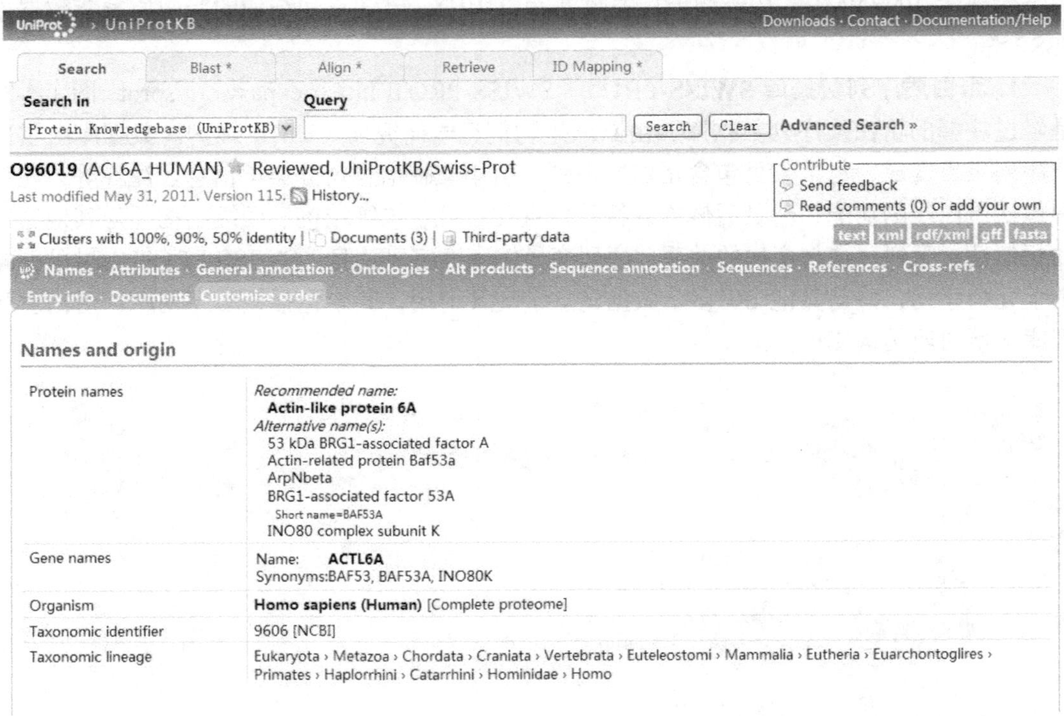

图 1-4-4　SWISS-PROT 记录示例（人类 Actin-like protein 6A）

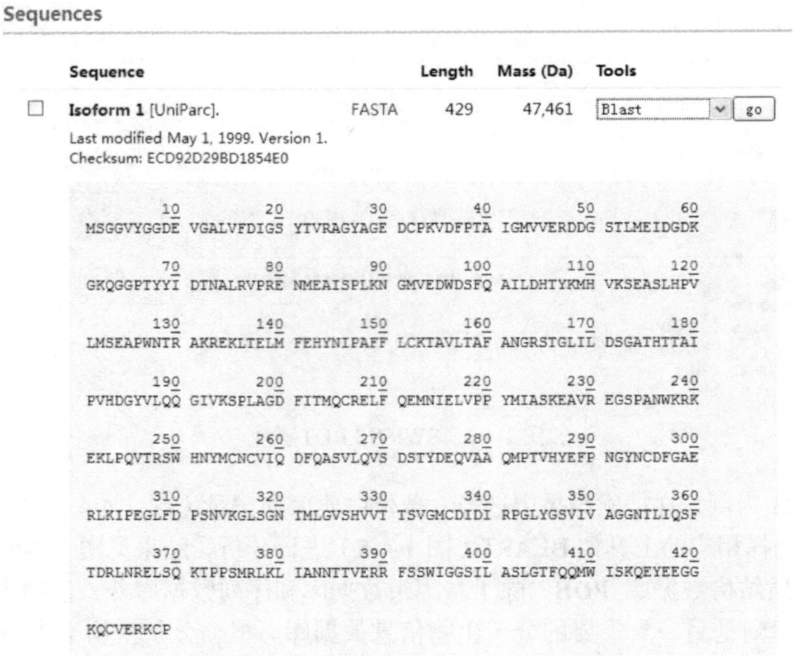

图 1-4-5　SWISS-PROT 记录示例（Sequences 部分）

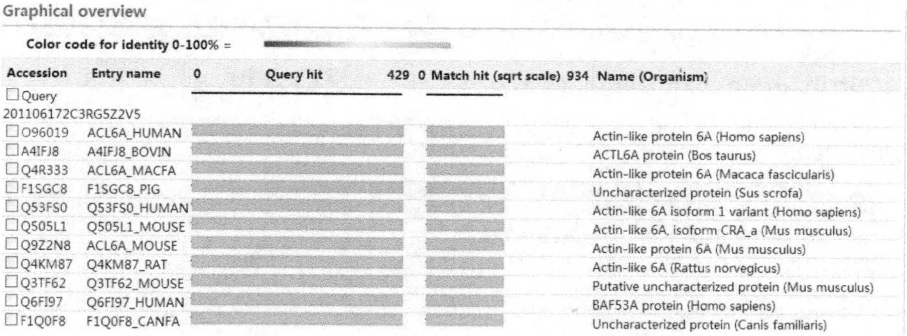

图 1-4-6　SWISS-PROT 中 BLAST 结果

PDB（Protein Data Bank，http：//www.pdb.org/，图 1-4-7）是由结构生物学合作研究协会（Research Collaboratory for Structural Bioinformatics，RCSB）维护，收集的生物大分子包括蛋白质和核酸的数据库。PDB 每周更新一次，截止到 2015 年 7 月，收录了 20 077 个结构。PDB 数据库以文本文件的方式存放数据，每个分子使用一个独立的文件。除了原子坐标外，还包括物种来源、化合物名称、及有关文献等基本注释信息。此外，还给出分辨率、结构因子、温度系数、蛋白质主链数目、配体分子式、金属离子、二级结构信息、二硫键位置等和结构有关的数据（图 1-4-8）。三维结构可以在线查看（图 1-4-9），也可以下载 pdb 文件后用 Rasmol 软件查看。

3. 相互作用蛋白质数据库 DIP　DIP（Database of Interacting Protein，http：//dip.doe-mbi.ucla.edu/dip/Main.cgi）数据库收集了经实验验证的蛋白质—蛋白质相互作用（图 1-4-10）。数据库包括蛋白质的信息、相互作用的信息和检测相互作用的实验技术三个部分。用户可

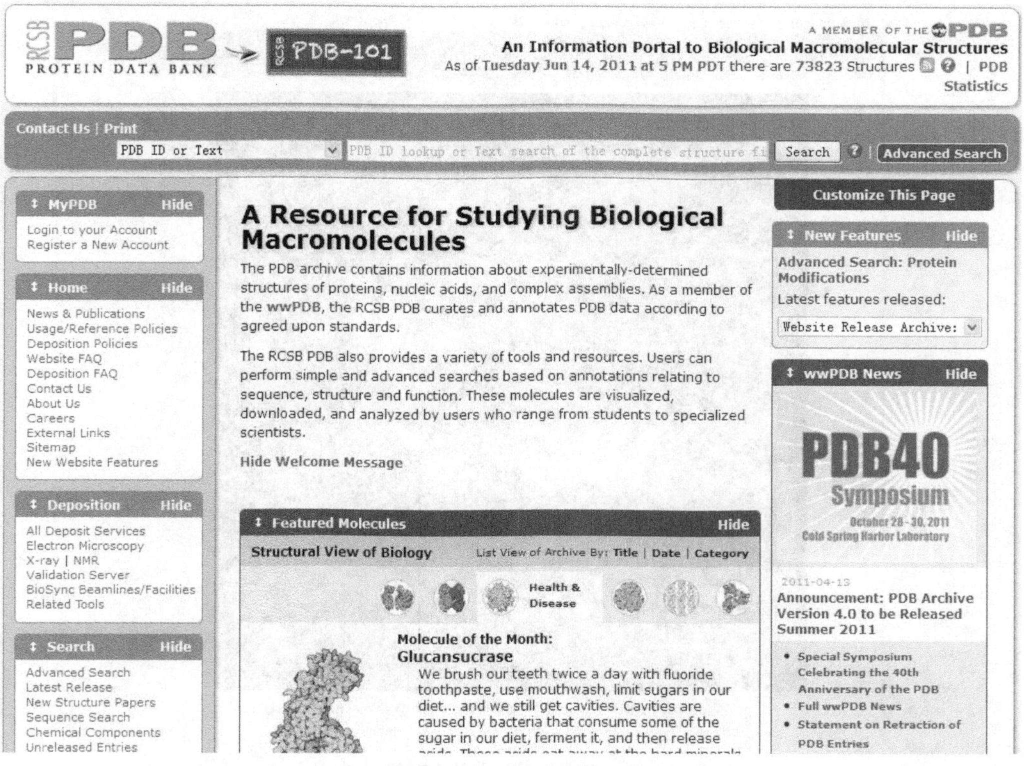

图 1-4-7　PDB 首页

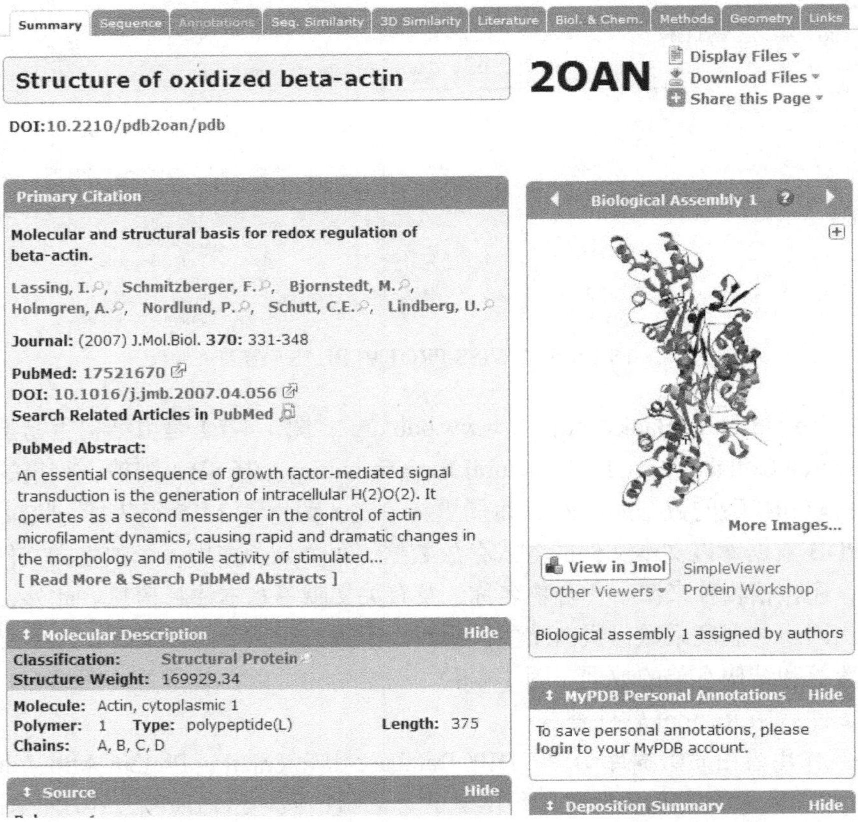

图 1-4-8　PDB 记录示例

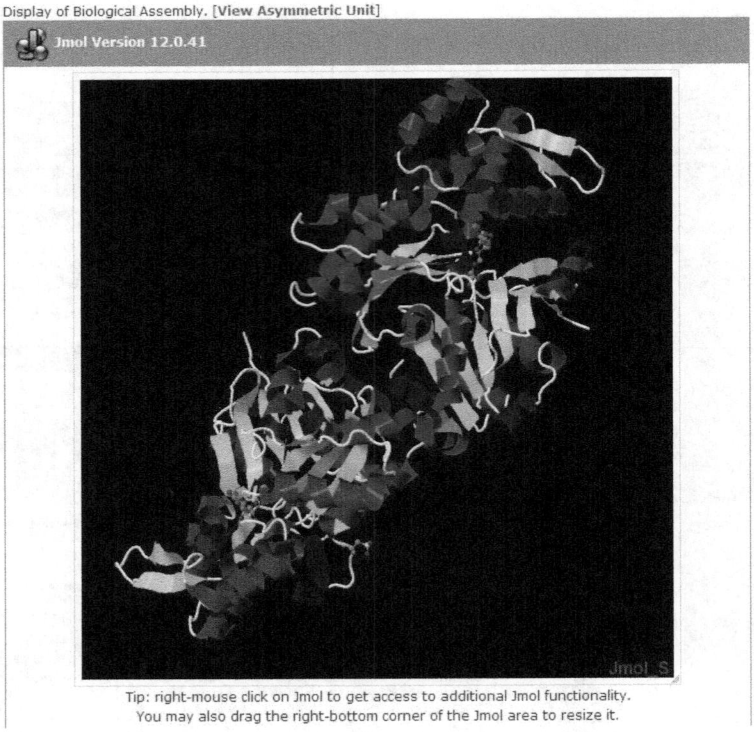

图 1-4-9　PDB 记录示例（三维结构）

以根据蛋白质、生物物种等关键词、序列、模体、引用文献及 pathBlast 来查询 DIP 数据库。截止到目前，数据库包含 777 个物种，28 215 个蛋白质，80 286 个交互作用。

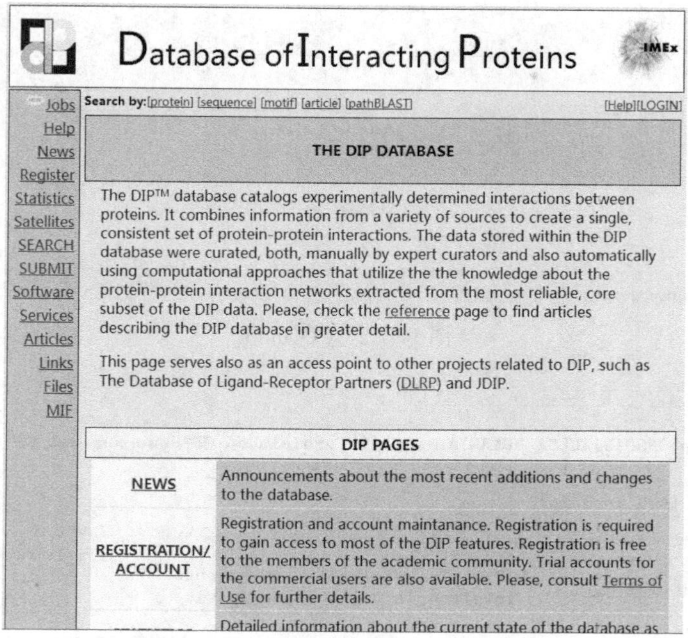

图 1-4-10　DIP 首页

4. 蛋白质直系同源簇数据库（Clusters of Orthologous Groups of proteins，COGs，http://www.ncbi.nlm.nih.gov/COG，图 1-4-11）　通过对古细菌、病毒、细菌到真核等众多物种全基因组编码的蛋白序列进行相互比较而建立，构成每个 COG 记录的蛋白质被假定为来自于一个祖先蛋白，由单个的蛋白或来自至少三个谱系的旁系（paralogs）蛋白组成。

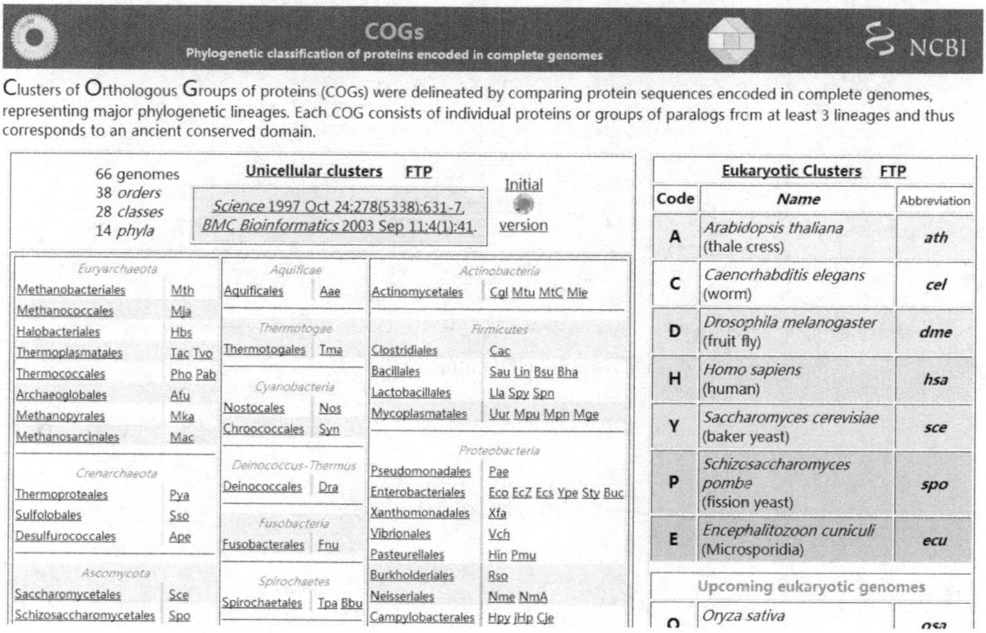

图 1-4-11　COG 首页

通过搜索页面 COGnitor（http://www.ncbi.nlm.nih.gov/COG/old/xognitor.html，图 1-4-12）输入查询蛋白质序列在 COG 数据库中进行搜索，可以确定此蛋白质的功能（图 1-4-13）。

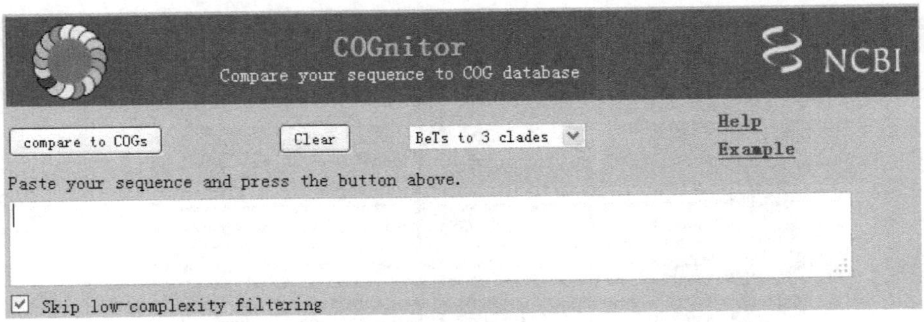

图 1-4-12　COGnitor

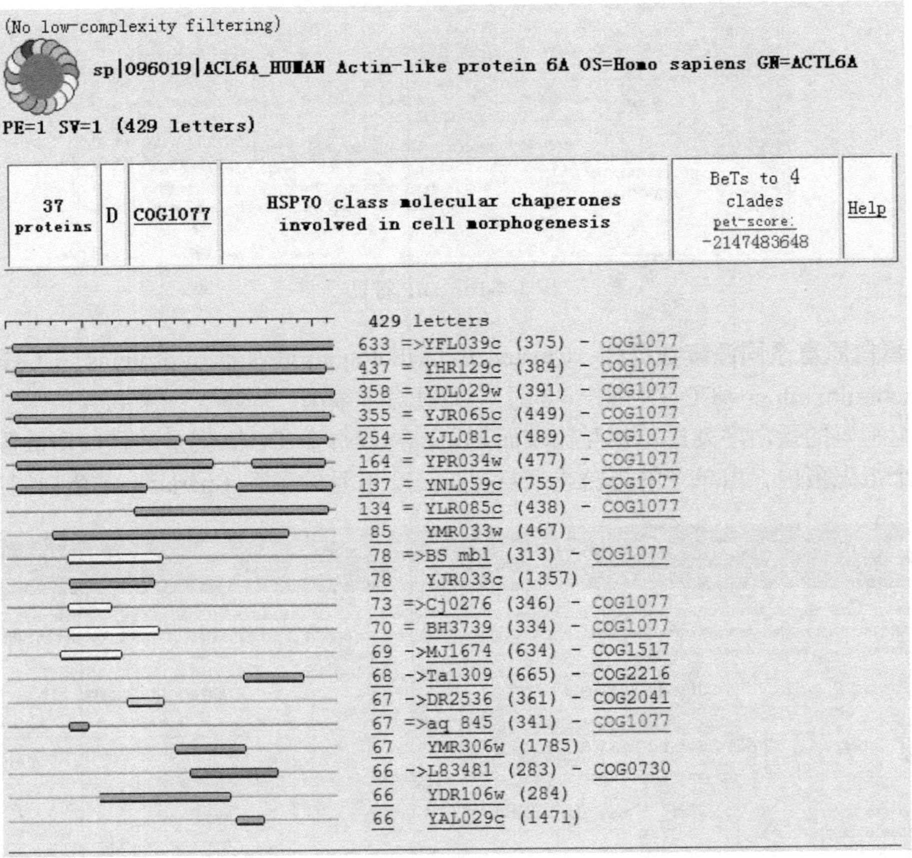

图 1-4-13　COGnitor 结果页面

（李　彦）

二、常用分析工具

【序列比对】

序列比对是最基础、最常用、最重要的生物信息工具。

1. Blast（Basic Local Alignment Search Tool，http：//www.ncbi.nlm.nih.gov/BLAST/）是美国国立生物技术信息中心（NCBI）开发的一个基于序列相似性的数据库搜索程序，其中包含了很多独立的程序，这些程序根据查询的对象和数据库的不同来定义。除了在线版本，BLAST 也提供单机版本。

根据不同情况，可按表 1-4-1 描述选择 BLAST 的子程序。

表 1-4-1　BLAST 子程序的选择

程序	功能
nucleotide blast	用核酸序列在核酸数据库中搜索 算法：blastn，megablast，discontiguous megablast
protein blast	用蛋白质序列在蛋白质数据库中搜索。 算法：blastp，psi-blastp，phi-blast
blastx	用翻译的核酸序列在蛋白质数据库中搜索
tblastn	用蛋白质序列在翻译的核酸序列数据库中搜索
tblastx	用翻译的核酸序列在翻译的核酸序列数据库中搜索

注：翻译的核酸序列即为核酸序列按 6 个开放阅读框翻译的蛋白质序列

在 NCBI 的 BLAST 页面，首先选择子程序（以 blastn 为例，图 1-4-14），然后输入序列、选择数据库、设定其他参数，最后提交查询。在结果页面，首先是一张以彩色条带显示比对大致结果的图片（图 1-4-15）。点击相应条带链接到详细结果（图 1-4-16）。Total score

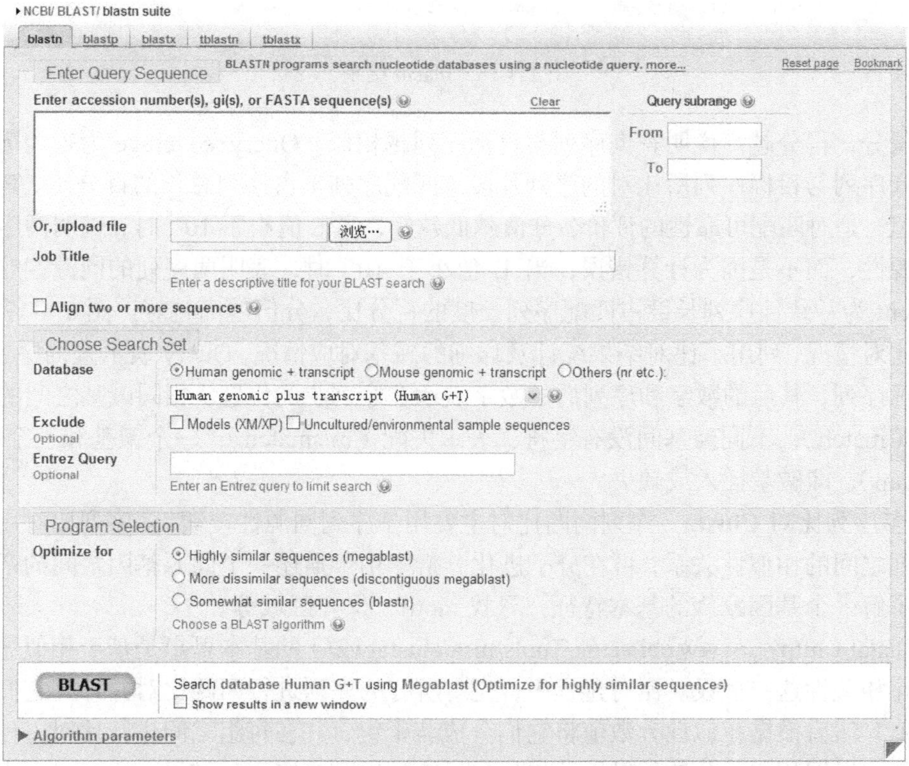

图 1-4-14　blastn 界面

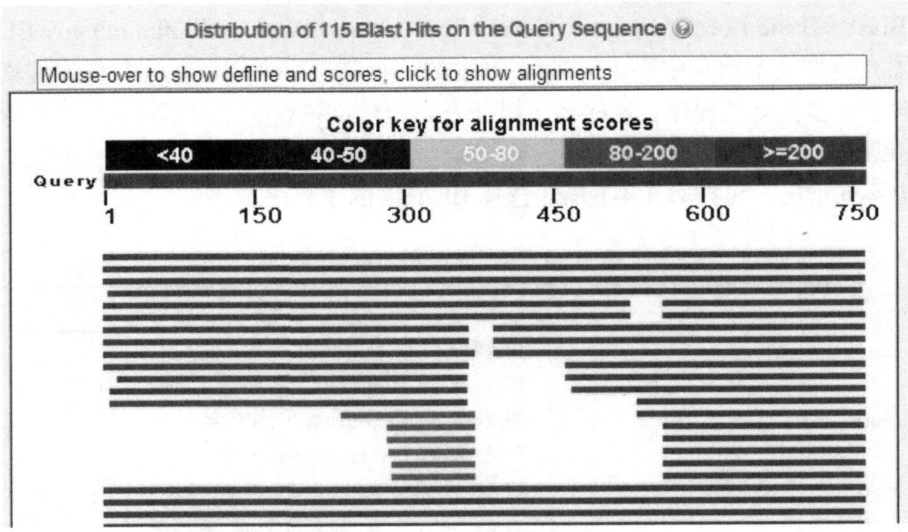

图 1-4-15　blastn 结果

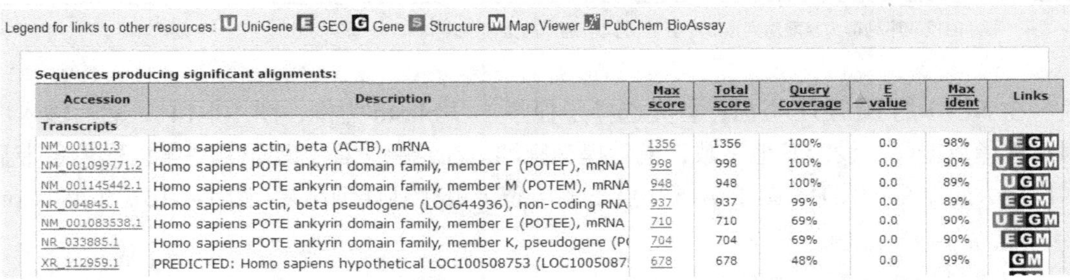
Legend for links to other resources: U UniGene E GEO G Gene S Structure M Map Viewer PubChem BioAssay

Sequences producing significant alignments:

Accession	Description	Max score	Total score	Query coverage	E value	Max ident	Links
Transcripts							
NM_001101.3	Homo sapiens actin, beta (ACTB), mRNA	1356	1356	100%	0.0	98%	UEGM
NM_001099771.2	Homo sapiens POTE ankyrin domain family, member F (POTEF), mRNA	998	998	100%	0.0	90%	UEGM
NM_001145442.1	Homo sapiens POTE ankyrin domain family, member M (POTEM), mRNA	948	948	100%	0.0	89%	UGM
NR_004845.1	Homo sapiens actin, beta pseudogene (LOC644936), non-coding RNA	937	937	99%	0.0	89%	EGM
NM_001083538.1	Homo sapiens POTE ankyrin domain family, member E (POTEE), mRNA	710	710	69%	0.0	90%	UEGM
NR_033885.1	Homo sapiens POTE ankyrin domain family, member K, pseudogene (P(	704	704	69%	0.0	90%	EGM
XR_112959.1	PREDICTED: Homo sapiens hypothetical LOC100508753 (LOC1005087	678	678	48%	0.0	99%	GM

图 1-4-16　blastn 结果

为比对得分，得分越高说明查询序列与目标序列越相似。Query coverage 为查询覆盖度，表示查询序列与目标序列所比对的序列片段（匹配序列）占序列总长的百分比。E 值为期望频率值，是对匹配可靠性的评价，分值越低越好，当 E 值小于 10^{-5} 时，表明两序列有较高的同源性，而不是因为计算错误；当 E 值小于 10^{-6} 时，表明两序列的同源性非常高。Max Ident 为一致性序列长度占匹配序列长度的百分比，分值越高越好。图 1-4-17 为更加详细的比对情况，列出了比对结果统计及详细的碱基对应情况。Query 表示查询序列，Sbjct 表示目标序列，其后的数字和序列后的数字表示在序列中的位置。相同碱基之间的“|”表示匹配（match）；不同碱基间没有字符，表示失配（mismatch）；一个碱基和一个“-”表示沟（gap），即碱基插入或缺失。

2. 多序列比对 Clusta　序列两两比对主要用于序列同源性搜索，多序列比对用于描述一组序列之间的相似性关系，可在分子进化分析中用于描述一个同源基因之间的亲缘关系远近，了解一个基因家族的基本特征，寻找 motif，保守区域等。

Culustal（http：//www.ebi.ac.uk/Tools/msa/clustalw2/）的基本思想是基于相似序列通常具有进化相关性这一假设。比对过程中，先对所有的序列进行两两比对并计算它们的相似性分数值，然后根据相似性分数值将它们分成若干组，并在每组之间进行比对，计算相似性分数值。根据相似性分数值继续分组比对，直到得到最终比对结果。比对过程中，相似性程度较高的序列先进行比对，而距离较远的序列放在后面。Clustal W 是目前最主要的

Clustal 版本，Clustal X 是 Clustal 的 Windows 版本。

```
>□ref|XR_109446.1| GM PREDICTED: Homo sapiens hypothetical LOC100507545, transcript
variant 6 (LOC100507545), partial miscRNA
Length=879

 GENE ID: 100507545 LOC100507545 | hypothetical LOC100507545 [Homo sapiens]


 Score =  207 bits (112),  Expect = 6e-52
 Identities = 128/136 (94%), Gaps = 0/136 (0%)
 Strand=Plus/Minus

Query  1084  GAGCGCAAGTACTCCGTGTGGATCGGCGGCTCCATCCTGGCCTCGCTGTCCACCTTCCAG  1143
              |||||||||||||| ||||||||||| ||||||||||||||||| |||||||||||||||
Sbjct  879   GAGCGCAAGTACTCGGTGTGGATCGGTGGCTCCATCCTGGCCTCACTGTCCACCTTCCAG  820

Query  1144  CAGATGTGGATCAGCAAGCAGGAGTATGACGAGTCCGGCCCCTCCATCGTCCACCGCAAA  1203
              ||||||||||| |||||||||||||| |||||||| ||||||||||||||||||||||||
Sbjct  819   CAGATGTGGATTAGCAAGCAGGAGTACGACGAGTCGGGCCCCTCCATCGTCCACCGCAAA  760

Query  1204  TGCTTCTAGGCGGACT  1219
              ||||||||  ||||||
Sbjct  759   TGCTTCTAAACGGACT  744
```

图 1-4-17　blastn 结果

图 1-4-18 是 Clustal W 的在线版本。多序列比对结果如图 1-4-19 所示，星号表示该位置所有序列的碱基相同。在结果页面点击“Download Alignment File”下载比对文件后，点击左侧“Related Applications”栏目下的“Phylogeny”，点击“launch Clustal W2”，上传比对文件并提交，在结果页面点击“View Phylogenetic Tree File”下载系统发生树文件，并用 TreeViewX 软件打开，如图 1-4-20 所示.

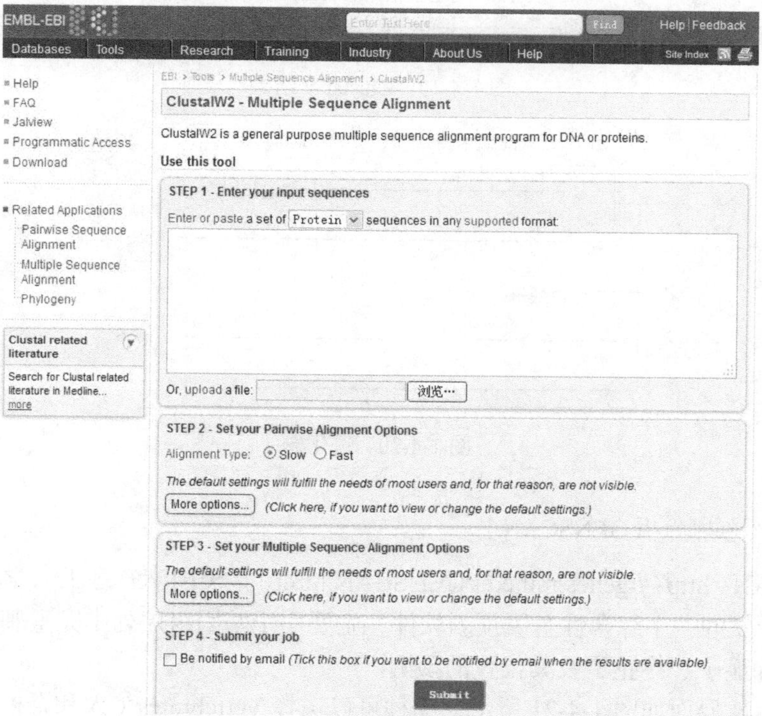

图 1-4-18　ClustalW 界面

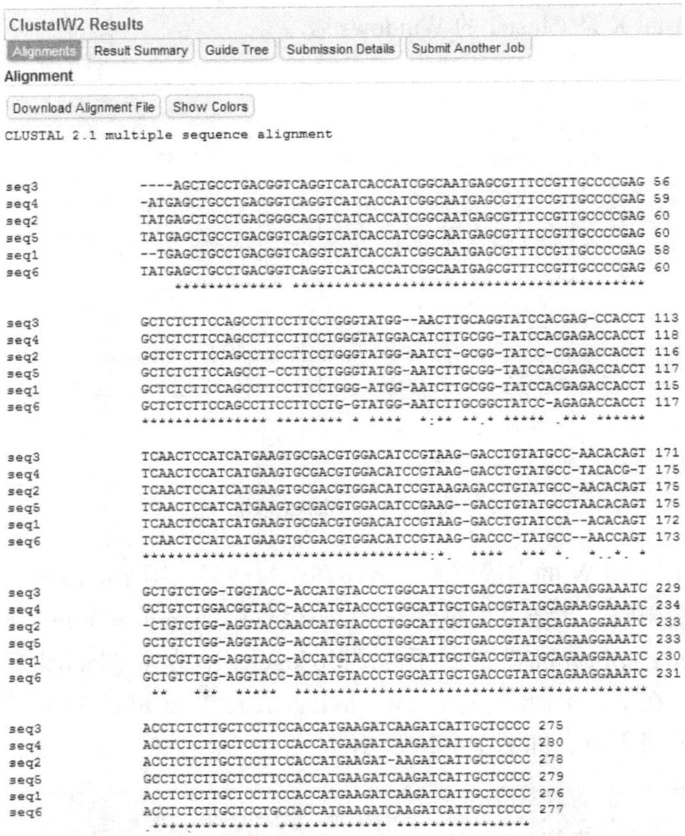

图 1-4-19 ClustalW 结果

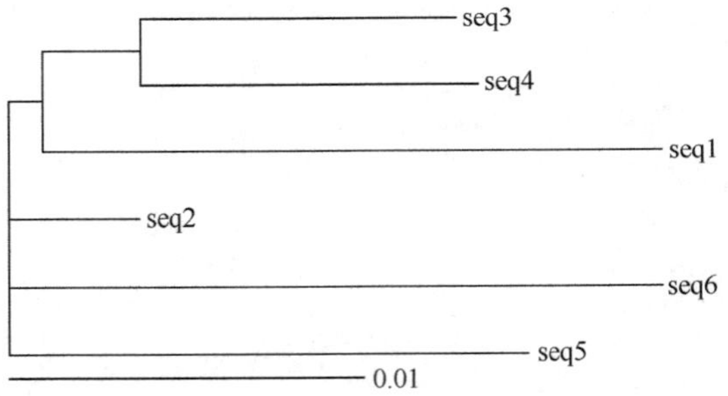

图 1-4-20 进化树

【基因结构预测分析 GENSCAN】

GENSCAN（http: //genes.mit.edu/GENSCAN.html）是美国麻省理工大学的 Chris Burge 于 1997 年开发的一个综合性基因预测软件，主要用于基因组序列中完整基因的结构，包括内含子、外显子、终止子及其位置的预测。

GENSCAN 界面如图 1-4-21 所示，物种可以选择 Vertebrates（人和脊椎动物，包括果蝇）、Arabidopsis（拟南芥）和 Maize（玉米）。其结果如图 1-4-22 所示。列表中“Type”有以下几种类型 Init（启动子）、Intr（内含子）、Term（终止子）、Prom（增强子）和 PlyA（Poly A 尾巴）等。

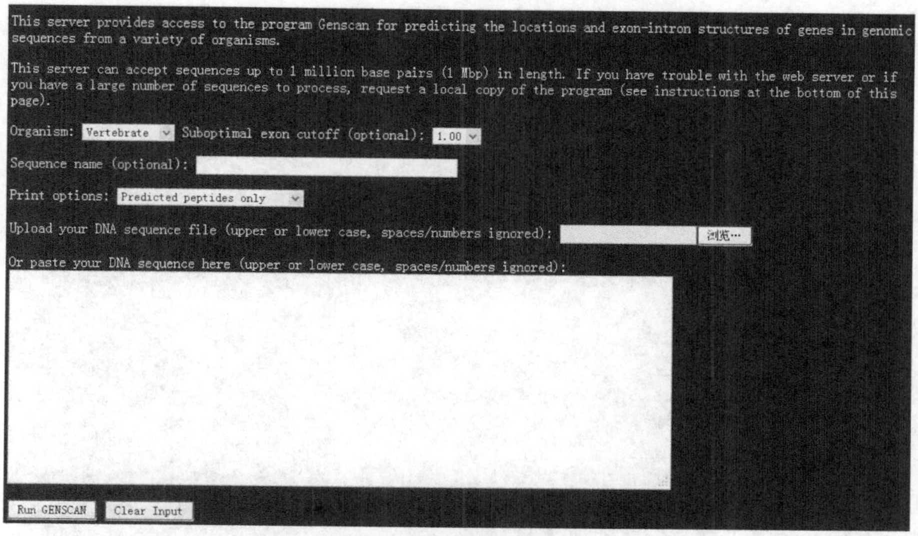

图 1-4-21　GENSCAN

1. GENSCAN 可能出现的误差

（1）基因数目。可能将两个基因的外显子归并到一个基因，或者相反。

（2）物种 GENSCAN 主要是针对脊椎动物的基因预测而设计，对非脊椎动物，其准确性可能相对较低。对于原核生物和酵母的基因预测，建议用 Glimmer 或 GeneMark 软件。

（3）根据测试得到的指标可能与实际情况不同。

（4）对各个结构元件的预测准确性不同。总体来说，对中间外显子预测的准确性高于起始外显子和末端外显子，外显子的准确性高于 polyA 或启动子。对启动子的预测较不可靠，建议用 NNPPprogram 预测启动子。

（5）植物基因剪接位点的预测建议用 SplicePredictor 程序。

2. 外显子可能性大小（*P* 值）的含义及应用

（1）可能性极高的外显子（$P>0.99$）：预测结果几乎完全与实际吻合，可放心采用。

（2）中等可能性的外显子（$0.50<P<0.99$）：结果在大多数情况下与实际吻合。

（3）低可能性的外显子（$P<0.50$）：不可靠，应用时要小心。

【针对蛋白质的预测方法】

由瑞士生物信息学研究所创办的蛋白质专家分析系统 ExPASy 提供了大量的蛋白质组学工具（http：//www.expasy.ch/tools/），包括蛋白质鉴定和描述，相似性搜索、模式和谱搜索、转录后修饰预测、拓扑结构预测、一级结构分析、二级结构预测、序列比对、系统发生分析、生物文本分析和统计学工具。以下列举两个工具。

1. 编码蛋白质识别 PROSEARCH　PropSearch（http：//www.embl-heidelberg.de/prs.html，图 1-4-23）运用同源搜索方法提供基于氨基酸组成的蛋白质辨识功能，它用 144 种不同理化性质来分析蛋白质，包括相对分子量、巨大残基的含量、平均疏水性、平均电荷等，把查询序列的这些属性构成的“查询向量”与 SWISS-PROT 和 PIR 数据库中预先计算好的各个蛋白质的属性向量进行比较，从而完成对未知蛋白的识别。它能有效地发现同一蛋白质家族的成员。

```
View gene model output: PS | PDF
GENSCAN 1.0      Date run: 19-Jun-111     Time: 22:50:04

Sequence /tmp/06_19_11-22:50:02.fasta : 72738 bp : 62.20% C+G : Isochore 4 (57 - 100 C+G%)

Parameter matrix: HumanIso.smat

Predicted genes/exons:

Gn.Ex Type S .Begin ...End .Len Fr Ph I/Ac Do/T CodRg P.... Tscr..
----- ---- - ------ ------ ---- -- -- ---- ---- ----- ----- ------

 1.06 Intr -    374    117  258  1  0  -66   64   324 0.785  12.42
 1.05 Intr -   1083    385  699  2  0   29   37  1077 0.044  88.76
 1.04 Intr -   1568   1216  353  2  2   41  -85   365 0.045   9.91
 1.03 Intr -   1979   1613  367  1  1  -46   17   345 0.076  10.45
 1.02 Intr -   5246   2180 3067  0  1    4   42  5679 0.096 544.94
 1.01 Init -   6578   5270 1309  2  1   77  -20  2897 0.413 270.38
 1.00 Prom -   6623   6584   40                               -13.08
```

图 1-4-22　GENSCAN 结果

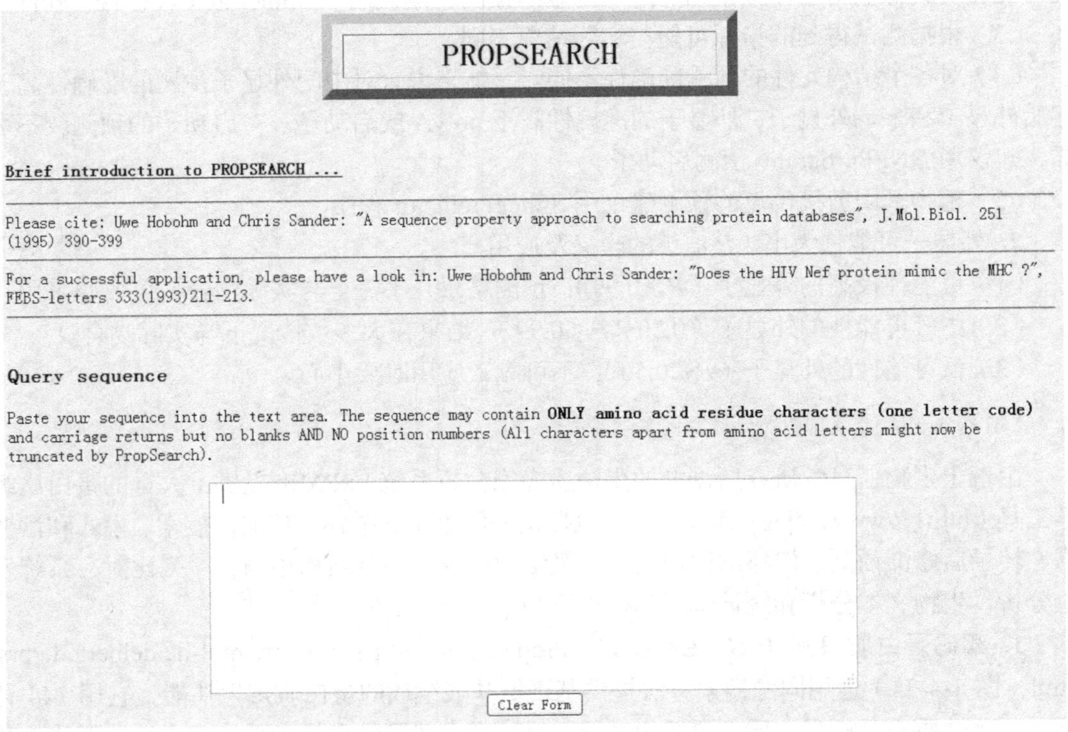

图 1-4-23　PropSearch

PropSearch 的结果如图 1-4-24 所示，其中的符号意义如下。

（1）Rank：排名，排名越高越相似。在对一个蛋白质片段的检索中，每一个匹配蛋白质，仅仅输出其最佳匹配片段。高分表示为最可能的候选蛋白质，如果掌握了此蛋白质额外的生化信息，例如，已知蛋白质为来自线粒体或细胞膜，则可以结合得分情况找出正确的匹配序列。

（2）ID：蛋白质在 SWISS-PROT 和 PIR 数据库中的标识符。

（3）DIST：待检测蛋白质与数据库中记录的 PropSearch 距离（考虑到了相对分子量的影响）。

（4）LEN2：匹配记录的序列长度。

（5）POS1，POS2：匹配片段在蛋白质序列中的位置。

（6）pI：等电点。

（7）DE：匹配蛋白质的描述。

PropSearch 也可能输出假阳性的结果，可通过以下方式进行验证，将结果采用 BLAST、FASTA 等程序对数据库进行同源性搜索，并将显著同源的序列进行多序列比对（如 ClustalW），以检查待检序列是否存在其保守序列。

Rank	ID	DIST	LEN2	POS1	POS2	pI	DE
1	allc_ecoli	5.54	411	1	411	5.16	Allantoate amidohydrolase (EC 3.5.3.-).
2	tbb2_colgl	5.68	447	1	447	4.66	Tubulin beta-2 chain.
3	hmcs_human	5.89	520	1	520	5.13	Hydroxymethylglutaryl-CoA synthase, cytoplasmic (EC 4.1.3.5) (HMG-CoA
4	hmcs_chick	5.90	522	1	522	5.43	Hydroxymethylglutaryl-CoA synthase, cytoplasmic (EC 4.1.3.5) (HMG-CoA
5	dha2_yeast	5.94	506	1	506	5.32	Aldehyde dehydrogenase [NAD(P)+] 1 (EC 1.2.1.5).
6	tbb_venin	5.94	447	1	447	4.68	Tubulin beta chain.
7	tbb_mycpj	6.02	447	1	447	4.68	Tubulin beta chain.
8	tbb2_colgr	6.03	447	1	447	4.61	Tubulin beta-2 chain.
9	tbb_neucr	6.10	447	1	447	4.67	Tubulin beta chain.
10	tbb_rhyse	6.10	447	1	447	4.72	Tubulin beta chain.

图 1-4-24　PropSearch 结果

2. 蛋白质二级结构预测 SOPMA　SOPMA（http://npsa-pbil.ibcp.fr/cgi-bin/npsa_automat.pl?page=npsa_sopma. html）是带比对的自优化预测方法，将独立二级结构预测方法汇集成“一致预测结果”。采用的二级结构预测方法包括 GOR 方法、Levin 同源预测方法、双重预测方法、PHD 方法和 SOPMA 方法。多种方法的综合应用平均效果比单个方法更好。

SOPMA 界面如图 1-4-25 所示，结果示例见图 1-4-26。

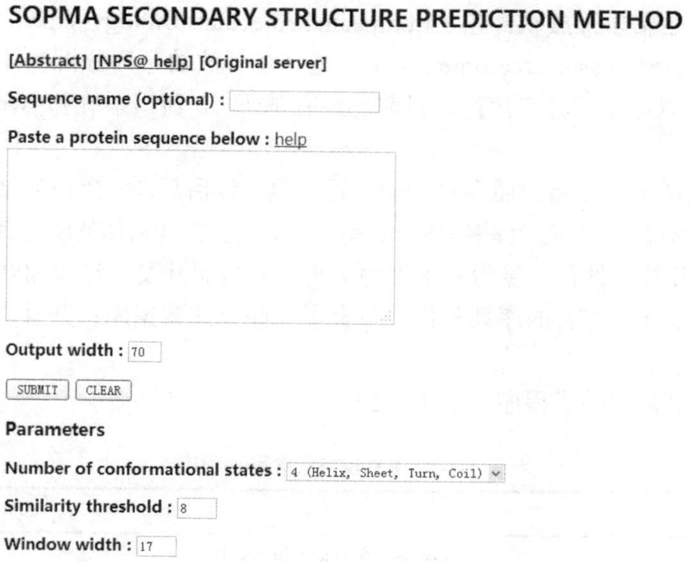

图 1-4-25　SOPMA 界面

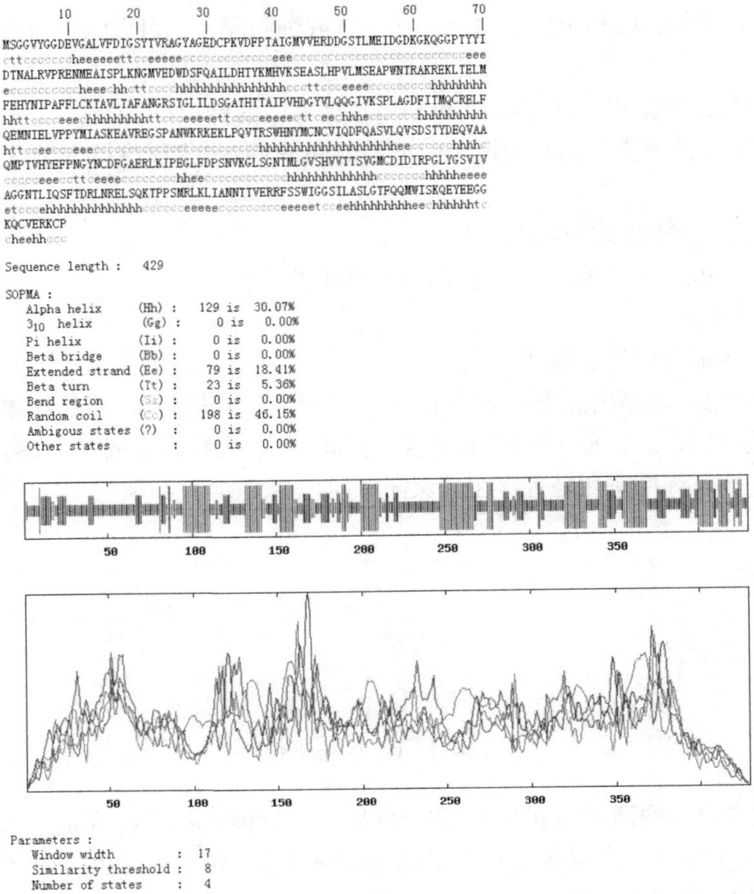

图 1-4-26 SOPMA 结果

【其他工具】

1. 欧洲分子生物学开放软件包（European Molecular Biology Open Software Suite，EMBOSS，http：//emboss.sourceforge.net/） 是一个开放的序列分析软件包，可在 UNIX 或 Linux 系统上以命令行方式运行，目前已经有基于 X 窗口系统和 Web 的图形界面的 EMBOSS。

EMBOSS 包括了大量蛋白质和核酸的分析工具，包括翻译、蛋白质结构域搜索、获取序列、比对、引物设计、限制性酶切谱分析等多种功能的。EMBOSS 具有如下特点：它是高质量、免费的开放软件包；专为分子生物学研究人员而开发；包含 100 多个序列分析的软件，可以进行全面、综合的序列分析；整合了一些公共数据库；并且支持所有的 UNIX 操作系统。

以下为一些最常用的子程序（表 1-4-2）。

表 1-4-2 EMBOSS 常用子程序

程序	功能
prophet	Gapped alignment for profiles.
infoseq	Displays some simple information about sequences.

续表

程序	功能
water	Smith-Waterman local alignment.
pepstats	Protein statistics.
showfeat	Show features of a sequence.
palindrome	Looks for inverted repeats in a nucleotide sequence.
eprimer3	Picks PCR primers and hybridization oligos.
profit	Scan a sequence or database with a matrix or profile.
extractseq	Extract regions from a sequence.
marscan	Finds MAR/SAR sites in nucleic sequences.
tfscan	Scans DNA sequences for transcription factors.
patmatmotifs	Compares a protein sequence to the PROSITE motif database.
showdb	Displays information on the currently available databases.
wossname	Finds programs by keywords in their one-line documentation.
abiview	Reads ABI file and display the trace.
tranalign	Align nucleic coding regions given the aligned proteins.

EMBOSS 有许多种图形界面，Jemboss（http：//emboss.sourceforge.net/Jemboss/）是一个基于 java 的 EMBOSS 的图形接口（图 1-4-27）。Jemboss 能够交互地运行 EMBOSS 程序，支持此处理。Jemboss 不仅能够在本机直接运行也能安装在远程服务器上并通过客户端远程执行。

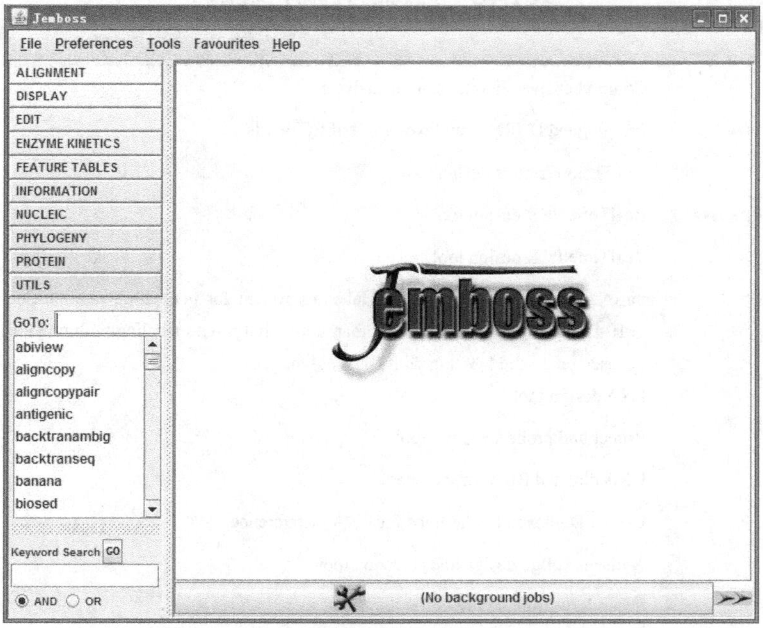

图 1-4-27　Jemboss

2. Oligo Design and Analysis Tools　由整合 DNA 技术公司（Integrated DNA Technologies，IDT）推出的 SciTools（http：//www.idtdna.com/Scitools/Scitools.aspx）是一个在线的免费寡

聚核苷酸设计和分析套件（图 1-4-28）。

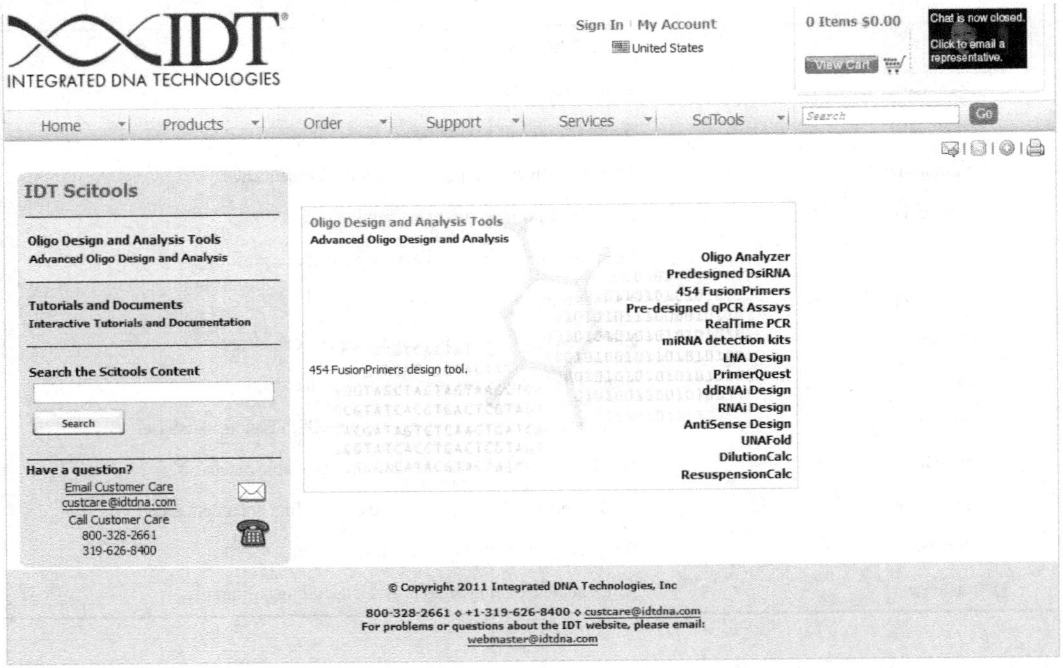

图 1-4-28　SciTools

以下为 SciTools 中包含的子程序描述（表 1-4-3）。

表 1-4-3　SciTools 包含的子程序

程序	功能
Oligo Analyzer	Comprehensive oligonucleotide analysis
Predesigned DsiRNA	Predesigned DsiRNA duplexes and TriFECTa kits.
454 FusionPrimers	454 FusionPrimers design tool.
Pre-designed qPCR Assays	RealTime PCR design tool.
RealTime PCR	RealTime PCR design tool.
miRNA detection kits	miRNA StarFire is a proprietary labeling system for generating radiolabeled oligo probes with 10-fold greater specific activity than traditional 5′-end labeling with polynucleotide kinase. It is based on 3′-end labeling with DNA polymerase.
LNA Design	LNA design tool.
PrimerQuest	Primer and probe selection tool.
ddRNAi Design	DNA directed RNA interference.
RNAi Design	Design Duplexed RNA oligos for RNA Interference.
AntiSense Design	Antisense oligo design and selection tool.
UNAFold	Secondary structure prediction tool.
DilutionCalc	Calculate how much volume to dilute down to a desired lower concentration.
ResuspensionCalc	Calculate how much volume（uL）to resuspend a dry lyophilized oligo.

对于引物设计，NCBI 上的 primer-blast（http：//www.ncbi.nlm.nih.gov/tools/primer-blast/index.cgi?LINK_LOC=BlastHomeAd）综合运用 Primer 3 和 BLAST，界面友好，操作简便（图 1-4-29）。

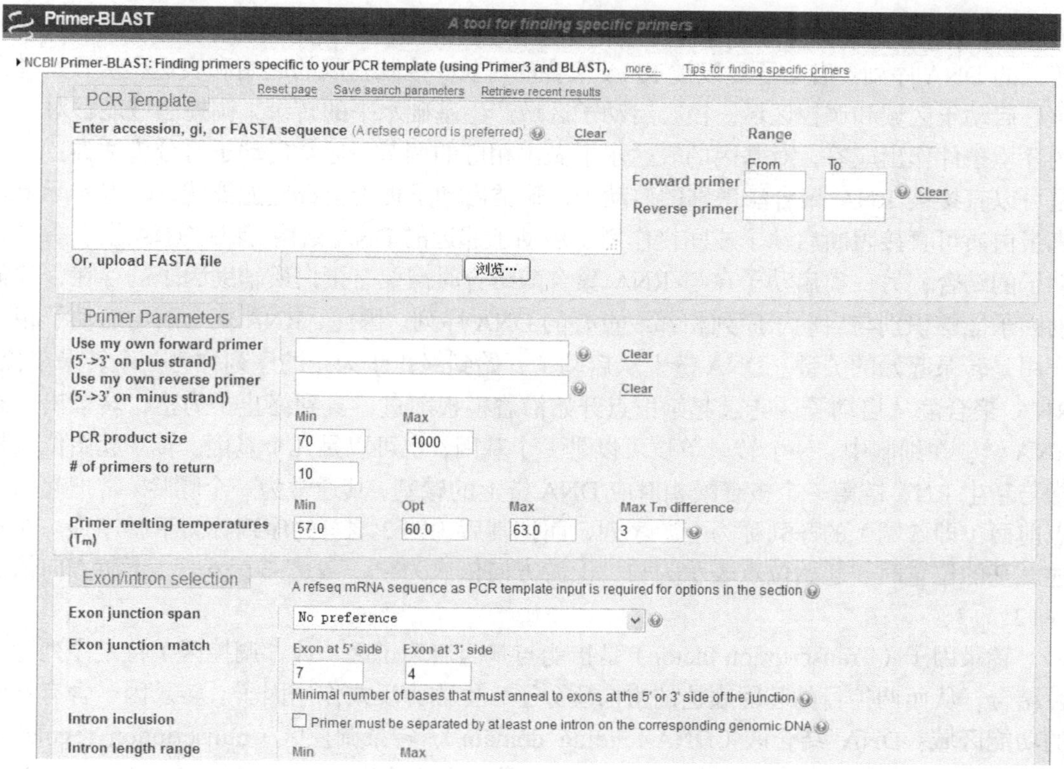

图 1-4-29 primer-blast

（李 彦）

三、真核基因启动子区生物信息学分析

生物信息学（bioinformatics）是生物学与计算机科学及应用数学等学科相互交叉而形成的一门新兴学科。它通过对生物学实验数据的获取、加工、存储、检索与分析，进而达到揭示数据所蕴含生物学意义的目的。当前生物信息学发展的主要推动力来自分子生物学，生物信息学的研究主要集中于核苷酸和氨基酸序列的存储、分类、检索和分析等方面。

真核基因的表达调控机制复杂，可在 DNA 和染色体水平、转录水平、转录后加工、翻译和翻译后加工等水平上调节，其中最主要的调节方式是转录水平的调节。基因转录激活时，需要 DNA 调节序列（如启动子）、调节蛋白（如转录因子）和 RNA 聚合酶三大要素。因此，在转录水平研究基因表达调控时，我们需要明确该基因的启动子区序列及能与之结合并影响其转录的转录因子。

生物信息学预测和分析启动子是研究基因表达调控机制的重要手段，而转录因子结合位点的预测是研究基因转录调控的重要环节，通过预测及分析可能与启动子区结合的转录因子，可初步判定影响该基因转录的各种因素。准确地预测转录因子结合位点将有助于人们认识和研究不同转录因子对靶基因的表达调控机制。

【基本原理】

启动子（promotor）是一段位于结构基因5′端上游、能活化RNA聚合酶并使基因进行转录的DNA序列。启动子可以被RNA聚合酶辨认，控制基因的起始和表达程度，其包含核心启动子区域和调控区域。核心启动子区域产生基础水平的转录，调控区域能够对不同的环境条件作出应答，对基因的表达水平做出相应的调节。通常启动子可分为两类：一类是可以直接被RNA聚合酶识别的启动子，这类启动子理论上都应能被转录，但实际上外来蛋白质可直接阻断启动子或间接作用于启动子邻近的DNA结构，影响RNA聚合酶与启动子的结合；另一类启动子在与RNA聚合酶结合时需要有蛋白质辅助因子的存在，该辅助因子能够识别与启动子序列相邻或重叠的DNA序列。因此，RNA聚合酶与启动子相互作用是转录起始的关键。DNA链上从启动子开始到终止子为止的序列称为一个转录单位，RNA聚合酶从启动子区转录起始位点开始沿着模板前进，直到终止子为止，转录出一条RNA链。在细胞中，一个转录单位可以是一个基因，也可以是几个基因。转录起始位点是指与新生RNA链第一个核苷酸相对应DNA链上的碱基，其通常为一个嘌呤。常把起始位点前面（即5′端）的序列称为上游序列，而把其后（即3′端）的序列称为下游序列。在描述碱基的位置时，起始位点表示为+1，上游方向依次为–1、–2、–3、……，下游方向依次为+2、+3、……。

转录因子（Transcription factor）是指能与基因启动子区（或5′调控区）特定序列专一性结合，从而调控目的基因表达的蛋白质分子，也称为反式作用因子。转录因子含有不同的功能区域：DNA结合区（DNA-binding domain）、转录调控区（transcription regulation domain）、寡聚化位点（oligomerization site）及核定位信号（nuclear localization signal），各功能区域决定着转录因子的功能和特性。其中，DNA结合区是转录因子调节基因表达时与基因模板链结合的区域。转录因子可通过与基因上游的启动子区域结合，调控RNA聚合酶与DNA模板的结合而调控基因的转录，而且也可以和其他转录因子形成转录因子复合体来影响基因的转录。

利用生物信息学对基因启动子区进行查找，以及预测与该区域结合的转录因子或核受体，对基因的表达调控研究有很好的辅助作用，并能使研究的聚焦度得到提高，从而增加获得理想研究结果的机会。

【基本应用与操作】

1. 基因外显子及5′调控区序列的查找 启动子区（5′调控区）的生物信息学分析是研究基因表达调控机制的重要手段。基因转录起始位点以前为该基因的5′调控区，启动子区没有明显的位置定义，有些特定基因的转录区内部也存在着转录因子的结合位点，因此也属于启动子范围。在研究基因表达调控时，常选择转录起始位点前的3000个碱基或更长片段进行研究。

（1）应用NCBI网站查找

1）启动IE浏览器。

2）在地址栏中输入http：//www.ncbi.nlm.nih.gov，并回车。

3）在“Search”下拉菜单中，选择“Nucleotide”并输入需要查找的基因名称（或缩写），并回车。

4）进入页面后，选择所查找基因的物种，点击后进入该基因的“Summary”界面，并点击“Primary sourse”进入下一页面。

5）在新页面中选择“GenBank”并点击，以进入“Map viewer”页面。

6）打开“Map viewer”页面，然后点击右侧“SV：Sequence viewer”，在新的页面中，可以看到该基因在染色体的定位、外显子、内含子组成等基本信息，然后点击“sequence”按钮，目的基因的相关信息和序列就出现在新的对话框中。在该对话框中（图1-4-30），可以找到该基因的外显子序列、内含子序列、5′UTR序列、3′UTR序列。对于基因的启动子区（5′调控区）序列，可直接从5′UTR序列向上查找即可。

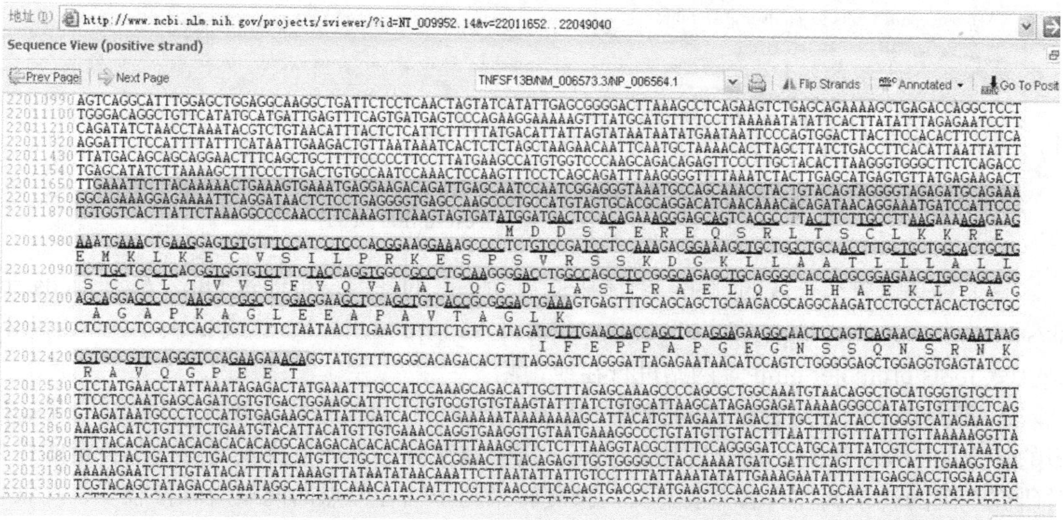

图1-4-30　Sequence viewer界面

（2）利用UCSC/Ensembl查找基因外显子及5′调控区序列

1）启动IE浏览器。

2）在地址栏中输入http：//genome.ucsc.edu/，并回车。

3）在主页工具栏中点击“Gene Sorter”，进入下一页面。

4）在页面“Search”文本框中，输入需要查找的基因名称（或缩写），并回车。

5）进入“Simple Search Results”页面，会显示“Known Gene Names”选择所查找的基因，并点击。

6）进入“UCSC Human Gene Sorter”页面，在页面右侧“Description”栏，找到需查找的基因全称，并点击以进入下一页面。

7）进入新页面后，如图1-4-31所示选择“Sequence and Links”，并点击“Genomic Sequence”。

8）进入到“Get Genomic Sequence Near Gene”，在该界面中，根据需要进行序列检索区域的选择，对“Promoter/Upstream，5′ UTR Exons，CDS Exons，3′ UTR Exons，Introns Downstream”可同时选择也可单独选择。然后选择序列显示的格式“Sequence Formatting Options”，点击“submit”按钮，便得到想要查找的序列。

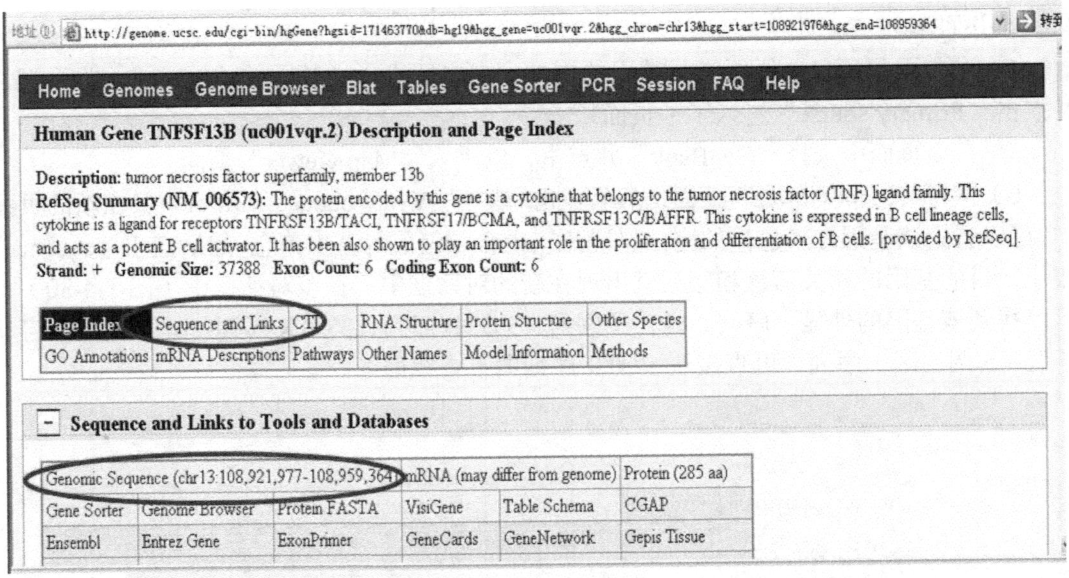

图 1-4-31 UCSC 基因 Description 页面

（3）对基因启动子区的预测：对于未知启动子区的基因，可通过 http：//www.cbs.dtu.dk/services/Promoter，http：//fruitfly.org：9005/seq_tools/promoter.html 或 http：//www.fruitfly.org/seq_tools/promoter.html 等网站进行在线预测。

2. 基因转录因子结合位点的预测 转录因子结合位点又被称为顺式作用元件，是一些短的特定的 DNA 序列，其长度从几个到十几个碱基对不等，查找或预测这些特定的序列对研究基因的转录调控有着重要意义。预测转录因子结合位点的网站及软件较多，此处仅举以下免费网站进行示范说明。

（1）应用 http：//www.cbrc.jp/research/db/TFSEARCH.html 预测基因启动子区的转录因子结合位点

1）启动 IE 浏览器。

2）在地址栏中输入 http：//www.cbrc.jp/research/db/TFSEARCH.html，并回车。

3）在主页中，以净序列格式输入（或粘贴）靶基因启动子区（或 5′调控区）序列。然后选择种属并定义阈值，点击“Exec”按钮，即出现新的页面。页面将显示与输入序列结合的转录因子及转录因子结合位点。

4）根据实验需要便可对所预测的转录因子结合位点进行相关研究。

（2）应用 http：//gpminer.mbc.nctu.edu.tw/index.php 预测转录因子结合位点

1）启动 IE 浏览器。

2）在地址栏中输入 http：//gpminer.mbc.nctu.edu.tw/index.php，并回车。

3）在主页中，按以下步骤进行预测前的准备。

A. 在 Species 下拉菜单中选择物种。

B. 在 Query type 下拉菜单中选择“Input a sequence to be identified the promoter region”。

C. 将基因启动子区（或 5′调控区）序列以 FASTA 格式粘贴到文本框中。

D. 根据需要，选择或定义“Regulatory features for mining”目录下的各选项，点击“Submit”。

4）在新页面中，将显示预测能与该基因结合的转录因子及转录因子结合位点。

5）根据实验需要便可对所预测的转录因子结合位点进行相关研究。

（3）应用 http：//www.nubiscan.unibas.ch/预测基因启动子区的核受体结合位点

1）启动 IE 浏览器。

2）在地址栏中输入 http：//www.nubiscan.unibas.ch/，并回车进入主页。该网站收录了大部分核受体结合位点，对于未收录的核受体，可自己建库。在使用前，该网站需要进行免费注册。此处以预测某基因的核受体结合位点为例。

3）在主页中点击"Analyze a sequence"，输入用户名及密码，进入下一页面。

4）在新页面中，粘贴或从文件上传已知的基因启动子区序列，然后选择要预测的核受体种类，点击"Submit"按钮。

5）出现参数设置页面"Step 2：specify search parameters"，根据个人实验需要，设定相应参数（通常选用 Automatic，其余为系统默认），点击"Submit strategy"按钮。

6）出现参数设置页面"Step 3：Select output options"，选择输出格式，点击"Submit"按钮，出现 Data Summary 页面，显示核受体的结合方式、位置、评分、结合位点序列等信息（图 1-4-32）。

Repeat	Position (strand)	score	z-score	p value	E value	half-site E value	site sequence
DR10	1675(+)	0.820868	n/a	0.0479506	n/a	n/a	TCACCActaaataactTAACCA
ER2	2750(+)	0.781149	n/a	0.0823272	n/a	n/a	AGCTTAtcTGACCT
DR7	2343(-)	0.732485	n/a	0.301282	n/a	n/a	TGACTGctaccatTAACCA
ER7	538(+)	0.718851	n/a	0.215281	n/a	n/a	AGGTTActccgtaTGACTC
DR0	713(-)	0.718851	n/a	0.247698	n/a	n/a	TGACCGTGCCCC
IR8	2567(+)	0.718851	n/a	0.211799	n/a	n/a	TAACCTaaatacgtCTGTAA
DR4	2748(+)	0.718851	n/a	0.184079	n/a	n/a	TTAGCTtatcTGACCT
DR0	2758(+)	0.718851	n/a	0.184079	n/a	n/a	TGACCTTCACAT

图 1-4-32　核受体结合位点 Data Summary 页面

核受体与基因启动子区结合时，常以半位点方式与 DNA 结合，而半位点又分为左侧半位点（left half site）和右侧半位点（right half site）（图 1-4-33）。在"Repeat"栏，会出现 DR、IR、ER 几种核受体与启动子区的结合方式（图 1-4-33），其中 DR、IR、ER 后面的数字代表的是左右半位点中间隔的碱基数，如 DR10 就表示核受体以 DR 方式与 DNA 结合，中间间隔 10 个碱基。另外，DR 表示核受体在正义链上左右半位点以直接重复（direct repeats）方式结合；IR 表示核受体以反向重复（inverted repeats）方式与 DNA 结合，即左半位点结合在负义链，右半位点结合在正义链；ER 表示核受体以翻转重复（everted repeats）方式与 DNA 结合，即左半位点结合在正义链，右半位点结合在负义链。

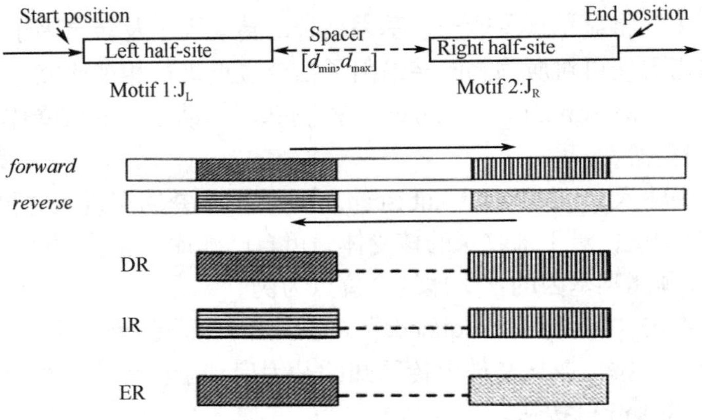

图 1-4-33 核受体与基因启动子区结合方式示意图

【注意事项】

（1）在各网站进行预测时，保证输入序列格式的正确性。

（2）在查找基因启动子区序列时，注意基因编码的方向，以明确启动子区序列的正确性。

（3）在预测转录因子结合位点后，需明确该转录因子在基因中启动子区结合的位置。

（黄 刚）

四、microRNA 靶标的预测

microRNA（miRNA）是一类在多种真核生物中调控基因表达，长度为 22 个核苷酸左右的内源性非编码 RNA。1993 年，Lee 等在秀丽隐杆线虫体内首次发现了 miRNA，直到 7 年后，Ruvkun 和 Horvitz 的实验室在线虫体内鉴定出第二个 miRNA，才意识到 miRNA 的重要性。miRNA 基因通常位于基因间或内含子区域。在核内，miRNA 首先由 RNA 聚合酶Ⅱ转录产生具有帽子结构和多聚腺苷酸尾巴的长的初始转录物（primary miRNA，pri-miRNA）。pri-miRNA 在核酸酶 Drosha 和 DGCR8/Pasha 的作用下被加工形成约 70 个核苷酸组成的 miRNA 前体（precursor miRNA，pre-miRNA），pre-miRNA 经输送蛋白 Exportin 5 介导转运到细胞质中。胞质中的 pre-miRNA 由另一个核酸酶 Dicer 剪切成约 22 个核苷酸长度的 miRNA 双链，其中一条链为成熟的 miRNA 分子，其在细胞内与 Argonaute 蛋白结合形成 RNA 诱导的沉默复合体（RISC）。成熟的 miRNA 分子通过与靶 mRNA 的 3′-非翻译区（3′-untranslated region，3′-UTR）的不完全配对，抑制 mRNA 翻译过程，也可以直接降解 mRNA 或降低 mRNA 的稳定性。

miRNA 通过作用于相应靶 mRNA，参与调控细胞增殖、凋亡、分化、代谢、发育等多种信号通路，与多种疾病的发生发展关系密切。到目前为止，仍有很多 miRNA 的功能并不清楚，原因在于目前已经确定的 miRNA 靶基因数量很少。而且 miRNA 靶基因的预测与鉴定难度较大，因此，利用生物信息学方法准确快速地预测 miRNA 的靶基因，对研究 miRNA 功能具有十分重要的意义。

通过对以往实验获得的 miRNA 数据进行分析，科学家发现 miRNA 序列具有某种的结构特征，由此，可以根据这些特征来建立一套算法，对未知基因组或序列进行扫描，便可发现新的 miRNA，也就是说，利用生物信息学识别方法，代替实验方法，从而大大地提高了寻找 miRNA 的能力。

【基本原理】

生物信息学方法预测 miRNA 的靶基因主要是利用某种算法对靶基因样本进行评分及筛选。目前的预测方法虽然各不相同，但通常遵循以下几个原则：①种子序列（miRNA 5′端 2～8nt）和靶基因 mRNA 的 3′-UTR 区之间的互补性；②miRNA 靶位点在不同物种之间的保守性；③miRNA-靶基因双链之间的自由能大小，即热稳定性；④miRNA-靶基因相互作用位点，不应有复杂的 RNA 二级结构。除了上述几个原则外，不同的预测方法还对计算方法进行各自的限制与优化。目前预测 miRNA 靶基因的常用工具有 miRanda、TargetScan、PicTar 和 FOMmiR。

1. miRanda　是第一个利用生物信息学方法开发的基于序列的 miRNA 靶基因预测算法。最初是用于预测果蝇 miRNA 靶标的一个预测软件，2003 年由 Enright 等用于预测人类。miRanda 对 3′UTR 的筛选依据主要是从序列匹配、miRNA 与 mRNA 双链的热稳定性及靶位点的保守性三个方面进行分析。miRanda 采用一种类似于 Smith-Waterman 的算法来构建打分矩阵。首先在序列匹配方面，序列互补的打分规则为：A-U 和 G-C 为+5，G-U 为+2，其他配对方式为−3，空位（gap-opening）罚分为−8，延伸空位（gap-extension）罚分为−2。根据这一互补的打分规则，将 5′端的前 11 个碱基的互补分值乘以一个 scale 参数，再和 3′端的前 11 个碱基互补分值相加得到最终的互补得分，最终得分体现了 miRNA 与靶基因作用过程中 5′端和 3′端的不对称性。同时 miRNA 与靶 mRNA 的互补还要遵循 4 个规则：即 miRNA 第 2～4 位碱基和靶 mRNA 精确匹配；第 3～12 位碱基和靶基因错配小或者等于 5 个；9～25 位碱基最少一个错配；最后 5 个碱基错配不得多于 2 个。其次，在热稳定性方面，miRanda 采用 Vienna 软件包计算 miRNA 与 3′UTR 作用的自由能。最后，在物种间保守性方面，要求靶位点在多物种 3′UTR 序列比对中相同位置具有相同的碱基。

2. TargetScan　是 Lewis 等在 2003 年开发的一个基于序列的 miRNA 靶基因预测算法，用于预测哺乳动物 miRNA 靶基因。该软件首次提出了“种子匹配”的概念。在 TargetScan 的算法中要求 miRNA 的 5′端第 2～8 位碱基与 mRNA 的 3′UTR 上的序列完全互补，被称为“种子匹配”，这 7 个核苷酸被称为 miRNA“种子区”。从种子区向两侧延伸寻找互补碱基，直到出现碱基错配为止，这期间允许 G-U 配对。miRNA 依次和非编码区的每个靶位点结合计算出自由能。在物种保守方面，TargetScan 算法引入了信噪比来评估预测结果的准确度，即原始的 miRNA 和随机生成的 miRNA 分别对 mRNA 的 3′UTR 进行预测，所得靶基因数目的比值。结果发现随着物种数目的增多，预测的靶基因数目逐渐减少，但预测结果的准确率得到了提高。

后来，Lewis 等又对 TargetScan 进行了优化，发表了第二个版本 TargetScanS。TargetScanS 扩大了物种间的比较范围，将种子区由先前的 7 个核苷酸减少为 6 个核苷酸即 5′端第 2～7 位碱基。要求在种子区完全互补的情况下，miRNA 第 8 位碱基与靶基因互补或者 miRNA 第 1 位碱基是腺嘌呤。后来 Andrew 等又将 TargetScanS 的算法中加入了新的条件：①miRNA 结合位点多分布于 mRNA 3′UTR 的 AU 富集的区域；②功能相似 miRNA 靶位点距离相近；③miRNA 的第 12～17 个核苷酸与 3′UTR 互补促进两者的结合；④有效的 miRNA 结合位点多分布于 mRNA 3′UTR 的两侧，但距离终止密码子至少 15 个核苷酸。

3. PicTar 用来预测脊椎动物、线虫和果蝇中 miRNA 的靶基因，并通过实验方法进行验证。PicTar 也是充分依据物种间的保守性。PicTar 同样强调“种子区”及 miRNA 和靶基因结合的自由能。PicTar 把种子序列分为“完全匹配种子序列”和“不完全匹配种子序列”，完全匹配要求种子序列和靶基因完全互补配对，与靶基因结合自由能小于 miRNA 和靶基因最优结合能的 33%。而不完全匹配要求在满足 miRNA 与靶基因结合自由能不增加的前提下，允许种子序列出现错配，但不允许 G-U 配对，与靶基因的结合自由能要求小于 miRNA 和靶基因最优结合能的 66%。在 PicTar 的概率模型中，miRNA 在结合位点上互相竞争，通过对重叠靶位点给予适当的分值来识别多个 miRNA 作用于同一靶位点，或一个 miRNA 作用于多个靶位点的协同效应。

4. FOMmiR 是一款能力极强的预测工具，它是目前唯一能够从一级序列上直接预测成熟 miRNA 的工具，而且具有跨物种的预测能力。该软件完全免费，提交序列数据，即可快速预测，操作简便，预测效率非常高。

根据生物信息学的预测结果，哺乳动物中大约 1/3 基因的表达可能受到 miRNA 的调控。然而，由于 miRNA 与 mRNA 的互补性不高，在大多数情况下，一个 miRNA 往往对应着数十甚至数百个靶基因，因此，这种预测结果中会包含着一定的假阳性。为了克服这一不足，通常同时利用几个数据库对同一 miRNA 的靶基因进行交叉预测，这样既可以提高预测的准确性，同时也会大大缩减靶基因的数量，大幅度地节省了实验室验证的工作量。

【基本应用】

1. miRanda

（1）进入 miRanda（http：//www.microrna.org/microrna/home.do）主页（图 1-4-34），显示 miRNA 可调控哪些靶基因。选择物种点击“Species”选择相应的物种，按照程序的格式要求输入所需预测 miRNA 的名称，点击“Go”，程序会显示所预测的 miRNA 所调控的靶基因的个数，进一步点击“view targets”就可看到 miRNA 所调控的靶基因的详细情况。

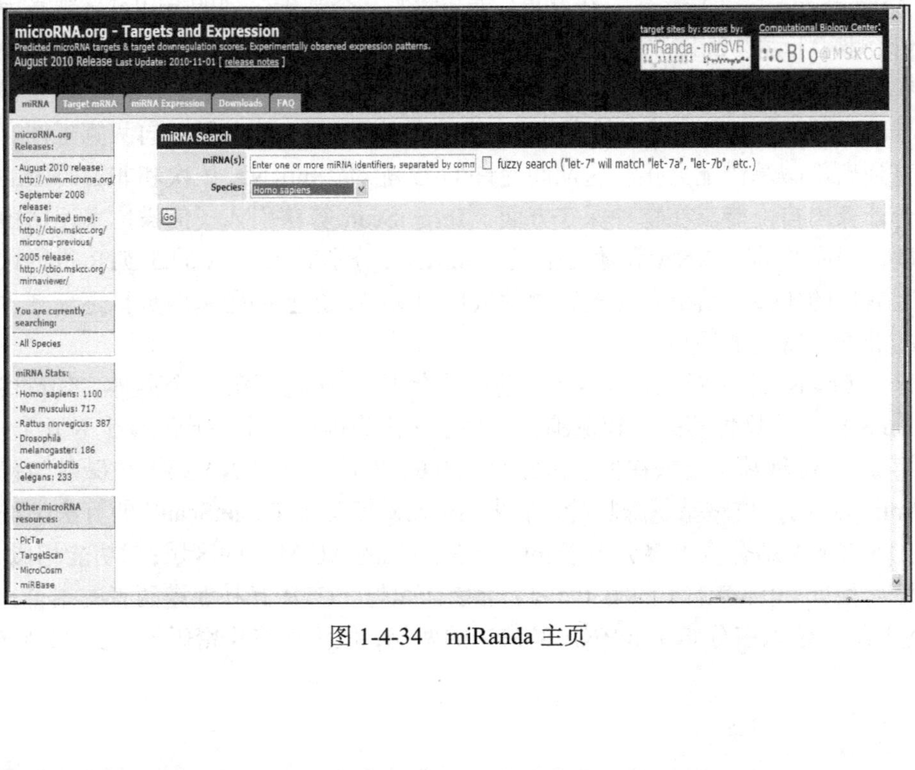

图 1-4-34 miRanda 主页

（2）如果想预测某个基因可能受哪些 miRNA 调控，则点击“Target mRNA”，输入所需预测的基因的名称，点击“Go”，程序显示预测的基因的名称，再点击“alignment details”，程序会显示所预测的可能与靶基因 mRNA 的 3′-UTR 结合的 miRNA。并按分值（mirSVR scores）高低排序。

2. TargetScan

（1）进入 TargetScan（http：//www.targetscan.org/vert_50/）。主页（图 1-4-35）TargetScan 显示的是哺乳类的 miRNA 的数据库，包括人类、小鼠、大鼠、狗、鸡、黑猩猩、恒河猴、牛、负鼠、蛙，可根据需要选择相应的种类。如果要选择其他物种可点击主页上的[Go to TargetScan Mouse]、[Go to TargetScan Worm]、[Go to TargetScan Fly] 选择其他物种相应的数据库。

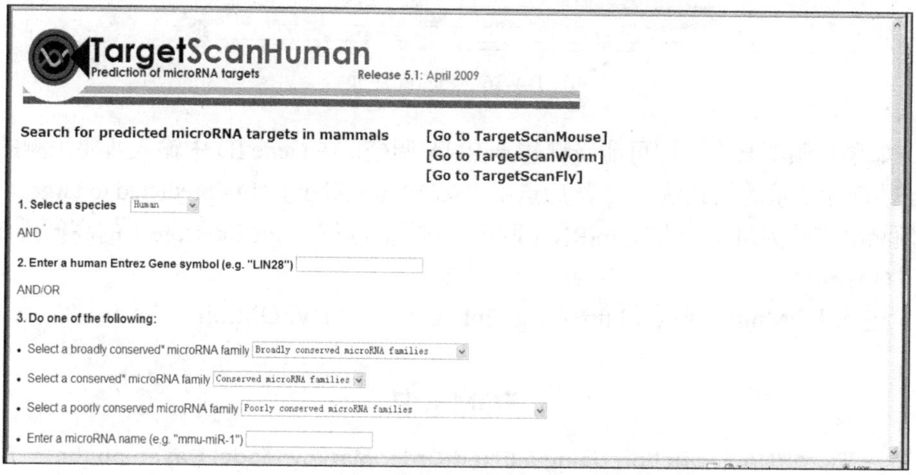

图 1-4-35 TargetScan 主页

（2）TargetScanHuman 根据 miRNA 的保守性分为一般保守性 miRNA 家族（broadly conserved microRNA family）、保守性 miRNA 家族（conserved microRNA family）、低保守性 miRNA 家族（poorly conserved microRNA family），可在相应的家族选择所需预测的 miRNA。如果这些家族没有包括所需预测的 miRNA，可按数据库要求的格式输入所需预测的 miRNA 的名称。点击“submit”就可以预测出所需研究的 miRNA 可能调控的靶基因，预测程序会给出一个分值（P_{CT}）并按 P_{CT} 值的高低排序。

（3）如果想预测某个基因可能受哪些 miRNA 调控，则点击“Enter a human Entrez Gene symbol”按照数据库要求的格式输入所要预测的基因名称（例如：“LIN28”），点击“submit”就可以预测出某个基因可能受哪些 miRNA 调控。程序会给出一个分值（P_{CT}），并按 P_{CT} 值的高低排序。

3. PicTar

（1）进入 PicTar（http：//pictar.mdc-berlin.de/cgi-bin/PicTar_vertebrate.cgi）。在主页上（图 1-4-36）选择相应物种的数据库点击进入。例如，预测人的点击“click here for Pic Tar prediction in vertebrates”。

（2）预测某个 miRNA 调控哪些靶基因，可在“microRNA ID”中点击数据库选择所要预测的 miRNA 的名称。然后点击“search for target of a miRNA”。程序会给出一个分值（PicTar score）并按预测分值的高低排序。

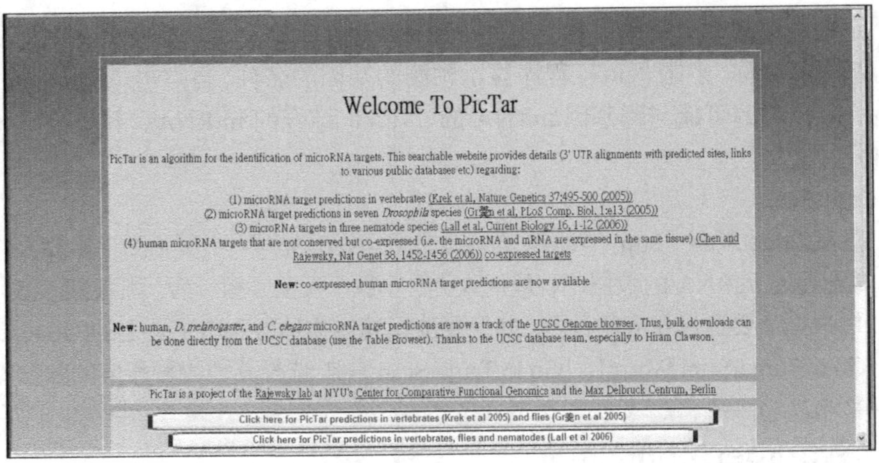

图 1-4-36　PicTar 主页

（3）如果想预测某个基因可能受哪些 miRNA 调控，在 Gene ID 中输入所要预测的基因名称（按照数据库要求的格式输入），然后点击“Search for all miRNAs predicted to target a Gene”，程序会预测出该基因可能受哪些 miRNA 调控并按预测分值（PicTar score）的高低排序。

4. FOMmiR

（1）进入 FOMmiR 网页（https：//github.com/yanlilab/FOMmiR，图 1-4-37）。

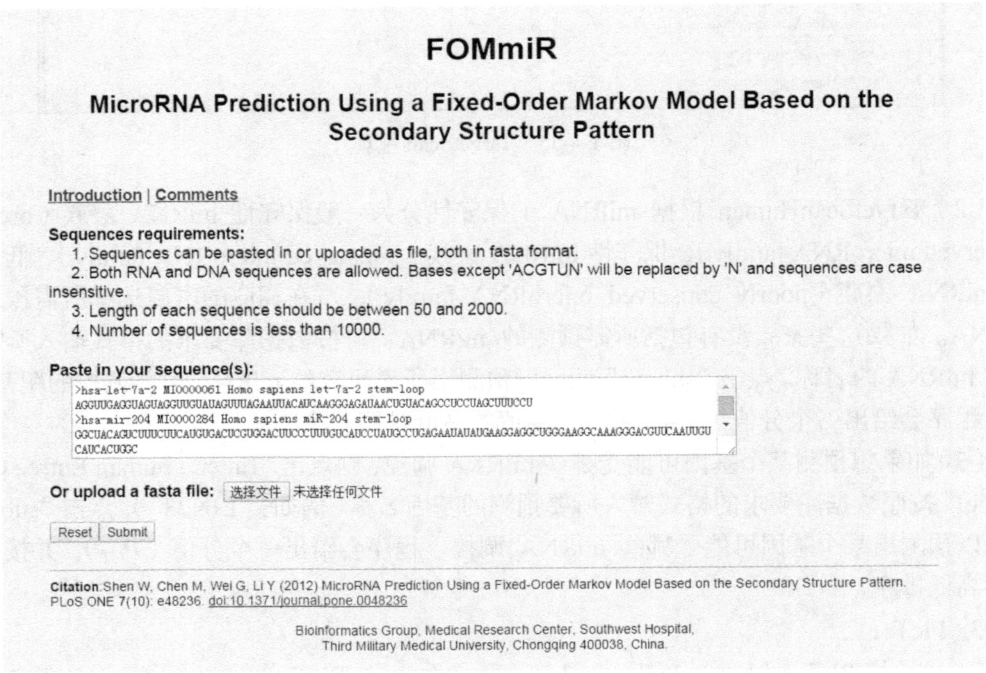

图 1-4-37　FOMmiR 主页

（2）输入相应的基因序列，序列长度为 500～2000bp。

（3）提交序列后即可输出预测结果。

（张　艳　李　彦）

第二篇 生物化学与分子生物学实验操作

第五章 生物化学实验操作

实验 1 蛋白质的两性反应与等电点测定

【实验目的】

（1）验证蛋白质的两性反应和等电点。加深对基本概念的理解，明确蛋白质等电点与溶液 pH 的关系。

（2）掌握测定蛋白质等电点的简易方法。

【实验原理】

蛋白质是由氨基酸组成，除其分子两端的氨基和羧基可解离外，氨基酸残基侧链中的某些基团，如谷氨酸、天冬氨酸残基中的 γ 和 β-羧基、赖氨酸残基中的 ε-氨基、精氨酸残基的胍基和组氨酸残基的咪唑基等，在一定的溶液 pH 条件下都可解离成带正电荷或负电荷的基团。当蛋白质溶液处于某一 pH 时，蛋白质分子所带的正电荷和负电荷相等，以兼性离子状态存在，净电荷为零，在电场中该蛋白分子既不向阴极移动也不向阳极移动，此时溶液的 pH 称为蛋白质等电点（isoelectric point，pI）。当溶液的 pH 低于蛋白质等电点时，即在 H^+ 较多的条件下，蛋白质分子带正电荷成为阳离子；当溶液 pH 大于等电点时，即在 OH^- 较多的条件下，蛋白质分子带负电荷成为阴离子。

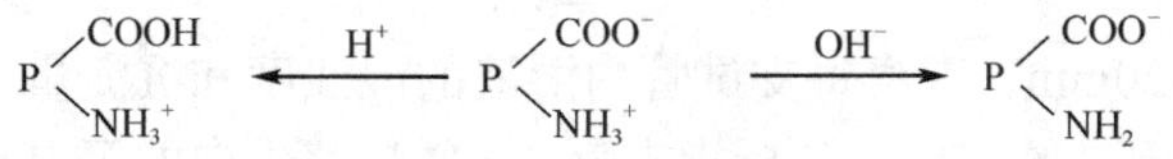

	阳离子	兼性离子	阴离子
在电场中：	pH<pI	pH=pI	pH>pI
	向阴极移动	不移动	向阳极移动

蛋白质等电点多接近 pH7.0，也有等电点偏酸性的，如酪蛋白的等电点为 pH4.55～4.7，卵蛋白的等电点为 pH4.0。血红蛋白的等电点为 pH6.79～6.83，也有偏碱性的，如鱼精蛋白的等电点为 pH12.0～12.4。在等电点时，蛋白质溶解度最小，容易沉淀析出。

本实验以酪蛋白为例，观察蛋白质的两性反应并测定其等电点。

【实验材料与仪器】

1. 试剂

（1）酪蛋白-0.1mol/L 乙酸钠液：称取纯酪蛋白 0.25g，置于 50ml 容量瓶内，加蒸馏水 20ml 及 1.00mol/L NaOH 液 5ml（必须准确），摇荡使酪蛋白溶解，然后加 1.00mol/L 乙酸液 5ml（必须准确），最后稀释至刻度，混匀。

（2）1.00mol/L 乙酸液：取冰乙酸 5.72ml 加蒸馏水至 100ml。

（3）0.10mol/L 乙酸液：取 1.00mol/L 乙酸液 10ml，加蒸馏水至 100ml。

（4）0.01 mol/L 乙酸液：取 0.10mol/L 乙酸液 10ml，加蒸馏水至 100ml。

2. 器材

（1）试管及试管架。

（2）移液管（1.0ml 和 5.0ml）。

【操作步骤】

（1）取 5 支干燥的试管，编号后按表 2-5-1 的顺序准确加入各种试剂，加入每种试剂后应混合均匀。

表 2-5-1

试管编号	1	2	3	4	5
蒸馏水（ml）	—	3.2	3.0	1.5	3.38
1.00mol/L 乙酸溶液（ml）	4.0	0.8	—	—	—
0.10mol/L 乙酸溶液（ml）	—	—	1.0	—	—
0.01 mol/L 乙酸溶液（ml）	—	—	—	2.5	0.62
酪蛋白-乙酸钠溶液（ml）	1.0	1.0	1.0	1.0	1.0
溶液的最终 pH	3.1	3.8	4.7	5.3	5.9

各管缓冲液的 pH 按亨德森-哈塞尔巴赫（Henderson-Hasselbach）方程式计算：

$$pH=pK+\log\frac{[盐]}{[酸]}$$

例如，在第 2 管内，乙酸钠液与乙酸液的浓度之比为 1∶8，因乙酸的 pK=4.7，故此管溶液的 pH 是：

$$\begin{aligned}pH&=4.7+\log 1/8\\&=4.7-0.9\\&=3.8\end{aligned}$$

（2）静置约 20min，观察每支试管内溶液的混浊度和沉淀量，以 –、+、++、+++符号表示。根据观察记录的结果，分析指出哪个 pH 是酪蛋白的等电点。

【注意事项】

（1）在使用移液管时，严格操作步骤，确保吸液准确。

（2）避免各试剂之间交叉污染，影响实验结果。

【思考题】

（1）为什么溶液 pH 处于蛋白质等电点时，蛋白质溶解度最低?

（2）如何设计实验简易测定某碱性蛋白质的等电点?

（钟　丹）

实验 2　蛋白质的沉淀反应

【实验目的】

（1）通过实验加深对蛋白质胶体分子稳定因素的认识。

（2）了解盐析、有机溶剂、重金属离子和生物碱试剂沉淀蛋白质的原理及其临床意义。

【实验原理】

在水溶液中蛋白质分子的表面由于形成水化层和双电层，而成为稳定的胶体颗粒。这种稳定性是有条件的、相对的。在一定的物理化学因素影响下，蛋白质颗粒失去双电层、水化层，形成不稳定的蛋白质颗粒，随即以固态的形式从溶液中析出，这种作用称为蛋白质的沉淀反应（图 2-5-1）。多种理化因素可导致蛋白质沉淀。

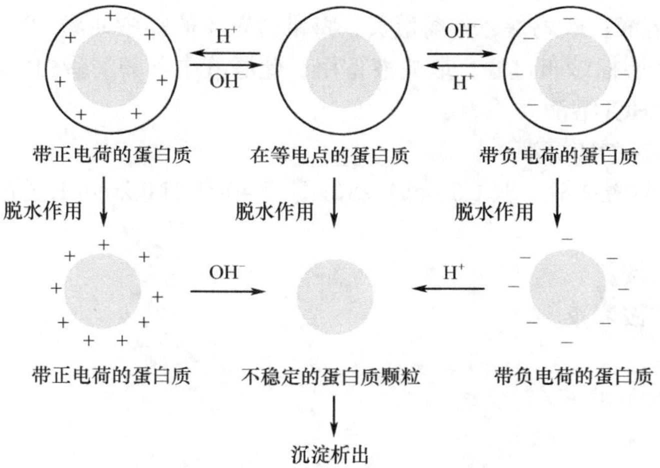

图 2-5-1　蛋白质沉淀的基本原理

（1）盐析：在蛋白质溶液中加入大量中性盐，以破坏蛋白质的胶体稳定性而使其析出的过程称为蛋白质的盐析作用。球状蛋白质胶体，在高浓度中性盐影响下，脱去水化层，同时，蛋白质分子所带的电荷被中和，导致蛋白质的胶体稳定性遭到破坏，近而沉淀析出。该条件下沉淀出的蛋白质仍保持其蛋白质天然性质，因此，若降低溶液盐浓度，沉淀出的蛋白质还能重新溶解。

沉淀不同蛋白质所需中性盐的浓度不同，而选择的盐类不同浓度也有差异。所以，在不同条件下，采用不同浓度的盐类可将不同的蛋白从混合溶液中分别沉淀析出，该法称为蛋白质的分级盐析。这种方法在蛋白质和酶的分析和制备方面广泛应用。

（2）有机溶剂：某些有机溶剂如乙醇、甲醇、丙酮等，对水的亲和力很大，能夺去蛋白质分子的水化层，在等电点时使蛋白质沉淀析出。在常温下，有机溶剂沉淀蛋白质往往引起变性，例如，用乙醇溶液消毒灭菌。但在低温下，变性进行较缓慢，可用于蛋白质制备。

（3）重金属盐类和生物碱试剂：重金属离子如 Pb^{2+}、Cu^{2+}、Hg^{2+}、Ag^{+}等在偏碱性溶液中（相对于蛋白质的等电点而言）易与蛋白质形成不溶性的复合物而沉淀。重金属离子沉淀蛋白质的反应通常很完全。因此，生化分析中常用重金属盐除去液体中的蛋白质成分；临床上则用蛋白质溶液解除重金属盐中毒。

生物碱是植物中具有显性生理作用的一类含氮的碱性物质。凡能使生物碱沉淀，或能与生物碱作用生成颜色产物的物质，称为生物碱试剂，如鞣酸、苦味酸、磷钨酸等。生物碱试剂在偏酸性溶液中（相对于蛋白质的等电点而言）易与蛋白质结合形成沉淀析出。

若以“M^+”代表重金属离子，“A^-”代表生物碱试剂的酸根，其反应式分别如下：

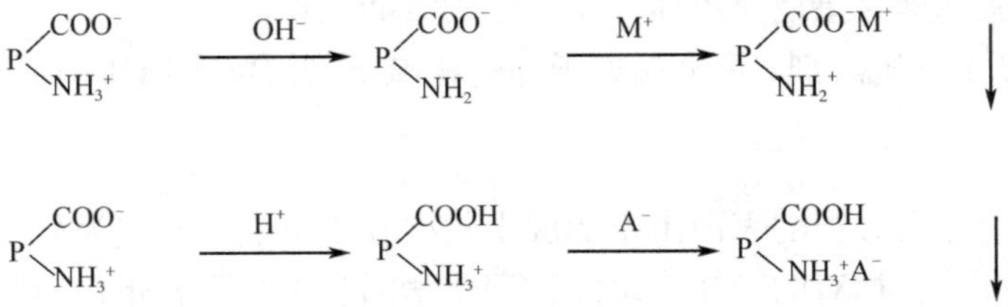

【实验材料与仪器】

1. 试剂

（1）1%蛋白溶液：取鸡蛋，分离蛋黄，将蛋清置于研钵中研磨 10～15min，加 9 倍体积的蒸馏水，用 8 层棉纱布过滤，取滤液备用。此滤液中含卵清蛋白。

（2）0.1mol/L HCl 溶液。

（3）0.1mol/L NaOH 溶液。

（4）pH4.8 乙酸缓冲液：取 0.2mol/L 乙酸溶液 40ml 加 0.2mol/L 乙酸钠溶液 60ml，混合后即成。

（5）固体硫酸铵。

（6）饱和硫酸铵溶液。

（7）95%乙醇。

（8）0.5% $CuSO_4$ 溶液。

（9）饱和苦味酸。

2. 器材 试管及试管架、刻度吸管（5ml）、烧杯（50ml）、玻璃漏斗、玻璃棒、滤纸、沸水浴、托盘天平。

【操作步骤】

1. 蛋白质的盐析作用

（1）取 1%蛋白溶液 2ml 于试管中，加入等体积饱和硫酸铵溶液，混匀，静置 3min，观察记录现象。

（2）将上述溶液经滤纸过滤（预润湿），分装至两支试管中。若滤液混浊，在原来滤纸上再过滤一次，直至滤液澄清为止。

（3）向一支试管中的滤液加入固体硫酸铵粉末（约 0.5g），另一支试管中滤液作为对照，观察记录现象。

（4）将加入固体硫酸铵的试管，再加入蒸馏水 5ml，看沉淀能否溶解，然后加热煮沸，观察现象有无变化，并记录。

2. 有机溶剂（乙醇）沉淀蛋白质

（1）取试管 2 支，编号，加入 1%蛋白溶液 10 滴。

（2）于 1 号管中加 pH4.8 缓冲液 10 滴，再加 95%乙醇 3ml，观察有无沉淀发生，记录并分析原因。

（3）于2号管加入0.1mol/L的NaOH溶液10滴，再加95%乙醇3ml，观察有无沉淀发生，记录并分析原因。

（4）然后向2号管中加入0.1mol/L的HCl溶液10滴，观察有无沉淀发生，记录并分析原因。

3. 重金属离子与生物碱试剂沉淀蛋白质

（1）取试管4支，编号后按表2-5-2的顺序准确加入各种试剂，加入每种试剂后应混合均匀。

表 2-5-2

试管编号	1	2	3	4
1%蛋白溶液（ml）	1	1	1	1
0.1mol/L NaOH溶液（滴）	2	—	4	—
0.1mol/L HCl溶液（滴）	—	2	—	4
0.5%$CuSO_4$溶液（滴）	4	4	—	—
饱和苦味酸（滴）	—	—	4	4

（2）观察记录现象，解释其原因。

【注意事项】

（1）在盐析实验中，过滤前先用少量蒸馏水润湿滤纸，再进行过滤，避免滤液损失。
（2）滴加酸碱的过程中，应当逐滴滴加，边滴加边混匀，随时注意观察现象变化。
（3）苦味酸有剧毒，使用时应特别注意。

【思考题】

（1）析实验中，为何在滤液中进一步加入固体硫酸铵后，有沉淀析出？
（2）重金属盐与生物碱试剂沉淀蛋白质实验中，出现的沉淀，重新加入酸（碱）改变pH时，现象是否发生变化？
（3）蛋白质的沉淀作用有哪些？哪些变性了，哪些没有变性？

（钟 丹）

实验3 蛋白质的热变性

【实验目的】

（1）了解蛋白质变性的原理及现实意义。
（2）通过实验了解蛋白质的变性、沉淀、结絮和凝固的相互关系。

【实验原理】

蛋白质分子在受到一定物理因素，如热、紫外线、超声波、高压、表面张力、剧烈的震荡、搅拌、研磨等，或化学因素，如酸、碱、有机溶剂、重金属盐类、脲、胍、表面活性剂类似十二烷基硫酸钠等作用时，生物活性会丧失。这一类失活一般伴随多种其他现象的出现，如蛋白质溶解度降低，一些理化常数的变化等。这些变化都不引起蛋白质一级结构的破坏。这种现象称为蛋白质变性。因此，变性作用就是蛋白在一定的环境条件下，肽键未断裂，特定空间构象改变，失去了生物活力的过程。

蛋白质在 50℃以上的溶液中，经过一定的时间，往往发生变性。因加热而产生的蛋白质变性，叫热变性。热变性有可逆与不可逆之分，但多数为不可逆的。热变性是由于热的作用，蛋白质分子运动加强，导致维持其空间结构的次级键破坏，蛋白质分子由紧密有序的构象，变成了松散无规律的构象。此时蛋白质分子中的某些疏水基团（如烃基）暴露于分子表面，使得蛋白质分子失去水化层，溶解度降低。若在等电点状态下，则蛋白质从溶液中成凝块析出，称为凝固作用。若变性作用在非等电点状态下进行，其性质虽发生改变，但由于带有同种电荷（正电荷或负电荷），故不致于沉淀析出，若此时调节溶液 pH 至蛋白质的等电点，可成絮状沉淀，而此絮状沉淀在溶液的 pH 调离等电点时又可消失。此絮状沉淀经加热可成凝块析出。

【实验材料与仪器】

1. 试剂

（1）1%蛋白溶液。

（2）pH4.8 乙酸缓冲液。

（3）0.1mol/L HCl 溶液。

（4）0.1mol/L NaOH 溶液。

（5）0.1mol/L Na_2CO_3 溶液。

（6）0.1mol/L HAc 溶液。

2. 器材 试管及试管架。

【操作步骤】

取 3 支干燥的试管，编号后按表 2-5-3 分三步完成该实验。每步实验按顺序准确加入各种试剂，加入每种试剂后应混合均匀，并作相应处理（如加热），在观察记录完每步现象后继续下一步实验。

表 2-5-3

试管编号	1	2	3
1%蛋白溶液（滴）	10	10	10
蒸馏水（滴）	—	8	8
pH4.8 缓冲液（滴）	10	—	—
0.1mol/L HCl（滴）	—	2	—
0.1mol/L NaOH（滴）	—	—	2
分别混匀，在沸水浴加热 5min，观察现象变化。冷却后			
0.1mol/L HCl（滴）	2	—	—
0.1mol/L Na_2CO_3（滴）	—	缓慢滴加	—
0.1mol/L HAc（滴）	—	—	缓慢滴加
待有现象变化后，将 2、3 号管于沸水浴加热 5min，注意有无凝固现象。冷却后			
0.1mol/L HCl（滴）	—	2	—
0.1mol/L NaOH（滴）	—	—	2
观察是否仍能溶解			

【注意事项】

（1）滴加酸碱的过程中，应当逐滴滴加，边滴加边混匀，随时注意观察现象变化。
（2）认真观察现象，区别各组现象间的差异。

【思考题】

（1）第 2，3 号试管在复加酸碱的过程中，为什么要缓慢滴加，边滴边混匀？
（2）两次沸水浴加热后出现的现象有何异同？凝固和沉淀的关系是怎样的？
（3）简述蛋白质加热变性和加重金属离子变性的区别。

（钟 丹）

实验 4 双缩脲法测定蛋白质含量

【实验目的】

（1）掌握双缩脲法测定蛋白质含量的原理并熟悉其操作方法。
（2）掌握分光光度计的使用方法（详细原理方法见分光光度技术章节）。

【实验原理】

在碱性溶液中，双缩脲与金属铜离子（Cu^{2+}）形成紫红色络合物，称为双缩脲反应。凡具有两个酰胺基或两个直接连接的肽键，这类化合物都有双缩脲反应。蛋白质分子内含有许多肽键，故可利用双缩脲反应进行比色法测定蛋白质浓度。紫红色络合物颜色的深浅与蛋白质浓度成正比，而与蛋白质相对分子量及氨基酸成分无关。其反应式可能如下。

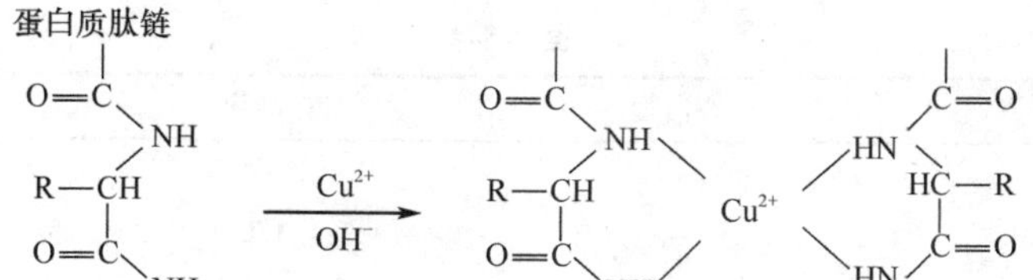

该方法的优点是操作简便、迅速，受蛋白质特异氨基酸成分的影响较小。在体液中小分子多肽含量极少，除蛋白质外几乎不存在能与双缩脲试剂显色的物质，各种血浆蛋白质，包括正常和病理的，呈色程度基本相同，因此双缩脲法是测定血浆蛋白较简便的方法。但本方法灵敏度较差，测定范围为 1～10mg 蛋白质，不适合微量蛋白的测定；而且特异性不高，除-CONH 有此反应外，$-CONH_2$、$-CH_2NH_2$、$-CSNH_2$ 等基团亦有此反应，并且此反应生成的有色络合物稳定性较差，比色测定时需严格控制反应时间。因此双缩脲法常用于需要快速，但并不需要十分精确的蛋白质测定。

【实验材料与仪器】

1. 试剂

（1）双缩脲试剂：称取硫酸铜（$CuSO_4·5H_2O$）1.5g，酒石酸钾钠（$NaKC_4H_4O_6·4H_2O$）6.0g，分别用蒸馏水约 250ml 溶解后，全部转移于 1000ml 容量瓶中，混合，再加入 10% 氢氧化钠（NaOH）溶液 300ml，边加边摇匀。最后用蒸馏水定容至 1000ml。保存于塑料瓶中或内壁涂一层纯净石蜡的普通试剂瓶中，此试剂可长期使用。若出现红色或黑色沉淀，则需重新配制。

（2）生理盐水：即浓度为 9g/L 的氯化钠（NaCl）溶液。

（3）蛋白质标准液（10mg/ml）：用标准的结晶牛血清白蛋白（BSA）或酪蛋白，配制成浓度为 10mg/ml 的蛋白质标准溶液，BSA 用蒸馏水或生理盐水配制，酪蛋白用 0.05mol/L 的 NaOH 配制。例如，称取 100mg 的 BSA，以少量生理盐水溶解后倒入 10ml 容量瓶中，润洗数次，一并倒入容量瓶中，最后用生理盐水补充至刻度，或用凯氏定氮法测定血清蛋白质含量，然后稀释成 10mg/ml 作为蛋白质标准液。

（4）待测血清样品：将人血清或动物血清用生理盐水稀释 10 倍，即可用于测定。

2. 器材

（1）可见光分光光度计。

（2）比色皿。

（3）试管及试管架。

（4）1.0ml、5.0ml 刻度移液管。

【操作步骤】

（1）取 3 支干燥的试管，编号，按表 2-5-4 的顺序准确加入各种试剂，加入每种试剂后应混合均匀。

表 2-5-4

试剂	空白管	标准管	测定管
待测血清（ml）	—	—	0.1
蛋白质标准液（ml）	—	1.0	—
生理盐水（ml）	1.0	—	0.9
双缩脲试剂（ml）	4.0	4.0	4.0

混匀各管，室温放置 30min。以空白管为对照，在波长 540nm 比色测定，测定并记录各管吸光度值 A_{540}。

（2）计算：

$$血清蛋白浓度(mg/ml) = \frac{测定管吸光度值}{标准管吸光度值} \times 标准蛋白浓度(mg/ml) \times 10$$

1）影响本实验结果的因素很多，要求所有器材必须洁净、干燥，试剂取量必须准确。

2）各管加样后必须充分混匀。待充分显色反应后才能测定光吸收值。

【思考题】

（1）根据双缩脲法的原理分析有可能影响蛋白质含量测定结果的因素有哪些？
（2）该法是否可以采用制作标准曲线的方法，与标准样品法相比有何差异？

（许志臻）

实验 5　Folin-酚试剂法测定蛋白质含量

【实验目的】

（1）掌握 Folin-酚试剂法测定蛋白质含量的原理并熟悉其操作方法。
（2）掌握分光光度计的使用方法。

【实验原理】

Folin-酚试剂法是蛋白质浓度测定最常用的方法，最早由 Lowry 确定了蛋白质浓度测定的基本步骤，后经改良在生化等领域里广泛应用，也称为 Lowry 法。

Folin-酚试剂（Folin-phenol reagent）的显色原理包括两步反应：第一步是在碱性条件下，蛋白质中的肽键能与 Cu^{2+}作用生成蛋白质-铜复合物（类似双缩脲反应）；第二步是蛋白质-铜复合物中的酪氨酸、色氨酸、半胱氨酸等氨基酸残基还原 Folin-酚试剂中的磷钼酸-磷钨酸试剂，生成蓝色的钼蓝和钨蓝混合物。两步反应显色效果叠加使得检测蛋白质的灵敏度大幅提高，在一定条件下，显色强度与蛋白质量呈正比，可在 650nm 下进行比色测定。

本法优点是操作简便、迅速，灵敏度较高，可检测到 μg/ml 水平，测定范围是 20～250μg 蛋白质，比双缩脲法灵敏约 100 倍；缺点是酚试剂配制较烦琐，费时较长，要精确控制操作时间，标准曲线也并非严格的直线形式。且专一性较差，干扰物质较多，对双缩脲反应产生干扰的离子，同样容易干扰 Lowry 反应，而且对后者的影响还要大得多，所以限制了该方法在临床的应用。酚类、柠檬酸、硫酸铵、Tris 缓冲液、甘氨酸、糖类、甘油等均有干扰作用，另外如尿素、乙醇、丙酮等溶液在浓度低时对显色无影响，但浓度高时，必须作校正曲线。

【实验材料与仪器】

1. 试剂

（1）试剂甲，试剂（A）：10g 碳酸钠（Na_2CO_3）、2g 氢氧化钠（NaOH）和 0.25g 酒石酸钾钠（$KNaC_4H_4O_6·4H_2O$）溶解于 500ml 蒸馏水中；试剂（B）：0.25g 硫酸铜（$CuSO_4·5H_2O$）溶解于 100ml 蒸馏水中。每次使用前将试剂（A）和试剂（B）按 50∶1 的比例混合，即为试剂甲。

（2）试剂乙，Folin-酚试剂储备液：在容量为 1.5L 的磨口回流瓶中加入 100g 钨酸钠（$Na_2WO_4·2H_2O$）、25g 钼酸钠（$Na_2MoO_4·2H_2O$）和 700ml 蒸馏水，再加 50ml 的 85% 磷酸，100ml 盐酸充分混合，接上回流冷凝管以小火回流 10h。回流结束后，加入 150g 硫酸锂（$Li_2SO_4·H_2O$）、50ml 蒸馏水及数滴液溴，开口继续沸腾 15min 以驱除过量的溴。冷却后溶液呈黄色，轻微带绿色（如仍呈绿色，需再重复滴加液体溴的步骤）。稀释至 1L，过滤后置于棕色试剂瓶中保存。Folin-酚试剂工作液：Folin-酚试剂储备液使用前 1：1 加蒸馏水稀释，用标准 NaOH 溶液滴定，以酚酞为指示剂，使酸的终浓度为 1mol/L。

（3）蛋白质标准液：称取适量牛血清白蛋白（BSA），用蒸馏水或生理盐水配制成浓度为 250μg/ml 的蛋白质溶液。

（4）待测蛋白样品。

2. 器材

（1）可见光分光光度计。

（2）比色皿。

（3）试管及试管架。

（4）1.0ml、5.0ml 刻度移液管。

【操作步骤】

（1）取 14 支干燥的试管，分两组编号后，按表 2-5-5 的顺序准确加入各种试剂，加入每种试剂后应混合均匀。

表 2-5-5

管号	空白管	标准管					测定管
试剂（ml）	0	1	2	3	4	5	6
蛋白质标准液	—	0.1	0.2	0.3	0.4	0.5	—
蒸馏水	0.5	0.4	0.3	0.2	0.1	—	—
待测样品	—	—	—	—	—	—	0.5
试剂甲	2.5	2.5	2.5	2.5	2.5	2.5	2.5
室温放置 10min，各试管再加试剂乙							
试剂乙	0.25	0.25	0.25	0.25	0.25	0.25	0.25

（2）加入试剂乙后，立即混匀（这一步混合速度要快，否则会使显色程度减弱），室温放置 30min 后，以不含蛋白质的试剂空白组（0 号管）为对照，在波长 650nm 下进行比色测定，并记录各管吸光度值 A_{650}。

（3）绘制标准曲线：蛋白质标准液的浓度为 250μg/ml，据此表格中 1～5 号标准管分别对应的蛋白质浓度为 50μg/ml、100μg/ml、150μg/ml、200μg/ml、250μg/ml。以蛋白质浓度（μg/ml）为横坐标，各管测得的吸光度值（两组平均值）为纵坐标绘制标准曲线。

（4）用测定管吸光度值在标准曲线上查找相应的蛋白质浓度，计算出待测样品的蛋白质含量。

【注意事项】

（1）按操作表顺序添加试剂，移取试剂时一定要准确，以免标准曲线误差过大。

（2）Folin-酚试剂（试剂乙）仅在酸性条件下稳定，但上述还原反应只在 pH=10 的情况下发生，因此加 Folin-酚试剂（试剂乙）后要立即混匀，以便 Folin-酚试剂在破坏前被还原。试剂甲需新鲜配制，当天使用。

【思考题】

（1）比较 Folin-酚试剂法与双缩脲法测定蛋白质含量的原理、灵敏度、特异性。
（2）为什么加酚试剂后必须马上混匀？

（许志臻）

实验6 考马斯亮蓝染色法测定蛋白质含量

【实验目的】

（1）掌握考马斯亮蓝法测定蛋白质含量的原理并熟悉其操作方法。
（2）掌握分光光度计的使用。

【实验原理】

考马斯亮蓝染色法又称 Bradford 法，是 1976 年 Bradford 建立的一种蛋白质浓度的测定方法，是利用蛋白质与染料结合染色的原理，从而定量地测定微量蛋白质浓度的一种快速、灵敏的方法。

考马斯亮蓝 G-250 在游离状态下呈红色，最大光吸收波长在 465nm，而与蛋白质中的碱性氨基酸（特别是精氨酸）和芳香族氨基酸残基结合后呈蓝色，最大光吸收波长变成 595nm，在一定蛋白质浓度范围内，蛋白质和染料的结合成比例关系，通过测定 595nm 处光吸收的增加量可知与其结合的蛋白质含量。

该方法试剂配制简单，操作简便快捷，反应灵敏、重复性好、精确度高、有较好的线性关系，由于其突出的优点，得到越来越广泛的应用。①灵敏度高，据估计比 Lowry 法灵敏 4 倍，这是因为蛋白质与染料结合后产生的颜色变化很大，蛋白质-染料复合物有更高的消光系数，因而吸光度值随蛋白质浓度的变化比 Lowry 法要大得多，测定范围为 10～100μg 蛋白质，微量测定法测定范围是 1～10μg 蛋白质。②测定快速、简便，只需加一种试剂。完成一个样品的测定，只需要 5min 左右。由于蛋白质和染料结合是一个很快的过程，大约只要 2min 即可完成，其颜色可以在 1h 内保持稳定，且在 5～20min 之间，颜色的稳定性最好，因而完全不用像 Lowry 法那样费时和严格地控制时间。③干扰物质少，如干扰 Lowry 法的 K^+、Na^+、Mg^{2+}离子、Tris 缓冲液、糖和蔗糖、甘油、巯基乙醇、EDTA 等均不干扰此测定法。该方法的缺点是：①由于各种蛋白质中的精氨酸和芳香族氨基酸的含量不同，因此 Bradford 法用于不同蛋白质测定时有较大的偏差，在制作标准曲线时可选用γ-球蛋白为标准蛋白质，以减少这方面的偏差。②仍受一些物质干扰，如有去污剂、Triton X-100、十二烷基硫酸钠（SDS）和 0.1mol/L 的 NaOH 等存在时不宜采用该方法。③蛋白质标准曲线（尤其是蛋白质浓度较大时）也有轻微的非线性，这是由于染料本身的两种颜色的光谱有重叠，因而不能用 Beer 定律进行计算，而只能用标准曲线来测定未知蛋白质的浓度。④易使比色杯着色且难以清除，影响比色杯的使用寿命。

【实验材料与仪器】

1. 试剂

（1）考马斯亮蓝试剂：称取 100mg 考马斯亮蓝 G-250 充分溶解于 50ml 95%乙醇，再加入 100ml 85%磷酸，用蒸馏水稀释至 1000ml，滤纸过滤。最终试剂含 0.01%（*W*/*V*）考马斯亮蓝 G-250，4.7%（*V*/*V*）乙醇，8.5%（*V*/*V*）磷酸。

（2）蛋白质标准液：称取适量γ-球蛋白或牛血清白蛋白（BSA），配制成浓度为 1mg/ml 和 0.1mg/ml 的蛋白质标准液。

（3）待测蛋白样品。

2. 器材

（1）可见光分光光度计。

（2）比色皿。

（3）试管及试管架。

（4）0.2ml、1.0ml、5.0ml 刻度移液管。

【操作步骤】

1. 标准法制定标准曲线 取 14 支试管分两组，按表 2-5-6 平行操作：

表 2-5-6

试管编号	0	1	2	3	4	5	6
1mg/ml 蛋白标准液（ml）	0	0.01	0.02	0.03	0.04	0.05	0.06
生理盐水（ml）	0.10	0.09	0.08	0.07	0.06	0.05	0.04
考马斯亮蓝试剂（ml）	5.0	5.0	5.0	5.0	5.0	5.0	5.0
摇匀，1h 内以 0 号试管为空白对照，在 595nm 处比色							
A_{595}							

绘制标准曲线：以各管吸光度值 A_{595} 为纵坐标，以各管标准蛋白浓度为横坐标，在坐标纸上绘制标准曲线。

2. 微量法制定标准曲线 取 12 支试管分两组，按表 2-5-7 平行操作：

表 2-5-7

试管编号	0	1	2	3	4	5
0.1mg/ml 标准蛋白溶液（ml）	0	0.01	0.03	0.05	0.07	0.09
生理盐水（ml）	0.10	0.09	0.07	0.05	0.03	0.01
考马斯亮蓝试剂（ml）	1.0	1.0	1.0	1.0	1.0	1.0
摇匀，1h 内以 0 号试管为空白对照，在 595nm 处比色						
A_{595}						

绘制标准曲线：以各管吸光度值 A_{595} 为纵坐标，以各管标准蛋白浓度为横坐标，在坐标纸上绘制标准曲线。

3. 测定未知蛋白样品的浓度 取 0.1ml 待测样品溶液（调节浓度使其测定值在标准曲线的直线范围内）进行测定，方法同上。根据所测定的吸光度值 A_{595}，在标准曲线上查找出相应的蛋白质浓度（mg/ml）。

【注意事项】

（1）注意移取各试剂量的准确性，减少操作误差。

（2）不可使用石英比色皿（因不易洗去染色），可用塑料或玻璃比色皿，使用后立即用少量 95%的乙醇荡洗，以洗去染色。塑料比色皿绝不可用乙醇或丙酮长时间浸泡。

【思考题】

（1）影响考马斯亮蓝法测定蛋白质含量的因素有哪些？

（2）简述考马斯亮蓝法测定蛋白质含量方法的优缺点。

（许志臻）

实验 7　紫外吸收法测定蛋白质含量

【实验目的】

（1）掌握紫外吸收法测定蛋白质含量的原理并熟悉其操作方法。

（2）掌握紫外分光光度计的使用方法。

【实验原理】

由于蛋白质分子中含有共轭双键的酪氨酸和色氨酸，因此在波长 280nm 处有特征性吸收峰。利用一定波长范围内蛋白质溶液的紫外吸收值与其浓度呈正比例关系可以进行蛋白质含量的测定。

该方法操作简便、快速、灵敏，所需样品量少，测定过程可不污染样品，使其能回收使用。低浓度的盐，例如，生化制备中常用的（NH_4）$_2SO_4$ 等和大多数缓冲液均不干扰测定，特别适用于柱层析技术中各种组分洗脱液的紫外光吸收测定，能实现连续自动化检测。然而该方法的准确度较差，干扰物质多，在用标准曲线法测定蛋白质含量时，对那些与标准蛋白质中酪氨酸和色氨酸含量差异大的蛋白质，有一定的误差。并且由于蛋白质吸收高峰常因 pH 的改变而有变化，因此要注意溶液的 pH。另外，若样品中含有嘌呤、嘧啶及核酸等吸收紫外光的物质，也会出现较大的干扰。

【实验材料与仪器】

1. 试剂

（1）牛血清白蛋白溶液（0.2～1.0mg/ml）。

（2）待测蛋白样品。

2. 器材

（1）紫外分光光度计。

（2）石英比色皿。

【操作步骤】

1. 280nm 光吸收法　因蛋白质分子中的酪氨酸、苯丙氨酸和色氨酸在 280nm 处具有最大吸收值，且各种蛋白质的这三种氨基酸的含量差别不大，因此测定蛋白质溶液在280nm处的吸光度值是最常用的紫外吸收法。

通常用1cm光径的石英比色皿，盛有浓度为1mg/ml的蛋白质溶液时，A_{280}约为1.0。下式列出了蛋白质浓度与$A_{1cm,\lambda}^{1\%}$的关系，其中$A_{1cm,\lambda}^{1\%}$（即光径为1cm时，1%的蛋白质溶液在波长λnm处的吸光度值）称为百分吸收系数。

$$蛋白质浓度（mg/ml）=（A_{280}\times 10）/ A_{1cm,280nm}^{1\%}$$

（因为1%的蛋白质溶液浓度约为10mg/ml）

待测蛋白溶液放在光径为1cm的石英比色皿中，在紫外分光光度计280nm波长处，用配制所用溶剂（蒸馏水或缓冲液）作空白对照调零读取吸光度值A_{280}，代入公式即可计算蛋白质的大致浓度。许多蛋白质在一定浓度和一定波长下的吸光度值有文献可查。例如，牛血清白蛋白$A_{1cm,280nm}^{1\%}=6.3$。

2. 280nm和260nm的吸收差法 在生物制剂中，往往含有核酸类物质，它们的紫外部分光吸收也很强，对蛋白质测定有干扰。核酸在280nm处的吸收比蛋白质强10倍（每克），但其在260nm处的吸收更强，吸收高峰在260nm附近。而蛋白质则相反，280nm紫外吸光度值大于260nm的吸光度值。通常：

$$纯蛋白质的吸光度比值为 A_{280}/A_{260}\approx 1.8$$

$$纯核酸的吸光度比值为 A_{280}/A_{260}\approx 0.5$$

含有核酸的蛋白质溶液，可分别测定其A_{280}和A_{260}，根据其吸光度值差求算浓度，一般可按下式粗略地计算：

$$蛋白质浓度（mg/ml）=1.45\,A_{280}-0.74\,A_{260}$$

上述公式是通过一系列已知不同浓度比例的蛋白质（酵母烯醇化酶）和核酸（酵母核酸）混合液测定的数据所建立的。

3. 215nm和225nm的吸收差法 蛋白质稀溶液由于含量低不能采用280nm光吸收法测定时，可用215nm与225nm吸光度值之差，通过标准曲线法测定其浓度。

用已知浓度的标准蛋白质，配制成20～100 μg/ml的系列蛋白质溶液，分别测定各自的215nm和225nm吸光度值，并计算出吸收差：

$$吸收差\Delta A= A_{215}-A_{225}$$

以蛋白质浓度为横坐标，吸收差ΔA为纵坐标，绘制标准曲线。再测出未知样品的吸收差，即可在标准曲线上查出未知样品的蛋白质浓度。

本方法在蛋白质浓度为20～100 μg/ml范围内，蛋白质浓度与吸光度值成正比，NaCl、$(NH_4)_2SO_4$、0.1mol/L磷酸、硼酸、Tris等缓冲液，对测定均无显著干扰，但0.1mol/L NaOH、0.1mol/L乙酸、琥珀酸、邻苯二甲酸、巴比妥等缓冲液在215nm的吸光度值较大，必须将其浓度降到0.005 mol/L以下才无显著影响。

4. 肽键测定法 蛋白质溶液在238nm处光吸收的强弱与肽键的数量成正比。因此可用标准蛋白质溶液配制一系列50～500μg/ml的蛋白质溶液，测定其在238nm的吸光度值，以蛋白质浓度为横坐标，A_{238}为纵坐标绘制标准曲线，未知样品的蛋白质浓度即可由标准曲线查出。蛋白质溶液的柱层析洗脱液也可以用本方法检测蛋白质的峰位。

本方法比280nm吸收法灵敏。但多种有机物，如醇、酮、醛、醚、有机酸、酰胺类和过氧化物等对其测定都有干扰，所以最好用无机盐、无机碱和水溶液进行测定。若含有有机溶剂，可先将样品蒸干，或用其他方法除去干扰物质，再用水、稀酸或稀碱溶解后测定。

【注意事项】

（1）紫外分光光度法测定蛋白质含量必须使用石英比色皿，不能用玻璃或塑料代替。

（2）本法受蛋白质中的酪氨酸和色氨酸含量影响较大，应尽可能选择与待测蛋白质氨基酸组成相似的标准品蛋白，以减小误差。

【思考题】

（1）紫外分光光度法测定蛋白质含量有何优缺点？

（2）紫外分光光度计的组成和使用与可见分光光度计有哪些异同？

（许志臻）

实验 8　BCA 法测定蛋白质含量

【实验目的】

（1）掌握 BCA 测定蛋白质含量的原理并熟悉其操作方法。

（2）掌握分光光度计的使用方法。

【实验原理】

BCA（bicinchoninic acid，二辛可酸）法测定蛋白质的原理与 Lowery 法相似，即在碱性条件下蛋白质与二价铜离子（Cu^{2+}）络合，并将其还原成一价铜离子（Cu^{+}）。Cu^{+}和 BCA 试剂反应，使其由原来的苹果绿形成稳定的紫蓝色复合物，在 562nm 下有强烈的光吸收，且吸光度值和蛋白质浓度在广泛范围内有良好的线性关系，因此可用于蛋白质浓度测定。该方法测定蛋白质的范围是 10～200μg/ml。

此方法是近来广为应用的蛋白质定量方法之一，与经典的 Lowry 法相比，操作更简单快捷，灵敏度更高，最小检测量达 0.2μg。试剂稳定性好，在 20～1000μg/ml 浓度范围内有良好的线性关系。且可在微板孔中进行微量测定（待测样品体积为 1～20μl），可大大节约样品和试剂用量。另外干扰因素少，不受绝大部分样品中的化学物质影响，可以兼容样品中高达 5%的 SDS、5%的 Triton X-100 和 5%的 Tween 20，60，80。

但此法受螯合剂和略高浓度的还原剂的影响，需确保 EDTA 低于 10m mol/L，无 EGTA，二硫苏糖醇低于 1m mol/L，β-巯基乙醇低于 0.01%。

【实验材料与仪器】

1. 试剂

（1）试剂 A：1%BCA 二钠盐；2%无水碳酸钠；0.16%酒石酸钠；0.4%氢氧化钠；0.95%碳酸氢钠。混合，调 pH 至 11.25。

（2）试剂 B：40g/L 硫酸铜。

（3）BCA 工作液：使用前将试剂 A 和试剂 B 按 50∶1 的比例混合，例如，5ml 试剂 A 加 100μl 试剂 B，混合即成，室温 24h 内稳定。

（4）蛋白质标准液：称取适量牛血清白蛋白（BSA）配制成浓度为 0.5mg/ml 的蛋白质

溶液，−20℃可长期保存（纯度可经凯氏定氮法测定蛋白质含量而确定）。

（5）待测蛋白样品。

2. 器材

（1）酶标仪。

（2）96 孔板。

（3）200μl、20μl 移液枪及枪头。

（4）恒温培养箱。

【操作步骤】

1. 标准曲线的制作

（1）将标准品按 0μl、1μl、2μl、4μl、8μl、12μl、16μl、20μl 加到 96 孔板的标准品孔中，加标准品稀释液（可用生理盐水或待测样品相似的溶液体系）补足至 20μl。

（2）向各孔加入 200μl BCA 工作液，37℃放置 30min（或 60℃15～30min 或室温 2h）。

（3）测定各孔的吸光度值 A_{562nm}。

（4）以蛋白质浓度为横坐标，以吸光度值为纵坐标，绘制标准曲线。

2. 待测蛋白样品的测定 加入适量待测样品于 96 孔板的样品孔中，加标准品稀释液到 20μl，向样品孔中加入 200μl BCA 工作液，混匀，37℃放置 30min，测定 562nm 波长处的吸光度值，根据标准曲线计算出样品的蛋白质浓度。

【注意事项】

（1）该法在 96 孔板中进行，可节省样品量，如果利用分光光度计测定，需根据比色皿大小，调整 BCA 工作液的体积，样品和标准品的用量可按比例放大。

（2）BCA 法测定蛋白质含量时，反应颜色会随着时间的延长不断加深，且显色反应会因温度升高而加快。如果含量较低，适合在较高温度孵育，或适当延长孵育时间。

（3）该法测定波长范围在 540～595nm，562nm 最佳。

【思考题】

（1）BCA 法测定蛋白质含量的优缺点是什么？

（2）BCA 法和 Lowry 法相比较，原理有何异同？

（许志臻）

实验 9　凯氏定氮法测定蛋白质含量

【实验目的】

（1）掌握凯氏定氮法测定蛋白质含量的原理。

（2）了解凯氏定氮法的操作技术，包括样品的消化处理、蒸馏、滴定及蛋白质含量计算等。

【实验原理】

含氮是蛋白质区别其他有机化合物的主要标志。蛋白质不论其来源、结构和功能如何，含氮量较为恒定，平均约占16%，并且一般生物组织中的氮主要是蛋白质中所含的氮。因此，通过测定生物组织中的氮含量可以计算出蛋白质的含量。生物组织中的含氮量乘以6.25（100/16）就是蛋白质的含量。

凯氏定氮法是测定化合物或混合物中总氮量的一种方法。即在有催化剂的条件下，用浓硫酸消化样品将有机氮都转变成无机铵盐，然后在碱性条件下将铵盐转化为氨，随水蒸气蒸馏出并为过量的酸液吸收，再以标准酸滴定，就可计算出样品中的氮量。由于蛋白质含氮量比较恒定，可由其氮量计算蛋白质含量，故此法是经典的蛋白质定量方法。本法适用于测定0.2～2.0mg氮。

消化：含氮化合物在强热和浓H_2SO_4作用下，硝化生成（NH_4）$_2SO_4$。

$2NH_2^-+H_2SO_4+2H^+ \longrightarrow (NH_4)_2SO_4$（以$CuSO_4$为催化剂）

蒸馏：在凯氏定氮器中与碱作用，通过蒸馏释放出NH_3

$(NH_4)_2SO_4+2NaOH \rightarrow 2NH_3\uparrow+2H_2O+Na_2SO_4$

接受：将释放的NH_3收集于H_3BO_3 溶液中

$2NH_3+4H_3BO_3 \longrightarrow (NH_4)_2B_4O_7+5H_2O$

滴定：用已知浓度的H_2SO_4（或HCl）标准溶液滴定，根据酸消耗的量计算出氮的含量，然后乘以相应的换算因子，即得蛋白质的含量。

$$(NH_4)_2B_4O_7+H_2SO_4+5H_2O \longrightarrow (NH_4)_2SO_4+4H_3BO_3$$

$$(NH_4)_2B_4O_7+2HCl+5H_2O \longrightarrow 2NH_4Cl+4H_3BO_3$$

目前凯氏定氮法测定蛋白质含量已经实现了自动化。大大缩短了测定时间，提高了该法测定的准确性。已有多款商业化产品出售。

【实验材料与仪器】

1. 试剂 所有试剂溶液均用不含氨的蒸馏水配制。

（1）硫酸铜。

（2）硫酸钾。

（3）浓硫酸。

（4）40%NaOH溶液。

（5）2%硼酸溶液。

（6）混合指示液：1份0.1%甲基红乙醇溶液与5份0.1%溴甲酚绿乙醇溶液临用前混合。也可用2份0.1%甲基红乙醇溶液与1份0.1%次甲基蓝乙醇溶液临用前混合。

（7）0.025mol/L硫酸标准溶液或0.05mol/L盐酸标准溶液。

2. 器材（凯氏定氮装置） 见图2-5-2。

【操作步骤】

（1）样品处理：精确称取0.2～2.0g固体样品或2～5g半固体样品或吸取10～20ml液体样品（约相当氮30～40mg），移入干燥的100ml或500ml定氮瓶中，加入0.2g硫酸铜，6g硫酸钾及20ml硫酸，稍摇匀后于瓶口放一小漏斗，将瓶以45°斜支于有小孔的石棉网上，小火加热，待内容物全部炭化，泡沫完全停止后，加强火力，并保持瓶内液体微沸，至液体呈蓝绿色澄清透明后，再继续加热0.5h。取下自然冷却，小心加20ml水，放冷后，移入100ml容量瓶中，并用少量水洗定氮瓶，洗液并入容量瓶中，再加水至刻度，混匀备用。

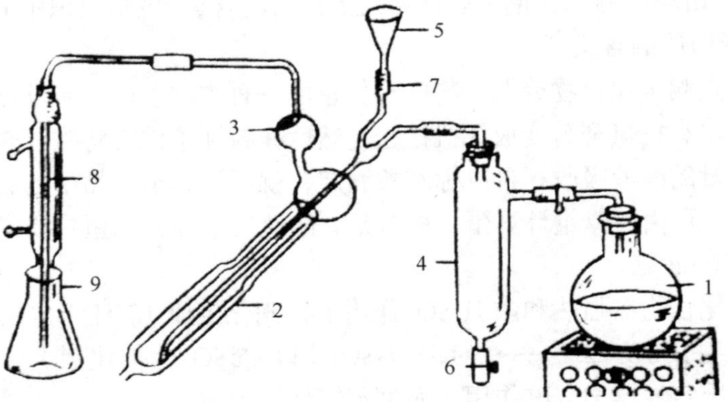

图 2-5-2　凯氏定氮装置

1. 蒸汽发生瓶；2. 反应管；3. 导管；4. 汽水分离管；5. 样品入口；6. 夹子；7. 塞子；8. 冷凝管；9. 接收瓶

试剂空白实验：取与处理样品相同量的硫酸铜、硫酸钾、浓硫酸，按上述方法进行消化、冷却，加水定容至 100ml，得到试剂空白消化液。

（2）按图 2-5-2 装好定氮装置，于水蒸气发生器内装水约 2/3 处，加甲基红指示剂数滴及数毫升硫酸，以保持水呈酸性，加入数粒玻璃珠以防暴沸，用调压器控制，加热煮沸蒸汽发生瓶内的水。

（3）向接收瓶内加入 10ml 2%硼酸溶液及混合指示剂 1 滴，并使冷凝管的下端插入液面下，吸取 10ml 样品消化液由小玻璃杯流入反应室，并以 10ml 水洗涤小烧杯使流入反应室内，塞紧小玻璃杯的棒状玻璃塞。将 10ml 40%氢氧化钠溶液倒入小玻璃杯，提起玻璃塞使其缓慢流入反应室，立即将玻璃盖塞紧，并加水于小玻璃杯以防漏气。夹紧螺旋夹，开始蒸馏，蒸汽通入反应室使氨通过冷凝管而进入接收瓶内，蒸馏 5min。移动接收瓶，使冷凝管下端离开液皿，再蒸馏 1min，然后用少量水冲洗冷凝管下端外部。取下接收瓶，以 0.025mol/L 硫酸或 0.05mol/L 盐酸标准溶液滴定至灰色或蓝紫色为终点。同时吸取 10ml 试剂空白消化液按步骤 3 操作。

（4）计算

$$X=\frac{(V_1-V_2)\times N\times 0.014}{m\times(10/100)}\times F\times 100\%$$

X：样品中蛋白质的百分含量，g。

V_1：样品消耗硫酸或盐酸标准液的体积，ml。

V_2：空白试剂消耗硫酸或盐酸标准溶液的体积，ml。

N：硫酸或盐酸标准溶液浓度，mol/L。

0.014：1ml 浓度为 1mol/L 的硫酸或盐酸标准溶液相当的氮克数。

m：样品的质量（体积），g（ml）。

F：氮换算为蛋白质的系数。蛋白质中的氮含量一般为 15%～17.6%，平均为 16%，即一份氮相当于 6.25 份蛋白质，此数值称为蛋白质系数。（不同种类食品的蛋白质系数有所不同，如乳制品为 6.38，大米为 5.95，大豆及其制品为 5.71，肉与肉制品为 6.25 等）。

【注意事项】

（1）样品应是均匀的。固体样品应预先研细混匀，液体样品应振摇或搅拌均匀。

（2）在整个消化过程中，不要用强火。保持和缓的微沸，使火力集中在凯氏瓶底部，以免附在壁上的蛋白质不能同硫酸充分反应，使氮有损失。

（3）硼酸吸收液的温度不应超过40℃，否则氨吸收减弱，造成检测结果偏低。

（4）如硫酸缺少，过多的硫酸钾会引起氨的损失，这样会形成硫酸氢钾，而不与氨作用。因此，当硫酸过多的被消耗或样品中脂肪含量过高时，要增加硫酸的量。

（5）加入硫酸钾的作用为增加溶液的沸点，硫酸铜为催化剂，硫酸铜在蒸馏时作碱性反应的指示剂。

（6）混合指示剂在碱性溶液中呈绿色，在中性溶液中呈灰色，在酸性溶液中呈红色。如果没有溴甲酚绿，可单独使用0.1%甲基红乙醇溶液。

（7）氨是否完全蒸馏出来，可用pH试纸测试馏出液是否为碱性。

（8）这种测算方法本质是测出氮的含量，再作蛋白质含量的估算。只有在被测物的组成是蛋白质时才能用此方法来估算蛋白质含量。

（9）所用的试剂溶液必须用无氨蒸馏水配制。

【思考题】

（1）凯氏定氮法测定蛋白质含量的优点有哪些?

（2）凯氏定氮法在实际生产生活中有哪些应用?

（3）用凯氏定氮法的原理来解释“三聚氰胺奶粉”事件。

（许志臻）

实验10　乙酸纤维素薄膜电泳分离血清蛋白

【实验目的】

（1）了解通过血清乙酸纤维素薄膜电泳对蛋白质进行定量分析的两种方法。

（2）理解乙酸纤维素薄膜电泳的原理。

（3）掌握乙酸纤维素薄膜电泳分离血清蛋白质的技术。

【实验原理】

乙酸纤维素薄膜电泳（cellulose acetate membrane electrophoresis，CAME）是以乙酸纤维素薄膜（CAM）作支持物的一种区带电泳技术。将血清样品点样于CAM上，在pH8.6的缓冲液中电泳时，血清蛋白质带负电荷，向正极移动。由于血清中各蛋白质组分具有不同的等电点，在同一pH缓冲液中所带表面净电荷量不等，加之分子大小和形状各异，由此不同的蛋白质电泳迁移率不同，彼此得以分离。电泳后，CAM经染色和漂洗，可清晰呈现清蛋白、α1球蛋白、α2球蛋白、β球蛋白和γ球蛋白5条区带。通过对蛋白条带的测定，即可计算出血清各蛋白组分的相对百分比，并可计算出清蛋白/球蛋白比值（正常值为1.5～2.5）。CAME具有微量、快速、简便、分辨力高、对样品无拖尾和吸附现象等优点。

【实验材料与仪器】

1. 试剂

（1）巴比妥缓冲液：称取巴比妥 2.76g，巴比妥钠 15.45g，用 800ml 蒸馏水溶解后调 pH 至 8.6，最后定容至 1000ml。

（2）染色液：称取氨基黑 10B 0.25g，加入甲醇 50ml、冰乙酸 10ml、水 40ml 溶解（可重复使用）。

（3）漂洗液：取甲醇或乙醇 45ml，冰乙酸 5ml，水 50ml，混匀备用。

（4）透明液（仅在定量分析时使用）：取无水乙醇和冰乙酸按 7∶3（*V/V*）混匀备用。

（5）洗脱液：0.02mol/L NaOH。

（6）血清。

2. 器材 乙酸纤维薄膜、培养皿、点样器、电泳仪、玻璃板、粗滤纸、铅笔、加样枪、镊子等。

【操作步骤】

1. 准备与点样

（1）取 2.5cm×8cm 的膜条，将薄膜无光泽面向下，放入培养皿中的巴比妥缓冲液中使膜条充分浸透下沉。

（2）将充分浸透的膜条取出，用干净滤纸吸去多余的缓冲液，以薄膜的无光泽面距一端 1.5cm 处作为点样线。

（3）用点样器在盛有血清的器皿中蘸一下，点样器下端蘸上薄层血清，然后将点样器竖直，使其沾有血清的顶端紧贴在薄膜点样线上，待血清全部渗入膜内后，移开点样器。

2. 电泳 将点样后的膜条置于电泳槽架上，放置时膜条无光泽面（即点样面）向下，点样端置于负极，膜条与滤纸需贴紧。待平衡 5min 后，即可电泳。调节电泳仪，使电泳两极间距（指膜条与滤纸桥总长度）的电压为 15V/cm，电泳 50min 左右后关闭电源。

3. 染色 电泳完毕后用镊子将薄膜取出，直接浸于染色液中，染色 5min 后取出，立即浸于漂洗液中。漂洗 3 次，每次漂洗约 5min。漂洗完成后取出薄膜用滤纸吸干。

4. 预期结果 染色后的薄膜上可显现清楚的五条区带。从正极端起，依次为清蛋白、α1-球蛋白、α2-球蛋白、β-球蛋白和γ-球蛋白。如图 2-5-3 所示。

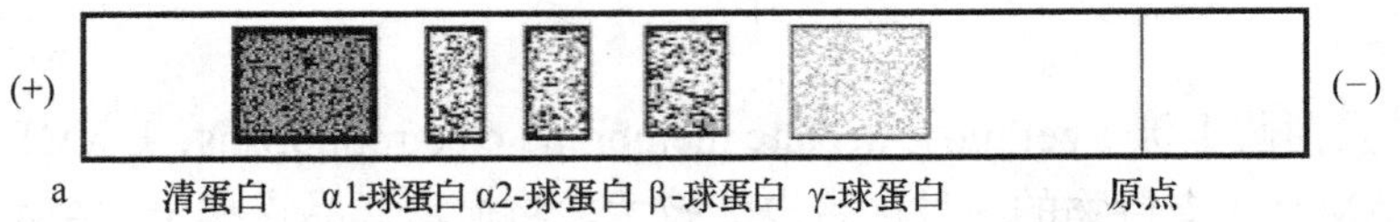

图 2-5-3 血清乙酸纤维素薄膜电泳结果

5. 定量 如果需要对蛋白条带进行相对含量的定量，可按以下方法进行。

（1）光密度法：将完全干燥的薄膜浸入透明液中 30s 后立即取出，平贴于玻璃板上，待薄膜完全干燥后，通过扫描分析其相对含量。

（2）洗脱法：剪下各蛋白区带，分别置试管中（同时剪下相同大小的无蛋白薄膜为空白对照），各加入 5ml 洗脱液，于 37℃水浴中振荡洗脱。洗脱液用分光光度计在 620nm

波长比色。以无蛋白薄膜洗脱液为空白对照调零，测定各蛋白区带洗脱液光密度，计算各蛋白的相对含量。计算公式：每种蛋白质占总蛋白质量的相对含量=（该种蛋白管光密度读数/各管光密度读数之和）×100%。

【注意事项】

（1）分清薄膜的点样面，注意点样样品的宽度和力度。

（2）注意乙酸纤维素薄膜放置的方向。

（3）控制染色漂洗时间。

【思考题】

（1）血清蛋白电泳结果具有怎样的临床意义？

（2）实验操作中应注意什么？否则可能产生怎样的后果？

（3）蛋白质为什么能够通过电泳被分离？利用本次实验课所学知识，分析以表 2-5-8 中各个蛋白质的混合物在乙酸纤维素薄膜电泳实验中的电泳结果。绘图表示并说明原因。（注：使用 pH7 的电泳缓冲液）

表 2-5-8

蛋白质	等电点	相对分子量（kD）
A	4.5	34.000
B	6.2	60.000
C	8.0	28.000

（陈 姗）

实验 11 SDS-PAGE 蛋白电泳

【实验目的】

（1）了解 SDS-PAGE 电泳测定蛋白质相对分子量的方法。

（2）理解 SDS-PAGE 电泳的基本原理。

（3）掌握 SDS-PAGE 电泳的实验操作。

【实验原理】

十二烷基硫酸钠-聚丙烯酰胺凝胶电泳（sodium dodecyl sulfate polyacrylamide gel electrophoresis，SDS-PAGE）是目前最常用的一种分离蛋白质的电泳技术。聚丙烯酰胺凝胶是由丙烯酰胺（acrylamide，Acr）和 *N*，*N*'-亚甲基双丙烯酰胺（*N*，*N*-methylene-bisacylamide，Bis）在催化剂作用下，聚合交联而成的具有网状立体结构的凝胶，并以此为支持物进行电泳。在蛋白质进行电泳时，蛋白质的迁移率主要取决于分子大小、形状及所带电荷多少。在聚丙烯酰胺凝胶系统中，加入一定量的 SDS，即为 SDS-PAGE。SDS 作为阴离子表面活性剂，能断裂蛋白质分子内和分子间的氢键及半胱氨酸之间的二硫键，破坏蛋白质的二级和三级结构，并按一定的比例和蛋白质分子结合成短棒状复合物，既降低或消除了蛋白质分子的形状差异，同时也使蛋白质带负电荷的量远远超过其本身原有的电荷，掩盖了各种蛋白分子间天然的电荷差异，因此在进行 SDS-PAGE 电泳时，蛋白质分子的迁移速度主要取决于其分子大小。在对蛋白质混合物进行电泳时，不同蛋白质由于具有不同的相对分子量而呈现不同的迁移速度，从而得以区分。

当蛋白质的相对分子量在 15～200kD 之间时，蛋白质的迁移率和相对分子量的对数呈线性关系，符合下列方程式：

$$\lg^{MW}=k-bX$$

式中：MW 为相对分子量，X 为迁移率，k、b 均为常数。

若将已知相对分子量标准蛋白质的迁移率与其相对分子量对数作图，可获得一条标准曲线。通过这条标准曲线，就可以根据未知蛋白质在相同条件下进行电泳时的迁移率，求得其相对分子量。

【实验材料与仪器】

1. 试剂

（1）RIPA 细胞裂解液。

（2）蛋白酶抑制剂混合物。按比例加入 RIPA 细胞裂解液中备用。

（3）蛋白质浓度定量标准液：配置 0.5mg/ml 的牛血清白蛋白溶液，按浓度梯度稀释（具体方法参见“蛋白质定量”实验）。

（4）蛋白质相对分子量标准液：已知相对分子量的标准蛋白质按照每种蛋白终浓度 0.5～1mg/ml 配制成蛋白混合液，制成蛋白电泳相对分子量标准（Marker）。

（5）30%分离胶储存液：称取丙烯酰胺（Acr）29.2g 及 N，N′-甲叉双丙烯酰胺（Bis）0.8g，溶于去离子水中，最后定容至 100ml，过滤后置棕色试剂瓶中，于 4℃保存。

（6）10%SDS 溶液：称取 1g SDS 加入到 10ml 水中完全溶解。SDS 在低温易析出结晶，可在用前预热，使其完全溶解。

（7）四甲基乙烯二胺（tetramethylethylenedia mine，TEMED）。

（8）10%过硫酸铵（AP）：称取 0.1g AP 加入到 1ml 水中完全溶解。新鲜配制。

（9）上层浓缩胶缓冲液（1.0mol/L Tris-HCl，pH6.8）：称取 Tris12.1g，加入 50ml 水，用 1mol/L 盐酸调至 pH6.8，最后用蒸馏水定容至 100ml。

（10）下层分离胶缓冲液（1.5mol/L Tris-HCl，pH8.8）：称取 Tris18.2g，加入 50ml 水，用 1mol/L 盐酸调至 pH8.8，最后用蒸馏水定容至 100ml。

（11）1×上样缓冲液：取 SDS100mg，巯基乙醇 0.1ml，甘油 1ml，溴酚蓝 2mg，Tris 缓冲液（0.2mol/L，pH7.2）0.5ml，加水至 10ml。（2×及 6×上样缓冲液即依照配方，在总体积不变的情况下，增加组分用量为 1×上样缓冲液的 2 倍或 6 倍）。

（12）电泳缓冲液（Tris-甘氨酸缓冲液，pH8.3）：称取 Tris6.0g，甘氨酸 28.8g，SDS 1.0g，用水溶解后定容至 1L。

（13）染色液（0.25%考马斯亮蓝 R250）：在 90ml 甲醇：水（1：1，V/V）和 10ml 冰乙酸的混合液中溶解 0.25g 考马斯亮蓝 R250，用滤纸过滤除去颗粒状物质。

（14）脱色液：按甲醇：冰乙酸：水=25：10：65（V/V）进行配制。

（15）磷酸盐缓冲液：称取 8gNaCl，0.2gKCl，1.44g Na_2HPO_4 和 0.24g KH_2PO_4 溶解于 800ml 水中，用 HCl 调 pH 至 7.0，最后定容至 1000ml。

2. 器材 垂直板型电泳槽、直流稳压电源、50μl 微量注射器、玻璃板、水浴锅、染色槽、烧杯、吸量管、长头滴管等。

【操作步骤】

1. 准备与制胶

（1）将玻璃板用蒸馏水洗净晾干，准备 2 个干净的锥形瓶。安装前，胶条、玻璃板、槽子都要洁净干燥；不要用手接触玻璃的灌胶面。

（2）把玻璃板在灌胶支架上固定好，并预标记好梳齿插入后下缘的位置。

（3）按如下比例配好分离胶（TEMED 最后在注胶前再加入），混匀，均匀快速加入固定好的玻璃板中（根据玻璃板的大小确定灌胶量，一般灌胶到距离梳齿下缘约 1cm）。注胶过程最好一次性完成，避免产生气泡。然后加约 1ml 蒸馏水或正丁醇压胶，静置 40min。

12%分离胶配置（10ml）：

H_2O	3.3ml
下层分离胶缓冲液	2.5ml
30%丙烯酰胺	4.0ml
10%SDS	100μl
10%过硫酸铵	100μl
TEMED	5μl

（4）确定凝胶已凝固（观察分界线）后将水或正丁醇倒出，并用滤纸把剩余的水或正丁醇吸干。将按比例配好的浓缩胶连续平稳地加入至边缘 5mm 处，迅速插入加样梳，静置 40min。

浓缩胶配置：

H_2O	2.1ml
上层浓缩胶缓冲液	0.4ml
30%丙烯酰胺	0.5ml
10%SDS	30μl
10%过硫酸铵	30μl
TEMED	3μl

（5）加入缓冲液，缓慢平稳拔出样梳，用加样微量注射器吸取缓冲液冲洗样品孔。待上样。

2. 样品的准备

（1）培养 HeLa 细胞至细胞融合度达到 70%～80%。

（2）吸去培养液后用磷酸盐缓冲液冲洗细胞两遍。

（3）加入适量的预冷的裂解液后置于冰上 10min。（每 10^6 个细胞加入 100μl 裂解液）

（4）用细胞刮刮下细胞，收集在离心管中。

（5）于 4℃将 12 000*g* 离心 15min，取上清。

（6）取少量上清进行定量（具体参见蛋白定量实验）。

（7）将所有蛋白样品用裂解液调至等浓度。

（8）取蛋白总量 30μg 的蛋白裂解样品，按比例加入上样缓冲液（例如，加入等体积的 2×上样缓冲液或 1/5 体积的 6×上样缓冲液），于 95℃加热 5min。冷却后上样。剩余蛋白裂解样品置−70℃保存。

3. 电泳

（1）样品上样。样品两侧的泳道用等体积的 1×上样缓冲液上样，Marker 也用 1×上样缓冲液调整至与样品等体积后上样。

（2）于 50V 电压下电泳 40min，观察上层浓缩胶对于样品的压缩；然后调整电压至 100V 继续电泳，在溴酚蓝泳动至胶下缘时结束电泳。

4. 染色

（1）电泳结束后，撬开玻璃板，将凝胶板做好标记后放在大培养皿内，加入染色液，染色过夜。

（2）染色后的凝胶板用蒸馏水漂洗数次，再用脱色液脱色，直到蛋白质区带清晰。

5. 计算

（1）测量溴酚蓝和蛋白样品（包括标准相对分子量蛋白和待测蛋白）距加样端距离，并计算相对迁移率（相对迁移率=蛋白样品距加样端距离/溴酚蓝距加样端距离）。

（2）绘制标准曲线：以标准蛋白质相对分子量的相对分子量对数为纵坐标，以相对迁移率为横坐标作图，得到标准曲线。

（3）根据待测样品相对迁移率，从标准曲线上查出其相对分子量对数，然后计算出待测蛋白的相对分子量。

【注意事项】

（1）根据所测蛋白质相对分子量范围，选择适宜的分离胶浓度。

（2）凝胶配制过程要迅速，催化剂 TEMED 要在注胶前再加入，否则凝结无法注胶。注胶过程最好一次性完成，避免产生气泡。在插入齿梳时要特别注意避免气泡残留。

（3）使用水/正丁醇的目的是为了压平分离胶，并排除气泡和隔绝空气。

（4）加样时尽量选择中间泳道。加样针头应置于加样空中部，缓慢加入样品，避免凝胶刺破或样品溢出。

（5）脱色时要注意观察，避免过度脱色导致蛋白条带不易观察。

【思考题】

（1）影响 SDS-PAGE 凝胶蛋白分离的因素有哪些?

（2）怎样选择凝胶浓度?

（3）怎样判断分离凝胶是否聚合好?

（4）为什么要调整上样蛋白总量及体积一致？为什么样品两侧的泳道要加入等体积上样缓冲液?

（5）SDS-PAGE 蛋白电泳除了检测蛋白相对分子量大小，还可应用于什么研究?

（陈　姗）

实验 12 蛋白质双向电泳

【实验目的】

（1）了解影响蛋白质双向电泳的因素。

（2）掌握蛋白质双向电泳的基本原理和实验方法。

【实验原理】

蛋白质双向电泳（2-D electrophoresis）由 O'Farrell PH 于 1975 年首次建立，并成功地分离约 1000 个 *E.coli* 蛋白，同时也证明蛋白质谱是随着生理、病理、环境等改变而发生着变化。蛋白质双向电泳的第一向电泳等电聚焦（isoelectric focusing，IEF）是基于蛋白质具有不同等电点而将蛋白分离，第二向 SDS-PAGE 是基于蛋白质相对分子量不同，在等电聚焦的垂直方向上将等电聚焦的蛋白进一步分离。由于几乎可以一次分离样品中的所有蛋白，所以被作为蛋白质组学研究的重要手段。

【实验材料与仪器】

1. 试剂

（1）磷酸盐缓冲液：称取 8gNaCl，0.2gKCl，1.44g Na_2HPO_4 和 0.24g KH_2PO_4 溶解于 800ml 水中，用 HCl 调 pH 至 7.0，最后定容至 1000ml。

（2）细胞裂解液：7mol/L Urea，2mol/L Thiourea，4%（*w/v*）CHAPS，40mmol/L Tris-Base，40mmol/L DTT，2%Pharmalyte（pH 3～10）。

（3）水化液：8mol/L 尿素，2%CHAPS，13mmol/L DTT，0.5% IPG buffer，0.002%溴酚蓝。

（4）固相 pH 干胶条（IPG strip pH 3～10，7cm）。

（5）固相 pH 梯度（immobilized pH gradients，IPG）缓冲液（pH 3～10）。

（6）平衡液 1：1% DTT，50mmol/L Tris-HCl，6mol/L 尿素，30%甘油，2% SDS，0. 002%溴酚蓝。

（7）平衡液 2：4%碘乙酰氨，50mmol/L Tris-HCl，6mol/L 尿素，30%甘油，2% SDS，0.002%溴酚蓝。

（8）30%分离胶贮液：称取丙烯酰胺 29.2g 及 N，N′-甲叉双丙烯酰胺 0.8g，溶于去离子水中，最后定容至 100ml，过滤后置棕色试剂瓶中，于 4℃保存。

（9）10%SDS 溶液：称取 1g 十二烷基硫酸钠（sodium dodecyl sulfate，SDS）加入到 10ml 水中完全溶解。SDS 在低温易析出结晶，用前微热，使其完全溶解。

（10）四甲基乙烯二胺（tetramethylethylenedia mine，TEMED）。

（11）10%过硫酸铵（AP）：称取 0.1g AP 加入到 1ml 水中完全溶解。新鲜配制。

（12）上层浓缩胶缓冲液（1.0mol/LTris-HCl，pH6.8）：称取 Tris12.1g，加入 50ml 水，用 1mol/L 盐酸调至 pH6.8，最后用蒸馏水定容至 100ml。

（13）下层分离胶缓冲液（1.5mol/L Tris-HCl，pH8.8）：称取 Tris18.2g，加入 50ml 水，用 1mol/L 盐酸调至 pH8.8，最后用蒸馏水定容至 100ml。

（14）电泳缓冲液（Tris-甘氨酸缓冲液，pH8.3）：称取 Tris6.0g，甘氨酸 28.8g，SDS 1.0g，用水溶解后定容至 1L。

2. 器材 离心机、Ettan™IPGphor™等电聚焦电泳仪（Amersham Biosciences，美国）、Et2tan™ DALTSix 垂直板电泳仪（Amersham Biosciences，美国）、ImageScanner Ⅱ图像扫描仪（Amersham Biosciences，美国）、ImageMaster 2D 图像分析软件（Amersham Biosciences，美国）、台式高速离心机 Centrifuge 5415D（Eppendorf 公司，德国）。

【操作步骤】

1. 第一向等电聚焦

（1）培养 Hela 细胞至细胞融合度达到 70%～80%。

（2）用磷酸盐缓冲液洗细胞 3 次后收集细胞：加入裂解液（每 1.5×10^6 个细胞加入 100μl 裂解液），用细胞刮刮下细胞，收集裂解细胞后在室温振荡 1h 使其充分裂解。

（3）将细胞裂解液于 4℃下 12 000*g* 离心 10min，转移上清至干净的管子中。取少量上清测定蛋白浓度（具体参见"蛋白质定量"实验）。

（4）取新鲜配制的水化液 400μl，加入 100μl 已定量的样品（约 300μg）。

（5）取出胶条，在室温中平衡 30min。

（6）吸取样品，按从正极到负极的顺序在点样槽中加入样品。在槽两端各 1cm 左右不要加样，中间的样品液一定要连贯。注意：不要产生气泡。否则影响到胶条中蛋白质的分布。

（7）当所有的蛋白质样品都已经加入后，用镊子轻轻的去除预制 IPG 胶条上的保护层。从正极到负极将胶条压入槽中，胶面接触加入的样品。注意：正极要多加样，以防气泡的产生；压胶时不能产生气泡；酸性端对应正极，碱性端对应负极。

（8）在每根胶条上覆盖 2～3ml 矿物油，防止胶条水化过程中液体的蒸发。需缓慢地加入矿物油，沿着胶条，使矿物油逐滴缓慢加在塑料支撑膜上。

（9）对好正、负极，盖上盖子。按下列设置等电聚焦程序（跑胶温度为 20℃），依次进行胶条的水化和聚焦。

30V，12 h；500V，1 h；1000V，1 h；8000V，8h。

（10）聚焦结束的胶条。立即进行平衡、第二向 SDS-PAGE 电泳，否则将胶条置于样品水化盘中，–20℃冰箱保存。

2. 第二向 SDS-PAGE 电泳

（1）配置 SDS-PAGE 分离胶，具体方法参见"蛋白质 SDS-PAGE 电泳"实验。

（2）用镊子夹出胶条，超纯水冲洗后，滤纸吸干（胶面，即接触样品那一面不能接触滤纸）。重复一次。然后用镊子夹住胶条以正极端（即酸性端）向下，负极端（即碱性端）向上，放入用来平衡的试管中（镊子所夹的是碱性端，酸性端留有溴酚蓝作为标记），用平衡液 1、平衡液 2 先后平衡 15min。平衡时要注意保持胶面始终向上，不能接触平衡管壁。

（3）用去离子水快速润洗胶条，将胶条的边缘置于滤纸上几分钟，以去除多余的平衡缓冲液。

（4）将平衡好的胶条直接转移到第二向制好的 SDS 胶上。将 IPG 胶条小心的放置于 SDS 胶面上，并轻压使 IPG 胶条与 SDS 胶面充分结合，然后用 0.5%琼脂糖封顶（封顶时琼脂糖温度应在 75℃左右，取约 2ml 琼脂糖，封顶后琼脂糖应在 5min 内凝固）。

（5）调节电泳电压为 30V，电泳 45min；然后将电压调为 100V，继续电泳，直到溴酚蓝染料迁移至胶的底部边缘时关闭电源。

（6）电泳结束后，取出凝胶转移到染色盒里进行硝酸银染色。所得的蛋白质组图谱使用 UMAX ImageScanner 凝胶扫描仪及 LabScan 软件进行扫描，然后用 ImageMaster 2D 6.0 图像分析软件进行点识别、背景消除、点匹配及蛋白质分析。

（7）可将所选择的胶点用刀片沿边缘切下后经脱色、酶解等处理，进行后续质谱分析。

【注意事项】

（1）样品制备是做好 2-D 电泳的关键因素，尽量采用新鲜提取的蛋白质，同时样品中离子浓度不能过大。应使所有待分析的蛋白质样品处于溶解状态（包括多数疏水性蛋白质），且制备方法应具有可重现性。需要防止在样品制备过程中发生样品的抽提后化学修饰（例如，酶性或化学性降解等）。

（2）需根据胶条容量和目标蛋白质的表达丰度调整上样量。需要时可去除起干扰作用的高丰度或无关蛋白质。蛋白质上样浓度不要超过 10mg/ml，否则会造成蛋白质的集聚或沉淀。

（3）根据不同样品选择不同 pH 范围的 IPG 胶条。

（4）针对不同的蛋白质，分离胶的浓度需调整。

【思考题】

（1）2-D 蛋白质电泳的优缺点是什么？

（2）影响 2-D 蛋白质电泳的因素有哪些？如何优化条件？

（陈 姗）

实验 13 单向上行纸层析分离氨基酸

【实验目的】

掌握氨基酸纸层析的方法和原理，学会分析待测样品的氨基酸成分。

【实验原理】

纸层析是以滤纸为惰性支持物的分配层析，利用不同物质在混合溶剂中的分配系数不同而达到分离的目的。滤纸纤维上的羟基具有亲水性，吸附一层水作为固定相，有机溶剂为流动相。当有机相流经固定相时，物质在两相间不断分配而得到分离。

溶质在滤纸上的移动速度用 R_f 值表示：

$$R_f = \frac{\text{氨基酸移动距离}}{\text{溶剂移动距离}} \quad \text{即} \quad \frac{\text{点样原点到显色斑点中心的距离}}{\text{点样原点到溶剂移动边缘的距离}}$$

在一定的条件下某种物质的 R_f 值是常数。R_f 值的大小与物质的结构、性质、溶剂系统、层析滤纸的质量和层析温度等因素有关。

当已知 R_f 时，反过来亦可确定是哪一种氨基酸。

纸层析法种类很多，有单向、双向等，按溶剂移动方向有上行下行之分。本实验采用单向上行法，利用纸层析法分离氨基酸。实验所用的有机溶剂系统为正丁醇：乙酸：水=4：1：5。显色采用水合茚三酮作显色剂，氨基酸与两分子水合茚三酮作用生成紫红色化合物。

水合茚三酮 + 氨基酸 ⟶ 紫红色化合物 +RCHO + CO_2 +$3H_2O$

【实验材料与仪器】

1. 试剂

（1）溶剂系统[正丁醇：乙酸：水（4：1：5）]：40ml 重蒸馏的正丁醇（沸点 116～118℃），加 10ml 冰乙酸及 50ml 蒸馏水，置分液漏斗中摇匀，静置，待分为澄清两层后，取上层液（水饱和的正丁醇），作为溶剂。

（2）0.1%茚三酮正丁醇溶液。

（3）混合氨基酸溶液：称取胱氨酸、丙氨酸及亮氨酸各 20mg 共溶于 2ml 蒸馏水中，再加入 4mol/L HCl 液 0.6ml，待完全溶解后，用蒸馏水稀释到 10ml，保存于冰箱中。

（4）胱氨酸、丙氨酸、亮氨酸溶液：称取胱氨酸、丙氨酸及亮氨酸各 20mg，分别放入容器内，并分别加入 2ml 蒸馏水及 0.6ml 4mol/L HCl 液，待完全溶解后，再分别以蒸馏水稀释至 10ml，其浓度分别为 2mg/ml 的胱氨酸溶液、丙氨酸溶液及亮氨酸溶液，保存于冰箱中。

2. 器材 米尺、铅笔（学员自带）、滤纸（层析用滤纸）、层析缸、点样毛细管（直径 0.5mm）、喷雾器、烘箱。

【操作步骤】

（1）取层析用滤纸剪成长 13cm，宽 6.5cm，在下端距底边 2cm 处用铅笔划一横线，横线上等分作 4 个记号，并分别注明 1、2、3、4。

（2）用点样毛细管分别吸取氨基酸溶液点于滤纸的记号处（1 处点胱氨酸，2 处点丙氨酸，3 处点亮氨酸，4 处点混合氨基酸溶液），需 5～6 次，每次点样时需待滤纸上溶液干后再点，勿使溶液在滤纸上扩散出直径 0.5cm 以外。

（3）于大小合适的层析缸内装入适量层析溶剂（约 1cm 高），层析缸内壁衬上滤纸，使缸内蒸汽尽快饱和。

（4）于点好样的层析滤纸上端别上回形针，挂于层析缸盖的玻璃钩上，使层析滤纸垂直浸入层析溶剂中 0.5～1cm，同时盖紧缸盖，勿使层析滤纸接触层析缸内壁衬的滤纸（图 2-5-4）。

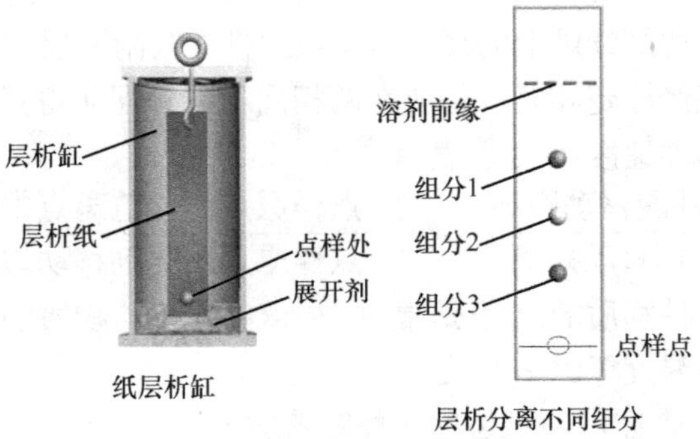

图 2-5-4 氨基酸纸层析装置图

（5）待层析溶剂在层析滤纸上上升至离上端边缘 1cm 处后，取出层析滤纸，立即用铅笔于层析溶剂边缘画上记号，将层析滤纸置 80℃烘箱内烘干。

（6）干后，将 0.1%茚三酮溶液置喷雾器中，将其喷洒于滤纸上，再放入烘箱内烘干（80℃约 5min），即可见滤纸上显有紫红色斑点，用铅笔准确描出，并确定斑点中心。

（7）测定 R_f 值，用米尺量出滤纸上溶剂边缘与点样原点的距离，以及自点样原点到各斑点中心的距离，按下列公式计算 R_f 值。每种氨基酸在一定的溶剂及一定的条件下层析后有一定的 R_f 值，故可由已知的氨基酸的 R_f 值来了解层析的氨基酸混合样品中有哪几种氨基酸。

$$R_f = \frac{\text{氨基酸移动距离}}{\text{溶剂移动距离}} \quad \text{即} \quad \frac{\text{点样原点到显色斑点中心的距离}}{\text{点样原点到溶剂移动边缘的距离}}$$

【注意事项】

（1）点样时要避免手指或唾液等污染滤纸有效面。

（2）层析缸要预先饱和，展开剂勿附着于大试管内壁。

（3）滤纸的质量对结果有一定的影响，滤纸的质地必须均一、纯净、厚薄适当，具有一定的机械强度，层析前应为水和有机溶剂的蒸汽所饱和。

（4）样品点不能浸入溶剂中。

【思考题】

1. 影响物质移动速率值的因素有哪些？
2. 何谓纸层析法？层析缸中平衡溶剂的作用是什么？
3. 实验操作时为什么不能用手触摸滤纸条有效面？

（付晓红）

实验 14　转氨基作用与氨基酸的纸层析

【实验目的】

了解动物组织的转氨基作用，学习转氨基反应产物的纸层析鉴定方法。

【实验原理】

转氨基是指在转氨酶的催化下，氨基酸的 α-氨基与 α-酮酸的 α 酮基互换的反应。转氨酶广泛分布于动物体的各器官组织中，各种转氨基作用都有专一的转氨酶催化。

本实验利用纸层析法来观察 α-酮戊二酸与丙氨酸在肝脏谷丙转氨酶（ALT）催化下的转氨基作用。

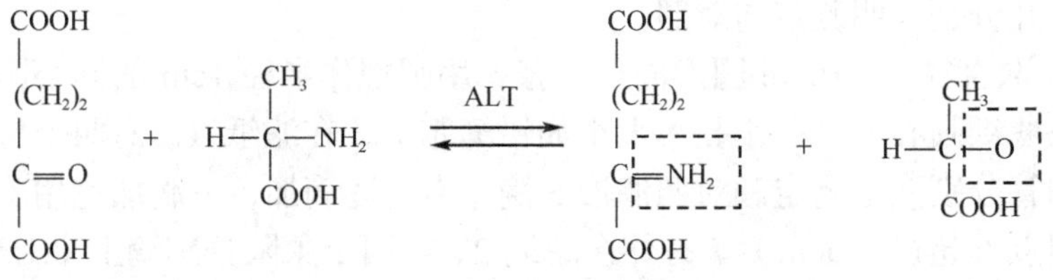

α-酮戊二酸　丙氨酸　谷氨酸　丙酮酸

转氨基作用的进行程度可通过观察丙氨酸的减少和谷氨酸的出现来确定。这两种氨基酸在滤纸上的位置可经显色后测量 R_f 值判定。

滤纸上的氨基酸用茚三酮反应进行鉴定。

$$\text{水合茚三酮} + \text{氨基酸} \longrightarrow \text{紫红色化合物} + 3H_2O$$

【实验材料与仪器】

1. 试剂

（1）pH7.4的0.01mol/L磷酸缓冲液：0.2mol/L Na_2HPO_4溶液81ml与0.2 mol/L NaH_2PO_4溶液19ml混匀，用蒸馏水稀释20倍。

（2）0.1mol/L丙氨酸溶液：称取丙氨酸0.891g，先溶于少量pH7.4的0.01 mol/L磷酸缓冲液中，以1mol/L NaOH仔细调节至pH7.4后，加磷酸缓冲液至100ml。

（3）0.1mol/L α-酮戊二酸：称取α-酮戊二酸1.461g，先溶于少量pH7.4的0.01 mol/L磷酸缓冲液中，以1mol/L NaOH仔细调节至pH7.4后，加磷酸缓冲液至100ml。

（4）0.1mol/L谷氨酸溶液：称取谷氨酸0.735g，先溶于少量pH7.4的0.01 mol/L磷酸缓冲液中，以1mol/L NaOH仔细调节至pH7.4后，加磷酸缓冲液至50ml。

（5）0.5%茚三酮溶液：称取茚三酮0.5g，溶于100ml丙酮中。

（6）层析溶剂：酚∶水（8∶2）。

2. 器材 玻璃匀浆器、刻度吸管（0.5ml及1ml）、电热恒温水浴及沸水浴、剪刀、圆规和直尺、滤纸、毛细玻璃管、表面皿及培养皿、吹风机、喷雾器。

【操作步骤】

1. 肝匀浆制备 取新鲜动物（大鼠）肝脏1g，在研钵中用剪刀剪碎，加入9ml冰冷的0.01mol/L磷酸缓冲液，迅速磨成匀浆。

2. 取干燥试管2支，按表2-5-9操作

表2-5-9

	测定管	对照管
肝匀浆（ml）	1.0	1.0
	37℃水浴保温5min	沸水中煮沸3min后冷却
0.1mol/L丙氨酸（ml）	0.3	0.3
0.1mol/L α-酮戊二酸（ml）	0.3	0.3
pH7.4的0.01mol/L磷酸缓冲液（ml）	1.0	1.0
	混匀，37℃水浴1h	

保温完毕，立即将测定管放入沸水中煮沸3min以终止反应。过滤，将滤液接收到另两支试管中。并分别标明测定与对照。

3. 层析 取直径8～10cm圆形滤纸一张，用圆规作半径1cm的同心圆，通过圆心作两条垂线。在滤纸圆心处打一小孔（大小如铅笔芯），在滤纸1、3两个象限于同心圆线上用两根毛细管分别滴上测定和对照滤液5滴左右（逐滴加，一滴加完用吹风机吹干后再加第二滴，圆点不超过0.5cm）。另外在滤纸2、4两个象限分别滴上0.1mol/L丙氨酸和0.1mol/L谷氨酸5滴（方法同前）。做好记号。

点样完毕后，将滤纸放于干净处，让其干燥。另取一小滤纸片（$1cm^2$ 左右），将下 1/3 剪成须状，并将滤纸卷成圆筒（如灯芯）插入滤纸小孔（注意吻合紧密，勿使滤纸突出）。

将层析溶剂用滴管缓慢加入直径约 5cm 的干燥、洁净表面皿中；表面皿置于培养皿正中，将滤纸平放于表面皿上，灯芯浸入溶剂中。然后盖上培养皿盖。此时可见层析溶剂向滤纸徐徐扩散。约 25min 左右，溶剂前沿距滤纸边缘约 0.5cm 处，即可取出（注意切勿超过滤纸边缘！）标记溶剂前沿位置，用吹风机吹干。

4. 显色　滤纸吹干后，用喷雾器喷上 0.5%茚三酮，此时可显出紫红色斑点，用吹风机吹干。求出各点 R_f 值，比较各斑点位置及色泽深浅，从而可观察到转氨基作用是否进行。

【注意事项】

（1）层析液中含有腐蚀性酚，取用时注意安全（单手戴手套），防止溅到皮肤及眼睛上。

（2）使用滤纸前应洗手擦干，操作中应尽量避免用手接触滤纸中间部位（单手戴手套），因为手上不干净物或皮屑落在纸上会产生多余斑点而干扰实验结果。

（3）点样量要适当，要求点样的直径不超过 0.5cm。

（4）开始纸层析后不可再移动或摇晃层析装置，否则易造成溶剂扩散不均，影响实验结果。

【思考题】

（1）实验操作时为什么不能用手接触滤纸中间部位？

（2）实验结果中为什么对照管是一个色斑，而测定管是两个色斑？

（3）对照管和测定管的色斑分别代表什么物质？是如何证明的？

（付晓红）

实验 15　凝胶柱层析分离蛋白质

【实验目的】

（1）了解层析技术的基本原理及有效分配系数 Kav 的计算。

（2）掌握凝胶层析的操作方法。

【实验原理】

凝胶层析又称凝胶过滤，是一种按相对分子质量大小分离物质的层析方法。该方法是把样品加到充满着凝胶颗粒的层析柱中，然后用缓冲液洗脱。大分子不能进入凝胶颗粒中的静止相中，只留在凝胶颗粒之间的流动相中，因此以较快的速度首先流出层析柱，而小分子则能自由出入凝胶颗粒中，并很快在流动相和静止相之间形成动态平衡，因此各组分因分子大小不同而被分离。

凝胶过滤柱层析所用的基质是具有立体网状结构、筛孔直径一致，且呈珠状颗粒的物质。以适当的凝胶制成层析柱，将待分离的混合物加入柱顶端，再用大量水或稀溶液洗脱。

由于混合物中各组分的大小和形状不同，在洗脱过程中，分子大于凝胶孔隙范围的物质被完全排阻，不能进入凝胶颗粒内部，只能随着溶剂在凝胶颗粒间流动，因此受到的阻滞作用小；而分子小于凝胶孔隙范围的物质则可完全渗入凝胶颗粒的孔隙中，因此受到的阻滞作用大，而且从一个颗粒的孔隙进入另一个颗粒的孔隙时，流程长，流速也慢，所以从层析柱中流出较晚。若分子大小介于两者之间，则从柱中流出的时间也居两者之间。根据不同组分从柱中流出的先后顺序不同，就可达到分离纯化的目的。

【实验材料与仪器】

1. 试剂

（1）标准蛋白质：牛血浆蛋白，鸡卵清蛋白，胰凝乳蛋白酶原 A，牛胰岛素，均为层析纯。

（2）蓝色葡聚糖-2000。

（3）*N*-乙酰酪氨酸乙酯（或硫酸铵）。

（4）0.025mol/L 氯化钾-0.02mol/L 乙酸溶液。

（5）Sephadex G-75（或 G-100）。

（6）蛋白质样品。

2. 器材 层析柱（柱管 1.1cm×100cm）、核酸蛋白检测仪（或紫外分光光度计）、部分收集器、广口瓶。

【操作步骤】

1. 一般操作方法

（1）凝胶的选择和处理：凝胶是一种不带电的具有三维空间的多孔网状结构的高分子聚合物，每个颗粒的细微结构及筛孔的直径均匀一致。葡聚糖凝胶是以干粉保存的，因此使用前必须将干凝胶浸泡于将要用作洗脱剂的相同液体中，充分溶胀，然后才能使用。根据层析柱的体积和所选用的凝胶，以及膨胀后床体积，计算所需凝胶干粉的重量，将称好的干粉倾入过量的洗脱液中，一般多为水、盐溶液或缓冲液，放置在室温，使之充分吸水溶胀。注意不要过分搅拌，以防颗粒破碎。浸泡时间根据凝胶交联度不同而异，为了缩短溶胀时间，可在沸水浴上加热至将近 100℃，这样可大大缩短溶胀时间，而且还可杀死细菌和霉菌，并且可将凝胶置真空干燥器中抽真空，以除尽凝胶中的空气。

（2）装柱：层析柱必须粗细均匀，柱管大小可根据实际需要选择。一般柱直径（内径）为 1cm，如果样品量比较多，最好用直径为 2～3cm 柱。直径太小时会发生“管壁效应”，即在柱管中心部分组分移动较慢，而在管壁周围移动较快，因而影响分离效果。一般说来，柱越长，分离效果越好，但柱过长，实验时间长而且样品稀释度大，易扩散，分离效果反而不好。一般用作脱盐时，柱高 50cm 比较合适。在进行分级分离时，100cm 高度就够了。

装柱方法与一般柱层析法相似，柱管可用一般柱层析管，底部目前常用多孔的聚乙烯片做底板。如用烧结玻璃砂板做底，尽量用细孔的（3 号），粗孔的则要在其上铺一层滤纸或尼龙滤布。在装柱前先将凝胶上面多余的溶剂倾出，然后将浓浆状的凝胶一次倾入柱中，使之自然沉降，要注意颗粒间没有夹杂气泡，最好不分次填装或用凝胶悬浮液装柱。

凝胶沉集后，将溶剂放出，并且再通过 2～3 倍柱床体积的溶剂使柱床稳定，然后在凝胶表面上放一层滤纸或尼龙滤布，以防将来在加样时凝胶被冲起。

新装好的柱要检验其均一性，可用带色的高分子物质如蓝色葡聚糖-2000（又称蓝色右旋糖酐，商品名为 Blue dextran-2000），红色葡聚糖或细胞色素 c 等配成 2mg/ml 的溶液上柱，看色带是否均匀下降。或将柱管向光照方向用眼睛观察，看是否均匀，是否有“纹路”或气泡。若层析柱床不均一，必须重新装柱。

要注意在任何时候不要使液面低于凝胶表面，否则水分挥发，凝胶变干，分离效果变坏，并有可能混入气泡，影响液体在柱内的流动。

（3）加样：被分离样品溶液一般以浓度大些为好，但因用凝胶分离的物质多为相对分子质量较大的物质，浓度大时，溶液的黏度也随之变大，而黏度过大就会影响分离效果，所以要照顾到浓度与黏度两方面。分析用量一般 100ml 床体积为 1～2ml（1%～2%），制备用量一般 100ml 床体积为 20～30ml。

加样的方法与一般柱层析法相同，将柱中多余的液体放出后，将样品溶液小心加到凝胶柱上，打开管夹，使样品溶液流入柱内，然后加入溶剂或盐溶液洗脱。

（4）洗脱：洗脱用的液体应与浸泡膨胀凝胶所用的液体相同，否则由于更换溶剂，凝胶体积会发生变化而影响分离效果。洗脱的液体有水（多用于分离不带电荷的中性物质）及电解质溶液（用于分离带电基团的样品），如酸、碱、盐的溶液及缓冲液等。对于吸附较强的组分，也可使用水与有机溶剂的混合液，如水-甲醇，水-乙醇，水-丙酮等为洗脱剂，这样可以降低吸附，将组分洗下。

流速与洗脱液加在柱上的压力（因液面差造成）有关。它与一般离子交换树脂不同加压超过一个极限值，不仅不能增加速度，反而使流速急剧下降。流速对交联度不同大小的凝胶是不同的。对交联度大的凝胶（G-10 至 G-50 型），流速与柱的压力差成正比，与柱长成反比，与柱的直径无关。对交联度小的凝胶（G-75 至 G-200 型），流速与柱的直径有关，并在一定的适宜操作压差下有最大的流速值。

流速亦受颗粒大小影响，颗粒大时流速较大，但流速大时洗脱峰形常较宽，颗粒小时流速较慢，分离情况较好。在操作时应根据实际需要，在不影响分离效果的情况下，尽可能使流速不致太慢，以免时间过长。

（5）柱的重新填装：由于在洗脱过程中，所有组分一般可自柱上向下洗，所以装好一次柱管之后，可以反复使用，无需特殊的“再生”处理。但由于在使用过程中，颗粒可能逐渐沉积压紧，因此在使用一段时间后，流速可能逐渐降低，使一次分析时间拖长很久，这时需要将凝胶倒出，重新填装，或者用反冲方法，使凝胶松动冲起，再行沉降。有时流速改变是由于柱顶上有灰尘集聚，则需将表面层除去。

由于葡聚糖凝胶为糖类化合物，并且一定要在液相中操作，所以有必要注意防止发霉与生长细菌。一般可用 0.02%的叠氮钠（NaN_3）溶液，它极易溶于水，不与蛋白质和糖反应，也不改变它们的层析效果。也可用 0.002%的洗必泰（hibitane）溶液。在弱酸性溶液中可用 0.05%（或 0.01%～0.02%）三氯丁醇溶液，但它在强碱性溶液或加热到 60℃以上时就要分解。在弱碱性溶液中也可用 0.01%乙酸汞溶液防腐消毒。一般不用氯仿、丁醇、甲苯等为防腐剂，因为它们能引起凝胶颗粒的收缩，同时还能进入层析仪器的塑料部件，使塑料变软，造成不良后果。

（6）凝胶的保存方法：凝胶用完后可用以下方法保存。

1）膨胀状态：即在水相中保存，可加入上述防腐剂，或加热灭菌后于低温保存。

2）半收缩状态：用完后用水洗净，然后再用 60%～70%乙醇洗，则凝胶体积缩小，于低温保存。

3）干燥状态：用水洗净后，加入含乙醇的水洗，并逐渐加大含醇量，最后用 95%乙醇洗，则凝胶脱水收缩，再用乙醚洗去乙醇，抽滤至干，于 60～80℃干燥后保存。这 3 种方法中，以干燥状态保存为最好。

2. 用葡聚糖凝胶层析法测定蛋白质的相对分子质量 凝胶层析的操作方法如上所述。测定蛋白质的相对分子质量（Mr）根据需要可选用 Sephadex G-75，G-100 或 G-150 型凝胶，凝胶颗粒一般在 40～120μm，柱管选用直径 1.0～1.3cm，柱长 90～100cm。本实验凝胶用 Sephadex G-75，层析柱用 1.1cm×100cm。

测定 Vo 和 Vi：将 0.5ml 蓝色葡聚糖-2000 和硫酸铵混合液（2mg/ml）上柱，用 0.025mol/L 氯化钾-0.2mol/L 乙酸溶液洗脱，分别测出 V_e。蓝色葡聚糖的 V_e 即为该柱的 V_o，硫酸铵洗脱体积 V_e 减去 V_o 即为柱的 V_i。蓝色葡聚糖的洗脱峰可根据颜色判断，硫酸铵的洗脱峰用乙酸钡生成白色沉淀判断。

标准曲线的制定，标准蛋白质混合液：分别称取 2.5～3.0mg 牛血浆清蛋白（Mr 67 000），鸡卵清蛋白（Mr 43 000），胰凝乳蛋白酶原 A（Mr25 000），结晶牛胰岛素（pH2～6 时为二聚体，Mr12 000）共同溶于 1～1.5ml 0.025mol/L 氯化钾–0.2mol/L 乙酸溶液中。

上柱和洗脱：将 1ml 标准蛋白质混合液上柱，然后用 0.025mol/L 氯化钾–0.2mol/L 乙酸溶液洗脱。流速 3ml/10min，3ml/管，用部分收集器收集，紫外检测仪 280nm 处检测。或收集后用紫外分光光度计于 280nm 处测定每管 A 值，以管号（或洗脱体积）为横坐标，A 值为纵坐标绘出洗脱曲线。

根据洗脱峰位置量出每种蛋白质的洗脱体积（V_e）。然后以蛋白质 Mr 的对数（lgMr）为横坐标，V_e 为纵坐标，作出标准曲线。为了结果可靠，应以同样条件重复 1～2 次，取 V_e 的平均值作图。

同时根据已测出的 V_o 和 V_i 及通过测量柱的直径和凝胶柱床高度，计算出的 V_t，求出 Kav。

$$\text{Kav}=\frac{V_e-V_o}{V_t-V_o}$$

也可以 Kav 为横坐标，$\lg^{Mr}$ 为纵坐标作标准曲线。

未知样品 Mr 的测定：完全按照标准曲线的条件操作，根据紫外检测的洗脱峰位置，量出洗脱体积。重复测定 1～2 次，取其平均值，由标准曲线可查得样品的 Mr。

【注意事项】

（1）装柱时需保持柱体垂直于水平面，不可随意晃动层析柱，以保持凝胶柱表面平整。

（2）凝胶悬液一次加完，避免出现分层，若有分层，用滴管轻搅表层，沉降后可使表面平整。

（3）加样时，滴管垂直伸入柱内，接近液面处集中滴加，动作轻柔，不要将床面冲起，亦不要沿柱壁加入。

（4）注意柱床上要不断加水，保持 1cm 高水层，以防凝胶变干，影响分离效果。

（5）样品测定与标准曲线制作的条件应控制一致，减少数据误差。

【思考题】

（1）简述有效分配系数 Kav 的意义。

（2）为什么分离物相对分子质量越大 Kav 值越小？

（3）简述柱层析与纸层析法的异同点。

（4）用凝胶柱层析分离不同蛋白质，怎样才能得到较好的分离效果？

（付晓红）

实验 16 动物肝脏 DNA 的分离提取、鉴定及含量测定

（一）DNA 分离提取、鉴定及含量测定

【实验目的】

（1）了解 DNA 提取、鉴定及含量测定的基本原理。

（2）掌握酚抽提法提取真核基因组 DNA 的基本原理和实验方法。

【实验原理】

1. 从动物组织和细胞中提取 DNA 的原理 真核细胞核基因组 DNA 相对分子质量大，DNA 与组蛋白盘绕形成核小体，并进一步折叠包装压缩成为染色体。因此 DNA 分离纯化时，首先要将核蛋白做解聚处理，以释放出 DNA，接着需采用化学和酶学方法，除去杂蛋白、RNA 及其他的大分子。本实验采用酚抽提法提取动物组织的 DNA：先用蛋白酶 K 消化真核细胞和组织，随后以去垢剂（如十二烷基硫酸钠 SDS）溶解细胞膜并使蛋白质变性，再进一步通过交替使用酚和氯仿这两种不同的蛋白质变性剂以去除蛋白质，最后在高盐存在下用乙醇沉淀收集 DNA。核酸通过有机溶剂抽提得以纯化，而污染的 RNA 通过 RNase 消化清除。这是目前真核基因组 DNA 分离提取中普遍使用的方法。

2. DNA 的鉴定 主要针对 DNA 的完整性进行检测，主要方法是琼脂糖凝胶电泳。把 DNA 样品加入到琼脂糖凝胶的样品孔中，置于静电场中电泳。由于 DNA 分子的双螺旋骨架带有含负电荷的磷酸根残基，因此在电场中向正极移动；不同分子质量的 DNA 片段泳动速度不一样，故可依据 DNA 分子的大小不同而使其分离。基因组 DNA 的相对分子质量很大，在电场中泳动很慢。如果在电泳图谱中的条带呈弥散状，可能是基因组 DNA 发生了断裂或降解。如果点样孔发亮，则可能是有残留蛋白质。

3. DNA 的含量测定 由于核酸分子中的碱基具有共轭双键可以吸收紫外线，其最大吸收波长为 260nm。在波长 260nm 紫外线下，1OD 的光密度值相当于双链 DNA 的浓度为 50μg/ml，单链 DNA 为 33μg/ml，因此可通过紫外分光光度计测定样品在 260nm 处的 OD 值来计算其浓度，DNA 浓度（μg/μl）= A_{260}×50×稀释倍数/1000。此外，通过 A_{260}/A_{280} 比值也可推测 DNA 的纯度。在 TE 缓冲液中，纯 DNA 的 A_{260}/A_{280} 比值约为 1.6～1.8，比值升高提示有 RNA 的污染，比值降低则提示有蛋白质的污染。

【实验材料与仪器】

1. 试剂

（1）DNA 提取相关试剂

1）磷酸盐缓冲液（PBS，pH7.4）：在 800ml 蒸馏水中溶解 8g NaCl、0.2 g KCl、1.44g Na_2HPO_4 和 0.24g KH_2PO_4，用 HCl 调节溶液的 pH 至 7.4，加水定容至 1 L，高压蒸汽灭菌

后保存于室温。

2）DNA 提取缓冲液：10 mmol/L Tris-HCl（pH 8.0），0.1 mol/L EDTA（pH 8.0），0.5% SDS，20 μg/mg 无 DNase 的 RNase。裂解缓冲液的前三种成分可预先混合并于室温保存，RNase 在用前适量加入。

3）蛋白酶 K（10 mg/ml）。

4）饱和酚：用 0. 5mol/L Tris-HCl（pH8.0）平衡的苯酚。

5）酚-氯仿-异戊醇（25∶24∶1）。

6）TE 缓冲液（pH 8.0）：10mmol/L Tris-HCl（pH 8.0），1mmol/LEDTA（pH 8.0）。

7）无水乙醇及 75%乙醇。

（2）DNA 电泳相关试剂

1）琼脂糖。

2）溴化乙锭。

3）1×TBE 电泳缓冲液（pH8.3）。

4）DNA 上样缓冲液。

2. 器材 研钵和研棒、低温冷冻离心机、恒温水浴、移液管、电泳槽、电泳仪、凝胶成像系统、紫外分光光度计。

【操作步骤】

1. DNA 的提取

（1）组织样本的准备：取 1g 肝脏，剪碎后置于尼龙布中，在研钵中加入 5ml 磷酸盐缓冲液，磨碎。

（2）取细胞悬液 1ml 于 5ml 离心管中，5000r/min，离心 1min，弃上清。

（3）用 1ml DNA 提取液重悬细胞，混匀后加入 10μl 蛋白酶 K 溶液，37℃，水浴 40min。

（4）加入等体积饱和酚溶液，充分混匀，5000 r/min，离心 5min。

（5）离心后取上清于另一 5ml 离心管中，加入等体积酚/氯仿，混匀，5000r/min，离心 5min。

（6）离心后取上清于另一 5ml 离心管中，加入 2 倍体积无水乙醇，混匀，室温放置 10min，5000 r/min，离心 5min。

（7）弃上清，加 1ml 75%乙醇，洗涤，5000 r/min，离心 5min。

（8）弃上清，倒置离心管，于室温干燥沉淀约 10min 后加入 500μl TE 溶液溶解沉淀。

2. DNA 电泳的操作步骤

（1）配制 0.8%琼脂糖凝胶。称取电泳用琼脂糖 0.8g，加 1×TBE 电泳缓冲液 100ml，微波炉中加热至琼脂糖熔化。

（2）待凝胶冷却至 60℃左右，加入 5μl 溴化乙锭混匀，用吸管取少量琼脂糖溶液封固胶模边缘，待其凝固后，安好样品梳，再将温热的琼脂糖凝胶倒入胶模中。待凝胶完全凝固后，小心移去样品梳，置电泳槽内放平，加入没过胶面约 1 mm 深的 1×TBE 电泳缓冲液。

（3）取 DNA 溶液 10μl，加入无菌水 10μl，再加 5×上样缓冲液 5μl，混匀后，用微量移液器慢慢将混合物加至样品槽中。

（4）通电电泳，电泳约 1h 后置于凝胶成像系统下观察。

3. DNA 含量的测定 取适量 DNA，用水稀释后于紫外分光光度计测定 260nm 和 280nm 下的光吸收值，依据公式计算样品的含量。

【注意事项】

（1）由于基因组 DNA 的相对分子质量很大，易受到剪切力的作用而发生断裂，特别是提取步骤中的混匀操作，动作不可剧烈，应缓慢上下颠倒离心管混匀。

（2）酚抽提离心后溶液分层，DNA 溶于上层水相，下层为有机相，交界面含有蛋白质。吸取上清液时应小心操作，避免将交界面的蛋白质也吸走。如不慎吸取蛋白质，可再次进行酚抽提以除去蛋白质。

（3）75%乙醇洗涤 DNA 后晾干时，注意不要让 DNA 沉淀完全干燥，否则将难以溶解。

（4）溴化乙锭是有毒物质，需戴手套小心操作，废弃物品需集中处理。

【思考题】

在提取核酸过程中，要注意哪些问题？

（高 敏）

实验 17 动物组织 RNA 的分离提取、鉴定及含量测定

【实验目的】

（1）了解 RNA 提取、鉴定及含量测定的基本原理。

（2）掌握 Trizol 法提取总 RNA 的基本原理和实验方法。

【实验原理】

RNA 存在于细胞质及核中，是一种极易降解的核酸分子。Trizol 法提取总 RNA 是目前实验室最常用的方法，其原理是利用高浓度的变性剂（硫氰酸胍）将细胞裂解，释放出蛋白质、DNA 和 RNA，之后根据它们在不同 pH 和不同极性溶剂中溶解度不同而把 RNA 提取出来。高浓度的硫氰酸胍还使细胞内的各种 RNase 失活，使释放出的 RNA 不易被降解。细胞裂解后存在于裂解溶液内的有 RNA、核 DNA、蛋白质和细胞残片，通过氯仿和异丙醇等有机溶剂处理并离心，使 RNA 最终与其他细胞组分分离开来。RNA 浓度（μg/μl）= A_{260}×40×稀释倍数/1000。纯的 RNA 制品 A_{260}/A_{280} 比值接近 2.0，比值过低提示存在蛋白质污染，比值过高提示 RNA 有降解。

【实验材料与仪器】

1. 试剂

（1）DEPC（1ml/L）。

（2）Trizol 试剂。

（3）氯仿。

（4）异丙醇。

（5）乙醇。

2. 器材 低温冷冻离心机、移液管、电泳槽、电泳仪、凝胶成像系统和紫外分光光度计等。

【操作步骤】

（1）取适量动物组织（50～100mg），剪碎后置于尼龙布中，在研钵中磨碎后加入 1ml Trizol 试剂，接着转入匀浆器中充分匀浆，最后转入一无 RNase 的 1.5ml 灭菌离心管。

（2）加入 200μl 氯仿，振荡混匀后室温放置 2min。

（3）12 000*g* 离心 15min。小心吸取上层水相至另一无 RNase 的 1.5ml 灭菌离心管中。注意不要吸取中间界面。

（4）加 0.5ml 异丙醇混匀，室温放置 10min。

（5）12000*g* 离心 10min，弃上清，可见 RNA 沉于管底。

（6）加 1ml 75%乙醇（以 DEPC 处理的 H_2O 配制），温和振荡离心管，悬浮沉淀（此时可放–70℃保存）。

（7）8000*g* 离心 5min，尽量弃上清。短暂离心收集管壁液体并吸弃。室温晾干 2～5 min。RNA 样品不要过于干燥，否则很难溶解。

（8）用 100～300μl（体积可根据 RNA 的沉淀量具体调整）DEPC 处理的 H_2O 溶解 RNA 样品后立即置于冰上。

（9）利用紫外分光光度计测定 RNA 的纯度和浓度。

【注意事项】

（1）所有用于提取 RNA 的塑料制品需经 DEPC 水溶液处理 24h，然后高温灭菌。研钵、剪刀和其他玻璃用品等需在 180℃下烘 3h。

（2）小心操作，避免 RNase 的污染。

【思考题】

实验中可采取哪些措施去除 RNase 的污染？

（高　敏）

实验 18　温度对酶活性的影响

【实验目的】

了解温度对酶活性的影响。

【实验原理】

酶的活性受温度的双重影响。低温下酶的催化速度一般很低；在一定温度范围内升高温度，酶活性可随温度的上升而增加；但是在超过这个温度范围后，温度过高会使酶蛋白变性，导致酶活性降低甚至完全丧失。

当酶表现出最大活性时，酶促反应速度达到最大值，此时所对应的温度称为酶的最适温度。大多数植物酶的最适温度为 50～60℃，动物酶的最适温度一般为 37～40℃。

本实验以尿素酶催化尿素分解释放出 NH_3 为例，研究温度对酶活性的影响。

$$\underset{\text{尿素}}{CO(NH_2)_2} + H_2O \xrightarrow{\text{尿素酶}} CO_2 + 2NH_3$$

释放出的 NH_3 在中性或碱性溶液中与纳氏试剂作用，生成黄红色的碘化双汞铵。在一定时间内，尿素酶活性越大，分解尿素越多，产生的 NH_3 越多，生成的黄红色沉淀越多。因此，通过对比反应产物黄红色的深浅，可判断尿素酶活性的大小。

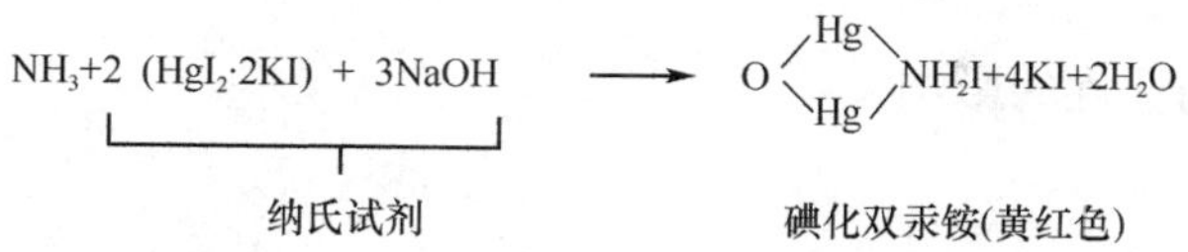

【实验材料与仪器】

1. 试剂

（1）尿素酶溶液：配制30%乙醇，取50ml置于锥形瓶中，加入新鲜黄豆粉1g，轻轻摇动20min后过滤（使用前新鲜制备）。

（2）0.1%尿素液。

（3）纳氏试剂：取碘化钾30g置于250ml锥形瓶中，加碘22.5g和蒸馏水20ml，再加入纯汞30g，置冷水或冰上摇荡使汞溶解，直至上层呈澄清的淡绿色溶液，下层沉淀变成泥状。倾出上层清液，取1滴用1%淀粉液试验，如无蓝色反应则在上层清液中加入1滴碘液，再以1%淀粉液试验，直至呈蓝色为止。将上层清液稀释为200ml，加入975ml 10%NaOH混匀，装入棕色瓶中，静置暗处一周。可于20℃以下长期保存。

2. 器材

（1）恒温水浴箱。

（2）试管。

（3）滴管。

【操作步骤】

取3支试管，编号，按表2-5-10操作。

表 2-5-10

试管	0.1%尿素液	预温	尿素酶溶液	温度	时间		纳氏试剂
(1)	20滴	冰水	10滴	冰水	10min	冷却	10滴
(2)	20滴	55℃	10滴	55℃	10min		10滴
(3)	20滴	100℃	10滴	100℃	10min		10滴

观察并分析结果。

【注意事项】

（1）NaOH为强碱，操作时应注意避免烧伤。

（2）纳氏试剂应注意避光保存。

【思考题】

加入尿素液之后为什么要预温？如果没有预温可能会产生什么结果？

（陈岑曦）

实验 19 酸碱度对酶活性的影响

【实验目的】

了解酸碱度对酶活性的影响。

【实验原理】

酶的催化作用要求一定的 pH 环境。pH 影响酶蛋白和底物的解离状态，从而改变酶与底物的结合和催化作用。在不致使酶蛋白变性的 pH 范围内，酶活性会因 pH 不同而异。

每一种酶发挥作用的最佳条件要求最适 pH，此时酶的活性最大。当其他条件相同时，离最适 pH 越近，酶的活性越大，所催化的反应速率也越快。酶的最适 pH 会受底物性质和缓冲液性质的影响。

本实验以尿素酶为例，研究 pH 对于酶活性的影响。尿素酶催化尿素分解释放出 NH_3 的原理见实验 18。

【实验材料与仪器】

1. 试剂

（1）尿素酶溶液（制备方法见实验 18）。

（2）0.1%尿素液。

（3）纳氏试剂（制备方法见实验 18）。

（4）0.5mol/L H_2SO_4。

（5）1mol/L NaOH。

（6）蒸馏水。

2. 器材

（1）恒温水浴箱。

（2）试管。

（3）滴管。

【操作步骤】

取 4 支试管，编号，按表 2-5-11 操作：

表 2-5-11

试管	0.1%尿素液	0.5mol/L H_2SO_4	1mol/L NaOH	尿素酶溶液	蒸馏水		纳氏试剂
（1）	20 滴	1 滴	—	10 滴	—	混匀，55℃保温 10 min，冷却	10 滴
（2）	20 滴	—	—	10 滴	1 滴		10 滴
（3）	20 滴	—	1 滴	10 滴	—		10 滴
（4）	20 滴	1 滴	1 滴	—	9 滴		10 滴

观察并分析结果。

【注意事项】

（1）NaOH 为强碱，H_2SO_4 为强酸，操作时应注意避免烧伤。

（2）纳氏试剂应注意避光保存。

【思考题】

实验设计中 4 号试管起什么作用？

（陈岑曦）

实验 20　抑制剂和激活剂对酶活性的影响

【实验目的】

（1）了解酶反应的激活和抑制。

（2）加深对竞争性抑制的认识。

【实验原理】

酶的活性常受某些物质的影响。有些物质能使酶的活性增加，或使无活性的酶原变成有活性的酶，称为酶的激活剂；有些物质能使酶的活性降低甚至消失，称为酶的抑制剂。

本实验以尿素酶、唾液淀粉酶和琥珀酸脱氢酶为例，研究抑制剂和激活剂对于酶活性的影响。

尿素酶为巯基酶，重金属离子可与其巯基结合而使尿素酶的活性丧失尿素酶催化尿素分解释放出 NH_3 的原理见实验 18。

氯化钠为唾液淀粉酶的激活剂，硫酸铜为其抑制剂。唾液淀粉酶可催化淀粉逐步水解成各种不同大小的糊精及麦芽糖。不同大小的糊精遇碘呈现不同的颜色反应（蓝色-紫色-红棕色-不呈色），故可利用淀粉水解产物与碘反应呈色不同来衡量淀粉水解程度，从而判断唾液淀粉酶活性的大小，以研究抑制剂和激活剂对酶活性的影响。

肌肉组织中含有琥珀酸脱氢酶，可使琥珀酸脱氢生成延胡索酸。在体内，脱下的氢经生物氧化体系传递给氧结合成水。而在体外实验中可用甲烯蓝作为受氢体，接受琥珀酸脱下的氢变为甲烯白，蓝色消退可反映琥珀酸脱氢酶的作用。甲烯白遇氧能重新变成甲烯蓝，故本实验用液状石蜡将反应液与空气隔绝，使甲烯蓝的受氢反应在无氧条件下进行。

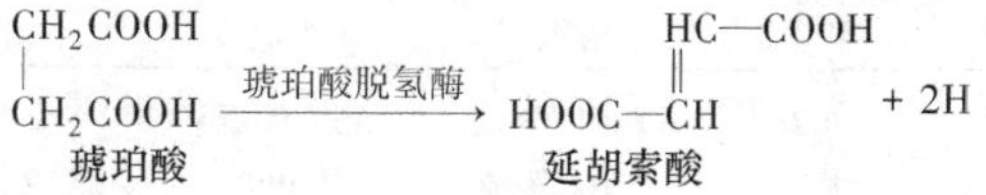

甲烯蓝+2H ⟶甲烯白

2 甲烯白+O_2 ⟶2 甲烯蓝+$2H_2O$

丙二酸的化学结构与琥珀酸相似，能与琥珀酸竞争琥珀酸脱氢酶，使其不能催化琥珀酸脱氢。抑制作用的强弱取决于抑制剂浓度与底物浓度的相对比例。琥珀酸与丙二酸结构如下：

HOOC—CH_2—CH_2—COOH　　　HOOC—CH_2—COOH

琥珀酸　　　　　　　　　　丙二酸

【实验材料与仪器】

1. 试剂

（1）尿素酶溶液（制备方法见实验 18）。

（2）0.1%尿素液。

（3）纳氏试剂（制备方法见实验 18）。

（4）0.1%氯化高汞。

（5）1%淀粉液。

（6） pH6.8 缓冲液：0.2mol/L 磷酸二氢钠 50ml，0.2mol/L 氢氧化钠 23.6ml 和蒸馏水 26.4ml 混合。

（7）碘试剂：碘化钾 20g 及碘 10g 溶于 100ml 蒸馏水，使用前稀释 10 倍。

（8）1%NaCl 溶液。

（9）0.1%$CuSO_4$ 溶液。

（10）0.5%琥珀酸钠溶液。

（11）0.5%丙二酸钠溶液。

（12）1/15mol/L 磷酸氢二钠溶液。

（13）0.1%甲烯蓝溶液。

（14）液状石蜡。

（15）生理盐水。

2. 器材

（1）恒温水浴箱。

（2）试管。

（3）滴管。

（4）剪刀。

（5）研钵。

（6）离心管。

（7）离心机。

【操作步骤】

1. 氯化高汞对尿素酶的抑制　取 2 支试管，编号，按表 2-5-12 操作：

表 2-5-12

<table>
<tr><th>试管</th><th>0.1%尿素液</th><th>氯化高汞溶液</th><th></th><th>尿素酶溶液</th><th></th><th>氯化高汞溶液</th><th></th><th>纳氏试剂</th></tr>
<tr><td>（1）</td><td>20 滴</td><td>2 滴</td><td rowspan="2">充分混匀</td><td>10 滴</td><td rowspan="2">55℃保温 10 min</td><td>—</td><td rowspan="2">冷却</td><td>10 滴</td></tr>
<tr><td>（2）</td><td>20 滴</td><td>—</td><td>10 滴</td><td>2 滴</td><td>10 滴</td></tr>
</table>

观察并分析结果。

2. 唾液淀粉酶的激活与抑制

（1）取新鲜唾液 0.5ml，用蒸馏水稀释至 50ml，混匀后过滤备用。

（2）取 3 支试管，编号，按表 2-5-13 操作：

表 2-5-13

试管	蒸馏水	1% NaCl	0.1% $CuSO_4$	pH6.8 缓冲液	1% 淀粉液	稀释唾液		碘试剂
	5 滴	—	—	5 滴	10 滴	5 滴	混匀，37℃保温 10min，冷却	2 滴
	—	5 滴	—	5 滴	10 滴	5 滴		2 滴
	—	—	5 滴	5 滴	10 滴	5 滴		2 滴

观察并分析结果。

3. 丙二酸对琥珀酸脱氢酶的竞争性抑制

（1）心肌匀浆的制备（使用前新鲜制备）：取动物心肌 2g 剪碎置研钵，加等重量砂子及少量 1/15mol/L 磷酸氢二钠溶液，研磨成匀浆，再加入 1/15 mol/L 磷酸氢二钠溶液至 12ml，混匀后放置 1h（不时摇动），离心后取上清备用。

（2）煮沸心肌匀浆：取约 2ml 心肌匀浆，加热煮沸 10min。

（3）取 4 支试管，编号，按表 2-5-14 操作：

表 2-5-14

试管	心肌匀浆	煮沸心肌匀浆	0.5%琥珀酸钠	0.5%丙二酸钠	生理盐水	0.1% 甲烯蓝
1	15 滴	—	15 滴		25 滴	1 滴
2	15 滴	—	15 滴	5 滴	20 滴	1 滴
3	15 滴	—	27 滴	3 滴	10 滴	1 滴
/	—	15 滴	15 滴	—	25 滴	1 滴

（4）混匀后立即加入液状石蜡 5 滴（必须完全覆盖液面，之后勿再摇动试管）。

（5）观察并分析结果。

【注意事项】

唾液淀粉酶的激活与抑制实验中，若激活剂或抑制剂作用不明显（3 支试管中反应液颜色无差异），主要原因可能是唾液淀粉酶活性过高或过低，可适当改变反应时间或调整唾液稀释倍数再进行实验。

【思考题】

琥珀酸脱氢酶竞争性抑制实验中，4 号管会出现什么样的结果？为什么？

（陈岑曦）

实验 21　尿淀粉酶活性的测定

【实验目的】

掌握改良 Winslow 法测定尿淀粉酶活性的原理及方法。

【实验原理】

淀粉酶主要来源于胰腺和腮腺，由肾脏排泄。在临床上，血清及尿中淀粉酶主要用于胰腺炎的诊断。将尿液与淀粉溶液相混合，保温一段时间后，淀粉酶在氯离子存在下可将淀粉长链在 1，4—糖苷键处水解。淀粉与碘呈蓝色反应，淀粉水解后生成的糊精随分子大小而与碘呈不同颜色（蓝色-紫色-红棕色），水解至麦芽糖则与碘不呈色（呈碘的本色）。因此，可通过测定淀粉水解的程度，求得淀粉酶的活力。

【实验材料与仪器】

1. 试剂

（1）0.9%NaCl 溶液。

（2）碘液：碘化钾 0.2g 溶于 2ml 蒸馏水中，再加入 0.1g 碘，待碘完全溶化后，加入 28ml 蒸馏水混匀。

（3）0.1%可溶性淀粉溶液（pH7.0）：磷酸氢二钠 33.6g，苯甲酸 4.3g 置于 500ml 烧杯，加蒸馏水约 200ml，置电炉煮沸溶解。另称取可溶性淀粉 0.5g 置于 100ml 烧杯，加入约 10ml 蒸馏水混匀，缓慢倾入上述煮沸溶液中。再用蒸馏水洗涤 100ml 烧杯数次，将洗液也一并倾入煮沸溶液，继续煮沸 1min，冷却，倾入 500ml 容量瓶定容。该溶液置于磨口玻璃瓶，室温可保存两个月或 4℃下长期保存。

（4）1/3000 淀粉溶液：将 0.1%可溶性淀粉溶液与蒸馏水按 1∶2 比例混匀，可于 4℃下保存 1～2 周。

2. 器材

（1）恒温水浴箱。

（2）移液管。

（3）试管。

【操作步骤】

（1）取 9 支试管，编号，按表 2-5-15 操作：

表 2-5-15

	1		2		3		4		5		6		7		8		对照
0.9%NaCl（ml）	0.5		0.5		0.5		0.5		0.5		0.5		0.5		0.5		0.5
尿液（ml）	0.5	↘	0.5	↘	0.5	↘	0.5	↘	0.5	↘	0.5	↘	0.5	↘	0.5	↘	0
1/3000 淀粉液（ml）	3.0		3.0		3.0		3.0		3.0		3.0		3.0		3.0		3.0
淀粉酶单位	4		8		16		32		64		128		256		512		—

注：“ ↘ ”表示尿液梯度稀释（如第 1 管将 0.5ml NaCl 与 0.5ml 尿液混合后，相当于将第 1 管的尿液稀释一倍，取出 0.5ml 稀释尿液加入至第 2 管，则第 1 管的实际尿液量为 0.25ml；其余各管以此类推；第 8 管取出的稀释尿液 0.5ml 直接丢弃）

（2）置 37℃水浴 10min，冷却，立即加入碘液各 1 滴，混匀，观察结果，记录不显色且为最大稀释度的试管号。

（3）结果计算。1ml 尿液于 37℃ 30min 能水解 1mg 淀粉，称作一个温氏单位淀粉酶。尿淀粉酶的正常值一般为 8～32 温氏单位。1/3000 淀粉溶液中，每 3ml 含淀粉 1mg，如 1 号管水解为无色，2 号管为蓝色，则计算如下：

淀粉含量（mg）/尿液量（ml）=1/0.25=4 单位

实际只要观察从第几管开始由无色变为蓝色，直接从表上读取相应的淀粉酶单位值即可。

【注意事项】

（1）应准确控制反应的温度、时间和加液量，以免影响结果的准确性。

（2）氯离子为该酶促反应的必要条件，实验中所用氯化钠浓度不得低于 0.8%。

（3）碘液中的碘易升华，应密封保存，若颜色变浅则不可再用。

【思考题】

如果对照管不显蓝色或只显轻微的蓝色，所得的结果是否准确？为什么？

（陈岑曦）

实验 22　酶反应速度与米氏常数测定

【实验目的】

（1）学习和掌握米氏常数（K_m）和最大反应速度（V_m）的测定原理。

（2）测定酸性磷酸酯酶在以磷酸苯二钠为底物时的 K_m 和 V_m 值。

【实验原理】

根据酶与底物形成中间络合物学说，可以得到一个表示酶反应速度与底物浓度之间相互关系的方程式，这就是酶学上著名的米氏方程式：

$$V=\frac{V\mathrm{m}\cdot[S]}{K\mathrm{m}+[S]}$$

式中，$[S]$为底物浓度，V 为反应速度，V_m 为最大反应速度，K_m 为米氏常数，从米氏方程式可见：

当
$$V=\frac{1}{2}V_m \qquad \frac{1}{2}V_m=\frac{V\mathrm{m}\cdot[S]}{K\mathrm{m}+[S]}$$

所以
$$K_m=[S]$$

显然，米氏常数 K_m 等于反应速度达到最大反应速度一半时的底物浓度。米氏常数的单位就是浓度单位（mol/L 或 m mol/L）。

测定 K_m 和 V_m，特别是测定 K_m，是酶学工作的基本内容之一。在酶动力学性质的分析中，米氏常数 K_m 是酶的一个基本特征常数。它包含着酶与底物结合和解离的性质。特别是同一种酶能够作用于几种不同的底物时，米氏常数 K_m 往往可以反映出酶与几种底物的亲和力强弱：K_m 值越大，说明酶与底物的亲和力越弱，反之，说明酶与底物的亲和力越强。

测定 K_m 和 V_m，一般通过作图法求得。作图方法很多，其共同特点是先将米氏方程式变换成其他数学形式，然后通过作图法求得。本实验在测定酸性磷酸酯酶以磷酸苯二钠为底物的 K_m 和 V_m 时，采用最常用的 Lineweaver-Burk 作图法。这个方法是先将米氏方程转换成倒数形式，即

$$\frac{1}{V}=\frac{K_m}{V_m}\cdot\frac{1}{[S]}+\frac{1}{V_m}$$

然后以 $\frac{1}{V}$ 对 $\frac{1}{[S]}$ 作图，可以得到一条直线（图 2-5-5）。这条直线在横轴上的截距为 $-\frac{1}{K_m}$，在纵轴上的截距为 $\frac{1}{V_m}$，由此即可求得 K_m 和 V_m。

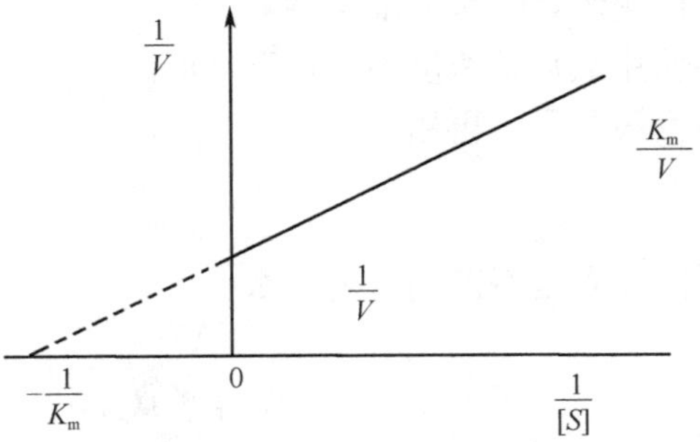

图 2-5-5　Lineweaver-Burk 作图法

酸性磷酸酯酶，又名正磷酸单酯磷酸水解酶，最适 pH 为酸性，国际分类号 E.C.3.1.3.2，能催化正磷酸单酯的水解，产生醇及正磷酸，但不能水解磷酸二酯。

正磷酸单酯+H_2O ⟶ 醇+正磷酸

本实验以磷酸苯二钠为底物，经酸性磷酸酯酶的催化水解产生苯酚，通过测定单位时间内产物苯酚的生产量，从而计算出该酶的酶促动力学常数。

磷酸苯二钠+H_2O ⟶ 苯酚+Na_2HPO_4

【实验材料与仪器】

1. 试剂

（1）酸性磷酸酯酶原酶液：称取一定量的绿豆，用稀盐水（0.9%）浸泡 2h。洗去盐水后在 25℃温箱内保持湿润，发芽 4～5 天，除去绿豆芽的根、头部。称取豆芽茎，用研钵研磨，每 10g 豆芽茎加入 2ml 0.2mol/L、pH5.6 乙酸缓冲液，置冰箱过夜。次日用纱布压榨，取压榨液经 3000r/min 离心 15min。上清液置透析袋对蒸馏水充分透析，间隔换水十次，透析时间 24h 以上。透析后，如需要，用稀乙酸溶液调节至 pH5.6，并进行稀释，使最终体积的毫升数与所称取的豆芽茎克数相等，以 3000r/min 离心 30min 左右。所得的澄清原酶液置冰箱储存待用。

（2）酸性磷酸酯酶酶液：取原酶液用 0.2mol/L、pH5.6 乙酸盐缓冲液适当稀释，稀释倍数要求 Lineweaver-Burk 作图中第 6 管的 A_{680} 达到 0.7 左右，一般约稀释 10 倍。

（3）100mmol/L 磷酸苯二钠水溶液：精确称取磷酸苯二钠（$C_6H_5Na_2PO_4 \cdot 2H_2O$，相对分子质量 254.10）2.54g，加蒸馏水溶解后定容至 100ml。

（4）5mmol/L 磷酸苯二钠溶液（pH5.6）：取上述 100mmol/L 磷酸苯二钠水溶液 5ml，加 0.2mol/L、pH5.6 乙酸盐缓冲液定容至 100ml。

（5）0.2mol/L、pH5.6 乙酸缓冲液。

（6）Folin 试剂稀释液：在 2L 的磨口回流装置内加入钨酸钠（$Na_2WO_4 \cdot 2H_2O$）100g，钼酸钠（$Na_2MoO_4 \cdot 2H_2O$）25g，水 700ml，85%磷酸 50ml 及浓 HCl 100ml，充分混匀，以小火回流 10h，再加硫酸锂（Li_2SO_4）150g，水 50ml 和数滴溴水，然后开口继续沸腾 15min，以便去除过量的溴，冷却后稀释到 1000ml，过滤，溶液呈黄绿色，置于棕色试剂瓶中储存

于暗处。使用时按 1∶8 比例加蒸馏水稀释。

（7）1mol/L 碳酸钠溶液。

（8）酚标准储存液：精确称取新蒸馏的酚结晶 0.94g，溶于 0.1mol/L HCl 溶液并定容至 1000ml 即为酚标准储存液，储存于冰箱可永久保存备用，此时的酚浓度约为 0.01mol/L，其实际浓度标定方法如下。

取 25ml 上述酚液，加 55ml 0.1mol/L NaOH 液后加热至 65℃，再加入 0.1mol/L 碘液 25ml，盖好放置 30min 后，加浓盐酸 5ml，再以 0.1%淀粉液为指示剂，用 0.1mol/L 硫代硫酸钠滴定，滴定反应式如下：

$$3I_2+C_6H_5OH \longrightarrow C_6H_2I_3(OH)+3HI$$

$$I_2+2Na_2S_2O_3 \longrightarrow 2NaI+Na_2S_4O_6$$

根据反应式，3 分子碘（相对分子质量为 254）与 1 分子酚（相对分子质量为 94）起作用，因此每毫升 0.05mol/L 碘液（含碘 12.7mg）相当酚的克数为：

$$\frac{12.7\times94}{3\times254}=1.567$$

25ml 碘液中被硫代硫酸钠液滴定者为 *X*ml，则 25ml 酚液中所含酚量为：

$$(25-X)\times1.567\text{mg}$$

由此可算出该酚液的实际浓度（mmol/L）：

$$\frac{25\text{ml酚液所含酚的mg数}\times1000/25}{94}$$

（9）酚标准应用液：将上述已标定浓度的酚标准储存液用蒸馏水稀释至 0.4mmol/L。

2. 器材　恒温水浴、722 型分光光度计、吸量管和加液器、试管。

【操作步骤】

1. 酚标准曲线的制作　取试管 13 支，按照 1～6 的顺序逐管重复两组编号，空白管为 0 号，分别加入 0.1 至 0.6ml 0.4mmol/L 酚标准应用液，补充加入蒸馏水使总体积为 1ml。再分别加入 1.5ml 1mol/L 碳酸钠溶液和 0.5ml Folin 试剂稀溶液，摇匀后，35℃保温显色约 10min，以 0 号管作空白，在 722 型分光光度计 680nm 波长处读取各管的吸光度 A_{680}，整个操作过程见表 2-5-16。

表 2-5-16

管号	1	2	3	4	5	6	0
酚含量（微克分子）	0.04	0.08	0.12	0.16	0.2	0.24	0
酚标准应用液 0.4mmol/L（ml）	0.1	0.2	0.3	0.4	0.5	0.6	0
蒸馏水（ml）	0.9	0.8	0.7	0.6	0.5	0.4	1.0
1mol/L 碳酸钠溶液（ml）	1.5	1.5	1.5	1.5	1.5	1.5	1.5
Folin 试剂稀溶液（ml）	0.5	0.5	0.5	0.5	0.5	0.5	0.5
A_{680}							

以酚含量（微克分子）为横坐标，A_{680} 为纵坐标绘制标准曲线。

2. 底物浓度对酶反应速度的影响——K_m 和 V_m 的测定　取试管 7 支，按照 1 至 6 的顺序编号，空白管为 0 管，各管按下页表加入不同体积的 5mmol/L 磷酸苯二钠溶液（pH5.6）

并分别补充 0.2mol/L、pH5.6 乙酸盐缓冲液至 0.5ml。35℃预热 2min 后，逐管加入 35℃预温的酸性磷酸酯酶液 0.5ml，精确计时，摇匀。反应 10min。反应时间到达后即加入 1.5ml 1mol/L 碳酸钠溶液，再加入 0.5ml Folin 试剂稀溶液，立即混匀，35℃保温显色约 10min。0 号管内先加入 0.5ml 5mmol/L 磷酸苯二钠溶液（pH5.6），再加入 1.5ml1mol/L 碳酸钠溶液和 0.5ml Folin 试剂稀溶液，最后加入 0.5ml 酶液，其他操作与 1～6 管相同。冷却后以 0 号管作空白，在 722 型分光光度计 680nm 波长处读取各管的吸光度 A_{680}。

整个操作过程见表 2-5-17：

表 2-5-17

管号	1	2	3	4	5	6	0
磷酸苯二钠终浓度 mmol/L	0.5	0.7	1	1.25	1.65	2.5	
$\frac{1}{[S]}$	2	1.42	1	0.8	0.6	0.4	
5mmol/L 磷酸苯二钠溶液（ml）	0.1	0.14	0.2	0.25	0.33	0.5	0.5
0.2mol/L、pH5.6 乙酸盐缓冲液（ml）	0.4	0.36	0.3	0.25	0.17	0	0
酶液（ml）（35℃预温）	0.5	0.5	0.5	0.5	0.5	0.5	0.5

置 35℃水浴精确反应 10min（注意合理安排加试剂时间）。各管内分别加入 1.5ml 1mol/L 碳酸钠溶液、0.5ml Folin 试剂稀溶液，摇匀，35℃保温显色约 10min。冷却后以 0 管作空白，在 722 型分光光度计 680nm 波长处读取各管吸光度 A_{680}。

从标准曲线上查出各管 A_{680} 相当于酚的含量，计算各种底物浓度下的初步速度 V，取相应的倒数 $\frac{1}{V}$，填入表 2-5-18 内。以 $\frac{1}{V}$ 为纵坐标，$\frac{1}{[S]}$ 为横坐标作图，求出 K_m 和 V_m。

表 2-5-18

A_{680}	
相当于酚含量（微克分子）	
V（微克分子/分）	
$\frac{1}{V}$	

【注意事项】

（1）严格按步骤进行操作，量取精确，测定准确。

（2）爱护仪器及比色器皿。

（3）分光光度计使用前需预热，校对调零和空白管调节透光度为 100%。

【思考题】

（1）米氏常数 K_m 和最大反应速度 V_m 的作用原理。

（2）米氏常数 K_m 的实用意义。

（付晓红）

实验 23　血糖（葡萄糖）的测定

（一）葡萄糖氧化酶-过氧化物酶比色法测定血糖浓度

【实验目的】

（1）掌握葡萄糖氧化酶-过氧化物酶比色法测定血糖浓度的基本原理及操作方法。

（2）了解葡萄糖氧化酶-过氧化物酶比色法测定血糖浓度的临床意义。

【实验原理】

葡萄糖氧化酶（glucose oxidase，GOD）利用氧和水将血清中葡萄糖氧化成葡萄糖酸和过氧化氢。过氧化氢酶（peroxidase，POD）将过氧化氢分解为水和氧，同时使色原性氧受体 4-氨基安替比林（4-AAP）和苯酚去氢缩合成红色醌类化合物（Trinder 反应）。红色醌类化合物的生成量与葡萄糖的含量成正比，在最大吸收峰 505nm 处比色测定红色醌类化合物的吸光度，与同样处理的标准液吸光度比较，可计算出样品中葡萄糖含量。该方法特异性高、准确、方法简便，可用于自动分析仪。反应过程如下：

$$\text{葡萄糖} + H_2O + O_2 \xrightarrow{\text{葡萄糖氧化酶}} \text{葡萄糖酸} + H_2O_2$$

$$2H_2O_2 + 4-\text{氨基安替比林} + \text{苯酚} \xrightarrow{\text{过氧化物酶}} \text{红色醌类化合物} + H_2O$$

【实验材料与仪器】

1. 试剂　本实验使用的是保定长城临床试剂有限公司生产的血糖测定试剂盒，试剂包括：

（1）酶试剂：GOD≥1200U/L、POD≥1200U/L、4-AAP 0.8mmol/L、pipes 缓冲液 50mmol/L pH7.0±0.1、变旋酶≥100U/L。

（2）酚试剂：苯酚 3.5mmol/L。

（3）葡萄糖标准液：5.55mmol/L。

2. 器材

（1）5ml 吸管。

（2）移液器。

（3）恒温水浴锅。

（4）722s 型分光光度计。

【操作步骤】

1. 动物准备及采血　取正常家兔一只，先饥饿 16h，然后耳缘静脉采血。剪去耳缘部位耳毛（勿剪破皮肤），用蘸有二甲苯的棉签涂抹使血管扩张，再用棉球擦干，用针管刺破耳缘静脉放血，取完后用干棉球压迫血管止血。分离血清。

2. 血糖浓度测定　按试剂盒说明书配制酶酚混合试剂，即将酶试剂与酚试剂等量混合。取 3 支试管，按表 2-5-19 操作：

表 2-5-19 血糖浓度的测定

试剂（ml） \ 管号	标准管	测定管	空白管
血清样品	—	0.02	—
葡萄糖标准液	0.02	—	—
蒸馏水	—	—	0.02
酶酚混合试剂	3.0	3.0	3.0

混匀，置 37℃水浴 20min，冷却至室温后，以空白管调零点，在波长 505nm 分别读出各管吸光度。

【计算】

$$\text{测定管葡萄糖含量（mmol/L）}=\frac{\text{测定管吸光度}}{\text{标准管吸光度}}\times\text{标准浓度}$$

【注意事项】

（1）血糖测定应在取血后 2h 内完成，放置太久，血糖易分解，使含量降低。

（2）酶酚混合液需现用现配。

【思考题】

（1）肾上腺素使血糖升高的机理是什么？能够升高血糖的激素有哪些？

（2）血糖的来源和去路有哪些？

（二）血糖仪测定血糖浓度

【实验目的】

了解血糖仪测定血糖浓度的基本原理。

【实验原理】

血液中的葡萄糖在葡萄糖氧化酶（glucose oxidase，GOD）的催化下与血糖试条中的铁氰化钾发生反应，生成葡萄糖酸和亚铁氰化钾，后者发生电化学氧化，产生的氧化电流的大小与血糖浓度成正比。血糖仪通过检测氧化电流即可得出血糖浓度。

【实验材料与仪器】

血糖仪，血糖试纸采血笔、采血针，酒精棉棒。

【操作步骤】

参照所使用的血糖仪操作说明。参考范围：正常空腹血清葡萄糖浓度为 3.89～6.11mmol/L

【注意事项】

血糖仪测定的是人体血液中的瞬间葡萄糖，不能反映体内血糖的长期水平和服药等治疗情况。

【思考题】

血糖仪测定值为什么与静脉血血浆血糖测试值存在差异?

（赵　力）

实验 24　血清甘油三酯的测定

【实验目的】

（1）掌握血清甘油三酯测定的原理和操作方法。

（2）了解测定血清甘油三酯含量的临床意义。

【实验原理】

血清中的甘油三酯经正庚烷-异丙醇试剂抽提后再用 KOH 溶液皂化水解，生成的甘油在过碘酸钠试剂作用下氧化生成甲醛，甲醛可与乙酰丙酮试剂反应形成黄色的衍生物（3，5-二乙酰-1，4-二氢二甲吡啶），颜色的深浅和甘油三酯含量成正比，可用比色法测定。

【实验材料与仪器】

1. 试剂

（1）抽提液：正庚烷与异丙醇的体积比为 2∶3.5。

（2）异丙醇。

（3）皂化试剂：6.0g KOH 溶于 60ml 蒸馏水中，再加异丙醇 40ml 混合，置棕色瓶中室温保存。

（4）0.04mol/L H_2SO_4 溶液。

（5）氧化试剂：650mg 过碘酸钠溶于约 100ml 蒸馏水，加入 77g 乙酸铵，溶解后再加入 60ml 冰乙酸，用蒸馏水定容至 1000ml 置棕色瓶中室温保存。

（6）乙酸丙酮试剂：0.4ml 乙酸丙酮加蒸馏水稀释至 1000ml，置棕色瓶中室温保存。

（7）标准液：精确称取三油酸甘油酯（Glycerol trioleate）1.00g 于 100ml 容量瓶中，加抽提液至刻度，成 10mg/ml 的标准储备液。临用时以抽提液稀释 10 倍，即为 1mg/ml 标准应用液，4℃保存。

2. 器材

（1）722s 型分光光度计。

（2）0.2ml、1.0ml 吸管。

（3）恒温水浴锅。

【操作步骤】

取干燥试管 3 支，按表 2-5-20 操作：

表 2-5-20　血清甘油三酯测定

试剂（ml）＼管号	空白管	标准管	测定管
血清	—	—	1.0
标准液	—	1.0	—
蒸馏水	1.0	—	—
抽提液	1.0	1.0	1.0
0.04mol/L H_2SO_4	0.3	0.3	0.3

边加边摇，加完后剧烈振摇 15s，然后静置分层，吸取上层液置另 3 支同样编号的试管中，每管 1ml，各管均加异丙醇 1ml 及皂化试剂 0.2ml，立即摇匀，置 65℃水浴中保温 5min。

各管再加入氧化试剂及乙酰丙酮试剂各 1.0ml，充分混匀，65℃水浴保温 15min，用冷水冷却，以空白管溶液调零，在波长 420nm 处测标准管和测定管的吸光度。

【计算】

$$\frac{A_{测}}{A_{标}} \times 标准应用液浓度（100mg/100ml）= 甘油三酯mg/100ml血清$$

成人正常参考范围：0.22～1.65 mmol/L（20～150mg/dl）。

（1mg/dl=0.0113 mmol/L）

【注意事项】

（1）每加完一种试剂后必须立即充分混匀。

（2）抽提时充分摇匀，静置待完全分层后方可吸取上层液。

（3）选用试管时试管口径不能太细，否则溶液不易振荡混匀。

【思考题】

（1）实验中加入的 0.04mol/L H_2SO_4 溶液有什么作用？

（2）在临床中测定受检者甘油三酯的含量为什么要求空腹 12～14h？

（赵　力）

实验 25　血清胆固醇的测定

（一）酶法测定血清总胆固醇含量

【实验目的】

（1）掌握酶法测定血清胆固醇含量的原理和方法。

（2）了解测定血清胆固醇的正常值及临床意义。

【实验原理】

血清总胆固醇包括胆固醇酯和游离胆固醇。胆固醇酯在胆固醇酯酶的作用下水解生成游离胆固醇和脂肪酸，生成的游离胆固醇与血清中原有的游离胆固醇在胆固醇氧化酶作用下生成Δ4-胆甾烯酮和H_2O_2，后者与4-氨基安替比林和苯酚在过氧化物酶的作用下，生成红色醌类化合物，测定红色化合物在500nm处的吸光度可计算出胆固醇含量。

$$\text{胆固醇} \xrightarrow{\text{胆固醇氧化酶}} \Delta 4-\text{胆甾烯酮} + H_2O_2$$

$$2H_2O_2 + 4\text{-氨基安替比林} + \text{苯酚} \xrightarrow{\text{过氧化物酶}} \text{红色醌类化合物} + H_2O$$

【实验材料与仪器】

1. 试剂

（1）酶反应基质液：每升0.1mol/L磷酸盐缓冲液（pH6.7）中含胆酸钠1.2g，4-氨基安替比林160mg，苯酚1.32g，Triton-X100 5.0ml。

（2）酶试剂：含胆固醇酯酶、胆固醇氧化酶和辣根过氧化物酶。

（3）胆固醇标准液：精确称取重结晶、干燥的胆固醇200mg溶于无水乙醇至100ml，浓度为2mg/ml（5.18 mmol/L）。

2. 器材

（1）722s型分光光度计。

（2）0.2ml、5.0ml吸管。

（3）恒温水浴锅。

【操作步骤】

测定前先配制酶工作液，即将酶反应基质液与酶试剂按3∶0.1比例混合均匀。取试管3支，按表2-5-21操作：

表2-5-21 酶法测定血清胆固醇含量

试剂（ml） \ 管号	空白管	标准管	测定管
酶工作液	3.0	3.0	3.0
血清	—	—	0.05
胆固醇标准液	—	0.05	—
无水乙醇	0.05	—	—

混匀后，置37℃水浴保温15min，以空白管调零，在波长500nm下比色，读取各管吸光度值。

【计算】

$$\text{血清胆固醇含量（mmol/L）} = \frac{A_{\text{测}}}{A_{\text{标}}} \times 5.18$$

正常参考值：健康成人2.82～5.59 mmol/L；儿童3.12～5.20 mmol/L。

【注意事项】

（1）最后加酶试剂，各管反应时间应保持一致。

（2）若需检测游离胆固醇浓度，将酶试剂成分中去掉胆固醇酯酶即可。

（3）检测标本可为血清或血浆（以肝素或EDTA-K_2抗凝）。

【思考题】

（1）血清胆固醇浓度升高或降低有何临床意义？

（2）血清或血浆中的哪些还原性物质会对本方法的结果产生干扰？

（3）参与实验的几种酶的作用是什么？

（二）磷硫铁法测定血清胆固醇含量

【实验目的】

掌握磷硫铁法测定血清胆固醇的原理和方法。

【实验原理】

血清经无水乙醇处理后蛋白质被沉淀，胆固醇及其酯则溶于无水乙醇中。在乙醇提取液中加磷硫铁试剂（磷酸-硫酸-三氯化铁），胆固醇及其酯与试剂生成稳定的紫红色化合物，颜色的深浅与胆固醇及其酯含量呈正比，可用比色法测定。

【实验材料与仪器】

1. 试剂

（1）10%三氯化铁溶液：10g $FeCl_3 \cdot 6H_2O$（AR）溶于磷酸（AR），定容至 100ml。储存于棕色瓶中，冷藏，可用一年。

（2）磷硫铁试剂：取 10% $FeCl_3$ 溶液 1.5ml 于 100ml 棕色容量瓶内，加浓硫酸（AR）至刻度。

（3）胆固醇标准储存液：准确称取胆固醇 80mg，溶于无水乙醇，定容至 100ml。

（4）胆固醇标准应用液：将储存液用无水乙醇准确稀释 10 倍即得，此标准应用液浓度为 0.08mg/ml。

2. 器材

（1）722s 型分光光度计。

（2）0.2ml、1.0ml、5.0ml 吸管。

（3）恒温水浴锅。

（4）离心机。

【操作步骤】

1. 胆固醇提取 吸取血清 0.1ml 置于具塞离心管内，先加无水乙醇 0.4ml，摇匀后再加无水乙醇 2.0ml，摇匀，静置 10min 后 3000r/min 离心 5min，取上清液备用。

2. 比色测定 取干燥试管 3 支，按表 2-5-22 操作：

表 2-5-22 磷硫铁法测定血清胆固醇含量

试剂（ml）\ 管号	空白管	标准管	测定管
乙醇提取液	—	—	1.0
胆固醇标准应用液	—	1.0	—
无水乙醇	1.0	—	—
磷硫铁试剂	1.0	1.0	1.0

摇匀，静置 10min 后转移至 0.5cm 光径比色杯中，以空白管调零，在波长 560nm 处比色测定。

【计算】

$$\frac{A_{测}}{A_{标}} \times 0.08 \times \frac{100}{0.04} = 血清胆固醇（mg/dl）$$

正常值：人体 100ml 血清中胆固醇为 110～220mg。

【注意事项】

（1）离心后上清液应为清亮透明，如果混有细微沉淀颗粒，必须重新离心。

（2）颜色深浅与加硫磷铁试剂后混合产热程度有关，在操作中应注意：①加入硫磷铁试剂必须与乙醇分成两层，可后混合，不能边加边摇，否则显色不完全；②硫磷铁试剂每加一管后立即混匀，每管混合手法要一致；③混合时试管发热，注意勿使管内液体溅出，以免损伤眼睛、皮肤或衣服。

【思考题】

（1）胆固醇提取中为什么分两次加入乙醇？

（2）空白管如果不接近无色（如呈橙黄色）是什么原因造成的？

（三）邻苯二甲醛法测定血清总胆固醇含量

【实验目的】

掌握邻苯二甲醛法测定血清总胆固醇的操作方法。

【实验原理】

胆固醇及其酯在硫酸存在条件下与邻苯二甲醛生成紫红色化合物，此物质在 550nm 处有最大吸收峰，可用比色法定量测定。胆固醇含量在 400mg%之内与吸光度呈良好线性关系。

本法无需将样品中的胆固醇抽提出来或去除样品中的蛋白质，操作简便，而且灵敏、稳定。

【实验材料与仪器】

1. 试剂

（1）邻苯二甲醛试剂：称取邻苯二甲醛（AR）50mg，以无水乙醇（AR）溶至 50ml，冷藏，有效期为一个半月。

（2）乙酸：90%，取冰乙酸 90ml 加入 10ml 蒸馏水中。

（3）混合酸：取试剂（2）加等体积浓硫酸混匀。

（4）胆固醇标准储存液（1mg/ml）：准确称取胆固醇 100mg 以乙酸定容至 100ml。

（5）胆固醇标准应用液（0.1mg/ml）：将上述胆固醇标准储存液以乙酸准确稀释 10 倍。

2. 器材

（1）722s 型分光光度计。

（2）0.5ml、5.0ml、10ml 吸管。

（3）移液器。

（4）恒温水浴锅。

【操作步骤】

1. 标准曲线的绘制　取干燥试管 5 支，按表 2-5-23 操作：

表 2-5-23　标准曲线的绘制

试剂（ml）＼管号	0	1	2	3	4
胆固醇标准应用液	0	0.1	0.2	0.3	0.4
乙酸	0.4	0.3	0.2	0.1	0
邻苯二甲醛试剂	0.2	0.2	0.2	0.2	0.2
蒸馏水	0.01	0.01	0.01	0.01	0.01
混合酸	4.0	4.0	4.0	4.0	4.0
相当总胆固醇（mg%）	0	100	200	300	400

混匀，室温静置 10min，然后在 550nm 处以 0 号管调零测定各管吸光度，以吸光度值为纵坐标，胆固醇量 mg%为横坐标，绘制标准曲线。

2. 样品的测定　取 2 支干燥试管，按表 2-5-24 操作：

表 2-5-24　邻苯二甲醛法测定血清胆固醇含量

试剂（ml）＼管号	对照	样品
乙酸	0.4	0.4
血清	0.01	0.01
邻苯二甲醛试剂	0	0.2
无水乙醇	0.2	0
混合酸	4.0	4.0

混匀，静置 10min，于 550nm 波长处比色，以对照管调零，测定样品管吸光度，查标准曲线即知样品中总胆固醇含量。

【注意事项】

（1）硫酸的含量直接影响呈色程度，故混合酸的配制和测定过程中的加量都应准确。

（2）混合酸配制时，将浓硫酸加入乙酸中，次序不可颠倒；另外混合酸黏度大，要加封口膜充分混匀，保温后如有分层需再次混匀。

（3）本法在 20～37℃显色 5 至 30min 颜色保持基本稳定，温度过高或过低均可使颜色减弱。

【思考题】

（1）如果将蛋白质沉淀可能会对血清总胆固醇测定结果产生什么影响？

（2）脂类难溶于水，将它们均匀分散在水中形成乳浊液。为什么含有较多脂类的正常人血浆和血清却清澈透明？

（3）比较目前常用的几种血清总胆固醇测定方法的原理和各自的优缺点。

（赵　力）

实验 26　血清高密度脂蛋白胆固醇及其亚组分测定

【实验目的】

（1）了解分离血清高密度脂蛋白及亚组分的原理。
（2）掌握 PEG-6000 法测定血清高密度脂蛋白胆固醇及其亚组分的方法。

【实验原理】

血清高密度脂蛋白（HDL）主要组分为 HDL_2 和 HDL_3。脂蛋白与试剂 PEG 形成复合物，继之球形脂蛋白变构，疏水基暴露导致溶解度降低而沉淀。以 PEG-6000 作为沉淀剂，通过控制 PEG 浓度和溶液 pH，可将 HDL_2 和 HDL_3 分离开。12% PEG-6000 在 pH6.5 环境下，可将低密度脂蛋白（LDL）和极低密度脂蛋白（VLDL）沉淀，离心后上清液中只含 HDL。24% PEG-6000 在 pH7.5 环境下，可将 LDL、VLDL 和 HDL_2 沉淀，离心后血清中只含 HDL_3，然后以酶法测定各上清液中 HDL 和 HDL_3 含量，HDL_2 则为 HDL 与 HDL_3 之差。

【实验材料与仪器】

1. 试剂

（1）试剂Ⅰ：pH6.5、0.1mol/L 磷酸盐缓冲液，12% PEG-6000。
（2）试剂Ⅱ：pH7.5、0.1mol/L 磷酸盐缓冲液，24% PEG-6000。
（3）生理盐水。
其他试剂见“酶法测定血清总胆固醇含量”。

2. 器材

（1）722s 型分光光度计。
（2）0.1ml、0.5ml、5.0ml 吸管。
（3）恒温水浴锅。
（4）离心机。

【操作步骤】

（1）取小试管 4 支，按表 2-5-25 操作：

表 2-5-25　血清高密度脂蛋白胆固醇及其亚组分测定（1）

试剂（μl）＼管号	U_1	U_1B	U_2	U_2B
血清	200	—	200	—
试剂Ⅰ	400	200		—
试剂Ⅱ	—	—	400	200
生理盐水	—	100	—	100

加完试剂后立即充分混匀，室温放置 10min 后，将 U_1 和 U_2 管于 1500*g* 离心 15min。

（2）另取试管 6 支，按表 2-5-26 操作：

表 2-5-26 血清高密度脂蛋白胆固醇及其亚组分测定（2）

试剂	U_1	U_1B	U_2	U_2B	S	B
U_1 上清液	100μl	—	—	—	—	—
U_1B 上清液	—	100μl	—	—	—	—
U_2 上清液	—	—	100μl	—	—	—
U_2B 上清液	—	—	—	100μl	—	—
胆固醇标准液	—	—	—	—	100μl	—
生理盐水	—	—	—	—	—	100μl
酶工作液	3ml	3ml	3ml	3ml	3ml	3ml

混匀，放 37℃水浴保温 30min，在 500～510nm 波长处，以蒸馏水调零点，读取各管吸光度值。

【计算】

$$HDL-C(mg/dl)=\frac{U_1-U_1B}{S\text{-}B}\times 胆固醇标准含量\times\frac{100}{0.2/0.6\times 0.1}$$

$$HDL_3-C(mg/dl)=\frac{U_2-U_2B}{S\text{-}B}\times 胆固醇标准含量\times\frac{100}{0.2/0.6\times 0.1}$$

$$HDL_2-C(mg/dl)=HDC-C(mg/dl)-HDL_3-C(mg/dl)$$

正常参考值：

男＜40 岁，0.9～1.83 mmol/L（30～59mg/dl）。

女＜40 岁，1.1～2.0 mmol/L（33～77mg/dl）。

【注意事项】

（1）离心力和时间对测定结果有影响，必须于 1500*g* 离心 15min，离心后上清液如混浊应继续离心直到清亮为止。

（2）加入试剂Ⅰ、Ⅱ速度勿快，勿黏管壁，加入后必须立即混匀，以防局部浓度过高或过低造成结果误差。

【思考题】

（1）测定血清 HDL 有什么临床意义？

（2）为什么说 HDL 是一种抗动脉粥样硬化的血浆脂蛋白，是冠心病的保护因子？

（3）当受检者 HDL＜0.907mmol/L 时，有什么临床意义？

（赵　力）

实验 27 血清尿素氮含量测定（改良二乙酰一肟法）

【目的和要求】

（1）学习血清尿素氮（BUN）测定的原理和操作方法。

（2）了解测定血清尿素氮含量的临床意义。

【原理】

尿素是体内氨基酸分解代谢的最终产物之一。氨基酸经脱氨基作用生成氨，氨对动物机体具有毒性。肝细胞具有使氨生成尿素的作用，所以尿素的生成是肝脏的解毒功能之一。肝脏合成的尿素通过血液运输至肾脏，由尿液中排出体外。所以血中尿素的来源是肝脏，而去路是通过肾脏的排泄作用。利用血液及尿中尿素氮含量可作为排泄功能的检验。

血清中尿素在氨基硫脲存在下，与二乙酰一肟在强酸溶液中共煮时，可生成双乙酰和尿素形成的红色复合物（二嗪衍生物），颜色强度与尿素含量呈正比。与同样处理的尿素标准液比较，即可求得血清中尿素含量。其反应可能如下：

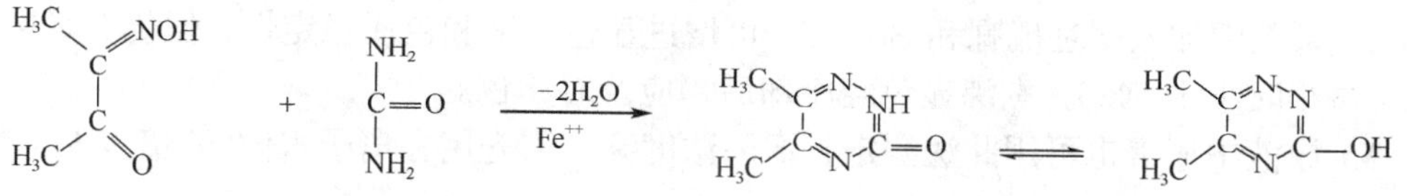

二乙酰一肟　　尿素　　3-羟-5，6-二甲基隆1，2，4-二嗪

在呈色反应中产生的有色复合物对光不稳定。加入氨基硫脲可增加其稳定性，还可提高尿素与双乙酰反应的灵敏度。采用非离子型表面活性剂 Brij-35，可能是因为形成了酸性变性可溶性蛋白质而不干扰呈色反应。

正常值：8～20mgBUN/100ml 血清。

【试剂】

1. 二乙酰一肟-氨基硫脲（DTM-TSC）试剂 准确称取二乙酰一肟（diacetylmonoxime，化学名叫 2，3-丁二酮-2-肟）0.6g，氨基硫脲（thiosemi-carbazide）0.01g，溶于少量蒸馏水中，再用蒸馏水稀释到 100ml。此溶液在室温是稳定的，在几天后出现黄色不干扰其化学反应。

2. 酸性铁试剂 取 100ml 浓磷酸（85%，d=1.67）及 100ml 浓硫酸（95%～98%，d=1.84），加入含有 100mg 三氯化铁的 600ml 蒸馏水中。

3. 显色试剂 使用前两份试剂（2）和一份试剂（1）混合。

4. 尿素标准液（100ml≈2.0mgN） 取尿素（AR）置于硫酸干燥器中至少 48h，使之干燥。准确称取 21.43mg 干燥尿素，溶于少量蒸馏水中，定量移入 500ml 容量瓶中，加浓硫酸 0.2ml，然后加蒸馏水至刻度，置冰箱中保存。

5. 2%Brij-35 溶液

【操作步骤】

取试管 3 支，标号，按 2-5-27 表操作：

表 2-5-27

试剂	空白	测定	标准
蒸馏水	0.10	–	–
血清（生理盐水稀释 10 倍）	–	0.10	–
BUN 标准液（2.0mg/100ml）	–	–	0.10
显色试剂	6.0	6.0	6.0
显色稳定试剂（Brij-35 溶液）	0.2	0.2	0.2

用力混匀后置沸水浴 5min，冷至室温，在 525nm 波长下用空白管调零，读取测定管和标准管光密度并记录之。

【计算】

$$\frac{\text{测定管光密度}}{\text{标准管光密度}} \times 0.002 \times \frac{100}{0.01} = \text{mg BUN/100ml血清}$$

【注意事项】

（1）试剂中加入氨基硫脲和 Brij-35，可增进显色强度和色泽稳定性，但仍有轻度褪色现象（每小时小于 5%）。煮沸显色经冷却后，应及时比色。

（2）尿液中尿素也可用此法测定，但因浓度高，需先用去离子水做 50 倍以上稀释。

【思考题】

测定血清尿素氮含量有什么临床意义？

（张　立）

实验 28　血液和尿中肌酐含量测定

【目的和要求】

了解碱性苦味酸法——Jaffe 反应法测定血液和尿中肌酐（Cr）含量的原理和临床意义。

【实验原理】

肌酐与苦味酸在碱性条件下反应，生成橙红色的苦味酸肌酐复合物。其颜色的深浅与肌酐浓度成正比，通过与同样处理的标准管进行比较，即可求出全血和尿中肌酐之含量，反应式如下：

1.

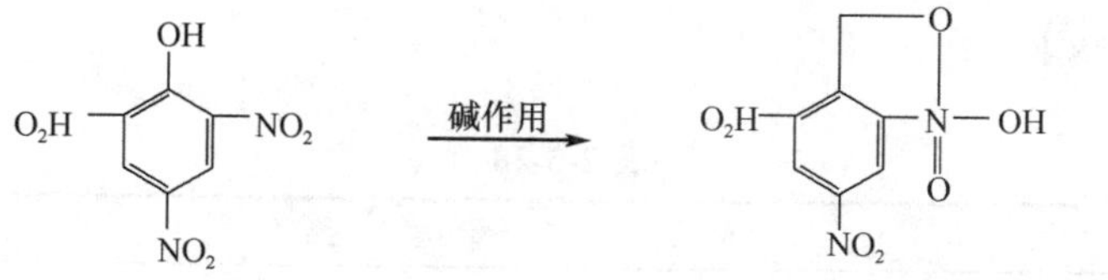

苦味酸　　　　碱性苦味酸(苦味酸同分异构物)

2.

肌酐　　　　肌酐同分异构物

3.

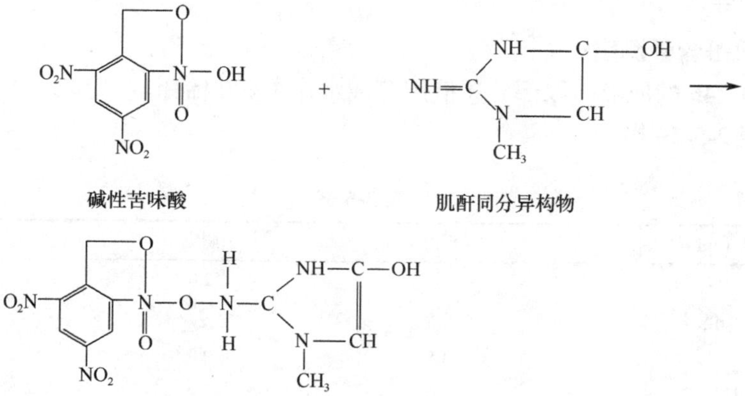

苦味酸肌酐
(橙红色)

【试剂】

1. 饱和苦味酸溶液　取纯苦味酸 15g，置于一大烧杯中，加蒸馏水 1000ml 加热煮沸溶解后，冷至室温，盛于棕色玻璃瓶内保存。此液有结晶析出，应取上层清液供用。此液 10ml，加 0.1%酚酞乙醇溶液 2 滴，以 0.1mol/L NaOH 液滴定需 5.2～5.4ml 能中和时，方可证明此液已达到饱和溶液。

2. 10%NaOH 溶液

3. 碱性苦味酸盐试剂　取饱和苦味酸 5ml，加 10% NaOH 1ml，临用前混合。

4. 肌酐标准液　准确称取纯肌酐 0.5g 或肌酐氯化锌 0.805g 于 500ml 容量瓶中，加蒸馏水 1～2ml，加纯浓盐酸 4ml，使之溶解，然后用蒸馏水稀释至刻度。贮于试剂瓶中，加甲苯 1～2ml，是为肌酐标准储存液（1mg/ml）。取储存液 2.0ml 于 100ml 容量瓶中，再加蒸馏水稀释至刻度，储存于玻璃瓶中，是为肌酐标准应用液（1ml 含肌酐 0.02mg），保存冰箱中可用 1 周。

5. 钨酸蛋白沉淀剂　配制法见全血葡萄糖测定改良 Folin-Wu 法。

【操作步骤】

1. 全血中肌酐含量测定

（1）制备无蛋白质血滤液：取钨酸蛋白沉淀剂 5.7ml，加入全血 0.3ml。摇匀使成咖啡色，离心沉淀，取上层清液备用。

（2）按表 2-5-28 操作：

表 2-5-28

试剂（ml）	标准	测定	空白
无蛋白质血滤液	–	4.0	–
肌酐标准应用液	0.5	–	–
蒸馏水	3.5	–	4.0
碱性苦味酸盐试剂	2.0	2.0	2.0

摇匀，放室温 15min，用 721 型分光光度计在 510nm 波长处比色，用空白管调零点，读取各管光密度。

2. 尿中肌酐含量测定

（1）收集 24h 的尿液。取部分尿液用蒸馏水作 1/400 稀释。

（2）按表 2-5-59 操作：

表 2-5-59

试剂（ml）	标准	测定	空白
稀释尿液	–	2.0	–
肌酐标准应用液	0.5	–	–
蒸馏水	3.5	2.0	4.0
碱性苦味酸盐试剂	2.0	2.0	2.0

混合后放置 15min，用 721 型分光光度计在 510nm 波长处比色，以空白管调零点，读取各管光密度。

【计算】

测定管光密度/标准管光密度×0.01×100/0.2=全血肌酐 mg/dl

正常值：全血 1～1.8mg/dl。

测定管光密度/标准管光密度×0.01×100/0.005=肌酐 mg/dl 尿液

正常值：男 1.0～2.0g/24h 尿。女 0.8～1.8g/24h 尿。

【注意事项】

（1）苦味酸即三硝基苯酚，有爆炸性，因此应妥善保存，保存时可在苦味酸瓶内加入蒸馏水少许，可防止爆炸。

（2）显色后应在 10～15min 内比色，如时间过久，血滤液内其他物质亦能与苦味酸起反应而影响结果。例如，抗坏血酸、a-酮酸、丙酮、乙酰乙酸、葡萄糖、蛋白质、胍及其他化合物。这些不是肌酐而能与碱性苦味酸反应生成红色的物质称为假肌酐。相当大量的假肌酐存在红细胞中，测定时不宜采用全血，用血清和血浆较好。

【思考题】

测定血液和尿中肌酐含量有什么临床意义？检测血肌酐应该注意什么？

（张　立）

第六章　分子生物学实验操作

实验 29　质粒 DNA 的提取

【实验目的】

掌握碱裂解法抽提质粒 DNA 的原理和方法。

【实验原理】

质粒（Plasmid）是独立于染色体外的稳定遗传因子，大小从 1～200kb 不等，为双链闭环的 DNA 分子，并以超螺旋状态存在于宿主细胞中。质粒主要发现于细菌、放线菌和真菌细胞中，它具有自主复制和转录能力，能在子代细胞中保持恒定的拷贝数，并表达所携带的遗传信息。

碱裂解法是一种应用极为广泛的制备质粒 DNA 的方法，其基本原理为：在 pH 12.0～12.6 的 NaOH 和 SDS 碱性溶液中，细菌裂解的同时 DNA 和蛋白质均发生变性。将 pH 调至中性并在高盐浓度条件下，小分子的变性质粒 DNA 可迅速复性为可溶性质粒 DNA，而变性的相对分子质量较大的单链染色体 DNA 由于互相缠绕而与蛋白质结合生成不溶性网状大分子。通过离心，可去除大部分细胞碎片、染色体 DNA 与蛋白质而获得质粒 DNA，再用酚/氯仿进一步抽提和乙醇沉淀可获得纯度较高的质粒 DNA。

【实验材料与仪器】

1. 试剂

（1）溶液Ⅰ：50mmol/L 葡萄糖，25mmol/L Tris-HCl（pH8.0），10mmol/L EDTA。

（2）溶液Ⅱ：0.2mol/L NaOH，1%SDS。

（3）溶液Ⅲ：5mol/L 乙酸钾：冰乙酸：水，按 6∶1.15∶2.85 混合而成，$[K^+]$=3 mol/L，$[Ac^-]$=5 mol/L。

（4）TE 缓冲液（pH8.0）：10mmol/L Tris-HCl pH 8.0，1mmol/L EDTA。

（5）酚∶氯仿∶异戊醇（25∶24∶1，*V/V*）。

（6）RNaseA 溶液：10mg/ml。

（7）无水乙醇。

2. 器材　小型台式离心机，高压灭菌的 1.5ml EP 管和 Tip 头，可调式移液器。

【操作步骤】

（1）将细菌沉淀重悬于 100μl 预冷的溶液Ⅰ中，振荡混匀。

（2）加入 200μl 新鲜配制的溶液Ⅱ，颠倒数次混匀（不要剧烈振荡），并将离心管放置于冰上 2～3min。（细胞裂解）

（3）加入 150μl 预冷的溶液Ⅲ，温和颠倒数次混匀，见白色絮状沉淀，可在冰上放置 5min（中和，质粒 DNA 复性，染色体和蛋白质不可逆变性，形成不可溶复合物沉淀）。离心，12 000r/min，5min。

（4）小心吸取上清于一新的 1.5ml EP 管中，加入 450μl 的酚/氯仿/异戊醇，振荡混匀。

（5）离心，12 000 r/min，5min。

（6）小心移出上清于一新的 1.5ml EP 管中，加入 1ml 无水乙醇，混匀，室温放置 10～15min。

（7）10 000 r/min，5min。弃上清。

（8）1ml 70%乙醇洗涤沉淀（重悬沉淀）。8000 r/min，5min。

（9）弃上清。将沉淀在室温下晾干（约 20min）。

（10）沉淀溶于 20μl TE（含 RNase A 20μg/ml），37℃水浴 30min 以降解 RNA 分子，–20℃保存备用。

【注意事项】

（1）用本方法制备和纯化的质粒可用于制备 DNA 探针、DNA 重组及转染哺乳动物细胞。室温低于 30℃时，这一方法的效果很好，如果室温高于 30℃，会增加切口环状 DNA 的量。在这种情况下，转染的效率会有所降低，但对限制酶酶切 DNA、DNA 探针制备和 DNA 重组则没有影响。

（2）溶液Ⅱ（0.2mol/L NaOH，1%SDS）必须新鲜配制，最好只使用 1 次，剩余的弃掉。

（3）加溶液Ⅲ时，要把液体充分混合并在冰上孵育足够的时间，使沉淀完全，如果未充分将细菌裂解物与溶液Ⅲ混匀，将会影响质粒 DNA 的纯度。

（4）在分子克隆的所有操作中，核酸的纯化甚为重要，其关键步骤是除去蛋白质。当需要把克隆操作中的酶灭活或去除以便进行下一步操作时，可进行这种抽提。从核酸溶液中去除蛋白质的标准方法是先用酚：氯仿混合液抽提，然后再用氯仿抽提。使用两种不同的有机溶剂去除蛋白质比用单一有机溶剂效果更佳。此外，酚虽然能有效地使蛋白质变性，却不能完全抑制 RNA 酶的活性，它还能溶解带有长 poly（A）段的 RNA 分子。使用酚：氯仿：异戊醇（25∶24∶1）混合液可以使这两个问题迎刃而解，继而用氯仿抽提则可以除去核酸制品中残留的痕量酚。

（5）通常使用冰乙醇沉淀 DNA，在低温条件下放置时间稍长可使 DNA 沉淀完全。沉淀 DNA 也可用异丙醇（一般使用等体积），且沉淀完全，速度快，但常把盐沉淀下来。

【思考题】

在质粒提取过程中，如何避免染色体 DNA 污染？

（戴双双）

实验 30　质粒 DNA 的酶切及电泳

【实验目的】

（1）了解核酸限制性内切酶的作用特点及使用原则。

（2）掌握质粒酶切电泳的操作方法。

【实验原理】

限制性核酸内切酶能识别特异的 DNA 序列，并在识别位点或其周围切割双链 DNA，因此利用特异的限制性内切酶可以将质粒进行酶切，酶切结果可经琼脂糖凝胶电泳鉴定。限制性内切酶对环状质粒 DNA 有多少切口，就能产生多少酶切片段，因此鉴定酶切后的片段在电泳凝胶的区带数，就可以推断酶切口的数目，从片段的迁移率可以大致判断酶切片段大小的差别。用已知相对分子质量的线状 DNA 为对照，通过电泳迁移率的比较，就可以粗略推测分子形状相同的未知 DNA 的相对分子质量。

【实验材料与仪器】

1. 试剂

（1）pUC18 质粒 DNA，0.2μg/μl（4℃保存）。

（2）10×反应缓冲液。

（3）限制性内切酶 *Eco*R Ⅰ 和 *Hin*d Ⅲ 5U/μl。

（4）双蒸水（高压灭菌）。

（5）1×TBE 电泳缓冲液（pH8.3）。

（6）0.9%琼脂糖凝胶：称取电泳用琼脂糖 0.9g，加 1×TBE 电泳缓冲液 100ml，加热煮沸至完全熔化，冷却至 55℃，加溴化乙锭至终浓度为 0.5μg/ml，趁热倒胶，室温冷却至完全凝固。

（7）6×上样缓冲液，含 30mmol/L EDTA，0.05%（*W*/*V*）溴酚蓝，36%（*V*/*V*）甘油水溶液。

（8）DNA 相对分子质量标准。

2. 器材　电泳槽与电泳仪、凝胶扫描成像仪、37℃水浴、1～50μl 移液器、小型台式离心机。

【操作步骤】

1. 质粒酶切　将自提质粒加入 20μl 的 TE 缓冲液，使 DNA 完全溶解。取清洁、干燥、灭菌的离心管编号，用微量加样器按如下体系将各种试剂分别加入每个小离心管内，混匀后置于 37℃水浴 3～4h。

酶切反应体系：

质粒 DNA	10μl
10×反应缓冲液	2μl
*Eco*R Ⅰ	1μl
*Hin*d Ⅲ	1μl
双蒸水	6μl

2. 电泳分析

（1）配制 0.9%琼脂糖凝胶：称取电泳用琼脂糖 0.9g，加 1×TBE 电泳缓冲液 100ml，置沸水浴或微波炉中加热至琼脂糖熔化。

（2）待凝胶冷却至 60℃，加入溴化乙锭至终浓度为 0.5μg/ml，将温热的琼脂糖凝胶倒入安好样品梳的胶模中（凝胶厚度为 3～5mm）。

（3）待凝胶完全凝固后，小心移去样品梳，置电泳槽内放平，加入恰好没过胶面约 1mm

深的 1×TBE 电泳缓冲液。

（4）取 DNA 溶液 20μl，加 6×上样缓冲液 4μl，混匀后，用微量移液器慢慢将混合物加至样品槽中。

（5）盖上电泳槽并通电，电压 120V，电泳约 1h。

（6）电泳结束，取出凝胶，置于凝胶扫描成像仪观察，可见白色的 DNA 条带。将酶切 DNA 片段与未酶切的质粒 DNA 及 DNA 相对分子质量标准进行比较，即可判断酶切是否完全及酶切片段的相对分子质量大小。

【注意事项】

（1）在电泳槽和凝胶中务必使用同一批次的电泳缓冲液，离子强度和 pH 的微小差异都会影响 DNA 片段的迁移率。

（2）溴化乙锭是核酸显色剂并具有强烈的诱变剂作用，使用含有该染料的溶液时必须戴手套，溴化乙锭的储存液应在室温下避光保存（用铝箔包裹的瓶子）。

（3）已知分子大小的 DNA 标准参照物，应同时加在凝胶的左侧和右侧孔内，这样，如在凝胶电泳中出现系统性改变时，也较容易确定未知 DNA 的大小。

（4）使用限制性内切酶的使用应掌握以下几个原则

1）由试剂公司提供的限制酶均以浓缩形式保存于含 50%甘油的缓冲液中-20℃储存，其活性可保持半年以上，使用时需将甘油的终浓度稀释至 5%以下，以避免抑制酶的活性。

2）避免反复冻融，操作时应保持在低温条件（如冰浴）下进行。

3）限制酶的用量可参照酶单位的定义确定。一个酶的活性单位是指在最适反应条件下，1h 内完全酶解 1μgDNA 所需要的酶量。通常延长消化时间可使所需的酶量减少。

4）当需用两种或两种以上的限制酶切割 DNA 时，如果这些酶可以在同种缓冲液中作用良好，则两种酶可以同时切割，否则可先用在低离子强度的缓冲液中活性最高的酶切割 DNA，然后调整离子强度并加入第二种酶，继续温育。

5）酶切反应必须使用新的无菌离心管及吸头，避免交叉污染。

【思考题】

（1）提纯的质粒 DNA 用琼脂糖电泳检查时为什么会出现不同的电泳条带？质粒 DNA 条带有“拖尾”现象是由什么原因造成的，对以后的外源基因克隆可能产生什么影响？为什么？

（2）如果一个 DNA 酶解产物用电泳分析后发现 DNA 未被酶解，你认为可能是什么原因？

（3）琼脂糖凝胶电泳中 DNA 分子迁移率受哪些因素的影响？

（戴双双）

实验 31　DNA 片段的回收

【实验目的】

掌握酚抽提法回收 DNA 片段的原理及操作方法。

【实验原理】

本实验采用酚抽提法回收 DNA 片段，其原理是：利用适当浓度的琼脂糖凝胶电泳将 DNA 片段分离后，切下含有目的 DNA 片段的琼脂糖凝胶，在酚存在条件下将其冻结，使凝胶变性。离心后，含有 DNA 的电泳缓冲液可从变性胶中析出，用酚/氯仿/异戊醇再抽提一次，DNA 片段用乙醇沉淀，离心回收。此外，也有公司生产的商品化试剂盒可用。

【实验材料与仪器】

1. 试剂

（1）TAE 电泳缓冲液。

（2）10mg/mL 溴化乙锭。

（3）6×上样缓冲液（用于 DNA 电泳）。

（4）3mol/L 乙酸钠（pH5.2）。

（5）TE 缓冲液（pH 8.0）。

（6）Tris 饱和酚。

（7）酚/氯仿/异戊醇（25∶24∶1）。

（8）无水乙醇。

（9）琼脂糖。

2. 器材　恒温水浴箱、台式高速离心机、低温冰箱（–70℃或–20℃）、电泳仪、电泳槽、手提式紫外灯、滴管、1.5ml EP 管、Tip 头、移液器、扁头镊子、解剖刀、PE 手套。

【操作步骤】

（1）采用 1%琼脂糖（含 0.5μg/ml 溴化乙锭）凝胶电泳分离 DNA 片段，使用长波长（310nm）紫外灯确定目的条带位置。

（2）用刀片切下含有目的条带的胶块，放入已在天平上称重的 EP 管中。

（3）在天平上称取胶块的重量，将酚加入管中，按每 0.1g 胶加 0.1ml 酚。

（4）经漩涡混匀器振荡后，将 EP 管在–70℃放置 1h，使凝胶完全冻结。

（5）37℃水浴中将胶融化后，将 EP 管在漩涡混匀器上振荡。

（6）14 000 r/min 离心 5min。

（7）将上层水相转入另一 EP 管中，再用酚/氯仿/异戊醇抽提一次。

（8）向收集的水溶液中加入 0.1 体积的 3mol/L 乙酸钠和 2 倍体积的无水乙醇，置–20℃过夜或–70℃ 1～2 h。

（9）14 000r/min 离心 10min，弃上清液。

（10）可以将 DNA 溶于 50μl TE 缓冲液中，用乙醇再沉淀一次。

（11）将 DNA 溶于适当体积的 TE 缓冲液中，置–20℃保存。

【注意事项】

（1）琼脂糖会抑制酶的活性，因此，回收 DNA 片段时一定要将其除净。

（2）在确定 DNA 条带的位置或监测电泳过程时，应使用长波长（310～360nm）的紫外灯，以减少对 DNA 的照射损伤，照射时间要尽可能的短，照射距离要尽可能的远。

（3）紫外灯下切下含待回收 DNA 的凝胶时，要衬以干净的塑料薄膜，使用无 DNA 污染的新刀片，其目的在于防止外源 DNA 的污染。

【思考题】

造成目的 DNA 片段回收率低的原因可能是哪些?

（戴双双）

实验 32 DNA 片段的连接

【实验目的】

掌握 DNA 片段连接的原理及操作方法。

【实验原理】

采用互补黏性末端的连接。*Hind*Ⅲ识别双链 DNA 中的序列 AAGCTT 并切割如下：

↓
5′ ……NNAAGCTTNN……3′
3′ ……NNTTCGAANN……5′
↑

两个末端相互分离：

5′ ……NNA　　　pAGCTTNN……3′
3′……NNTTCGAp　　　ANN……5′

*Eco*R Ⅰ识别双链 DNA 中的序列 GAATTC 并切割如下：

↓
5′……NNGAATTCNN……3′
3′……NNCTTAAGNN……5′
↑

两个末端相互分离：

5′ ……NNG　　　pAATTCNN……3′
3′ ……NNCTTAAp　　　GNN……5′

如果带黏性末端的片段在有利于碱基配对的条件下温育，它们可以互相退火，被切开的磷酸二酯键又可用 DNA 连接酶重新连接。该反应需要 Mg^{2+}存在，也需要 ATP（采用 T4 DNA 连接酶时）。

【实验材料与仪器】

1. 试剂

（1）pUC18 质粒。

（2）限制酶 *Eco*RⅠ 和 *Hind*Ⅲ。

（3）无菌双蒸水。

（4）T4 DNA 连接酶。

（5）10×DNA 连接酶缓冲液（与 T4 连接酶配套）。

2. 器材　台式高速离心机、PCR 仪、微量加样器、离心管、Tip 头等。

【操作步骤】

（1）载体 pUC18 质粒及目的基因（TNF-α）片段用 *Hin*d Ⅲ和 *Eco*R Ⅰ酶切消化，分别回收载体大片段与目的基因片段，储存于–20℃冰箱备用。

（2）连接反应

1）在一个离心管中，加入如下各种试剂：

试剂	体积（μl）
10×DNA 连接酶缓冲液	1.5
载体片段	3
目的基因片段	7（与载体摩尔比为 1∶1～5∶1）
无菌水	2.5
T4 DNA 连接酶	1
总体积	15

2）将反应物置 PCR 仪中 16℃反应 12～16h。连接产物可直接用于大肠杆菌转化。

【注意事项】

（1）高纯度 DNA 是连接反应成功的关键，要特别注意避免酚、SDS 和胶中杂质的污染。

（2）DNA 一端与另一端的连接在标准条件下，其反应速度完全由互补的 DNA 黏性末端的浓度决定。

（3）如果在连接反应混合物中除线状质粒外，还含有带互补黏性末端的外源 DNA 片段，那么对于一个给定的连接混合物而言，产生单体环状重组基因组的效率不仅受反应中末端的绝对浓度影响，而且还受质粒和外源 DNA 末端的相对浓度的影响。当外源 DNA 末端浓度大约是质粒 DNA 末端浓度的 2 倍时，有效重组体将达到很高的产量。如果外源 DNA 浓度比载体低得多，则有效连接产物的数量会很低，这样就很难鉴别小部分带重组质粒的转化菌落。这种情况下，可考虑采取一些步骤来减少带非重组质粒的背景菌落，如用碱性磷酸酶处理线状质粒 DNA。

（4）外源 DNA 片段和线状质粒载体的连接，需在双链 DNA 5′端磷酸和相邻的 3′羟基之间形成新的共价键。如果质粒载体的 2 条链都带有 5′磷酸，可生成 4 个新的磷酸二酯键。但如果质粒 DNA 已去磷酸化，则只能形成 2 个新的磷酸二酯键。在这种情况下，重组体分子中带有 2 个缺口，当其导入感受态细菌后，这些切口可被修复。当线状质粒 DNA 去磷酸化后，则难以自身环化。

【思考题】

（1）如何确定连接反应中各成分的用量？

（2）连接时间不同的 DNA 电泳图谱有何差异？这些差异说明什么？

（3）T4 DNA 连接酶的最适反应温度是 37℃，为什么实验中采用 16℃？

（戴双双）

实验 33 感受态细菌的制备

【实验目的】

（1）了解细菌感受态的基本原理和制备方法。

（2）掌握 $CaCl_2$ 法制备感受态细菌的方法。

【实验原理】

重组子 DNA 需导入宿主细胞中才可复制扩增，从而达到无性繁殖和克隆的目的。这一过程包含了至少 3 个实验技术：感受态细胞的制备、重组子向感受态细胞的转化及重组体的筛选。正是由于 1972 年 Cohen 等摸索出人工制备感受态与转化的技术，才使得分子克隆技术得以建立。因此，感受态细胞的制备、人工转化与限制性核酸内切酶的使用被称为基因工程的三大技术基石。

一般情况下，细菌难以接受外源 DNA 分子，只有在处于细菌的感受态（competent cell）时才可以接纳外源物质。这一现象原本是细菌的一种天然状态，被称为自然感受态（natural competence），是指菌体在自然生长过程中吸附、摄取和内化外源 DNA 的生理状态，该状态是细菌快速获取新的遗传性状，增加生存优势的一种方式。大部分细菌的自然感受态是短暂存在的，只有少数细菌如淋病奈瑟氏菌的自然感受态状态贯穿整个生命周期。自从 1928 年 Griffith 首次在肺炎链球菌中发现自然感受态以来，多种具有自然感受态的细菌才被发现。

然而，人工感受态（artificial competence）则是基因工程技术中，经由金属离子、低渗条件，电击和热休克等物理和化学的方法，人为地使宿主细胞/细菌易于接纳外源 DNA 的过程。目前，在实验室中广泛使用的化学法是 $CaCl_2$ 法，基本原理是，当细菌处于 0℃，低渗的 $CaCl_2$ 溶液中时，菌体膨胀成球形，细菌细胞壁和外膜通透性增强。而此时，外源重组 DNA 与 Ca^{2+} 结合形成抗 DNase 的羟基-钙磷复合物并黏附于细菌表面利于 DNA 的导入。而针对物理法，如电穿孔法感受态细胞的制备，则多采用 10%的甘油或者灭菌去离子水，于 0℃多次洗涤宿主细菌，使细菌菌体膨胀，增强膜通透性，利于电击转化。通常情况下，经人工处理的感受态细菌/细胞十分脆弱，多直接进入到后续的转化步骤，以提高重组 DNA 的效率，但也可加入甘油或 DMSO 冻存备用。

【实验材料与仪器】

1. 试剂

（1）LB 液体培养基：蛋白胨 10g/L，酵母提取物 5g/L，NaCl 10g/L，琼脂粉 15g/L（固体培养基），用 10mol/L 的 NaOH 调节 pH 为 7.0，高压灭菌。

（2）0.1mol/L $CaCl_2$ 溶液（预冷）：称取 0.56g $CaCl_2$（无水，分析纯），溶于 50ml 重蒸水中，定容至 100ml，备用灭菌。

2. 器材

（1）超净工作台。

（2）低温离心机。

（3）–20℃冰箱。

（4）制冰机。

（5）移液器 50μl、200μl、1000μl。
（6）1.5ml 离心管，枪头。
（7）试管、培养皿。

3. 实验材料　大肠杆菌 JM109 菌株

【操作步骤】

1. 受体菌的培养　从 LB 平板上挑取新活化的单菌落，接种于 50ml LB 液体培养基中，37℃下振荡培养 3h 左右，直至对数生长期。

2. 感受态细胞的制备

（1）各取 1ml 菌液于两个 1.5ml 的 EP 管中，10 000r/min 离心 30s（1 个作为对照）。
（2）弃上清。倒扣在吸水纸上，吸净残余菌液。
（3）用预冷的 0.1mol/L 的 $CaCl_2$ 溶液 0.5ml 轻轻悬浮细菌，冰浴 10min。
（4）10 000r/min 离心 30s。弃上清。
（5）50μl 预冷的 $CaCl_2$ 溶液轻轻悬浮细菌。此时，立即进入下一步骤：转化。

【注意事项】

由于人工感受态细菌都在低渗条件下制备，因此细菌膜/壁十分脆弱，操作时应注意保持低温，吹打时动作轻柔，以免破坏细菌降低转化率。

【思考题】

（1）感受态细菌的特点有哪些？
（2）为什么可用 $CaCl_2$ 制备感受态细菌？

（申晓冬）

实验 34　重组 DNA 的转化与筛选

【实验目的】

（1）掌握重组质粒的转化方法。
（2）掌握蓝白斑筛选重组克隆的原理及方法。

【实验原理】

在重组 DNA 的过程中，当细菌成为感受态时，就可以通过热休克或电转化等方法来进行转化了。以 $CaCl_2$ 法为例，在经低渗 Ca^{2+}溶液处理后，细菌的细胞膜与细胞壁通透性增强，且 Ca^{2+}辅助外源重组 DNA 吸附于细菌表面，此时再经过 42℃短暂的热冲击（热休克）处理后，细菌可吸收外源 DNA 复合物，随后在营养丰富的培养基中 37℃培养 1h 左右，细菌细胞恢复正常，重组质粒也得以扩增，转化成功的细菌则可在选择性培养基中生长形成菌落，而未转化/转化未成功的细菌则不能于选择性培养基中生长。

为了判断转化是否成功，目的基因是否插入到载体系统中，尚需近一步的筛选和鉴定。本实验就以操作中所用的 pUC19 质粒的筛选法加以说明。pUC 载体携带有一个抗生素抗性基因，以 amp^R 为典型，那么首先应以氨苄青霉素培养平板进行抗性筛选；其次，pUC

载体及其衍生载体都携带大肠杆菌的一段调节基因即 *lacZ*（β-半乳糖苷酶）的 N 端 146 个氨基酸残基编码基因，其编码产物为 β-半乳糖苷酶的 α 片段，而待转化的宿主菌为突变型 *lac* 大肠杆菌，可表达该酶的 ω 片段（酶的 C 端），单独存在的 α 及 ω 片段均无 β-半乳糖苷酶活性。然而在转化细菌中，pUC 载体所表达的 α 片段，与宿主细胞细胞所表达的 ω 片段互补而具有完整的 β-半乳糖苷酶活性，这一过程中，质粒上的 α 片段弥补了宿主细胞上的突变，因此被称为 α 互补（alpha complementation）。具有完整 β-半乳糖苷酶活性的细菌能使培养基中特异性底物 X-gal 变为蓝色化合物形成蓝色菌落。然而，pUC19 质粒载体上 α 片段内部含有多克隆位点，当插入外源片段后，α 片段无法表达，被转化的细菌就不具有 β-半乳糖苷酶的能力。因此，携带外源基因的 pUC 质粒的细菌形成白色菌落，这就是所谓的蓝白斑筛选。这一简单的颜色实验大大简化了鉴定工作，仅通过目测就可以筛选菌落。然后再通过小量制备质粒 DNA，进行限制性酶切分析或其他的方法精确的鉴定。

本实验以 *E.coli* JM109 菌株为受体细胞，并用 $CaCl_2$ 处理使其处于感受态，然后与 pUC19 质粒共保温，实现转化。最后，利用氨苄青霉素抗性和蓝白斑来筛选转化子。转化子扩增后，可将转化的质粒提取出，进行电泳、酶切等进一步鉴定。

【实验材料与仪器】

1. 试剂

（1）LB 液体培养基：蛋白胨 10g/L，酵母提取物 5g/L，NaCl 10g/L，琼脂粉 15g/L（固体培养基），用 10mol/L 的 NaOH 调节 pH 为 7.0，高压灭菌。

（2）有抗生素的 LB 平板培养基：将配置好的 LB 固体培养基高压灭菌后，冷却到 60℃左右，加入氨苄青霉素（终浓度为 50～100μg/mL）。

（3）氨苄青霉素储存液：浓度 50～100mg/mL。

（4）2% X-gal 溶液：5-溴-4-氯-3-吲哚-β-D-半乳糖苷，溶解于二甲基甲酰胺溶液中，浓度为 20mg/ml 储存液。保存于玻璃管或聚丙烯管中，用铝箔包裹以防光照破坏，并储存于–20℃。无需过滤除菌。

（5）20% IPTG 溶液：IPTG 即异丙基硫代-β-*D*-半乳糖苷（MW：238.3Da），在 8ml 蒸馏水中溶解 2g IPTG 后，用蒸馏水定容至 10ml，用 0.22μm 滤膜过滤除菌，分装后于–20℃储存。

2. 器材

（1）超净工作台。

（2）低温离心机。

（3）恒温摇床。

（4）恒温培养箱。

（5）–20℃ 冰箱。

（6）制冰机。

（7）移液器 50μl、200μl、1000μl。

（8）1.5ml 离心管，枪头。

3. 实验材料

（1）大肠杆菌 JM109 菌株。

（2）pUC19 质粒。

【操作步骤】

1. 受体菌的培养 从LB平板上挑取新活化的单菌落，接种于50ml LB液体培养基中，37℃下振荡培养3h左右，直至对数生长期。

2. 筛选平板的制备 待融化后的固体LB培养基温度降至50～60℃时，加入终浓度为氨苄青霉素50μg/ml轻柔混匀后，倾倒于培养平皿中，直径90mm培养平皿中加入10～15ml培养基即可。

3. 质粒DNA的转化

（1）实验管中加入5μl质粒DNA，对照管中加入5μl水，冰浴至少30min。

（2）42℃水浴中热击90s（勿动），迅速置于冰上，冰浴3～5min。

（3）加入1ml LB液体培养基，混匀后37℃振荡培养1h。

4. 转化细菌的筛选

（1）在Amp培养平板中央（90mm）滴加40μl 2% X-gal X-gal和7μl 20% IPTG（150mm平皿则使用100μl 2% X-gal X-gal和20μl 20% IPTG），用无菌L型玻璃棒均匀的涂布于整个培养板表面。然后将平板至于37℃温育至全部液体消失（新鲜平板这一过程要持续3～4h）。

（2）将上述菌液摇匀后取50μl涂布于筛选平板上，正面向上放置0.5h，待菌液完全被培养基吸收后倒置培养皿，37℃培养16～24h。

（3）取出培养板于4℃放置数小时，使显色反应充分进行。

（4）鉴定所带重组质粒的克隆，携带野生型质粒的克隆菌落中间呈现淡蓝色，外周为深蓝色。携带重组质粒的克隆由于无β-半乳糖苷酶的活性，菌落呈现奶白色。（鲜黄色背景下辨别更清晰）。

【注意事项】

（1）42℃热处理时间很关键，转移速度要快，且温度要准确。

（2）菌液涂布操作时应避免反复来回涂布，过多的机械挤压涂布容易使感受态细菌细胞破裂，影响转化率。

（3）氨苄抗性平板筛选时，37℃培养时间不宜超过20h，同时培养物的涂布数量不宜过多（靠经验确定）。因为氨苄抗性的转化子细菌可将β-内酰胺酶分泌到培养基中，灭活菌落周围培养基中的抗生素，因此，当培养时间过长或菌落密度过高，都会造成目的菌落周围生长出对氨苄不敏感的卫星菌落，而干扰后续的操作。

【思考题】

（1）影响$CaCl_2$法转化率的主要因素是什么？如何提高转化率？

（2）什么是α互补？蓝色菌落是否含有重组质粒？

（申晓冬）

实验 35　外源基因在大肠杆菌中的诱导表达

【实验目的】

IPTG 诱导外源基因在大肠杆菌中表达。

【实验原理】

本实验利用 pET-28a（+）原核表达载体经 IPTG 诱导，在大肠杆菌中表达外源基因。该载体包含 T7 噬菌体启动子及乳糖操纵子（lac 操纵子）序列，阻遏基因（lacI）产生阻遏蛋白并与 lac 操纵序列结合，从而抑制基因的转录及表达，当向培养基中加入诱导物 IPTG 后，阻遏蛋白与诱导物结合变构而不能再结合 lac 操纵序列，则下游基因大量转录并高效表达。

大肠杆菌 BL21（DE3）是 BL21 菌株中整合有噬菌体 DE3 区，即噬菌体 DE3 的溶源菌，噬菌体 DE3 是 lambda 噬菌体的衍生株，含有 lacI 基因（编码表达 lac 阻遏蛋白），lac UV5 启动子及其下游的 T7 RNA 聚合酶基因。T7 噬菌体启动子的转录完全依赖于 T7 RNA 聚合酶，而高活性的 T7 RNA 聚合酶合成 mRNA 的速度比大肠杆菌 RNA 聚合酶快 5 倍，诱导表达后仅几个小时目的蛋白通常可以占到细胞总蛋白的 50%以上。

pET-28a（+）载体带有 T7 噬菌体启动子，启动子的下游为可插入外源基因片断的多克隆位点。当以 BL21（DE3）为宿主大肠杆菌时，lac 阻遏蛋白即可以作用于宿主大肠杆菌染色体上 T7 RNA 聚合酶前的 lac UV5 启动子并抑制其表达，也作用于 pET-28a（+）载体 lac 操纵子序列。宿主细胞内缺乏 T7 RNA 聚合酶，T7 噬菌体启动子极低水平转录。因此，非诱导条件下 pET-28a（+）载体中的外源基因处于沉默状态，从而避免目的基因对宿主细胞及质粒稳定性的影响。适量 IPTG 诱导后，宿主大肠杆菌可高效表达 T7 RNA 聚合酶，同时去除了载体 lacI 蛋白的阻遏作用，载体中外源基因即可大量表达目的蛋白。如图 2-6-1 所示。

【实验材料与仪器】

1. 试剂

（1）含有外源基因片段的重组 pET-28a（+）/BL21（DE3）菌株。

（2）培养基：含氨苄青霉素（Amp）的 LB 培养基。

（3）IPTG。

2. 器材

（1）无菌操作台。

（2）离心机。

（3）水浴装置。

（4）振荡培养箱。

【操作步骤】

（1）将重组菌挑取 1～2 个菌落，接种于 1ml 含 Amp 的 LB 液体培养基中，37℃振荡培养过夜。

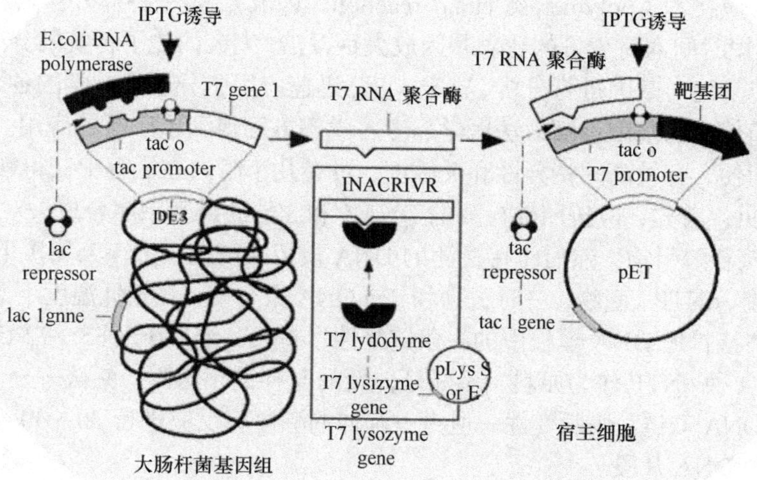

图 2-6-1　IPTG 诱导外源基因表达原理示意图

（2）取 50μl 过夜培养的重组菌接种于 5ml 含 Amp 的 LB 液体培养基中，37℃振荡培养 2h。

（3）吸出 1ml 未经诱导的培养物放于 1.5ml 离心管中作为对照，剩余培养物中加入 IPTG 至终浓度 1mmol/L，继续培养。

（4）分别于培养 1h 和 3h 取 1ml 样品液放于 1.5ml 离心管，室温 10 000r/min 离心 1min。

（5）沉淀悬于 20μl 1×SDS 加样缓冲液中，100℃水浴变性 3min，做蛋白质 SDS-PAGE 电泳分析实验用。

【注意事项】

注意接种操作过程中防止杂菌污染，离心时注意配平。

【思考题】

IPTG 诱导外源基因在大肠杆菌中表达的原理是什么？

（龚　薇）

实验 36　常规 PCR

【实验目的】

（1）了解 PCR 引物设计的基本原则。

（2）熟悉 PCR 技术的基本原理。

（3）掌握 PCR 技术的基本操作方法。

【实验原理】

聚合酶链反应技术（polymerase chain reaction，PCR），是一种体外扩增特异 DNA 片段的技术。可在短时间内对少量的特异基因放大百万倍，大大简化了传统的分子克隆技术，从而可以比较容易地对基因进行分析、鉴定。它已迅速应用于分子生物学的各个研究领域，在分子克隆、遗传病的基因诊断、法医学、考古学等方面得到了广泛的应用。

此法操作简便，有较高的特异性和灵敏度，可在几小时内在试管中获得数百万个特异 DNA 序列的拷贝。首先，应按照欲检测的 DNA 5′和 3′端的碱基顺序合成一对长度在 15～30 个碱基的寡核苷酸引物，然后将待检测的 DNA 模板在高温（92～95℃）下变性后，加入 4 种单核苷酸（dNTP）底物、一对引物和 *Taq* DNA 聚合酶。在较低温度下（40～60℃），一对引物分别与待扩增 DNA 模板中的一条链复性，在较高温度下（65～72℃），利用 *Taq* DNA 聚合酶以 4 种 dNTP 作为原料，不断延伸新的互补链，这样，就从一分子 DNA 双链变成了两分子 DNA 双链。按照变性—退火—延伸的顺序将反应进行 20～40 个循环，则可扩增得到大量的 DNA 片段。

【实验材料与仪器】

1. 试剂

（1）10×PCR 反应缓冲液（一般由试剂公司提供，含 50 mmol/L KCl、10mmol/L Tris-HCl pH 8.4、1.5 mmol/L $MgCl_2$、100μg/ml 明胶或牛血清白蛋白（BSA））。

（2）4 种 dNTP（dATP+ dCTP+ dGTP+ dTTP）、引物、*Taq* DNA 聚合酶、模板 DNA。

2. 器材 PCR 仪、电泳仪、投射式紫外观察灯。

【操作步骤】

1. 建立反应体系

（1）在 0.2ml 离心管中建立下述 50μl 反应体系（表 2-6-1），另外建立一个阴性对照反应，除 DNA 模板用同体积的消毒去离子水代替外，其余试剂的添加全部相同。

表 2-6-1

组分	体积
10×PCR 反应缓冲液	5μl
引物 1（0.25μmol/L）	1μl
引物 2（0.25μmol/L）	1μl
4 dNTP（各 200μmol/L）	2.5μl
模板 DNA（人基因组 DNA）	0.1μg
Taq DNA 聚合酶	2.5U
dH_2O（无菌蒸馏水）	补足至 50μl
总体积	50μl

（2）混匀，短暂离心。

2. 进行热循环

（1）将样品离心片刻后放入 PCR 反应仪的孔中，开始运行预定反应程序。

（2）反应程序一般预定为：95℃反应 5min（使 DNA 模板充分变性）；95℃变性 1 min，50℃复性 0.5～1min，72℃延伸 1～2min，循环 25～35 次（使模板被充分扩增）；最后一个周期于 72℃延伸 5～10min，可保证片段合成更加完整。

3. 凝胶电泳检查 DNA 扩增结果

（1）反应完毕从每管内分别取反应产物 5μl 与 1μl 的 6×样品缓冲液混匀。

（2）取混匀样品 5μl 加到 1%琼脂糖凝胶上样孔中，3V/cm 恒压电泳。

（3）紫外灯下观察电泳结果。

【注意事项】

（1）注意防止 DNA 模板的污染，以防在阴性反应管中出现假阳性结果。

（2）注意在反应体系中加样量的准确性。

【思考题】

（1）PCR 技术的基本原理是什么？

（2）哪些因素会影响 PCR 反应的结果？

（周　鹏）

实验 37　逆转录-聚合酶链反应

【实验目的】

（1）了解逆转录反应的基本原理。

（2）掌握逆转录-聚合酶链反应技术的基本操作方法。

【实验原理】

逆转录-聚合酶链反应（Reverse Transcription-Polymerase Chain Reaction，RT-PCR）是指利用逆转录酶将 RNA 逆转录（RT）成 cDNA（Complementary DNA），然后以 cDNA 为模板，通过 PCR 扩增目的片段的技术。RT-PCR 使 RNA 检测的灵敏性提高了几个数量级，使一些极为微量的 RNA 样品的分析成为可能。该技术是目前从组织或细胞中获得目的基因、合成 cDNA 探针，以及对目标基因的 mRNA 转录表达水平进行定性及半定量分析的有效方法。

RT-PCR 首先需要提取组织或细胞中的总 RNA，以其中的 mRNA 作为模板，采用引物（包括特异引物、OligodT 或随机引物），利用逆转录酶逆转录成 cDNA，再以 cDNA 为模板进行 PCR 扩增，而获得目的基因或检测目的基因表达。

【实验材料与仪器】

1. 试剂

（1）RNase 抑制剂、AMV 逆转录酶、*Taq* DNA 聚合酶、dNTP、RT 及 PCR 缓冲液，$MgCl_2$。

（2）引物：引物设计软件采用 Primer Premier 5.0，Oligo 6，DNAStar Lasergene 7.1。除了设计合成扩增目标基因的引物，在以 RT-PCR 进行半定量分析时，还需同时合成内参引物。常用于合成内参引物的基因有：β-actin、三磷酸甘油醛脱氢酶（Glyceraldehyde-3-phosphate dehydrogenase，GAPDH）、cyclophilin、18S rRNA、磷酸甘油激酶（phosphoglycerokinase）、beta-microglobulin（β-MG）等。

2. 器材 无 RNase 离心管、移液器吸头、微量移液器、台式离心机、PCR 管、PCR 仪、水平电泳仪、投射式紫外观察灯、凝胶扫描仪。

【操作步骤】

1. RNA 提取（参见第五章实验 17） 总 RNA 的纯度和完整性关系到后面的 cDNA 合成及 PCR 扩增，因此所提的总 RNA 要求纯度高、完整性好并达到一定的浓度。最常使用的 RNA 提取方法是 Trizol 试剂法，可以在加入 Trizol 后采取匀浆、超声破碎、研磨等方法从多种组织和细胞中提取高质量的非降解 RNA。对 RNA 质和量的确定可以通过检测 RNA 溶液的吸光度、电泳等方法。总 RNA 提取之后，用紫外分光光度计测定其纯度和浓度，OD260/OD280 应在 1.8～2.0 之间：1.5%左右的变性琼脂糖凝胶对总 RNA 进行电泳确认其完整性。Trizol 可以从最少 100 个细胞或 1mg 组织中提取 RNA。如果细胞量过少，可以采用相应试剂盒提取 RNA。

2. RT-PCR RT-PCR 可分为一步法和两步法。在两步法 RT-PCR 中，首先在逆转录反应体系中合成 cDNA，然后再以反应产物 cDNA 为模板进行 PCR。在一步法 PCR 中，逆转录和 PCR 在同时为逆转录和 PCR 优化的条件下，在一只反应管中顺次进行。由总 RNA 逆转录成 cDNA 时，所取的各组标本的总 RNA 的量必须准确并保持一致，最好在 1μg 以上，这样才能保证各组标本总 RNA 中待检测的 mRNA 量的差异。

两步法 RT-PCR 更经济，更常用。

第一步：逆转录反应

（1）取一无 RNase 的离心管，按序加入下列试剂并参照以下流程操作。

（2）注意在冰上操作，并避免 RNase 污染。

总 RNA	0.5～1.5μg
OligodT12-15 引物（100ng/μl）	1μl（400～500 ng）
DEPC H_2O	补足至 13μl
总体积	13μl

（3）混匀，70℃，5min 变性（打开 RNA 的二级结构）。

（4）迅速置于冰上冷却，2～5min（让引物与 RNA 退火复性）。

（5）继续加入下列试剂（冰上操作）。

RNasin（40U/μl）	1μl
MMLV RT 5×Buffer	4μl
4 dNTP mix（浓度各为 10mmol/L）	1μl
MMLV RT（200U/μl）	1μl
总体积	20μl

（6）混匀，37℃，60min（逆转录反应）。

（7）反应完毕，95℃，10min（灭活逆转录酶，终止反应）。

（8）取出样品，进行下一步 PCR 反应，或置于−20℃或−70℃保存。

第二步：PCR 反应

（1）取一只 0.2ml PCR 管，按序加入下列试剂并参照以下流程操作（注意在冰上操作，并避免污染）。

H_2O	37μl
PCR 10×Buffer	5μl
正向引物	1μl
反向引物	1μl
4dNTP mix（2.5mmol/L each）	4μl
Taq DNA 聚合酶（2 U/μl）	1μl
cDNA 模板	1μl
总体积	50μl

（2）PCR 热循环条件设置：

Stage 1：94℃反应 5min（使 DNA 模板充分变性）。

Stage 2：94℃变性 30s；50℃复性 30s；72℃延伸 30s；循环 25 次。

Stage 3：72℃延伸 5min。

（反应完毕，产物可置于−20℃保存备用）。

3. 结果分析 PCR 结果通常采用琼脂糖凝胶电泳分析。根据扩增产物片段的大小配制最适宜浓度的凝胶，将 PCR 扩增产物进行电泳。待检基因与内参基因的扩增条带相隔一定的距离（最少 200bp 以上），以便于观察结果及密度扫描，且所选用的相对分子质量 Marker 应尽量含有与扩增产物相对应的条带。电泳条带经密度扫描仪扫描，得到待测基因与内参基因条带各自的峰面积积分值，计算各组样品两者的比值。

【注意事项】

（1）设立内参对照：为了克服不同管间扩增引起的“管效益”，必须以组成型表达的内参基因如 β-actin（或其他的看家基因，如 GAPDH、β-MG 等）为内标，在同一管中加入扩增内参基因的引物，共同扩增所要检测的基因和内参基因。内参扩增产物的大小最好与目的基因 mRNA 扩增产物的大小相差 200 bp 以上，这样便于观察结果。

（2）由于 PCR 扩增存在扩增效应及平台期的问题，因此必须进行预实验以确定待测基因与内参基因达到平台期前扩增效率的最大循环数。通过预实验，在不同的周期取样进行电泳及密度扫描，以待检测基因与内标比值的对数分别与扩增周期作图，如在 20～30 周期内，它们的线性关系良好，说明在 30 周期内两者的扩增未达到平台期，最后确定扩增效果最大的循环数，这样可有效地避免因引物结合效率不同而引起的误差。

【思考题】

（1）如何获得 RT-PCR 的模板？如何选择逆转录反应的引物？

（2）如何观察 RT-PCR 反应结果并进行分析定量？

（周 鹏）

实验 38 实时定量 PCR

【实验目的】

（1）了解实时定量 PCR 的基本原理及 Ct 值的含义。

（2）熟悉 SYBR Green 染料法实时定量 PCR 技术的基本操作方法。

（3）掌握实时定量 PCR 定量计算方法。

【实验原理】

实时定量 PCR（Real-time PCR）是通过对 PCR 扩增反应中每一个循环产物荧光信号的实时检测从而实现对起始模板定量及定性的分析。在实时荧光定量 PCR 反应中，引入了一种荧光化学物质，随着 PCR 反应的进行，PCR 产物不断累计，荧光信号强度也等比例增加。每经过一个循环，收集一个荧光强度信号，这样就可以通过荧光强度变化监测产物量的变化，从而得到一条荧光扩增曲线。通过计算得到 PCR 产物的变化情况。

Real-time PCR 具有以下优点：①采用对数期分析，摒弃终点数据，定量准确；②特异性强，灵敏度高；③封闭反应，无需 PCR 后处理；④定量范围宽，可达到 10 个数量级；⑤仪器在线式实时检测，结果直观，避免人为判断；⑥可实现一管双检或多检；⑦操作安全，缩短时间，提高效率。是目前进行 mRNA 水平定量分析最常用和公认的方法。

理论上，PCR 过程是按照 2^n（*n* 代表 PCR 循环的次数）指数的方式进行模板的扩增。但在实际的 PCR 反应过程中，随着反应的进行由于体系中各成分的消耗（主要是由于聚合酶活力的衰减）使得靶序列并非按指数方式扩增，而是按线性的方式增长进入平台期。因此在起始模板量与终点的荧光信号强度间没有可靠的相关性。如采用常规的终点检测法（利用 EB 染色来判断扩增产物的多少，从而间接地判断起始拷贝量），即使起始模板量相同，经 PCR 扩增、EB 染色后也完全有可能得到不同的终点荧光信号强度。Real-time PCR 技术借助荧光强度的改变，通过动态检测反应过程中的产物量，消除了产物堆积对定量分析的干扰，亦被称为定量 PCR（quantitative PCR，q-PCR/QPCR）。

Ct 值：也称循环阈值，C 代表 Cycle，t 代表 threshold。Ct 值的含义是：每个反应管内的荧光信号到达设定的阈值时所经历的循环数。经数学证明，Ct 值与模板 DNA 的起始拷贝数成反比。利用已知起始拷贝数的标准品可作出标准曲线，其中横坐标代表起始拷贝数的对数，纵坐标代表 Ct 值。这样，只要获得未知样品的 Ct 值，即可从标准曲线上计算出该样品的起始拷贝数。最常用的 Real-time PCR 包括 SYBR Green 法和 *Taq* man 探针法。

【实验材料与仪器】

1. 试剂

（1）Real-time PCR 试剂盒。

（2）引物的合成（参见第一篇第三章 SYBR Green 染料法引物设计应掌握的基本原则），除了设计合成目标基因的引物，还要同时合成内参的引物。常用的内参基因如 β-actin、三磷酸甘油醛脱氢酶（Glyceraldehyde-3-phosphate dehydrogenase，GAPDH）、cyclophilin、18S rRNA 等。

2. 器材 实时荧光定量 PCR 仪、Real-time PCR 管、离心机、冰浴盒、微量移液器。

【操作步骤】

1. PCR 反应　根据 Real-time PCR kit 中相应的要求，在冰上配制反应体系如下：

SYBR Premix Ex *Taq* Ⅱ（2×）	10μl
正向引物（10μmol/L）	0.8μl
反向引物（10μmol/L）	0.8μl
DNA 模板	2μl
dH_2O（无菌蒸馏水）	6.4μl
	20μl

2. 结果分析

（1）熔点曲线分析：利用荧光染料可以指示双链 DNA 熔点的性质，通过熔点曲线分析可以识别扩增产物和引物二聚体，因而可以区分非特异扩增，进一步地还可以实现单色多重测定。在采用 SYBR Green I 法时需要进行熔点曲线分析。

（2）Ct 值计算：在实时荧光定量 PCR 的过程中，靶序列的扩增与荧光信号的检测同时进行，定量 PCR 仪全程采集荧光信号，实验结束后分析软件自动按数学算法扣除荧光本底信号并设定阈值从而得到每个样品的 Ct 值。Ct 值中的“C”代表 Cycle（循环），“t”代表检测 threshhold（阈值），其含义是 PCR 扩增过程中荧光信号强度达到阈值所需要的循环数。也可以理解为扩增曲线与阈值线交点所对应的横坐标。Ct 值与样品中起始模板拷贝数的对数呈线性关系（$y=ax+b$，x 代表起始模板拷贝数的对数，y 代表 Ct 值）。

（3）定量计算：对于 Real-time PCR 结果的定量分析可以是绝对定量或相对定量。绝对定量指的是用已知的标准曲线来推算未知的样本量。采用标准曲线法的绝对定量需要使用标准品（已知起始拷贝数的样品）建立标准曲线，建立 Ct 值与样品起始模板拷贝数对数之间的线性关系，从而通过实验后样品的 Ct 值得出起始模板量。相对定量指的是在一定样本中，靶序列相对于内参序列的量的变化。采用比较 Ct 法的相对定量是通过对照组与处理组样本中靶序列的量与内参照量的变化间的相对差异进行比较。如在基因表达研究中，内源参照物常为一些看家基因如 β-actin、GAPDH 等。

目前在相对定量中应用最多的计算方法是比较 Ct 法的相对定量。下面以一实例说明 Real-time PCR 的数据处理方法（表 2-6-2）。

表 2-6-2

样品	待测基因（Ct 均值）	内参基因（Ct 均值）	ΔCt	ΔΔCt	$2^{-\Delta\Delta Ct}$
对照组	26.52	20.34	6.18		
实验组	24.18	20.12	4.06	−2.12	4.35
空白管	none	none			

一般每个反应需做 2～3 个复管，对各管所得出的 Ct 值首先求出 Ct 的平均值，之后采用内参基因（如 β-actin 或 GAPDH 等）对实验的对照组（如药物未处理组）和实验组（药物处理组）样品进行校正：

ΔCt（对照组样品）=待测基因 Ct 均值−内参基因 Ct 均值=26.52−20.34= 6.18

ΔCt（实验组样品）=待测基因 Ct 均值−内参基因 Ct 均值=24.18−20.12= 4.06

然后对未处理对照组和药物处理实验组样品的 ΔCt 进行归一化：

ΔΔCt=ΔCt（实验组样品）−ΔCt（对照组样品）=4.06−6.18=−2.12

最后，根据ΔΔCt 计算出实验组样品与对照组样品之间待测基因的表达差异：

$$2^{-\Delta\Delta Ct}=2^{-(-2.12)}=4.35$$

因此，实验组样品的待测基因的表达水平是对照组样品的 4.35 倍。

【注意事项】

（1）由于 SYBR Green I 染料分子能与所有的双链 DNA 结合（包括非特异性扩增产物及引物二聚体等），因此特别注意利用熔点曲线观察是否有引物二聚体生成，优化反应条件消除非特异性扩增产物及引物二聚体，必要时重新合成引物。实验中每一个反应至少设立复管是必要的。

（2）设立内参对照：在 Real-time PCR 结果的定量分析中，常采用比较 Ct 法。由于在此方法中待测基因的量是相对于某个内参基因的表达量（一般选择看家基因，如 GAPDH、β-MG 等为内参）而言的，体现在某种实验条件或病理情况下，待测基因表达水平的相对变化情况。

【思考题】

（1）SYBR Green I 进行实时定量 PCR 的原理是什么？Ct 值的含义是什么？

（2）如何运用 $2^{-\Delta\Delta Ct}$ 法对实时定量 PCR 中待测基因的量进行计算？

（周　鹏）

实验 39　DNA 的分子杂交——Southern 印迹

【实验目的】

通过实验了解和掌握 DNA 凝胶电泳转移的方法及分子杂交的基本步骤。

【实验原理】

Southern 印迹是 Southern 于 1975 年提出的一种核酸杂交技术，通常用于检测特定核酸序列在基因组 DNA 中的定位。利用 Southern 印迹法进行克隆基因的酶切图谱分析、基因组基因的定性及定量分析、基因突变分析及限制性片段长度多态性分析（RFLP）等。用一种或多种限制酶消化基因组 DNA，通过琼脂糖凝胶电泳按大小分离所得的片段，随后使 DNA 在原位发生变性，并从凝胶转移至一固相支持物（通常是硝酸纤维素膜或尼龙膜）上。DNA 转移至固相支持物的过程中，各个 DNA 片段的相对位置保持不变，用放射性标记的特异性 DNA 或 RNA 探针与固着于滤膜上的 DNA 片段杂交，经放射自显影可确定目的 DNA 片段的电泳条带位置。

【实验材料与仪器】

1. 试剂

（1）适当的限制性核酸内切酶。

（2）琼脂糖。

（3）变性液

1）1.5mol/l NaCl。

2）0.5mol/l NaOH。

（4）中和液

1）1mol/l Tris·Cl（pH8.0）。

2）1.5mol/l NaCl。

（5）转移液（20×SSC）pH7.0

1）3mol/l NaCl。

2）0.3mol/l 柠檬酸钠。

（6）硝酸纤维素滤膜（Schleicher & Schuell BA 85 或 Millipore HAHY）或尼龙膜（Amersham Hybond-N，Bio-Rad Zeta-probe 或 Phasmacia GeneBind）。

2. 仪器

（1）琼脂糖凝胶电泳装置。

（2）真空泵。

（3）真空烤箱。

（4）其他试验室常规仪器。

【操作步骤】

1. 电泳、转膜

（1）虹吸印迹法

1）取一定量待测 DNA 样品，用适当的限制性内切酶酶切。DNA 的量根据样品的种类及目的不同而异，对于克隆片段的限制性内切酶图谱分析，取 0.1～0.5μg 即可；而对于鉴定基因组 DNA 中的单拷贝基因顺序，则需要 10～20μg；当采用寡核苷酸探针或探针的比放射性活性较低时，则需要多至 30～50μg。酶切完毕，在琼脂糖凝胶中电泳，在其中一孔中加入适当的 DNA 相对分子质量标准参照物。电泳结束后，溴乙锭（EB）染色，长波紫外线下观察电泳结果。用一张保鲜膜覆盖在凝胶上，复制下各相对分子质量参照物及各 DNA 样品带的位置。在凝胶旁置一厘米尺照相。

2）切除无用的凝胶部分。将凝胶的左下角切去，以便于定位。然后将凝胶置于一搪瓷盆中。

3）将凝胶浸泡于适量的变性液中，置室温 1h，不间断地轻轻摇动。注意不要让凝胶漂浮起来，可用滴管等物将之压下。对于较大的 DNA 片段（如大于 15kb），可在变性前用 0.2mol/L HCl 预处理 10min 使脱嘌呤后，再进行碱变性处理。

4）将凝胶用去离子水漂洗一次，然后浸泡于适量的中和液中 30min，不间断地轻轻摇动。换新鲜中和液，继续浸泡 15min。

5）如图 2-6-2 所示，在一塑料或玻璃平台上铺一层 Whatman 3MM 滤纸，此平台要求比凝胶稍大。将此平台置于一搪瓷盆或玻璃缸中，搪瓷盆中盛满 20×SSC 或 10×SSC（也可用 10×或 20×SSPE 代替）。滤纸的两端要完全浸没在溶液中。将滤纸用 20×SSC 湿润，用一玻璃棒将滤纸推平，并排除滤纸与玻璃板之间的气泡。

6）裁剪下一块与凝胶大小相同或稍大的硝酸纤维素膜。注意操作时要戴手套，千万不可用手触摸，否则油腻的膜将不能被湿润，也不能结合 DNA。

7）将硝酸纤维素滤膜漂浮于去离子水中，使其从底部开始向上完全湿润。然后置于20×SSC 中至少 5min。注意如果滤膜不能被湿润则不能用。

8）将中和后的凝胶上下颠倒后，置于上述铺了一层 Whatman 3MM 滤纸的平台中央。注意两者之间不要有气泡。

9）在凝胶的四周用 Parafilm 蜡膜封严，以防止在转移过程产生短路（转移液直接从容器中流向吸水纸而不经过凝胶），从而使转移效率降低。

10）将湿润的硝酸纤维素膜小心覆盖在凝胶上，膜的一端与凝胶的加样孔对齐。排除两者之间的气泡。相应地将膜的左下角剪去。注意膜一经与凝胶接触即不可再移动，因为从接触的一刻起，DNA 已开始转移。

11）将两张预先用 2×SSC 湿润过的与硝酸纤维素膜大小相同的 Whatman 3MM 滤纸覆盖在硝酸纤维素膜上，排除气泡。

12）裁剪一些与硝酸纤维素膜大小相同或稍小的吸水纸， 5～8cm 厚。将之置于 Whatnan 3MM 滤纸之上。在吸水纸之上置一玻璃板，其上压一重约 500g 的物品。转移液将在吸水纸的虹吸作用下从容器中转移到吸水纸中，从而带动 DNA 从凝胶中转移到硝酸纤维素膜上。

13）静置 8～24h 使其充分转移。其间换吸水纸 1～2 次。

14）弃去吸水纸和滤纸，将凝胶和硝酸纤维素膜置于一张干燥的滤纸上。用软铅笔或圆珠笔标明加样孔的位置。

15）凝胶用溴乙锭染色后紫外线下检查转移的效率。硝酸纤维素膜浸泡在 6×SSC 溶液中 5min 以去除琼脂糖碎块。

16）硝酸纤维素膜用滤纸吸干。然后置于两层干燥的滤纸中，真空下 80℃烘烤 2h，此过程使 DNA 固定于硝酸纤维素膜上。

17）此硝酸纤维素膜即可用于下一步的杂交反应。如果不马上使用，可用铝箔包好，室温下置真空中保存备用。

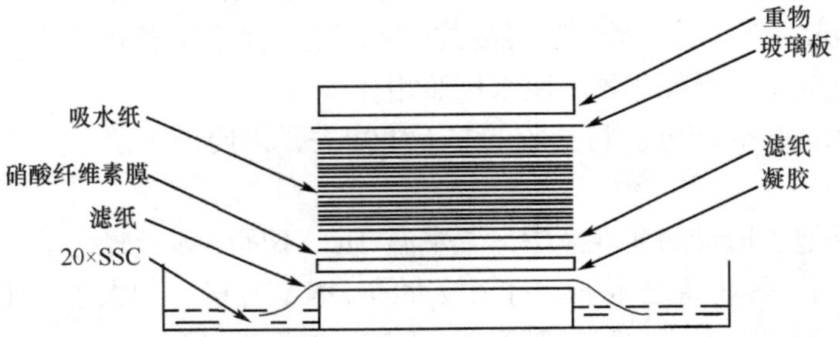

图 2-6-2　Southern 印迹示意图

（2）电转法：当使用硝酸纤维素滤膜为固相支持物时，这一方法行不通。因为核酸结合到这些滤膜上，要求缓冲液的离子强度要高。这些缓冲液传导电流的效率极高，必须采用大体积来保证该系统的缓冲容量不因电解而耗尽。此外，克服欧姆热效应也需要充分的外冷却。因此，直至最近，电转移仍用重氮苄氧甲基（DBM）-纤维素或氨基苯硫醚（APT）-纤维素一类的支持物进行，因为这些固相支持体在极低的离子强度下能有效地结合核酸。尽管这些固相支持物已不再常用，然而带电荷尼龙膜的出现最近使电转移法又获生机。在离子强度极低的缓冲液中，小至 50 bp 的核苷酸也可结合于这些尼龙膜上。

虽然单链 DNA 和 RNA 可直接转移，但双链 DNA 片段则需原位进行变性。随后中和凝胶，再将其浸于电泳缓冲液后，夹放于大电泳槽内平行电极间的多孔板之间。完全转移所需的时间取决于 DNA 片段的大小、凝胶的孔隙度及外加电场的强度。然而，因为即使高相对分子质量核酸也从凝胶上迁移得较快，所以无需进行脱嘌呤及水解处理，一般 2～3h 内可转移完毕。由于电转移要求比较大的电流，故往往难以使电泳缓冲液维持在一定的温度，以适于 DNA 的有效转移。许多商业化的电转仪附有冷却设备，但亦有一些只可在冷室中应用。由于这样或那样的问题，我们建议只有在利用毛细管作用或在真空条件下进行转移时，方采用电转移。

（3）真空转移法：在真空条件下，DNA 和 RNA 可从凝胶中快速并定量地转移。目前有商品供应的真空转移装置有数种。在这些装置内，硝酸纤维素滤膜或尼龙膜置于真空室上方的一多孔屏之上，而凝胶则放在与膜相接触的位置。从装置上部一储液槽中吸流出来的缓冲液将核酸从凝胶中洗脱，并使核酸聚积在滤膜或尼龙膜上。

真空转移较之毛细管转移更为有效，而且极为快捷。经碱处理后不完全脱嘌呤和变性的 DNA，30min 内即可从具正常厚度（4～5mm）和正常琼脂糖浓度（＜1%）的凝胶中定量地转移。如果小心操作，真空转移可以使经 Southern 转移获得的杂交信号增强 1～2 倍。

2. 分子杂交

（1）预杂交：取一定体积杂交液（20μl/100cm^2）在 37～42℃摇动保温待测 DNA 滤膜 30min。

（2）探针变性：将标记探针（5～25μg/ml）置于沸水中 5min 后，然后放在冰水中快速冷却，使双链探针变性成单链探针。

（3）杂交：将单链探针加入预温的杂交液中（2.5ml/100cm^2 膜），混匀，避免起泡，放入经预杂交的滤膜，缓慢振摇 42℃保温 6～16h。

（4）杂交后洗涤：2×SSC，0.1% SDS 室温洗 2 次，每次 5min；0.1×SSC，0.1% SDS 60℃摇动洗涤 2 次，每次 15min。

（5）曝光：将滤膜用保鲜膜包好，置暗盒中，压一张 X 线片，置−70℃曝光适当时间。

（6）显影：在暗室中将 X 线片放入显影液中，必须适当摇动，避免显影不匀。20℃时显影时间 3～4min。

（7）定影：定影时胶片要经常翻动，定影温度 16～24℃为宜，时间 10～20min。

（8）如曝光不足，可再压片重新曝光。

【注意事项】

（1）选择适当内切酶可得到合适长度的 DNA 片段。如果酶解后待测 DNA 片段过短则影响其印迹的效果，因为大多数固相支持物结合小片段的能力较差；而片段过长，不但影响其转移的效率，而且也会影响对其相对分子质量的准确判断。较理想的片段长度为 0.5～10 kb。

（2）在准备转移用凝胶的过程中，凝胶上的加样孔易于破裂，应特别注意水平放置的琼脂糖凝胶上的加样孔。如果加样孔破裂，就应于转移前将其修去（只要孔不破裂就不必将其修去）。还有一点也很重要，即在转移过程中所采用的真空度不宜过高。如果真空度超过 600mm H_2O（5.884×10^3 Pa），凝胶将被压缩变紧，转移效率会下降。

（3）DNA 片段的大小决定了其转移速度。小于 1kb 的 DNA 片段，1h 即可基本完成转移过程。大片段 DNA，其转移速度和效率则慢得多，如大于 15kb 的 DNA 片段需要 18h 以上，而且转移尚不完全。因此对于大片段 DNA 的转移，可预先对 DNA 用稀盐酸（0.2mol/L HCl）进行脱嘌呤处理（10min），随后用强碱处理使之降解成较小的片段，从而提高转移效率。但脱嘌呤处理不能过度，否则 DNA 片段过小，结合能力下降，而且小片段 DNA 会因扩散使杂交带模糊。

【思考题】

试比较虹吸印迹法与电转法的各自优缺点。

（江　渝）

实验 40　RNA 的分子杂交——Northern 印迹

【实验目的】

通过实验了解和掌握 RNA 凝胶电泳转移印迹的方法和分子杂交技术。

【实验原理】

与 Southern 印迹杂交相对应，RNA 的凝胶印迹又称为 Northern 印迹杂交（Northern bloting），其基本原理及基本过程同 Southern 杂交极为相似，首先通过琼脂糖凝胶电泳使完全变性的 RNA 按大小分离，然后通过印迹技术将 RNA 分子转移到固相支持物上，固定后再采用特异性的探针进行杂交，得到的结果可以反映所测核酸（RNA）样品的信息，常用于基因表达的特异性分析和定量分析。

【实验材料与仪器】

1. 试剂

（1）DEPC（焦碳酸二乙酯，diethylpyrocarbonate）。

（2）6mol/L glyoxal（聚乙二醛）：使用前，必须用混合床阴阳离子交换树脂（Bio-Rad AG 501-X8）去离子，直至其 pH 大于 5.0。然后小分装、密闭，置–20℃保存。

（3）DMSO（二甲基亚砜，dimethylsulfoxide）。

（4）0.1mol/L 磷酸钠缓冲液（pH7.0），用 DEPC 预处理。

（5）琼脂糖。

（6）碘乙酸钠（sodium iodoacetate）。

（7）上样缓冲液（用 DEPC 预处理）

1）50%蔗糖。

2）10mmol/L 磷酸钠（pH7.0）。

3）0.25%溴酚蓝。

4）0.25%二甲苯青（xylene cyanol FF）。

（8）5×甲醛胶电泳缓冲液：0.1mol/L MOPS（pH7.0），40mmol/L 乙酸钠，5 mmol/L EDTA（pH8.0）。

制备方法：20.6g MOPS（3-[morpholino] propanesulfonic acid）溶于 800ml 用 DEPC 预处理过的 50mmol/L 乙酸钠液中。用 2mol/L NaOH 调节 pH 至 7.0。然后加入 l0ml 0.5mol/L EDTA。用 DEPC 预处理过的蒸馏水调节体积至 1000ml。通过 0.2μm 的微孔滤膜过滤。室温下避光保存。

（9）37%甲醛。

（10）甲酰胺：一般不需特殊处理，但如呈现黄色，可用混合床阴阳离子交换树脂（Bio-Rad AG501-x8）处理，然后小量分装，密闭置–70℃保存。

（11）甲基氢氧化汞（methylmercuric hydroxide）。

（12）1×甲基汞凝胶电泳缓冲液：50mmol/L 硼酸，5mmol/L$Na_2B_4O_2 \cdot 10H_2O$，10mmol/L Na_2SO_4，调节 pH 至 8.1。

（13）2×上样缓冲液

1 mol/L 甲基氢氧化汞	25μl
4×甲基汞凝胶电泳缓冲液	500μ1
100%甘油	200μl
水	275μl
溴酚蓝	0.2%

（14）相对分子质量标准参照物。

2. 仪器

（1）电泳仪及电泳槽。

（2）磁力搅拌器。

（3）蠕动泵。

（4）其他各种实验室常用仪器。

【操作步骤】

1. 电泳

（1）聚乙二醛和二甲基亚砜变性电泳

1）在一消毒的微量离心管中加入下列试剂并混匀。

6mol/L 聚乙二醛	5.4μl
DMSO	16.0μl
0.1mol/L 磷酸缓冲液（pH7.0）	3.0μl
RNA	5.4μl

RNA 的加入量取决于 mRNA 的丰度。对于 mRNA 丰度较高的，可加入 10～20μg 组胞总 RNA，对于低丰度 mRNA 的检测，则每孔中应追加 0.5～3.0μg poly（A）RNA。

2）置 50℃保温 1h。然后迅速置冰水浴中。稍稍离心。

3）根据 RNA 相对分子质量的大小制备相应浓度的琼脂糖凝胶（对于小于 1 kb RNA 用 1.4%琼脂糖凝胶；大于 1 kb RNA，用 1%琼脂糖凝胶）。琼脂糖溶于 10mmol/L 磷酸钠缓冲液（pH7.0）中，冷却至 70℃后，加入固体碘乙酸钠，其终浓度为 10mol/L，以灭活核糖核酸酶。

注意：由于溴乙锭会与聚乙二醛起反应，因此凝胶及电泳液中不能含有溴乙锭。

电泳槽必须用去污剂洗干净，蒸馏水冲洗，乙醇干燥，然后用 3%双氧水处理 10min，最后用 DEPC 处理过的蒸馏水彻底冲洗。

4）在 RNA 样品中加入 4μl 上样缓冲液。然后上样于凝胶加样孔中。在另一孔中加入相对分子质量标准参照物。

5）在 10mmol/L 磷酸钠缓冲液（pH7.0）中电泳，恒压 3～4V/cm。用磁力搅拌器不间断地搅拌，并用蠕动泵使阴阳极电泳液不断循环对流。

6）电泳结束后，切下相对分子质量标准参照物条带，溴乙锭染色，紫外线下照相。

7）此凝胶可用于进行 Northern 印迹。

（2）甲醛变性胶电泳

1）将琼脂糖在一定量的水中溶化，冷却至 60℃后，加入一定量的 5×甲醛胶电泳缓冲液和甲醛，使其终浓度分别为 1×和 2.2mol/L（37%甲醛为 12.3 mol/L）。然后灌注电泳胶。电泳槽必须用去污剂洗干净，蒸馏水冲洗，乙醇干燥，然后用 3%双氧水处理 10min，最后用 DEPC 处理过的蒸馏水彻底冲洗。

2）在一微量离心管中加入下列试剂并混匀。

RNA	4.5μl
5×甲醛胶电泳缓冲液	2.0μl
37%甲醛	3.5μl
甲酰胺	10.0μl

置 65℃保温 15min，然后迅速置冰浴中。稍稍离心。

此法每孔中可加入 30μg RNA。RNA 的加入量取决于 mRNA 的丰度。对于 mRNA 丰度较高的，可加入 10～20μg 细胞总 RNA，对于低丰度 mRNA 的检测，则每孔中应追加 0.5～3.0μgRNA。

3）加入 2μl 上样缓冲液。

4）上样前凝胶预电泳 5min。然后将 RNA 样品立即上样于加样孔中，同时在另一样品孔中加入相对分子质量标准参照物。

5）在 1×甲醛胶电泳缓冲液中电泳，恒压 3 ～4V/cm。每 1～2h 将阴阳极电泳液混合一次。

6）电泳结束后，切下相对分子质量标准参照物条带，溴乙锭染色，紫外线下照相。

7）此凝胶可用于 Northern 印迹。

（3）甲基氢氧化汞电泳

1）琼脂糖溶于 1×甲基汞凝胶电泳缓冲液中。冷却至 55℃，然后加入甲基氢氧化汞，使终浓度为 5mmol/L。

2）在一微量离心管中等量混合 RNA 溶液与 2×上样缓冲液。每孔可加入 10μg RNA。

3）RNA 样品上样于凝胶中。在 1×甲基汞凝胶电泳缓冲液中电泳，恒压 5～6 V/cm，12～16h。

2. 转膜、杂交 操作步骤参照实验 39 进行。

【注意事项】

（1）RNA 极易被环境中存在的 RNA 酶所降解，因此需特别注意 RNA 酶的污染问题，请参考核酸提取实验。

（2）上述转膜方法也基本适应于将 RNA 转移到尼龙膜上。但在印迹前，含甲醛的凝胶必须用水将甲醛冲洗掉。尼龙膜的缺点是杂交本底较高，特别是对于 RNA 探针。一般此问题可用提高杂交液中封闭物质的量来加以克服。

前面介绍的电转法及真空转移法同样适用于 RNA 的转移。

【思考题】

（1）Northern 与 Southern 印迹杂交的主要区别是什么？
（2）与其他印迹实验相比较，Northern 印迹实验中应注意什么？

（江 渝）

实验 41 蛋白质的免疫印迹——Western 印迹

【实验目的】

（1）掌握蛋白质的免疫印迹（Western blot）的基本原理及应用。
（2）掌握蛋白质的免疫印迹的基本操作过程。

【实验原理】

免疫印迹（immunoblotting）又称蛋白质印迹（Western blot），它是根据抗原抗体的特异性结合检测复杂样品中的某种蛋白质的方法。Western 免疫印迹是将蛋白质转移到膜上，然后利用抗体进行检测。对已知表达蛋白，可用相应抗体作为一抗进行检测。

Western Blot 采用的是聚丙烯酰胺凝胶电泳，被检测物是蛋白质，"探针"是抗体，"显色"用标记的二抗。经过 PAGE 分离的蛋白质样品，转移到固相载体（如硝酸纤维素薄膜）上，固相载体以非共价键形式吸附蛋白质，且能保持电泳分离的多肽类型及其免疫学特性不变。以固相载体上的蛋白质或多肽作为抗原，与对应的抗体起免疫反应，再与酶标记的第二抗体起反应，经过底物显色以检测电泳分离的特异性蛋白质成分。由于 Western blot 具有 SDS-PAGE 的高分辨力和固相免疫测定的高特异性和敏感性，现已成为蛋白质分析的一种常规技术，常用于鉴定某种蛋白质，并能对蛋白质进质行定性和半定量分析，因此，广泛应用于检测蛋白质水平的表达。

Actin 即肌动蛋白，是细胞的一种重要骨架蛋白。β-actin 广泛分布于各种组织和细胞的细胞浆内，表达量非常丰富，其含量占所有细胞总蛋白的 50%，因此，是常用的 Western blot 分析内参。β-actin 由 375 个氨基酸组成，相对分子质量大小为 42～43kDa 左右。本实验采用 Western 免疫印迹检测大鼠肝组织β-肌动蛋白的表达。

【实验材料与仪器】

1. 试剂

（1）SDS-PAGE 试剂：见电泳实验。

（2）匀浆缓冲液：1.0mol/L Tris-HCl（pH6.8）1.0ml；10%SDS 6.0ml；β-巯基乙醇 0.2ml ddH_2O 2.8ml。

（3）转膜缓冲液：甘氨酸 2.9g；Tris 5.8g；SDS 0.37g；甲醇 200ml；加 ddH_2O 定容至 1000ml。

（4）漂洗液（TBST）：先配制 TBS 液，Tris 2.42g，NaCl 29.2g，溶于 600ml 三蒸水，再用 1mol/L HCl 调至 pH7.5，然后补加三蒸水至 1000ml。再配制 TBST，TBS 液 500ml，加 Tween20 250μl。

（5）封闭液：5%脱脂奶粉（现配），脱脂奶粉 1.0g 溶于 20ml 的 TBST 中。

（6）膜染色液：考马斯亮蓝 0.2g；甲醇 80ml；乙酸 2ml；ddH$_2$O 118ml。

（7）显色液：DAB 6.0mg；0.01mol/L PBS 10.0ml；硫酸镍胺 0.1ml；H_2O_2 1.0μl。

2. 主要器材 转移电泳仪、硝酸纤维素膜或 PVDF 膜、滤纸、剪刀、手套、小尺等。

【操作步骤】

1. 蛋白质抽提 取适量（250~500mg）新鲜大鼠肝组织样品或液氮冻存的大鼠肝组织样品，加 1ml 含蛋白酶抑制剂的匀浆缓冲液（或蛋白质抽提试剂），匀浆后抽提总蛋白质（或核蛋白）。4℃，13 000*g* 离心 15min。取上清液作为样品。

2. 蛋白质定量 按 BCA 蛋白质定量试剂盒操作说明操作，测定样品浓度。

3. 变性聚丙烯酰胺不连续凝胶电泳（SDS-PAGE） 将准备好的样品液和预染蛋白 marker 分别上样，蛋白质相对分子量标准物样品加进第一个孔中，电泳分离蛋白质。

4. 转膜（半干式转移）

（1）电泳结束后将胶条切至合适大小，用转膜缓冲液平衡 3 次，每次 5min。

（2）膜处理：预先裁好与胶条同样大小的滤纸和 NC 膜，浸入转膜缓冲液中 10min。

（3）蛋白质转移到 PVDF 膜：按 Bio-Rad 蛋白转移装置说明制作胶膜夹心，接通电源，恒流 1mA/cm^2，转移 30min。转移结束后，断开电源将膜取出，切取待测膜条做免疫印迹。

5. Western blot 膜的封闭和抗体孵育

（1）用 TBST 洗膜 3 次，每次 5min。

（2）加入封闭液，平稳摇动，室温 1h。

（3）弃封闭液，用 TBST 洗膜 3 次，每次 5min。

（4）加入一抗（按合适稀释比例用 TBST 稀释，液体必须覆盖膜的全部），4℃放置 1h 或过夜。阴性对照，以 1%BSA 取代一抗，其余步骤与实验组相同。

（5）弃一抗，用 TBST 分别洗膜 3 次，每次 5min。

（6）加入辣根过氧化物酶偶联的二抗（按合适稀释比例用 TBST 稀释），平稳摇动，室温 1h。

（7）弃二抗，用 TBST 洗膜 3 次，每次 5min。

6. Western blot 结果检测 加入适量显色液，膜与化学发光底物孵育 3～5min，经 X 线片曝光显影。图片扫描保存为电脑文件，并用 GIS1000 分析软件将图片上每个特异条带灰度值的数字化。

【注意事项】

（1）一抗、二抗的稀释度、作用时间和温度对不同的蛋白质要经过预实验确定最佳条件。

（2）显色液必须新鲜配制使用，最后加入 H_2O_2。

（3）DAB 有致癌的潜在可能，操作时要小心仔细。

【思考题】

（1）蛋白质印迹法的特点是什么？

（2）请说明一抗、二抗在蛋白质印迹法中的生物学功能。

（3）如何保存抗体？

（陈 彬）

实验 42 cDNA 文库的构建

【实验目的】

学习和掌握一种构建质粒 cDNA 文库的技术和方法。

【实验原理】

从生物体的组织或细胞中提取的 mRNA，在逆转录酶的作用下，可在体外被反向转录合成单链 DNA 拷贝，这种单链拷贝 DNA 的核苷酸序列完全互补于模板 mRNA，称之为互补 DNA（cDNA）。再以单链 cDNA 为模板，由 DNA 聚合酶 I 可合成第二链，得到双链 cDNA。将双链 cDNA 和载体连接，转化宿主菌扩增，即可获得 cDNA 文库。可用于研究基因的结构、功能及目的基因的克隆，并已成为当今分子生物学研究的重要手段。

目前 cDNA 文库构建方法有多种，其中以 Clontech 公司的 SMART cDNA Library Construction 方法相对优势明显，因此本文以该法为例说明。

衡量 cDNA 文库的质量主要有两个指标：①全长 cDNA 的比率和 cDNA 插入片段的长度；②文库克隆的数目。为了增加 cDNA 文库全长 cDNA 的比率和 cDNA 插入片段的长度，该方法使用了 SMART（Switching Mechanism At 5′end of the RNA Transcript）专利技术来合成 cDNA，其原理是利用真核生物 mRNA 5′端的甲基化 G（m^7G）、5′-5′三磷酸键连接的特殊的帽子结构和 3′端的 PolyA 尾的特点设计锚定引物，分别进行第一链合成。即利用逆转录酶内源的末端转移酶活性，在合成 cDNA 的反应中事先加入 3′端带 Oligo（dG）的 SMART 引物，在到达 mRNA 的 5′端时碰到真核 mRNA 特有的“帽子结构”-甲基化的 G 时，会连续在合成的 cDNA 末端加上几个（dC），SMART 引物的 Oligo（dG）与合成 cDNA 末端突出的几个 C 配对后形成 cDNA 的延伸模板，逆转录酶会自动转换模板，以 SMART 引物作为延伸模板继续延伸 cDNA 单链直到引物的末端，这样得到的所有 cDNA 单链的一端有含 Oligo（dT）的起始引物序列，另一端有已知的 SMART 引物序列，合成第二链后可以利用通用引物进行 PCR 扩增。由于有 5′帽子结构的 mRNA 才能利用这个反应得到能扩增的 cDNA，因此扩增得到的 cDNA 就是全长 cDNA。随后利用 LD Taq PCR 系统进行 cDNA 高保真扩增，酶切消化和柱回收 cDNA，从而实现富集全长 cDNA 的目的。

另外，文库克隆的数目取决于双链 cDNA 和载体连接克隆的效率。常规的建库需要在合成的 cDNA 双链两端通过连接加上相同或者不同的 adaptor，用相应的酶切后可以插入载体中。这样会产生三个问题：第一，由于连接效率低往往导致低丰度或者是较长的 cDNA 信息的丢失，使文库偏重高丰度和较短的基因，导致部分序列信息丢失。第二，在构建表达文库时，如果 cDNA 的两端是同一个酶切位点，就会使反向接入载体的 cDNA 不能正确表达，因而大致会有 50%的序列信息丢失；如果用两个不同的 adaptor 又会涉及双酶切及双酶切是否完全的问题，影响产率。第三，由于表达时 3 个碱基代表一个氨基酸，不同的表达框架会得到不同的产物，因此正向插入一个表达载体的 cDNA 只有 1/3 的可能得到正确的产物。虽然一度有 ABC 表达载体的解决方法，但是一段 DNA 同时插入 3 个载体的机会是有限的。

SMART cDNA 文库构建试剂盒则较好地解决了上述问题。这个试剂盒的 SMART 引物和 CDS（cDNA Synthesize）引物分别带有一个不完全相同的 *Sfi*I 酶切位点。*Sfi*I 是一个在真核生物基因组中极为稀少的酶，识别序列为 GGCCNNNN^NGGCC，中间的 5 个碱基为任意序列。因而两个引物可分别带有一个不完全相同的 *Sfi*I 识别位点。这样经过 SMART 技术合成两端分别带有 SMART 引物和 CDS 引物的 cDNA 经过扩增后用 *Sfi*I 单酶切，得到的是两端的黏端不同的 cDNA，这样就可以定向插入特定的载体中。

【实验材料与仪器】

1. 试剂

（1）质粒载体 pcDNA3.0。

（2）大肠杆菌（Escherichia coli）DH5α[基因型：supE44 lac U169（ϕ80lacZM15）hsdR17 recA1 endAl gyrA96 thi-1 relA1]。

（3）0.1% Diethylpyrocarbonate（DEPC，焦磷酸二乙酯）：取 1L 灭菌 ddH_2O，加入 1ml DEPC，震荡混匀过夜后备用，然后高压灭活 DEPC，制备无 RNase 的 ddH_2O。

（4）RNA 提取

1）Trizol。

2）氯仿。

3）异丙醇。

4）无水乙醇。

5）75%乙醇（用 0.1% DEPC 水配制）。

（5）逆转录（cDNA 第一链合成）

1）M-MLV 逆转录酶。

2）5×第一链合成缓冲液。

3）dNTP mix：dATP，dCTP，dGTP，dTTP 各 10 mmol/L。

4）100mmol/L DTT。

5）饱和苯酚∶氯仿∶异戊醇（25∶24∶1）。

6）氯仿∶异戊醇（25∶24∶1）。

7）RNase inhibitor（40U/μl）。

（6）cDNA 扩增（cDNA 第二链合成）

1）5′ PCR 引物（10 mmol/L）。

2）50× Advantage 2 聚合酶混合物。

3）10×Advantage 2 PCR 缓冲液：400 mmol/L Tricine-KOH（pH 9.2 at 25°C），150 mmol/L KOAc，35 mmol/L Mg（OAc）$_2$，37.5 g/ml BSA。

4）50×dNTP Mix（10 mmol/L each nucleotide）。

5）PCR-Grade Water。

6）25 mmol/L NaOH。

（7）PCR 扩增：参见实验 36、37。

（8）液态 LB 培养基：在 950ml 去离子水中加入，胰化蛋白胨 10g，酵母提取物 5g，NaCl 10g，摇动容器直至溶质溶解。用 5mol/L NaOH 调 pH 至 7.4，用去离子水定容至 1L，高压灭菌 15min。

（9）载体连接

1）pcDNA3.0。

2）T_4 DNA 连接酶（400 units/μl）。

3）10×T_4 DNA Ligation 缓冲液：500 mmol/L Tris-HCl（pH 7.8），100 mmol/L $MgCl_2$ 100 mmol/L DTT，0.5 mg/ml BSA，ATP（10 mmol/L）。

2. 仪器　PCR 仪，离心机，恒温水浴箱。

【操作步骤】

（1）从组织或细胞中提取总 RNA（参见实验 17）。

（2）RT-PCR 反应（参见实验 37）：PCR 完成以后，取 5μl PCR 产物，0.1μg 1 Kb DNA marker，1.2%琼脂糖凝胶电泳检测分析。典型的 dscDNA 一般集中分布在 0.1～4kb 范围内，部分高丰度的 mRNA 处应有亮带，如图 2-6-3 所示。

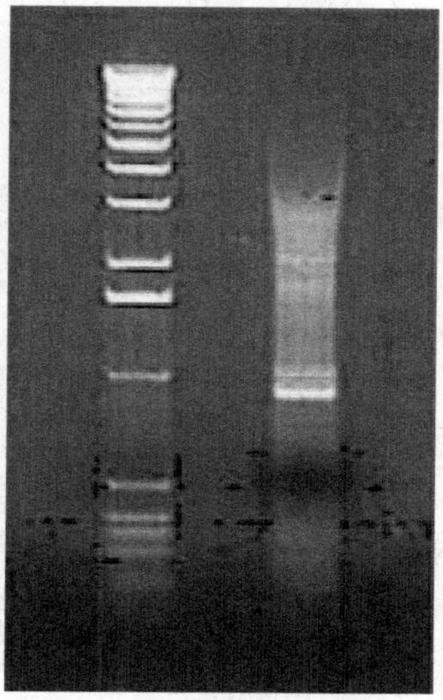

图 2-6-3　cDNA 双链的 PCR 产物琼脂糖凝胶电泳检测分析

3. 蛋白酶 K 消化

（1）取 50μl PCR 产物（2～3μg dscDNA）到 0.5ml 离心管中，加入 2μl 蛋白酶 K（20μg/μl），灭活 DNA 聚合酶。

（2）混匀，短暂离心。

（3）45℃温育 20min，短暂离心。

（4）加入 50μl 去离子水。（转移到 0.5ml 离心管中）。

（5）加入 100μl 酚：氯仿：异戊醇，混匀并持续颠倒 1～2min，静置 2min。

（6）4℃，14 000r/min，离心 5min。

（7）小心吸取上层水相到另一支 0.5ml 离心管中。加入氯仿：异戊醇（24∶1）100μl，混匀并持续颠倒 1～2min，静置 2min。

（8）4℃，14 000r/min，离心 5min。

（9）吸取上清到干净的 0.5ml 离心管中。加入 10μl 3mol/L NaAc1.3μl 糖原 Glycogen（20 μg/μl）及 260μl 室温放置的 95%乙醇。

（10）立刻于室温下，14 000r/min，离心 20min。

（11）小心吸去上清，加入 100μl 80% 乙醇，洗涤沉淀。

（12）室温，空气干燥沉淀约 10min，去除残留乙醇。

（13）加入 79μl 去离子水溶解。

4. *Sfi* I 酶切消化

（1）取一支干净的 0.5ml 离心管，加入下列组分最后总体积为 100μl。

cDNA	79μl
10×酶切缓冲液	10μl
Sfi I 酶	10μl
100×BSA	1μl

（2）充分混匀，短暂离心。50℃，温浴 2h。

（3）加入 2μl 1%的二甲苯晴蓝（Xylene Cyanol）混匀，短暂离心。

5. 用 *CHROMASPIN*-400 收集不同大小的 dscDNA 片段

（1）取 16 支 1.5ml 离心管，标上号码，按顺序放置。

（2）准备 CHROMASPIN-400 柱子

1）从冰箱里取出柱子，室温放置 1h。颠倒柱子数次，使填料充分悬浮混匀。

2）去除柱中的气泡。用移液枪轻轻混匀填料，避免产生气泡。移去下面盖子，让柱子内的液体自然流出。

3）竖直悬挂柱子固定。

4）柱液流干后可看到填料颗粒应到达柱子 1.0ml 刻度处。如果显著不足，则用备用填料补足。

5）用柱 Buffer 调整流速为 40～60 秒/滴，40μl/滴。如果流速太慢或液滴太小，则应重新悬浮填料。

（3）当剩余的柱 Buffer 流完后，沿柱内壁小心加入 700μl column 缓冲液到柱子，让其自然流干（15～20min）。

（4）小心均匀的往柱料表面中心位置加入步骤 5 的 100μl 经染色的 *Sfi* I 酶切消化的 cDNA 样品（填料表面不平整影响不大）。

（5）让样品充分吸收，至填料上面不能有液滴为止。

（6）取 100μl column 缓冲液小心上柱，让其自然流出，至无液体残留于柱料上为止。此时染料已进入柱料几毫米。

（7）在柱子底部接好已编号的 1.5ml 离心管准备收集。

（8）取 600μl column buffer 小心上柱，立即用 1～16 号管收集流出液。（每管 1 滴，每滴约 35μl）当收集完 16 滴后，盖好盖子。

（9）每支管中取出 3～5μl 进行电泳检测

1）用 1%琼脂糖凝胶，0.1g 1kb DNA Marker，150V 电泳 10min（时间不能太长，否则很难看清 cDNA）。

2）收集最早出现可见 cDNA 条带的前三管（滴），到 1.5ml 离心管。（有时在确定其后第四管符合片段大小的要求时，也可与前三管混合）。

（10）加入 0.1 倍体积的 3 mol/L NaAC（pH 4.8），1.3μl 糖原和 2.5 倍体积的经−20℃预冷的 95%乙醇。

（11）轻柔颠倒混匀后于−20℃冰箱放置 1h。放置过夜可提高回收率。

（12）25℃，14 000r/min，离心 20min，沉淀 cDNA。

（13）用移液枪小心吸去上清。短暂离心。除去痕量的残余上清。

（14）80%乙醇漂洗沉淀，离心，吸去上清。

（15）室温干燥约 10min，去除残留乙醇。

（16）用 7μl 去离子水轻柔混匀。直接进行下一步与载体连接的反应，或−20℃储存备用。

6. 连接反应

（1）依次加入下列试剂建立 3 个连接反应体系，总体积为 5μl（表 2-6-3）。

表 2-6-3

试剂（μl）	连接反应 1	连接反应 2	连接反应 3
质粒载体 pcDNA3.0-*Sfi* I（100ng/μl）	1	1	1
cDNA	0.5	1	1.5
T4 DNA 连接酶	0.5	0.5	0.5
10×T4 DNA Ligation 缓冲液	0.5	0.5	0.5
ATP	0.5	0.5	0.5
去离子水	2	1.5	1

（2）充分混匀，16℃，连接过夜或 16h。

7. 文库的转化

（1）分别取 1μl 连接反应产物进行转化，感受态细胞的制备和转化详见实验 33、34。

（2）比较 3 个连接反应产物的转化结果，得出 cDNA 量和转化克隆数比例最好的连接反应体系，按此体系将余下的 cDNA 进行连接转化。

8. 文库克隆的 PCR 检测

（1）随机挑选 20 多个克隆，提取质粒 DNA。

（2）利用 pcDNA3.0 上的 T7 和 SP6 引物（T7：5′TAATACGACTCACTATA GGGA 3′；SP6：5′ ATT TAGGTGACACTATAGGAA 3′）进行 PCR 扩增插入的 cDNA 片段。

（3）在每个 20μl 的 PCR 体系中加入下列组分。

T7 Primer（100μmol/L）	0.1μl
SP6 Primer（100μmol/L）	0.1μl
dNTP Mix（10mmol/L）	0.5μl
10×PCR buffer（Mg^{2+} Plus）	2.0μl
Taq DNA Polymerase（5U/μl）	0.5μl

（4）以无菌原子级水补至 19μl，加入 1μl 质粒，充分混匀。

（5）置于 PCR 仪中，PCR 反应条件为：94℃预热 5min；94℃，30s，58℃，1min，72℃，90s，30 个循环；72℃延伸 10min。

（6）各取 5μl PCR 产物，用 1%琼脂糖凝胶进行电泳检测。

【注意事项】

（1）RNA 的质量是 cDNA 文库成功构建的决定因素。可通过以下方法来分析 RNA 的质量：①琼脂糖变性凝胶电泳，高质量的哺乳动物总 RNA 应在约 4.5 和 1.9Kb 处有两条亮带（28S 和 18S 核糖体 RNA），它们之间的亮度比应为 1.5∶1～2.5∶1。mRNA 应分布在 0.5～12kb。②将 RNA 样品置于 37℃温浴 2h 后电泳应没有明显的降解现象。只有符合上述要求的 RNA 才可以进行 cDNA 文库构建，否则就需要重新提取 RNA。

（2）对第一链合成和 PCR，所有试剂和反应管应在冰上预冷并在冰上操作。

（3）如果需要暂停反应，在第一链合成后，置反应混合物于–20℃保存。也可以在任意一步乙醇沉淀后停止反应。

（4）PCR 后如果 dscDNA 产量很低或者分布范围小于 mRNA 的分布（对于哺乳动物＜4.0kb），表明扩增循环数不够，可适当增加 2～3 个循环，但如果已经超过 36 个循环仍然没有明显的改变，则考虑第一链合成是否出现问题。

（5）一般对于大多数哺乳动物来说，第二链 cDNA 电泳时应该出现多条明显的亮带，如果荧光信号很强但没有明显亮带，表明扩增循环数过多，应重新扩增并适当减少 2～3 个循环。

（6）本实验使用质粒载体不是试剂盒提供的噬菌体载体 TriplEx2。因为质粒载体在操作上较为方便简单，而且由于使用的是表达载体 pcDNA3.0，得到的将是直接可用于功能筛选的表达文库。但质粒文库在保存和扩增的过程中容易丢失，因此应该避免多次扩增并且尽可能在短时间（1～2 个月）内将所有单克隆独立保存或完成筛选。

（7）质粒载体 pcDNA3.0-*Sfi* Ⅰ的制备：提取 pcDNA3 质粒，经限制性内切酶 *EcoR* Ⅰ和 *Not* Ⅰ充分酶切后，琼脂糖凝胶电泳，回收载体 DNA。对载体 pcDNA3.0 的多克隆位点做适当改造，引入 *Sfi* Ⅰ酶切位点，具体方法是：以 TriplEx2 为模板，用 SMART cDNA 构建试剂盒中的测序引物进行 PCR 扩增，回收 PCR 产物，用 *Eco*R Ⅰ和 *Not* Ⅰ酶切，然后用 T4 DNA 连接酶与经 *Eco*R Ⅰ和 *Not* Ⅰ酶切的 pcDNA3 载体 DNA 连接，构建成 pcDNA3.0-Sfi 质粒。提取质粒 pcDNA3.0-Sfi，用限制性内切酶 *Sfi* Ⅰ酶切后，回收载体 pcDNA3.0-*Sfi* Ⅰ，以 100ng/L 的浓度保存–20℃备用。

（8）PCR 检测文库克隆插入 cDNA 片段相对分子量应该分布在 0.5～4Kb 范围内，并与 mRNA 的分布基本一致。

【思考题】

（1）构建 cDNA 文库还有哪些方法，各自的优缺点是什么？

（2）如何提高 cDNA 文库的构建质量？

（3）cDNA 文库的构建中全长 cDNA 的获取与 RACE 方法有何异同？

（杨朝辉　连继勤）

实验 43　荧光素酶报告基因检测启动子活性

【实验目的】

（1）掌握荧光素酶报告基因检测（Luciferase Reporter Gene Assay）的基本原理及应用。

（2）掌握荧光素酶报告基因检测启动子活性的基本操作过程。

【实验原理】

报告基因分析系统，是把顺式调控元件（如启动子序列）与一种被称为“报告基因”的序列连接在一起，在细胞中通过测定报告基因的表达产物量或活性，来判断顺式调控元件的功能与活性的系统（图 2-6-4）。这种间接的测定技术，是一种简单、有效、有时是唯一可行的检测体系。报告基因检测分析方法，是功能基因组学研究的一个重要手段，同时在反式作用蛋白的机制研究和相关药物或蛋白筛选工作中具有广泛的应用。

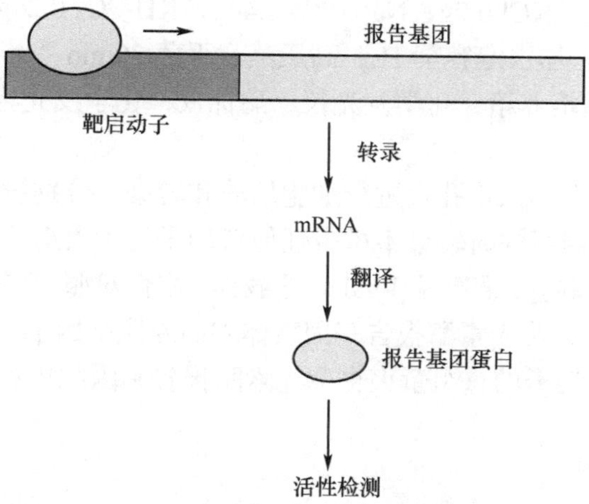

图 2-6-4 利用报告基因系统检测启动子活性原理图

作为报告基因，通常需具有以下几个条件：①报告基因的表达产物在受体细胞中不存在，即在被转染的细胞中没有或者无相似的内源性表达产物；②报告基因的编码产物应该易于检测，并有一个简单、快速、灵敏及经济的检测方法；③报告基因的核苷酸和相应氨基酸全序列已得到测定，其编码产物的理化性质、分子结构等也应非常清楚；④报告基因的分析结果应该具有很宽的线性范围，便于分析调控元件活性的大小变化情况；⑤报告基因的表达必须不改变受体细胞或生物的生理活动。

荧光素酶基因最早从萤火虫中克隆得到，是广泛用于哺乳动物细胞的第一个非核素报告基因。荧光素酶可以催化底物进行转化，同时发射出生物荧光，通过荧光素酶和其底物这一生物发光体系，可以极其灵敏、高效地检测目的基因调控元件（如启动子）的活性。荧光素酶基因作为报告基因，具有哺乳动物细胞内活性极小、检测速度快、灵敏度高、线性范围宽、费用低、不需使用放射性同位素等优点。由于荧光素酶基因的表达无需翻译后修饰等过程，最适于转录调控的研究，因此荧光素酶报告基因在启动子活性的检测方面应用最为广泛。

【实验材料与仪器】

1. 实验材料

（1）细胞。

（2）含靶启动子序列的重组报告质粒，报告质粒空载体，内参照 β-gal 表达质粒。

（3）细胞转染试剂：Lipofectamine 2000，OPTI-MEM 培养基。

（4）Luciferase 检测缓冲液：15mol/L 磷酸氢二钾（pH 7.8），25mol/L 甘氨酰甘氨酸，15mol/L $MgSO_4$' 4mol/L EGTA' 2mol/L ATP。临用前加入 DTT 至终浓度 1mol/L。

（5）Luciferase 细胞裂解缓冲液（Glo Lysis Buffer）：25mol/L 甘氨酰甘氨酸，1%（v/v）Triton X-100，15mol/L $MgSO_4$，4mol/L EGTA。临用前加入 DTT 至终浓度 1mol/L。

（6）Luciferin 溶液：0.2mol/L luciferin，15mol/L $MgSO_4$，25mol/L 甘氨酰甘氨酸，4mol/L EGTA。临用前加入 DTT 至终浓度 2mol/L。

（7）内参照检测缓冲液：2×β-gal 检测缓冲液。

（8）反应终止液：2mol/L 硫酸。

（9）PBS：NaCl 8g，KCl 0.2g，Na_2HPO_4 1.44g，KH_2PO_4 0.24g，800ml 蒸馏水溶解，用 HCl 调节 pH 至 7.4，加水定容至 1L，高压蒸汽灭菌 20min，保存于室温。

2. 实验仪器 细胞培养箱，化学发光仪，酶标仪，化学发光检测用管等。

【实验步骤】

1. 细胞培养与转染 用 24 孔板进行细胞培养和转染，分别设置阴性对照组、阳性对照组和实验组，阴性对照组同时转染不携带任何启动子的萤火虫荧光素酶报告基因空载体（如 pGL3-basic 载体）和内参照基因 β-gal 表达载体，阳性对照组同时转染组成性强启动子（如 SV40）驱动的萤火虫荧光素酶报告基因载体和内参照基因 β-gal 表达载体，实验组同时转染携带外源基因启动子的重组萤火虫荧光素酶报告基因载体和内参照基因 β-gal 表达载体。

2. 报告基因的检测

（1）转染后 24～72h，弃培养基，用 PBS 洗 2 次。

（2）将 PBS 弃去，每孔加 150μl 预冷的 Luciferase 细胞裂解缓冲液，旋转裂解，可在 −70℃中冻融 2 次辅助裂解。

（3）将细胞裂解液吸出，在 1.5ml 离心管中 12 000*g* 离心 30s。

（4）将上清转移至一新的离心管，均分为 3 份，每份 50μl。（可于−70℃冰箱保存）。

（5）在荧光检测板/管中加入 50μl Luciferase 检测试剂（Luciferase 检测缓冲液与底物 Luciferin 的混合物，通常为 1∶0.3），设置检测程序。

（6）取 50μl 细胞裂解上清，加入含 Luciferase 检测试剂的荧光检测板/管中，振荡混匀。

（7）检测并记录读数。

3. 内参照基因检测

（1）取 50μl 细胞裂解上清，与 50μl 2×β-gal 检测缓冲液在酶标板中混匀，37℃避光显色 0.5～1h。

（2）加终止液（2mol/L 硫酸）100μl 终止反应。

（3）酶标仪中 430nm 处测定 OD 值并记录。

4. 启动子活性的计算与结果分析 启动子的活性通常表示为荧光素酶活性与内参照活性的比值，根据上述分析结果，分别求出阴性对照组、阳性对照组和实验组的启动子活性比值，分析目的基因启动子的相对活性强弱。

【注意事项】

（1）应确保所转染细胞生长状态良好。

（2）正式实验前，应通过预实验确定最佳的细胞转染条件，包括报告基因载体与内参照载体的比例，载体与转染试剂的比例，细胞数量等。

（3）配制好的 1×细胞裂解缓冲液可以在 4℃放置 1 个月，但最好于使用前临时配制。5×细胞裂解缓冲液应保存于−20℃。

（4）实验时应确保细胞的充分裂解，可通过显微镜观察了解细胞裂解状况。

（5）制备的细胞裂解物可以在室温放置 6h 或冰上放置 16h，或者−20℃短期保存 1 个月，或者-70℃进行长期保存。但应避免细胞裂解液的多次冻融，多次冻融会导致荧光素酶活性的降低。

（6）内参照基因检测时应随时观察样品的颜色变化并适时终止反应，反应时间过长会导致背景值升高。

【思考题】

（1）简述荧光素酶报告系统检测启动子活性的基本原理和方法。

（2）影响荧光素酶报告基因检测启动子活性的因素有哪些？

（连继勤）

实验 44　电泳迁移阻滞实验

【实验目的】

（1）掌握电泳迁移阻滞实验（electrophoretic mobility shift assay，EMSA）的基本原理及应用。

（2）掌握 EMSA 的基本操作过程。

【实验原理】

EMSA 是一种在体外研究蛋白质与核酸相互作用的技术，可用于定性和定量分析。这一技术最初用于研究DNA结合蛋白和特定DNA序列的相互作用，目前也已用于研究RNA结合蛋白和特定 RNA 序列的相互作用。当蛋白质与带有标记的核酸（DNA 或 RNA）探针结合后可形成复合物，这种复合物在电泳时比无蛋白结合的游离探针在凝胶中的泳动速度慢，即表现为相对滞后，据此即可研究蛋白质与核酸的相互作用。电泳在非变性的聚丙烯酰胺凝胶中进行。根据所研究结合蛋白的不同，探针可用双链或者单链寡核苷酸。当检测如转录调控因子一类的 DNA 结合蛋白时，可用纯化蛋白、部分纯化蛋白或细胞核提取液；在检测 RNA 结合蛋白时，依据目的 RNA 结合蛋白在细胞中的定位，可用纯化或部分纯化的蛋白，也可用核或胞质提取液。本实验仅以核蛋白与 DNA 探针相互作用为例介绍 EMSA（其原理如图 2-6-5 所示）。DNA 探针的标记可使用同位素，也可用非放射性标记（如生物素、地高辛标记）。此处分别介绍同位素标记法和非同位素标记法 EMSA。

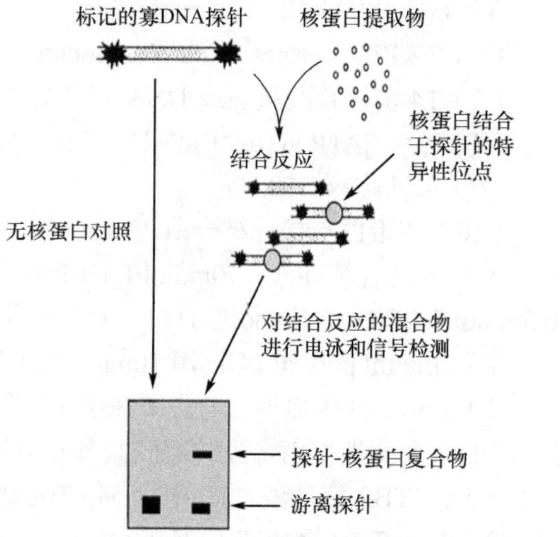

图 2-6-5　核蛋白与 DNA 探针相互作用的 EMSA 原理

【实验材料与仪器】

1. 同位素标记法 EMSA 所需材料与仪器（所示 pH 均指在 25℃时的 pH）

（1）细胞

（2）探针：所用 DNA 探针可从几十到几百 bp 不等，但通常在 20～50bp。这种短的寡核苷酸探针，通常直接合成互补单链并进行纯化，然后经退火形成双链；较长的 DNA 探针可用 PCR 扩增或限制性核酸内切酶酶切的方法得到。

（3）X-胶片。

（4）常规试剂

1）PBS 缓冲液（pH7.4）。

2）10×New England BioLab buffer 2（NEBuffer-2）（pH7.9）：100mmol/L Tris-HCl，500mmol/L NaCl，100mmol/L $MgCl_2$，10mmol/L DTT。

3）100mmol/L PMSF：用乙醇配制，−20℃保存。

4）1mol/L DTT：用 10mmol/L 的乙酸钠（pH5.2）配制，过滤除菌，分装后−20℃保存。

5）1mol/L Tris-HCl（pH8.0）。

6）200mmol/L EDTA（pH8.0）。

7）1×TE（pH8.0）：10mmol/L Tris-HCl，1mmol/L EDTA。

8）甘油。

（5）细胞核蛋白提取缓冲液

1）缓冲液 A：10mmol/L HEPES，1.5mmol/L $MgCl_2$，10mmol/L KCl，0.5mmol/L DTT，0.05% NP40，pH7.9。

2）缓冲液 B：5mmol/L HEPES，1.5mmol/L $MgCl_2$，0.2mmol/L EDTA，0.5mmol/L DTT，26%甘油（*V/V*），pH7.9。

3）4.6mol/L NaCl。

（6）7×PIC（protease inhibitor cocktail，“鸡尾酒式”蛋白酶抑制剂）

（7）T4 多核苷酸激酶或 DNA 聚合酶 I 的 Klenow 片段。

（8）[γ-^{32}P]ATP 或[α-^{32}P]dNTP（[α-^{32}P]dATP 或[α-^{32}P]dCTP）。

（9）Sephadex G50。

（10）核蛋白与探针结合所需试剂

1）5×结合缓冲液：50mmol/L HEPES（pH7.9），375mmol/L KCl，12.5mmol/L $MgCl_2$，0.5mmol/L EDTA，5mmol/L DTT，15%聚蔗糖。

2）1mg/ml poly dI/dC：用 10mmol/L Tris-HCl（pH8.0）配制。

3）10mg/ml 牛血清白蛋白（BSA）：用 10mmol/L Tris-HCl（pH8.0）配制。

（11）非变性聚丙烯酰胺凝胶制备和电泳所需试剂

1）5×TBE 缓冲液：1L 中含 54g Tris 碱，27.5g 硼酸，20ml 0.5mol/L EDTA（pH8.0）。

2）0.5×TBE 缓冲液（pH 8.0）。

3）丙烯酰胺：N，N′-亚甲双丙烯酰胺（29∶1）溶液：30%（*W/V*）。

4）10%过硫酸胺。

5）TEMED 液。

6）上样缓冲液：40%（*W/V*）蔗糖。

（12）主要器材：匀浆器、离心机、水浴箱、振荡器、电泳装置、射线防护装置、干胶器、放射自显影盒、不同量程的移液器、冰浴装置等。

2. 非同位素标记法 EMSA 所需材料与仪器（以生物素标记法为例，所示 pH 均指在 25℃时的 pH）

（1）细胞。

（2）探针：人工合成两条互补单链，并进行生物素标记。

（3）尼龙膜。

（4）X-胶片（若使用化学发光成像系统，则无需 X-胶片）。

（5）PBS 缓冲液（pH7.4）。

（6）细胞核蛋白提取缓冲液：同前。

（7）探针退火缓冲液：10mmol/L Tris，1mmol/L EDTA，50mmol/L NaCl，pH 8.0。

（8）LightShift Chemiluminescent EMSA 试剂盒（Thermo Scientific-Pierce 公司产品，货号：20148）。该试剂盒包括如下两个小试剂盒

1）试剂盒 1：LightShift EMSA Optimization and Control Kit（LightShift EMSA 优化和对照试剂盒），主要成分有：①10×结合缓冲液（100mmol/L Tris，500mmol/L KCl，10mmol/L DTT，pH 7.5），1ml；②生物素标记的 EBNA 对照 DNA 和未标记的 EBNA DNA，各 50μl；③EBNA 提取物，125μl；④1μg/μl poly dI/dC，125μl，用 10mmol/L Tris，1mmol/L EDTA（pH7.5）配制；⑤50%甘油，500μl；⑥1% NP-40，500μl；⑦1mol/L KCl，1ml；⑧100mmol/L $MgCl_2$，500μl；⑨200mmol/L EDTA pH 8.0，500μl；⑩5×上样缓冲液，1ml。

2）试剂盒 2：Chemiluminescent Nucleic Acid Detection Module（化学发光核酸检测试剂盒），主要成分包括：①稳定的辣根过氧化物酶标记的链亲和素，1.5ml；②Luminol/Enhancer 溶液，80ml；③稳定的过氧化氢溶液，80ml；④封阻缓冲液，500ml；⑤4×洗涤缓冲液，500ml；⑥底物缓冲液，500ml。

（9）非变性聚丙烯酰胺凝胶制备和电泳所需试剂：同前。

（10）7×PIC。

（11）主要器材：匀浆器、离心机、水浴箱、振荡器、紫外灯、电泳装置、膜转印装置、自显影盒（或化学发光成像系统）、不同量程的移液器、冰浴装置等。

【操作步骤】

1. 同位素标记法 EMSA 的操作步骤

（1）寡核苷酸探针退火：在一 Eppendorf（EP）管中，加入 5μl 10×NEBuffer-2，两条序列互补的单链寡核苷酸（20～50mer）各 0.5μg（或 50μmol/L 各 1μl），加无核酸酶的纯水补足至 50μl。90～95℃温育 10min，缓慢冷却至室温，然后–20℃保存。

（2）探针标记与纯化，下面介绍两种常用的方法

1）利用 T4 多核苷酸激酶进行标记：利用该酶和[γ-^{32}P]ATP 可对核苷酸链 5′端进行标记。具体操作如下：于冰浴状态下，在一 EP 管中，加入 10×T4 多核苷酸激酶缓冲液 1μl，上述退火后的双链寡核苷酸 2.5μl，无核酸酶的纯水 3.5μl，[γ-^{32}P]ATP 2μl，T4 多核苷酸激酶 1μl，混匀并短暂离心后，37℃温育 30min，加入 90μl 1×TE，然后用 Sephadex G50 离心柱层析进行纯化，去除游离的[γ-^{32}P]ATP，最后检测探针放射比活度。

除上述 Sephadex G50 柱层析纯化法外，也可按如下乙酸铵沉淀法进行纯化：①对于上述 100μl 标记好的探针，加入 25μl 5mol/L 乙酸铵、200μl 无水乙醇，混匀；在–70～–80℃沉淀 1 h（或在－20℃沉淀过夜）；在 4℃，12 000～16 000*g* 离心 20～30min，小心去除上清，切勿触及沉淀；②在 4℃，12 000～16 000*g* 离心 1min，小心移去残液，晾干沉淀，但不宜过分干燥。加入 70μl 1× TE 溶解沉淀，然后检测探针放射比活度。

2）利用 DNA 聚合酶 I 的 Klenow 片段进行标记：Klenow 片段可催化[α-^{32}P]dNTP 掺入双链核苷酸的 3′凹端。具体操作如下：于冰浴状态下，在一 EP 管中，加入 2.5μl 10×NEBuffer-2，2.5μl 上述退火后的双链寡核苷酸，16μl 无核酸酶的纯水，1μl 三种未标记 dNTP 混合物（每种 5mmol/L），2μl [α-^{32}P]dATP（或[α-^{32}P]dCTP），1μl Klenow 片段，混匀并短暂离心后，37℃温育 20min，加入 75μl 1×TE，然后用 Sephadex G50 离心柱层析或乙酸铵沉淀法进行纯化，继而检测探针放射比活度。【注：①针对[α-^{32}P]dATP，三种未标记 dNTPs 为 dGTP、dCTP 和 dTTP；针对[α-^{32}P]dCTP，三种未标记 dNTPs 为 dGTP、dATP 和 dTTP；②若要利用 3′凹端掺入标记法，在合成寡核苷酸单链时，每条单链的 5′端需添加 3～4 个核苷酸（其中至少有 1 个与拟掺入的[α-^{32}P]dNTP 互补），退火为双链后即可形成 3′凹端（或 5′突出端）。】

（3）提取细胞核蛋白：①细胞经一定条件处理后，针对贴壁细胞，直接弃培养液，用 PBS 冲洗细胞后，加入适量含 1×PIC 的 PBS，用细胞刮刮取细胞。针对悬浮细胞，经离心收集细胞，弃培养液后，用适量含 1×PIC 的 PBS 重悬细胞。②在 4℃，1500r/min 离心 5min，弃上清；针对每个样品，加入 500μl 含 1×PIC 的缓冲液 A，冰浴 10min。③在 4℃，3000r/min 离心 10min，收集沉淀；针对每个样品沉淀，用 50μl 含 PIC 的缓冲液 B 重悬（按照 374μl 的缓冲液 B 加入 26μl 4.6mol/L NaCl 的比例添加 NaCl），冰浴 30min，期间涡漩振荡数次。④在 4℃，24 000*g* 离心 20min，分别将上清移至新管中。测定蛋白浓度后，分装–70℃保存备用。

（4）制备非变性聚丙烯酰胺凝胶：EMSA 中使用的非变性聚丙烯酰胺凝胶通常为 4%～6%。下面以配制 50ml 4%非变性聚丙烯酰胺凝胶液为例介绍制胶过程：①在一容器中，加入 6.7ml 30%丙烯酰胺/N，N′-亚甲双丙烯酰胺溶液、5ml 5×TBE、500μl 10%过硫酸胺、50μl TEMED，加双蒸水补足至 50ml。混匀后立刻灌胶，尽量避免产生气泡。②小心插入梳子，待胶凝固。若胶凝固后不立即使用，可将胶打湿并用保鲜膜包裹后于 4℃放置备用。

（5）结合反应：在 EMSA 实验中，通常需设置阴性对照反应、样品反应、冷探针（即未标记探针）竞争反应和冷突变探针的反应。具体操作如下：①于冰浴状态下，在不同的反应管中，均分别加入 5×结合缓冲液 4μl，poly dI/dC（1μg/μl）1μl，BSA（10mg/ml）1μl，核蛋白 5μg，同位素标记探针 2μl（通常大于 10000cpm），无核酸酶的纯水补至终体积为 20μl，室温作用 20min。【注：对于阴性对照反应，则不加核蛋白；在冷探针竞争反应管中，另外加入冷探针 1μl（浓度为标记探针的 30～100 倍，通常使用 50 倍浓度）；在突变探针反应管中，则将野生型标记探针换成等量的突变型标记探针】；②每管加 3μl 无染料的上样缓冲液，混匀后立即上样；也可不加上样缓冲液而直接取 18μl 反应物上样电泳。

（6）预电泳和电泳

1）预电泳：拔除梳子，对各孔进行冲洗后，接通电源，在 100V 进行预电泳 30min 以上，电泳缓冲液为 0.5×TBE。

2）电泳：①将各反应样品分别加到非变性聚丙烯酰胺凝胶的不同孔中，将有溴酚蓝的上样缓冲液单独上样于 1 孔中作为电泳迁移标志；②在 0.5×TBE 缓冲液中电泳，电压100V，针对长为 20cm 的胶，直至溴酚蓝迁移至距胶板下缘 1/4～1/3 处为止（电泳时间通常为 2～3 h）。

（7）检测

1）停止电泳后，小心取下胶板，用吸水纸大致擦干胶板边缘的电泳液。小心打开两块胶板中的一块（注：通常选择先移走硅烷化处理的那块玻板），使凝胶贴于另一胶板，随后用与凝胶大小一致（或比凝胶略大）的滤纸从胶的一侧逐渐覆盖整个凝胶，轻轻把滤纸和胶压紧，继而把凝胶转移到滤纸上。

2）把滤纸侧向下，放平，在胶的上面覆盖一层保鲜膜（保鲜膜和胶之间应无气泡），在干胶机上 80℃干胶 1～2h。由于 γ-^{32}P 的射线穿透力较强，故可在胶的另一侧也放一滤纸，然后上面再加盖保鲜膜干胶，这样更便于后续操作。

3）将干胶固定于曝光盒中。

4）在暗室中，将 X-胶片放入固定有干胶的曝光盒中，于–20～–80℃曝光（曝光时间视情况而定）。

5）取出胶片，进行显影和定影处理，然后进行结果分析。

2. 生物素标记法 EMSA 的操作步骤

（1）探针退火：在一 Ep 管中，将 100pmol/μl 的两条生物素标记单链寡核苷酸探针按照 1∶1 的摩尔比进行混合，然后用退火缓冲液将混合物稀释到 5pmol/μl。90～95℃温育10min，缓慢冷却至室温，分装后–20℃保存。

（2）提取细胞核蛋白：同前。

（3）制备非变性聚丙烯酰胺凝胶：同前。

（4）结合反应：①于冰浴状态下，在不同反应管中，均分别加入 10×结合缓冲液 2μl poly dI/dC（1μg/μl）1μl，50%甘油 1μl，100mmol/L $MgCl_2$ 1μl，1% NP-40 1μl，生物素标记的探针 2μl（20～100fmol），核蛋白提取物 4μg，无核酸酶的纯水补至终体积为 20μl，室温放置 20min。【注：对于阴性对照反应，则不加核蛋白；在冷探针竞争反应管中，另外加入冷探针 2μl（浓度为标记探针的 30～100 倍，通常使用 50 倍浓度）；在突变探针反应管中，则将野生型标记探针换成等量的突变型标记探针】。②加 5μl 上样缓冲液，混匀后立即上样。

（5）预电泳和电泳：同前。

（6）转膜及紫外交联

1）转膜：①用 0.5×TBE 缓冲液浸泡尼龙膜 10min 以上；②取下电泳后的凝胶，在预冷的 0.5×TBE 中，用干净的海绵以“三明治”的方法将胶与适当大小的尼龙膜固定好（类似 Western blot 实验中的膜固定方法）；③380mA 转膜 30～60min（通常为 30min）。

2）紫外交联：转膜结束后，取出尼龙膜，在紫外灯下（5～10cm 的距离），交联 5～10min。

（7）化学发光法检测生物素标记探针（以 8cm×10cm 的尼龙膜为例）：操作过程与 Western blot 实验中的信号检测过程类似，①37～50℃温育封阻缓冲液和 4×漂洗缓冲液，直至溶液变得清澈；②将尼龙膜置于 20ml 封阻缓冲液中，37℃温和振摇 15min；③向上述封阻反应体系中加入 66.7μl 辣根过氧化物酶标记的链亲和素（即 1∶300 稀释），于 37℃振摇孵育 15min；④以 20ml 1×漂洗缓冲液于 37℃振摇洗膜 4 次，每次 5～20min；⑤将膜在 30ml 底物平衡缓冲液中于 37℃振摇孵育 5min；⑥弃底物平衡缓冲液，轻轻吸干液体，用工作浓度的底物溶液浸泡膜 5min（勿摇动）；⑦将膜固定于曝光盒内，然后在暗室中，将 X-胶片放入固定有膜的曝光盒中曝光（曝光时间视情况而定）。随后取出胶片，进行显影和定影处理，并对结果进行观察。【注：若使用化学发光成像系统，则可省去 X-胶片曝光、显影和定影处理，而是直接在化学发光成像系统下观察和记录结果。】

【注意事项】

（1）针对同位素标记探针，为了实验的简便起见，通常不必测定探针的放射比活度；^{32}P 标记探针最好立即使用，也可短暂保存在 4℃或–20℃备用，通常不超过 1 周，否则信号会明显衰减（因 ^{32}P 的半衰期仅约 15 天）。另外，操作过程中应有射线防护装置，尽量避免射线辐射；被同位素污染的材料应妥善处理。

（2）制备非变性聚丙烯酰胺凝胶过程中应避免产生气泡。如果发现非常容易形成气泡，可把其中一块玻板进行硅烷化处理。

（3）非变性聚丙烯酰胺凝胶的浓度不宜过大，否则在电泳时，核酸探针与蛋白质的结合物不易进胶。

（4）预电泳时，如果有多余的上样孔，可于其中 1 孔中加入少量含溴酚蓝的上样缓冲液，以观察电泳是否正常进行。

（5）因染料常会抑制蛋白质与 DNA 结合，建议尽量使用无染料的上样缓冲液（甚至不加上样缓冲液而直接上样），而将有染料的上样缓冲液单独上样于 1 孔中作为电泳迁移标志。如果对于使用无染料上样缓冲液在上样时感到非常困难，可在无色上样缓冲液中添加极少量的含溴酚蓝的上样缓冲液，至能观察到蓝色即可。

（6）电泳通常在 4℃环境中进行，应确保胶的温度不超过 30℃，否则需适当降低电压。

（7）为了研究 DNA 序列与核蛋白结合的特异性，通常需进行冷探针竞争实验和突变探针实验。为了进一步明确 DNA 所结合的核蛋白，还需加入目的核蛋白的相应抗体共同孵育，进行超迁移阻滞实验（super shift assay）。Super-shift 反应如下：①于冰浴状态下，加入结合缓冲液、poly dI/dC、核蛋白、目的核蛋白的特异性抗体（视抗体效价而加入不同的量），混匀后冰浴或 4℃放置 20min；②加入带同位素或生物素标记的寡核苷酸探针，室温孵育 20min。后续步骤同上述相应 EMSA。

【思考题】

（1）在进行 EMSA 时，使用同位素和非同位素标记探针各有何优缺点？

（2）在结合反应中加入 poly dI/dC 有什么作用？

（3）要成功进行 EMSA 实验，优化哪些因素至关重要？

（4）如何利用冷探针竞争实验和突变探针实验来明确核蛋白与 DNA 结合的特异性？

（5）与 Western blot 相比，EMSA 在检测转录因子活性的应用中具有哪些优势？

（6）EMSA 实验中至少应设哪些对照？

（7）如何进行 Super-shift 实验？

（何凤田）

实验 45　染色质免疫沉淀实验

【实验目的】

（1）掌握染色质免疫沉淀实验（chromatin immunoprecipitation，ChIP）的基本原理及应用。

（2）掌握 ChIP 实验的基本操作过程。

【实验原理】

ChIP 是研究细胞内基因组 DNA 的某一区域与特定蛋白质[包括组蛋白和非组蛋白（如转录因子）]相互作用的有效方法。其基本原理如图 2-6-6 所示：在活细胞状态下，通过固定而使非组蛋白与所结合的 DNA 交联起来（由于组蛋白与 DNA 结合紧密，故通常无需固定交联；而非组蛋白与 DNA 的亲和力相对较弱，故需要固定交联）；然后裂解细胞，释放染色质，经机械（或酶切）作用将其随机剪切为 200～1000bp 的染色质 DNA 片段；继而利用目的蛋白的特异性抗体沉淀蛋白质/DNA 片段复合物，从而特异性富集与目的蛋白结合的 DNA 片段；随后通过解交联释放出 DNA 片段，并进行纯化；最后利用 PCR 或其他方法对所纯化的 DNA 片段进行分析，从而获得蛋白质与 DNA 相互作用的信息。

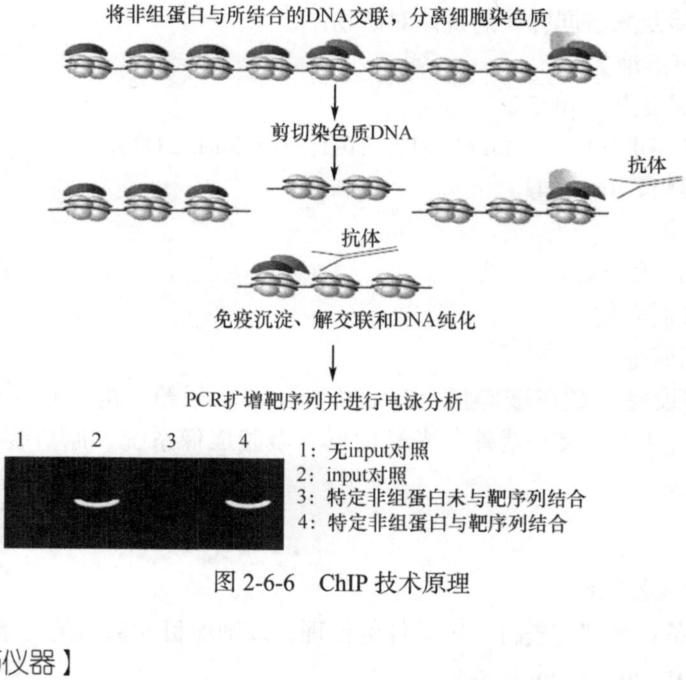

图 2-6-6　ChIP 技术原理

【实验材料与仪器】

进行 ChIP 实验的材料和试剂多种多样，方法也有一定差异，但实验原理基本相同。本实验以美国 IMGENEX 公司的 QuickChIP™ 试剂盒为例介绍 ChIP 实验操作方法。

1. 主要实验材料与试剂（所示 pH 均指在 25℃时的 pH）

（1）细胞、细胞培养皿（或培养瓶）、细胞刮、离心管、PCR 管等。

（2）QuickChIP™ 试剂盒，其成分包括如下

1）洗涤缓冲液 A：25ml，4℃保存。

2）洗涤缓冲液 B：25ml，4℃保存。

3）洗涤缓冲液 C：25ml，4℃保存。

4）洗涤缓冲液 D：50ml，4℃保存。

5）SDS 裂解缓冲液：15ml，4℃保存。

6）10×甘氨酸：25ml，4℃保存。

7）10×PBS：55ml，4℃保存。

8）ChIP 稀释缓冲液：25ml，4℃保存。

9）鲑鱼精 DNA/蛋白 G-琼脂糖（protein G agarose）：2×2ml，4℃保存。

10）100×PMSF：0.75ml，−20℃保存。

11）100×PIC（protease inhibitor cocktail，"鸡尾酒式"蛋白酶抑制剂）：0.75ml，−20℃保存。

12）10mg/ml 蛋白酶 K：60μl，−20℃保存。

13）20% SDS：625μl，室温保存。

14）1mol/L $NaHCO_3$：1.25ml，室温保存。

15）0.5mol/L EDTA：250μl，室温保存。

16）5mol/L NaCl：500μl，室温保存。

17）1mol/L Tris-HCl（pH6.5）：500μl，室温保存。

（3）目的抗体及来自同种属的抗体对照物。

（4）37%甲醛溶液。

（5）3mol/L 乙酸钠（pH5.2）。

（6）1×TE（pH8.0）：10mmol/L Tris-HCl，1mmol/L EDTA。

（7）无水乙醇和 70%乙醇。

（8）TE-饱和酚。

（9）*Taq* DNA 聚合酶。

（10）dNTPs 混合物。

（11）细胞培养基。

2. 主要仪器设备 超声破碎仪、离心机、恒温水浴箱、电泳仪、琼脂糖凝胶制胶板、自动旋转架、PCR 仪、紫外分光光度仪、凝胶成像系统、冰浴装置、不同量程的移液器。

【操作步骤】

1. 交联前的准备工作

（1）细胞准备：对细胞进行一定条件的处理，以确保目的基因的转录发生改变。细胞密度应达到 5×10^6 细胞/10cm 培养皿。

（2）配制 1%甲醛溶液：270μl 37%甲醛加入 10ml 无血清细胞培养基中即可，注意应使用高质量的甲醛。

（3）配制 1×PBS：加 3ml 10×PBS 于 27ml 双蒸水中。

（4）100×PIC 和 100×PMSF 置于冰上备用。

（5）SDS 裂解缓冲液和 10×甘氨酸置于室温备用。

（6）优化超声条件，以保证目的细胞的染色质 DNA 能被剪切为 200～1000 bp 的片段，具体操作如下：①按下述“实验步骤 3”裂解细胞后，将裂解液平均分为三份置于冰上，用超声破碎仪将染色质 DNA 随机剪切为小片段，通过设置不同参数而优化超声条件，如可采用：5 个脉冲，每个 20s，脉冲间隔 30s；10 个脉冲，每个 20s，脉冲间隔 30s；20 个脉冲，每个 20s，脉冲间隔 30s。各脉冲间隔时均将样品置于冰上。②将不同超声条件处理后得到的染色质 DNA 片段于 4℃以 12 000～13 000*g* 离心 10min，去除不溶物，收集上清液。③针对不同样品，取不同量（5μl、10μl、20μl）在 1%琼脂糖凝胶中电泳，观察染色质 DNA 片段大小。以 DNA 片段集中在 200～1000bp 的相应超声条件为最佳条件。若得到的染色质 DNA 片段大小不在此范围内，则应重新调整超声处理条件，直到获得优化条件为止。

2. 将蛋白质与所结合的 DNA 交联

（1）针对贴壁细胞：①小心吸出细胞培养液，加入 1%甲醛溶液 10ml，37℃孵育 10min。此步的目的是固定细胞，从而使核内结合于 DNA 的蛋白质与相应 DNA 交联在一起（针对组蛋白，无需此固定交联）。②加入 10×甘氨酸 1ml，轻摇混匀，室温放置 5min。此步的目的是终止固定过程，以保证染色质不被过度固定。③小心尽量吸净培养液，用预冷的 1×PBS 10ml 洗细胞两次。注意勿触及细胞。④加入预冷的内含 100×PIC 和 100×PMSF 各 10μl 的 1×PBS 1ml，刮取细胞并移至离心管中，于 4℃以 1200r/min（约 3000*g*）离心 5min，小心移走上清液，得到细胞沉淀（细胞沉淀可于−80℃保存数月）。

（2）针对悬浮细胞：①1200r/min 离心 5min，小心吸出培养液，加入 1%甲醛溶液 10ml，37℃孵育 10min；②加入 10×甘氨酸 1ml，轻摇混匀，室温放置 5min；③1200r/min 离心 5min，小心吸出培养液，用预冷的 1×PBS 10ml 洗细胞两次；④加入预冷的内含 100×PIC 和 100×PMSF 各 10μl 的 1×PBS 1ml，于 4℃以 1200r/min（约 3000*g*）离心 5min，得到细胞沉淀（细胞沉淀可于−80℃保存数月）。

3. 裂解细胞 重悬细胞于内含 100×PIC 和 100×PMSF 各 10μl 的 1ml SDS 裂解液中，冰上放置 10min。（注：此时可取 5μl 细胞裂解液行琼脂糖凝胶电泳，以观察未经剪切的 DNA）。

4. 超声剪切 DNA

（1）根据前述优化的超声条件，在冰上超声剪切染色质 DNA，使其成为 200～1000bp 的片段。

（2）于 4℃以 12 000～13 000*g* 离心 10min，收集上清液至另一离心管中。（注：此时可取 25μl 上清进行 DNA 浓度和剪切效果的分析）。至此，所获得的上清液约为 1ml，应够 5 次免疫沉淀使用（每次约 200μl）。所获超声剪切物可于−80℃保存数月。

5. 预沉淀

（1）准备工作：①100×PIC 置于冰上备用；②配制含有 PIC 的 ChIP 稀释缓冲液（每 800μl 中含有 ChIP 稀释缓冲液 790μl，100×PIC 10μl）；③确定免疫沉淀反应的数量（注意要设一个抗体对照反应）。一个免疫沉淀反应需使用 200μl 来自上述“实验步骤 4”的剪切后上清和 800μl 含有 PIC 的 ChIP 稀释缓冲液。

（2）预沉淀：①针对每个免疫沉淀反应，加入含有 PIC 的 ChIP 稀释缓冲液 800μl，来自“实验步骤 4”的剪切后上清 200μl，鲑鱼精 DNA/蛋白 G-琼脂糖 75μl（使用前要轻轻重悬），4℃旋转孵育 30min。此步是为了去除与蛋白 G-琼脂糖非特异性结合的分子。②以 1200r/min 离心鲑鱼精 DNA/蛋白 G-琼脂糖 1min，将上清转移至新的离心管中。取 10μl 上清保存于 4℃备用（作为“input DNA”对照）。

6. 免疫沉淀反应

（1）向预沉淀后的上清液中加入针对 DNA 结合蛋白的特异性抗体（同时设一个抗体阴性对照），抗体使用量可视抗体效价而定（一般在 1～10μg）。

（2）4℃旋转孵育过夜（孵育时间可视情况而调整）。

7. 收集、洗涤与洗脱

（1）准备工作：①100×PIC 和 100×PMSF 置于冰上备用（根据需要使用）；②1mol/L $NaHCO_3$ 置于室温备用；③针对每个样品准备 500μl 洗脱缓冲液（1%SDS，0.1mol/L $NaHCO_3$）：25μl 20% SDS，50μl 1 mol/L $NaHCO_3$，425μl 双蒸水。

（2）收集：向上述孵育过夜的免疫沉淀反应物中，加入 60μl 鲑鱼精 DNA/蛋白 G-琼脂糖，于 4℃旋转孵育 1h。1200r/min 离心 1min，弃上清液，收集蛋白 G-琼脂糖。此步的目的是收集抗体/抗原/DNA 三联复合物。

（3）洗涤：按如下方法洗涤蛋白 G-琼脂糖/抗体/抗原/DNA 复合物，①将所收集的蛋白 G-琼脂糖重悬于 1ml 预冷的洗涤缓冲液 A 中，旋转孵育 3～5min。1200r/min 离心 1min，弃上清液。②同法用预冷的洗涤缓冲液 B 洗涤一次。③同法用预冷的洗涤缓冲液 C 洗涤一次。④同法用预冷的洗涤缓冲液 D 洗涤两次。

（4）洗脱：①向每个蛋白 G-琼脂糖/抗体/抗原/DNA 复合物中，分别加入 250μl 洗脱缓冲液，轻弹管壁混匀，室温放置 15min；向来自“预沉淀”步骤保存的 10μl “input DNA”上清液中加入 500μl 洗脱缓冲液，室温放置一边，直到“解交联”步骤使用；②1200r/min 离心 1min，收集上清液；③同法对蛋白 G-琼脂糖/抗体/抗原/DNA 复合物进行重复洗脱一次，收集上清液并与上述上清合并（此时上清总体积约 500μl）。

8. 解交联

（1）向上述约 500μl 洗脱上清及放置在一边的“input DNA”管中，分别加入 5 mol/L NaCl 20μl，65℃水浴 4h 至过夜。短暂离心收集管壁液体。

（2）向各管中均加入 0.5mol/L EDTA 10μl，1mol/L Tris-HCl（pH6.5）20μl，10mg/ml 的蛋白酶 K 2μl，45℃孵育 1h。

9. DNA 纯化　纯化 DNA 的方法很多，如酚/氯仿抽提法、柱纯化法等。本实验仅介绍比较通用的酚/氯仿抽提法。

（1）向每管解交联的液体中，加入等体积的 TE-饱和酚，剧烈混合 15～30s。

（2）室温下以 12 000r/min 离心 5min，小心将上层水相移至新的离心管中（注意避免触及酚/水相交界处的蛋白质）。

（3）用等体积的 1∶1 的 TE-饱和酚∶氯仿重复抽提 1 次。（此步可视情况而定，如果在单独 TE-饱和酚抽提时小心操作，未触及酚/水相交界处的蛋白质，此步通常可省略）。

（4）加入 2 倍体积的无水乙醇和 1/10 体积的 3mol/L 乙酸钠（pH5.2），颠倒混匀，−20℃放置 1h 至过夜。

（5）于 4℃以 12 000r/min 离心 15min，小心移走上清（勿触及沉淀），室温下倒置离心管于吸水纸上，尽量吸净液体。

（6）用 70%乙醇 500μl 洗涤一次，以 12 000r/min 离心 5min，小心移走上清液（勿触及沉淀）。室温下倒置离心管于吸水纸上，直至沉淀干燥。

（7）将干燥后的 DNA 溶解于 50μl 1×TE 中。

10. DNA 样品的 PCR 分析　以上述溶解于 1×TE 中的 DNA 为模板，利用特异性引物进行 PCR。应使 PCR 终止于线性反应时段（具体 PCR 参数和循环次数应进行优化）。最后通过对扩增产物进行电泳（乃至测序）来分析蛋白质所结合的 DNA 区域。

【注意事项】

（1）甲醛易燃、有毒性和致癌性，可通过吸入或皮肤接触染毒，操作时应在通风橱中进行。

（2）甲醛交联的时间对于 ChIP 实验的结果相当重要。若交联时间过长，会导致蛋白质与 DNA 结合的量减少及抗原决定簇的减少或改变，从而影响抗体的结合。如果对交联时间没有把握，可通过设定不同时间而优化交联条件。

（3）超声处理样品时，探头需深入样品中 1cm 左右，因为样品中含有 SDS，若探头离液面太近，易引起发泡，适当降低超声功率可减少样品发泡现象。

（4）在 ChIP 实验中，通常使用针对多个抗原表位的多克隆抗体，而不用针对单一表位的单克隆抗体，因为交联过程可能会明显改变某个（或某些）表位。至于抗体与抗原结合的有效性和特异性也需事先鉴定。

（5）在对蛋白 G-琼脂糖进行离心时，离心力不要过大（切勿超过 3000g），否则可破坏琼脂糖或使其形状发生改变，从而影响实验结果。

（6）解交联时间一定要在 4h 以上，否则将影响实验结果。

（7）实验中应考虑的对照：如有可能，应尽量将下列对照设齐，①阴性抗体对照；②阳性抗体对照；③阴性 PCR 引物对照；④Input DNA 对照。Input DNA 来自染色质，与样品经相似的解交联处理，其可作为 PCR 有效性的对照。

（8）实验中所有试剂都应确保无 DNA 酶污染；除在“解交联”步骤中使用蛋白酶 K 外，其他试剂（特别是在“解交联”前的步骤中使用的试剂）均应确保无蛋白酶污染。

（9）因较高温度可解除甲醛的交联作用，故诸多操作都应在冰浴或 4℃下进行。

【思考题】

（1）在 ChIP 实验中，用甲醛进行交联固定的主要目的是什么？在什么情况下不需甲醛交联固定？

（2）解交联之后加入蛋白酶 K 有何作用？

（3）为什么 ChIP 实验中诸多操作均应在冰上或 4℃条件下进行？

（4）为什么 ChIP 实验中要求将染色质 DNA 剪切为 200～1000bp 的片段？

（5）影响 ChIP 实验效率的主要因素有哪些？如何对这些因素进行优化？

（何凤田）

实验 46　酵母双杂交实验

【实验目的】

（1）掌握酵母双杂交（Yeast two hybrid）实验的基本原理及应用。

（2）掌握酵母双杂交实验的基本操作过程。

【实验原理】

蛋白质的酵母双杂交实验是以酵母的遗传分析为基础，研究转录因子之间的相互作用对真核基因转录调控影响的实验。转录因子可以与 DNA 上特异的序列或结合位点结合而启动相应基因的转录。转录因子的 DNA 结合与转录激活功能是由其内在的相互独立的两个结构域即 DNA 结合结构域（Binding Domain，BD）和转录活化结构域（Activation Domain，AD）分别执行的，并且这两个结构域对于基因的转录活化都缺一不可的。杂交实验采用两种系统：LexA 系统和 GAL4 系统。在 LexA 系统中，DNA 结合结构域由一个完整的原核蛋白 LexA 构成，转录活化结构域则由一个 88 个氨基酸的酸性的大肠杆菌多肽 B42 构成，它在酵母中可以活化基因的转录；在 GAL4 系统中，BD 和 AD 分别由 Gal4 蛋白上不同的两个结构域（1-147 氨基酸与 768-881 氨基酸）构成。在利用 GAL4 系统筛选 cDNA 文库或研究蛋白质间的相互作用时，DNA 结合结构域与靶蛋白（"诱饵"）相结合，转录活化结构域与文库蛋白或要验证的相互作用蛋白相结合。一般情况下，单独的 BD 可以与 GAL4 上游活化序列（upstream activate sequence，UAS）结合但不能引起转录，单独的 AD 则不能与 GAL UAS 结合，只有当 BD 与 AD 分别表达的融合蛋白由于相互作用而导致两者在空间上相互靠近组成一个完整的转录因子时，BD 与 AD 才能与 GAL UAS 结合并且引起下游的报道基因的转录。在 BD 与 AD 要导入的酵母菌 AH109 中，通过基因工程的方法在 GAL4 UASs 和启动子的下游构建了 3 个报道基因——*ADE*2，*HIS*3，*MEL*1（或 *LacZ*），因此可以通过营养缺陷筛选和酵母菌表型的改变来筛选或验证两个蛋白质之间是否存在相互作用。GAL4 系统的原理如图 2-6-7 所示。

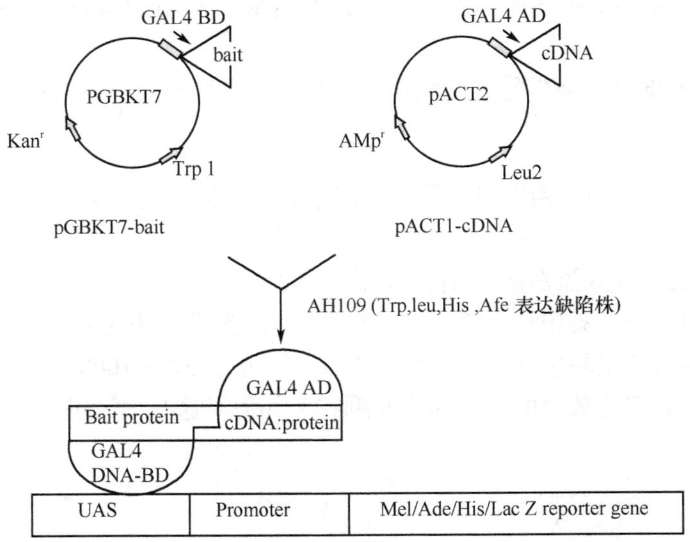

图 2-6-7 酵母双杂交系统工作原理

酵母双杂交系统用于研究蛋白质-蛋白质之间相互作用，具有如下优势：①在真核酵母细胞中表达的融合体蛋白可能保持天然的折叠状态，类似其在体内生理状态下的情况，这是其他离体生化检验方法所缺乏的，因此与以往研究蛋白质—蛋白质之间相互作用的实验手段相比，它所证实的蛋白质间相互作用将更接近于在体的真实水平。②双杂交系统具有很高的敏感度，可以检测到在蛋白质之间结合常数低至 1mmol/L 左右的微弱作用。许多微弱或短暂的蛋白质之间的相互作用可以借助报道基因表达过程中的多级放大效应反映出来；融合蛋白基因在强启动子的作用下，处于较高的表达水平。③在筛选 cDNA 文库时双杂交系统能够简捷地得到编码相互作用蛋白的基因序列，它只需构建质粒而不必准备抗体或纯化蛋白，省略了其他体外检测蛋白之间相互作用方法所必需的蛋白抽提、纯化等繁琐步骤。本系统的不足之处在于：①由于融合体蛋白必需转运至核内才能活化转录，因此对于胞外配体—受体作用及需要核外修饰或受磷酸化等翻译后修饰过程介导的蛋白质间相互作用而言，该系统的应用受到一些限制。②在进行文库筛选时，假阳性结果常常干扰实验的准确性，除某些文库编码的蛋白质本身含有转录活化成分外，细胞内的其他无关蛋白也可能有类似作用，因此双杂交系统检测的结果必须通过其他蛋白间相互作用的实验如亲和层析或免疫共沉淀等来进一步验证。

本实验主要学习采用酵母双杂交系统来检测两个已知蛋白之间是否存在相互作用（图 2-6-8、图 2-6-9）。

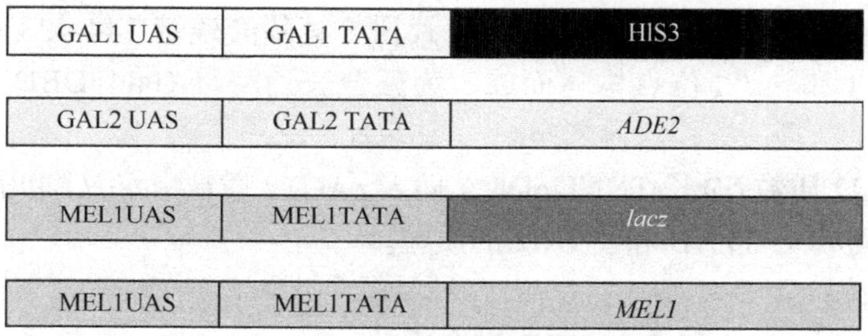

图 2-6-8　酵母菌 AH109 的报告基因结构

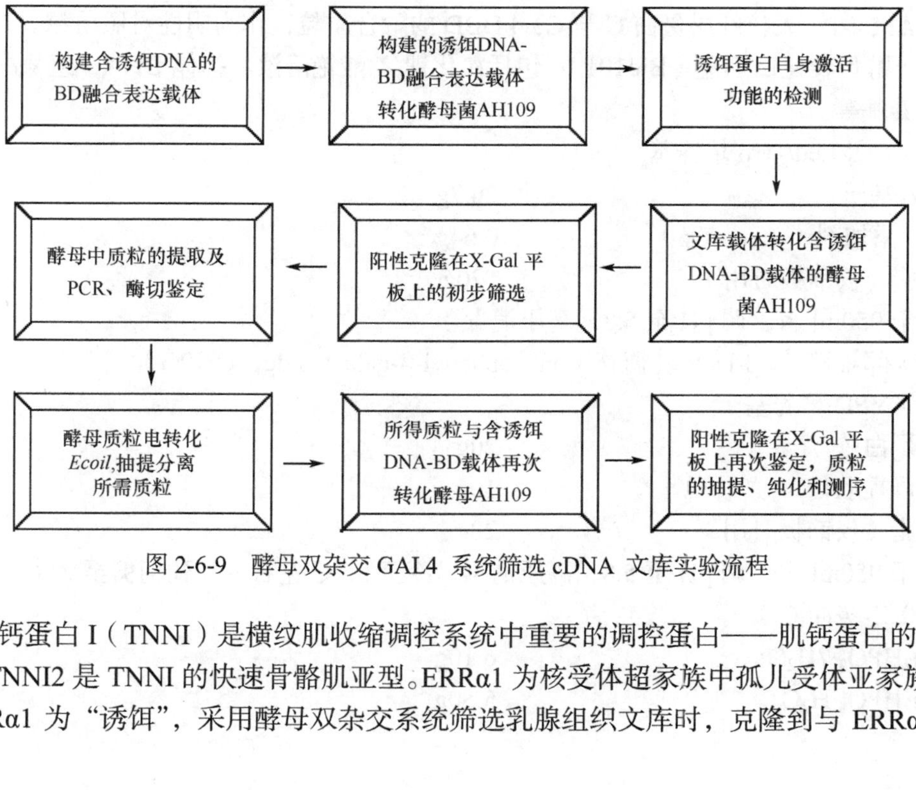

图 2-6-9　酵母双杂交 GAL4 系统筛选 cDNA 文库实验流程

肌钙蛋白 I（TNNI）是横纹肌收缩调控系统中重要的调控蛋白——肌钙蛋白的抑制性亚基，TNNI2 是 TNNI 的快速骨骼肌亚型。ERRα1 为核受体超家族中孤儿受体亚家族成员。以 ERRα1 为“诱饵”，采用酵母双杂交系统筛选乳腺组织文库时，克隆到与 ERRα1 有相互作用的蛋白质TNNI2。本实验主要学习采用酵母双杂交系统验证TNNI2与核受体ERRα1在酵母细胞中的相互作用。在酵母双杂交系统检测两个已知蛋白质的相互作用时，常采用酵母报告株Y187，两个蛋白质的相互作用将激活Y187中的β-半乳糖苷酶活性。β-半乳糖苷酶活性分析常采用菌落影印滤膜分析和以ONPG为底物的液体β-半乳糖苷酶活性分析法。菌落影印滤膜分析是基于x-ga1为底物的蓝/白斑筛选定性分析。本实验主要依据Bio101酵母转化试剂盒说明，采用小量转化法将待测相互作用质粒共转化到酵母报告株Y187中，然后依据Clontech操作手册中的液态β-半乳糖苷酶活性测定方法（以ONPG为底物液体分析法）分析阳性克隆的β-半乳糖苷酶活性。以β-半乳糖苷酶活性的强弱反映蛋白相互作用的强度。

【实验材料与仪器】

1. 试剂

（1）Y187：酵母报告宿主株，含*Lac Z*报告基因，用于检测两已知蛋白间的相互作用。转化标志：*TRP1*，*LEU2*。

（2）质粒

pGBT9-hERRα1/LBD：ERRα1的LBD片段（氨基酸残基144-423），插入载体质粒pGBT9的*Eco*R Ⅰ和*Sal* Ⅰ位点构建而成，为融合表达酵母Gal4 DBD和hERRα1/LBD的质粒。

pACT2-TNNI2质粒：全长TNNI2cDNA插入pACT2质粒*BamH* Ⅰ和*Xho* Ⅰ位点构建而成，为融合表达酵母Gal4 AD和TNNI2的质粒。

阳性对照质粒：

pACT3-1，编码p53H和Gal4 DBD融合质粒。

pTD1-1，编码SV40大T抗原和Gal4 AD的融合质粒。

pLAM5′-1：人核纤层蛋白C与Gal4 DBD的融合质粒，作为阴性对照质粒。

（3）酵母转化试剂盒（Bio101）：包括氯化锂/乙酸铯溶液、担体DNA，组氨酸溶液，SOS培养基等。

（4）SD/-Leu/-Trp培养基

SD 基质	26.7g
DO添加剂（-Leu/-Trp）	0.64g
琼脂（仅铺板时用）	20g

溶于950ml水，调pH至5.8，高压消毒。

（5）邻-硝基苯-β-D-半乳糖苷（onitrophenyl-β-galactoside，ONPG）

（6）YPD培养基

胰蛋白胨	20g
酵母提取物	10g
琼脂（仅铺板时用）	20g

溶于950ml水，调pH至5.8，高压消毒，冷至55°C左右，加葡萄糖至2%。

（7）Z-缓冲液

$Na_2HPO_4·7H_2O$	6.10g
$Na_2HPO_4·H_2O$	5.50g

KCl　　0.75g

$MgSO_4 \cdot 7H_2O$　　0.246g

溶于 950ml 水，调 pH 至 7.4，高压消毒。

（8）β-巯基乙醇。

2. 主要器材　台式低温高速离心机、电子天平、细胞培养用恒温恒湿培养箱、721B 型分光光度计等。

【操作步骤】

1. 制备酵母 Y187 株工作储存平板　酵母 Y187 株储存在含 25%甘油的 YPD 培养液中，−70℃可无限期保存。将冷冻储存株小量划线于 YPD 琼脂平板。30℃孵育平板，直到酵母菌落直径达约 2mm（需 3～5 天）。用蜡膜密封平板，4℃可保存 2 个月。

2. 酵母感受态细胞制备

（1）先挑取酵母 Y187 单菌落，在 100ml YPD 培养基中，30℃震荡培养到对数生长期。

（2）400*g* 离心 5min 沉淀细胞，悬浮于 5ml TE（pH7.5）中，离心沉淀细胞。

（3）沉淀轻轻悬浮于 5ml 氯化锂/乙酸铯溶液，30℃轻轻震荡培养 30min。

（4）400*g* 离心 5min，沉淀细胞。

（5）细胞沉淀轻柔悬浮于 1ml TEB pH7.5，此酵母感受态细胞用于转化。

3. 待测相互作用质粒共转化酵母菌株　转化反应体系为：100μl 酵母感受态细胞，5μl 担体 DNA，5μl 组氨酸溶液，pGBT9-hERRα1/LBD 与 pACT2-TNNI2（实验组）、pACT3-1 与 pTD1-1 质粒（阳性对组）或 pLAM5′-1 与 pACT2-TNNI2（阴性对组）各 100ng，轻轻混匀并在室温孵育 15min，42℃热休克 10min，冷至 30℃，高速离心 1min 沉淀细胞，重悬于 200μl SOS 中，铺于 SD/-Leu/-Trp 平板上。30℃培养 48～72h，直至长出菌落。

4. 液态 β-半乳糖苷酶活性测定　依据 Clontech 操作手册中的液态 β-半乳糖苷酶活性测定方法（以 ONPG 为底物液体分析法）分析阳性克隆的 β-半乳糖苷酶活性。

（1）取完整的（直径 1～3mm）酵母菌落在 1ml SD/-Leu/-Trp 液体培养基中 30℃振荡培养过夜。

（2）0.5ml 过夜培养物转接至 3ml YPD 培养基中，30℃振荡培养 3～5h，至对数生长期，精确记录 OD_{600} 值。

（3）取 1.5ml 菌液高速离心 30S 沉淀细胞，1.5ml Z-缓冲液洗沉淀，悬浮沉淀在 300μl Z-缓冲液（浓缩 5 倍）。

（4）取 100μl 悬浮液至新的 EP 管，将该 EP 管放在液氮中冻 0.5～1min。37℃水浴融化 0.5～1min。

（5）以 100μl Z-缓冲液为空白管，分别加 0.7ml Z-缓冲液／β-巯基乙醇至反应管和空白管。记录时间，立即加 160μl ONPG／Z-缓冲液至反应管和空白管。30℃保温，出现黄色后，加 0.4ml Na_2CO_3 至反应管和空白管，终止反应，记录经过的时间。

（6）反应管 14 000r/min 离心 10min，沉淀细胞碎片。小心转移上清至洁净的样品池。以空白管调零，测样品管 OD_{420}。

β-半乳糖苷酶活性单位的计算：1 个 β-半乳糖苷酶活性单位定义为每分钟分解 1 μmol ONPG 生成硝基苯酚的酶活性。

β-半乳糖苷酶活性单位（U）$=1000\times OD_{420}/(t\times v\times OD_{600})$

t：反应时间（min）；v：0.1ml×浓缩系数；OD_{600}：A_{600}/ml 菌液

【注意事项】

（1）由于 *lacZ* 启动子结构的长度差异，在阳性双杂合分析中，Y187 比 Y190 或 CG-1945 有更高的 β-半乳糖苷酶活性。因此，Y187 的液体培养物可用于 β-半乳糖苷酶定量分析。

（2）酵母 Y187 株工作储存平板必须新鲜制备，如果不能重新获得酵母株，可能是细胞已沉到管底，此时，应于冰上融化培养物，振荡混匀后，重新划板，储存管可再冻。酵母菌落呈轻微粉红色或红色（因为 ade2-101 突变），且能长到直径 2mm。由于自发突变消除了线粒体功能，约 1%～2%的酵母株可形成白色菌落，接种培养物时应避免使用这些白色菌落。工作储存平板用蜡膜密封后，4℃可保存 2 个月，2 个月后需从冻存株中重新划板。

（3）为了减少实验可变性，对 5 个独立的菌落进行 x-ga1 活性测定，每一测定做三个平行管。

（4）由于 promoter 强弱不一，定量分析可能仅适合 Y190 或 Y187 酵母，而不适合 CG-1945 酵母。

（5）x-ga1 比 NPG 敏感百万倍。瞬时或弱的双杂合不能用 ONPG 进行定量分析。

【思考题】

（1）与以往研究蛋白质—蛋白质之间相互作用的实验手段相比，酵母双杂交系统有何优、缺点？

（2）β-半乳糖苷酶活性的强弱为什么可以反映蛋白相互作用的程度？

（陈　彬）

实验 47　RNA 干扰实验

【实验目的】

（1）了解 siRNA 技术的基本原理及其应用。

（2）掌握 siRNA 的实验方法。

【实验原理】

病毒基因、人工转入基因、转座子等外源性基因随机整合到宿主细胞基因组内，并利用宿主细胞进行转录时，常产生一些 dsRNA。宿主细胞对这些 dsRNA 迅即产生反应，其胞质中的核酸内切酶 Dicer 将 dsRNA 切割成多个具有特定长度和结构的小片段 RNA（大约 21～23bp），即 siRNA。siRNA 在细胞内 RNA 解旋酶的作用下解链成正义链和反义链，继之由反义 siRNA 再与体内一些酶（包括内切酶、外切酶、解旋酶等）结合形成 RNA 诱导的沉默复合物（RNA-induced silencing complex，RISC）。RISC 与外源性基因表达的 mRNA 的同源区进行特异性结合，RISC 具有核酸酶的功能，在结合部位切割 mRNA，切割位点即是与 siRNA 中反义链互补结合的两端。被切割后的断裂 mRNA 随即降解，从而诱发宿主细胞针对这些 mRNA 的降解反应。siRNA 不仅能引导 RISC 切割同源单链 mRNA，而且可作为引物与靶 RNA 结合并在 RNA 聚合酶（RNA-dependent RNA polymerase，

RdRP）作用下合成更多新的 dsRNA，新合成的 dsRNA 再由 Dicer 切割产生大量的次级 siRNA，从而使 RNAi 的作用进一步放大，最终将靶 mRNA 完全降解。RNAi 的基本原理见图 2-6-10。

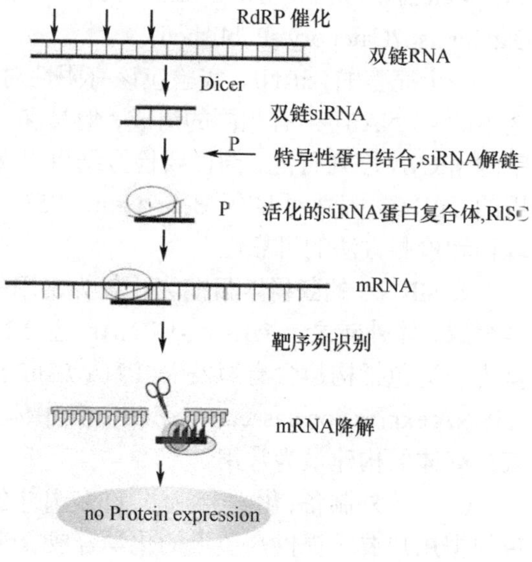

图 2-6-10　RNAi 的基本原理

RNA 干扰（RNA interfering，RNAi）现象是由与靶基因序列同源的双链 RNA 引发的广泛存在于生物体内的序列特异性基因转录后的沉默过程。其基本特征包括：①RNAi 是转录后水平的基因沉默机制；②RNAi 具有很高的特异性，只降解与之序列相应的单个内源基因的 mRNA；③RNAi 抑制基因表达具有很高的效率，表型可以达到缺失突变体表型的程度；④RNAi 抑制基因表达的效应可以穿过细胞界限，在不同细胞间长距离传递和维持信号；⑤dsRNA 不得短于 21 个碱基，并且长链 dsRNA 也在细胞内被 Dicer 酶切割为 21bp 左右的 siRNA，并由 siRNA 来介导 mRNA 切割；⑥ATP 依赖性：在去除 ATP 的样品中 RNA 干扰现象降低或消失显示 RNA 干扰是一个 ATP 依赖的过程。

RNAi 具有高度的序列专一性和干扰有效性，因此可以特异地沉默特定基因，导致目标基因表达降低或功能丧失，是功能基因组学的一种强有力的研究工具。RNAi 技术可广泛应用到包括探索基因功能、筛选药物靶点、分析信号传导、疾病基因治疗等多个方面。

【RNAi 基本试验程序】

1. 设计 siRNA 序列

在设计 RNAi 实验时，可以先在以下网站进行目标序列的筛选。例如：

http：//www.genesil.com/business/products/order2.htm

http：//www.ambion.com/techlib/misc/siRNA_finder.html

RNAi 目标序列的选取原则应遵循以下几个方面的原则。

（1）从转录本（mRNA）的 AUG 起始密码开始，寻找“AA”二连序列，并记下其 3′ 端的 19 个碱基序列，作为潜在的 siRNA 靶位点。有研究结果显示 GC 含量在 45%～55% 的 siRNA 要比那些 GC 含量偏高的更为有效。Tuschl 等建议在设计 siRNA 时不要针对 5′ 和 3′端的非翻译区（untranslated regions，UTRs），原因是这些地方有丰富的调控蛋白结合区域，而这些 UTR 结合蛋白或者翻译起始复合物可能会影响 RISC 核酸内切酶复合物结合 mRNA，从而影响 siRNA 的效果。

（2）将潜在的序列和相应的基因组数据库（人或者小鼠、大鼠等）进行比较，排除那些和其他编码序列/EST 同源的序列。例如，使用 BLAST（www.ncbi.nlm.nih.gov/BLAST/）。

（3）通常一个基因需要设计多个靶序列的 siRNA，以找到最有效的 siRNA 序列。

目前已证实的 siRNA 可以在下面的网页找到：http：//design.dharmacon.com/catalog/category.aspx?key=49　http：//www.ambion.com/techlib/tb/tb_502.html　http：//web.mit.edu/

mmcmanus/www/siRNADB.html http : //python.penguindreams.net/Order_Entry/jsp/BrowseCatalog.jsp?Category=Published

一个完整的 siRNA 实验应该有阴性对照和阳性对照。作为阴性对照的 siRNA 应该和选中的 siRNA 序列有相同的组成，但是和 mRNA 没有明显的同源性。通常的做法是将选中的 siRNA 序列打乱，同样要检查结果以保证它和目的靶细胞中其他基因没有同源性。常用的 siRNA 阳性对照有 Beta-actin，P53，GAPDH 等，用于确保实验方法中的转染、提取物和检测方法的可靠性。

2. siRNA 的获得 目前为止较为常用的方法有体外制备和体内表达。体外制备包括化学合成、体外转录、长片断 dsRNAs 经 RNase III 类降解（e.g. Dicer，E. coli，RNase III）。体内表达包括构建含有短发卡 RNA（shRNA）的表达载体、PCR 制备 siRNA 表达框架（siRNA expression cassettes，SECs）。其中体外制备中的化学合成方法和体内表达的 shRNA 表达载体的构建最为常用。

（1）体外制备：化学合成法，许多国外公司都可以出售某些基因的化学合成的 siRNA，或根据用户要求提供高质量的化学合成 siRNA。化学合成的 siRNA 具有操作简便、转染效率高、对细胞的毒副作用小、可大规模制备等优点，特别适用于在基因靶位点不确定的情况下，进行 siRNA 有效片段的筛选。缺点是只能观察瞬时的基因沉默，不能长时间稳定地研究基因功能。

（2）体内表达：构建 shRNA 表达载体，多数的 siRNA 表达载体依赖三种 RNA 聚合酶Ⅲ 启动子（pol Ⅲ）中的一种，操纵一段小的发夹 RNA（short hairpin RNA，shRNA）在哺乳动物细胞中的表达。这三类启动子包括大家熟悉的人源和鼠源的 U6 启动子和人 H1 启动子。之所以采用 RNA pol Ⅲ启动子是由于它可以在哺乳动物细胞中表达更多的小分子 RNA，而且它是通过添加一串（3 到 6 个）U 来终止转录的。目前，已有多个国内外公司出售表达 shRNA 的质粒或病毒载体。在使用这类载体之前，需根据载体说明，设计并合成含有特异 siRNA 序列的模块。以 pcDNA3-U6M2 质粒为例，需要设计一条“5′酶切位点—特异 siRNA 序列—9bp 的茎环结构—特异 siRNA 序列的反向互补序列— pol Ⅲ聚合酶终止信号 TTTTT—酶切位点 3′”的寡核苷酸链，和另外一条该寡核苷酸链的互补链（不含酶切位点）。两条链退火后，克隆到经相应酶切的质粒多克隆位点内。模块设计见图 2-6-11。

由于涉及克隆，这个过程需要几周甚至数月的时间，同时也需要经过测序以保证克隆的序列是正确的。siRNA 表达载体的优点在于可以进行较长期研究；带有抗生素标记的载体可以在细胞中持续抑制靶基因的表达，持续数星期甚至更久。病毒载体也可用于 siRNA 表达，其优势在于可以直接高效率感染细胞进行基因沉默的研究，避免由于质粒转染效率低而带来的种种不便，而且转染效果更加稳定。最适用于：已知一个有效的 siRNA 序列，需要维持较长时间的基因沉默。不适用于筛选 siRNA 序列（因为克隆和测序工作繁琐、较为费时）。

Vector fragment:

1 **gacgaaa**gatctgctagcgtttaaactt*a*agcttggtac**cgagctcggatccactagtcc** 60

----:----|----:----|----:----|----:----|----:----|----:----|----:----|----:----|

1 **ctgcttt*tctaga***cgatcgcaaatttgaattcgaa***ccatgg*ctcgagcctaggtgatcagg** 60

*Bgl*II *Kpn*I

shRNA cassette:

sense strand mir22 loop antisense term

GATC **G**NNNNNNNNNNNNNNNNNNNNNNNN CCTGACCCA

NNNNNNNNNNNNNNNNNNNNNNNNN TTTTT GTAC

*Bgl*II

KpnI

CNNNNNNNNNNNNNNNNNNNNNNNN GGACTGGGT

NNNNNNNNNNNNNNNNNNNNNNNNN AAAAA

Cloned shRNA construct:

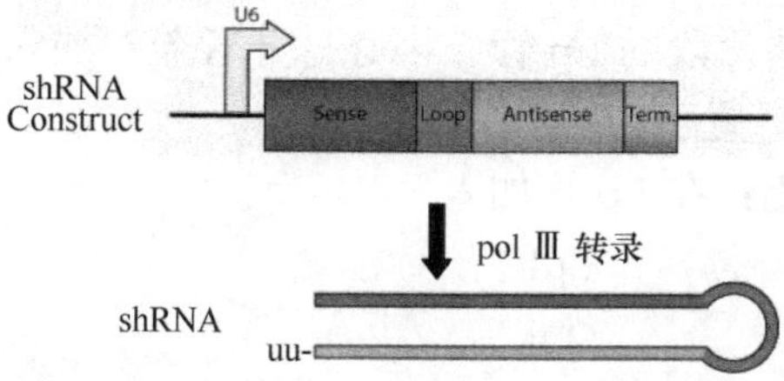

图 2-6-11 用于 shRNA 克隆的寡核苷酸模块的设计

3. siRNA 的转染 将合成的 siRNA 序列或 siRNA 表达质粒转染至真核细胞中的方法主要有以下几种：磷酸钙共沉淀法；电穿孔法；葡聚糖转染法；机械法和脂质体介导。针对 siRNA 制备方法及靶细胞类型的不同，选择合适的转染试剂和优化操作对 siRNA 实验的成功至关重要。具体到脂质体转染，可根据所选的细胞系和转染材料的不同，到 Invitrogen 公司和 Qiagen 公司等提供的相关数据库进行查询，以挑选转染效率高的转染试剂和已优化条件的转染操作流程。

4. RNAi 的效果分析 RNAi 分子水平的检测主要通过 mRNA 和蛋白两个方面进行检测。对于 mRNA，可以采用 RT-PCR、荧光定量 PCR 或 Northern 杂交等，通过信号强弱判断目的基因的沉默效果。由于生命的执行者是蛋白，因此还需要对蛋白水平进行检测，可通过 Western blot 杂交、ELISA、免疫荧光等。当然 RNAi 最大及最终的效果是细胞的代谢过程、生理生化系数等表型参数发生明显的变化。

下面介绍使用 shRNA 表达质粒，抑制 Hela 细胞中 cyclin E 基因表达的实验方法。

【实验材料与仪器】

1. 试剂

（1）Hela 细胞株。

（2）PNK 酶。

（3）限制性内切酶 *Bgl* Ⅱ 和 *Kpn* Ⅰ。

（4）DNA 抽提试剂盒及胶回收试剂盒。

（5）DMEM 细胞培养基。

（6）OPTI-MEM。

（7）lipofectamine LTX。

（8）二甲基亚砜（DMSO）。

2. 仪器 冷冻离心机、微量移液器、恒温磁力搅拌器、冰箱、超净工作台、电泳仪、凝胶成像系统、倒置相差荧光显微镜及流式细胞仪。

【实验步骤】

1. cyclin E 基因 siRNA 真核表达质粒的构建

（1）设计 cyclin E 基因靶序列：AATGCGAGCAATTCTTCTGGATT；阴性对照序列：GACTTCATAAGGCGCATGC。阳性对照 β-actin 基因序列：AATGAAGATCAAGATCATTGC。公司合成含有上述序列的 shRNA 模块及其互补链，cyclin E：5′ GATC G AATGCGAGCAATTCTTCTGGATT CCTGACCCAAATCCAGAAG AATTGCTCGCATT TTTTT GTAC 3′；5′AAAAAAATGCGAGCAATTCTTCTGGATTGGACTGGGTAAT CCAGAAGAATTGCTCGCATT C 3′。阴性对照和阳性对照的模块序列设计同 cyclin E。

（2）瞬时离心装有寡核苷酸片段的 Ep 管，小心打开管盖，加入灭菌的 ddH_2O，将寡核苷酸浓度稀释至 100 μmol/L。置于–20℃ 保存。

（3）寡核苷酸片段的磷酸化：在 Ep 管加入

100μmol/L 寡核苷酸片段	2μl
10×PNK 缓冲液	2μl
10mmol/L ATP	2μl
PNK	0.5μl
ddH_2O	13.5μl

混匀后 37℃孵育 1h。

（4）取互补的磷酸化寡核苷酸片段各 10μl，75℃孵育 10min，并在室温下自然冷却退火。（管中每种寡核苷酸片段的浓度为 5μmol/L）。

（5）将上述退火形成的双链 DNA 稀释 25 倍。（管中每种寡核苷酸片段的浓度为 200nmol/L，对于长度为 70bp 和 30bp 的寡核苷酸序列来讲，相当于 9 ng/μl 和 4 ng/μl。

（6）用 *Bgl* Ⅱ和 *Kpn* Ⅰ双酶切 pcDNA3-U6M2 质粒，并胶回收酶切质粒。pcDNA3-U6M2 质粒的图谱见图 2-6-12。

（7）shRNA 表达质粒的克隆，鉴定。

克隆、鉴定的操作见本教材的相关章节。鉴定正确的 3 种质粒分别命名为 pcDNA3-U6M2-cylinE（cylinE shRNA）、pcDNA3-U6M2-NC（cylinE shRNA 的阴性对照）及 pcDNA3-U6M2-PC（β-actin shRNA）。

2. 细胞转染

（1）用 DMEM 细胞培养基（含 10%胎牛血清，1%青链霉素）常规培养 Hela 细胞。于转染前一天，消化细胞并计数。将 2×10^5 细胞铺于 6 孔板内，每孔总体积为 2ml 培养基。待第二日细胞贴壁后（细胞融合率约为 50%～80%），准备转染。

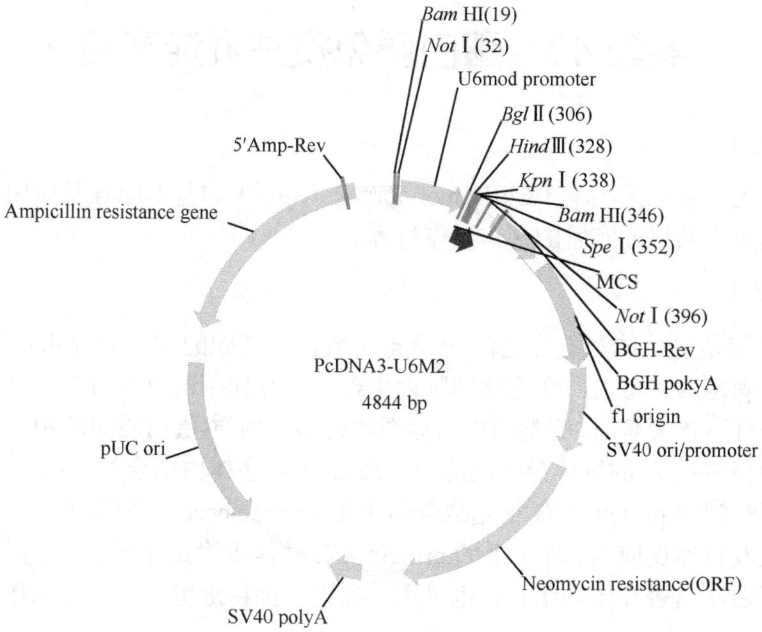

图 2-6-12　pcDNA3-U6M2 质粒图谱

（2）试验共分 4 组（每组设立三个复孔）：cylinE 沉默组、阴性对照组、阳性对照组和空白对照组。取 pcDNA3-U6M2-cylinE、pcDNA3-U6M2-NC、pcDNA3-U6M2-PC 各 1.25μg（空白对照加入 PBS）分别加入装有 500μl opti-MEM 溶液的 EP 管内，轻轻混匀，再在各管中加入 4μl Lipofectamine LTX，混匀后室温放置 25min。弃去细胞培养孔内的培养基，将上述 500μl 质粒和脂质体混合液 opti-MEM 加入相应孔内，轻轻晃动六孔板。

（3）置细胞培养板于细胞培养箱内，放置 24h。

3. RNAi 效果检测　提取转染后各孔细胞的总 RNA，逆转录后，Real time PCR 法检测 cylin E 基因在 mRNA 水平的表达。或提取转染后各孔细胞的总蛋白，用 Western blot 方法检测 cylin E 基因的蛋白表达水平。具体操作过程见相关章节。

【注意事项】

（1）siRNA 序列设计时每个基因需要选择 4～5 个 siRNA 序列，然后运用生物信息学方法进行同源性比较，剔除与其他基因有同源性的序列，选出一个特异性最强的 siRNA。

（2）RNA 干扰实验过程中设计系统的对照组实验。设立正确的阳性对照和阴性对照是 RNA 干扰实验不可缺少的部分，有助于实验结果的分析，进一步优化实验条件。

（3）获得 siRNA 的方法比较多，但各有其优点和局限性，需要根据实验的目的来选择得到 siRNA 的方式。

【思考题】

（1）RNA 干扰的基本原理是什么？

（2）设计 siRNA 序列需要遵循哪些原则？

（3）如何判断 siRNA 的干扰效果？

（缪洪明）

实验 48　蛋白质免疫共沉淀实验

【实验目的】

（1）掌握免疫共沉淀实验（Co-Immunoprecipitation）的基本原理及应用。

（2）掌握免疫共沉淀实验的基本操作过程。

【实验原理】

免疫共沉淀是以抗体和抗原之间的特异性结合为基础的用于研究蛋白质相互作用的经典方法。是确定两种蛋白质在完整细胞内生理性相互作用的有效方法。其原理是：当细胞在非变性条件下被裂解时，完整细胞内存在的许多蛋白质-蛋白质间的相互作用被保留了下来。如果用蛋白质 A 的抗体免疫沉淀 B，那么与 A 在体内结合的蛋白质 B 也能沉淀下来。目前多用精制的 protein A/G 预先结合固化在 agarose beads（琼脂糖珠）上，使之与含有抗原的溶液及抗体反应后，珠子上的 protein A/G 就能吸附抗原蛋白。这种方法常用于测定两种目标蛋白质是否在体内结合；也可用于确定一种特定蛋白质的新的作用靶蛋白。如图 2-6-13 所示。

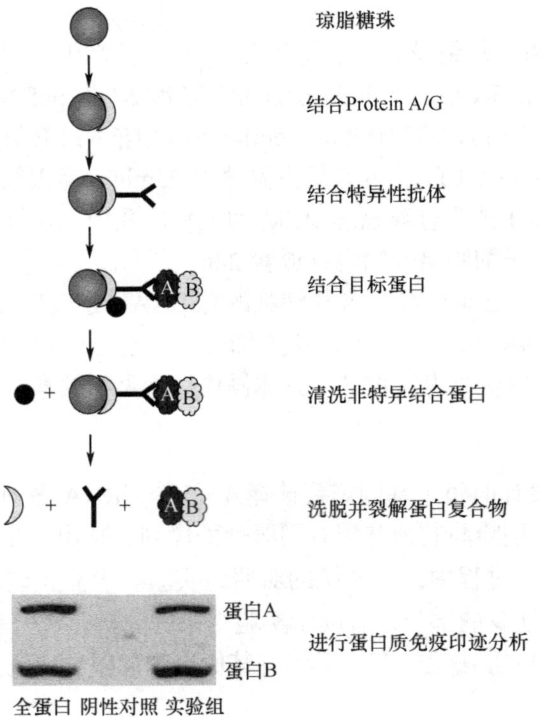

图 2-6-13　免疫共沉淀实验原理图

用免疫共沉淀实验鉴定蛋白质间相互作用的优点有：①相互作用的蛋白质都是经翻译后修饰的，处于天然状态；②蛋白的相互作用是在自然状态下进行的，可以避免人为的影响；③可以分离得到天然状态下相互作用的蛋白复合物。缺点有：①可能检测不到低亲和力和瞬间的蛋白质-蛋白质相互作用；②两种蛋白质的结合可能不是直接结合，而可能有第三者在中间起桥梁作用；③必须在实验前预测目的蛋白是什么，以选择最后检测的抗体，所以，若预测不正确，实验就得不到结果，方法本身具有冒险性。

【实验材料与仪器】

1. 实验材料

（1）细胞。

（2）细胞裂解液：25 mmol/LTris-HCl pH 7.6，150 mmol/L NaCl，1% NP-40，1% sodium deoxycholate，0.1% SDS。

（3）PBS：NaCl 8g，KCl 0.2g，Na_2HPO_4 1.44g，KH_2PO_4 0.24g，800ml 蒸馏水溶解，用 HCl 调节 pH 至 7.4，加水定容至 1L，高压蒸汽灭菌 20min，保存于室温。

（4）重组 protein A/G。

（5）琼脂糖珠。

2. 实验仪器 细胞培养箱，离心机，摇床，电泳仪，电泳槽等。

【实验步骤】

（1）收获细胞，加入适量细胞裂解缓冲液（含蛋白酶抑制剂），冰上裂解 30min，细胞裂解液于 4℃，最大转速离心 30 min 后取上清。

（2）取少量裂解液以备 Western blot 分析，加 1μg 抗体到剩余细胞裂解液，4℃缓慢摇晃孵育过夜。

（3）取 10μl 偶联 protein A/G 的琼脂糖珠，用适量裂解缓冲液洗 3 次，每次 3000 r/min 离心 3 min。

（4）将预处理过的 10μl protein A/G 琼脂糖珠加入到和抗体孵育过夜的细胞裂解液中，4℃缓慢摇晃孵育 2～4h，使抗体与 protein A/G 琼脂糖珠偶联。

（5）免疫沉淀反应后，在 4℃ 以 3000r/min 速度离心 3 min，将琼脂糖珠离心至管底。

（6）将上清小心吸去，琼脂糖珠用 1ml 裂解缓冲液洗 3～4 次。

（7）加入 15μl 的 2×SDS 上样缓冲液，沸水煮 5min。

（8）通过 SDS-PAGE 或 Western blotting 进行分析。

【注意事项】

（1）细胞裂解采用温和的裂解条件，不能破坏细胞内存在的所有蛋白质-蛋白质相互作用，多采用非离子变性剂（NP40 或 Triton X-100）。每种细胞的裂解条件是不一样的，通过经验确定。不能用高浓度的变性剂（0.2%SDS），细胞裂解液中要加各种酶抑制剂。

（2）使用明确的抗体，可以将几种抗体共同使用。

（3）使用对照抗体。单克隆抗体：正常小鼠的 IgG 或另一类单抗。兔多克隆抗体：正常兔 IgG。

（4）确保共沉淀的蛋白是由所加入的抗体沉淀得到的，而非外源非特异蛋白。

（5）要确保抗体的特异性，即在不表达抗原的细胞溶解物中添加抗体后不会引起共沉淀。

（6）确定蛋白间的相互作用是发生在细胞中，而不是由于细胞的溶解才发生的，这需要进行蛋白质的定位来确定。

【思考题】

（1）简述蛋白质免疫共沉淀的基本原理。

（2）影响蛋白质免疫共沉淀的因素有哪些?

（连继勤）

实验 49　RNA 免疫共沉淀实验

【实验目的】

（1）了解 RIP 技术的基本原理。

（2）掌握 RIP 技术的基本实验方法。

【实验原理】

RIP 技术：是利用抗体研究细胞内 RNA 与蛋白结合状况的技术。用抗体捕获细胞中内源性的、与 RNA 结合的蛋白（RNA 与蛋白结合的复合物），把相应的 RNA-蛋白复合物沉淀下来，再经过分离、纯化等过程得到 RNA，从而对结合在复合物上的 mRNA 或者是非编码 RNA 等进行分析。结合的 RNA 序列可通过定量 RT-PCR、microarray（RIP-Chip），或高通量测序（RIP-Seq）方法来鉴定。RIP 技术是染色质免疫沉淀 ChIP 技术（DNA 与蛋白结合的复合物）的类似应用，但 RIP 的研究对象是 RNA-蛋白复合物，而不是 DNA-蛋白复合物，因此优化 RIP 的实验条件与 ChIP 实验不太相同，尤其是整个 RIP 反应体系不能有 RNA 酶（RNase），以免造成 RNA 的降解。

【实验材料与仪器】

1. 试剂　溶液 1（细胞核提取液）：10 mmol/L Tris-KOH pH7.5（pH7.5），10 mmol/L KCl，1.5 mmol/L $MgCl_2$，1 mmol/L DTT，0.5% NP40，RNAase 抑制剂和蛋白酶抑制剂

溶液 2（细胞核裂解液）：10 mmol/L Tris-KOH pH7.5（pH7.5），150 mmol/L KCl，5 mmol/L $MgCl_2$，1 mmol/L DTT，0.5% NP40，RNAase 抑制剂和蛋白酶抑制剂

溶液 3（RIP 洗脱液）：50 mmol/L Tris-HCl pH7.5（pH7.5），150 mmol/L NaCl，1 mmol/L $MgCl_2$，0.5% NP40。

其他试剂：PBS，DNase Ⅰ，Trizol，DEPC 水（1ml/L），氯仿，异丙醇，乙醇。

2. 器材　培养皿、低温冷冻离心机、移液管、旋转摇床、漩涡震荡仪、紫外分光光度计等。

3. 实验材料　培养的细胞。

【操作步骤】

1. 收集待处理的样品　利用冰冷的 PBS，刮取细胞，或者 4℃低温离心收集细胞，800g，5min，得到细胞沉淀。该沉淀可冻存于−80℃以备下次使用。

2. 细胞核的提取

（1）准备溶液 1，即新鲜配制细胞核提取液。

（2）加入溶液 1 于细胞沉淀中，充分悬浮沉淀。利用漩涡震荡仪以充分的裂解细胞膜。4℃低温离心，2000g，3～5 min，得到沉淀，即为细胞核。

（3）沉淀加入新鲜配制的溶液 2（细胞核裂解液），充分悬浮沉淀。迅速转入液氮中，或者–80℃冰箱。反复冻融多次，以充分裂解细胞核。4℃低温离心，10 000*g*，10 min，转移上清到另一 EP 管中。

（4）上清中加入 DNaseⅠ，孵育 37℃，20 min。

（5）4℃低温离心，10 000 g，10min，收集上清到 EP 管中。每个样品分为三组：抗体组，IgG 组（阴性对照）和 Input 组（阳性对照）。样品可冻存于–80℃以备下次使用。

3. protein A/G 珠的准备

（1）protein A/G 珠的准备。加入溶液 3 于 protein A/G 珠中，轻轻清洗珠子。低速离心，移去清洗液。重复此步骤。

（2）加入 100μl 清洗液于珠子中，再加入 1～5μg 抗体，轻轻悬浮珠子。利用旋转摇床缓慢旋转样品，室温 30min，或者 4℃，4～16 h。

（3）低速 4℃离心珠子，移除上清。重复上述清洗步骤，以清除非特异性结合的抗体。

4. RNA 的免疫沉淀

（1）加入溶液 3（需要适量加入 RNase 抑制剂）于珠子中，使每组珠子的最终体积为 900μl，置于冰上。

（2）取出冻存的样品，加入珠子中。使该体系的体积为 1mL。4℃缓慢旋转样品，4～16 h。低速 4℃离心样品，移除上清。

（3）加入 5 倍体积的溶液 3，4℃低速离心样品，移除上清。重复此步骤 5～10 次。余下的珠子-样品复合物将进行 RNA 的提取。

5. RNA 的提取 具体过程详见实验 17。

（1）在珠子-样品复合物中加入 1ml Trizol，上下轻柔混匀。

（2）加入 200μl 氯仿。上下颠倒混匀 15s。4℃离心，10 000*g*，10min。将上清移取到一新的 EP 管中。

（3）移取上清液于一 EP 管中，加入等体积异丙醇，4℃低温离心，10 000*g*，10 min，得到沉淀，移除上清。

（4）加 1ml 75%乙醇（以 DEPC 处理的 H_2O 配制），温和振荡离心管，悬浮沉淀（此时可放–70℃保存）。

（5）8000*g* 离心 5min，尽量弃上清。短暂离心收集管壁液体并吸弃。沉淀中可能的微量 DNA 可通过用 DNaseⅠ进一步处理，再重复抽提 RNA 的过程。

（6）室温晾干沉淀 2～3 min。RNA 样品不要过于干燥。以适量 DEPC 水溶解 RNA，检测其浓度和纯度，以备后序实验如 RT-PCR 或高通量测序的需要。

【注意事项】

（1）各种溶液中需加入 RNase 抑制剂和蛋白酶抑制剂，以免 RNA 和蛋白的降解。

（2）所有用于提取 RNA 的塑料制品需经 DEPC 水溶液处理 24 h，然后高温灭菌。玻璃用品等需在 180℃下烘 3h。

【思考题】

实验中哪些过程需要低温操作，可采取哪些措施去除 RNase 的污染？

（高 敏）

实验 50　GST pull-down 实验

【实验目的】

（1）掌握 GST pull-down 实验的基本原理及应用。

（2）掌握 GST pull-down 实验的基本操作过程。

【实验原理】

其基本原理是利用重组技术将靶蛋白与 GST（Glutathione-S-transferase，谷胱苷肽巯基转移酶）融合表达，融合蛋白通过 GST 与 GTH（Glutathione，谷胱甘肽）的亲和作用，结合于 GTH 亲和树脂上，成为“诱饵蛋白”。当蛋白溶液过柱时，GST 融合蛋白的靶蛋白部分即可捕获与之有相互作用的“捕获蛋白”（目的蛋白）。再用谷胱甘肽将 GTH 从树脂上洗脱，后通过 SDS-PAGE 电泳分析洗脱复合物，以证实两种蛋白间的相互作用，并可利用 Western blot 或蛋白质质谱鉴定捕获蛋白。“诱饵蛋白”和“捕获蛋白”均可通过细胞裂解物、纯化的蛋白、表达系统及体外转录翻译系统等方法获得。此方法简单易行，操作方便。

【实验材料与仪器】

1. 试剂

（1）PBS（1L）（NaCl：8g，KCl：0.2g，Na_2HPO_4：1.44g，KH_2PO_4：0.24g，加入 800ml 蒸馏水，用 HCl 调节溶液的 pH 至 8.3，最后加蒸馏水定容至 1L 即可，高温高压灭菌，4℃保存备用。）

（2）75% Glutathione Sepharose 原液（Pharmacia 公司），5mmol/L Glutathione 溶液（Pharmacia 公司）

（3）含有 GST 融合蛋白（探针蛋白）的细胞提取液，已提取的目标细胞蛋白原液，或者组织蛋白提取物

2. 主要器材　规格分别为 1.5ml、5ml、10ml 离心管、低温离心机。

【操作步骤】

1. 将 GST 融合蛋白结合于 Glutathione Sepharose 之上，并去除其他杂蛋白。

（1）将原 75% Glutathione Sepharose 的原浆液弹至混匀。

（2）取 677μl 原液/管，3000r/min 离心 5min，弃上清。

（3）加 500μl PBS，颠倒混匀，3000r/min，4℃离心 5 min，弃上清。反复 5 次。

（4）加 500μl PBS，颠倒混匀，配成 50% Glutathione Sepharose 备用。

（5）在 1.5ml 新鲜制备的 GST 融合蛋白原液上清中加入 20μl 50% Glutathione Sepharose，同时在 1.5ml 新鲜制备的 GST 空蛋白原液上清中加入 20μl 50% Glutathione Sepharose 作为平行对照。4℃，水平摇床上孵育过夜。

（6）3000r/min，4℃离心 5 min，弃上清。该 Sepahrose 上即结合了 GST 融合蛋白。

（7）加 500μl PBS，沿壁加入（小心勿剧烈，以免打断珠子与蛋白的连接），轻晃悬浮珠子，3000r/min，4℃离心 5min，弃上清，以洗去蛋白提取液中的杂蛋白。平行对照组同样操作。

（8）反复洗涤 Sepharose 共 3 次（最后一次以小枪吸净珠子表面水膜，其余几次可以

中枪吸，尽量吸净但不吸走珠子），即获得结合有 GST 融合蛋白的 Sepharose。平行对照组同样操作。

2. 体外蛋白质结合分析（GST-pull down）

（1）将 1.5ml 新鲜制备的目标细胞蛋白原液加入到结合有 GST 融合蛋白的 Glutathione Sepharose 管中，轻柔颠摇 EP 管，使之充分混匀悬浮。

（2）4℃，水平摇床上反应晃动 4～8h。

（3）4℃，3000r/min 离心 2min。吸去上清，注意不要扰动底层的 Sepharose。

（4）贴壁加入 500μl PBS 液对 Sepharose 进行洗涤（注意不要直接冲击 Sepharose），随后轻柔颠摇，使 Sepharose 重悬即可。

（5）低速离心（3000 r/min，2 min）吸去上清，注意不要扰动底层的 Sepharose。

（6）重复步骤（4）～（5）的洗涤 3 次。

（7）用 5 mmol/L Glutathione 溶液轻柔重悬 Sepharose，4℃静置 20min，静置期间间或轻柔颠摇 5～10 次。4℃，3000 r/min 离心 2min。

（8）收集上清，加入 20～30μl 1×SDS 上样缓冲液，沸水浴 4min，冻存于－20℃。平行对照组同样操作。准备以 SDS-PAGE 蛋白电泳和 Western blot 实验检测与诱饵蛋白有相互作用的目标蛋白。

【注意事项】

（1）根据 Glutathione Sepharose 的试剂盒说明书，实验前要对 Glutathione Sepharose 的 GST 结合能力进行初步估算，以保证 Glutathione Sepharose 被 GST 融合蛋白饱和结合。

（2）在做 GST pull down 实验之前，应先用 SDS-PAGE 电泳预检测 GST 融合蛋白的表达水平。

（3）为减少细胞蛋白提取液中其他杂蛋白对 Glutathione Sepharose 的结合，可配置 3 % 小牛血清白蛋白溶液与 Glutathione Sepharose 在 4℃预结合 3h，PBS 溶液洗涤三遍后再与含 GST 融合蛋白的细胞蛋白提取液混合。

（4）为了保证蛋白的活性，并增强蛋白之间的相互作用，整个实验最好都处于 4℃低温和 pH 8.0～8.4 的弱碱性环境中反应。

【思考题】

（1）请简述 GST pull down 与 IP 之间区别。

（2）如何将 GST pull down 实验与其他实验联用，寻找并证实与诱饵蛋白有相互作用的未知蛋白?

（刘东璧）

附　　录

附录 1　化学试剂分级与注意事项

1. 化学试剂分级（附表 1）

附表 1　化学试剂分级

	一级试剂	二级试剂	三级试剂	四级试剂	生物试剂
我国标准	保证试剂 G.R. 绿色标签	分析纯 A.R. 红色标签	化学纯 C.P. 蓝色标签	实验试剂 L.R.	B.R.或 C.R.
国际标准	A.R. G.R. A.C.S д.А. ц	C.P. R.U.S.S Puriss ц. д.А	L.R. E.P. ц	P.Pure	
用　途	纯度最高、杂质含量最少的试剂，适用于最精确分析及研究工作	纯度较高、杂质含量较低。适用于精确的微量分析工作，为实验室广泛使用	质量略低于二级试剂，适用于一般的微量分析实验，包括要求不高的工业分析和快速分析	纯度较低，但高于工业用的试剂，适用于一般定性检验	根据说明使用

2. 试剂配制的一般注意事项

（1）称量要准确，特别是在配制标准溶液、缓冲液时，更要注意严格称量，有特殊要求的，要按规定进行干燥、衡重、提纯。

（2）一般溶液都应用蒸馏水或去离子水（即离子交换水）配制，有特殊要求的除外。

（3）化学试剂根据其质量分为各种规格（品级），一般化学试剂的分级见化学分级。另外还有一些规格，如纯度很高的光谱纯、层析纯、纯度较低的工业用药典纯（相当于四级）等。配制溶液时，应根据实验要求选择不同规格的试剂。

（4）试剂应根据需要量配制，一般不宜过多，以免积压浪费，过期失效。

（5）试剂（特别是液体）一经取出，不得放回原瓶，以免因量器或药勺不清洁而污染整瓶试剂。取固体试剂时，必要使用洁净干燥的药勺。

（6）配制试剂所用的玻璃器皿都要清洁干净。存放试剂的试剂瓶应清洁干燥。

（7）试剂瓶上应贴标签。写明试剂名称、浓度、配制日期及配制人。

（8）试剂用后要用原瓶塞塞紧，瓶塞不得沾染其他污物或沾污桌面。

（9）有些化学试剂极易变质，变质后不能继续使用。附表 2。

附表 2　易变质及需要特殊方法保存的试剂

注意事项		实际名称举例
需要密封	易潮解吸湿	氧化钙、氢氧化钠、氢氧化钾、碘化钾、三氯乙酸
	易失水风化	结晶硫酸钠、硫酸亚铁、含水磷酸氢二钠、硫代硫酸钠
	易挥发	氨水、氯仿（三氯甲烷）、醚、碘、麝香草酚、甲醛、乙醇、丙酮
	易吸收 CO_2	氢氧化钾、氢氧化钠
	易氧化	硫酸亚铁、醚、醛类、酚、抗坏血酸（维生素 C）
	易变质	丙酮酸钠、乙醚和许多生物制品（常需冷藏）
需要避光特殊方法保管	见光变色	硝酸银（变黑）、酚（变淡红）、氯仿（三氯甲烷，产生光气）、茚三酮（变淡红）
	见光分解	过氧化氢、氯仿（三氯甲烷）、漂白粉、氢氰酸
	见光氧化	乙醚、醛类、亚铁盐和部分还原剂
	易爆炸	苦味酸（2，4，6-三硝基苯酚）、硝酸盐类、高氯酸、叠氮化钠
	剧毒	氰化钾（钠）、汞、砷化物、溴
	易燃	乙醚、甲醇、乙醇、丙醇、苯、甲苯、二甲苯、汽油
	腐蚀	强酸（硫酸、盐酸、硝酸等）、强碱（氢氧化钠、氢氧化钾）等

注：需要密封的化学试剂，可以先加塞塞紧，然后再用蜡封口，有些试剂还需要保存在干燥器内，干燥剂可以用生石灰、无水氯化钙和硅胶，一般不宜用硫酸。需要避光保存的试剂，可置于棕色的瓶内或用黑纸包装

3. 取用试剂规则　为达到准确的实验结果，取用试剂时应遵守以下规则，以保证试剂不受污染和不变质。

（1）试剂不能与手接触。

（2）要用洁净的药勺，量筒或滴管取用试剂，绝对不准用同一种工具同时连续取用多种试剂。取完一种试剂后，应将工具洗净（药勺要擦干）后，方可取用另一种试剂。

（3）试剂取用后一定要将瓶塞盖紧，不可放错瓶盖和滴管，绝不允许张冠李戴，用完后将瓶放回原处。

（4）已取出的试剂不能再放回原试剂瓶内。

（龚　薇）

附录 2　常用缓冲液的配制

1. 常用电泳缓冲液（附表 3）

附表 3　常用电泳缓冲液

缓冲液	使用液	浓储存液（每升）
Tris-乙酸（TAE）	1×：0.04mol/L Tris-乙酸 0.001mol/L EDTA	50×：242g Tris 碱 57.1ml 冰乙酸 100ml 0.5mol/L EDTA（pH8.0）
Tris-磷酸（TPE）	1×：0.09mol/L Tris-磷酸 0.002mol/L EDTA	10×：108g Tris 碱 15.5ml 85%磷酸（1.679g/ml） 40ml 0.5mol/L EDTA（pH8.0）

续表

缓冲液	使用液	浓储存液（每升）
Tris-硼酸（TBE）[a]	0.5×：0.045mol/L Tris-硼酸 0.001mol/L EDTA	5×：54g Tris 碱 27.5g 硼酸 20ml 0.5mol/L EDTA（pH8.0）
碱性缓冲[b]	1×：50mmol/L NaOH 1mmol/L EDTA	1×：5ml 10mol NaOH 2ml 0.5mol/L EDTA（pH8.0）
Tris-甘氨酸[c]	1×：25mmol Tris 250mmol/L 甘氨酸 0.1% SDS	5×：15.1g Tris 碱 94g 甘氨酸（电泳级）（pH8.3） 50ml 10% SDS（电泳级）

（1）TBE 浓溶液长时间存放后会形成沉淀物，为避免这一问题，可在室温下用玻璃瓶保存 5×溶液，出现沉淀后则予以废弃。

以往都以 1×TBE 作为使用液（即 1∶5 稀释浓储存液）进行琼脂糖凝胶电泳。但 0.5×的使用液已具备足够的缓冲容量。目前几乎所有的琼脂糖凝胶电泳都以 1∶10 稀释的储存液作为使用液。

进行聚丙烯酰胺凝胶电泳使用的 1×TBE，是琼脂糖凝胶电泳时使用液浓度的 2 倍。聚丙烯酰胺凝胶垂直槽的缓冲液槽较小，故通过缓冲液的电流量通常较大，需要使用 1×TBE 以提供足够的缓冲容量。

（2）碱性电泳缓冲液应现用现配。

（3）Tris-甘氨酸缓冲液用于 SDS 聚丙烯酰胺凝胶电泳。

2×SDS 凝胶加样缓冲液：

100mmol/L Tris-HCl（6.8）

200mmol/L 二硫苏糖醇（DTT）

4%SDS（电泳级）

0.2%溴酚蓝

20%甘油

不含二硫苏糖醇（DTT）的 2×SDS 凝胶加样缓冲液可保存于室温，应在临用前取 1mol/L 二硫苏糖醇储存液现加于上述缓冲液中（附表 4）。

附表 4　凝胶加样缓冲液

缓冲液类型	6×缓冲液	储存温度
Ⅰ	0.25%溴酚蓝 0.25%二甲苯青 FF 40%（*W/V*）蔗糖水溶液	4℃
Ⅱ	0.25%溴酚蓝 0.25%二甲苯青 FF 15%聚蔗糖（Ficoll400）	室温
Ⅲ	0.25%溴酚蓝 0.25%二甲苯青 FF 30%甘油水溶液	4℃
Ⅳ	0.25%溴酚蓝 加 40%（*W/V*）蔗糖水溶液	4℃
	碱性加样缓冲液： 300mmol/L NaOH 6mmol/L EDTA	

续表

缓冲液类型	6×缓冲液	储存温度
V	18%聚蔗糖（Ficoll400） 0.15%溴甲酚绿 0.25%二甲苯青 FF	4℃

使用以上凝胶加样缓冲液目的有：增大样品密度，以确保 DNA 均匀进入样品孔内，使样品呈现颜色，从而使加样操作更为便利，含有在电场中能以可预知速率向阳极泳动的染料。溴酚蓝在琼脂糖凝胶中移动的速率约为二甲苯青 FF 的 2.2 倍，而与琼脂糖浓度无关。以 0.5×TBE 作电泳液时，溴酚蓝在琼脂糖中的泳动速率约与长 300bp 的双链线状 DNA 相同，而二甲苯青 FF 的泳动则与长 4kb 的双链线状 DNA 相同。在琼脂糖浓度为 0.5%～1.4%的范围内，这些对应关系受凝胶浓度变化的影响并不显著。

选用哪一种加样染料纯属个人喜好。但是，对于碱性凝胶应当使用溴甲酚绿作为示踪染料，因为在碱性 pH 条件下其显色较溴酚蓝更为鲜明。

2. 分子克隆常用缓冲液（附表 5）

附表 5　分子克隆常用缓冲液

TE
pH7.4
10mmol/L Tris·HCl（pH7.4）
1mmol/L EDTA（pH8.0）
pH7.6
10mmol/L Tris·HCl（pH7.6）
1mmol/L EDTA（pH8.0）
pH8.0
10mmol/L Tris·HCl（pH8.0）
1mmol/L EDTA（pH8.0）
STE（亦称 TEN）
0.1mol/L NaCl
10mmol/L Tris·HCl（pH8.0）
1mmol/L EDTA（pH8.0）
STET
0.1mol/L NaCl
10mmol/L Tris·HCl（pH8.0）
1mmol/L EDTA（pH8.0）
5% Triton X-100
TNT
10mmol/L Tris·HCl（pH8.0）
150mmol/L NaCl
0.05% Tween 20

3. Tris–盐酸缓冲液（0.05 mol/L，25℃）　50ml0.1mol/L 三羟甲基氨基甲烷（Tris）溶液与 XmL0.1 mol/L 盐酸混匀后，加水稀释至 100ml（附表 6）。

附表 6 Tris-盐酸缓冲液

pH	*X*（ml）	pH	*X*（ml）
7.10	45.7	8.10	26.2
7.20	44.7	8.20	22.9
7.30	43.4	8.30	19.9
7.40	42.0	8.40	17.2
7.50	40.3	8.50	14.7
7.60	38.5	8.60	12.4
7.70	36.6	8.70	10.3
7.80	34.5	8.80	8.5
7.90	32.0	8.90	7.0
8.00	29.2		

三羟甲基氨基甲烷（Tris）相对分子量为 121.14。

0.1mol/L 溶液为 12.114g/L。Tris 溶液可从空气中吸收二氧化碳，使用时注意将瓶盖严。

4. 甘氨酸–盐酸缓冲液（0.05mol/L） *X*ml 0.2 mol/L 甘氨酸+*Y*ml 0.2 mol/L HCl，再加水稀释至 200ml（附表 7）。

附表 7 甘氨酸–盐酸缓冲液

pH	*X*	*Y*	pH	*X*	*Y*
2.0	50	44.0	3.0	50	11.4
2.4	50	32.4	3.2	50	8.2
2.6	50	24.2	3.4	50	6.4
2.8	50	16.8	3.6	50	5.0

甘氨酸相对分子量 = 75.07；0.2 mol/L 甘氨酸溶液含 15.01 g/L。

5. 邻苯二甲酸–盐酸缓冲液（0.05 mol/L） *X*ml 0.2 mol/L 邻苯二甲酸氢钾 + *Y*ml0.2 mol/L HCl，再加水稀释到 20ml（附表 8）。

附表 8 邻苯二甲酸–盐酸缓冲液

pH（20℃）	*X*	*Y*	pH（20℃）	*X*	*Y*
2.2	5	4.070	3.2	5	1.470
2.4	5	3.960	3.4	5	0.990
2.6	5	3.295	3.6	5	0.597
2.8	5	2.642	3.8	5	0.263
3.0	5	2.022			

邻苯二甲酸氢钾相对分子量为 204.23；0.2mol/L 邻苯二甲酸氢溶液含 40.85g/L。

6. 磷酸氢二钠–柠檬酸缓冲液（附表 9）

附表 9　磷酸氢二钠–柠檬酸缓冲液

pH	0.2mol/L Na_2HPO_4（ml）	0.1mol/L 柠檬酸（ml）	pH	0.2mol/L Na_2HPO_4（ml）	0.1mol/L 柠檬酸（ml）
2.2	0.40	10.60	5.2	10.72	9.28
2.4	1.24	18.76	5.4	11.15	8.85
2.6	2.18	17.82	5.6	11.60	8.40
2.8	3.17	16.83	5.8	12.09	7.91
3.0	4.11	15.89	6.0	12.63	7.37
3.2	4.94	15.06	6.2	13.22	6.78
3.4	5.70	14.30	6.4	13.85	6.15
3.6	6.44	13.56	6.6	14.55	5.45
3.8	7.10	12.90	6.8	15.45	4.55
4.0	7.71	12.29	7.0	16.47	3.53
4.2	8.28	11.72	7.2	17.39	2.61
4.4	8.82	11.18	7.4	18.17	1.83
4.6	9.35	10.65	7.6	18.73	1.27
4.8	9.86	10.14	7.8	19.15	0.85
5.0	10.30	9.70	8.0	19.45	0.55

Na_2HPO_4 相对分子量为 141.98；0.2mol/L 溶液为 28.40 g/L。

$Na_2HPO_4 \cdot 2H_2O$ 相对分子量为 178.05；0.2mol/L 溶液为 35.61 g/L。

$Na_2HPO_4 \cdot 12H_2O$ 相对分子量为 358.22；0.2mol/L 溶液为 71.64 g/L。

$C_6H_8O_7 \cdot H_2O$ 相对分子量为 210.14；0.1mol/L 溶液为 21.01 g/L。

7. 乙酸–乙酸钠缓冲液（0.2mol/L）（附表 10）

附表 10　乙酸–乙酸钠缓冲液（0.2mol/L）

pH（18℃）	0.2mol/L NaAc（ml）	0.3mol/L HAc（ml）	pH（18℃）	0.2mol/L NaAc（ml）	0.3mol/L HAc（ml）
3.6	0.75	9.25	4.8	5.90	4.10
3.8	1.20	8.80	5.0	7.00	3.00
4.0	1.80	8.20	5.2	7.90	2.10
4.2	2.65	7.35	5.4	8.60	1.40
4.4	3.70	6.30	5.6	9.10	0.90
4.6	4.90	5.10	5.8	9.40	0.60

$Na_2Ac \cdot 3H_2O$ 相对分子量为 136.09；0.2 mol/L 溶液为 27.22g/L。

冰乙酸 11.8mL 稀释至 1 L（需标定）。

8. 磷酸盐缓冲液

（1）0.01mol/L 磷酸盐缓冲液（PBS）配制方法：称取 8g NaCl、0.2g KCl、1.44g Na_2HPO_4 和 0.24g KH_2PO_4，溶于 800ml 蒸馏水中，用 HCl 调节溶液的 pH 至 7.4，最后加蒸馏水定容至 1L 即可。在 15lbf/in2（1.034×10^5Pa）高压下蒸汽灭菌（至少 20min），保存于室温或 4℃冰箱中。

（2）磷酸氢二钠–磷酸二氢钠缓冲液（0.2mol/L）（附表 11）。

附表 11　磷酸氢二钠–磷酸二氢钠缓冲液

pH	0.2mol/L Na_2HPO_4（ml）	0.3mol/L NaH_2PO_4（ml）	pH	0.2mol/L Na_2HPO_4（ml）	0.3mol/L NaH_2PO_4（ml）
5.8	8.0	92.0	7.0	61.0	39.0
5.9	10.0	90.0	7.1	67.0	33.0
6.0	12.3	87.7	7.2	72.0	28.0
6.1	15.0	85.0	7.3	77.0	23.0
6.2	18.5	81.5	7.4	81.0	19.0
6.3	22.5	77.5	7.5	84.0	16.0
6.4	26.5	73.5	7.6	87.0	13.0
6.5	31.5	68.5	7.7	89.5	10.5
6.6	37.5	62.5	7.8	91.5	8.5
6.7	43.5	56.5	7.9	93.0	7.0
6.8	49.0	51.0	8.0	94.7	5.3
6.9	55.0	45.0			

$Na_2HPO_4 \cdot 2H_2O$ 相对分子量为 178.05；0.2 mol/L 溶液为 35.61 g/L。

$Na_2HPO_4 \cdot 12H_2O$ 相对分子量为 358.22；0.2 mol/L 溶液为 71.64 g/L。

$NaH_2PO_4 \cdot H_2O$ 相对分子量为 138.01；0.2 mol/L 溶液为 27.6 g/L。

$NaH_2PO_4 \cdot 2H_2O$ 相对分子量为 156.03；0.2 mol/L 溶液为 31.21 g/L。

（3）磷酸氢二钠–磷酸二氢钾缓冲液（1/15 mol/L）（附表 12）。

附表 12　磷酸氢二钠–磷酸二氢钾缓冲液

pH	1/15mol/L Na_2HPO_4（ml）	1/15mol/L KH_2PO_4（ml）	pH	1/15mol/L Na_2HPO_4（ml）	1/15mol/L KH_2PO_4（ml）
4.92	0.10	9.90	7.17	7.00	3.00
5.29	0.50	9.50	7.38	8.00	2.00
5.91	1.00	9.00	7.73	9.00	1.00
6.24	2.00	8.00	8.04	9.50	0.50
6.47	3.00	7.00	8.34	9.75	0.25
6.64	4.00	6.00	8.67	9.90	0.10
6.81	5.00	5.00	8.18	10.00	0
6.98	6.00	4.00			

$Na_2HPO_4 \cdot 2H_2O$ 相对分子量为 178.05；1/15 mol / L 溶液为 11.876g/L。KH_2PO_4 相对分子量为 136.09；1/15 mol / L 溶液为 9.078g/L。

9. 磷酸二氢钾–氢氧化钠缓冲液（0.05 mol / L）（附表 13）

Xml 0.2 mol / L KH_2PO_4 + Yml 0.2 mol / L NaOH 加水稀释至 20ml。

附表 13　磷酸二氢钾–氢氧化钠缓冲液

pH（20℃）	*X*（ml）	*Y*（ml）	pH（20℃）	*X*（ml）	*Y*（ml）
5.8	5	0.372	7.0	5	2.963
6.0	5	0.570	7.2	5	3.500
6.2	5	0.860	7.4	5	3.950
6.4	5	1.260	7.6	5	4.280
6.6	5	1.780	7.8	5	4.520
6.8	5	2.365	8.0	5	4.680

10. 巴比妥钠-盐酸缓冲液（18℃）（附表 14）

附表 14　巴比妥钠-盐酸缓冲液

pH	0.04 mol/L 巴比妥钠溶液（ml）	0.2 mol/L 盐酸（ml）	pH	0.04 mol/L 巴比妥钠溶液（ml）	0.2 mol/L 盐酸（ml）
6.8	100	18.4	8.4	100	5.21
7.0	100	17.8	8.6	100	3.82
7.2	100	16.7	8.8	100	2.52
7.4	100	15.3	9.0	100	1.65
7.6	100	13.4	9.2	100	1.13
7.8	100	11.47	9.4	100	0.70
8.0	100	9.39	9.6	100	0.35
8.2	100	7.21		100	

巴比妥钠相对分子量为 206.18；0.04 mol/L 溶液为 8.25g/L。

11. 甘氨酸–氢氧化钠缓冲液（0.05mol/L）（附表 15）

*X*ml 0.2 mol/L 甘氨酸+*Y*ml 0.2mol/L NaOH 加水稀释至 200ml。

附表 15　甘氨酸–氢氧化钠缓冲液

pH	*X*	*Y*	pH	*X*	*Y*
8.6	50	4.0	9.6	50	22.4
8.8	50	6.0	9.8	50	27.2
9.0	50	8.8	10.0	50	32.0
9.2	50	12.0	10.4	50	38.6
9.4	50	16.8	10.6	50	45.5

甘氨酸相对分子量为 75.07；0.2mol/L 溶液含 15.01g/L。

（龚　薇）

附录 3　硫酸铵饱和度计算表

1. 调整硫酸铵溶液饱和度计算表（0℃）（附表 16）

附表 16　硫酸铵溶液饱和度计算表（0℃）

硫酸铵初浓度，%饱和度	在 0℃ 硫酸铵终浓度，%饱和度																
	20	25	30	35	40	45	50	55	60	65	70	75	80	85	90	95	100
	每 100ml 溶液加固体硫酸铵的克数																
0	10.6	13.4	16.4	19.4	22.6	25.8	29.1	32.6	36.1	39.8	43.6	47.6	51.6	55.9	60.3	65.0	69.7
5	7.9	10.8	13.7	16.6	19.7	22.9	26.2	29.6	33.1	36.8	40.5	44.4	48.4	52.6	57.0	61.5	66.2
10	5.3	8.1	10.9	13.9	16.9	20.0	23.3	26.6	30.1	33.7	37.4	41.2	45.2	49.3	53.6	58.1	62.7
15	2.6	5.4	8.2	11.1	14.1	17.2	20.4	23.7	27.1	30.6	34.3	38.1	42.0	46.0	50.3	54.7	59.2
20	0	2.7	5.5	8.3	11.3	14.3	17.5	20.7	24.1	27.6	31.2	34.9	38.7	42.7	46.9	51.2	55.7
25		0	2.7	5.6	8.4	11.5	14.6	17.9	21.1	24.5	28.0	31.7	35.5	39.5	43.6	47.8	52.2
30			0	2.8	5.6	8.6	11.7	14.8	18.1	21.4	24.9	28.5	32.3	36.2	40.2	44.5	48.8
35				0	2.8	5.7	8.7	11.8	15.1	18.4	21.8	25.4	29.1	32.9	36.9	41.0	45.3
40					0	2.9	5.8	8.9	12.0	15.3	18.7	22.2	25.8	29.6	33.5	37.6	41.8
45						0	2.9	5.9	9.0	12.3	15.6	19.0	22.6	26.3	30.2	34.2	38.3
50							0	3.0	6.0	9.2	12.5	15.9	19.4	23.0	26.8	30.8	34.8
55								0	3.0	6.1	9.3	12.7	16.1	19.7	23.5	27.3	31.3
60									0	3.1	6.2	9.5	12.9	16.4	20.1	23.1	27.9
65										0	3.1	6.3	9.7	13.2	16.8	20.5	24.4
70											0	3.2	6.5	9.9	13.4	17.1	20.9
75												0	3/2	6.6	10.1	13.7	17.4
80													0	3.3	6.7	10.3	13.9
85														0	3.4	6.8	10.5
90															0	3.4	7.0
95																0	3.5
100																	0

2. 调整硫酸铵溶液饱和度计算表（25℃）（附表 17）

附表 17　硫酸铵溶液饱和度计算表（25℃）

硫酸铵初浓度，%饱和度	在 25℃ 硫酸铵终浓度，%饱和度																
	10	20	25	30	33	35	40	45	50	55	60	65	70	75	80	90	100
	每 1000ml 溶液加固体硫酸铵的克数																
0	56	114	144	176	196	209	243	277	313	351	390	430	472	516	561	662	767
10		57	86	118	137	150	183	216	251	288	326	365	406	449	494	592	694
20			29	59	78	91	123	155	189	225	262	300	340	382	424	520	619
25				30	49	61	93	125	158	193	230	267	307	348	390	485	583
30					19	30	62	94	127	162	198	235	273	314	356	449	546
33						12	43	74	107	142	177	214	252	292	333	426	522
35							31	63	94	129	164	200	238	278	319	411	506
40								31	63	97	132	168	205	245	285	375	469
45									32	65	99	134	171	210	250	339	431
50										33	66	101	137	176	214	302	392
55											33	67	103	141	179	264	353
60												34	69	105	143	227	314
65													34	70	107	190	275
70														35	72	153	237
75															36	115	198
80																77	157
90																	79

3. 不同温度下饱和硫酸铵溶液的数据（附表 18）

附表 18　不同温度下饱和硫酸铵溶液的数据

温度（℃）	0	10	20	25	30
重量百分数	41.42	42.22	43.09	43.47	43.85
摩尔浓度	3.9	3.97	4.06	4.10	4.13
每 1000g 水中含硫酸铵摩尔数	5.35	5.53	5.73	5.82	5.91
1000ml 水中用硫酸铵克数	706.8	730.5	755.8	766.8	777.5
每 1000ml 溶液中含硫酸铵克数	514.8	525.2	536.5	541.2	545.9

（闫小晶）

附录 4　常用培养基及抗生素的配制

一、液体培养基

1. LB 培养基（Luria-Bertani 培养基）

细菌培养用胰化蛋白胨（bacto-tryptone）　10g
细菌培养用酵母提取物（bacto-yeast extract）　5g
NaCl　10g
加入去离子水至 800ml

搅拌均匀，使溶质完全溶解，用 5mol/L NaOH（约 0.2ml）调节 pH 至 7.0，加入去离子水至总体积 1L，15 lbf/in^2（1.034×10^5Pa）高压蒸汽灭菌 20min。

2. NZCYM 培养基

NZ 胺（酪蛋白酶促水解物）　10g
NaCl　5g
细菌培养用酵母提取物（bacto-yeast extract）　5g
酪蛋白氨基酸（casamino acid）　1g
$MgSO_4\cdot7H_2O$　2g

搅拌均匀，使溶质完全溶解，用 5mol/L NaOH（约 0.2ml）调节 pH 至 7.0，加入去离子水至总体积 1L，15 lbf/in^2（1.034×10^5Pa）高压蒸汽灭菌 20min。

3. NZYM 培养基　除不含酪蛋白氨基酸外，其他成分与 NZCYM 培养基一致。

4. NZM 培养基　除不含酪蛋白氨基酸和酵母提取物外，其他成分与 NZCYM 培养基一致。

5. 高浓度肉汤

细菌培养用胰化蛋白胨（bacto-tryptone）　12g
细菌培养用酵母提取物（bacto-yeast extract）　24g
甘油　4ml
加入去离子水至 800ml

搅拌均匀，使溶质完全溶解，15 lbf/in^2（1.034×10^5Pa）高压蒸汽灭菌 20min，冷却至

60℃或 60℃以下，再加入 100ml 灭菌的 0.17mol/L KH_2PO_4、0.72mol/L K_2HPO_4 溶液[该磷酸盐缓冲液配方如下：在 90ml 的去离子水中溶解 2.31g KH_2PO_4 和 12.54g K_2HPO_4，然后加入去离子水至总体积 100ml，15lbf/in^2（1.034×10^5Pa）高压蒸汽灭菌 20min]。

6. SOB 培养基

细菌培养用胰化蛋白胨（bacto-tryptone）	20g
细菌培养用酵母提取物（bacto-yeast extract）	5g
NaCl	0.5g

加入去离子水至 800ml

搅拌均匀，使溶质完全溶解，然后加入 10ml 250mmol/L KCl 溶液，用 5mol/L NaOH（约 0.2ml）调节 pH 至 7.0，加入去离子水至总体积 1L，15 lbf/in^2（1.034×10^5Pa）高压蒸汽灭菌 20min。

溶液在使用前加入 5ml 灭菌的 2mol/L $MgCl_2$ 溶液[2mol/L $MgCl_2$ 溶液配方如下：在 90ml 去离子水中溶解 19g $MgCl_2$，然后加入去离子水至总体积 100ml，15lbf/in^2（1.034×10^5Pa）高压蒸汽灭菌 20min]。

7. SOC 培养基 SOC 培养基除含有 20mmol/L 葡萄糖外，其余成分与 SOB 培养基相同。SOB 培养基经高压灭菌后，冷却至 60℃或者 60℃以下，再加入 20ml 除菌的 1mol/L 葡萄糖溶液。（1mol/L 葡萄糖溶液配方如下：在 90ml 去离子水中溶解 18g 葡萄糖，待葡萄糖完全溶解后，加入去离子水至总体积 100ml，最后用 0.22μm 滤膜过滤除菌）。

8. 2×YT 培养基

细菌培养用胰化蛋白胨（bacto-tryptone）	16g
细菌培养用酵母提取物（bacto-yeast extract）	10g
NaCl	5g

加入去离子水至 800ml

搅拌均匀，使溶质完全溶解，用 5mol/L NaOH 调节 pH 至 7.0，加入去离子水至总体积 1L，15 lbf/in^2（1.034×10^5Pa）高压蒸汽灭菌 20min。

9. M9 培养基

Na_2HPO_4	6g
KH_2PO_4	3g
NaCl	0.5g
NH_4Cl	1g

加入去离子水至 800ml

搅拌均匀，使溶质完全溶解，调节 pH 至 7.0，加入去离子水至总体积 1L，15 lbf/in^2（1.034×10^5Pa）高压蒸汽灭菌 20min。

待冷却后，分别加入经除菌的下列溶液：

1mol/L $MgCl_2$	2ml
20%葡萄糖溶液	10ml
1mol/L $CaCl_2$	0.1ml

以上溶液需分别配置。葡萄糖溶液不可高压蒸汽灭菌，需使用 0.22μm 滤膜过滤除菌。

10. M9CA 培养基 除含有 2.0g/L 酪蛋白氨基酸（casamino acid）外，其余成分与 M9 培养基相同。

11. X1776培养基

细菌培养用胰化蛋白胨（bacto-tryptone）　25g
细菌培养用酵母提取物（bacto-yeast extract）　7.5g
1mol/L Tris·Cl（pH7.5）　20ml
加入去离子水至800ml

搅拌均匀，使溶质完全溶解，加入去离子水至总体积1L，15 lbf/in^2（1.034×10^5Pa）高压蒸汽灭菌20min。

灭菌后，分别加入经除菌的下列溶液：

1mol/L $MgCl_2$　5ml
1%diaminopimelic acid　10ml
0.4%胸腺嘧啶核苷　10ml
20%葡萄糖溶液　25ml

除$MgCl_2$溶液外，其他溶液不可高压灭菌，需用0.22μm滤膜过滤除菌。

二、含有琼脂或琼脂糖的培养基

在液体培养基中加入下列试剂中的一种：

细菌培养用琼脂（bacto-agar）　15g/L（铺制平板用）
细菌培养用琼脂（bacto-agar）　7 g/L（配制顶层琼脂用）
琼脂糖　15g/L（铺制平板用）
琼脂糖　7 g/L（配制顶层琼脂用）

15 lbf/in^2（1.034×10^5Pa）高压蒸汽灭菌20min。溶液尚未冷却时则取出培养基，并轻轻转动时溶解的琼脂或琼脂糖能均匀分布在整个培养基溶液中。此时必须小心，培养基溶液可能过热，旋转液体会发生爆沸。冷却至50℃后，才可加入不耐热物质（如抗生素等）。为避免产生气泡，混匀培养基时应轻柔旋转烧瓶，混匀的培养基可直接从烧瓶中倾倒出来铺制平板。90mm直径的培养皿约需要20～30ml培养基。

培养基完全凝固后，用石蜡膜封闭平皿，倒置于4℃储存备用。使用前1～2h取出储存的平皿使其恢复至室温。如果平板是新鲜制备的，在37℃温育时会“发汗”，便会导致细菌克隆或噬菌体噬斑在平板表面交互扩散而增加交叉污染的机会。为了避免这一问题，可以拭去平皿内部的冷凝水并把平皿倒置于37℃温育数小时后再予使用，也可快速甩一下平皿盖以除去冷凝水。为尽可能减少污染机会，除去盖子上的水滴时应将含有培养基的平皿倒置握与手中。

三、保存培养基

细菌可以在穿刺培养物中保存2年时间，在含有甘油的培养物中可以无限期保存。

1. 穿刺培养物　在2～3ml带有螺口旋盖和橡皮胶圈的玻璃试管中，加入约2/3容量的融化LB琼脂，旋上盖子，但不拧紧，15 lbf/in^2（1.034×10^5Pa）高压蒸汽灭菌20min。冷却至室温后拧紧盖子，置于室温下保存备用。

保存细菌时，用一支灭菌的接种针挑取分散良好的单菌落，把针穿过琼脂直达底部数次，盖上瓶盖并拧紧，在瓶盖和瓶身上均做好标记，室温下存放于暗处。也可将瓶盖拧松，

37℃培养过夜，然后拧紧瓶盖，于室温或4℃避光保存。

2. 含甘油的培养物

（1）在液体培养基中生长的细菌培养物：在细菌培养物中加入终浓度为15%的灭菌甘油，振荡培养物使甘油分布均匀，然后小量分装于带有螺口和空气密封圈的保存管中，在乙醇-干冰或液氮中冻结后转入–70℃长期保存。

复苏菌种时，用灭菌的接种针刮拭冻结的培养物表面，然后立即把黏附在接种针上的细菌划于含适当抗生素的LB琼脂平板表面。菌种管重置于–70℃保存，琼脂平板于37℃培养过夜。

（2）在琼脂平板上生长的细菌培养物：在琼脂平板表面刮下细菌放入装有2ml LB的无菌试管内，再加入等量的含有30%灭菌甘油的LB培养基。振荡混合物使甘油完全分布均匀后，分装于带有螺口盖和空气密封圈的无菌试管中，按上述方法冰冻保存。

四、抗 生 素

常用抗生素见附表19。

附表19 常用抗生素溶液

抗生素	储存液*		工作液	
	浓度	保存条件	松弛型质粒	严紧型质粒
氨苄青霉素	50 mg/ml（溶于水）	–20℃	20μg/ml	60μg/ml
羧苄青霉素	50 mg/ml（溶于水）	–20℃	20μg/ml	60μg/ml
卡那霉素	10 mg/ml（溶于水）	–20℃	10μg/ml	50μg/ml
链霉素	10 mg/ml（溶于水）	–20℃	10μg/ml	50μg/ml
氯霉素	34 mg/ml（溶于乙醇）	–20℃	25μg/ml	170μg/ml
四环素**	5 mg/ml（溶于乙醇）	–20℃	10μg/ml	50μg/ml

*以水为溶剂的抗生素储存液应使用0.22μm滤器过滤除菌。用乙醇溶解的抗生素溶液无需除菌，所有抗生素储存液都应存放在不透光的容器中

** 镁离子是四环素的拮抗剂。对于以四环素为筛选抗性的细菌，应使用不含镁盐的培养基（如LB培养基）

（周 鹏）

附录5 离心机转速（r/min）与相对离心力（RCF）的换算

相对离心力（RCF）与离心机转速的换算公式为：

$RCF=1.119\times10^{-5}\times r\times(r/min)^2$

其中RCF为相对离心力，以重力加速度的倍数（g或$\times g$）表示，r为离心机转头半径，或离心管中轴底部内壁到离心机转轴中心的距离（单位cm），r/min为离心机每分钟转数。

（周 鹏）